城镇学读本

Urbanology Textbook

宋俊岭　[美]马克·特佩尔　著

中国建筑工业出版社

图书在版编目（CIP）数据

城镇学读本 / 宋俊岭，（美）马克·特佩尔著 .—北京：中国建筑工业出版社，2017.12

ISBN 978-7-112-20650-6

Ⅰ.①城…　Ⅱ.①宋…②马…　Ⅲ.①城市学　Ⅳ.①C912.81

中国版本图书馆CIP数据核字（2017）第074169号

　　刘易斯·芒福德思想体系的城市学理论，回答了文明人类的根本由来和去向。这样的城市学位于城市科学大群体的轴枢位置，承担从认知向操作的衔接与过渡。自从人猿揖别，人类的文化进化便正式开始。直至进化到当今人类，所依靠的早已不是生物手段，而是文化手段——经验积累、知识创新、提炼价值和文明更替。文化进化主要是信息的创造、积累和改进，其两个重要手段，一是语言文字，另一个就是城市。城市乃是人类文明和文明人类进化、发展赖以实现的主要介质。城市以及城市学，当然包括中国的城镇化，正是在这个意义上被赋予了积极、严肃而深刻的含义。

　　城镇理论扫盲迫在眉睫。在这扫盲运动中，城镇的学界、业界、决策管理层，首当其冲。本书针对上述迷茫大力"破题"，就是本书核心价值所在。

　　本书可供广大城市规划师、城市管理人员、高等学校城市规划专业师生等学习参考，也可作培训班教材。

责任编辑：吴宇江　孙书妍
责任校对：李美娜　姜小莲

城镇学读本

宋俊岭　[美]马克·特佩尔　著

*

中国建筑工业出版社出版、发行（北京海淀三里河路9号）
各地新华书店、建筑书店经销
北京点击世代文化传媒有限公司制版
北京中科印刷有限公司印刷

*

开本：787×1092 毫米　1/16　印张：28¾　字数：594 千字
2019 年 8 月第一版　2019 年 8 月第一次印刷
定价：95.00 元

ISBN 978-7-112-20650-6
　　（30299）

Freedom through Truth for Service

自由探索真理，以真理造福人寰

献给患难而尊严的父亲、母亲，
献给艰难时世我那么多好老师……

宋俊岭　跪奉
2015年5月23日

城镇原理研究和科普的新成果

2015 年 6 月的一次新书座谈会上，我在发言中附带提及当今城市建设书刊中"技"多而"道"寡的现象，即推介优秀项目、新设计频频锦上添花，而深论城市、建筑原理的郑重作品迟迟不见雪中送炭。当时受到与会的宋俊岭先生赞同。不久，宋俊岭先生便邀我为其新作《城镇学读本》作序，并传来 500 多页的文稿。忙中抽暇，我翻阅了两三遍……城市基础理论界有了一部深究城市根本原理的著述，而且采用了可以讲授也可以自学的读本形式。同时提出了城镇研究一系列根本理论问题：包括城市与人类的根本关系，城市完整概念以及理论模型，人类为什么需要城镇，哪些城镇是真的，哪些是假的……

该书稿使我感触较深的几个要点，首先是从进化论的宏大视角观察把握城市（无疑得益于作者译过一系列城市经典），分析城镇是宇宙进化、生物进化两个层级之上更高级的文化进化过程的产物，是人类超脱生物进化之后为自己摸索进而创造出的更高级进化手段。正是在这个意义上，"城镇、城市学，也包括我国的城镇化，才被赋予了积极、严肃而深刻的含义。"所以，我们从事的城市规划、设计、建造、管理，其核心评价标准是城市的文化含量和城镇塑造，以及教育民众的能力水平。单纯提供生存、劳作的聚集场所能否被称为城镇，已大可讨论了。这是作者提出的本质和方向问题。

其次，生物进化的基本机制是生物靠本能，而人类文化进化则要靠价值理念。这一论点在城市基础理论著作中提出来，当作鉴别和指导城市观察和评价的标准，非常新鲜也很深刻，意义深远。盼望更多理论和实践工作者关注这一点，继续垦拓。

再次，城市的完整概念和理论模型。中国城镇化进行至今，我们是否已经把握了城市的完整概念？或者，城市的完整概念及其理论模型，这是不是一个重大理论问题？或者，这是个"伪命题"，根本不能成立？还是长久以来，我们根本就徘徊歧路，不知所终？这也是作者着意探讨的一点。

最后，作者提出，要城镇学理论"真正站立起来"需要三个条件：客观、真确的研究对象；合理的学科定位、理论框架；合格的教材以及强大的教学和研究机构。三个条件缺一不可。其中最引人深思的是作者把城镇学（城市学）定位在"与哲学、史学、艺术、神话、宗教学、美学……并列而在的"人文学科。这一论点很新颖！好像也已引起争论。我认为，人文学科，顾名思义，当然要以人的根本理念为研究核心，破解人的本质和丰富内涵。离开人的理念，城市理论和实践便形同空洞。例如书中城市问题一章中并列的两张照片，都是老北京图书馆，同一角度、同一场景展现不同时代的不同处理，一个经典，一个野蛮。离开了人的根本理念，你根本看不出也无法理解，为什么一个做法文明精湛，另一个则野蛮浅陋。如此景象，在我们的城市现实中不是如同汪洋大海吗？

除了定位在人文学科，作者还将城镇学定位在"城市认知"和"城市操作"两大部类之间的枢轴过渡地带。就是说，要先解决认知，然后才可以进入操作实践。书中这块内容的相关图解，值得细看、细想！

什么样的城市可以促进人类继续文明进化，什么样的城镇则刚好相反？城镇质量如何评价，深入浅出的评价指标体系是什么？如此集中探讨城市与人相关的一系列人文原理，无疑得益于作者翻译介绍世界城市理论经典名著的长期实践。这或者都是他"向人间偷运天火"的初衷。

该书强调"城市是教育人的主要场所"，是"人类继续进化的主要介质"。这些论点显然都是著名城市理论家刘易斯·芒福德思想的回声。所以城市质量和文化含量状况，其教育人的实际效能，就成为城市理论家和实践者不可轻视的要目。前面说，论"技"或谓"器"的研究频频锦上添花，而"道"的探索则迟迟无人雪中送炭。我想，以上问题是否就属于城市研究中所谓"道"的讨论，并且首次在学术著作中集中提出探讨。

宋俊岭先生是社会科学界研究城市学的知名学者，我是很早就知道他的名字，也读过一点他的书和论文，但一直没有见面的机会。直到2015年6月张祖刚"建筑科学文化系列"新书发布会上才得以相晤，并有了交谈机会。以前在北京市曾多次参加社会科学和自然科学两界的学术座谈会，通过跨界交流深感获益良多，这次能首先阅读他的城市学论述，也有这种感受。

我最早接触到宋俊岭先生的成果是通过他翻译的《城市社会学》，是1987年由华夏出版社出版的《二十世纪文库》中的一册，相信这是他"向人间偷运天火"心情下的产物。该书是美国城市化高潮进程中芝加哥一批城市社会研究学者的文集。过去我们只注意以美国建筑师路易斯·沙利文为代表的一批芝加哥建筑师在超高层建筑的产生和发展上对世界建筑界的影响。实际上这批社会研究学者通过调查分析来研究城市的复杂性，运用社会学原理找出其中规律以改进城市。这个芝加哥学派虽被称为"传统城市生态学派"，但在城市学的理论研究和实际应用中产生过重要影响，同时也开创了此后"社会文化生态学派""城市政治经济学派""新正统生态学派"等对城市多维结构的诸多理论、方法和技术研究。

之后读到宋俊岭先生"城市环境三层次与环境美的创造"的论文，那是在天津社会科学院技术美学研究所主编的《城市环境美的创造》一书中收录的（1988年出版）。作者在这里就已经提出了城市环境三个构成层次及其关系，即指城市是由自然环境和人工环境与人类社会的有机结合，多种要素相互关联、相互制约的一个复合体。首先是自然生态环境，包括阳光、大气、水源、土壤、生物及非生物资源；其次是人工建造环境，包括基础设施和各种建筑、构筑物；最后是城市社会环境，包括人口及组织制度、历史文化等，形成一个完整的城市生态系统。作者并根据自己的调查提出了相应对策。到1994年中国建筑工业出版社出版了《城市学与山水城市》一书，宋俊岭先生的"现代化、城镇化和城市学的研究"一文收入其中。作者强调了城市学研究的迫切性，"在城市科学各分支学科分门别类研究城镇的基础上，更全面、更系统、更深刻地剖析城市"，提出"所以城市的本质乃是人类本质的延伸和物化。"在同一书中还刊登了科学家钱学森先生1985年8月的一篇文章，提到"在城市学这个问题上，我基本同意北京社会科学院宋俊岭同志的关于城市学的那篇文章，我认为城市学是一门应用的理论科学，它不是基础科学，或者说是一种技术科学，不是基础理论"。

后来到了2008或2009年建筑师学会主办的建筑图书评选会上，记得获奖图书中有宋俊岭先生翻译的美国著名城市理论家、社会哲学家刘易斯·芒福德的巨著《城市发展史——起源、演变与前景》。该书最早出版是在1990年，我购到此书时已是18年后的第二次印刷了。好像宋俊岭先生也出席了那次颁奖仪式。这本博大精深的著作是有关城市学的经典之一，记得其中有许多著名警句，如"城市同语言文字一样能实现人类文化的积累和进化。""储存文化、流传文化和创造文化，这大约就是城市的三个基本使命了。""城市的主要功能就是化力为形，化权能为文化，化朽物为活灵灵的艺术造型，化生物繁衍为社会创新。"也要感谢宋俊岭先生为了引进、传播世界的社会科学名著所作的不懈努力。

如今收到宋俊岭先生新作《城镇学读本》文稿，我又一次有了学习的好机会。粗读之后体会到新作也是作者有感于"如今中国城镇化进程如火如荼，其高速发育阶段已经过半，学界和专业部门却长期拿不出一个完整城镇概念和基本真确的理论模型交给国家和公众。"从而提出了"一个模型、三叠结构、五维空间"的城市理论模型，并通过大量的理论研究和实例分析来回答"我们为什么要有城市？人类文明的出现是偶然的吗？城镇化究竟是归宿还是途径？如何建设城市"等重大问题，是作者在中国特色的城市学建设上一次重要的探索和研究成果。

新作是作者在博观和厚积基础上的研究成果，丰富了城市学的基础理论建设。阅读此书使我产生一些联想：面对中国"跃进式"的城市化浪潮，我们的政策、理论和建设的确都有些穷于应付。没有正确的理论，就不会有正确的运动。城市学作为一个综合的、开放的复杂巨系统，本身是社会科学和技术科学的有机结合，是理论和应用的结合，前者包括了城市的作用和贡献、现代城市发展的动因、城市结构和功能、城市人口和组织、城市管理和机构、未来城市的模式等内容，后者涵盖城市基础设施、居住、文教、休闲、生态、防灾等课题。而研究更应该从局部到整体，从微观到宏观，从"器"的层面提升到"道"的层面，才能使被动的补课逐步转变为主动的引领。

城市学具有多学科性质。随着时代和技术发展，涉及的学科和门类越来越多，这种交叉学科的融合和扩展将是城市学发展的重要趋势。《雅典宪章》反思并批评了工业化以来城市化模式缺乏理性精神，而《马丘比丘宪章》又提出城市的本质是"尊重人"，城市是人际交往和生活的空间。工业革命使人们向城市聚集而疏远了大自然，计算机和网络技术的飞速发展又带来了信息革命，这可能会使城市建设和发展的时空关系发生新的变革，人们可能会在郊外工作，并亲近大自然，转而到市中心来消费和娱乐，这有待于对未来城市的探索和研究。

在全球城市化的时代，影响到城市空间的深刻变化包括：产业的全球性迁移，资本和劳动力的全球性流动，经济活力的全球性聚集使城市体系多极化，各国都面临着一些具有共性的问题，众多城市学者如刘易斯·芒福德、凯文·林奇、雅各布斯、弗里德曼、卡斯泰尔斯、斯考特等都有许多创见。同时，中国的城市化又面临着世界上任何一个国家都未曾遇到的难题，中国人口多，资源缺乏，土地紧张，地域和民族差异很大。因此不同地域、不同条件、不同经济水准的城市化不可能同一模式，城市发展模式的多样性需要在理论和实践上继续探索和创新，需要对比研究，才可称得起具有中国特色的城市化道路。

城市化和城市发展目标，反映了人类社会和人类自身的发展过程。相对于物质的、视觉的、生态的、社会的目标，进而达到精神和文化的目标，是满足个人和集团的正当的特殊精神需求，增进城市亲切感和丰富感的重要课题。正如费孝通先生所说的"文化自觉"："文化自觉只是指生活在一定文化中的人对其文化的'自知之明'"。"自知之明是为了加强对文化发展的自主能力，取得决定适应新环境时文化选择的自主地位。"宋俊岭先生也强调"只有抓住了比较研究才能谈得到自觉。"联想到近来大家关注的"望得见山，看得见水，记得住乡愁"的提法，既要保护和弘扬传统文化，又要按现代城市和现代人的物质和精神需求来塑造城市，只有高质量的精神和人文城市环境，才能造就高素质的人。

城市发展既然是一门科学，就要回答一系列理论问题和实践难点，也就有其特点和内在规律，诸如经济规律、时间规律、建设规律、管理规律等，有个逐步成长成熟的客观过程，不能急于求成。人们平时及口头上也都会提到这些规律，然而在实践中，由于各种内外条件的局限，城市主管部门和主政者又过分迷信行政权力力量，层层加码，揠苗助长，做出一些违反常识、违背规律的决策，这在我国城镇化的实践中还是时有所见。所以《城镇学读本》中针对这些弊端提出了一些作者见解，希望能被业界，尤其是城市主管方面所关注，在城市现代化、城市集群化、城市生态化、农村城镇化过程中，进一步提升城镇化水平和质量，使我们的城镇化更科学、更健康、更宜居、更造福于广大市民。当然，作者此书也是初步提出问题和观点，大量工作尚待细化。比如，依据察微知著、深入浅出的原则，作者提出人工环境层面的城镇质量标准之一是人行道状况，社会层面的衡量标准之一是人口非正常死亡率。这些简明建议的合理性，当然还需要大量艰难细致的统计调查工作、数据积累以及组织协同工作。这些工作如果离开专业队伍的继续努力，离开加强统一领导与协调各部门共识和协作，根本无法开展。

宋俊岭先生嘱我为《城镇学读本》作序，我诚惶诚恐。对作者在理论领地上的拓荒精神，我表示钦佩。虽然对于社会科学终究生疏，但因职业关系，而且我又是城市居民，自然对身边城市状况及其研究比较关心。所以不放弃这次学习机会，以学习心得形式奉上交卷，借此同广大读者交流体会。

马国馨

中国工程院院士、北京市建筑设计研究院总建筑师

2015 年 8 月 26 日

前 言 / Preface

城是人的创造与投影，人创造城，为了自身继续文明进化。

人与其他物种本质区别在于发达的文化，在自身生物进化穷途末路时刻创造文化手段继续自身的发展进化。这文化手段有两大种类，一是语言文字，另一个就是城市。凭借城市和文化，人类彻底摆脱了获得性遗传、基因突变的生物进化轨道，进入高于其他物种生存意义的文化途程和文明追求，从而高踞宇宙进化大潮之巅顶。城市、城市化，正是在这个意义上被赋予积极、严肃而深刻的含义。

真善美的目标是人类文明和文明人类的标志，也是价值形态的核心内容。城市根本任务在于帮助人类完成是非、真伪、美丑、善恶的基本判别和取舍，摆脱野蛮兽性，走向文化进化的更高、更远目标。价值起源深藏在祭祀心理、梦境、理想境界观念之中，深藏在人作为高等生物身心融合的本质特征之中。这一切都深埋在城市丰富的人文遗产之中。人生在世，世俗需要、神圣追求，皆属必须；而唯有正确价值目标才能引领人类弃旧图新，开创未来。仅仅解决饮食男女物欲的场所，不是城市。仅包含此类欲求的生存，不是人生。生物进化靠本能，文化进化则靠价值。价值正确，人类进步；价值扭曲，人类退化。这是一万年城市孕育、发展、变迁的基本总结。

城市的本质特征是发达的文化，文化的核心内容是精神思想。社会进步首先靠解放思想，思想理论长期沉寂是极可怕的局面。价值形态不仅是城市起源、发展、变迁与衰亡的根本动因，也是城市和文化更新的重要动因。就此而言，大量复杂理论和实践问题，包括价值与价值体系、价值提炼、价值实现、价值判断与价值担当、工具价值与目标价值、价值与权威之间的冲突等，都有待继续拓荒，继续深入研究。

此书可谓三四十年的学习总结。值此撰稿告罄，回忆一路走来帮扶我共同奋斗前行的许多好人，老师、同志、同事、好友、至爱亲朋，感激不尽，他们多已年迈，有些已作古。抚今思昔，感慨万端。若无他们的理解支持，不会有今天的收获。摘要铭记他们的大名，表达我深挚的怀念与感激：霍玉杰（北京市农场局人事处前处长，他理解并支持我投身人文社会科学事业）、周林、曹洪涛、张秉忱、吴良镛、朱厚泽、陈为邦、周一星、吴小亚、陈恒、张卫良、杨宜音、李忠、郭蕴慧、黄士正，还有许多无法一一记述。

本文不当处在所难免，敬请读者方家继续指教！

宋俊岭，juliuss399@163.com

2017 年 6 月 2 日于燕园书斋

Contents 目 录

导　论

　　此书定名《城镇学读本》就为特别强调当今数万个建制镇的战略地位和远大前程。取"读本"二字，则为便于教学和自学，教授、博士、研究生、本科生、工匠……均可捧读。

　　本书要点如下：城镇是文明人类形成和继续发展进步的介质。城镇学的基本任务是解答文明人类的由来和去向；城镇具有二重性，城镇运行和变迁蕴含文明进步抑或倒退的双重取向；中国城镇化高潮中有关城市发展的一些重大理论问题，包括起源、本质、优良城镇基本标志、城镇运行机理、城镇基本属性、城镇不同功能的层次关系；城镇质量基本评价，城镇化究竟是目的还是手段等。对于身处城镇化高潮中的人民，这样的基本理论绝非可有可无。下面提纲挈领说明本书特点：

一、本书对城镇学的学科定位

　　城市学名目下的书籍已不少见，但是不见有哪本书慎重思考、讨论过城市学，作为一个新创学科，它首先面临自身的学科群属和归类这个首要问题。而归类这个问题实际上涉及其探索的根本方向和任务：真伪、是非、美丑、善恶等不同范畴……哪个是要探索和解答的？甚至，如何重新理解和界定人、人类、人性和人格这些最根本的概念，都是著书立说之前要解决的前提。本书第一章就回答了城市学"能够真正站立起来的3个基本条件"，其中第二个条件便是"正确的学科定位"。本书把城市学定位于同哲学、史学、文学、艺术、伦理学、宗教学、神话、神学等平列，它讨论形而下，也讨论形而上；归类于人文学科。有了这个基本方向，城镇学的任务、内容和特点便逐步明确。有了这个前提，城镇学才能从漫长的城市发展、反复成败以及错综复杂的运行机理中条分缕析，归纳出一些最核心的学理内容和基本规律。否则就抓不住城市真确、完整的概念，也无从理解城市学（城镇学，下同）基本任务是要"解答文明人类的由来和去向"，当然也无从解答人类文明盛衰成败的根本内容及其根源。

二、关于城镇的完整概念和理论模型

　　如今中国城镇化进程如火如荼，其高速发育阶段已经过半，学界和专业部门却长期拿不出一个完整的城镇概念和基本正确的理论模型交给国家和公众，指导实践。究竟要不要，能不能就城市完整概念给出一个一目了然的理论模型。这问题许久以来考验着也困扰着学界。

20 世纪 80 年代初，我国城市科学研究启动不久，学界内就曾提问："何谓城市？""城市的概念究竟多大？""你不能把什么东西都随便塞到城市里来！""是你们把城市固有的内容阉割掉了！"争论曾经十分激烈，争论核心聚焦于城市究竟仅只属于物质构造，还是精神综合体？是机械的，还是有机的？主宰城市是非曲直的，是科学，还是伦理？如此最基本的理论问题，可惜，未能认真争出个水落石出。当今城镇化实践和理论的大混乱，与此不无干系。

本书重新拾起这些问题进行谨慎探索，依照刘易斯·芒福德《城市发展史——起源、演变和前景》一书以及其他作家经典作品对城市和人类文明的论述，提出完整的城镇概念，并且在完整概念基础上依据整体论城市观的阐述提出一个理论模型：天圆地方框架，内衬双鱼结构，指代人类与文化的互动。这是对以往经典作家整体论城市观的一个深入浅出的归纳，它能够解释城镇构造及其基本运行。在此基础上又特别借用双螺旋结构对人文互动作进一步细化说明，让人一目了然。

以机械模型表述有机世界，本属大忌。恰如机器人永远无法复制真人。模型的意义，更在于提供一种认识方法。因为，一个复杂概念及其学说，若用一本书去普及大众，会很困难。若用模型尽量准确表达，透彻讲解，则容易得多。这样做，乃情势所迫。非如此不足以简明呈现城镇全貌。虽然其中千变万化的实情和机理，以及许多丰富内容，还要靠使用者结合实际去继续挖掘和丰富。毕竟，这个模型基本上能说清城镇的根本价值和运行奥秘：城镇作为文明人类以及人类文明的孵化器；其中，人与文，原来如此这般致密地互相影响，互相推动，盘旋上升进入新层级；或者下降乃至跌落野蛮和灾祸深渊。城市以及城镇化进程正是在这个意义上被赋予了积极、严肃而深刻的含义。

试想，假若这样的概念能够普及开来，假若许多人都有这种觉悟，我们是不是会换一种眼光重看城镇，特别是古老城镇？是不是会换一种思维方式和标准来思维、决策和操作？对待养育人类和文明的诸多文化要素、文化器官、文化构造、文化遗产，还会那样掉以轻心乃至草率摒弃拆除吗？

其实，这些基本理论的探索和普及，包括翻译经典和普及城市科普电影，例如刘易斯·芒福德执导的城市科普电影序列集等紧迫任务，本是成立城市科学最高学术机构的初衷，打算去完成也早该完成的事情，本该在城镇化高潮到来之前把成果提前提交给国家和公众的。

三、关于"人是评价一切事物的根本标准"

书中的一个核心视角是孔夫子所说："道不远人，人之为道而远人，不可以为道。"西方哲学家也不约而同地说出："人是衡量一切的标准：衡量存在的事物及其所以然，也衡量不存在的事物及其所以不然。"如今，"以人为本"已成口头禅。但究竟何义？

如何推行？继续追问，大多不甚了然。其实，人文主义、人道主义、人本主义各种学说，都围绕一个基本的人文标准而论，包括正面准则和负面底线。城镇运行全部内容纵可千差万别，面貌可以多种多样，但是根本方向却只能有一个评价标准：就是确保人类不断从兽性走向人性，从野蛮走向文明，而非反其道而行之。这其中包含了城镇理论家和实践者的根本觉悟和操守。

四、关于生态文明

农业文明让城市诞生于世界，工业文明让城市主宰了世界。生态文明，则很有可能让城镇拯救世界。因为当今世界危机四伏，有目共睹。但是，生态文明是什么？概念很模糊。本书中提出一个基本理念：生态文明从本质上说是农业文明在更高层级上的自我回归，它将重复农业文明的许多特点和优点。中华之可爱，哪样不是她那些农业文明的精华？包括无数璀璨的城镇和古村落……如今大范围内都把生态文明、田园城镇之类的概念理解为栽花种树，碧水蓝天……诚然不错，却非主旨。我们素来自我标榜辩证唯物论者，而思维、做事、说话，一副主宰一切的架势，自己马上背离辩证唯物论，跌入唯心主义和机械论。因为世上事无一能主宰其他一切。无论宇宙、自然世界抑或人类社会，皆浑然一体。任何单因素都不能一家独大，唯我独尊，统领其他一切。那样做违反生态原则，也违反生命真谛。所以"生态文明"除自然生态概念以外，更有人文生态的重要含义。书中提出的生态文明概念是个有益开端，当然还需要继续深化和丰富。尤其，这种生态文明的孵化器——生态城镇——具有哪些特点，如何设计规划打造，都是理论界非常紧迫的重大课题。

五、关于本书的缺点和不足

一项新探索，任何重大领域新方向的探索，当然有诸多困难阻碍。这从本书各章节着力深浅，行文疏密的巨大落差中很容易看到。有些章节明显成熟厚重，有些显然刚刚垦拓生荒。这些地方，笔者着意邀请读者参与探讨，例如第十二章"城市学理论体系与中国城镇实践的衔接"这类章节，确需大家动手结合各地实际共同完备，包括修正谬误。这正是作者的殷望。

六、刘易斯·芒福德理论建树与中国实际

最后要说该书的主要思想依据。中华文化悠久、发达，而这种发达兴旺基于与各外域文化不断交流融会，丧失这种交流融会必将很快丧失生机活力。为此，笔者长期注重译介国外经典。本书中大部分理论突破主要是在刘易斯·芒福德思想引领下实现的。刘易斯·芒福德则阅读整理吸收了更大范围内的思想家。因而他视野宏阔，思维超前，其价值和特殊性，概略地说体现在他目的论的宇宙观、整体论的城市观以及精

神第一性的人类观。想要了解刘易斯·芒福德一系列城市著述，把握刘易斯·芒福德思想理论的主要基点和特点，这里摘录《刘易斯·芒福德传》译序"时代主题与巨匠"中两个长段作为线索，供读者思考：

"那么不妨再深入浅出解说刘易斯·芒福德：时势造英雄。特殊的时代背景规定了他的角色和命运：刘易斯·芒福德诞生在 19 世纪末。19 世纪在整个人类历史上要算最重要的拐点或者断裂。因为此前连续几个世纪重大变迁的深义，首先是颠倒了文明史中精神与物质的历来排序。19 世纪前后产生了为数极多的重要思想理论和代表人物，其中包括生物进化论、物种起源和人类起源，以及紧随太阳中心说确立的微观世界结构理论，其中元素周期表为典型代表；还有以物质第一性为特征的唯物辩证法，等等。这些科学发现最终颠覆了将近 3000 年宗教文明赖以存在的宇宙观和人类观。它不仅终结了神创论，也开启了科学技术当家作主、创造世界也创造新人类的现代文明。刘易斯·芒福德就诞生、活动在这大变革的门槛上。回望过去，他目睹了完整世界概念和人类观念的裂解，艺术与技术的裂解；向前看未来，他又见证了权力扩张、社会重组、科技发展、为利润和权威背弃传统价值、道德沦丧、环境破坏、人性抽空等恶果。他用一系列作品回溯、记录、思考、诠释这浩大的变迁过程，探索新途径，试图桥接、整合破碎的宇宙概念、文明概念和人类概念。他是从根本结构和方向上质疑当今人类现代文明，因而能高瞻远瞩石破惊天地提出：真正的改革是价值观的改革与创新，是全社会首选物的根本改变。他主张教育全社会维护传统价值理念，人权、自由、平等、仁爱、真善美，懂得羞耻、堕落与罪恶……因而他特别注重文学艺术和大众传媒的教化功能。"

"可见，无论在外国和中国，刘易斯·芒福德素被认为（主要是）城市理论家，其实是一种偏误。他的研究领域极为宽广，他的着眼点极其深刻，涵盖了文学、史学、社会哲学、人类进化、技术史、文化史、时评政论、建筑评论、城市规划等诸多领域，他研究形而下，更探索形而上。他博大精深却决不深奥难懂。若一定要用一个词概括这位跨学科领域、著作等身的大学者的一生修为，最适当的词汇莫过于'人性'或'做人'。用最明白无误的中国话说，就是'良心'或者'良知'。世界各地真正读懂他的读者不约而同地用'良心'一词表达了共同的感受。只不过他这'人性'、'良知'概念，已经从个体人格逐次拓展至意识形态、社会制度、政治哲学等高大层面，涵盖了文明的全景。他最突出的思想贡献是文化整合，而且是在宇宙和人类都被严重分解割裂，专业细化分工日甚一日的背景上对宇宙过程、社会文明和人格人性概念予以整合，提出新的视角和主张：完整的城市概念、文明概念以及均衡完备的人生哲学，而且终生勤奋朴素、恬淡有为。中文成语典故'炼石补天'就非常贴切地说明了刘易斯·芒福德的创作态度和贡献。"①

---

① （美）唐纳德·L·米勒. 刘易斯·芒福德传 [M]. 宋俊岭，宋一然译. 北京：商务印书馆，2015：iii.

我国把"自由""平等"这样的普适价值理念同样写入自己的社会主义核心价值观，十分正确，意义重大。因为，任何有机生命若要生存发展壮大，自由都是第一要义。《国际歌》中唱道："让思想冲破牢笼。"不放开眼界，不解放精神思想，很难全面透彻理解城镇及其宗旨。阅读此书，或质疑或修订，或点赞或拍砖，您请尽兴！探索真理的道路上，人人享有平等的自由权利。

宋俊岭

2015 年 5 月 31 日于京华书斋

第一章 城市科学与城市学

◪ 道不远人。人之为道而远人，不可以为道。

——孔子

◪ 人是衡量一切的标准，衡量存在的事物及其所以然，也衡量不存在的事物以及所以不然。

——普罗塔哥拉斯

◪ 城市就是民众，还能是什么？

——威廉·莎士比亚

◪ 现在还没有人相信，城市是一门科学。但是……

——梁思成

本章导读：城市科学是多种学科构成的知识群体，包括诸多以城市为研究对象的专门学科。城市学则是该学科群体的认知核心，它提取该群体中诸多认知学科精华和规律，形成对城市体系的理论总括，为城市科学群体中诸多操作性学科提供理论依据和指导原则。本章首先明确城市学在城市科学群体中的地位和角色、城市学的学科任务及学科特性。在此基础上重点讨论城市学"真正站起来"所需的基本条件，并探讨城市学所属人文社科领域在我国长期落后的原因。

第一节 城市科学与城市学

一、城市学学科的历史背景

人类世界的"城镇化"（urbanization）进程实际上与人类文明启蒙破晓同时孕育发展，这一进程诞生了人类最早的城镇，此后诞生过一大批精美城市和精彩的城市文明。直至二三百年前，由于工业、制造业的迅速发展，农村人口向设有工业的城市大量聚集，城市人口急剧增加，城市规模不断扩大，功能也从单一变得多样，结构也越来越复杂……城镇化这一进程才逐步显化，才引起广泛注意，最突出的证据是 19 世纪、20 世纪之交城市研究形成的芝加哥学派。该学派是多种学科领域的松散联合，综合了新闻、文化、文学艺术、社会学、建筑和城市规划的广泛领域。过快的人口增长给城市带来一系列问题：住房、交通、污水、废气、噪声……于是很多学者将研究目光聚焦在城市相关领域，如马西尔·波埃特、查尔斯·库里、艾德那·韦伯、约翰·拉斯金等，然而这些人多是就城市的个别现象进行解释。[1] 随着城镇化运动不断推进，越来越多的城市规划师、社会学家、经济学家等逐渐意识到面对快速城市化的现实，面对复杂而紧迫的城市问题，仅从单一学科的角度已很难看出城市问题的症结所在，更不能从根本上解决问题。只有多学科参与，将城市作为一个整体来系统地进行分析和研究，发现其规律，才能作出比较客观的判断，进而找到解决城市问题的办法。

（一）西方城市学发展历程

城市综合性研究始于 20 世纪初，这方面的开创工作是由苏格兰生物学家帕特里克·格迪斯（Patrick Geddes）在 19 世纪至 20 世纪完成的。帕特里克·格迪斯作为西方对城市由单学科研究转向综合研究的奠基人，在其著作《进化中的城市》（*Cities in Evolution*）[2] 和《城市发展》（*City Development*）[3] 中，综合了前人的研究，将生态原理的方法应用于城市研究，把分散于各方面的城市研究整合到一起，包括实用卫生学、环境考察、住宅改造、市政工程、城镇规划等，都综合到城市社会学和建筑学的整体概念上来。至此，统一的城市研究，作为一种方法，经过格迪斯的努力而诞生了，他还创立了"城市学"（Urbanology）这一术语。[4]

深受帕特里克·格迪斯学术思想的影响，随后刘易斯·芒福德（Lewis Mumford，1895.10.19—1990.01.26）对城市问题进行了深刻的剖析。他强调以人为中心，以人文

① 宋俊岭.西方城市科学的发展概况 [J].北京：城市学院学报，2007（02-03）.
② Patrick Geddes.Cities in Evolution[M]. London：Williams & Norgate，1915.
③ Patrick Geddes.City Development，A Report to the Carnegie Dunfermline Trust[M]. New Brunswick，NJ.：Rutgers University Press，1904.
④ 沈玉麟.外国城市建设史 [M].北京：中国建筑工业出版社，1989.

7

尺度从事城市规划，将城市纳入区域环境[①]，将城市发展的肌理与人类文化紧密联系，并始终从城市发展的历史过程来认识城市。他虽未曾明确提出城市学这一概念，但其关于城市所进行的广博而深刻的基础性研究，尤其是《城市发展史：起源、演变和前景》（ *The City in History: Its Origins, Its Transformations, and Its Prospects* ）和《城市文化》（ *The Culture of Cities* ）两本巨著，为城市学研究奠定了坚实的基础。

日本在第二次世界大战之前就提出建立"城市学"的构想。以东京都立大学教授矶村英一先生为代表的一批学者，对创立城市学的贡献较大。他们使用日文的汉字"都市学"，并用英文的"Urbanology"一词与之对应。1966年在日本城市科学研究会第13次大会上，以"城市学成立的理论和课题"为题讨论了城市学的学科创建问题。在第14次大会上又讨论了"城市学的发展与地区理论"问题。1968年之后，日本城市科学研究会更名为"日本城市学学会"（Japan Society of Urbanology）。[②]1976年9月，矶村英一出版了专著《都市学》。[③]1982年7月，日本城市学会在北九州召开第30次大会，以"城市学的展望"为题进行了讨论。自此，在日本，城市学已形成了一个较完善的学科体系，并在世界上产生了较大影响。[④]

在矶村英一研究"城市学"的同时，20世纪60年代，希腊学者道萨迪亚斯（Constantionos A. Doxiadis）主张创立新学科——城市学。同时，美国哈佛大学与麻省理工学院联合设置的城市研究所所长莫伊尼汉（Moynihan）、法罗大学校长迈亚逊、加利福尼亚内森·克拉齐尔（Nathan Clazier）等教授都提出"城市学"，并自称为城市学家。

（二）我国城市学的提出与发展

1978年的十一届三中全会以后，中国共产党废除"以阶级斗争为纲"，将工作重心转移到经济建设上来。在这股春风的滋润下，中国的城市建设从此步入了快速发展的轨道。20世纪80年代初，"城市学"一词几乎是与"城市化"一词同时频繁出现在学术界，由城市科学研究人员率先引用，随后很快被领导者和公众接受并广泛传播，而关于城市学的相关研究才刚刚开始。

在1982年12月召开的全国城市发展战略学术思想研讨会上，笔者提出进行城市学的相关研究。1983年，时任中共辽宁省委书记的李铁映同志在《城市问题》杂志上发表文章《城市与城市学》。[⑤]他说："城市是一个大系统……关于这个大系统的理论就是城市学。城市作为大系统，作为整体，应以城市学来代表。城市学不是研究每个分支科学的理论，而建筑在这些分支科学理论的基础上综合的城市理论，高屋建瓴地研究城市战略、城市概念、城市发展方向、城市模型、城市性质对人类发展和人类文明

---

① 吴良镛．刘易斯·芒福德的学术思想及其对人居环境学建设的启示 [J]．城市规划，1996（01）．
② （日）矶村英一主编．城市问题百科全书 [M]．王君健等译．哈尔滨：黑龙江人民出版社，1988：4．
③ 矶村英一．都市学 [M]．东京：良书普及会，1976．
④ 陈光庭．泛谈"城市学" [J]．规划师，1998（02）．
⑤ 李铁映．城市与城市学 [J]．城市问题，1983（01）：3-6．

的作用，为解决城市诸多矛盾提供大系统的理论基础、前提和依据、边界条件、协调发展的限制性因素，认识城市诸矛盾本身及其相互联系的系统的科学理论。"在1984年召开的中国城市发展战略研讨会上，笔者曾在发言中说道："从现在起到21世纪末，我国城镇化水平有可能成倍增长，对即将到来的这一重大社会发展变迁，我们从现在起就要有所预见，有所研究，有所准备，有所作为。"并在此基础上撰文《西方城市科学的发展与我国城市学的开创》。① 钱学森先生在《城市规划》1985年第4期发表《关于建立城市学的设想》一文，他指出："我基本同意北京社会科学所宋俊岭同志关于城市学的那篇文章"，城市学"是城市的科学，是城市的科学理论""有了城市学，才能有理有据地搞城市规划。"1986年，北京大学社会学系率先组织出版了《城市学讲座》系列著作；1988年，江美球所著《城市学》出版；1994年由鲍世行、顾孟潮主编出版了《杰出科学家钱学森论城市学与山水城市》一书，在全国产生了较大的反响。2000年以后，又有几本以城市学冠名的书籍出版。

"城市学"自20世纪80年代提出以来，经过几次专门学术研讨会，又经历了比较长时期的学术准备，以及城市学新学科在国家哲学社会科学规划中专门立项、竞标、"科研"的复杂曲折……回首近30年来城市学领域内的相关学术研究，总体来说，进展缓慢且无较大理论突破，包括学科体系尚不十分健全，相关理论研究不够深入，跨学科合作工作没有展开等方面的问题。一言以蔽之，城市学研究还有很长的路要走。

二、城市学在城市科学中的地位与角色

城市科学（Urban Sciences 或 Urban Studies），是以城市为研究对象的各种学科的集合名称，如城市规划、城市地理、城市经济、城市设计、城市美学、城市管理……只要是以城市为研究对象的学科，都被视作该群体的成员。

城市科学这一学科群体中各学科间的关系，从功能划分，大体上可以划分为两大类：认知科学和操作科学（图1-1）。宗教、哲学、神学以及历史科学，是现代科学的渊薮，以此为根基逐渐发展分化出城市历史学、城市社会学、城市地理学、城市经济学、城市生态学、人口学、心理学、文化人类学等诸多分支学科，它们都属于认知类群。而直接指导城市建设实践的城市规划、城市设计、建筑施工、城市管理等等学科则属于操作类群。当然，两个类群互有贯通，操作不能完全离开认知，认知也离不开操作的实践经验。

首先就名称而言，城市学（Urbanology）切合中国具体情况，更适合翻译为"城镇学"，两者通用。因为中国有数万个建制镇存在，在实体理论上属于城市的范畴，绝不可排斥在外。

城市学，或称城镇学（下同），在该群体中的位置就处于从认知走向操作整个进

① 宋俊岭.西方城市科学的发展与我国城市学的开创 [M]// 城市学与山水城市.北京：中国建筑工业出版社，1994：195-207.

程的过渡与轴枢环节。它综合认知层面各专门学科研究成果，将城镇中诸多重大议题和疑难，归纳出结论和规律，为以下各层次操作实践提供理论基础和指南。毋庸赘言，认知科学当然不排斥操作内容，反之亦然。但就总体趋势而言，城市科学群体要以认知为基础和开端；在此基础上逐步走向实践和操作，才不至于丢失宏旨和方向。

图 1-1 是从知与行的关系层面看城镇学在城市科学群体中的地位和作用。城镇学位于人类对于认知向城市操作活动的过渡环节。认识来源于各个学科对于城市的深湛分析，它综合百家之长形成对城镇的总体性、规律性的认识。

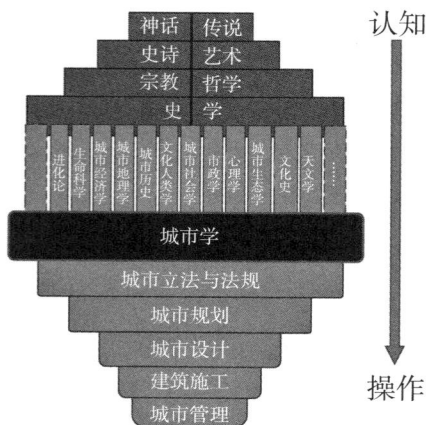

图 1-1　城市学在城市科学群体中的地位
（杜玉成　绘图）

第二节　城市学的任务、内容和特性

一、城市学的学科任务

1917 年底，刘易斯·芒福德找到了更清晰的方向。他不想当城市规划师，也不想当建筑师。他打定主意要努力"为那些实际规划城市、建设城市的专业人士扩大眼界"。这就是城市学的基础！ ①

城市学这门姗姗来迟的新学科，首要任务是解答城市的本质、起源、结构、属性、功能、运行机理、变迁历史、城市问题及其根源等学理问题，其中特别是城市的本质、功能和目的这类根本的认知问题。全面回顾文明史和进化论，破解了这些问题就会发现，城市学的根本任务，是要解答文明人类的由来和去向这一根本问题。这是一个成熟的

---

① （美）唐纳德·L. 米勒 . 刘易斯·芒福德传 [M]. 宋俊岭，宋一然译 . 北京：商务印书馆，2015.

城市学必然会提问和收获的学理结论。

解答这一问题需要更新宇宙观、世界观、人类观、文化观和城市观。芬兰学者佩卡·库西（Pekka Kuusi）在其著作《我们这个人类世界》（*This World of Man*，1989 年中国工人出版社的译本名为《人，这个世界》）中把 140 亿年的宇宙进化历史，又进一步划分为 3 个迭次上升的层级：宇宙进化、生物进化和文化进化。他的这个视角或可给我们极大的启示。

生物进化以宇宙进化为基础。在整个生物进化过程中主要依靠生物的本能，依靠获得性的积累和遗传，以及遗传基因等途径推动进化持续进行，由此诞生出丰繁美妙、气象万千的生物世界。但是，当生物进化的资源和手段接近枯竭，当基因途径已不足以解决人类高级阶段的生存难题，人类便越来越多地求助于文化手段，语言文字和城镇就成为文化进化手段的直接产物，并直接丰富了这一手段。而且，自人猿揖别①伊始，人类便踏上了文化进化的征程，直至进化到今天登峰造极的人类，所依赖的早已不再是生物进化的基因遗传手段，而是文化进化和文化流传——人类文明进化的创新和积累。而对人类个体自身的效果而言，也早已不再是体质构造和生理机制的改变和成果，而更多地表现为精神和心理的发展变化及其成果——丰富的人性和人格类型。而文化进化，即信息积累和改进，其两个主要介质和手段，一是语言文字，另一个就是城市、城镇。简单地说，生物进化塑造体态，文化进化塑造心灵。前者依靠生物基因，后者依赖文明文化，而文化最集中的物质体现便是城市、城镇。②

如果说，人类的遗传基因 DNA 积累储存了亿万年生物进化的成果和经验手段，确保人类在体态构造上沿着既定方向和目标继续前进——该过程和机理在胚胎发育过程中为每个人类个体都奇妙地重演一遍，那么，优良文化，特别是城市、城镇，就积累并储存了 1 万年乃至 100 万年艰难的文化进化成就和经验手段，确保人类能在文明进程中沿正确方向继续前进，不跑偏不倒退。这里所说的城市、城镇，当然是经典意义上的城市，优良的足以成为楷模的城市。城市，以及城市学，正是在这个意义上被赋予了积极、严肃而深刻的含义。

可见，城市是人类文明进化的主要介质。人类一万年的文化进化的历史，就是人类找到聚落途径、创造城市、创新城市并不断提升自我的历史。人类同城市相互依赖，交互作用，共同提高，在进化过程中呈现螺旋上升的趋势（图 1-2）。

二、城市学的学科特性

城市学作为一个新生学科，注重用总体论的视角和方法从千变万化的现实和现象

---

① 人猿揖别，来自毛泽东的《贺新郎·读史》，原文为：人猿相揖别，寓意当人类文明诞生的那一刻，表面上好像就如人和猿作了一个揖然后分道扬镳一样轻松简单，但实际上却是天差地别的进化的开端，因为人类从此有了文明。

② （美）刘易斯·芒福德. 城市发展史——起源、演变和前景 [M]. 宋俊岭，倪文彦译. 北京：中国建筑工业出版社，2005.

图 1-2　生物进化以宇宙进化为基础
来源: http://xinxisheji.tuyansuo.com/info/468.html

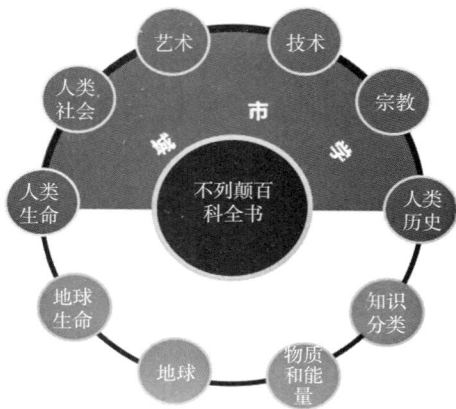

图 1-3　从不列颠百科全书知识框架看城市学的范畴
（杜玉成　绘图）

中把握诸多城镇的共性，抽引出城市相关的基本概念。从不列颠百科全书最新改良后的知识框架中可以看出（图 1-3），城市学研究具有广泛而高度综合贯通性的学科特点，它也反衬出传统城市研究领域和传统城市概念的偏狭。

尽管城市学具有突出的学科贯通和综合色彩，却明确地属于人文学科。所谓人文，简义是指人的基本属性和基本需求。人文学科主要指以人类需求、行为、情感、道德、理性、价值形态等为研究对象的知识总集成，其中包括语言学、文学、艺术、哲学、史学、宗教学、神学等。

现如今，论述城市理论的典籍早已屡见不鲜，但其中鲜见有堪比经典物理学、几何学、数学那样概念与方法都极精微的理论展示。城市学大师刘易斯·芒福德却是这方面的典范。无论是他给《国际社会科学百科全书》撰写的精短论文，还是回顾城市万年历史的鸿篇巨制，无一例外都挥洒自如、不拘一格，其文字叙述如史诗，如乐章，如连续画卷，灵活却有序，在虚实有无间活画出生命与文化的规律和法则。何以如此？因为他论述的对象——城市，其核心是人类。人类生命蕴含的独特丰富创造性，决定了城市学这门学科的色彩和潜力。

总括来看，城市学的基本特性包括：

追根寻源：以回溯源头的精神在宇宙论的终点上穷尽城市的本质和起源。

综合贯通：力图从古往今来无数城镇演变中提炼出普适的模型，揭示任何城镇共同的奥秘。

思辨归纳：它研究城镇既讨论形而下也讨论形而上。突破理论屏障，用思辨和归纳方式去综合和总结复杂漫长的城市形成过程和运行机理。

视野宏阔：它在 19 世纪进化论基础上衔接近现代文明特征，予以追根寻源，力图解答文明人类的由来和走向，这其实就是城市自身的使命和本质特征。

启蒙开悟：突破意识形态障碍，深入揭示和解释城市发展的是非曲直和功过得失，力图从万种迷离中揭示路径，鉴别和评价各种思想主张。

评判与风险：由于城市学有自己严密的理论核心与价值标准，它主张的城市、文明、人类，这些概念都是有底线的。因而不可避免要对历史和现实中丰富的城镇发展材料和现象进行观察、分析、甄别、议论乃至评判。换言之，它不能在邪恶、丑恶面前噤声。这就应和了马克思的话："政治经济学所研究的材料的特殊性质会把人心中最激烈最卑劣的感情唤起，把代表私人利益的仇神召唤到战场上来反对它。"[①] 对此，研究城市学的严肃学者，要有所准备。

这是人文学科，当然也是城市学的基本特征。

第三节　城市学"真正站起来"的紧迫性及基本条件

一、城市学学科建设的紧迫性

今天如此一本正经地讲述我国城市学学科建设，真有些尴尬，有些脸红。因为，中国城镇化的快速阶段几乎过半，更因为城市学必须讨论的，都是有关城镇的基本常识。我们是在城镇迅猛发展的大背景上来补课，补读城镇基本知识、基本常识理论课。这个课程准备很早，进展很慢，收获寥寥。"起了大早，赶个晚集！"首先，怪责任者不够努力，不动脑筋，更源于制度环境反反复复耽误过很多拟议中的大事……梁思成先生早在 20 世纪 60 年代就说过：

"城市是一门科学，它像人体一样有经络、脉搏、肌理。如果你不科学地对待它，它会生病的。北京作为一个现代化的首都，它还没有长大，所以它不会得心脏病、动脉硬化、高血压等病症。它现在只会得一些孩子会得的伤风感冒。但是，世界上很多城市都长大了，我们不应该走别的城市走错的路。现在没有人相信，城市是一门科学。但是，一些发达国家的经验是有案可查的。早晚有一天，你们会看到，北京的交通、工业污染、人口等，会有很大的问题。我至今不认为，我当初对北京市规划的草案是错的。"[②]

可见，梁思成那个时代，城市规律未被认识，得不到尊重。如今处于城镇化高速发展阶段的中国，基础理论城市学仍然不能广开专业课程，许多专业人员呼吁、抱怨城市学新学科多年来还不能真正站立起来。2011 年 4 月 10 日，笔者一位城市科学领域的朋友李津逵教授在电子邮件中直言相告："你所说的（能够解答城市一系列根本理论问题的）城市学在中国还不存在！"

① 中共中央马克思恩格斯列宁斯大林著作编译局 . 马克思资本论（第一卷）[M]. 北京：人民出版社，2004：第一版序言 .
② 忆中思 . 京城墙：梁思成的眼泪 [EB/OL]. 2013-5-3.http://blog.sina.com.cn/u/1651654791.

这种缺失与实践的迫切需求形成了无法调和的大空洞，令飞速发展的中国城镇因此行进在迷雾中，遭受巨大灾难。细心读者、有志者均痛感该学科如今还不能"真正站立起来"，面对实践中各种大问题不能解决，甚至不能解释，面对疑难拿不出观点和主张。因而研究、撰写、讲授和普及城市学基础理论已到了刻不容缓的地步。

城市学这个新学科如果不能真正站立起来，城市科学理论就谈不上真正为中国城镇发展建设和文化进化、民众启蒙提供服务。

首先，高速城镇化进程中缺少有力的理论支撑，致使社会和环境问题不断涌现。我国城镇化经历了漫长而曲折的过程，1950～1978年的28年中城镇化率由11%增加到18%，增加了7个百分点，年均提高0.28个百分点，属于慢速发展的城镇化准备阶段。1998年城镇化率达到30.40%，1978～1998年20年间平均每年提高0.75个百分点，中国城镇化自跨世纪之交开始进入快速发展阶段。1998～2005年，全国总人口从12.47亿增加到13.075亿，城镇化率提高到43%，年均增长1.42个百分点（图1-4）。最新统计显示，我国目前城镇化水平已突破50%。高速城镇化过程中，城镇发展建设缺少明确有力的理论支撑和实践指南，各种社会问题凸显，得不到根本解决或者正确解释。再者，部分现有学科认知体系混乱，往往将手段混同于目的，将途径混同于归宿，本末倒置，买椟还珠。另外，与城市有关的许多学科大多忽略对城市根本问题的思考、求解，已经出版的不少书籍对城市的论述流于肤浅，视野狭窄，回避问题，拒绝创新，理论脱离实际，导致城镇发展的根本方向和方法问题长期无法解决。

图1-4　每年春节前，农村在外务工人员选择骑摩托的方式返乡
（网络照片）

二、城市学"真正站起来"的基本条件

理论贵在真确、完整、清晰。朴素、易懂是真理本身的属性。所以我们提醒自己，城市学研究开拓时刻用这一标准检视自己的每一步进路。它作为一门新的学科能不能真正独立于学科群体，真正站立起来，需要符合如下条件：

（一）要有客观、明确的研究对象

任何学科若丧失自身明确、客观、唯一的研究对象，都不能成立。

城市学自身的研究对象客观而真实：从空间维度来说，中国有建制市 667 座，建制镇 31000 多座，涉及四五亿人口的生存发展；从时间维度来说，世界上最早的城市诞生于公元前 5000 纪至 3000 纪的两河流域，有些考古发现则提供了更早（公元前 7000 年）的证据。理论上说，城市从孕育至今已历 1 万年历史。这样浩瀚的历史空间，丰富的内容，都是城市学应该涉猎而远未完成的客观领域。

另外，2008 年 2 月 28 日，世界人口有一半已进入城市，城市面临众多的社会现象和问题，都有待城市学进行研究并作出回答。这些客观事实就成为城市学研究的领域和迫切任务。这些大量的客观存在能切实保证城市学研究言之有物、言之有据、言之有理，而不是无的放矢。

（二）要有合理的学科定位、完整的框架、独特的贡献（包括概念、视角、语汇和方法）

城市学处在城市科学群体的中枢环节。它承前启后，总结以往各学科独立认知的理论和精华，提炼有关城镇的知识，包括基本概念、基本结构、起源、发展演变、城市形制、基本属性、运行机理、发育机理、城市功能、目的、本质、城镇化、质量指标体系、城市问题等（图 1-5）。为城镇的操作实践提供认知基础和理论依据。这是城市学学科合理定位的第一层含义。

城市学的学科合理定位还有另一层含义，同样重要或更为重要：城市学基于城市担当文明人类继续发展进化的基本介质的事实，自然紧抓这一人文核心具有前文所提到的诸多特点，如追根溯源、内涵丰富、综合贯通、超脱自立、启蒙开悟等。换言之，城市学不像地理学、经济学、社会学、建筑学、规划学那样分别属于自然科学、社会科学或者工程技术，它因自身使命和学科特征而应隶属人文学科。所以它遵从人文学科的规律和特点，走自身的道路逐步发育成熟。这是城市学学科合理定位的第二层含义。

框架完整，其含义并非包罗万象，而是不缺少要件。城市学框架完整，体现在它不遗漏城市任何基本组成部分、基本层面、基本范畴，它将城市作为一个独立而完整的学理分析对象，全面完整包含在自身学科框架体系之中。

城市学的独特贡献不仅体现在它具有

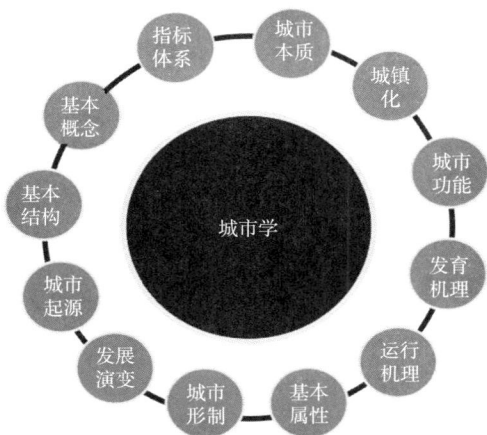

图 1-5 城市学研究内容

（杜玉成 绘图）

与城市科学群体内其他学科不同的研究范畴,如城市属性、构成、目的、任务、运行机理、本质,规划师、建筑师、设计师的角色、担当,环境与命运等篇章……更体现在这门基础科学的首要任务——即它须探究并回答文明人类和人类文明的由来以及去向。这是其他学科未予以解答,也是至今未予以关注的问题。然而这正是城市学最突出的特色,这甚至是城市学研究的一条主线。这样的任务决定了城市学自身独特的人文学科特性。

（三）完善的专业人才培养体系、科研创新和实践反馈机制

任何一个学科都要经历类似的途径:确定对象、形成框架、编写教材、开设专业课程、培训专业人员、开展科学研究、参与社会实践,从实际生活中不断丰富理论认识,使学科日臻成熟完美。

城市学的研究,教材编写、讲授和普及,特别强调群策群力。因为是新学科,自然有许多不成熟的地方,有待进一步完善,譬如有关中国最早城市之争至今未有定论。城市的运行机理也非常复杂:文化从价值形态形成,到形成相应环境、相应产业、相应体制和相应人格……其中各环节和机理,丰富而迷离,许多尚在摸索,不仅必须容许有个成熟过程,且这一过程将相当艰难,会有争论,会有反复,这都很正常。另外,这个领域中许多概念、原理、机理、法则,现有研究已多有触及,却含糊不清。所以,深入的科学研究思考注定要长期陪伴城市学的逐步确立直至成熟,因此科研对城市学来说尤为重要。

第四节　城市学：引领新的思想启蒙运动

在前三节中,对城市学相关内容进行了简要阐述,尤其第二节中提到:城市学的根本任务是要解答文明人类的由来和去向这一根本问题。目前,在我国发生着世界上最庞大人口群落的城镇化。城镇化率从 1978 年的 18% 迅速提升至 2011 年的 50%,33年间提高了 32 个百分点,未来十年甚至更长时间城镇化速度还将保持高速增长。这组数字看似鼓舞人心,不幸的是高速城镇化背后潜伏着不容回避的社会、经济和环境问题,发达国家城镇化高速时期曾有的各种弊端,在这个最庞大的人口群落城镇化过程中都未能幸免,仍在重蹈覆辙。极为荒诞的是城镇化高速发育阶段已经过半,而相关的理论体系尚不健全。如果以过去 30 年城市相关的基础研究起步晚、发展薄弱为借口进行搪塞的话,那么面对已经过半并仍在进行的高速城镇化进程,不容我们再寻找理由妄图逃避。城镇化大量实践和实践中产生的问题都值得我们仔细思考研究。当务之急,亟须在此基础上构建起城市相关的理论体系,引导城镇化这驾巨型马车的前进方向,避免重复以往"以其昏昏,使人昭昭"的非理性状态。能否正确看待城市,能否采取正确的发展决策,其中最核心的,在于能否正确看待人类,正确对待人民。而这也是迄今尚未妥善解决的启蒙任务。我国特殊国情决定了，理性、健全的城镇化道路以及配套决策，只能从启蒙开始，而这一重任义不容辞地落在城市学的肩上。①

一、启蒙"自己"：树立正确的宇宙观、人类观

现在从政府到学术界，再到普通大众，都常把城镇化挂在嘴边。人类为什么要进行城镇化？城市是什么？它发挥什么作用？普通人对司空见惯的事物，往往视而不见。遭此冤情者，一是城市，二是人类本身。在人类和城市的本质这个问题上，往往以肤浅、轻率态度来对待。这样的错误，东西方都曾经发生。例如科技界素有"彗星和小行星撞地球导致生命及人类产生"的"偶然性"解释，仿佛人类是"谁一不留神"生出来的。此种说法之浅薄，如此轻看人类诞生这伟大事件的宇宙含义，怎能接受？宇宙奇迹，如此简单，谁能认同？

作为目前自然界进化最高级生命形式的人类，应该通过何种方式来认清自身的特性和地位呢？刘易斯·芒福德在其著作《技术发展与人文进步》（Technics and Human Development）中给出了他的答案：

"可是，假如我们回到宇宙的中心位置，从科学构想的全部图景中看到人类智能的存在，那么，这宇宙景象就会完全不一样了：它不会仅只是时间、空间维度上难以度量的物质形态。当我们观察宇宙进化过程，不再仅仅局限于时间空间的单纯概念，而是同时也考虑有智能的精神意识形态，并且把人类放在衡量问题、诠释宇宙过程的主体位置上，那么宇宙进化的全部故事，读起来就完全不一样了。"

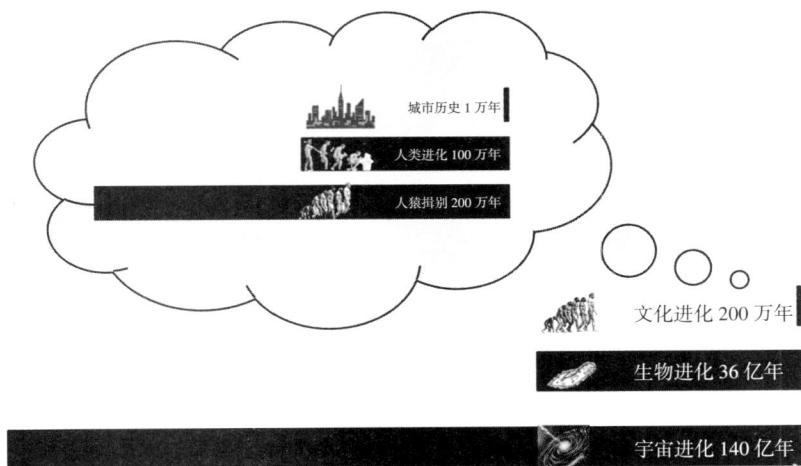

图1-6　依照佩卡·库西的划分，进化大潮分为3个阶段或者3个层级
（杜玉成　绘图）

---

① 参见宋俊岭.理性城镇化从启蒙开始[J].科学时报，2011；刘易斯·芒福德著.唐纳德·L·米勒编.刘易斯·芒福德著作精萃[M].宋俊岭，宋一然译.北京：中国建筑工业出版社，2010.

那么，让我们再一次回望来路，从宇宙和生命诞生、发展、进化的角度来重新认识人类自身。依照佩卡·库西的划分，进化大潮分 3 个阶段或者 3 个层级（图 1-6）：第一个是宇宙进化，始于 140 亿年前。此进程到了距今 46 亿年时，地球形成，开始了地球进化史。再行至距今 36 亿年，海洋形成，开始了以活质和单细胞为起点的生命进化。生命进化史中，恐龙、鸟类和哺乳类出现在地球的中生代，距今分别为 6700 万年和 250 万年，灵长类距今约 400 万年，200 万年前人猿揖别，古人类辞别生物进化，摆脱依靠获得性遗传和基因突变的进化途径，开始了自身特有的文化进化旅程。人类的黑猩猩表亲被远远甩在后面，至今在非洲丛林里叱咤逍遥，原因是其生物进化手段穷尽的时候，没有创造新途径继续进化。而人类，历经万般残酷、挫折、奋斗、不屈不挠才来到今天。如今，已经伫立在整个宇宙进化大潮的巅顶。可见，宇宙过程，乃至整个进化大潮，既不是人类发动的，也不以人类为开端。但是，人类以及人类文明，却当之无愧代表了这大潮的顶峰。这当然是因为唯有人类创造了新的进化手段——文化，我们不禁要问：这一切是偶然的吗？

荒寒、冷寂、漫长的宇宙过程，演化出生命世界，最终产生人类和人类文明。浩瀚宇宙漫长而神奇的进化之旅，带给人类无尽猜测。智能人类从来对于这浩瀚、神妙、瑰丽、而又无比强大的宇宙，充满好奇和想象。人类多少的神话和传说，都是这种想象的产物。宗教，本质上说，就是这些神话的高级版本。宗教和宗教情怀，本质上说，是智能人类对宇宙及人生的根本叩问和思考。东西方历史文明中都曾不约而同产生过神创论的宇宙观和人类观。并且在这样的宇宙观统领之下构建出文明秩序，长达数千年之久。直至近现代科学和技术手段诞生。这样的神创论宇宙观被彻底颠覆。然而，神创论被颠覆，并不等于宇宙奥秘获得最终解答。宇宙的本源，生命的意义，进化大潮的根本宗旨，微观世界中那些无数违反科学，科学无法解释的现象……多少哲学家都曾猜想并试图破解这个根本奥秘，他们纵使一时找不到答案，却不敢妄断！因而，即使"上帝死了"，为此，黑格尔哲学体系还是要创造出"绝对精神"这个概念来替代它。同样，社会哲学家刘易斯·芒福德等人，把这不能没有的概念表述为"宇宙自身的主体性"（subjectivity of the universe）。而这个概念，在中华文化体系中就被称之为"道"。

其实，就其核心含义而言，它就是 2500 年以来东西方古文化曾经使用过的"上帝""佛祖""安拉"之类，中国古代先哲，孔子、老子、孟子，则言之为"道"，并且殊途同归，各自基本上都能自圆其说。子曰："道不远人。人之为道而远人，不可以为道。"短短十几个字高度精炼地告诉我们，宇宙大化终究要化育、诞生出人类！研究宇宙根本规律，若无视产生人类诞生这个必然，那就算不上"根本规律"！

让我们换一个视角，现代胚胎学也告诉我们，人类个体胚胎发育进程中，会在母体内自受孕到降生，重复这 36 亿年进化过程的全部形态特征：单细胞→鱼类、鸟类、爬行类、哺乳类→人类。这个胚胎史把 36 亿年进化过程和伟大功绩都记录在人类个体的发育进程之中，体现人站立在宇宙进化大潮的最巅峰位置。如此看，人，真的不能小看了自己，当然也不能小看同类，无论他是君主还是草民，抑或其他生物类型。那么，从进化角度认识人类本身之后，我们不禁要问，相比其他生物，人类特殊之处又体现在哪里？刘易斯·芒福德在其著作中对这一问题作出了答复：

"……如果没有人类发现和领悟中获得的各种形状、模式、韵律……宇宙空间就是一大块无知觉、无形态、无时序、无意义的太虚幻境罢了。意义，它与人类同生共死（意义，meaning，哲学上也译'存在'、'实在'、'真实'等，甚至有更广泛内涵和外延。——译注）。或者更好地说，它同宇宙过程——也就是那个创造了人类并赋予人类以大脑的宇宙创造过程——同生共死。"

"虽说人类的觉悟、悟性，发挥着核心作用，并构成人类一切其他创造和建设活动的基础。然而，人、人类，终究不是神。因为，他的精神光彩和自我发现能力，都只是自然创造能力本身的延续和放大。人类的理智如今告诉他，即使他在最富有灵感、最成功最辉煌的时刻，也仍然只是更宏伟浩阔宇宙过程的参与者。这过程不是他发动的，也不以他为开端。因而，他也只能在最低限度上去控制这个自然过程。扩大自身的智能和觉悟，才是他增长本领才干的唯一途径。舍此，他无法丝毫改变自己的渺小和孤独。因此，人类逐渐明白一个道理，虽然自己具有奇特的智能水平，却一定要及时遏制住他的智能所发动起来的本我主义（egoistic，只顾自己利益的。——译注）的洋洋自得和痴心妄想。因为，即使是顶级的人类行为能力，也只能在服从宇宙各种力量和生物和谐合作的大前提下才能顺利运行。因而，宇宙体系各种力量的进程，连同各种生物的生命需求，人类都不能不予以充分尊重。"

"一切生命形态都无法摆脱物质环境条件制约，人类岂能例外？人类的体温不能超出上下几度的差别范围，人类血液的酸碱度平衡则更为脆弱，就连一天内不同时辰都会影响人使用能量的水平，继而就会影响其综合体征共同抵御疾病的能力。此外，月相、天气、气候变化都会给人带来生理和心理反应。因而唯独在下面这一种含义上人类的能力虽不是神仙却胜似神仙，这就是人类所创造的象征意义的宇宙（a symbolic universe of meaning），这个宇宙纯粹由意念和精神构成，它能映照人类自身本源的真性，也能映出人类沿文化道路进化的漫长过程。并且，尤可贵的是，这意念与精神的象征宇宙还在很大程度上让人类能从精神思想上超越自身的生物局限。人类全部日常生存活动，包括饮食、劳作、求偶、繁衍等，无不必需，缺一不可。而这全部基本生存活动，如果最终不能激活人类去参与宇宙最高的创造过程，如果离开了古今一切宗教都认为人类自身与生俱来、同时又超然物外的伟大过程，就将丧失全部意义。而这个伟大过程，宗教上称之为神性（divinity）。"①

从这段论述中，我们是不是可以重新观察和思考人类道路，人类的由来和去向，这种最根本的问题？

---

① Lewis Mumford. Technics and Human Development[M].New York:Harcourt Brace Jovanovich，Inc.，1967，34.

二、启蒙大众：树立正确的城市观、文明观

约 200 万年前，人猿揖别，自此人类摆脱单纯的生物进化，开启了独特的文化进化旅程。而城市的孕育和发展却只有 1 万年的历史。如果从时间长度上来说，200 万年的文化进化相比 46 亿年的地球进化只是惊鸿一瞥，那么短短 1 万年的城市发展史放在这浩瀚的进化大潮中就更不值一提了。但正是这短短 1 万年的城市发展史却使得地球经历了自诞生以来最剧烈的变化。

在最后这一万年里，人类进化才步入到高潮时代，并在进化过程中找到了两个利器——一个是语言文字，另一个就是城市。从那时起，城市就作为一个阶梯，伴随人类一轮又一轮的上升与进步。城市的改进，形象地反映出人类自身的成长旅程。[①]难怪约翰·里德（John Reader）发问："离开了城市，人类能有今天吗？"同样，我们也要问一句：离开人类，城市能有今天吗？答案无疑是否定的，那么为什么一些已经出版的关于城市学的著作对最为核心的人及人类文明花费笔墨甚少，甚至干脆只字不提？避开人类和人类文明而谈城市，是作者的疏忽还是其他原因，我们不得而知。

城镇是容器，也是载体，它容纳人口，储存文化。城市对于形成新型社会文明具有多重作用，包括创新作用、铸模作用、催化作用和传输作用。城市和人类文明互为表里，是文明赖以发展的手段。人类改造着城市，同时又时刻潜移默化而又强烈明显地受着城市的巨大反作用。城市从无到有，从低级到高级的发展史，正无声地反映着人类社会、人类自身同样漫长的发展进化。城市是改造人和提高人的场所，人类正是凭借着城镇发展这一阶梯，才步步提高了自己，丰富了自己，造就灿若群星的英才，创造了崭新的文明和制度。

"如果说在过去许多世代里，一些名都大邑，如巴比伦、雅典、巴格达、北京、巴黎和伦敦，都曾经成功地主导过它们各自国家民族历史的话，那首先是因为这些大都城都始终能够成功地代表各自的民族历史文化，并将其绝大部分留传给后世。"[②]

为了更好地理解城市，理解人类文明，让我们一起回顾一下城市孕育发展的这 1 万年，尤其是后 5000 年的人类文明进化历程。

起初，在人类对自己生存的地球还没有足够的认知时，他们对自然充满敬畏，将一切不可解释的现象归咎于神灵，中国古代先贤称之为"道"。无论是世界上三大宗教（佛教、基督教、伊斯兰教），还是中国的儒家、道家的思想学说，都曾经是文明之母，都曾经坚定不移引领人类前进了至少 2000 年。大体上从公元前 500 年到公元后 1500 年。历史上，城市中高耸的教堂和宏伟的殿堂皇宫，都是人类文明在城市这一载体上的物质反映。

① （美）刘易斯·芒福德. 城市发展史——起源、演变和前景 [M]. 宋俊岭，倪文彦译. 北京：中国建筑工业出版社，2005.
② （美）刘易斯·芒福德. 城市的形式与功能.《国外城市科学文选》[M]. 贵州人民出版社，1984，51.

　　然而 15 世纪前后，在西方逐渐发生了变化：开普勒日心说诞生，哥白尼、牛顿、伽利略、笛卡儿、培根等，一大批科学巨人诞生，地心说被日心说取代，团团转的机械运动论宇宙模式形成。日心说问世，取代了上帝创造万物的假说。于是，上帝——作为人类创造出来的宇宙答案，以及人类自身的答案——这样一个角色开始暗淡。或用后来尼采的话来说："上帝死了！诸神已经堕落"，这都是真的。上帝慢慢淡出视野，剩下人类孤零零，孤儿般飘零在荒寂的宇宙空间。当上帝以及一切大神淡出心界之后，人类便迷失了方向。之所以如此，很重要一个原因是"上帝"等神祇（所谓 the Maker 造物者），除了解答宇宙和人类来源之谜，还担当着价值核心的角色。他的（His）前一个角色——人类之父，可能已经暗淡，可能已经消失；但是，后一个角色，即人类的教师、"牧者"，亦即人类不可或缺的价值目标，也过时了吗？

　　自现代文明开始，科学技术，俨然如新皇帝，登堂入室主宰世界，但它却无法担当人类向导，也永远解释不了宇宙、自然和人类的全部奥秘。原来的答案（上帝）消失了，而谜团依旧。上帝、神灵远去后留下的巨大空白，谁能填充呢？这就是许多大科学家、政治家，在科学探索、政务公务之余，周日上午仍然整饬服装，全家一起去教堂的道理……他们不敢小觑这个上帝！人之为人，必须有个价值追求，高悬一个圣洁目标，宗教的积极含义正在于此。

　　在这 5000 年的人类文明主流进程中，前后发生过两次大觉醒。第一次发生在 15 世纪前后的欧洲，主要是文艺复兴、理性主义和启蒙运动；主题是反对宗教愚昧，主张理性，反对迷信，主张科学，反对极权专制制度，主张平等、民主、自由和博爱；其成果是撼动了神权核心的宗教世界，树立了以人为核心的价值理念，以及科学理性为核心的现代文明，现代科学大发展，大规模生产方式的诞生。最终则是一个完全世俗化世界秩序的确立。紧接启蒙运动之后，通过工业革命，人类的生产能力、效率、规模，以及行动速度和涉猎范围都得到大幅扩展。人类涉足的空间领域，不仅停留在地球的表面，更是将探索的足迹深入到外太空和物质微观世界。在世界物质生产一连串奇迹的同时，不幸，人类却在自身解放的道路上走过了头：自我膨胀，妄自尊大，人性丧失，自身行为恶魔化，否定自然，敌视和虐待同一星球生灵万物，包括自己的同类。文明异化导致环境污染退化，物种数量和规模锐减，生态失衡。世界上出现的各种各样的问题和灾难，让人类开始反思人与环境之间的关系。新一次大思考和大觉醒始于 20 世纪中期。从以刘易斯·芒福德等为代表的一系列先驱人物到罗马俱乐部和绿色和平组织的建立，直至波澜壮阔的生态文化产品大量问世，如今生态文明正在变成世界的主流文化。

　　在工业革命的热潮中，人类妄图称霸地球，才导致这一系列毁灭性的生态环境问题。人类一边破坏着地球上的环境，一边借助工业革命和信息革命的成果探索地球外太空，以谋求新的生存空间。直到美国阿波罗号登月，宇航员无意中回首，拍下了人类第一次从地外空间观察地球的照片：原来我们生存的地球竟如此美丽！后来随着探索的深入，在已知的 400 多颗行星中未发现类似地球的生命迹象。迄今为止没有哪颗星球像地球那样美丽和美好。于是后来就有了我们所熟知的口号：我们只有一个地球（We have but one earth）！至此才恍然意识到，原来我们生存的地球就是上帝创造的伊甸园！原来人就是神（Man is God）！

总结来看，人类文明史上除了两次大的觉醒，也经历三次革命浪潮。第一次，农业革命，让城市诞生于世界；第二次，工业革命，让城市主宰了世界；第三次，信息革命，又将让城市如何呢？这是我们观察现代世界，决定行止时要认真思考的问题。

三、启蒙决策者：认清国情，正确决策

城镇化进程的重要规律和特点之一就是，一个国家工业化开始越晚，其城镇化进程就越是迅猛异常。我国的城镇化就突出体现了这一特点。它虽起步较晚，但来势迅猛。城镇化率从 1978 年的 18% 到 2011 年已超 50%，33 年间提高了 32 个百分点。在工业和城镇迅猛发展的同时，也滋生了各种环境和社会问题。

2012 年中国共产党第十八次全国代表大会上，胡锦涛同志在工作报告中提出要"坚持走中国特色新型工业化、信息化、城镇化、农业现代化道路"。李克强总理也多次指出"城镇化是发展最大的潜力"，并要求研究制定全国城镇化发展规划。近日城镇化发展总体纲要——《全国促进城镇化健康发展规划（2011—2020 年）》（简称《规划》）已经编制完成，该《规划》由国家发展和改革委员会牵头，包括财政部、自然资源部、住房和城乡建设部等在内的十多个部委共同参与编制，涉及全国 20 多个城市群、180 多个地级以上城市和 1 万多个城镇的建设。可以预见，未来 10 年城镇化仍会保持较高的速度。前几十年遗留的城镇化问题尚未得以解决，新的城镇化又即将拉开序幕。加之我国人口基数庞大，城镇化高速阶段又与人口峰值期重合，此局面不可掉以轻心。在中国这样特殊的国情下，如何正确引领巨型人口城镇化是摆在国家高层决策者面前的重大难题。

"城市的主要功能是化力为形，化权能为文化，化朽物为活生生的艺术形象，化有机的生命繁衍为社会创新。这都是城市能够发挥的积极功效。而若没有制度创新，若不能首先有效支配、控制强权，城市这些积极功能就无从发挥。历史上，同样先有制度创新，然后，一些发展过头的大村落、堡垒、营寨才靠这些制度安排逐步转化为高度组织化的文明构造，让城市诞生于世。如今我们亟须的同样是这种强大的制度安排。"①

这段话的前三句，经上海世界博览会采用已广为流传。而人们在人云亦云称颂城市神奇功能的同时，少有人注意到作者着重要说的其实在后面。他强调：一切好东西，

---

① （美）刘易斯·芒福德. 城市发展史——起源、演变和前景 [M]. 宋俊岭，倪文彦译. 北京：中国建筑工业出版社，2005.

若离开制度创新,都会流产。我国当今的要害问题也正在这里。笔者不嫌累赘全段引述,就为了大家完整理解这个意思,而不要拿着一张通过统计进城农民总数计算得来的城市化率指标而沾沾自喜。

新中国成立70年来走弯路、跌跤的事情已经不少。如今是不是该冷静下来回归理性了?中国是改革开放的社会,正如刘易斯·芒福德所说:"任何彻底的改革,首先是价值观的改革,是全社会首选物的转变;就是看全社会把什么摆在首位。当今那种不加节制、不要终极目的、追求单一指标的进步概念,可能是当今这非常狭隘世纪中最狭隘的思想概念。"

我们的"首选物"曾经是"温饱"、"让一部分人先富起来"、"稳定"之类的单一目标。国情特殊,本无可厚非。而在追求经济发展和人民富裕的同时,必须认清,价值形态才是文明发育进程中最根本、最重要、最权威的动力和指南。回顾历史,若无数千年礼义廉耻、忠孝仁爱做国之四维,怎会有老舍笔下描写古都优美的文字?若无几千年的礼义廉耻,怎会有以同仁堂为代表的职业操守——"炮制虽繁必不敢省人工,品味虽贵必不敢减物力"?若无数千年礼义廉耻潜移默化,民众如何能选择出如此鲜明稳定的道德认同——"忠厚传家久,诗书继世长"?故都北京又怎会有鲁迅笔下《一件小事》里车夫爱人胜于爱己的可贵自律?

城镇化体现了人类从野性走向人性的文明历程。人们离开农村走向城镇,不论规模大小,都意味着走向文明和文明生活。背离这个含义和效果,城镇化就丧失了价值和宗旨。新时期下,中国的城镇化应选择何种价值形态作为其文明发育进程中的动力和指南呢?

四、启蒙新生:回归理性价值

文明人类,圣洁人类,合理制度环境,是城镇化道路的理想目标。但在抵达文明、圣洁一系列高峰之前,守礼、和善、勤奋、节俭、博爱、悲悯、知耻、认错、忏悔、道歉、自励、自检、自律、清廉、容恕、对话、理性沟通、博采众长、普适价值……都是一个个绕不开的理性台阶,逐一拾级而上就能登上圣洁巅顶,铺设这些台阶就是城镇化重任之一。

理想,从一开始就是人类进化路上追求的目标和动力源。丧失理想意味着迷失,意味着堕落。从原始人点燃第一支祭火,立原始宗教,经过体绘、歌舞、

图1-7 杭州灵隐寺首次免门票在寺庙内分发腊八粥,部分民众未能遵守排队规则,一时场面混乱
(新华社记者黄宗治 摄)

禁忌、占卜、岩画的漫长进步，直至放弃人殉采用陶俑，到尊重普通人权，形成自由、平等、博爱、民主的普适价值……从茹毛饮血到锦衣美食，从采集狩猎到豪宅香车，这期间跨越不可谓不大，而物质生活却从来都不是人与野兽之间的主要分界线。人之所以为人，在于他的崇高价值理念。人类后来能超越野兽，纯粹由于人类的特殊需求，包括他的物质需求、道德需求、审美需求以及认知和智能需求，这类需求无论在数量或特异性上，都绝对超过了野兽。人类能超越野兽，原因仅此一点，而非其他。

五、以人文情怀研究城市学，完成学科建设任务

如前文中提到的那样，理论贵在真确、完整、清晰。朴素、易懂是真理本身的属性。所以我们提醒自己，城市学研究开拓时刻用这一标准检视自己每步进路。在城市学学科建设过程中，要秉承严谨认真的科学精神，同时也要融入人文情怀。

什么叫作人文情怀？为什么要以人文情怀来研究城市学？在回答这一问题之前，我们先简略探讨一下城市的本质。些微理解了城市本质，自然就容易回答这问题了。城市是文明人类的存在形式，是人类文明的主要载体，其本质乃是人类自身属性的延伸和物化。就物质环境构造而言，城市乃是人类自身内在品格外化而成的物质环境构造体系。所以，道不远人，城市亦不可远人！

何为"人文"？"人文"的核心是超越个体、超越种族、超越国家从人类整体甚至宇宙角度思考世界，是在自然科学和社会科学的界面上开始的一种超越性的思想观念和价值理念。人文情怀，是对人的生命与尊严、意义与价值的理解，它既是一种形而下的研究，更是形而上学的深刻领悟。人文精神与自然哲学从诞生之日就联系紧密。可惜，2500 年前学术正式深入之日，就开始分道扬镳，直至近现代已经分裂切割得无以复加。如今是倡导它们重新组合的时候了。

何谓人文精神、人文情怀？讲述概念不如举实例更易理解和接受。举个别实例莫如大家公认的实例更有说服力，所以，若举例刘易斯·芒福德就不如诺尔曼·白求恩。主观介绍则不如察其言、观其行。

诺尔曼·白求恩（1890—1939 年），著名胸外科医师，新闻记者，反法西斯斗士，1936 年援助西班牙反法西斯斗争，1938 年又来援助中国抗日。他以他的生命和技术，以他对弱者的同情和献身精神，超越个人瑕疵，超越信仰和出身，演绎了人类博爱和永恒的人文情怀。《疗伤》（*The Wounds*）是他的名篇，文字简洁、优美、清丽，是作者临床医疗之余在煤油灯下打字机上记下的疗伤思绪，字里行间透出深切的人文情怀。何谓"人文情怀"？下面请原汁原味欣赏该文中四个片段，感受一个高贵的灵魂：

"The kerosene lamp overhead makes a steady buzzing sound like an incandescent hive of bees. Mud walls. Mud floor. Mud bed. White paper windows. Smell of blood and chloroform.

Cold. Three o'clock in the morning, December 1, North China, near Lin Chu, with the 8th Route Army. Men with wounds. Wounds like little dried pools, caked with blackbrown earth; wounds with torn edges frilled with black gangrene; neat wounds, concealing beneath the abscess in their depths, burrowing into and around the great firm muscles like a dammed-back river, running around and between the muscles like a hot stream; wounds, expanding outward, decaying orchids or crushed carnations, terrible flowers of flesh; wounds from which the dark blood is spewed out in clots, mixed with the ominous gas bubbles, floating on the fresh flood of the still-continuing secondary haemorrhage……"

"头顶汽灯低鸣，像一窝闪亮的蜜蜂在飞旋鸣唱。泥墙、泥地、泥土炕，白纸糊窗。血腥味夹杂着哥罗仿。天气寒冷。12月1日深夜3点。华北，距灵丘不远，与八路军同在。运来许多伤员。创口如干涸小洼，混杂黑泥，已结痂。有些创口周边散乱，呈黑色坏死。还有些创口表面整齐，内藏脓疡，蚀入大肌……"

"Gangrene is a cunning, creeping fellow. Is this one alive? Yes, he lives. Technically speaking, he is alive. Give him saline intravenously. Perhaps the innumerable tiny cells of his body will remember. They may remember the hot salty sea, their ancestral home, their first food. With the memory of a million years, they may remember other tides, other oceans, and life being born of the sea and sun. It may make them raise their tired little heads, drink deep and struggle back into life again. It may do that."

"坏疽病很狡猾，万不可掉以轻心。这个伤员还活着吗？对，活着。技术上说，他活着。马上注射生理盐水。或许，这些盐水会帮他体内无数微小细胞回忆起他们的古老家园，那阳光照耀下温暖的海洋，记得他们最初的食粮。穿越数十亿年记忆，他们会回忆起无数浪涌以及无尽海潮，想起自己诞生在海水和阳光的怀抱。生理盐水能帮助这些弱小细胞抬起疲倦的小脑袋，畅饮个够，然后拼命奋斗，重回生命之路。会奏效的！"

"Threaten a reduction on the profit of their money and the beast in them awakes with a snarl. They become ruthless as savages, brutal as madmen, remorseless as executioners. Such men as these must perish if the human race is to continue. There can be no permanent peace in the world while they live. Such an organization of human society as permits them to exist must be abolished."

"他们的利润金钱一旦受到减缩贬值的威胁，其野兽真面目就会一声怒吼显露出来，立即变得狂人般狰狞可怖，像绞刑吏一样残酷无情。这种人存在一天，就没有人类继续存在的空间。他们存在一天，全世界就没有安宁。容忍这类现象的人类社会组织，再也不能继续了。"

"How beautiful the body is: how perfect its pads; with what precision it moves; how obedient, proud and strong. How terrible when torn. The little flame of life sinks lower and

25

lower, and with a flicker, goes out. It goes out like a candle goes out. Quietly and gently. It makes its protest at extinction, then submits. It has its day, then is silent."

"人体多么优美，各肌腱多么巧妙，配合多精准！多么柔顺，多么自豪，多么坚强可靠，而一旦被毁，又多么惨不忍睹！生命之火越燃越弱，越烧越矮，一阵摇曳过后，终归寂灭。像蜡烛熄灭，安静，平和。它抗议死神突降，然后屈从，然后安静。有过辉煌，然后谢幕。"

佛罗伦萨、圣彼得堡、罗马，乃至古典北京，建造得那样精美，如离开了建造者的人文情怀，不可设想，也难以为继。这些城市的不同历史结局，已经做出结论。拯救过那么多古城、古镇、古建筑的同济大学建筑学院阮仪三教授，就是这种人文情怀的一位楷模。

第五节　兼议中国人文学科的长期严重落伍

如前所述，城市学从学科特性及研究内容来看属人文学科。我国人文学科长期处于落后状态，是不争的事实，尽管反对者振振有词。城市学甚至到中国城镇化高潮阶段几乎过半之际仍无法真正站立起来，仅此一例不就是明证吗？相对于我国自然科学、工程技术水平来说，人文学科，社会科学步履蹒跚、长期落伍。本书顺便议论人文学科长期落伍的现象和原因，以期引起重视。

我们什么时候还能出现明末清初大学者顾炎武那样的人文精神代表？顾炎武以"行己有耻"、"博学于文"为学问宗旨，屡试不中，"感四国之多虞，耻经生之寡术"，以为"八股之害，等于焚书；而败坏人才，有盛于咸阳之郊"，自27岁起，断然弃绝科举帖括之学，遍览历代史乘、郡县志书，以及文集、章奏之类，辑录其中有关农田、水利、矿产、交通等记载，兼以地理沿革的材料，开始撰述《天下郡国利病书》和《肇域志》。顾炎武"明道救世"的经世思想，"天下兴亡，匹夫有责"的响亮口号，更为突出的是他"身无一锥土，常怀四海心"的抱负，成为激励中华民族奋进的精神力量。

钱学森教授曾问前来看望他的温家宝总理：为什么1949年以后，中国再没有培养出有影响的科学家和有创见的思想家？他在各种场合不止一次提出问题：为什么我们的学校总是培养不出杰出人才？2005年7月29日，钱老对温家宝总理进言："现在中国没有完全发展起来，一个重要原因是没有一所大学能够按照培养科学技术发明创造人才的模式去办学，没有自己独特的创新的东西，老是'冒'不出杰出人才。这是很大的问题。"

人文学科的宗旨就是研究和培育文明人类的。落后腐朽的社会风气，无文明底线的大众行为，都讲述着落伍的人文环境和人文教育。笔者近来不止一次从重要工具书中发现此类现象，例如2000年出版的《汉语大词典》对于"形而上学"的释文中这样写道：（1）与辩证法对立的世界观和方法论。其特点使用孤立、静止、片面和表面的观点来看世界，认为一切事物都彼此孤立，永远不变，即使有变化，也只是数量的增减和场所的变更；而这种变化的原因，不在事物的内部而在事物的外部。（2）旧指社会科学。

这样的释文距离该词语的历史渊源和真确含义简直不着边际！如此陈旧落伍的工具书释文，莫说追赶现代世界前沿成果，其落伍倒退甚至还赶不上20世纪30年代民国时代。说人文学科陈旧落后，承认自己陈旧落伍，又何冤枉？

再举一例，各地兴建不少历史博物馆，从笔者参观有限的几处博物馆印象来看。省市级的（历史）博物馆大多陈列名贵文物，名人字画、金石篆刻，地方工艺品和土特产名产。因而一些观众慕名而来，失望而归，看完之后不能获得一个清晰、全景图般的人文总览。能将自省、直辖市、古都、故都身份漫长历史有条理整理出来和盘托出，讲述给观众的，凤毛麟角。很少有像浙江省博物馆那样，从断发文身、禁忌礼制、舞乐劳作、稻粱渔桑、河姆渡、良渚、冶铜铸剑、悠久陶瓷、丧葬礼俗……直至明清时代江南制造厂营造宫廷全部官场服饰……漫长而辉煌的历史进程，详尽展现。坚持历史唯物主义，令人信服地宣讲了爱国主义和人文情怀。能做到这样的，百分比很低！许多博物馆场馆设计和建造极为出色，乃至享誉海内外，内囊却空空如也，实属浪费大好资源，愧对祖先，愧对职责。有些门可罗雀，一对母子参观某省级博物馆，发觉浩大展厅内自己竟是唯一看客。有些省级博物馆则索性关门，大约因为稀有看客。

这都涉及文化传播，图书出版领域。再举一例：《中华古文明大图集》，1992年出版，收入数千幅图像、照片，记载古代文献资料和实物，非常珍贵。可惜，该书也像前面所说的博物馆一样，缺少宏观思路与总体框架，脉络混乱。它不想完全沿用古代概念，却又无法完全超脱，结果半进半出，形象尴尬，语言奇特。特别是城址城池一项，不能作为文明、文化的容器予以适当定位，是个大遗憾。

但是，中华文明确曾是礼乐之邦，礼仪之邦。孔孟之道为东方文明人类立基，流布东南亚诸国，中国也被尊为人文价值的超级大国，那么，我们是怎么落伍的呢？

全面而论，人文学科落伍有几方面原因：

首先是帝国主义战争的破坏。对一个国家而言，文化的毁灭就像人心灵被毁灭一样致命，一样难以挽回。中华屡经战乱，文化遗产遭遇洗劫。更远的不说，只举例日本侵华期间对中国的文化教育机构进行肆意地摧毁和破坏，如拥有大量珍贵典籍的上海东方图书馆被日军炸毁。为什么日寇要毁我图书馆，就是要在文化上消灭中国。在"淞沪事变"的次日，用心险恶的日寇将炮火倾泻在这座当时中国规模最大的图书馆上。大火从上午8时直至傍晚，这座当时闸北最高的5层大厦被日军炮火焚毁一空。30多年收集来的大量中外图书，积累多年的全部杂志、报刊，极其珍贵的省、府、厅、州、县地方志及编译所所藏各项参考书籍及文稿均化为灰尘。"是时，浓烟遮蔽上海半空，纸灰飘飞 10 里之外，火熄灭后，纸灰没膝，5 层大楼成了空壳，其状惨不忍睹。"侵华日军海军陆战队司令盐泽幸一曾得意洋洋地说："烧毁闸北几条街，一年半年就可恢复。把中国最重要的这个文化机关焚毁了，它永远不能恢复。"

其次是历次运动的破坏作用。如公私合营，随所有制改造而流失的人文价值和有形和无形的文化遗产，"文革"当中被毁坏的有形无形文化遗存……新中国成立后，手工业大规模公私合营，偏"左"的文化思潮和声势浩大的"文化大革命"对手工技艺类、文学传说类，特别是有宗教色彩的文化形式的传承打击巨大。一些有民间需求的非遗项目仍旧能够较好生存，而当时能够明确感受到传统氛围、把玩民间玩意并能够将当年的记忆较完整地进行讲述的人，现今也已跨入知天命的年龄，因而许多无形的遗产如今已然失传。尤其是"文革"中，无数的中华民族优秀的文化遗产遭受浩劫，一大批学有专长的知识分子受到残酷迫害。许多文物古迹及古董遭到毁坏，期间被毁的文物简直罄竹难书，几乎横扫了中国上下 5000 年：炎帝被焚骨扬灰，舜帝陵被毁，释尊 8 岁等身像被毁，孔子墓、王羲之墓、包青天墓被铲。[①]1982 年人口普查统计表明，当年全国文盲半文盲多达 2.3 亿人。"文革"不仅对知识分子、革命干部带来家庭的剧烈创伤，更对一个民族的文化造成了不可弥补的损害。

人文学科落伍，第一责任人是人文学科专业工作者自身。不少科学专业人员，专业不专，读书不求甚解。举例来说，"中国现代社会结构模式研究"、"城市学"，都曾经是国家研究课题，却由于种种原因流产，花费了时间、资金、人力，结果收获寥寥。课题研究进行多年后，如一位成员评价，"都快交卷了，还未破题！"根本不懂社会结构主旨是什么。

翻译作品不少，精品罕见。名著经典翻译，生搬硬套，译犹未译，此现象极为普遍，许多名著是丢失在翻译出版过程中，因为译文没人能看懂，成为一大灾害。实例很多，仅举几例。

首先就是 Garden City 的用法和译法，以及内涵介绍。为透彻说明此意，我引述我自己以往的文章《"田园城镇"：明智的抉择》：[②]

"为说明这个抉择，首先要澄清一对混乱概念：这就是混淆已久的'花园城市'和'田园城镇'。两个词语都由 Garden City 翻译而来。

但究竟是'花园城市'还是'田园城市'？提出这问题似乎有些咬文嚼字，实则不然。这两个词语都源于英文 Garden City，它来自著名田园城镇运动的创始人埃比尼泽·霍华德的

---

① 《科技日报》2008 年 3 月 17 日。
② 宋俊岭. "田园城镇"：明智的选择 [N]. 中国房地产报，2006-02-13.

著作: Garden Cities of Tomorrow。因该书很经典，1987 年就由中国城市规划设计研究院金经元先生翻译出版，因此后动响不大，2000 年商务印书馆又作为经典读物再次出版。译者金经元是笔者可敬的老友，此公严谨得近乎苛刻。金先生译毕全书之后，才很慎重地将其定名为《明日的田园城市》，并一再写文匡正由来已久的误解，说应该是'田园城镇'，而不是'花园城市'。不幸，世风浮躁，读书而缜密思考者太少。包括简明不列颠百科全书，也把 Garden City 这个词条译作'花园城市'。笔者以前的文章里也曾着重匡正这一点，但也遭无情删节。其实，这一字之差，大有文章；差之厘毫，谬以千里。"

　　埃比尼泽·霍华德的"田园城市"概念，主要内涵是融会城乡两者的优点，英文原作中还把一城一乡分别喻为马蹄形磁铁的两极，而田园城市恰好居中，兼有城乡两者的优点。田园城市概念的要点包括：稳固的农业用地，核心地区严整的城镇规划布局和市政建设，适度城镇规模和人口规模，城乡经济、产业互补，保留农村合理的生活习俗，民主的管理手段……事情关系到全国城镇化的根本选择方向，在此引述一段精彩文字以警醒读者：

　　"'田园城市'与'花园城市'的本质区别在于人们对土地价值的认识……故'田园城市'是世界人居（环境），尤其是中国人居（环境）迫于政治、人口、资源、环境的压力和可持续发展的要求而必须选择的方式……当今中国几乎是以世界上人均拥有量最少的土地来养活世界上最多人口的国家，形势十分严峻……所以，当今的农民进的城，应该进的是'田园城市'还是'花园城市'，已无需争辩……我们还有什么理由在土地问题上奢侈呢？……加快小城镇建设，第一个原则应该是'田园城'而不是'花园城'。……'田园城市'是中国走向成功的希望所在，也是中国政治和经济在未来所能代表的先进性所在。'田园城市'的最大特点是可以使无家可归、无业可就、尚未适应市场经济的新'游戏规则'的民众有一个栖息地。而'花园城市'的最大特点是让富人享受'绿色'，而让弱势人群失去工作与居住空间，甚至流浪街头……'田园城市'就是减少和消灭（政府）'救济'的人居生存模式，也是减轻政府经济压力和维护社会稳定的发展需要。"[①]

　　许久以来，"花园城市"一词在许多专业工作者当中口出耳进，似乎，所谓花园城市，无非是植树种花，扩大绿化，如此而已！埃比尼泽·霍华德学说中的给陷入困境的农村和城镇寻找出路的经典意义，就在"花园城市"这一严重曲解中被断送得干干净净。

　　前文所说之芬兰学者佩卡·库西，代表作 This World of Man（我们这个人类世界）被翻译为《人，这个世界》。其中 Man 在此语境中的含义弄错，因而整个标题意思就丢失了。

　　另一例就是最著名的《哈姆雷特》中的王子独白："To be or not to be，this is the

---

① 金祖华. 田园城市与花园城市 [N]. 中国建设报，2003-04-18.

question." 历来翻译采用："活，还是不活，这是个问题"。这就是 "译犹未译" 的典型，因为同没有翻译一样。道理在于，这里 question 要取英语词典中 question 的第二义 "the matter that needs solution"（困难局面，需要解决），而非第一义 "the thing that demands an answer"（有疑难，求答案）。综合剧情环境，这句话应译为："苟活，还是一拼？该下决断了！" 是哈姆雷经过特长时间痛苦思考后下的决心。

还有 Human scale 这一术语的译法，以及 The City in History 翻译方法之争论经过和结果，前者究竟应译为 "人的尺度"，还是 "人文标准"，后者应译为 "历史中的城市" 还是 "城市发展史"，这些争论都发生在专业队伍当中，有些甚至是名家。

像这类翻译过程中流失掉的名著要义，太多太多。有位记者问我，"为什么我们阅读许多译著会感觉那么痛苦？" 这提问很能反映当今翻译界（还有编辑出版界）的实际状况。如此令人痛苦的名著 "译介"，怎能补养自身民族文化呢？

再次是科技文明时代以来世界范围哲学研究都相对滞后，缺乏反思和批判精神，佳作很少，即使有，也难以对话主流意识形态。这一领域最集中的表现就是脱离人文标准，脱离自古以来的道统，或者称之为人文精神、民族精神。实际上，无论东方或者西方先贤，对此方向很早就有经典论述。

孔子曰："道不远人。人之为道而远人，不可以为道。" 古希腊哲学家普罗格拉斯也有异曲同工的论述："人是衡量一切的标准，衡量存在的事物及其所以然，以及不存在的事物及其所以不然。"

但是大量教科书和传媒内容中，都将人文主义简化为 "以人为本"。其实人文主义的真正含义着重强调人的内心活动，强调通过内省体验以及实际活动来研究人的含义，特别强调人的情感和意志而非人类的理性特征。换言之，人文精神、人文主义强调形而上而非形而下的领域。如今城市学、城镇研究，偏重物质环境，漠视上述概念的人文精神和价值。据此塑造出的城市形象、城市社会和世态人心散发浓重物质气息，也就不足为怪了。

以上三种原因具体表现极多，不容也无需一一细说。但是，若无人文学科透彻的改观和进步，若不能营造良好学术环境和求真氛围，社会的进步和变迁，包括城镇的发展、规划、建设和管理，就只能停留在十分肤浅、浮躁和混乱的水平上，不足为怪。

本章小结

城市学位于城市科学群体的轴枢，承担认知向操作过渡的功能。自人猿揖别文化进化就正式开始，直至进化到今天的人类，进化过程所依靠的早已不再是生物手段而是文化手段——文明创新和知识精神财富积累。文化进化主要是信息积累和改进，其两个主要介质和手段，一是语言文字，另一个就是城市。可见，城市是人类文明和人类文明进化发展的主要介质。城市以及城市学，正是在这个意义上被赋予了积极、严肃而深刻的含义。

作业与思考

1. 荒寒冷寂的宇宙，最终运化出生命世界，乃至人类和人类文明……这纯粹是偶然的吗？城市是在什么背景下出现的？它与人类是什么关系？

2. 什么是城市（镇）学？城市学与城市科学是什么关系？

3. 城市学的学科任务和基本特征是什么？

4. 为什么说中国亟须城市学？发展城市学的基本条件是什么？

5. 城市学能承担哪些启蒙任务？这些启蒙有何作用？

6. 为什么把城市学列属于人文学科？

7. 如果说地心说被日心说取代之后宗教文化因此弱化，"上帝死了，诸神已经堕落……"人类沦为没有父亲、没有教师的宇宙孤儿，这样的看法与当今"以人为本"的口号是否对立？ ①

---

① 这个问题是 2013 年课堂教学中一位同学的提问，很有价值。就该问题展开的讨论将列在本书后面的章节。

第二章 优良城市：以古典北京与华盛顿为例

If the great capitals like Babylon, Rome, Athens, Baghdad, Peking, Paris and London, have dominated the history of their respective countries, it is because they were capable of representing and passing on a large portion of their total culture.

如果说在过去许多世代里一些名都大邑，如巴比伦、雅典、巴格达、北京、巴黎和伦敦，都曾经成功地主导过它们各自国家民族的历史，那首先是因为这些大都城始终能够成功地代表各自民族整体历史文化，并将其绝大部分传给后世。

——刘易斯·芒福德

本章导读：什么样的城市算是优良城市、经典城市？这是城市学研究面临的前提概念。本章列举了两座城市来回答这个问题。选择古典北京和华盛顿这两座都城作为样本，不是因为它们毫无缺憾或问题，而是因为它们在最核心的问题上成功地体现了城市的本质和任务；在一定程度上都成功地象征着自身的文明和历史，同时也孕育了自己的社会文明和文明人类。它们的孕育发展和历史存在都证实：优良城市能够记载历史，流传文化，教育人民。

以这两个都城为样本介绍优良城市基本特征，并以此为基础就城市学一系列学理问题展开讨论，包括城市的基本概念和理论模型、城市起源及构造、城市的运转和基本属性等问题。而核心问题则是城市本质上是什么？它承担什么历史使命？怎样才能出色履行其职责？这类重大的学理问题都可以从这两座都城实例中获得初步答案或者深刻思考。

第一节　优良城市的杰出代表——古典北京

　　城市是聚落，而高于普通聚落，差异在于发达的文化；都城是城市而高于城市，差异在于作为历史文化的旗舰，以精神文化引领物质文化的走向。首都城市是一国政治哲学的集中体现，它承载历史、凝聚传统、昭示未来。古典北京作为中国古代都城设计和建造的杰出代表，许多城市规划大师都曾不吝华美言辞给予它高度评价。美国著名城市理论家和城市规划学家埃德蒙·N·培根（Edmund N. Bacon）在其著作《城市设计》（Design of Cities）[①]中这样评价古典北京：

　　"地球表面最大的人工单体建筑可能要算北京城了。这座中国都城原先是作为皇帝寝宫而设计修建的，寓意宇宙的中心。因而整座城市浸透各种礼仪程式与宗教理念。这些东西如今已离我们远去，但这座城市设计本身如此精湛完美，因而成为当今研究城市的一座思想宝库。"

　　丹麦建筑与城市规划学家斯滕·艾勒·拉斯穆森（Steen Eiler Rasmussen）在其著作《城镇与建筑》（Towns and Buildings）[②]的第一章"殿堂般的城市"（The city a temple）中表示："整个北京城乃是世界的奇观之一，它的平面布局匀称而明朗，是一个卓越的纪念物，象征着一个伟大文明的顶峰。……北京，古老中国的都城，可曾有过一个完整的城市规划的先例，比它更庄严、更辉煌的吗？"我国著名建筑史学家和城市规划学家梁思成在其代表性著作《中国建筑史》中也对古典北京作出评价："明之北京，在基本原则上实遵循隋唐长安之规则，清代因之，以至于今，为世界现存中古时代城市之最伟大者。"古典北京，俗称城墙拆除之前的老北京，到底有何精妙而使得各位城市规划大师赞不绝口，下面我们从多个方面着手对此进行剖析。

一、古典北京的地理环境

　　北京背依群山，面向平原。西部山地称西山，为太行支脉，古有"太行山之首"之称；北部山地称军都山，也叫北山，属燕山山脉；东南方向为面朝渤海的北京平原。因山边线成内凹的弧形，为远古时代海洋，故有"北京湾"（Peking Bay）之称。根据《日下旧闻考·形胜篇》所记元代人对北京地理形势描述："虎踞龙盘，形势雄伟，以今考之，是邦之地，左环沧海，右拥太行，北枕居庸，南襟河济，形胜甲于天下，诚天府之国也。"境内五条大河，属于海河水系的永定河、潮白河、北运河、大清河（又称拒马河）和

[①]　埃德蒙·N.培根.城市设计[M].皇富厢，朱琪译.北京：中国建筑工业出版社，2003。其中"最大的人工单体建筑"系指有完整城墙体系的北京而言。

[②]　Steen Eiler Rasmussen. Towns and Buildings: Described in Drawings and Words[M]. Cambridge，MA: M.I.T.，1969.

属于蓟运河水系的沟河。永定河原名无定河，因为出山之后经常改道，久之形成平坦原野。北京就位于永定河的冲积扇，地势平坦，土壤优良，自古便是华夏四大古文化区（黄河菽黍与驯养、长江稻鱼蚕桑、长白狩猎采集、内蒙古游牧兼农耕）交会的界面，为丰富的城市文化提供了培养基。

二、古典北京的城市起源及历史演变

北京是一个历史悠久的古城，有 3500 余年建城史和 800 多年建都史。最初为西周时周朝诸侯国之一燕国的都城，据《史记·周本纪》记载：周武王伐纣灭商之后，追思先圣王，乃褒封帝尧之后于蓟。这个蓟，指的就是北京。

从秦始皇兼并六国到唐朝末叶，蓟凭借其优越的地理位置，成为北方重镇。这一时期，宇内升平，蓟常常是汉族与东北少数民族互通有无的贸易中心。随着唐朝没落及少数民族崛起，北京城几易其主，但都未进行大规模改建。直至女真人建立金朝并迁都北京，将其更名为中都，北京城才开始了大规模城市建设。中都扩建后不到 100 年，被南下的蒙古骑兵纵火焚烧。1272 年，元世祖忽必烈决定以积水潭为中心建设规模宏大的都城，即历史上赫赫有名的元大都，突厥文称为"汗八里"，意为"大汗之居处"，北京第一次成为全中国的首都。在元大都兴建过程中有两个人功不可没，一是刘秉忠，他继承中国古代都城建设的传统，主持设计和建造的大都气势宏大，整齐划一；另一个就是郭守敬，他为解决元大都的供水、漕运和灌溉水源问题引白浮泉入瓮山泊，经白河导入大都宫城，建成了服务于元大都各种功能的、完整的河湖水道系统。至明朝燕王朱棣做了皇帝，即明成祖，将都城从南京迁到北平（1403 年），更名北京，并对北京进行大规模扩建。清朝完全袭用明朝宫殿，在此基础上进行一些修缮和扩建。至清末，北京成为当时世界上最大的城市（表 2-1、图 2-1、图 2-2）。

北京城的历史沿革　　表 2-1

西周	战国	秦	唐	辽	宋
蓟：西周封国之一，今市区西南广安门一带；燕：燕国并蓟国，迁都于蓟城	燕都：战国七雄中燕国国都	渔阳郡：今密云县城	范阳郡：755 年，安禄山范阳起兵称帝，定范阳为大都；燕京：759 年史思明称帝，改范阳为燕京	幽州：938 年，耶律德光升幽州为幽都府，立为南京	燕山府：1123 年燕京入宋改为燕山府
金	元	明	清	民国	中华人民共和国
中都：1153 年，完颜亮改燕京为中都	大都：1272 年，忽必烈改中都为大都	北平：明初，改元大都为北平；北京：1403 年朱棣迁都，改北平为北京	北京：1644 年，清兵入关，定鼎北京	北京：民国初（1912～1927 年），仍以北京为国都；北平：1928 年改北京为北平，定都南京	北京：1949 年新中国成立后，定都北京

图 2-1　宏伟的紫禁城
（张肇基　摄）

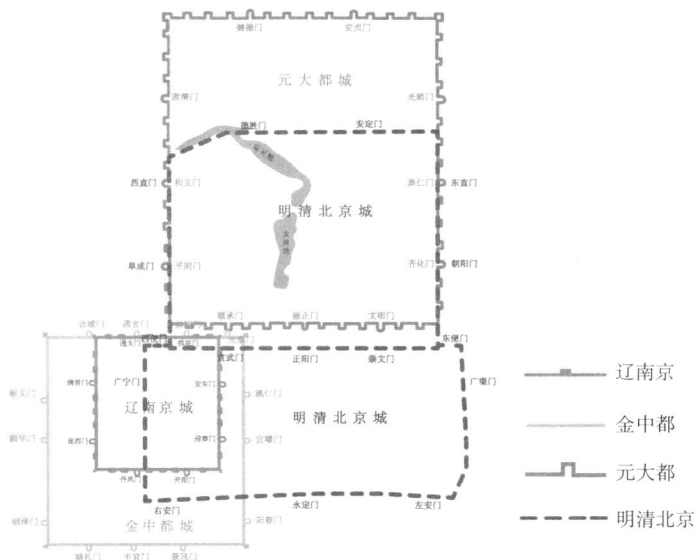

图 2-2　北京城的城址变迁

三、古典北京的空间格局

（一）古典北京的空间格局演变

北京地区的城市发展表现为具有历史连续性的人类聚落，至少开始于周武王灭商后封蓟都、燕都时代，距今 3000 年以上。此后，秦、唐、辽、金、元各个朝代都对北京的发展有较大贡献，至明清时期北京城达到了都城建设的顶峰。

在元代以前，北京城的城址在今天北京城的西南部分，靠近广安门一带。直到元大都时才放弃旧址，在旧城郊外东北方向兴建了一座规模宏大的新城——元大都，它的规划营建对后来明清北京城产生了积极而深远的影响。不仅在于它确立了老北京城的核心部分，还在于它的城市布局和建城理念已上升到中华正统文化的传统高度。刘秉忠在元大都规划设计过程中严格按照《周礼·考工记》对营建国都的要求，布局方正，街道纵横有序。北京城中轴线初步形成，自丽正门到中心阁，全长约 4 公里。另外，今天为大众喜爱的北京胡同最早也形成于元大都时期，以胡同命名的街巷登上历史舞台，成为北京主要的城市肌理，以致形成后来北京著名的"胡同文化"。元代兴建的东西长安街以北的街道在明代建城时大多被保留，宽度和格局基本无大变化。可以说今天老北京城的核心部分就是在元大都的时候确定的。元大都整体上规整有序，反映了中国传统文化中"中正"的特点，把皇帝居住的宫城布局在全城正中心，以中轴线南北延伸，无不体现着"王者必居于中"的思想（图 2-3）。

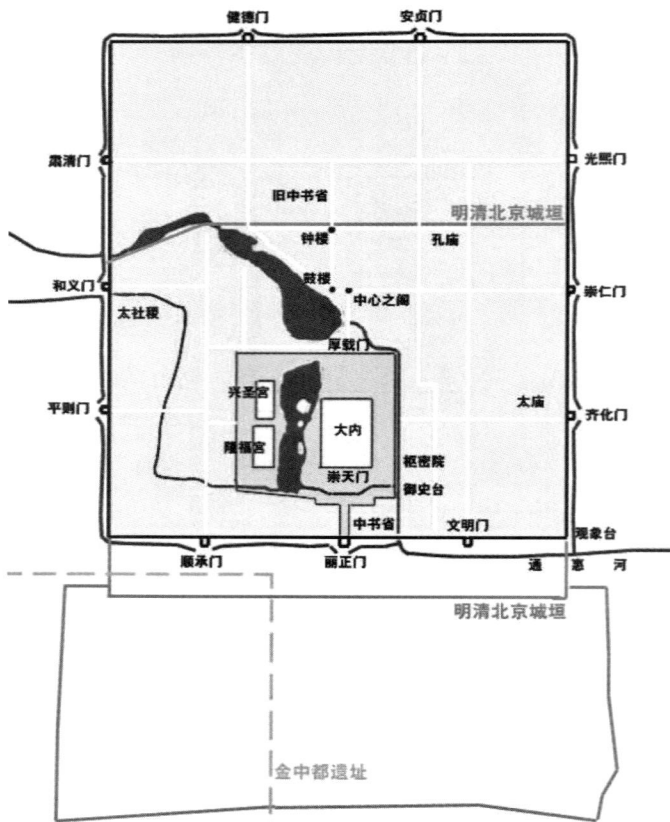

图 2-3　元大都空间布局图

　　明代北京城是北京都城建造史上又一高峰，它不仅继承元大都建城理念，并在此基础上加以提升。明代承袭了元大都的格局，将北边城墙南移约 5 公里，后又在南边营造外城，即"南城"或"帽子城"。至此，北京城形成了"凸"字形结构，奠定了62 平方公里城市总体格局基调，这也正是我们所探讨的古典北京的基本空间范围。另外，明代北京城的南北中轴线向南延伸到永定门，向北延伸到钟鼓楼，使中轴线一气呵成，贯穿了南北。清代基本上承袭了明代北京城的格局，只对一些建筑做了整修完善，如此便造就了老北京城的整体格局（图 2-4）。

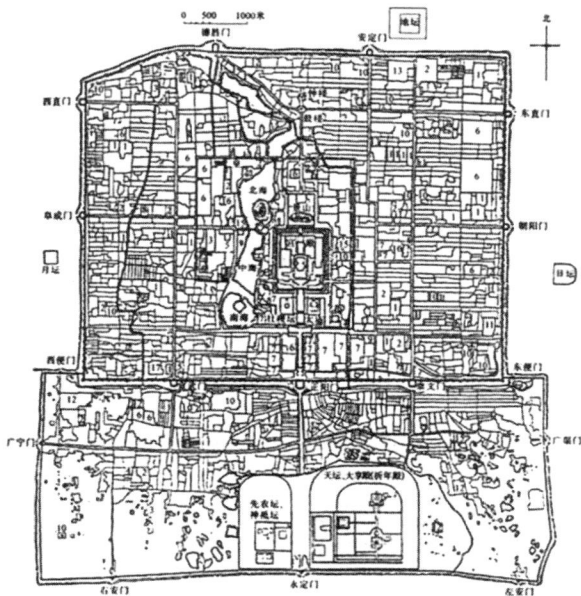

图 2-4　明清北京城平面图

（二）古典北京空间布局的精妙

　　"北京可能是人类在地球上最伟大的单一作品。这座中国城市，设计成帝王的住处，意图标志出宇宙的中心。这座城市十分讲究礼仪程式和宗教思想，这和我们今天毫无关系。然而设计上它是如此光辉灿烂，以致成为一个现代城市概念的宝库。"[①]

　　古典北京的城市布局集中体现为中轴对称、方正平直、四平八稳，"前朝后市，左祖右社"（图 2-5）。"左祖"即太庙，现在的劳动人民文化宫，原先那里供奉先朝皇帝灵位。古都城内还有历代帝王庙，供奉从黄帝、尧、舜、禹开始的历代帝王，该庙在西四牌楼以西，原来被学校占用，现已恢复。"右社"即社稷坛，在今中山公园里，以五种颜色土来祭祀掌管五谷丰登的诸神。五色土的摆布，东为青土，南为红土，西为

[①]　（英）埃德蒙·N·培根.城市设计 [M].黄富厢，朱琪译.北京：中国建筑工业出版社，2003:244.

白土，北为黑土，中为黄土，隐喻黄土中华位于世界中央，四面围绕着朱雀、玄武、青龙、白虎。"前朝后市"，朝廷在前，肆市在后。中轴线最北端，鼓楼、钟楼西侧一带即为市的所在。什刹海码头当年大船都能进来停泊，南方水运木材粮食都到这里停泊，商业十分发达。这种前朝后市的布局《周礼·考工记》中已有记载：匠人营国，方九里，旁三门。国中九经九纬，经涂九轨。左祖右社，面朝后市、市朝一夫。（图2-6）。中华古都西安、南京、洛阳等均以此为典，是中国都城规划的大法、基本规范，反映一种最高的价值准则。更有深意的是，古典北京空间布局将当时主流历史观、价值观、文化观、世界观和宇宙观巧妙地融入其中，并深刻地影响着后来北京社会生活的方方面面。

图 2-5　华表，侯仁之教授向
E·贝肯教授介绍华表的历史沿革
（宋俊岭于 1989 年 5 月 13 日　摄）

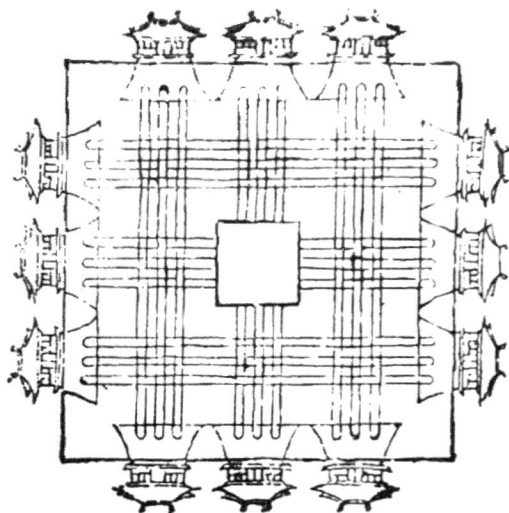

图 2-6　《周礼》中的周王城图
来源：中国建筑史 [M].第 2 版 . 北京：中国建筑工业出版社，1986

　　首先，古典北京作为当时封建王朝的国都，以中轴线呈轴对称，通过城市平面设计和宫殿、坛庙布局充分体现了封建帝王自我中心、皇权至上、唯我独尊的主题思想。都城中轴线概念早于国际本初子午线定制。其核心含义是紫微星（帝星）的延长线，体现皇帝王权神授的思想。紫微星现称北极星。古典北京有四重城墙构成，除了南边的外城，其他三重城郭层层嵌套，构成一个同心四方形，而帝王居住的宫城正中，与"王者必居于中"的思想相契合。紫禁城的布局更是将这一主题凸显得淋漓尽致。从中华门（清代称大清门）开始，经过狭窄的千步廊到达稍微开阔的端门、午门，再经过连串的台阶、门洞、门槛，一路上空间开合变换给人以强烈的心理压迫，最终见到稳坐于高大太和殿之上的皇帝，这是他凌驾于万民之上、唯我独尊的体现。在紫禁城皇宫周围是广大民居，还有无数作坊及大量伺候皇家的服务设施。从今天遗留下来的一些地名仍可窥其一二："酒醋局""盔头作""饽饽房""藤牌营""太仆寺（宫城车马太监的府邸）"琉璃厂""大酱坊""酒兹府""养马营""织染局""羊圈胡同""养蜂夹道""糖房胡同""惜薪司""帘子胡同""绒线胡同"，直至外城的琉璃厂、德胜门外的冰窖口，等等。其间又分布大量四合院、街坊和大型官邸，如和珅的恭王府。以此来看，城市重心无疑在皇城，服务设施在其周围，更加强化以皇家为中心的布局思想。正如侯仁之先生所说，古典北京的布局成功地领会并且体现了皇家的利益和思想。

其次，古典北京的空间布局充分体现了当时被奉为正统的儒家学说中的"和谐、有序"思想。天、地、日、月四坛，分踞都城南北东西四方，达成平衡。沿中轴线两侧的建筑东西对称，两两呼应。从南到北说起，外城东有天坛西有先农坛；内城东有文职机关，西有武职机关；皇城东有太庙西有社稷坛，东有文华殿西有武英殿；另外，市井民舍也依次对称。这些无不体现了整体的平衡、对称和谐的意蕴，这也是古典北京城市布局的意蕴。宫城三大殿太和殿、保和殿、中和殿和四门天安门、地安门、东安门、西安门构成了"内和外安"之意；乾清宫、坤宁宫、交泰殿的布局取《易经》中的泰卦，乾上坤下，乾内坤外。天地之道即为阴阳之道，天地交泰，阴阳合和，于是有了一个交泰殿，这样就体现天地合一、万物有序了。另外，古典北京的城门也很有讲究，有句俗话"内九外七皇城四"，指的就是内城有城门9座，外城有7座，皇城有4座，且每个城门都有各自承担的功能：崇文门叫税门；正阳门称国门；阜成门称煤门，西山骆驼运煤走此门（图2-7）；西直门称水门，每天从玉泉山拉泉水供给紫禁城，水车走此门；德胜门称兵门，出兵打仗走此门；安定门称进兵门，得胜班师走此门；东直门称砖瓦门，京城所用城砖以及皇宫用砖，系山东一带烧制，由运粮船自运河，经通惠河、护城河，捎来卸此；朝阳门称粮食门，京城粮食用船自南方经运河至通州，经通惠河、护城河卸下，入朝阳门存入粮仓；宣武门称刑门，犯人行刑走此门至菜市口刑场……

图2-7 阜成门外运煤的驼队（图为北京城墙西北角楼）

最后，古典北京的空间布局反映了当时的宇宙观和价值观（图2-8）。北京城四面八方的祭坛，天坛（图2-9）、地坛、日坛、月坛、先农坛；城外四郊曾经颇为著名的五座泰山神庙，也叫碧霞元君祠，分别称为东顶、西顶、南顶、北顶、中顶。碧霞元君也称泰山神，是道教崇奉的重要女神，民间认为她庇佑众生，灵应九州。她统摄岳乐神兵而察照人间善恶，因而成为城市守护神。民间对她的崇拜始于宋而盛于明清。以上两项也是解读当时城市精神文化民风民俗的重要线索。这样的格局也体现当时的宇宙观和价值观：天地日月在四方，人类安居中央。它显然符合日心说诞生以前普遍的宇宙观念。人间社会秩序建立在这种宇宙观念基础之上，成为解读城市社会秩序的重要依据和线索（图2-10、图2-11）。

总体来说古典北京规划建设体现了皇权至上，是切中要害的。但这却不是问题的全部，它还含有一个更大的主题——以日月星辰在四方、人居中央这种格局安排，体现了人类是宇宙的价值核心，这一点很了不起。

让我们以作家老舍对于古典北京的精彩评述作为本节的结尾吧：

"论说巴黎的布置已比伦敦罗马匀调的多了，可是比起北平还差点事。北平在人为之中现出自然，几乎什么地方既不挤得慌又不太僻静，最小的胡同里的房子也有院子与树，最空旷的地方也离买卖街和住宅区不远，这种分配方法可以算——在我经验中，天下第一了。北平的好处不在处处设备的完全，而在他处处有空，可以让人自由喘气，不在有好些个美丽的建筑，而在建筑的四周都留有空闲的地方，使它成为美丽，每一个城楼，每一个牌楼，都可以从老远就看得见，况且在街上老远就能看见西山与北山。"①

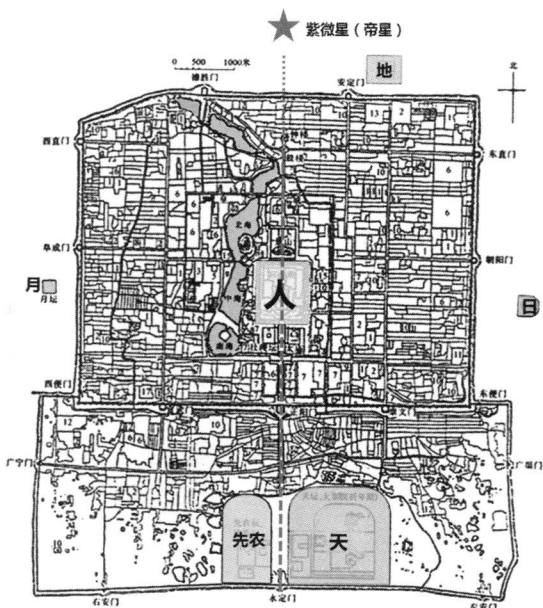

图 2-8　古典北京城市布局中体现的宇宙观

（杜玉成　绘制）

---

① 老舍. 想北平 [M]// 名家散文精品选. 西安：陕西摄影出版社，1995.

天坛祈年殿，建于 1890 年（清光绪十六年）

天坛侧面鸟瞰图

天坛圜丘

图 2-9　古典北京中轴线南端天坛组照
来源：林徽因．林徽因讲建筑 [M]．西安：陕西师范大学出版社，2004

故城北京的城墙和护城河

清咸丰年间的北海大桥

横跨北海和中海之间的 1952 年北海大桥

午门与太和门之间的广场和金水河

太和、中和、保和三大殿

图 2-10　古典北京风物组照
来源：林徽因．林徽因讲建筑 [M]．西安：陕西师范大学出版社，2004

图 2-11　北京中轴线
（1989 年 5 月 13 日景山顶北望钟鼓楼，北部山峦遥遥在望，宋俊岭　摄）

第二节　优良城市的杰出代表——华盛顿

华盛顿总面积为 177 平方公里，约为现在北京行政区面积 1.68 万平方公里的 1%，也是古典北京建成区面积（62 平方公里）的 3 倍。地形地貌方面，华盛顿基本上是平原，西南侧也有沼泽地和低矮丘陵；古典北京位于山前平原地区，西部、北部分别为太行山和燕山。另外，北京市是连续性的人类聚落，在人类历史上慢慢形成的都城。而华盛顿则是在一片荒滩上，带着明确目标有计划设计建造的一座新型都城，人口约六七十万。当然，北京的历史作为人类聚落是从北京猿人开始。作为城市的历史有3500 年，作为大都市 800 年。而华盛顿开端就是大都城，1800 年建成并作为美国国都。

一、定都华盛顿

美国宣布独立和建国是在 1776 年。至 1789 年，美国联邦政府成立，乔治·华盛顿当选首任总统。在纽约召开会议讨论建都选址问题时，南北双方议员发生激烈争吵，双方都想把首都设在自家一方境内，一时僵持不下。1790 年，南北双方分别作出让步，在托马斯·杰弗逊家举行的一次晚宴上最终达成妥协，确定将"联邦城"（the federal city）规划在一个不南不北恰好居中，面积为 100 平方英里的菱形区域（图 2-12）。最终新都城的实际地点由华盛顿总统选定位于马里兰州和弗吉尼亚州之间的南北方的天然分界线——波托马克河与阿纳卡斯蒂亚河汇流处。华盛顿总统为了纪念哥伦布发现新大陆，将特区命名为哥伦布，这就是 D. C. 的由来。联邦政府及国会为了纪念首届总统的功绩，1791 年这座新都被命名为华盛顿市。美国的定都过程反映出美国文化一个特点，碰到重大分歧往往采取妥协共荣的解决途径。

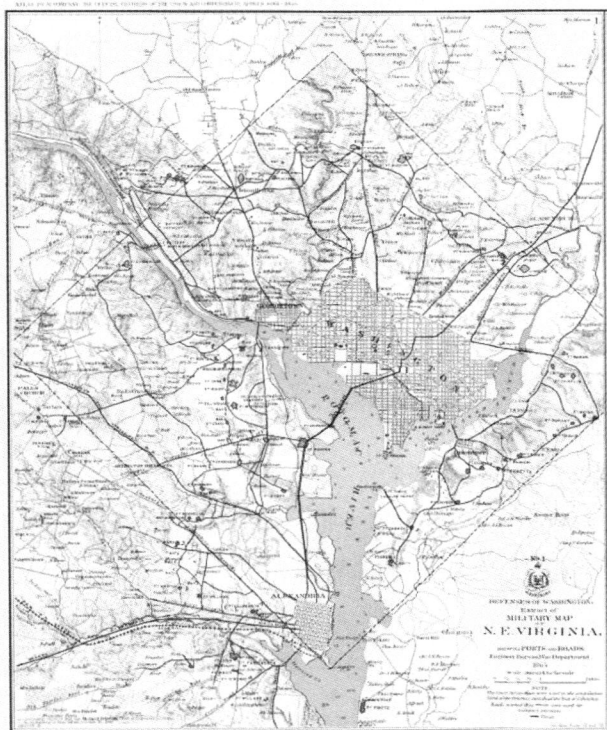

图 2-12　华盛顿选址空间示意图

二、华盛顿城市规划师——比埃尔·查尔斯·朗方

　　华盛顿的城市规划师——比埃尔·查尔斯·朗方（Pierre Charles L'Enfant，1754—1825 年）因规划美国首都而扬名天下（图 2-13）。比埃尔·查尔斯·朗方是法国人，出生于 1754 年。1771 年随其父到巴黎读书，1776年美国建国后来美，专业是土木工程，曾在军队担任工兵少校，战后开办一家小型建筑设计事务所。1791 年定都华盛顿后，他给华盛顿总统写信，请求担当设计师，华盛顿总统答应了他的请求，委任他作为新都规划师。3 个月后他就给出了一张草图。1792 年他因规划执行中同富豪利益博弈遭到解雇。比埃尔·查尔斯·朗方虽然被解雇了，

图 2-13　比埃尔·查尔斯·郎方

但他规划的基本思想和设计主题却被其后一个又一个执行机构传承下来，这是华盛顿 D. C. 的幸运。而反过来看，古典北京就很是不幸。原因在于城市，尤其都城，负载着浓厚的意识形态色彩。若顺应这意识形态，规划则顺利；若违背它，几乎注定要发生冲撞要挫败，即使这规划师代表先进理念。

比埃尔·查尔斯·朗方很有个性，34 岁担任总规划师。他胸有大志，意气风发，做华盛顿特区规划的工作并不是为了赚钱，他遭辞退之后才提起跟雇主要钱。晚年很不幸，去世时遗产只有 3 块手表、3 块指南针，少量测绘仪器、书籍、钢笔和衣裳，总价值 46 美元。死后被葬在马里兰州 Green Hill Farm 公墓。20 世纪初美国人才领会了比埃尔·查尔斯·朗方的巨大贡献——他居然留给后代一件如此深刻堂皇的都城设计，遂被请进美国国家公墓——阿灵顿公墓，还被塑像伫立于国会。在 1992 年又被美国规划协会授予"国家规划先驱奖"。由此看来，好的规划要经得起时间的检验，甚至可能长期不能被正确理解。

三、华盛顿特区空间布局的精妙

（一）华盛顿特区的空间布局

朗方在这片 177 平方公里的土地上规划将城市街道详细设定为方形网格状，由东西向大道和南北向大街组成，同时他还设计了 13 条辐射状的斜线大街，依照方位走向以体现美国最早独立的 13 个州的重要性。在辐射斜马路切割方形网格道路的交叉口，设计圆形或矩形环岛并在环岛的开放空间内以雕塑形式纪念伟大人物。其中由国会山、白宫、林肯纪念堂、杰弗逊纪念堂共同构成的菱形区域是该规划的核心区，也是整个规划最出彩的部分（图 2-14 ～图 2-16）。

图 2-14　比埃尔·查尔斯·朗方规划的华盛顿市平面图

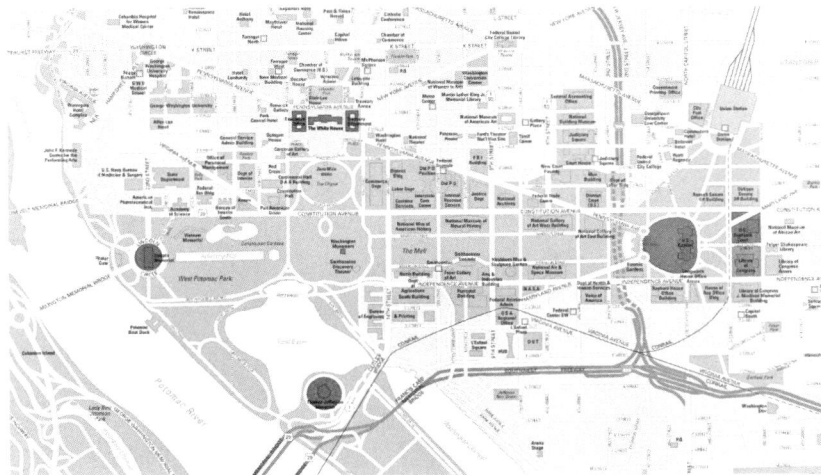

图 2-15 华盛顿特区核心区平面示意图

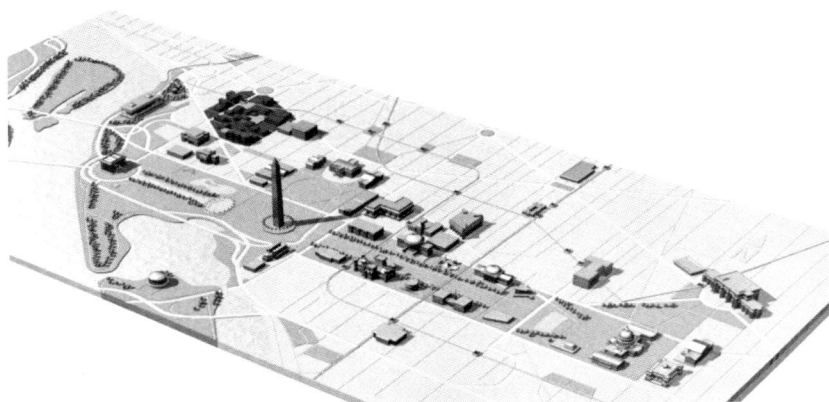

图 2-16 华盛顿特区核心区三维示意图

核心区最右侧顶点处是国会山，包括国会大厦、最高法院以及国会图书馆（图 2-17）。这组建筑物是华盛顿特区的核心建筑，建于 1793 ~ 1800 年。在原规划中几乎位于都城几何中心。国会大厦位于 25 米高的国会山上，共三层，通体用青白色大理石建造。顶层穹顶耸立着 6 米高的自由女神青铜雕像。穹隆南北两侧的翼楼，分别为参众两院。东面大草坪为历届总统就职典礼场所。大厦的圆柱式门廊尺度宏阔，廊内 3 座厚重铜门，用浮雕记载哥伦布发现新大陆。门内即国会大厦圆形大厅，能容纳两三千会众。厅内四壁挂有 8 幅油画，讲述美国开国历史。而 55 米高穹顶内侧是 19 世纪意大利画家布伦米迪及其学生所绘大型画作，画面中央为开国总统华盛顿，身侧分别为胜利女神和自由女神，画面中的其他 13 位女神则代表美国开国 13 州。大厅所立的杰出总统石雕，每一尊都代表一个重要时代。圆形大厅南侧有专门雕像厅，美国 50 州名人先贤群像合立一堂，象征美国的凝聚力。

图 2-17 　东西中轴线东端的国会大厦

从国会山沿横轴线向左（西），到中间是华盛顿方尖碑，也叫作华盛顿纪念塔。实际上是美国宪法的标志。在此简要介绍一下美国宪法，该宪法共七条：第一条讲述国会及其职能；第二条讲述总统职位、职务以及谁能当总统；第三条讲述最高法院的职能。由此，前三条确立了立法、司法、行政的三权分立政府组成原则和结构。第四条，确定各州与联邦的关系，规定了不可以以上欺下、以强凌弱；第五条，规定修改宪法必须遵从的程序和方式；第六条，规定联邦政府和州政府都要视宪法为根本大法，并忠于它；第七条规定，唯有四分之三的投票通过之后，宪法方能生效。简单七条，一个字不能更改，有新问题可增加修正案补充条款。这样的一部宪法，稳定美国社会已近250年了。沿该横轴继续向左，顶端处是林肯纪念堂（继续向外就是青葱庄严的阿灵顿公墓丘陵地），它与国会山、方尖碑，构成一条直线，直至东端的最高法院、杰弗逊大楼及国会图书馆，被视为当今华盛顿核心区的主轴线。

林肯纪念堂是一座仿帕提农神庙风格的建筑（图 2-18），内有尺幅浩大的林肯坐像，坐像周围是著名的葛底斯堡演说铭文："我们立志，让我们民有、民享、民治的政府永存在于是世……"[1] 这句话以及其他铭文都凝练着美国推崇的价值核心，并被广为传诵。

核心区南北方向同样另有一条轴线，轴线北端起点是白宫，向南依次是椭圆形广场和白宫南草坪。继续向南延伸穿过横轴到达从轴南端，即是托马斯·杰弗逊总统纪念堂，内有《独立宣言》中最重要的文句，这也是杰弗逊纪念堂里最重要的几句话：

"我们认为下述真理不言自明：人人生而平等，造物主赋予他们各种不可让渡的权利，其中包括生命权、自由权以及追求幸福的权利。"[2]

杰弗逊纪念堂与白宫两点间连线，与横轴构成一个正十字交叉的垂线。值得注意的是，十字交叉的交点并不重合于位置显赫的华盛顿纪念碑，而落在华盛顿纪念碑以西大约 145 米的位置（图 2-19），这其中大有文章！

---

① 　It is rather for us to be here dedicated to the great task remaining before us… that Our government of the people，for the people，by the people will never perish from the earth.

② 　节选自《独立宣言》，1776 年 7 月 4 日大陆会议通过。

图 2-18　林肯纪念堂
（宋俊岭　摄）

图 2-19　自杰弗逊纪念堂南侧望向正北，
华盛顿纪念碑现于北略偏东方向

　　自杰弗逊纪念堂稍向东，这里有罗斯福总统纪念馆。该十字线西北区间原来这个地块沼泽地，潮湿雾气浓重，填埋泥沼后开发建设，还是很低，经常雾气浓重，所以别名"雾里洼地"（Foggy Bottom），如今是美国国务院的所在地。十字东北区间这块是联邦火车站（Union Station），是个非常出色的车站设计，改造后反倒是败笔。整个中心地带布局，东西横轴长 3 公里，南北纵轴长 2 公里，核心区 6 平方公里，比天安门广场要大，但是比古典北京 62 平方公里小得多。

　　从林肯纪念堂 68 级台阶顶端，稍微偏侧，向东望隐约可见国会山（图 2-20）。林肯纪念堂与华盛顿纪念碑、国会山在同一条标准直线上，构成了核心区主轴线。沿着该东西向主轴线两侧分布了一系列的博物馆和办公机构，有航天博物馆、历史博物馆、艺术博物馆、民俗博物馆、二战灾难博物馆等。另外，还有一个非常有名的雕塑——"觉醒"（awakening）（图 2-21），直到 20 世纪 90 年代几经辗转，最终被挪移到巴尔的摩环境优美的内港水滨（Inner Harbor）。这雕塑本来也是首都文化圈的重要象征。这个雕像的意义深远，但当地一些人尚不解其意，简称其为"大手大脚"。除此外，核心

图 2-20　自林肯纪念堂 68 级台阶一侧远望国会山
（宋俊岭　摄）

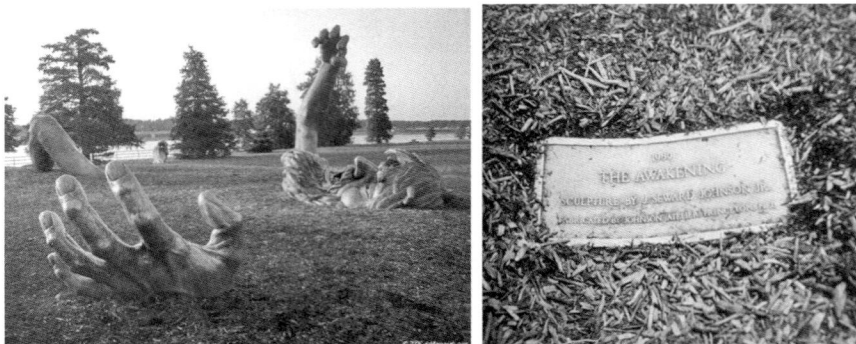

图 2-21 "觉醒"雕塑
（宋俊岭于 1994 年摄，当时该雕塑作品尚未被迁移）

区以外西北方位的圣彼得和圣保罗国家大教堂，也是这座首都城市规划设计中浓厚宗教神学寓意形象组合的重要组成部分。

（二）华盛顿核心区空间布局背后的价值理念

后来用作林肯纪念堂、国会山、杰弗逊纪念堂、白宫，以及纵横两轴线非直角交汇的地方——华盛顿纪念碑，这 5 个基点的位置都是朗方制定的，蕴意隽永，是华盛顿的灵魂所在。

华盛顿纪念碑并没有位于两条轴线的交点上，而是在交点偏东的位置。这是朗方一时失误吗？显然不会。如果我们将两条相交轴线顺时针旋转 90°，然后将华盛顿纪念碑分别与杰弗逊纪念堂和白宫相连，便会发现：纵轴包括立法（国会）、司法（高法）、宪法（纪念碑），直至顶端民有、民治、民享的政府（林肯纪念堂铭文），纵轴的左膀右臂分别是独立国家宣言（杰弗逊纪念堂）铮铮铭文和民选民免的总统的办公处（白宫）。如此构成一个浩大的、大写意的十字架蒙难像，它凝聚着美国国家从宗教理想开始，逐步努力，历尽千艰，最终建成的一个法治国家的历史进程。美国国家形成的全部历史和魂灵就铸塑在首都规划基本框架之中，且匿于无形，毫不张扬。华盛顿规划最初的原型就是经典的大教堂平面模式——十字架（图 2-22），但美国宪法规定信仰自由，没有国教，若将某一宗教标志性符号直接摆放到首都最核心位置，是很不妥当的，很容易遭受抨击。所以，比埃尔·查尔斯·朗方及其追随者将十字架巧妙地隐藏起来，因为这是难以磨灭的建国历史进程，这也是为了纪念新教对美国国家的贡献。

那么，新教何来呢？1529 年，罗马帝国国会开会讨论，决议镇压主张宗教改革的人。有一部分正义之士起来主持公道并进行抗议，抗议"protest"一词延伸成为抗议者"protestant"，后来也便有了新教教徒的意思。新教继而修正加尔文主义的得救预定说（determinism），主张个人注重修行悔改也可以得救。新教义从这里开始，从消极地抵制懒惰、贪婪、嫉妒等恶行到积极地推行勤俭、仁爱、坚忍等美德。从此一些宗教改革先驱在开明绅士，例如约翰·温思罗普（John Winthrop）等人支持下组织移民。木船

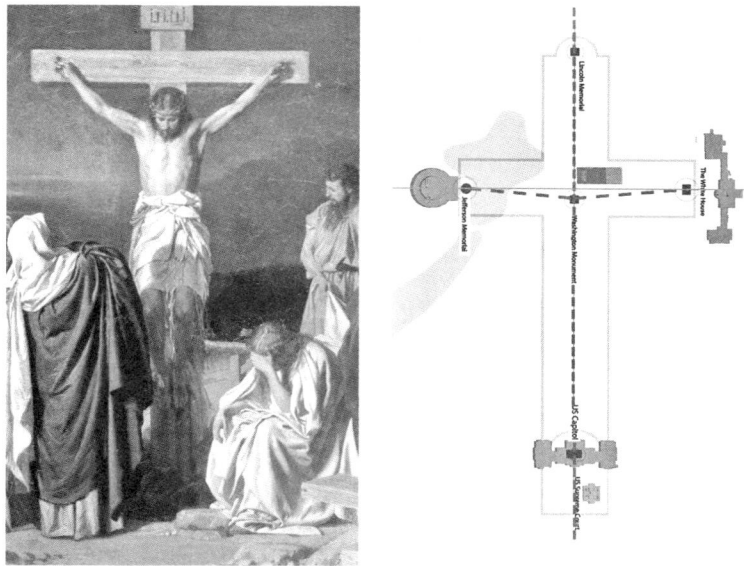

图 2-22 华盛顿核心区平面布局中隐藏宗教学寓意
(杜玉成借用绘画构想设计)

五月花号 1620 年 9 月 16 日出发，11 月 21 日载着 102 名乘客初次登陆北美科德角(今马萨诸塞州)，随即移民大潮开始，探索新大陆，建立新国家。世界经历了从中世纪结束向现代社会迈进的历史，一波以新教徒为核心的冒险家，带着对旧制度旧大陆的极度失望扬帆远航，带着一颗绝不重复欧洲旧大陆的老路，建立全新生活的决心，跨过大西洋惊涛骇浪登陆美洲土地。这条路上遭遇的失败，不计其数。初到北美的几个冬天缺衣少食，冻死不少人。后来得到了当地印第安人的救助，送来了南瓜和玉米，得以生存，感恩节的南瓜灯便是见证和纪念。从 1620 年首次登陆到形成自己的国家首都，经历了150 余年。后来离开费城建立新都，在首都规划中用一个基本图形来记录这样一段历史；这个国家从宗教精神、宗教理想开始，逐步探索，创立出一个崇尚自由精神的新型法治国家。美国法制国家制度是宗教理想的政治化成果，这就是华盛顿规划骨架的深刻内涵。

实际上宗教发展改革途中，对符号和偶像的崇拜越来越淡化。到了新教基本就不兴偶像崇拜了，圣像蒙难像基本消失，而是更崇拜一种理念。宗教的进步和改革基本上遵循着从对恶德的避讳和警戒、自警，戒除七宗罪，过渡到对美德的追求。新教崇尚的美德有勤勉和节俭，做事讲求效率，博爱，自省，自律。这些东西越来越成为普世价值。刘易斯·芒福德对新教有更深的观察评论："新教教徒摒弃从经典著作寻找道理的途径，而从著作内涵汲取力量和方法……由此构建出一个美善而崇高的独特领域。恐怕任谁也无法质疑新教精神信仰最初几代人特有的强烈、执着和创造力。"他在另一部著作中，还这样叙述历史文化的这种变迁过程：

"加尔文不相信纯粹民主，他主张君主制、贵族政治吸收民众参政概念建立混合政

49

府，这才智不仅造福日内瓦，更以大智慧融入美国宪法。正如莱因霍尔德·尼布林博士（Dr. Reinhold Niebuhr）指出，美国政治中三权分立和权力制衡概念，很得益于加尔文对中央集权武断的不信任，益于他的远见卓识，不看好人类虚荣傲慢可能带来的种种腐败。路德惨败了，他未能阻止资本主义扩张，而且在他败绩上建立了更阴险毒辣的专制教义。加尔文却成功了，他为专制主义瓦解倾颓奠定了基础。"[1]

所以这个隐藏的大写意耶稣蒙难像（hidden stylish crucifix），就象征了这样的历史，承载着这样的价值含义：从宗教理想一步步发展为新型的法治国家。

意识形态之争，无论东西方，有时非常血腥。就连推行宗教主张讨论的约翰·加尔文也以个人影响将异见者塞尔维特送上火刑柱，遭此厄运的又何止一人！所以容忍异见，倡导信仰自由，且在首都城市圣祠碑铭上镌刻这样的信念，坚决贯彻实施，是一种难能可贵的进步，也是文明进一步发展的基础条件。

第三节　优良城市的显著特征

将古典北京和华盛顿 D. C. 作为样本，因为它们具有优良城市的如下特征：不脱离自然，体现生命世界之本；不脱离历史，体现对传统文化的认同；不脱离群体，体现社会认同；不脱离劳动，不脱离秩序和规范，此乃文明的本质之一。当然，还远远不限于这些基本特征。

一、景观良好，规模适度：整洁、有序、优美、文明

关于城市之美，一句古谚说，"愿舍一袋黄金，让我一见锡瓦（中亚地区古城，很小）。"这话足以见证城市魅力之神奇。古典北京和华盛顿都具有整洁、有序、优美、文明的特点。下面先重点讲述城市人工环境的有序性特点。

有序的环境实际上映射出建造者与使用者有序的精神、有序的人格、有序的行为规范。反之，城市环境杂乱无章，则映射出人类自身组织、精神、人格、行为的杂无章绪。环境和精神二者互为依存，相辅相成。因而良好城市一定不仅有整体规划，还要有整体设计、有序的建造。因而在整体形象上有统一协调的风格、色彩、特征、蕴致……而绝非杂乱无章，无底线的丑陋！

有序的生活环境、城市形态，可回溯至古人类礼制形成的漫长历史。人类在驯化野性自然（包括野生动物植物）过程中，同时也通过祭祀、祈祷、歌舞、队形、体态、

---

[1]　Lewis Mumford. The Condition of Man[M]. Harcourt Brace and Company，1944:192.

有节奏和韵律动作的大量重复，逐步驯化了野性的自己，走上礼制化、规则化的文明进步之路。此后，这个驯化过程就长期伴随人类，直至形成城市，包括整洁优美的都城。

城市，尤其首都城市，魅力在于一系列表现文化符号的公共建筑和文化设施，而不是商业中心等。这一点，古典北京和华盛顿特区堪称表率。

这种典雅和优美在作家老舍笔下有突出反映：

"最爱和平的中国的最爱和平的北平，带着它的由历代的智慧与心血而建成的湖山、宫殿、社坛、寺宇、宅院、楼阁与九条彩龙的影壁，带着它合抱的古柏、倒垂的杨柳、白玉石的桥梁与四季花草，带着它最清脆的语言、温美的礼貌、诚实的交易、徐缓的脚步与唱给宫廷的歌剧……"[①]

华盛顿特区的城市美又不同于北京。它主要通过一系列遥相呼应的白色建筑物和轴线、宽阔的林荫大道和宏大的广场节点等映衬远近风景，体现一种大气、雄浑、壮美，具有强烈的巴洛克风格。加上后来一系列园林艺术家的设计贡献，增添了一种浑厚、淳朴、刚健而自然之美。

安德鲁·杰克逊·唐宁（Andrew Jackson Downing）是美国园林设计的创始人。在比埃尔·朗方之后，他首先意识到在美国荒野建立优美园林环境的重要性，并大力普及这样的学说，提议大都市内建立公园绿地，这也是后来纽约建立中央公园的开端。在华盛顿核心区内，唐宁针对朗方几何形古典方案提出有机规划的绿地，试图用四个单独的公园环境，连以蜿蜒曲折的甬道和车道，夹杂各色花草树木作为边界互相分割。以首都华盛顿创建自然博物馆为开始，他在美国掀起一场回归自然的运动，让自然风格和园林景观普及到美国城市。可以说，从他以及奥姆斯特德等人之后，华盛顿核心区又开始增添了浓浓的典雅绿意。

华盛顿特区和古典北京虽然在景观特色上风格迥异，但两座城市都长期保持了明确边界，没有扩展，更没有发展失控。华盛顿特区作为美国的首都，其城市职能较为单一，即美国的政治中心，并在此基础上延伸一些科技文化职能。在这座城市里，不发展重型、大型的工业项目，以保证环境的洁净。在18世纪70年代，整个美国的人口只有300多万，朗方在做华盛顿特区规划时预测美国未来将会有5亿人口，华盛顿特区作为全美国的政治中心必须符合国家未来发展的需求，因此规划华盛顿特区远景城市人口为80万（现在华盛顿人口为60万），超前的城市规划为华盛顿特区提供了足够的发展空间。并且在200多年的建设历程中，最初的城市总体框架及原则直到现在仍在坚持实施并不断完善，新建单体建筑风格都与当初的规划风格相对接，形成一种总体性和统一性的城市格局，给人一种历史的庄重感和永恒感。

明代北京城在元大都的基础上修建而成，北墙南缩5里，南墙向南展出2里，成

---

① 老舍. 四世同堂[M]. 上卷 P38，北京：北京百花文艺出版社，1979年10月第一版.

为东西向的长方形。明成祖永乐四年（1406 年）开始修建，至永乐十九年（1421 年）告成，历时 15 年。嘉靖年间，筑"重城，包京城之南，转抱东西角楼，长二十八里"。至此，北京城的基本轮廓已经构成，即宫城、皇城、内城和外城。皇城在宫城之外，周长十八里有奇，缺其西南角，南北长 2.75 公里，东西宽 2.5 公里，面积 6.87 平方公里。内城东西长 6.65 公里，南北宽 5.35 公里，面积 35.57 平方公里。外城东西长 7.95 公里，南北宽 3.1 公里，面积 24.49 平方公里。内、外城面积合计为 60.06 平方公里。至满清入关定都北京，完全袭用了明朝的宫殿和城市格局，统治者将主要力量放在了北京城西郊的两座离宫的修建上。自明北京建成到清王朝灭亡近 500 年间，北京城基本保留了最初的城市格局和城市规模。

二、生态基础雄厚：生机勃勃、经久持续

优良的生态本底和雄厚的自然资源是城市诞生、发展的前提与基础。就此而言，古典北京和华盛顿地理环境良好，资源丰富。北京得益于古代北京湾的历史地理背景，水源丰富，直至 20 世纪 50 年代初期，市中心地带仍可用水压机手工提取地下水。西北郊和南郊广大地带常三步一泉，湖沼纵横，因而生物资源茂盛，景观优良。历代建造了大量宫廷、皇家园林、猎苑、温泉别墅，至今成为珍贵的城市遗产。

而今的华盛顿所在地在建市之前是一片平原，有少量的泥沼和丘陵，林肯纪念堂前的映塔池本就是老运河的一段。赢得独立的美国人填埋泥泞之后建造新都，构筑了一系列精美建筑。核心区东西向中轴线两侧分别为宪法路和独立路。在独立路的北侧有条连接第三大街和第十五大街的杰弗逊路，路上有个明显的弯曲，这大约就是导致朗方被解职的地方，任何文明在早期都步履蹒跚。比埃尔·查尔斯·朗方在此处规划的道路是直的，偏巧这里有当地一个富人丹尼尔·卡罗尔 Daniel Carroll 的宅院，这富人跟总统华盛顿私交密切，因为比埃尔·查尔斯·朗方要求他拆房子让路，最终导致比埃尔·查尔斯·朗方被华盛顿总统解雇（此说之真伪有待进一步求证考据）。幸好比埃尔·查尔斯·朗方的规划图保留了下来，主题概念也得以延续。华盛顿 D. C. 的规划后来由 1901 年建立的麦克米伦委员会接管，这时距离比埃尔·查尔斯·朗方离职已经 100 多年了，后来是美术与公园管理委员会，再后来是法案通过的首都规划委员会，一直管到现在。非常幸运，他们都沿用了朗方的基本概念并保留其中的基本价值理念。

三、记录历史，表达社会哲学

名都大邑是长期历史的产物，往往构思精巧、寓意深刻。所以研究古代城市尤其是都城，若想从其结构秩序中读懂它的寓意，一定要找准几个重要基点，把它深藏的厚重主题摹写出来。古典北京应用规划形式将中华古代神话讲述开天辟地的历史凝聚其中。从图 2-8 古典北京的平面布局图可以看出，古城墙西北和东南并非直角，而是向内倾斜。

据林徽因先生考证，这样的设计反映《淮南子·天文训》中记载："昔者共工与颛顼争为帝，怒而触不周之山，天柱折，地维绝。天倾西北，故日月星辰移焉；地不满东南，故水潦尘埃归焉。"古典北京都城规划就记载了"天陷西北，地不满东南"的民族历史神话。

不过，最能体现中华民族社会文明和政治哲学的，当属号称世界之最的北京中轴线了。该轴线的形成与人类天文观测和宇宙解释密切相关：人类通过长期观察并掌握了一定的宇宙运行规律，这是个了不起的成就，也是人类自身世界有序化的伟大开端，并最终推动了文明的出现。这样的先后顺序，在城市起源章节中还要再次讨论。中轴线指向正北，直指紫微星。茫茫夜空天宇，众星辰拱卫它旋转，故紫微星也称帝星，即现代天文学中的北极星。中轴线顶端对应帝星，隐喻帝王权力来自上天，君权神授，凛然不可侵犯。接着，王权至上，唯我独尊，普天之下，莫非王土……种种帝王思想和体制，接踵而来。甚至，包括面南而王以及太和殿前弯弓形内金水河与中轴线交搭成箭在弦上或气贯长虹之态势等各种解释，也就都能自圆其说了。很有意义的是，中国城市规划中轴线的形成，远早于国际上对本初子午线的确定。

华盛顿刚好是个对比参照系。从华盛顿城市地图上看，最重要的节点分别是方尖碑、国会山、白宫、林肯纪念堂、杰弗逊纪念堂。这五个节点共同把这座城市和美国建国历史的精华衬托出来。以往介绍华盛顿特区，常说该市的规划将立法机构、司法机构、行政机构等，各个职能区域分别摆放，被称为联邦三角区，体现三权分立。权力制衡，这样说无疑是正确的，却不是要点。恰如介绍中国古典北京唯称中央轴线体现了唯我独尊、皇权至上、自我中心的观点无疑正确，却同样也不是最主要的。

名都大邑还往往体现一个伟大的哲学，这哲学既非一日之积累也非一日可倾覆，除非有合格继承者。就华盛顿特区而言，正如前文所述，它的规划原型就是一座大教堂的平面图，体现了美国国家发生、发育的历史。而古典北京的规划原型可上溯至新石器时代的村落布局模式，如半坡遗址，尤以姜寨母系社会聚落模式为典型（图 2-23）。

图 2-23　姜寨遗址复原图
（网络图片）

这种模式是家族宗法制延伸而成的一种政治制度、社会体制和都城形态。姜寨的平面布局是以部族酋长为核心，平民棚舍以及劳作作坊围绕其周围，最外侧是坟茔和防卫沟壕。这个模型可视为中国聚落布局最早的原型，都城规划则履其后。这个模型又类似细胞，具有细胞壁、细胞核及原生质。城市科学在西方也是后于生物科学而诞生，所以西方生物学家，城市规划理论的奠基人，帕特里克·格迪斯就用生物学细胞概念来诠释城市结构，还从生物科学借用很多理论和术语来理解城市社会，他认为一个城市模型其实复制了一个细胞的形态。

四、宣示价值方向，培育文明人类

都城是城市而高于城市，它要体现历史，昭示方向，注重精神文化，尤其要培育出优良的文明人类。城市的首要职能是文化教育，首都城市则更应身先士卒。它要承载一个民族的精神走向，这不是画一些简单符号就能解决的问题。而城市功能如何造就优良人民？解答之前，先说几个例子，以证明优良的城市能够诞生优良的人民，当然包括华盛顿和古典北京。

第一个实例，我去纽约州立大学教书，在州府城市奥尔巴尼人地两生。第二个月，同事邀请我去他家里做客，晚饭后驾车返回，当时天色已晚。本以为很简单，过了高速路就是校园。然而我一拐弯进了高速路才发现不知出口在哪里，于是马上把车停在白线边上，打开双闪灯想办法。高速路上完全没有车，一片漆黑。这时隆隆作响，两辆巨大载着集装箱的大卡车从我身旁轰鸣而过，过去了又一片黑。也就是六七分钟过去后，后面灯光亮了，又一辆小车驶来，停在我车前头，然后倒退，放下后拖架，要拽我的车。我高兴了，便下来告诉他们我的车并没坏，只是找不到路了。那个人就跟我指明了路，然后要走，我忙留住他问，这么快就来了，是怎么知道我车坏在这儿了？他略微迟疑，告诉我说，有人给他们打了电话。我想，唯一可能是刚才过去的那两辆集装箱卡车司机。这很小的事情让我很意外，也很感动。两位卡车司机虽然不能停下来帮助我，但他帮忙打了电话找别人来帮助我。从那以后，我发现在这里路上遇到困难互相帮助已经成为一种非常普遍的文化。

第二个例子，美国许多地方消防队员有很大比例是志愿者。这个也让我很感意外。我相信"9·11事件"上去灭火的那些消防队员中有很大量的志愿者，他们很多人都没能下来。试想，消防队这样的工作能在很大程度上依靠志愿者来支撑，那需要多么强大的文化传统。因为这个行业要靠得住但同时也意味着有受伤，有牺牲，这却成为美国民众文化中一个优良传统。

第三个例子，阿灵顿公墓，山上有一块地是南方政府的一个将军的家产，内战中南方战败了，该地被政府用很低的价格征用。此后大约100多年，他家族后裔诉讼到高等法院，判决结果为联邦政府违规，归还宅院。这充分体现出，公平、公正的原则不因政治、社会地位差异而有偏向。

并不是说美国社会文明历来就这么好，一个民族进步有个渐进过程。这就提出第四个实例，强大的教育体制和顽强实践。图 2-24 出现于美国大学的教科书，记录了发生在 19 世纪晚期一直到 20 世纪三四十年代美国那种恐怖的景象。这本教材至少已经反复修订刊印 13 版了，它的作者之一苏珊·瑞格登教授（Prof. Susan Rigdon）是我的朋友，我给她写信求证是不是每版都有这个章节，并且都刊登这样的照片。作者回信给出了肯定的回答，还告诉我：

图 2-24　以史为鉴，大学教科书明确、坚定检视
以往罪行和错误
（图片获准引自多次出版的教科书《American Government》）

"Also I forgot to comment on what you said about the crowds viewing the lynching. I am sorry to say that many of the people who went to see lynching practices treated them as "entertainments；" some probably saw them as some kind of "righteous" revenge against people they saw as guilty of some crime——despite the fact that the victims were never charged with a crime，let alone tried and convicted of a crime. In the case of whites viewing lynching of blacks it is a matter of them not even being capable of seeing African Americans as human beings."

（译文）"我忘了对你的观感稍加评述，那些观看私刑的人，很遗憾照片中的观众很大一部分是去看热闹的，甚至认为他们是罪有应得，因而把施暴（者）看作"正义"之师。实际上，受害者绝非因罪遭受惩罚，更未经过审判予以定罪。照片中白人观看黑人受虐反映出他们当时甚至还不懂得应该把黑人当人看待。"

这就等于告诉我们，这个地区和民族社会也并非历来就那么美好，也曾头脑简单。苏珊·瑞格登教授说：

"重要的是，教科书每册都讲述这样的历史罪恶，当今美国人举办相关展览，揭示以往的罪恶，办完展览后印成明信片、纪念品放在家里。对这种历史，他们非常悲痛，愤慨。与当时仅仅是惊恐不一样。有些观众则不敢相信，如此残忍的罪行、可怕的恐怖主义行径，曾经在美国如此流行。接下来，当他们从展览中看到一个个施暴者居然不承担任何法律和社会后果，观众就怒不可遏了。观众从中获得的最大教益是：历史有时候会重演，人类历史上许多残暴罪行往往未予清算，真正树立起社会正义的事业还任重道远。"

需着重说明的是，这样的书籍不是个别的，而是一大批文献资料库，它们回顾、记录、反省虐杀黑人的暴行。其中较著名的有前奴隶弗里德里克·道格拉斯的私人回忆录（Narrative of the Life of Frederick Douglass），其中大量记写奴隶被虐待的真实情况，直接点燃了美国 19 世纪的废奴运动，成为其中极大的推动力量。这些事例表明，社会进步不是凭空而来，更不是圣贤恩赐，靠的是全社会培养的反思和自省的精神。而能够这样做，又取决于传统文化和最高法律精神倡导的言论自由和信仰自由。通过反思才能促进伦理和行为规范的形成，行为规范引导下才会出现优良的城市和优良的人民（图 2-25）。

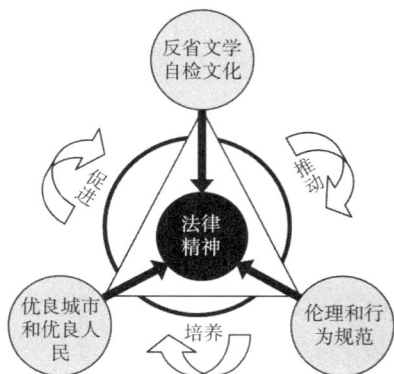

图 2-25　法律精神与优良城市的关系
（杜玉成　绘图）

　　再举例说明我们的古典都城北京。同仁堂药店的对联想必很多人都熟悉："炮制虽繁必不敢省人工，品味虽贵必不敢减物力。"西鹤年堂有"采云，炼月"这样的精短对联，其中包含精益求精，体现博爱精神。古都北京民居最常见的楹联是"忠厚传家久，诗书继世长"，"文章华国，道德传家"，"几百年人家无非积善，第一等好事还是读书"，横批"耕读人家"。这样的家训包含百姓最认同的价值准则和行为标准。以同仁堂精神为代表的制造业，经过千百年学徒制度习传，把行业道德、操守，世代延续。同仁堂对联上下联竟四字重复使用。这一反常规现象提示我们：此联非文人笔墨，而是世代师徒间苦口婆心谆谆教诲、言传身授的证据。这就是都城文化的结晶。可见，若说华盛顿长于用华美的公共建筑、庄严雄伟的碑铭镌刻自由、民主、平等、博爱的价值理想，那么，古典北京的长处，就是万家门户的楹联高度认同读书耕田、与人为善、忠厚本分的道德规范和人生哲学。这些，就是文明的根基。这种文明观指导下，中国人在古典北京，通过规划和自身行为规范准则，天然展示出人类是价值核心的宇宙观和文明观。

　　在这样的社会文化背景上，发生下面这故事也就不足为奇了。鲁迅在其文章《一件小事》中记录了这样一件事情：民国六年，大北风刮得正紧，为了生计不得不出门，邻近 s 门，风停了，这个时候迎面跑来一个老太婆，车夫已经让开路，但是风中老人的背心刮到车把上，慢慢地倒了。鲁迅着急，"没有什么的。走你的罢！"车夫放慢了脚步，放下车把问道"你怎么了？""我摔坏了。"车夫把老太太扶起来，慢慢地朝前走，城门底下有个巡警阁子，他们正是往那去。鲁迅震骇了。不久出来个巡警，说："你再另外叫车吧，他不能拉你了。"鲁迅掏出一大把铜圆，说："请你交给他。"……车夫送老人去警署有两个意图：巡警阁子暖和一点，另外一个就是给老人一个讨公道的地方。这个行为在当时被视为标准的行为、规范的行为。这个车可能是车夫自己的，也可能是车行的。车行是有规矩的，行业是有行规的。没有人怀疑这件事情的真实。其中最可贵的是车夫的自律！是他作为古都文化的象征和代表！而且鲁迅说后来好多大事都忘记了，而这件事常常想起，催其自新。1917 年，一百年前的古都北京早就有了这样的普通人，更不用说涌现出那么多国学大师和文化巨擘！

这个例子告诉我们，城市教育人民要通过自己的文化器官。这个文化器官包括博物馆、大学和教科书、学校优秀的老师等，缺一不可。当然还不止这些。一个社会这样的教育如果缺失，又会是什么结果呢？举一个反面的例子，2010 年 10 月 20 号，也是在一个古都，同样是车夫，但驾驶汽车的车夫是学钢琴的，教完课回来路上撞了人，一看没死，补几刀，学钢琴的手和灵魂用于杀人。同样都是古都，不妨对比一下。音乐、钢琴，本如此优美，何以操琴者内心独无悲悯之心？我们的城市，究竟缺失了什么？

本章小结

本章挑选两座著名都城简单介绍，借以具体展现优良城市的概念及其成因、条件。这些特征和条件当然都是相对而言，但是其中要点很清楚：城市的成败主要看它能否培育出优良的文化和人民。为此，城市必须积累、保存丰厚的文化遗产，包括物质文化和非物质文化，否则无以教育人民。两座都城的实例表明，优良城镇本身便是某种强大精神的产物，同时又是这精神的体现者。以此精神为主干形成的社会文明能够产生出整套文明体制、良好人工环境和组织制度。优良城市能够通过整洁有序的环境、优美的造型、强有力的教育机构和设施，以及相关制度环境扎实记载历史、流传文化、教育人民。

作业与思考

1. 古典北京的布局体现了当时社会哪些主流价值观念？
2. 华盛顿的布局体现了美国倡导的哪些价值观念？
3. 优良城市具有哪些特征？它们是怎样形成的？
4. 古典北京和华盛顿为什么可以称作是优良城市？
5. 依据地图和照片，制作万分之一沙盘模型，再现古典北京魅力。
6. 古典北京创造过哪些经典文化成果和文化项目，产生过哪些文化巨匠？
7. 你所知道的华盛顿特点和成功，还有哪些值得介绍？
8. 试将古典北京与华盛顿 D. C. 做一对比，看其相同与相异。

第三章 城市的完整概念和理论模型

We beg the whole question of the nature of the city if we look only for permanent structures huddled together behind a wall.

如果我们始终仅只注重城墙内那几团永久性建筑，那么我们还根本没有涉及城市的本质问题。

——刘易斯·芒福德

To know a thing by its parts, that's science. To grasp it as a whole, that's art.

从局部了解整体，那是科学。而从整体上把握它，那是艺术。

——刘易斯·芒福德

城市绝非某种与人无关的外在物，它不仅仅是住宅的组合。相反，城市包含着人类的本质特征，是人类最全面的表现形式，尤其是空间分布特性决定的人类社会关系的表现形式。

——莫里斯·詹诺维茨

本章导读：在前面两章的基础上，特别在两座优良城市范例的基础上，我们可以讨论城市完整概念和理论模型了。为此借用了生物学证据提供一个模型，借用鸟窝更形象地观察、对比人类城市构造。深入剖析城市的同种结构和构造特征，得出自然、人工、社会本体3个层次，其中社会本体又分解为人（个体与群体）与文（社会文化）两个互相交织的纵列，构成城市理论模型的基础。一个模型、三叠结构、五维空间——三维空间基础上增叠时间维度，以及人文主体空间维度，这几个组合构成本章最基本内容。

前一章内容表明，优良城市和城镇，浩大、复杂，尤其非常神奇而宝贵，因为它能培育优良的人民。那么，能否揭示它的奥秘？又如何把握全局，提纲挈领抓住城市全部要旨？这些问题集中起来，便是一项重要任务：给出城市完整概念，并在此基础上提出城市的理论模型，最终揭示出城市（城镇）的核心奥秘。这便是本章的任务。这无疑是做好城市一切工作的前提，对于城镇化高速发展时期的社会，其重要性不言而喻。相反，若说不清楚城市全部要义，怎么可能规划、建造良好城市？

然而城市完整概念和理论模型是个庞杂的论题。用一章篇幅说清问题，只能遵循渐进原则逐层深入，由表及里，由浅入深，从局部而整体，按逻辑顺序一一展示，最终予以归纳。首先依靠自然界启示和真实经历，揭示城市基本构造和原理，在此基础上提炼出城市的结构模式和理论模型。最后强调城市学研究必不可少的整体论观察和思维方法。

第一节　城市完整概念：从生物世界的启发入手

城市庞大而复杂，动辄成百上千万人口，覆盖数百乃至上千平方公里，道路、住宅、供应、管理、能源、水源、教育、治安、犯罪，历史、未来、现状，千头万绪，牵一发而动全身的运行机理……有些城市如流星灿烂闪现随即消溟，有些则细小而稳定，沉寂多年很少变化；有些如常青大木经年绚丽，文运久盛不衰，代有人杰，推动文明跃上葱茏；有些千年古都却因不懂自检而在狂妄中堕落、破碎、危机深重、无以疗救。城市是福祉，是奇迹，是谜团，又会是灾祸……对于如此纷繁复杂的城市现象，研究者无疑渴望用某种简化形式来归纳概括其基本概念和原理。这种必要性毫无疑义，余下的问题是能否找到这种途径、模型或者方法。而能否做到，关键看能否从纷繁复杂、变动不定的城市类型中把握城市的共性和本质。抓住了，问题就获得了解决的基础。否则，一切空谈。

"从局部认识整体，那是科学；而从整体上把握一个事物，那是艺术。"刘易斯·芒福德这段话有两种重要含义：第一，这句话把城市学——即用整体论研究城市的科学——由艺术女神引进一座华堂，那里端坐着哲学、历史、文学、宗教研究、伦理学、文化人类学、艺术和艺术史等古老学科。城镇学，如今作为一个新成员，忝列其中。第二个含义是：它切中要害，让我们看清历来城市问题之激烈争论，常反映持论各方对城市的基本概念、城镇的基本含义，存在严重分歧。而且，从这些分歧中能进一步看出，一些论点或者论著，误将城市某些局部构造看作城市整体。有些学科和论点，则明确把城市最核心部分从城市研究讨论中排斥出去。这样争论会有什么样的局面和成果呢？本章即用简单模型和图解概括城市的完整概念与核心内容，并在此基础上提出一个理论模型，作为理解城市的基本线索。

借用机械模型的方式表述有机事物，解释生命世界的复杂现象，本属大忌。本章甘冒此大不韪，提出一个模型图揭示城市奥秘，事出无奈。紧迫局面当前，不这样做找不到简便有效的方式展示城市全貌和内在机理。环顾当今局面，不能不勉力以赴。除完整概念和理论模型外，本章着重强调治学方法。城市学研究，刘易斯·芒福德思想体系中的城市学研究，必须坚持总体论的视角和整合思维方法（holistic perspectives and integrative thinking）。

一、一个模型：自然界的启发

为找到线索和钥匙打开大门，逐步认识城市谜团。联想起下面这段真实经历，便有了如下叙述，这并非刻意模仿帕特里克·格迪斯和刘易斯·芒福德的方法，而是以实际生活经历记录大自然中撷取的实例。如今借用这个故事进行观察分析。用一次野外亲历场景、观察及联想，深入探讨问题。这实例证明，大自然是很富启发作用的教师。

时间：20世纪60年代某年早春。

地点：中国北方，北京昌平县南口镇迤南荒野地带。

地貌：燕山山脉前古河滩，平坦、贫瘠、荒芜、干燥、人迹罕至。当地百姓称此地系北宋年间穆桂英激战辽金入侵的金沙滩。

植被：附近无高大乔木，唯稀疏荆棘，多为酸枣刺和荆条，两三百米外有苹果园。

经过：该发现缘起笔者劳动途中偶遇。早春时节去果园上班劳动，路过此荒滩。羊肠小径两旁多荆条丛，行进间无意惊扰一只鸟自蓬丛腾起，惊飞逃逸。笔者止步俯身细察，方见此荆棘灌丛中有一不大鸟窝，深藏荆棘丛中，隐秘难见（图3-1）。跪地细看，方见其精巧构造：尺度若竹篾编制的围棋篓大小，通体扁圆。外部粗枝交错，与灌木枝杈勾心斗角，紧密编结，结实牢稳，难解难分。内部构造紧实致密，鸟窝内壁则皆清一色细草根横向编结，均匀整齐，宛若人工精品。内壁材料看似草根，古铜色、明亮、光滑、无节、粗细均匀、柔韧可爱，显系同种植物根系。如此搭建、编成的鸟窝，内腔呈扁球形，颇为标准；内壁通体光滑、圆润、平整，令人称羡叫绝，乃至惊疑：如此杰作当真系鸟类所为？！当然绝无其他结论。窝内，底平，铺陈柔软。铺衬材料系各色羽片、绒布、绳头、碎絮、干草败叶、草穗……两三粒鸟卵静卧其上，卵壳灰黄，有褐黑色细碎斑点（图3-2）。

图 3-1　荒野蓬丛内偶然发现一云雀窝
（宋俊岭根据记忆手绘）

图 3-2　许多生物都是"设计结合自然"的高手，如海狸、蜜蜂、鸟雀、蚁类等
（宋俊岭根据记忆手绘）

起身重观周围,四野寂静,荒滩一片,成鸟已不见踪影。远近寥无人迹,无猛兽、猛禽,亦无青草水源。遂退身,相信大鸟不久可归。事后请教当地老乡,言此鸟土名鹨勒儿,学名云雀,体形偏小。行为最大两特征:垂直起降,鸣声细碎欢悦。查考工具书,得更多信息:云雀,属百灵科雀形目,鸣禽(图3-3)。鸣声锐利悦耳,鸟类著名歌手。常以赛歌决胜负捍卫自身繁育领地,并吸引异性伴侣,其歌声亦被引入人类诗歌艺术音乐作品,备受歌赞。体小(体长 13 ~ 23 厘米,体重 15 ~ 75 克),广泛分布旧大陆,荒滩筑窝,间或为留鸟,秋冬甚至常见于中国北方。多数近地筑巢,常依托荒地干草窝,少数荒滩品种则筑窝灌丛,靠近地面。窝呈不完整穹形,中顶开口,以利通风降温。每次产卵 2 ~ 6 粒(干旱地区卵少,湿润地区稍多),卵多灰褐斑点,孵化期 11 ~ 16 天。云雀有特殊习性,雏鸟首轮脱羽后即全部卸掉自身幼羽。原因或系雏鸟雏食供应断绝过早,致使羽毛质量低下。成鸟过早断绝幼鸟雏食或因迫于生境恶劣,不得已而为之。过早断掉雏食,令其以草籽昆虫等为饵料,尽早自谋生路。

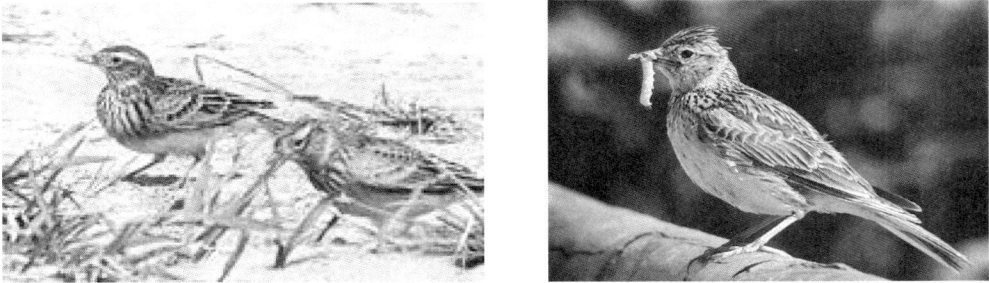

图 3-3　云雀
图片来源:http://en.wikipedia.org/wiki/Lark

二、观察与思考

依据云雀的鸟类生物需求和生存活动、行为习性,就可解析一系列生存环境的内容和价值含义。这实例中有下列几项提示显然重要:

第一,鸟、鸟蛋和幼雏,鸟窝,外层灌木草丛等植物连同大地,这 3 个层次分明的实体非常紧密地结成一体,三个层次互相难以脱离,难以拆分,构成一个难解难分的整体。不仅荆条植根地下,就连鸟窝本身也无法靠手工从荆条上完整摘除。至于幼鸟和鸟卵本身就更难须臾离开窝居,否则难以存活。鸟、鸟窝和外部环境,分别是 3 个清晰不同的层次,而又构成牢不可分的整体。这不起眼的小生物,竟是"设计结合自然"的高手!这便是观察第一收获。

第二,位于中间层次的鸟窝,系该整体构造中生物与自然之间的过渡构造。这个物质构造物不是自然产物,而系主人(云雀)利用自然材料,依靠自己的力量,为自己建造的一个属于自己的安全居住环境。同样重要的，生物史发现证明，在鸟类已能建造如此技艺精良的构筑物的时候，人类还远未在历史上出现。

人类能力如今尽管非常高超，他仍然无法改变自己只算"后来居上"的地位。进而推论：生物改造环境、适应自然的能力开始得很早，很早就非常发达、高超，这种能力水平不独见于人类。因而引申出，人类建造城市的行为活动有非常深厚的自然史和生物史渊源以及非常重要的原则和标准。如今却常常为人类所遗忘。

第三，前述中"窝内，底平，铺陈柔软。铺衬材料系各色毛羽、绒布、绳头、碎絮、干草败叶、草穗……两三粒鸟卵静卧其上……"这一事实、这一层次，极为细小，却极为重要，常被忽略，遭漠视。其重要意义在于，它构成鸟类自身与严酷生存环境之间的重要过渡和缓冲。这些干松柔软铺衬保证了鸟类，尤其是幼鸟的栖息卧眠，以最大限度保证其成活。从材料构成看，脱离母体的各色毛羽、粪便，此类材质介乎生物产品与自然物之间，与自然界不存在截然两立的绝对划分。特别是放诸生命世界与无机世界大背景上看，其含义便非同一般：它令人联想起马克思所说的"自然人化"与"人化自然"这两个哲学命题。而且可以领悟，这两个命题讲述一个渐进性过渡，其实是对同一过程不同视角的描述。

第四，鸟类，尤其离群索居的云雀，虽不像社会性昆虫具有明显的组织和分工，一窝鸟显然也形成一个整体，依靠血亲纽带，自然团结互助共生。一窝鸟有其首领，常是雄性大鸟作为核心，负责觅食、卫护、驱逐入侵者，以及繁育、培训幼鸟等职能。此外，这种鸟类组群已经兆示人类聚落的组织形态，有族长、部落首领和他治下的臣民，此类问题当然包含只有鸟类学家才懂得的治理权威以及管理组织和体制规则。

第五，也是很重要的一点，是上述3个层次依次形成制约关系：鸟窝规模不能超过作为基础的荆棘蓬丛；换言之，它可以建造得像一只盛放围棋的竹篓（内径约8～12厘米），而显然不会也不可能建造成菜篮子那般大小。因为这是环境基本制约；同样，鸟种群规模也不能超越鸟窝容纳能力。综合地看，环境和资源容纳能力和供养水平，是最基础的制约要素。超出此能力，后果可以设想：鸟群只好迁飞。鸟群的领地性行为习性就是这样形成，是有生态学依据的。

第六，该三叠结构构造的整体性，虽然表现在物质构造的微密与完美，但最终体现在其主人（这实例中便是云雀）生存的最后现实：依赖这三层次的协同运作效果，一窝云雀在极为严酷的荒滩上生存下来，并且发展、延续！所以，这鸟终究是自然环境的产物。脱离自然联系，脱离对于自然的适应和合理改造利用，失掉其鸟窝构造的整体性，它们的生存发展便成为不可能。

三、结论：3个层次及其整体性

诚然，此荒滩景象以外，尚有一系列看不见，也难以找到答案的重要内容：如，云雀的主要行为和活动领域，包括摄食、迁飞、竞争、群间沟通、育幼繁衍、雏鸟训育、传授生存技能和知识，等等。比如，数对云雀鸟窝做对照观察，其内壁建材是否都使用那种纤细、光亮、柔韧的草根？这种选材技能和经验是如何积累和传授给后代的？又比如，该云雀窝究竟居住过云雀家族的几代鸟？当年春季孵化几窝幼雏？除却摄食、鸣唱外，还有哪些鸟类社会联系以及更大范围群体组织等，这些都是与人类城市学平行的生物行为科学需要关注的内容，也都难以从一次观察来求解。要靠鸟类学专业知识来解答了。

当然，鸟窝与人类城市的差异何止十万八千里。可是，纵有天壤之别以及诸多局限，这云雀窝的主要意义在于帮我们打开视野，建立类比和联想。以往城市学研究突破之难，难在缺少一个类似跪俯鸟窝前的宏阔视角来观察人类城市。

刘易斯·芒福德有一段著名论述说：

"从事史前历史综合研究的学者就肩负一个特殊使命：即把这些相互分离的学科都组合到一起，形成一个更大的、要从高空俯视才能看清楚的共同的科学领域。有时候只有放弃局部，才能看清整体。而且，一旦整体格局呈现在眼前，许多新的局部、新的细节，甚至原先一些最透彻的田野工作者在挖掘掩埋文化层中难以发现的细节，都会陆续清晰显现。"[①]

可见，云雀窝给我们的主要启示在于帮我们看出，荒滩、荆棘、杂枝草根编结的鸟窝，连同成鸟和鸟卵，乃至更广泛的自然环境，浑然一体。其中展现一个依次叠加而成的构造序列，这构造的顶端生活着它的主人——云雀。

这个生活环境构造，从其生态学本底到顶端生物物种，无法截然拆散而完整分离。这个层次序列中若缺失其中任何一层，生命及其生存就不再是个完整概念，甚或根本就难以为继。它们之间层次分明，却又不可拆分。此外便是前面讨论过的，3个层次形成逐一叠加的承载关系：上层构造不可以超过基层结构的容纳能力和供养水平。这就是我们从大自然生命实例中获得的最重要、最基本的观察启示。

第二节 三叠结构：城市、城镇最基本的事实

一、鸟窝、城镇、城市：生命世界的同源现象

云雀的窝与人类的城市实质上系同源之物，有共通的原理与法则。所谓师法自然，也可理解为向自然寻求谜题答案。云雀窝包含的基本法则也清晰地体现在古典北京城

---

① Lewis Mumford.Technics and Human Development[M].New York:Harcourt Brace Jovanovich,Inc.,1967.

市之中。所以，接下来要以云雀窝抽引出的简捷三叠结构模型及其原理法则为基础，仍以古典北京为例，讨论城市的完整概念和基本构造。

那么，如何展示城市的三叠结构？

云雀窝是云雀的生存介质，城市则是人类物种的生存环境和发展介质，这便是城市最基本的人类学涵义。此外，云雀窝还能推导出人类城市构造的三叠结构模式图（图3-4）。这都是从自然生命世界引出的认识和方法，包括为生存聚落找到一个结构模型。这个生存聚落的结构模型包括3个层次：生态本底、生物建造的环境、生物主体。对于人类城市，则是生态本底、人工环境、人类主体（图3-5）。

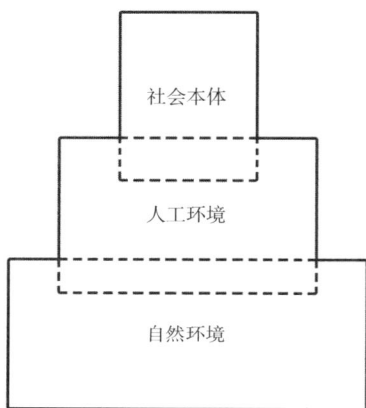

图 3-4　城市三叠结构的平视
（李海天　绘图）

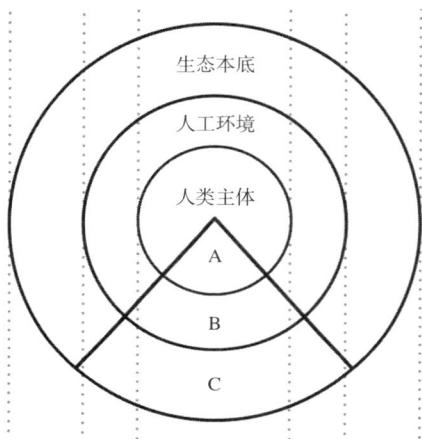

图 3-5　城市三叠结构的俯视
（李海天　绘图）

二、以三叠结构重新审视古典北京

（一）生态本底

生态本底由生态资源诸要素构成，包括大地、地形地貌、立地位置、岩基、土壤、水源、大气、日照、降水、动植物资源……这显然是生命发生、延续、发展的基础和前提条件。生态本底关系到生命世界长远孕育的历史和未来发展的前景，其重要性无论怎么强调也不算过分。结合前一章所论古典北京，其生态本底就是古代北京湾的大部为山地、少半为平原的地理环境，永定河等四条水系穿流而过。华盛顿特区生态本底最初包含周邻地带波多马克河、阿那克西亚河与石溪等3条水交汇的宽阔泥沼地、草地农田地理资源和环境。

古典北京是本地区历史聚落延续发展的结果。而历史聚落的产生和发展依赖了本地优良的自然环境。北京位于三角形的华北平原的北部角顶位置。燕山和太行山交会处的山前平原，特别是永定河与潮白河两河之间的冲积扇平原隆起的脊背。这里位于华北平原北部，古地质学称之为北京湾（Peking Bay）。就城市中心部位而言，地理坐标处在北纬 39° 28′ ~ 41° 05′；经度 115° 25′ ~ 117° 20′ 。总面积涵盖当今北京城市辖属地区的 16800 公里。该地区三面环山，北部和西北部属于军都山的一部分，西部属于太行山余脉，统称西山。东南部是平原，东西宽度为 160 公里，南北长度约为 170 公里。东南部为平原，山地平原交界分明。境内河流有永定河、潮白河、北运河、拒马河、洵河，均注入海河，均属海河水系，流入渤海湾。地势总体走向西北高东南低。平原部分平均海拔 50 米，境内最高山峰是西山内部的东灵山，海拔高度 2309 米。最低处在通县地区内的柴厂屯一带，仅仅海拔高 8 米。由于古代北京湾形成年代较晚，渤海湾海岸线系经逐渐东移至如今位置，形成该平原地带河湖纵横，洼地湖沼密布，当年曾有丰富的地面水和地下水资源。

从气候条件看，北京地区属于中纬度暖风地带，具有典型大陆性气候特点，春季干燥多风，夏季炎热多雨，秋季天高气爽，冬季寒冷少雪。年均温度 11.8℃。一月平均温度 −4.7℃，7 月平均温度 26.1℃。年均无霜期 190 天，年均降水量 626 毫米，大部集中在夏季。

由于降水比较稀少且时间分布不均，北京主要植被资源为温带落叶林带，环境特征呈现出浅草荆棘分布的稀疏树林，林木主要为浅山次生林。树种多为山地针叶林和落叶阔叶林交混分布，包括油松、侧柏、杜仲、柳、榆、桑、栎、刺槐构成的混合林。还有满洲桦木、蒙古橡树、白杨、辽东橡树、枫树，而且与荆棘蓬丛交混分布。丛蓬种类包括荆条、榛木、酸枣等。陵园多为松柏，聚落环境多见人工种植的枣树、丁香、石榴、紫藤等庭院树种。

（二）人工环境：主要为城池型都城

这第二层次人工环境同样是从云雀窝模型抽引出的概念。就城市而言，是人工建造的各种建筑、构筑物，诸如宫殿、寺院、教堂、民居、作坊、市场、道路、桥梁、涵洞、沟渠管线等；提供水电气热等人工生态系统必需的各种资源和材料，亦即大市政系统包括的各种基础设施。本质上说，这人工环境，其实是生物（云雀或人）与自然之间的界面，带有过渡特性。这人工环境已被注入宿主的基本生存要求和习性，它是宿主生存必需的基础物质条件。因而是宿主（鸟或者人）属性的外化和延伸，哲学上称之为人化自然，或者，从自然向人过渡的视角来看，则称之为自然人化。

古典北京的人工建成区面积在城墙内为 62 公里，主要街道、商铺、胡同、民居、四合院、皇宫、市场、祭坛、宗庙、牌楼（见第二章图 2-4）。

（三）社会主体

这里人类社会主体最重要含义是组织化人类、社会化的人类，有别于生物学、生理学讲述的人类概念。这些学科，包括体质人类学、人种学等考察人类，以人类个体为样本作个别研究，注重考察人类生物学特征、机理、规律。而城市模型中讨论的人类主体，借用文化人类学人类概念，从总体上全面瞻前顾后历史地把握人类社会学特性和需求。所以，城市学所说的城市空间主体，包括两个要素，一是城镇人类群体自身；另一个是人类创造的城镇文化成果的历史集成。在城市空间主体中此二者缺一不可。换言之，城市的核心、城市的灵魂，是人类群体自身以及人类文明的全部要素。

许慎《说文解字》中说："城，以盛民也；从土，从成，成亦声。"繁体字国家的"國"，其要素包括戈、口、一，分别代表武力、人口、土地。其寓意有武力保卫的人民生存在一定土地范围内（甲骨文国字无代表土地的一横，寓意当时逐水草而居，居无定所）。而古中文语汇中，城与国两字通义，源于这两概念有长期互生，交替成长，互为成熟的历史渊源，难分主次先后。这些古代观察都注重组织化人类的要素，城市与国家这种交互联系体现人类主体在城市空间的高度组织化的事实和特性。否则城何以能形成国家的雏形？这样的观察结论，与刘易斯·芒福德的学说又一次不谋而合。对这一点，刘易斯·芒福德著作中则集中地总结说，"城市乃是各种永恒社会关系的集体象征。"[1] "人类活动的全部主要轨迹，都留在了他们自身生物学的构造之中，（其文化进化则）更留在他们创造的社会组织形态之中。因为，离开了这种社会形态，人类简直无从体现自身的真实存在。"[2]

因此，城市空间这种主体性特征，可以理解为城市集中体现人类文明或者文明人类，这其实是城市最核心的含义。

人类社会，作为一个母体系统，若拆分来看又包括4个子系统：经济、文化、法规、政治。这4个子系统，当然各自又进一步包含更下一级相关组织形态。以经济子系统为例，它又包括技术资源（各种技能、工具、能工巧匠……）和组织资源（比如学徒制、行业公会、金融支撑体系）；文化子系统则包括正式控制和非正式控制体系，诸如语言文字、礼俗习惯、书院、学堂、法规……；政治子系统，包括物质结构，如宫殿、军营、堡垒、要塞、囚牢……以及非物质结构的军队、官吏、警察、监狱组织……（图3-6）。

总括地说，城市立体空间是外壳，是个容器。若将城市物质构造误认为城市的核心内容，乃至当作城市全部内容，无异于舍本求末、买椟还珠。因为，这容器容纳的生命、生活，才是这城市的核心内容。[3]因此，城市

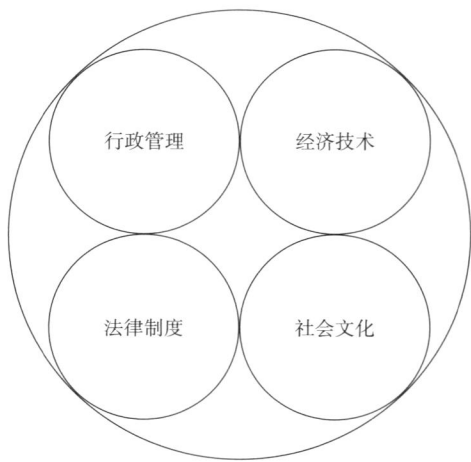

图3-6　人类社会构成

---

① （美）刘易斯·芒福德著. 唐纳德·L·米勒编. 刘易斯·芒福德著作精萃 [M]. 宋俊岭，宋一然译. 北京：中国建筑工业出版社，2010：210.

② （美）刘易斯·芒福德著. 唐纳德·L·米勒编. 刘易斯·芒福德著作精萃 [M]. 宋俊岭，宋一然译. 北京：中国建筑工业出版社，2010：405.

③ （美）刘易斯·芒福德. 城市发展史——起源、演变和前景 [M]. 宋俊岭，倪文彦译. 北京：中国建筑工业出版社，2005.

注定包含一系列文明内涵，这些内涵是人类属性的自然延伸；这些属性及其产品极为单薄脆弱；这些属性的实际内容和构成在历史上相对固定。城市就是如此繁杂丰富的复合体，它有规律、精致有序，而又混杂迷离。尊重规律、小心操作、小心研求，它会逐步改善、荣发；违背规律、为所欲为，想当然轻率处置、粗枝大叶、野蛮粗鲁，它会溃败、衰朽、死亡。

古典北京这座城市很特殊，许久以来都是首府帝都，新中国成立之后仍然是共和国首都。所以它有两套政府：中央政府和地方城市政府，前者发挥全国性的首脑机关职能，后者负责本地城市经济和社会生活。截至1949年城市人口约200万人，然后急剧增加。据北京市统计局、国家统计局北京调查总队发布的各区县经济数据显示，2012年底，北京市常住人口总量为2069.3万人。从2005年底到2012年底，北京市常住人口增加了531.3万，其中发展新区增长了241万，占北京市增长量的45.4%。发展新区目前常住人口达到653万，约占北京市的31.6%，与2005年相比提高4.8个百分点。与此形成鲜明对照的是，首都功能核心区（包括东城和西城）常住人口为219.5万人，占北京市的10.6%，与2005年相比降低了2.7个百分点。

从居民构成看，汉民族为主，其他包括为数不少的满族人和回族居民，以及维吾尔族居民。

（四）三叠结构：城市的基本事实

1.三叠结构可以归纳城市构造的普遍规律

以上三项叙述几乎代表了历来的城市研究资料和方法，都分门别类讲述城市这三叠结构的状况。当然，更多书籍则专门讲述建筑和城市规划格局，根本不涉及自然大背景或者社会状况。对城市结构的交代，许多著作到此基本结束，很少予以综合分析。于是我们见到的，常是各学科面对城市总体各取所需，挑出自己有兴趣的部分，予以分门别类的、割裂的叙述，这种研究方法本身则如燃薪照室，只照亮和看见目力所及的一小部分。而且有时候，就连自己眼皮底下这一部分也没完全看清楚：举自然本底为例来说，自然生态这层面无疑首先是提供空气、水分、食物、营养，养育生物主体的，这一点都看到了。但是决不以此为限度：因为这个自然层次还有个重要价值和作用常被否定或忽略，这便是自然世界培育、滋养人的精神、情感、灵性的伟大作用。而且，它反映生物——当然也包括人类——的固有精神和审美需要。有位擅长书画的建筑师有两个癖好，一喜落座竹丛，哪怕宅畔很小竹丛，也小桌小凳坐进，读书写作用功；另一个癖好，据他夫人讲，他的书桌、座位位置，一定要能抬头望见蓝天，所谓保持自己上有青天……笔者本人则更有大自然环境中心身疗伤的体验。人世间长久颠簸困顿之后，置身自然环境，一幅幅动人心魄的壮美瑰丽，能给人舒慰、启迪、清醒和力量。自然环境这些效应，许多都被当今城市人类丢弃或者遗忘。

所以，3个层次遗漏哪个都不足以构成城市完整结构。不独如此，三叠结构，若不密切搭配，揭示其综合效应，仍然不足以揭示城市运行机理。城市研究更重要任务是如何展示城市自身类似云雀窝构造下连自然本底，上承生物群类那种总体性格局。须知，城市中居民存在方式不是简单孤立的事物。人总与一定文化结构框架密切交融在一起，就像云雀窝中鸟卵、幼雏，须臾无法离开身下的羽片、枯枝、草叶、绒絮，尽管这些层次，这些材料非常单薄、轻软、卑微，但它们却互相绞盘、裹挟而在，让生物与其环境形成互生互养、互为依存、互为消长的双螺旋状态。这才是城市全景、核心与要义。这一要点，本文暂且点到为止，这是全书要点，其中内容含义后面篇章将以大量事实和分析予以解说。

2. 生态本底的客观性和相对稳定性

古典北京有与西北往来逾千年的骆驼商队，还有与东南沿海各省保持联系沟通的京杭大运河。这些都不足以推翻一座城市生态本底固有的有限性、客观性和稳定性。不能因为骆驼商队来自远方，京杭大运河纵贯上千里，就认为古典北京的生态本底要随之扩大，延展至西域、江南。这种主张混淆了长途贸易往来范围与城市生态本底的概念。骆驼商队寒来暑往，舟楫往来常年通商，这类活动古今中外城市惯例的制度性往来，乃城市自身特性之一。而开凿运河南水北调，情况就不一样了，不能与之混为一谈。德国多特蒙德水利专家王维洛著文指出，该项目存在致命弱点：一是先决策后论证，基础数据没有调查清楚；二是治标不治本，未分析大都市缺水真正原因；三是违背可持续发展原则。说它错误，首先是哲学的错误：人类究竟应当顺应自然，还是逆流而上？本书介绍另类观点和视角，提供不同视角和论点，意在开拓视野、活跃思想，闻者有所思考和警醒，换一种观点角度思考问题。

3. 整体论及其核心含义

在中国，就建筑工程学和城市科学关系而言，建筑学、工程学成熟在先，最先进入教育领域。在建筑学基础上后来才有了城市建设、设计和规划科学。这种历史背景决定了中国城市研究在很长时间内囿于建筑学的影响，长期徘徊在物质建造领域内。20世纪80年代初期城市科学兴起一个不小的高潮，先后融入了地理学、经济学、社会学和管理学等多学科队伍，城市研究随即极大地丰富了。这一过程客观而自然，也在很大程度上反映出世界历史上该学科自身成熟和丰富的过程。

从世界环境看，城市研究的大突破发生在20世纪二三十年代，当时芝加哥学派诞生，该学派不仅含有建筑界教授，更有社会学和文学乃至艺术家，都对异常活跃的城市现象作观察研究，从各自学科角度产生不少作品，而且互相交流融合，综合型的城市研究随即展开。刘易斯·芒福德的划时代巨著《城市文化》就是这样的代表。而1961年问世的《城市发展史——起源、演变和前景》更将此综合研究的势头推上顶峰。

以刘易斯·芒福德为代表的整体论城市研究（Holistic Urban Studies），有如下几个含义和贡献，值得提出来讨论：

（1）全面，不遗漏任何重要层面。这就对准了国内许多城市论述的弱点，往往注重自身学科内容，阐述得淋漓尽致。而就城市全局而言，则很不完整，乃至否定别人的观察和讨论。瞎子摸象这一比喻，就是这种学术局面的最好写照。

（2）然而更重要的是，该理论认为，某些事物其整体大于局部之总和。[①] 这才是整体论的要义。换言之，整体效果绝非全部组件的机械拼合，而是各种要件的有机组合，在协同配合中产生的超常效果，包括类似生命奇迹的产物。这一点，后面内容要详细介绍。

第三节　五维空间：城市（镇）的奥秘与纷乱

一、概念

说过三叠结构，本节讨论城市是个五维空间。

三维空间只是理论概念，它为事物的存在方式奠定了空间表述形式，就是各种立体范围尺度。建筑师、规划师、环境设计师描述设计空间的时候，经常会引用老子一段话："凿户牖以为室，当其无，有室之用。故有之以为利，无之以为用。"（《老子·十一章》）译成白话文便是："开凿门窗建造房屋，有了门窗和四壁中空的地方，才可以用作房间。"或者解释为："因为它有空间，才可以用作居室。所以，'有'给人便利，'无'则发挥其功效。"物质的限定形成了三维空间，三维空间内部的留空赋予了人使用空间的可能。但是，仅有物质性三维城市空间、建筑空间、景观空间，而缺乏人类、文明、主体性和灵魂，则无法形成真正的城市。

城市概念在以上三叠结构基础上，还进一步细划为五维空间。城市以及鸟窝，都由五个维度的空间构成，是在三维空间基础上叠加时间维度，然后叠加空间主体性——即第五维度。城市或者鸟窝，都寄寓了有生命的宿主，形成有生命史的空间构造形式。纯粹的三维空间只是几何学概念，它空无一物。唯有五维空间，才可以表述城市的丰富内涵。它可以表述为下述公式：

$$五维度空间 = 三维空间 \times 时间（第四维度）\times 主体性（第五维度）$$

二、第四维度：时间轴线

（一）概念：第四维指时间过程，时间轴线

时间无法孤立存在，它要通过主体才能表现出来，无论有生命的主体，或者无生

---

① 原文：The theory holds that certain wholes are greater than sum of their parts.

命的主体。总之，有了主体，人类主体，方有文明之始与历史积淀。这就是第四、第五维度的集中表述。第四维度既可以从单个城镇的发展历史来观察表述，又可以从全部城市历史观察，这便是城市城镇的起源和历史发展，刘易斯·芒福德研究城市的名著《城市发展史——起源、演变和前景》就描述了城镇这种丰富性和复杂机理。而从全部城市历史观察思考，城市第四维度另有深义，亦更重要，却往往不为人重视。本节本段落文字，专门讨论城市的第四维度。

这第四维度还表现为城市作为一种文化人类学现象的全部孕育发展历史，从受胎、萌动、发端、雏形，到幼年、成熟、壮大、衰老的全部历程。从时间跨度看，它同人类自身同样古老，任何一座具体城市的历史都无法同它的漫长、伟大、深厚相比拟，却又都是它这丰富漫长过程的组成部分。说它较前者更重要，是因为它能带领我们破解城市的真义。

这所谓"城市的真义"（the realities of city），又是什么呢？这里所说第四维度另一重意义，是指古往今来一切城市历史价值的总括。换言之，是城市最真实的历史进程。没有一座城市能代表全部城市发展史，也没有一座城市能脱离城市发展史。无数城市历史的总和就是城市成长的全部历程。这历程可远溯至宇宙进化、生物进化和文化进化的总根源。其要点在于：文明人类特征是社会化人类，包含作为文化积累的思想意识、情感指征、行为模式、制度遗产、组织手段等。这些是人类的后天文化积累，无法依靠生物手段通过基因遗传给后代。由此凸显了城市作为文化器官流传文化、教育人民的重要作用。而城市作为完备的文化教育器官，其孕育发展和强大神奇绝非一日之功，这漫长进程就是城市自身的四维空间，如同哺乳类从简单细胞开始的发展进化历程同样重要而古老。前者被录入人类胚胎发育史，另一个则沉积、刻印在经典城市的丰富文化构造之中。

人类形成并开始文化进化之后，找到了两个进化介质：一是文字语言，另一个就是城市。[①] 换言之，人类的文化发展进步，始终未脱离城市的形成、发育和进展。城市从无到有，从小到大，从简单到复杂，从低级到高级的发展历史，反映着人类社会、人类自身的同种进化过程。人类是凭借城市这一阶梯，一步步提高自己、丰富自己，乃至逐步达到超越神灵的境地。这就是城市的真义。其详尽内容，待后讲述城市起源章节内再细述。

（二）第四维度：实例与讨论

若从具体城市观察，每座城市都有自身孕育、发展的历史。西谚云：罗马非一夜建成（Rome wasn't built overnight）。每座城市都有相当漫长的历史，无论 3500 多年前老北京前身商周燕下都王城，或只有 200 多年的华盛顿，无疑都体现了城市第四维度

---

① （美）刘易斯·芒福德. 城市发展史——起源、演变和前景 [M]. 宋俊岭，倪文彦译. 北京：中国建筑工业出版社，2005.

的厚重含义。城市的第四维空间，可以概括为三维城市在时间轴线上连续的序列影像。

第四维度并非一个并不存在或可有可无的抽象概念，如果结合主体特征，它便能引导我们从历史来阅读一座具体城市的深度内涵。让我们随便抽一条线索来阅读城市环境的历史变迁。举北京为例，北京作为人类聚落，已知的历史始于北京人（70万～50万年前）、山顶洞人（5万～1.8万年前）。先后形成四五十人乃至上百人规模的群落或聚落，栖居山洞或半地下洞穴、棚舍。这表明当时的山前丘陵和洪积、冲积平原地带有优良、稳定的自然生态环境。最迟到公元前1000年以前（周朝末年），这里现今琉璃河董家林村一带已经出现古王城，面积51公顷，人口超过2万。到了北魏（公元386～534年），郦道元在《水经注》中描述说涞水、房山一带"林木交荫，丛棵隐景，涧曲水清，山高林茂……晓禽暮兽，寒鸣相和"。历史文献还记载，辽金后至明清，是北京地区森林遭砍伐的主要时期。金中都、元大都，乃至明朝清朝两代，北京宫城都大兴营建，建造多处宫苑陵园，均耗费大量良材，自然生态环境每况愈下，原始林退变为次生林、灌木丛、黄柏山草，乃至裸岩石……可见，第四维度在许多方面描绘出自身的发展演变踪迹，这些变化是人类活动的后果，也不可能不反过来影响制约后世的人类活动，包括城市发展和建设，因而可以任何城市任何元素为对象绘制出它的发育轴线。

（三）城市第四维度的不同遭遇

古今中外城镇一个突出共性便是都有相当长的发展历程，第四维度就是从中引申出来的。但是，这并不意味着每一座城市城镇都足够认识和珍惜自己这第四维度。由于认识差异以及随之而来的处置失当，城市，包括一些古老城市，例如北京，往往丢失了自身这宝贵的第四维度遗产。

逐一审视许多城市第四维度的不同状况，特别能看出当今城市的得与失：第四维度可以被消灭，历史可以遗忘可以丢失，整座城市正经历这样的历史巨变。这项内容还可以通过现实城市建设成败两方面具体做法获得深入理解：什么是城市发展建设中的文化空壳化、历史虚无主义？为什么缺失第四维度，城市质量会大打折扣？当今城市发展建设中一个相当普遍做法，就是拆毁历史遗迹。这样说似乎在排斥新东西，不是的！是反对城市摆满了空洞的东西。而否认城市第四维度，或者拒绝保留城市丰富的历史空间，恰恰会让城市空壳化、文化空壳化、人心空壳化，让社会逐步跌入道德虚无主义的深渊。城市历史空间常常负载着厚重的价值判断职能和使命，从当今城市建设改造的具体现实中，可以找到一系列漠视第四维度的实例，还可以加深对第四维度空间的理解。同时，为汲取教训，这里摘引几处予以评说。

第一种情况：第四维度象征物全部被拆毁，毫发无存，以北京菜市口为例证：

古典北京的菜市口是丁字路口，下横上竖。这历史空间承载了太多、太重的信息，不容后人淡忘（图3-7～图3-9）。这里重要地标物很多，而最重要的就是鹤年堂药店。

图 3-7　古典北京的菜市口西鹤年堂
（网络图片）

图 3-8　当代北京的菜市口街景
（网络图片）

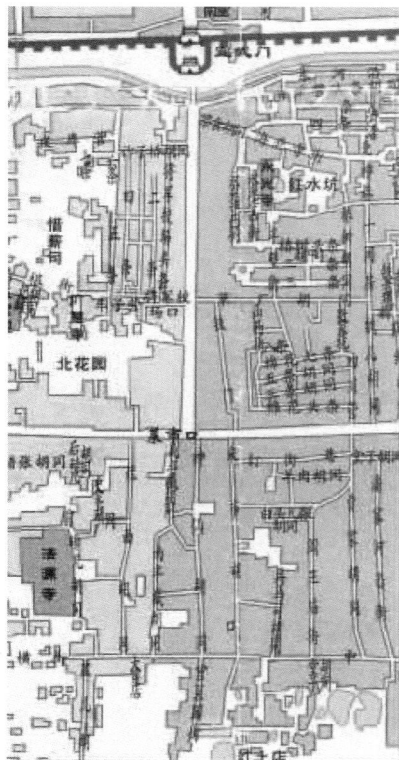

图 3-9　清代的菜市口地图
（网络图片）

　　很多人知道菜市口曾经是清代的刑场，其实菜市口不是因为有刑场才地处要冲人群密集，而是因为地处要冲人群密集才设置刑场，以得杀一儆百之效。20 世纪 50 年代，如果从菜市口丁字路口北侧往西走，就会看到有明朝永乐年间创办的鹤年堂医馆和中药铺，清光绪年间开业的清真正兴德茶庄和广安市场，再往西有春华斋糕点店、大常恒煤油店、外四区分局等，可称得上是繁华地区历史的见证。

　　鹤年堂药店至少与中国两件大事相关，两件都发生在 19 世纪末期：一件是 1898 年当时的掌柜王一新义结变法先驱谭嗣同；另一件是甲骨文的发现，国子监祭酒，著名金石学家王懿荣，详察细考中药龙骨，发现了华夏史前文字甲骨文。这让中国在大发现的 19 世纪最后勉强交了卷，宅所都是文化史上划时代大事件。对比来看，我国古都多得不胜枚举，自先秦以降曾经做过地方国都的城市不下 280 座。古都北京此类文化依存更数不胜数。还以菜市口刑场为例：在此殉难的谭嗣同代表了第一代走向现代化可歌可泣的仁人志士。谭嗣同生前在其《仁学·二九》中总结中国传统文化弊端："故常以为二千年来之政，秦政也，皆大盗也；二千年来之学，荀学也，皆乡愿也。惟大盗利用乡愿，惟乡愿工媚大盗，二者交相资，而罔不托之于孔。"

　　为唤醒民众，变法失败后，他可逃而不逃，宁可舍弃头颅，"我自横刀向天笑，去留肝胆两昆仑！""有心杀贼，无力回天。死得其所，壮哉壮哉！"另一志士康广仁留下壮言："若死而中国能强盛，死而无憾。"仅凭这一点菜市口就是一块厚重文化丰碑。中国历史绵绵数千年，如今之城市却偏偏缺乏历史厚重感。新北京开发的北京菜市口未给戊戌变法六君子喋血历史事实留下丝毫纪念或痕迹；戊戌百年祭之际京城上下乃至全社会毫无动静，实与走向现代化民族不相配！其余如赵家楼、铁狮子胡同也都未留历史符号。菜市口这块文化遗址如今只见"菜百的金，菜百的金随你闪耀！"社会浮躁及其由来，与此无关吗？如果批评说，浅陋的城市规划对当今世风日下负有责任，规划师们会感觉冤枉，会莫名其妙！但是城市市民之教化的教育功能不是凭空而来。城市规划建设，无论涉及有形文化或无形文化，若忘记吸收历史教训和遗迹，完全抹杀历史遗迹，便无异于在自家脚下掘土拔根，将自己置于文化虚无主义之中。这样的城市是难以培育出人民善良、维护正义、大智大勇等优良品质的！

第二种情况：虽未拆毁却改头换面阉割要义，以中山公园后河松林中格言亭为例。此格言亭位于社稷坛北门外，是一座八根石柱的石亭。1915 年，在现今保卫和平坊所在地建造了一座德式风格石亭，石亭每根立柱都镌刻先贤格言。1918 年该石亭迁到现后河松林内。"文革"时期，格言亭石柱上的格言全部被毁（图 3-10）。

八根石柱上原刻格言分别是：

朱子之言曰：尽己之谓忠，推己之谓恕。

孟子之言曰：国之本在家，家之本在身。

子思之言曰：温故而知新，敦厚以崇礼。

阳明之言曰：知是行之始，行是知之成。

丹书之言曰：敬胜怠者吉，怠胜敬者灭。

武穆之言曰：文官不爱钱，武官不惜死。

程子之言曰：主一之谓敬，无适之谓一。

孔子之言曰：自古皆有死，民无信不立。

图 3-10　格言亭

城市第四维度的另一种命运，作为反衬，这里也提供一些对比实例。美国费城的富兰克林故居。他的坟墓在富兰克林大街上一个街角的黑色铁栏杆里，普通得无以复加（图 3-11）。这种朴素让人感动，如果你知道他的博大胸襟和丰功伟绩，同时也熟知那些讲究排场的种种愚蠢可笑做法……成直角的铁栏杆围护，刚好隔绝着两条街道交叉的十字路口；栏杆外面，路人行色匆匆；里面花草蓊郁，大理石刻墓碑约只一大型写字台大小，仰面朝天，静静安卧，上面镌刻的花草纹样图案和文字早有剥落，益显其古朴厚重，散发出美国开国时期文艺复兴式文化的庄严、古朴、厚重。古旧的墓碑极不显眼，镌刻的字样简单得令人震撼："印刷工人，本杰明·富兰克林。"因其过于简朴，后人又补充了"自苍天取下电火，向暴君索还人权"的字样。两铭相叠，蕴意无穷。我相信，这两条街道分明是后来才开发的，这块墓碑就成为十字路口上一个坐标，予以永久保留了，而且维持原状分毫未改，亲切感人。历史空间会化为一种绵长的记忆、纪念和情感，进而化为民族的价值理念、道德情操和行为准则。城市就是通过包括这样的种种途径和手段，发挥留传文化、教育人民历史文化的作用。

本杰明·富兰克林，美国政治家和科学家，大陆会议代表，参与起草独立宣言（1776年），出使法国（1776～1785年）期间缔结了法美同盟，后来参与谈判并与英国签订了承认美国独立的和约。作为科学家，他同样贡献卓著，研究大气，发明避雷针，有用风筝引雷电的著名故事，因而被誉为美国的达·芬奇。这位一身多任的才俊就长期居住费城，其故居早已荡然无存。但现在根据原来房舍的位置和形状，采用桁架式轮廓予以保护。原来遗址地点，各种新建筑、活动，井然有序。只是粗大的桁架让一个空空的屋架轮廓横空而出，形成一个刚健、隽永的历史空间轮廓，礼赞着这位才俊的历史地位和各种趣闻轶事（图3-12）。

图 3-11　富兰克林墓
（网络图片）

图 3-12　富兰克林故居
（网络照片）

三、第五维度：主体性——城镇的核心与灵魂

城镇从三维、四维空间讨论到五维空间，差异何在？一个最浅显的比喻就是，开凿成功却素面朝天的洞窟，已绘制完毕，且流光溢彩、栩栩如生、人物形象呼之欲出的石窟（比如敦煌）的对比。这比喻浅显，虽不严密，却形象地说清了城镇主体性有无之间的根本差异。一言以蔽之，一个有生命有灵魂，一个没有生命无灵魂。

（一）实际观察

讨论问题，若从客观实际出发逐步抽引出学理和规律性结论，然后探索其价值含义，再重新回到实际，重新思索、评价、决策、调整……这样的步骤是不是较为合理？

实例一：主人公意识。

城镇实际生活中大小例证很多：

美国巴尔的摩市内街道两旁竖立的标牌书写着："It's your Baltimore，don't trash it！"（这是你自己的巴尔的摩市，别糟蹋它！）提醒人们的主人公意识，保持环境整洁。再如，民权运动中出现的各种口号，如 "Taxation without representation？"（缴纳了赋税，为何不保障权益？），后来直接要求："Taxation with representation！"（缴了税，权益就该得到保障！）这些口号当中都潜藏着主体性意识。直至后来许多城市组建民意代表性组织，比如本书介绍波特兰城市的第十四章中提到的"千友会"，能真正体现民意，改进城市和生活质量。这些都是都市主体性最基本的表现。

实例二：城镇景象和气韵。

下面是一位久居北京的外国女作家克莱尔·塔什简（Claire Taschjian）对于古典北京的观察和文学描述：

"天色将晚，街上仍暖得让人舒服。车夫脱去棉袍，整整齐齐叠好放在乘客脚旁，放开步子沿着东长安街跑起来。不一会儿，他们古铜色的脊背上就闪出汗光。空气里充满北平的声响和北平的气息：街头摊贩的叫买吆喝吵吵闹闹，各种器物叮咚敲打，烹饪香味儿里隐约混杂着尘埃、阳沟、骆驼粪尿以及这座城市春天里常有的香火味儿。一匹匹小驴子得得地跑着，驮着男的女的，或者一对儿男女。有的驴子挽着一辆两轮车，车顶上撑着蓝布蓬罩，里面满满当当坐着乘客。人力车夫边跑边和同行欢快地打招呼。几家店铺大张门面，架起扬声器招徕生意，抛售鱼肝油。播音员圆润悦耳的嗓音，仿佛真经过鱼肝油的润泽。这都市的万种尘嚣之上铮铮然传来阵阵鸽子哨儿音。那是拴在鸽子尾翎上一排哨笛发出的柔和悦耳的声响。雾蒙蒙的蓝天里，鸽群载着这音乐，在苍黑的古松古柏与紫禁城金碧辉煌的大殿上空起伏环飞……"[①]

这段文学描述电影镜头般展现了一座都城的真实生活及其魅力。其中充满古城北平的文化符号，可以作为城市空间主体性的典型诠释：包括人物形象、声响、气息、活动……令人融入其中一起呼吸，感受其中韵味。然后得出结论：这不可能是别的地方，只能是20世纪三四十年代的北平。这便是城镇空间主体性最生动的写照。它完全由文化特征、文化符号构成，而尤其是活动其中的主角、男女主人公。况且细看其中每项内容都是本地出产的文化元素：骆驼、香火、阳沟、驴车、蓝布蓬罩、车夫古铜色出汗脊背及其行动言谈，最后"鸽群载着这音乐，在苍黑的古松古柏与紫禁城金碧辉煌的大殿上空起伏环飞"，点睛之笔精彩描绘了古城风物！这座都城更有几代老百姓的精彩总结概括："天棚、石榴、金鱼缸；先生、巴狗、胖丫头！"这其中反衬出一个奥秘：当今城市千城一面的根由，乃在于城市文化趋同发展取向中，都市个性流失殆尽。若固守自身文化底蕴，

---

① 　Claire Taschjian. 北京人失踪（Peking Man is Missing）[J]. 宋俊岭译. 城市问题参考资料,1980（1）.

诸多城镇怎么可能千城一面呢？

实例三：建筑环境。

古今中外，城镇少不了许多公共建筑，其中寺庙、教堂、博物馆、展览馆、图书馆，名列前茅。作为精神价值的象征，教堂、寺庙，这些空间的营造本身是人类文化历史积累下来的宝贵遗产。高远、空灵的室内空间，传达和满足人类特有的精神升华需求。每一位普通旅游者，进入科隆大教堂都会情不自禁惊呼太震撼了。这里很适合冬天来参观。凛冽、萧索，跟冬天干冷搭配在一起很合适。教堂美得像明信片那般清寡，仿佛能断绝所有尘寰欲念。类似这样的空间设计，才适宜人对话宇宙和历史，检视自己精神灵魂。大概这正是教堂大多这般设计的目的（图3-13）。

图3-13　德国科隆大教堂内景
（宋一然　摄）

实例四：精神人格。

城镇第五维空间，即城镇的主体性，更体现在城市孕育出的丰富、优良人格。"没有任何地方像希腊城邦，首先像雅典那样勇敢正视人类精神和社会机体二者之间的复杂关系了：人类精神通过社会机体得以充分表现。社会机体则变成一片人性化的景色，或称为一座城市。……而这种精神的最高产物并非一座新型城市，而是一种新人。""在短短一代人的时间里，神的发展、自然的发展，以及人类的发展，在雅典开始聚会到一个共同点了。""这个开放的、变换不停生气勃勃的世界，产生了一种同样自由的精神。无论在艺术活动还是在政治生活中，雅典都在很大程度上克服了原有的缺点：它那种独夫统治、各种活动互相割裂、职业分工的狭隘性，还有更糟糕的，它那种官僚化习气……一时，城市与市民合而为一。社会生活每一部分似乎都处在定型期，处于自我塑造过程中。它那种完人教育，同狭隘的教学方法完全不同，迄今还没有哪个同样的大社区堪与相比。""这些人（指苏格拉底和索福克勒斯等文化巨匠）是新兴的希腊城市的代表和杰出化身。他们智体发达、文武双全。与他们同时产生的，是一大批艺术家、思想家、政治家、军事家。这些伟人凭自身的存在，体现了城市文化这次历史性突变，在不到两个世纪的短短时期内，从几百万人口中产生出极丰富的人类天才，烘托出一个极繁荣的文化时代。除了文艺复兴时代的佛罗伦萨，此外任何时代都不能与之相比。"①

特定空间环境产生而且彰显出特殊的精神人格，这类实例并非独见于历史和国外。其实20世纪50年代末期的北京大学，作为一种文化机构和城市空间一部分，其主体

---

① （美）刘易斯·芒福德. 城市发展史——起源、演变和前景 [M]. 宋俊岭，倪文彦译. 北京：中国建筑工业出版社，2005：177-179.

性是什么呢？可以举例李大钊、陈独秀、蔡元培、五四精神、德赛两先生，其实，20世纪 50 年代末期北大校园真实的主体性，应当说已经是极其压抑的舆论一律，没有思想自由了。而就在这种高压环境之中，有个真实人物和事迹，却表达了北大最可贵的主体精神，就是当时的校长马寅初先生。20 世纪 50 年代中后期，因人口、经济、社会发展等学术问题发生争论，报纸上出现一边倒的舆论压力。一边是国家最高权威为首的主流派，另一方是马寅初单枪匹马迎战。实力差异悬殊，局面可想而知。几乎完全没有人支持马寅初校长。北大屡次召开批判会，批判马寅初人口论，将其诬为马尔萨斯资产阶级人口论，云云。校长虽知身单力薄，仍坚执真理，屡次重申观点，坚持正确立场。

笔者在北大哲学楼召开的批判会现场曾见证校长一段掷地有声的对答（大意）："我提出的观点，许多是常识，是事实。无需长篇大论深奥道理。你们的批判发言，缺乏事实依据，许多还缺乏必要的逻辑环节，论证不严密。我说的都是事实，你们的理论不能驳倒我！同学们，我希望你们能够战胜我，但是一定要用科学，而不是靠大棒！"这样的行动最能体现北大传统的主体性：追求真理，不惧权威。

马校长最后在杂志上凛然正式回答："最后，我还要对另一位好朋友表示谢忱，并道歉意。我在重庆受难的时候，他千方百计来营救；我 1949 年自香港北上参政，也是应他电召而来。这些都使我感激不尽。如今还牢记在心。但是，这次遇到了学术问题，我没有接受他真心诚意的劝告，而且心中万分不愉快，因为，我对我的理论有相当的把握，不能不坚持。学术的尊严，不能不维护，只得拒绝检讨。希望我这位朋友仍然虚怀若谷，不要把我的拒绝检讨视同抗命则幸甚。"[1]

这些话语是什么？是渐行渐远的北大精神。可见，一个特定环境或空间，往往见证和承载着某种精神品格，它赋予这空间以灵性。经年累月阔别之后，回返旧居，常生"物是人非"之感。这其中的"是"，即是原来三维空间，比如山形水脉，基本未变。"非"，当然是指第四维（时间）特别是连带其中的宿主（第五维）的变幻无常，精神和灵韵的彻底变换。这其中的是非、有无，全看你如何观察、解读和处理。

实例五：组织化人类。

城镇空间的主体性，最终要体现为其管辖范围内的组织化人类。

中外文明史概略显示一个共同定则：社会若有一个殷实坚固的主群体，常常是中产阶级，这社会便趋繁荣、稳定。一个独立的中产阶级，要有可靠的谋生手段，独立的价值判断，负责任的社会担当，自主的行为能力。而且，其数量在总人口中要达到举足轻重的比率。这样的社会便能长治久安。因为，城镇政府的统辖和管理，权威与民众的良性互动，就建立在这样的良好社会结构基础之上。就当今城镇社会而言，这样的目标还需要长久努力争取。

---

① 马寅初. 接受《光明日报》的挑战书 [J]. 新建设，1959（11）。着重号为笔者添加。

（二）学理讨论

以上实例，从街头标牌，到都市规划依据的大写意符号（中轴线抑或蒙难像）所表达的意识形态符号，再到建筑环境、都城气韵、社会组织、社会风气、社区亲睦、风俗习惯，特别是其中孕育的那些优良完备的人格，都是城镇主体性的表达。如此看，主体性是什么呢？岂不就是文明人类和人类文明之总成吗？

城市、城镇五维空间或第五维度，所谓主体性空间或空间主体性，都不玄妙，并不难理解。它容纳了一万年城市文化孕育发展的历史，以突出的个性特征，展现了文明人类进步的现实成果。这都表明，所谓城镇五维空间，或空间主体性，实际上可以理解为文化的总成，人类，尤其是城镇人类，必须生活在文化氛围之中。这"外衣"，或者"胎盘"，或者"子宫"（刘易斯·芒福德用语），不可小觑，乃是文明人类生命活动的重要组成部分。

主体性，或者文化总成这概念，完全由该空间的使用者派生而来。主体和主体性的含义，可以是这空间的主人，该空间的所有者、使用者，也可能兼该空间的营造者，也暗合了"民有、民享、民治"的综义。

城市空间第五个维度，即空间主体性，指这空间承载的重大文明主题以及享有这空间的文明人类——城市主体的实际状况。这主题和主体又由该城市文化软件、硬件作为支撑。实例便如前章讨论过的古典北京城市规划的中轴线，或者华盛顿规划中隐藏的蒙难像以及相关的附属设计。

环境的主体性，往往体现为环境个性，是一个三维空间加上第四维之后，进入主体的核心一维。这主体性一维的点睛之笔，除建筑细节，往往还通过文字、门楣、楹联这类文化符号，体现其存在。胡雪岩故居，了解他的经历和人生，便更理解他故居的楹联"传家有道唯存厚，处世无奇但率真"。这个楹联更是这个空间的灵魂主体性的点睛之笔。俗话说，外行看热闹，内行看门道。故居最传神的灵魂重心就在这里。杰出的建筑设计，万千努力，用尽技巧，若脱离一个主体性思考和设计，若不千方百计服务于表达这个灵魂，便成为陈从周先生所说的"无我"，亦即"无生命"。当然其余便什么都说不上。一幅古画、一幅杰作，它传播表达的是一个主题。这主题会有几个亮点，其中一个亮点最突出。就城市而言，即它的主体性，亦即这场所蕴含的灵气、灵魂。而我国那么多建筑遗产，那样优秀，被人忽略，不注重研读。感觉到了往往不能理解，唯理解了的才能更深刻感受。在老舍笔下，这些东西才尽展其美："数千年心血建造的湖山寺宇，九条彩龙的影壁，白玉石的桥梁和四季花草，徐缓的脚步，清脆的语言，温美的礼貌，诚实的交易，和唱给宫廷的歌剧……"现如今多已见不到了，都城名称还在，古都文化那种主体性却早已魄散，不是吗？

空间主体性还常体现为使用者对空间的占有、享用、营造、管理、依赖、互动等主从联系；反过来也反映该空间符合满足者的需求、愿望、意向、指令，形成一种从属关系。因而许多情况下，这概念同"文脉"一说有很大重叠，乃至同一。一些著作，例如陈从周先生的园林设计名著《说园》中,则称之为"我":"无'我'之园,即无'生命'之园。"① 于无人园林中发现一个"我",且恭之为"生命",灵韵是也,寓意深远。有些作品中表述为"灵气",听来玄秘,实则深刻。这里所谓之"我",便是人文环境、艺术空间的营造,体现为它的主导风格、艺术效果、诗情画意。它也注释了马克思所说的"人化自然"或"自然人化"这些哲学概念的城市学现实。它见诸各种成功的经典园林和景观设计。无论一家所为或百代积淀,无不成为经典作品。例如苏州园林、古典城镇。它是众多形象、符号、表征为这环境的受用者共同奏响的主旋律,它依附环境又高于环境,是人工与自然高度融合而成的空灵韵致和精神品格。

从生成看,空间环境的主体性基本上属于本土创造,后世流动传播另当别论。因为文化终归是本地人类依据本地资源环境条件为自身生存发展实现的多元创造,包括物质的以及非物质的产品。人类与这种主体性,二者间往往有某些支柱性作物为中间媒介:西欧依据苜蓿草、葡萄、马铃薯,南欧的橄榄树,东欧的甜菜、小麦,埃及的纸草和棉花,美索不达米亚的大麦以及大麦酿造的古代啤酒,中东地区依靠小麦、棉花,中华南方的稻、桑、竹、茶,北方的谷和麦,中南美的玉米、番薯……当地人口依据这些支柱作物塑造出自身生活方式和文化产品。不同文化因此带有互不相同的地区特征。

深入思索,空间环境的主体性,其实是人性的延伸与外化。它与由来已久的人类宇宙猜想、宗教情怀、美好理想追求,一脉相承。甚至还直接间接联系着黑格尔所说的"绝对精神",或刘易斯·芒福德等人反复引述的"宇宙的主体性"。

从理论上概括,第五维度特征见诸环境主体对环境长期占有和改造的结果,包括一系列有形和无形文化产品。因而,总体上看,一座城市环境内的人民有大体相同的历史传统和价值理念,体现为居民生活方式和行为准则,包括他们的理想、情感、操守和行为规范。所以,第五维度才是城市自身最高也最有价值的核心内容,它是宇宙主体性的直接延续,更是文化进化过程的最高端产品之一。这样的营造者很光荣,其作品珍贵而神圣。尽管实际生活中,城镇,包括园林,佳作不多,妙品更少。

(三)价值含义

综上述可见,城镇空间主体性的价值含义,犹如灵魂之于躯体,光焰之于灯烛,它往往体现文明的方向、原则、底线。

就人类城市而言,人类生物物种基本特征表现为人类千百万年进化积累而成的人格、人性、社会、文化、制度框架的有序性、价值判断、审美等特性。这个特性会外化为整齐的街道、房舍的有序布局和形体、宏观规划的条理性、象征含义以及更为重要的价值内容。环境及其宿主早已结成互生互存的联系。城市人类是典型人工环境缔

---

① 陈从周. 说园 [M]. 上海:同济大学出版社,1988:69.

造而成的典型人格、人性；反过来，人工环境无处不打上宿主特性和需求的烙印。城镇丧失了主体性，犹如人丢了魂，蜡烛没有了光。

空间的主体性的价值含义，从第二章优良城市范例中便可得进一步引申：无论华盛顿特区或者古典北京，其空间主体性突出表现在他们都城规划中灵魂之笔：华盛顿的大写意的蒙难像和古典北京的直指紫微星的中轴线。这种构思之所以称之为灵魂之笔，是因为它奠定了整个都城的价值走向，规定了社会文化的基本制度和规则、行为规范和是非标准。

此外，这些建筑构筑物除各种使用功能外，还须符合环境的美学标准，这标准同样是物种特性的要求。前述鸟窝内壁的光滑、圆润、平整，这些特点都是鸟类生存的特性和基本要求。

最后，城镇空间的主体性突出体现在城镇人口中的中产阶级群体。一个成熟社会若离开这种觉醒、成熟、负责、有自觉价值判断能力和忧患意识的中坚阶层，其健全社会文明是难以为继的。作为城镇主体，中产阶级的培育是很长期复杂的工程。有些发展中社会由于决策缺乏远见卓识，误以为收入上升到一定水准自然就是中产阶级。不注重自觉能力的培育，因而那里中产阶级尚未完全成熟即已萎缩，甚至流产了。

（四）现实状况

主体性空间，概念简单，内容繁杂、丰富，表现多种多样，淋漓尽致。涉及文化教育、宣传媒体、艺术环境，凡是能够引动价值内化心理过程的外界讯息，无不构成重大要素。环境是教育人、熏陶人的强有力手段。这样的教育、教养、教材、书刊、展览，无疑是公民素养的切实保障。而这一切又须得有法律保障、社会哲学的传统背景等为支撑。直至最终找到宪法的依据：其精神实质是任何一级政府，不论地方政府、州或者联邦政府，均不得干预个人权利，这些权利包括信仰、言论、集会、游行示威的自由，从而保障了社会最基层民众健全生存的基本需要——自由之精神、独立之思想。所以，并非有了教育机构，就当然保障了优良人格。有些国家教授的终身制的核心含义是，终身教授享有专权，不因发表异见而遭受解雇。有些国家则还做不到这种水平，还没有思想和言论的自由，偶有异议，常遭解雇。

事实上，任何一个有机物，若要发展进化，自由都是基本前提。这些实例告诉我们，人靠教育。而一系列教育资源背后有个递进和主从关系：教育要服从更高层的哲学和政治原则。继续追问下去，后面就呈现出不同的社会观、文明观、人类观，以及最终的宇宙观……这样，结论就不言而喻了：不同人格类型实质上植根于不同的意识形态和价值理念。

一些古代哲学带有朴素的唯物主义气息和实用价值。这类哲学的非理性内容，如今已经非常明显，例如，来自紫微星的君权神授观念，便早已过时。这样的社会哲学和文明观，如今来到历史的门槛前，面临一个选择，要么自我改造提升，要么因循守旧，自我萎缩。城市以及社会，在这种局面下往往呈现出结构的扭曲和断裂，也就是社会学家所说的碎片化社会。

海床古生物化石研究表明，地质构造变迁会造成生物巨大变动，正向反向都有。同样道理，可以认为城市环境的变动，可以累积性造成人类的变动，正向、反向的都有。这也就是亟须重视城市环境的研究、设计、营造、管理的理由。警惕、防止人类、人性反向的变迁。

再谈谈千城一面：这是当今挡不住的城市景观发展趋向，全世界都在发生。这背后是挡不住的文化趋同的大潮流、大趋势。千城一面这种大潮正扑面而来，躲不过去，这种现象昭示着城市主体性的流失。到处高楼大厦，到处似曾相识，到处不知在哪，这是城市的悲哀。但是你到苏州，从远处渐近，住进宾馆，然后第二天到民居到草根阶层，慢慢游荡在街市之后，会感到在草根文化层面上这本地的主体性还在。那里的生活气息、生活节奏、文化符号，包括语言、桂花香、土特产，更不用说伍子胥、范蠡，绝对是它文化符号性的东西。

如今的复兴、复建要多深厚的功底才能把这些文化精髓从小、中、高这些层面，一点一点呈现出来，然后一个点睛之笔，把一个个成功的建筑作品、一个小环境、中环境、大环境，直至城市，都一一展现。所以建议大家重返故乡，重返古宅古镇，去为那些古老文化号脉，去捕捉它那一息尚存的文化信息，寻找那些本真的文化符号，那些便是主体性。把那些弘扬出来便是大手笔之作，贝聿铭的例子便证明了这点。

剖析成因，千城一面现象发生在现代化的20世纪后半叶，就是大工业、大技术、信息化时代到来之后，各地文化迅速交融。特别是建筑技术，自成一统，君临天下，就像勒·柯布西耶，他的主张和风格在大技术支撑推动下引领了一个时代，到处是他的概念、钢筋铁骨、玻璃幕墙。技术与艺术分家，建筑更多是技术含义，文化艺术则是人性的含义，当建筑一统天下时就与文化相背离，越走越远。那就是呈现一派技术天下的面貌，艺术不见了，人性化的东西不见了，个性化随之消失。杭州师大一位博士马智慧的论点对我很有启发,他认为："千城一面的背后表现是文化趋同。"20世纪末，快速交通、信息化时代到来之后，各种文化迅速交融，形成一种均一状态，到处是一副铁甲似的面孔，到处都非常陌生，无论到哪座城市，既似曾相识又非常失落，绝无认祖归宗的亲切感、认同感。这种情况下，能够从沉潜社会基底的草根阶层寻根问祖，找到原生态的文化符号，把本土文化扶植起来，重新表现在建筑风格之中，这样的探索就是奇才，就是杰作。这种杰作优秀代表之一就是苏州博物馆（贝聿铭的作品）。博物馆建成时间不长，文物不多，但建筑本身就向人简述了很多文化信息，非常浓郁的徽派建筑气韵，"肥梁瘦柱内天井，粉壁黛瓦马头墙，回廊挂落花隔窗……"小桥流水人家，甚至细微到楼梯踏级的面板设计，博物馆台阶平面的两头微微上翘，像文人的台案。这细节被波特兰市前总规划师马克·特佩尔首先注意到了，这细节那么精致。注重了这些文化语言，怎么能千城一面呢？这些细小的东西若放大在宏观的地方都是主体性啊。那个风格，那个青砖黛瓦马头墙，让人感觉那里面有你的文化认同，里面有你祖先的文化气息，先祖灵魂之所在。

第四节　城镇的完整概念及其理论模型

在第二章和本章前三节的论述基础上，可以来讨论城镇完整概念和理论模型了。首先，做城镇工作的人，不可以不懂得你的城镇究竟有多广大、多深厚、多丰富、多神奇；以及多么复杂和危险。所以，认知当中、工作当中，不可以挂一漏万，不能张冠李戴，更不能买椟还珠，舍本求末。

这就是讨论城镇完整概念，以及理论模型的理由。

一、完整的城市概念

城市的完整概念，通过第二章的优良城市范例以及前面三节书，已经说完：无非一个模型、三叠结构、五维空间。但又不完全透彻。

首先，将城镇整体概念如此机械地分割陈述，其实极为不妥。但事出无奈！当下诸多论述都割裂看待这个有机体，挂一漏万，舍本求末，论述城市，操作城市，回避核心问题。三叠结构的概念正是针对这种普遍偏向而提出的。读者在接受这个理念的同时，一定要懂得，有机体生命不可能是其各个局部的机械总和。这其中，局部同整体的关系不是机械性叠加，而是有机的组合、搭配，"起死回生"与"点石成金"。

之所以说三叠结构是城镇要件，却还不足以体现完整城镇概念，是因为还没有讨论整体论城市观的一个重要节点："整体大于局部的总和"。一位生物学教师的话很有启发，她说："整体大于局部的总和，整体不仅运作状况不同于各个部件，其总体功能性状也与局部完全不同"。①

整体大于局部之总和。这才是关于城镇三叠结构最重要的事实！为什么？

要清楚解答这奥秘，可以借用一段著名引文：刘易斯·芒福德在其《城市文化》（The Culture of Cities）一书引用伊丽莎白时代伦敦城市的忠实观察者约翰·斯托（John Stow, 1525—1605年）②的原话，说明城市——三叠结构的综合——的要义。③这段文字非常经典。

"约翰·斯托是伊丽莎白时代伦敦城的忠实观察、诠释者。城市最健全的定义首先

---

① 原文：The whole is more than the sum of its parts, he told us. The whole behaves differently from the parts, and has different properties.
② 英国著名历史学家，文物收藏家。最著名的作品便是 1598 年发表的《伦敦城考察》。
③ （美）刘易斯·芒福德. 城市文化 [M]. 宋俊岭，李翔宁，周鸣浩，译. 郑时龄校. 北京：中国建筑工业出版社，2009:506.

出自他的伦敦记行。他说：'人们聚集到城市来进入联邦政体，是看中其诚实正直与实惠便利。这些特质是城市，连同其平民百姓和公司法人，共同养成的。首先，人们通过密切接触和交流，逐步摆脱野蛮和暴力，养成温文尔雅举止礼仪，学会人情人性、公平正义；也学会与地位平等者以及下属交流共处，互相妥协；学会听从上司和领导指令。所以，与荒蛮地带比较，城镇人寰中上帝的旨意传播得更准确，规章纪律容易推行。原因之一是城镇中有较普遍而集中的公共设施。同样，这里居民自然易于组织管理形成良好秩序，易于接受教育提高知识和觉悟……良好举止之所被称作 *urbanitas*（拉丁文，都市气派、文雅谦恭、彬彬有礼等。——译者注），是因为此类举止唯独都城里才有，其他地方见不到。总之，通过耳濡目染人更容易接受宗教感化，也因为生活在众目睽睽之下以及正反示范，居民容易服从公平正义，遵守法纪。也因为养成羞耻心，学会自我约束，不去伤害别人。''而上帝以外，联邦政体以及王国无能为力的领域，往往靠城镇培养出的人与人之间的友爱善良发挥重要作用。这种友爱善良是城市社会聚居合作的产物，它还逐步发展为社会组团、居民组织以及法人团体。'"

对于城市的特殊贡献，约翰·斯托还说，城市环境中人类交往和"对话使人们互相亲近，使人们逐渐脱离了野蛮和暴力，而具备了某种温和的举止，具有了人性与正义，因此他们满足于权利和义务的均衡，与同人和下属互相迁就，并且服从自己的领导和上司"。[①]

以上是约翰·斯托从伦敦考察中提炼出来的城市要义。为什么刘易斯·芒福德如此重视并引用这段论述呢？我们不妨也提炼其中要点：

人群进入城市追求某种价值目标；

城市的文化精华是大家共同创造的；

城市促进人类走向文明，是改造人类提高人类的场所；

良好的物质环境有利于创建良好的社会秩序；

组织，规范；

邻里：熟悉，亲睦，经常沟通，团结互助；

学徒制度；

职业分工和行业公会；

宗法、礼制；

乡绅阶层对本地社会的骨干作用；

中产阶级；

法律法庭；

管理机构；

……

① （美）刘易斯·芒福德.城市发展史——起源、演变和前景[M].宋俊岭，倪文彦译.北京：中国建筑工业出版社，2015：124.

而且，仔细观察分析，城镇环境内这样的"文化总成"，其各种文化器官还组成完整序列，从头到尾，从虚到实，从小到大，依次是：意识形态、政治哲学、组织体制、信念信仰、人文价值、道德训诫、职业操守、风俗习惯、行为标准、规矩礼节、社会舆论……还有从精神信仰到行为准则，诸如"忠厚传家久，诗书继世长"，"几百年人家无非积善，第一等好事还是读书"等。个人修养品德，包括精益求精、自励自强、各种道德训诫，诸如"君子病无能焉，不病人之不己知也"（有为者总怕自己不长本事，无须操心别人能否赏识自己）。

这证明城市人类生活在城市文化环境中，恰如云雀窝中幼鸟生活在那些薄薄羽片和柔软材料之中。它也体现着文明的结构完整的特性。

文明结构的完整保障了人格要件的完整，是城镇能够孕育优良人类的前提。

这道理还可以从反例中得到印证：

印度那么多"狼孩"，重新找回之后，发现其行为和心理固化在"未开化"蛮荒时代，与狼群长期共存、融会、同化的结果，他能同豺狼交流沟通，却难以回归人寰，甚至丧失了直立行走的能力，且几乎不可逆。教育心理学家因此得出结论，原因是婴幼儿在其成长关键时期得不到人文环境熏陶，长期脱离人寰，个体进化失掉了人文介质和文明的基本定向。

同样，英国女作家玛利·雪莱（Mary Shelley，1797—1851年）的代表作，《弗兰肯斯坦》（Frankenstein）其中塑造的"机器巨人"，身体主要构造，应有尽有，行为能力超常巨大，却唯独缺乏人心情感，缺乏关爱，自身感到寂寞孤独，结果走上异端，连连犯罪，甚至杀害了弗兰肯斯坦的一切亲人，整个一个异化人类的形象。该作品诞生于1818年，正是工业机械文明发展起飞的阶段。据说，该作品是在作家夫妇与诗人拜伦交往中接受拜伦建议，构思写作而成。参照200年来世界人类文明发展趋向和后果，不得不说书中的远见和智慧，殊为可贵。

总之，正反两方面的情况都能证明：城市人类与城市文化，呈现一种对偶结构，两者密切绞结，互为因果、互相促进、互相依存，一荣俱荣，一损俱损。

城镇人寰聚落这种特性，平素可能看不出来。到了紧要关头，就显现得非常突出。2014年元月11日夜间云南省香格里拉地区独克宗古城失火，损失惨重。古城三分之二面积化为灰烬，受损335户，242间房屋受灾（图3-14、图3-15）。独克宗是月光城的意思，属藏汉民族混合文化区，这座自唐朝便出名了的古镇，已有1330年的历史。不可能从未失火，却从未酿成大灾难。而如今一场火灾，独克宗古城大半成了灰烬，为什么？因为自唐以来积淀而成的熟悉、亲睦邻里、乡规民约、直率热忱、亲爱精诚、互相援助等优良传统，早已随现代政治运动洪流和随后的商业浊浪荡涤干净。原先一方有难八方支援，平素有备（每夜打更提醒防火），急时有约（可以拆除火灾周边房舍，防止蔓延），众人可以为保卫家园，援救邻人，赴汤蹈火。而且，不独在香格里拉，中外许多地区都成惯例。这就是邻里的含义与力量。

图 3-14　独克宗古城火灾前后对照图片

图 3-15　独克宗古城火灾前后对照图片

社区、邻里，不仅仅是聚居，还要稔熟而亲睦，经常沟通，团结互助；古老城镇还包括更多的社会文明遗产，诸如：手工业、商业、学徒制度、职业分工和行业公会、宗法礼制、乡绅阶层、中产阶级、法律法庭、管理机构。

如今外来文化入侵，本地邻里逐渐瘫痪了。而且，无独有偶，独克宗火灾两个星期之后，贵州一侗族古城也失火成灾，将 300 年古城烧毁化作灰烬。这是否可以看作一个警号，的确如清华大学孙立平教授所说，表明我们的社会组织正在集体地溃败，飞速的社会转型过程中，邻里早已失去自己职能，早已不再能充当灭火器的角色。当然，这样的判断结论，还需要更多更慎重的调查研究。更重要的是，如何补救？

二、城市的理论模型

图 3-16 便是城镇完整概念的形象展示，或可称作城镇理论模型。

首先，用模型表述有机生命形态，实乃大忌。恰如机器人的构想本身恐怕永远不可能揭示人的本质特征。因为，二者分别属于宇宙中两个截然不同的范畴。

那么，为什么还要这样做？为什么还要用图像或模型来表述城镇这种有机形态？因为长期以来，为数不少的理论或实践普遍而严重地误读、简化、歪曲、割裂了城镇（包括古村镇聚落）作为人类聚落的完整性，人们往往见到专业工作者论述城镇，下笔千言，离题万里。纵横千里规划，"数千页规划草案，背后没有思想"（吴良镛语）。面对如此长期而严重的偏误，不过正不足以矫枉，尽管这样做有风险。

图 3-16 和图 3-17 就是依据三叠结构（图 3-18）以及上述内容构想出的城镇理论模型：天圆、地方重叠拱卫的双鱼结构——分别代表人和文。这个图像体现这样的内容：

一座城镇有其固有的自然地理和生物环境基础（天圆——第一层次）。在此基础上，人类营造出自身生存的物质构造环境（地方——第二层次）。在第一和第二层次相叠的基础上，生存、活跃着人类本体——与文化胶着而在的人类群体。

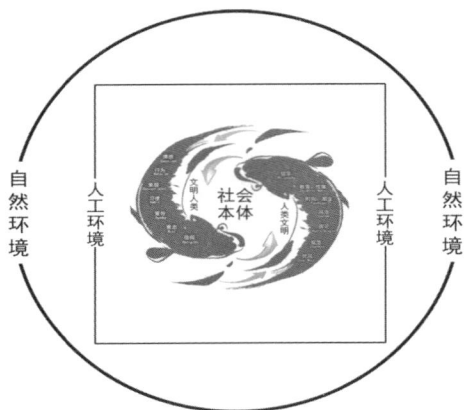

图 3-16　城镇的完整概念
（李海天　绘）

图 3-17　双鱼结构——分别代表人和文
（李海天　绘）

这个图像还体现这样的原则：

一座城镇的规模，包括人口规模和建造范围，原则上不可以超越其自然环境的承载、支撑、养育能力的极限，否则便难以持续。

该城镇的物质构造环境与人类主体始终互相渗透、互相影响、互为依存。

该城镇的文明人类，本质上由生物人类和文化人类融汇而成，这样的联系概括为人文互动。所以，文化和文明程度，才是检验人类主体更本质的标准，也是城镇的本质特征。丧失文化，城镇和文明人类便无法存继。

孟子说："无恻隐之心非人也，无羞

图 3-18　三叠结构俯视图——
自然 + 人工 + 文化
（李海天　绘）

恶之心非人也，无辞让之心非人也，无是非之心非人也！"。他这样的观察结论的确帮我们阐释了城镇本质以及文化人类的深刻含义。城市中的人类，无论个体或者群体，都不孤立存在。他们必须而且已经与各种文化形态结成牢固的互生关系，这就是双鱼结构或者双螺旋结构的由来（图 3-17）。其人与文互相对应的结构联系大致如下：

信仰——宇宙观；

方向——意识形态；

原则——哲学；

情感——国体，政体；

　　归属——社会经济组织；

　　知识技能——文化教育；

　　行为——法纪；

　　习惯——礼俗；

　　人伦——婚姻家庭；

　　操守——训导约束；

　　自律——团队组织；

　　素养——风气；

　　人格——文化。

这两列内容表述都市环境中人类与文化的互生关系，互为依存的联系，也解析了都市文明的支撑体系。它就是城市的文化环境，包括保证人健康成长的一切人文环境要素，如教育、传媒、哲学、法学、宗教、历史遗迹等，包括物质构造，也包括组织惯例，种类繁多，依次递进，不胜枚举。它证明人的能力、素养、义举、操守等优良人格，包括前述各种实例，均非凭空而来。英国前首相温斯顿·丘吉尔并非城市学者，却说出如此深刻的话："我们塑造了城市，反过来城市也塑造了我们。"人类，无论群体或者个体，其孕育成长过程都需文化环境滋养和支持，无法脱离环境哺育。狼孩长大后很难回归人类社会，就是反面的证据，证明人类文化环境对人类个体的抚养、驯化、塑造、定型之强烈而深刻，足以看出人同环境二者几乎是印章与印模之间阴阳互生的组合联系。城市作为流传文化、教育人民的重要文化作用就是这样实现的。

　　进一步说，这样的城市环境内容远不止平素所见，它实际上可以延伸到从宇宙观到是非观一长序列构成的意识形态框架形式。换言之，塑造人类人格特性的环境要素，首先从宇宙观开始，渐次缩小为人类观、社会观、文明观，直至是非标准、信仰、人格、行为规范。人，健全的人，就是建立在这种框架形式之中的，而这一重要关联和机理却常被城市设计和管理者所轻视。

　　历史证明，各种宇宙观、意识形态，都只具有相对的合理性：君权神授与天赋人权，分别代表不同的宇宙观、思想体系和意识形态，因而有古典北京中轴线和华盛顿大写意蒙难像那样的宏大规划符号来诠释相应的思想观念。人类与文化交互推动有可逆的驱动倾向；可以上升进步，也可以下降倒退，令文化和文明急剧倒退，人寰世相顿成鬼域。因而，对于未来，尤其是当下，人类应当追求什么样的信仰与塑造什么样的符号来诠释这个理念和信仰？这对于城镇或者人类的发展规划，绝对不是可有可无的议题。

（一）重新定义城市——一项冒险而紧迫的倡议

　　城镇是人类主体及其生存环境客体构成的统一整体，主体客体构成该构造两极，中间是个广阔的过渡地带，向内是一个自然人化的过程，向外是个人化自然的过程。以上解析明确了城市（镇）的基本结构及其联系，也从整体上剖析了其本质，并得出结论：城市（镇）

本质上是一种介质,是人文明人类赖以生存和发展的手段,因而为城市的定义奠定了基础。

据不完全统计,迄今为止出现的城市定义已将近 300 个。这些界定都从不同学科提供方法和智慧,深入理解城市的功能和实质。各种定义反映了不同学科对于城市的理解和把握,也反映不同学科侧重的要点。例如,芝加哥学派代表人物罗伯特·帕克(Robert Parker)的论点是出现较早、影响较大的经典论述之一:"城市绝非简单的物质现象,绝非简单的人工构筑物。城市已经同其居民们各种重要活动密切联系在一起了。它是自然的产物,而尤其是人类属性的产物。"这个定义就侧重城市社会构成和状况,其他则多侧重统计学内容。这种背景下,各个国家、不同时代界定城市用的标准也很不一样。总体来看,迄今为止世界各地界定城市大体上沿用了行政(或法学)、统计人工环境实际范围、评价实际经济社会效能这三种视角和标准。

1. 用行政法规或法律来界定

这种做法首先将一座城市看作整个国家行政体系中的一个单元,通过具体法规和政令授该城市以法人地位,成立政府,行使综合管理权。其最大特征就是有明确的行政辖区边界。这样做的典型代表有印度、中国、南非等国。其中印度规定 5000 人聚落为城市标准的下限,南非则为 500 人。联合国考虑地区差异和国际对比便利,建议以 20000人为划分城市的下限;美国则在管理实践中认为低于 2500 人的聚落都不够城市标准。这样,山明水秀,图书馆、铺装路、水电齐备,"谈笑有鸿儒,往来无白丁",友好亲善的纽约州阿米尼亚,也只是个小村子(中国设市标准和建镇标准详见附录 B、附录 C)。

2. 用市政建设实际范围来界定

这种做法较为直观,即依据城市建设开发看得见摸得着的实际范围来界定城市。所以,大体上凡市政建设普及的地方就理所当然属于城市或城市地区了。在城市各种操作和管理实践中,这样的做法几乎顺理成章,也成为最根深蒂固的城市概念。如果过分了,就跌入所谓"见物不见人"的泥潭。当今中国已经广泛采用市政建设范围来整合城市规划、设计、建设和管理实践。这种城市概念也有相对明确的边界,但由于经常发展变化,稳定性较差,而且往往同行政边界差异极大,例如北京直辖市范围和建成区,从地图上看根本是两回事。

以上各种定义,各有道理,各有得失。其实,城市本质上就是一种发达的人类聚落,唯其特性在于它的规模、构造和文化积累共同形成的巨大创新能力,并最终创造了人类文明和文明人类。文明史正是城市的历史。

(二)城镇定义的新倡议

如今深入探讨城市真确价值和概念,意义在于总结城市缔造文明人类的特殊贡献,继续探索人类文明通过城市继续进化成熟的途径和方法。因为这个文明进化的过程远未完结,人类世界还存在大量问题:战争、压迫、疾病、文盲、特权、专制、愚民、贫富鸿沟、精神贫乏、生活虚无、价值失迷……这些都要靠各种健全的文化发育,尤其是城市建设和发展、城市生活方式来医治和疗伤。

在城市完整概念和基准含义这些问题上，唯有最宏大的合理框架才能包容迄今已有的全部合理要素。这个功劳由刘易斯·芒福德完成了。他的《城市发展史——起源、演变和前景》中的城市论述和总结是全方位的，在人类进化漫长历史和宇宙进化的宏大框架内提出了城市的完整要义和宏远使命。这里基于刘易斯·芒福德的理论贡献，参照历史事实和各家所长，提出新的城市定义：城镇是文明人类和人类文明赖以发生、发展，进而成熟完备的相对永久性人类聚落。简单说，即城市是人类走向文明的介质。提出这一新定义，引起思考和辩论，是有鉴于当今的人类发展进步尚不完备。提出这样的观点，以期通过讨论找到更好办法。

本章小结

城市由自然环境、人工环境和人类主体三层要素构成；这种三叠结构的综合环境中，人类作为核心、灵魂，始终支配城市的发展和运行。城市又是渊源久远的长途进化历程，这内容被包含在一切城市的第四维度，这个维度包含着城市的真义。刘易斯·芒福德说，所谓城市是指一种新型的具有象征意义的世界，不仅包含当地人民，而且还包含其守护神及其整个秩序井然的空间。所以，城市概念不仅看人口规模、物质构造，尤其看这些人口能否形成一个高度分化的社会文明，并在文化培育中去追求超乎饮食、生存之类的更高远目标。据此构想的城市理论模型，就是要表述这种构造和机理。第五个维度是人文主体维度，以人类活动以及人类自身发展、进化为核心内容的空间特性及其功能，构成城镇最宝贵的含义和内容。

作业与思考

1. 什么是城市的三叠结构？
2. 城市的五维空间由什么构成？
3. 为什么缺失城市第四维度，城市质量会大打折扣？
4. 什么是城市主体性？
5. 为什么说城市主体性是城市自身最高也最有价值的核心内容？
6. 考虑城镇漫长的发育历史和宏远未来，你认为该如何定义城市？

第四章　城市的起源

🔲 旧石器文化人类首先开始自身的驯化和塑造，随后才开始驯化野生动植物。而且这一步骤早于礼制、语言、化妆和装扮，它首先开启了向人性的转化和塑造……人在未能驯化自己之前，别的什么也驯化不了。

——刘易斯·芒福德

🔲 旧石器时代的丧葬场所、神窟或石洞，都是当时人类的纪念性场所，后来成为人类的聚集中心，这就是人类城市最早的起源。

——刘易斯·芒福德

🔲 城市绝非简单的物质现象，绝非简单的人工构筑物。城市已同其居民们的各种重要活动密切地联系在一起。它是自然的产物，而尤其是人类属性的产物。

——罗伯特·帕克

本章导读：在清晰城市概念基础上才有可能探讨城市起源。反过来，探讨城市起源又可深化城市的完整概念。考察城市起源具有非同寻常的意义，能加深理解人类文明和文明人类发生、发展的过程和机理，进而修正对该进程的指导思想、优化发展战略决策。本章介绍各家观点，着重介绍刘易斯·芒福德的总结分析和特殊贡献。在此基础上提出城市溯源，揭示出其中最核心的内容：文明人类的由来和去向。

城市起源问题复杂又模糊。刘易斯·芒福德说，"城市出现的关键时期早于有文字可考的历史，因此目前大约只能依靠少数已发掘的较完整古城遗址来推究城市更为远古的（无论从时间或者空间来看）的起源问题。"他说："无文字记载的历史当然已很模糊，及至城市出现在文字记载中，它已相当古老。""城市历史上一大批杰出代表，包括乌尔城、尼尼微、阿叔尔、巴比伦……都历时3000余年。这么巨大的历史空白是不能希图通过一点点历史遗物和几百页文字记载就能填满的。在这片泥沼般的研究领域内，连最坚固的、事实构成的落脚点往往也不可靠。

因而研究者经常陷入绝境：要么索性不探索，要么冒险跌入纯推论的无底泥淖。所以，我对读者有言在先，自己探索，自担风险。"

这段忠告意在鼓励读者大胆探索，独立思考。因为这个学术研究领域至今空茫。深入探索很有价值，很有趣味，也远未结束。

第一节　关于城市起源论述几例

一、《中国大百科全书·建筑园林城市规划卷》

在《中国大百科全书·建筑园林城市规划》卷册中关于城市的起源释文如下："在新石器时代，农业生产在许多地区成为主要的生产部门，导致了原始居民点的形成。随着手工业和商业的发展，一部分原始居民点扩大成为一个地区的各种活动的中心，这便是早期的城市。城市的兴起，是社会进化到一定阶段的产物。中国的《史记》中早有"夏有万国"、"夏有城郭"之说。……两河流域、埃及等地区在公元前3000年就已出现了城市。"

二、《中国大百科全书·社会学卷》

在《中国大百科全书·社会学卷》对都市起源解释为3个原因：原始采集狩猎经济发展过渡到古代农业，有了比较固定的居民点；在原始农业基础上进一步实现了农业牧业和手工业的专业分工，生产效率提高，有了剩余产品；产生贸易活动和等级分化，奴隶主形成，开始建造控制中心，加强对内控制和对外防御，建造城池，所谓"筑城以卫君，造郭以守民"，城市从此正式形成。引用马克思、恩格斯在《德意志意识形态》中的论述："某一民族内部的分工引起工商业劳动和农业劳动的分离，从而也引起城乡的分离和城乡利益的对立。"书中提出的证据是古代都市都曾经为奴隶制国家首府，如两河流域的巴比伦和尼尼微，古埃及的孟菲斯，甚至包括东罗马帝国的君士坦丁堡。

三、《中国城市手册》

《中国城市手册》中将世界各学派解释城市起源的学说总结为如下6类：防御说、私有制说、阶级说、集市说、地利说、生产力说。然后编者认为，唯有各种因素之综合才能导致城市产生。这些因素包括自然、地理、经济、社会、政治、文化等要素的综合运作，才可能产生城市。

四、《文化地理学》中的解释

王恩涌教授所著《文化地理学》认为，人类早期聚落逐步发展就可能演化为城市。

各种原因的综合催生了城市出现，其中包括水利催生了农业创新；技术发展促使劳动分工；继而产生社会阶层分化，政治组织出现。

五、《城市科学概论》中的论述

储传亨、王长生二位编著的《城市科学概论》中对城市起源的论述文字较长，梗概如下：城市诞生于原始社会末期，距今约四五千年。新石器时代有了第一次劳动分工，农牧业与狩猎采集文化分离，定居方式诞生，居民点形成。当时最大居民点约250人左右，但布局紧凑，为防御外敌或者野兽入侵，周围常筑有壕堑或栅栏，或兼而筑之。但这还不算是城市，直至原始社会瓦解，人类进入金石并用文化时代，纺织、冶金、制陶生产兴起，导致与农牧业分离的第二次社会大分化。不同群体和地区需要产品交换，物物交换的商业贸易随之形成，城市便在这种情况下问世。当时的城市规模不大，功能简单，经济作用小，阶级对立明显。它集防御和产品交换两重功能为一体，首先成为农产品和手工业品交换的场所。

对于催生城市的动力，作者解释为两个：一个是社会生产力大发展；另一个就是有了剩余产品。

以上几个实例概略反映出，国内迄今有关城市起源的研究和论述有两个特点：首先，依据哪样的城市概念，就会注重观察哪样的起源。换言之，城市概念决定城市起源考察的深度和久远。同样，从不同的城市起源论述中能窥见作者的城市概念是否丰满、完备。继而产生另一特点：这些文献多将城市起源的各种要素看作外化于人类自身的生产和社会活动，比如生产方式和技术的改良进步、社会组织多元化、劳动工具的变化等。这些论述基本上没有突破城市的物质结构，局限在城墙夯土、陶器残片、丧葬遗留物、石器工具、制陶、纺织产品等。即使注意到文化艺术活动和产品，比如丰富的彩绘雕刻和绘画，也多就事论事，而较少联系和深入人类自身的相应变化。而这一切变化，实质上都是人类自身进步的映象。如刘易斯·芒福德说："如果我们探源城市却仅局限于考察城墙范围内那些永久性建筑物，那么我们还根本没有涉及城市的本质问题。"[1]

第二节 戈登·柴尔德和他的"城市革命"之说

查考国内外有关城市起源各种资料有些现象引人思索：较严谨的学术典籍，如《国际社会科学百科全书》、《不列颠百科全书》等都缺少"城市起源"这个项目。一些较

---

① （美）刘易斯·芒福德.城市发展史——起源、演变和前景[M].宋俊岭，倪文彦译.北京：中国建筑工业出版社，2005：2.

著名史学家，包括汤因比、斯本格勒、鲍尔·惠特利（Paul Whitley），甚至包括著名历史地理学家侯仁之，人文地理学者陈正祥等，都慎言城市起源。即使大胆讨论城市起源的作品，如宁越敏等主编的《中国城市发展史》，涉猎到城市起源，也多记述古城考察所见，只报告城墙周长、工程质量、考古现场发现的陶器、尸骸以及随葬品，且多配绘图、数据统计。文字则多述其然而少论其所以然。此外，所见资料还多注重生产技术进步和手工业能力，尤其注重工具手段发展进步，以及在此基础上发生的社会分化、阶级对立、私有制和战争。其余则少见深入到人类自身进化的观察和研究。

这现象令人猜想，也正如刘易斯·芒福德所说，当人类文明刚刚破晓，城市已是成熟形式了；及至有文字记载，城市又已相当古老……有遗迹的历史 5000 年，以及更早无遗迹的历史大约同样长久。总之，这么宽广的学术领域许久以来晨光熹微，影像模糊，所见甚少，很难从中看清城市起源的真正要素。这种局面似乎直至戈登·柴尔德（Vere Gordon Childe，1892.4.14 ～ 1957.10.19）1950 年发表著名论文《城市革命》（中译文见附录 D）[①]，才有第一次根本改变。因为戈登·柴尔德的研究比较完备地综合罗列出催生城市产生的 10 种要素，成为城市起源问题最早的权威著作。

可是中国大量相关著作成书于 20 世纪八九十年代，甚至更晚。这类文献资料中除有一处见到罗列出柴尔德城市起源十大要点外，其余文献中基本上都见不到戈登·柴尔德学说的影响和踪影。既无此人姓名，更无他城市革命学说的基本内容。这种明显的理论断裂是件很遗憾的事情。究其原因可能因为戈登·柴尔德该文直至 20 世纪 90年代初期在中国译出后刊载在一个非常偏僻的杂志上，没有流通效果，因而几乎无人知晓，学界基本上见不到它，因此很少有人阅读、研究、评论、补充。这就有必要较详尽介绍戈登·柴尔德和他的城市革命理论。

一、戈登·柴尔德简介

戈登·柴尔德是澳大利亚人，考古学者、哲学家，主要研究领域是欧洲史前人类文化考古和研究，毕生大部分学术活动在英国，主要在苏格兰爱丁堡大学，后在伦敦考古研究所（图 4-1）。

戈登·柴尔德 1892 年出生于澳大利亚新南威尔士一中产阶级家庭，系英国移民的后代，青年时代接受马克思主义社会经济学说，一些主要文献称他当时是一位"光明磊落的社会主义者"（vocal socialist）。起初就读悉尼大学，后到英国牛津大学深造。毕业后回国因政治见

图 4-1　史前文化人类考古学家
戈登·柴尔德
（网络照片）

---

① Gordon Childe.The Urban Revolution[J].The Town Planning Review，1950（11）:3-17.

解而不能受雇进入学界，因而不得不为澳大利亚工党工作，后重返英国，担任各种工作却始终不放弃欧洲史前历史学术研究，并积极参与各地考古旅行和研究活动（图4-2）。直至1927～1946年担任爱丁堡大学担任史前考古学教授，后来担任伦敦大学考古学研究所所长，一直至1956年。戈登·柴尔德著述丰繁，持论精辟，兼收并蓄，包罗万象，对史前文明研究影响深远。曾经对公元前3000纪到2000纪欧洲史前

图4-2　1927~1930年，戈登·柴尔德主持在苏格兰东北方奥克尼群岛考古发掘出的萨卡拉新石器文化完整的村落遗址
来源：选自 http://en.wikipedia.org/wiki/V._Gordon_Childe

历史进行系统研究，想理清欧洲文明与近东古代文明之间的历史联系，并在此基础上对古代西方世界前文字时代各主要地区文明的结构和特征进行对比研究。从他开始这种方法就成为后世文化史对比研究的传统方法。主要著作有1925年出版的《欧洲文明的黎明》、1929年的《史前多瑙河》，还撰写通俗科学读物，1936年出版《人类创造了自己》（Man Makes Himself），1942年出版《历史上的真事》（What Happened in History）。

戈登·柴尔德勤奋敬业，他的考察和思索有助于揭开人类文明破晓和启蒙的历史。60多岁发现罹患癌症，不久自己安排后事，将全部图书和家产贡献给伦敦考古研究所。随后去澳大利亚家乡旅行和演讲。最后，1957年10月19日清晨，登上新南威尔士维多利亚山区自己出生成长的地方，攀上高峰，将眼镜、礼帽、指南针、烟斗、防水大衣整齐摆放在山顶，然后纵身跃下一千英尺断崖，坠崖自尽，终年65岁。10多年之后才发表的遗言表明，他死前已经形成这样的生死观：患绝症的人若能在他最幸福又最健壮时结束生命，是一种幸福。他曾将此遗言交给挚友，并嘱咐10年之内不得发表。20世纪80年代得以发表的遗书中，这样的言传得到证实。

二、"城市革命"学说及其地位

城市革命（Urban Revolution）学说发表于1950年4月号英国出版的城镇规划杂志（Town Planning Review），作者于1957年去世，这是他学术成熟时期的见解。城市革命提出城市起源的10种要素包括：人口规模、剩余产品（主要是剩余粮食）、劳动分工制度、手工业出现（尤其非农制造业，如制陶、编席、建材、织布之类），还有简单机械施工和较大型建筑，即公共建筑的前身，包括寺庙、祭坛、戏台这类建筑，社会组织权威和制度，发明文字，天文观测，数学成为管理手段建立了账本以及祭祷文等，此外还有艺术活动、美术、艺术创作、物物交换和长途通商贸易，包括商品和人员流动，即与其他地区形成

产品交换和支撑联系,最后一个是聚落的凝聚核心,但论述不够详尽、具体。有理由认为,这位治学非常严谨的学者,若寿数再长10年,收获完全可能更加丰富、更加深厚。

"城市革命"学说论述的10个要素中,包括物质环境构造以及精神凝聚手段,有生产技术,也有娱乐活动。这些要素在城市形成过程中担当不同职能,互为补充、互为依存、互为因果。比如,其首要条件——较大规模人口群落,必定要求组织化的管理手段以及相对效率高的生产技术。不过戈登·柴尔德城市起源学说最重要的价值还在于,他在19世纪考古和人类学研究基础上第一次最系统最全面地总括了城市起源各种要素,可以说是这个学术领域首次获得的最圆满成果。

从这一成果中可以较清楚看出,乡村和城市,历来被划分为截然不同的概念和领域,在戈登·柴尔德的城市起源论述中,其实是同一条文明发育轴线上的不同进程,几乎不存在截然的分界线。用戈登·柴尔德《城市革命》中的原话:"若用人类文明自身发展序列来作对照,从中推论文明起码的定义,那么这些原始城市是可以不算数的。"换言之,城与村之间的连续性、同一性,要大大超过它们之间的阶段性和差异性。看似对立的两者,会在人类进化这一更宏大主题和框架中统一起来,而且毫不足奇。

此外,他这一学说的局限性有三方面,如刘易斯·芒福德分析,这样的学说罗列各种要素构成一个文明发展的横截面,却未能清楚描述该断面——亦即古代城市原型——长期孕育、诞生和演变过程。换言之,这10项要素仍然是溪流而非源头,它们仍是结果而非动因。举例来说,比如考察汉字起源,可以从今回溯至古,从楷、隶、大小篆、金文、甲文……,直至殷商铭刻龟甲兽骨仍未穷尽这一溯源。因为,甲骨文仍是文字,古代文字的背后仍然有推动力。背后这个持续不断的巨大推动力才是真正的源头。这应当是人类物种特有的抽象化能力,形成概念和创造象征符号表达概念的要求和能力。这种能力促使人类从生动复杂的具体事物中抽引出事物的共性,用抽象符号来表达。唯上溯至这种地步,城市探源方有水落石出之感。其次,这些观察和罗列过于偏重经济活动,明显忽略了人类自身,尤其人类精神方面的重要内容。而人类,尤其文明人类,其本质却是由精神层面的内容和质量决定的。第三,由于戈登·柴尔德的观察分析过分倚重经济活动,因而对揭示城市起源不仅无助,而且效果上混淆或者带偏了问题本身,让城市起源的真实情况更加迷离不清。当然,刘易斯·芒福德这样评价也未免求之过苛,因为各自立足点和资源占有量都差异很大。张光直在《中国青铜时代》第二集中"关于中国初期'城市'这个概念"中认为,戈登·柴尔德提出的"城市革命",意指人类社会经济发生一次大规模变革的结果和象征性事件,"而不是一次突然性剧变,它在这里用来指称在社群的经济结构和社会组织上的一种逐渐变化的高潮。"[①] 张光直这一注脚无疑照亮了戈登·柴尔德这篇文章。

---

① 张光直. 中国青铜时代(第二集)[M]. 北京: 生活·读书·新知三联书店, 1982: 2.

第三节　刘易斯·芒福德的城市探源

一、方法论上的突破

如前文所说，有多完备的城市概念，就有多深远的城市探源。挖掘城市起源，首先看你如何理解城市，看你如何理解城市的本质。城市探源的视点和收获，取决于眼界，取决于如何界定城市。从这个意义上说，刘易斯·芒福德观察城市独具慧眼，他提出了城市是文明的铸模、文明人类的孕育所，这样的城市概念，自然就有更深远的起源。因而他在为《国际社会科学百科全书》的撰文中，谈到城市起源问题，首先就否定了两个流传很广的看法："关于城市的起源问题，有两种习见必须首先抛弃：一是认为城市是由乡村经过自然增生或者集结而形成的；另一个看法认为，随手工业和制造业发达之后，适应经济发展在重要的贸易通道交汇口自然形成了城市，完全割裂城市与乡村格局的关联。"[①]

举例来看，国外最古老城市的实例是杰里科（Jericho），位于巴勒斯坦边境，有的书上又说在约旦（图 4-3）。因为这两国国界经常变动，但这城市遗址不会变动。总之，距离死海 6 公里，位于地表以下 800 米的地面，很热的地方，类似中国吐鲁番的立地环境（图 4-4）。它是公元前 7000 年的古城，但这城市经历了几起几落，衰亡又复兴，衰亡又复兴，前后 3 次，分别为公元前 7000 年、公元前 5000 年，最后一次复兴是公元前 2000 年。城市兴起最初是中石器文化部族的侵入，建立永久性聚点，建筑很高的

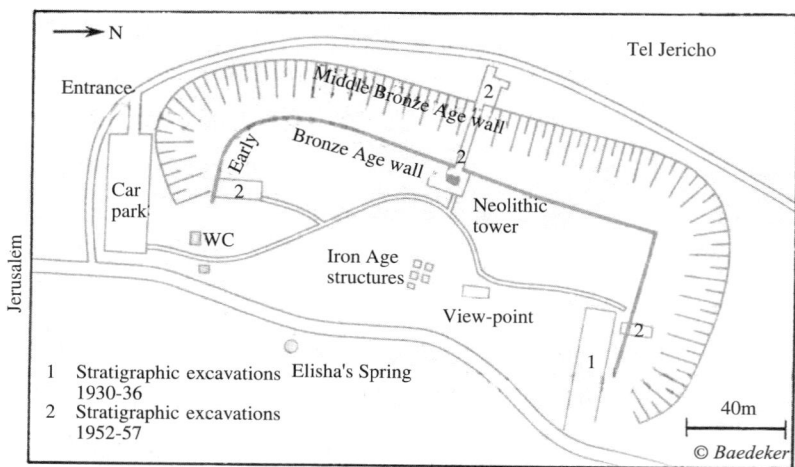

图 4-3　国外最古老城市杰里科

[①]　北京市社会科学研究所城市研究室选编. 国外城市科学文选 [M]. 宋俊岭，陈占祥译. 贵阳: 贵州人民出版社，1984: 45.

图 4-4　杰里科古城遗址

石墙，人口多达几千人，有石器制造的作坊，《圣经》记载中出埃及记里犹太人离开埃及到进入中东后攻打的第一座城市就是这个杰里科。所以它应该早于圣经，圣经中反复提到这个地方，旧约中好多地方举它为例。

　　但是城市大量出现在世界各地，尤其各个大河流域，印度河、黄河两河流域的时间却是在公元前第 3000 纪，总共大约 700 年的时间段。刘易斯·芒福德说，人类文明史上有两个 700 年非常有意义，一个是公元前第 3000 纪的 700 年。不妨划定在公元前3700 ~ 前 3000 年。还有个 700 年是从钟表问世（大约 1250 年前后）到原子能技术诞生（大约 1950 年）的 700 年，都是技术文明突飞猛进、文化发展飞跃的时代。之所以没有非常确切、固定时间和地点明确标志着城市的诞生、问世，是因为这是一个渐进过程，刘易斯·芒福德的论点发表于 1961 年，它是利用戈登·柴尔德的理论高地，对戈登·柴尔德的学说进一步解析、吸收、扬弃，提出自己的学说。

　　刘易斯·芒福德的《城市发展史——起源、演变和前景》一书已经被奉为城市研究经典著作。作者刘易斯·芒福德是犹太人，除了勤奋、智慧，他还承袭了犹太民族擅长记述自己民族历史的优良传统。他们通过口传、笔录、集会叙述和讨论问答形式，让民族历史故事记忆常青。《圣经》得以撰写成形。据说，其基础就是犹太民族自己对民族历史的记述。刘易斯·芒福德把这一特点和历史溯源的宝贵能力用来回溯全人类文明发展历史源流、城市探源，进而展望世界人类的未来。在这种态度、方法和努力的背后是坚定的信念，他相信人类的发生不是偶然事件，相信人类经历如此艰难而节节攀升，必定负有一个非同寻常的使命。这正是刘易斯·芒福德历史探索的特点和宝贵之处。

　　首先，刘易斯·芒福德是面对工业文明显露出尖锐矛盾和问题的背景，尤其面临第二次世界大战后全球险象环生的世界局面中，开始思考文明前进的方向以及城市运行中的严重问题。他的态度很明确，如果找不到办法解决问题，那是因为首先对问题还描述不清楚。所以，若暂时不能解决问题，就首先该设法把问题本身解释清楚。在预卜人类未来吉凶的问题上，首先要将人类文明、文明人类的来龙去脉，乃至如何沦落到当今险象环生的地步，来龙去脉前因后果，一一理出头绪。否则，谈不上解决问题。

　　1944年，刘易斯·芒福德就形成了这样的观念："当代人却仍然以疯狂热情集中精力继续大力发展科学技术；仿佛科学技术本身就是人类找到自身救赎的唯一手段。当今人类之所以过分相信和依赖科学技术，部分原因在于他们对人类发展进步的全过程存在严重误解。因此，要克服这种偏差，为了让人类恢复自身平衡，首先需要把人类的发展进步，从原始人类至今的全过程的主要阶段，都一一清楚展现出来，仔细予以观察分析。……而且，只有创造出适当的文化渠道，人类才能有效地开发、控制和利用自身的本性。"

　　而文明人类发展全过程的主要体现就是城市。为此，他想首先弄清楚人类文明发展历史在城市的作用，以及塑造之下的发生、发展的全部历程。他原话是这样说的："为了使我们对当今世界迫切任务有足够了解，我专门回溯了城市的起源。因为我们必须构想一种新秩序，用这种秩序整合有机世界与人类个体、融合人类全部功能和任务。也只有这样，我们才能为城市发展找到一条新出路。"

　　他认为科学技术文明时代已经把人类引领到一个十字路口："这时候，只有对全部历史了解很深湛，对那些至今掌控人类的古老抉择有了高度自觉，我们才能理解和正视当今人类面临的迫切抉择。而无论如何选择，最终结果都将彻底改变人类世界：要么全力以赴大力发展人类自身丰富的人性潜质，拯救自己；要么俯首听命，任凭自己发动起来而又自行运转的科技文明的支配，最终沦落到丧失人性的境地。"

　　这样一种心态和立足点，就让城市起源的探索空前深刻而广泛。

　　比如，在戈登·柴尔德的总结中，古代的天文历法、算学、文字诚然已经是城市起源的重要元素。刘易斯·芒福德则在此基础上进一步发现人类通过这些活动对自己的驯化，还依据戈登·柴尔德第八项要素（艺术、创作、戏剧、舞蹈、绘画、雕刻等创作活动）质疑了流传甚广的"劳动创造人类"学说，明确提出，"是游戏——而非劳动——创造了人类"，这样的论述，在他的代表作《城市发展史——起源、演变和前景》，以及1967年出版的《技术发展与人文进步》（Technics and Human Development）当中，都有大量详尽论证。

　　在方法论上，刘易斯·芒福德没有像戈登·柴尔德那样罗列形成城市的各种要素，去续写城市的起源。他突破以往局限，注重从物质结构考察其中抽象的社会功能及其来龙去脉，从而看出人类行为活动内容、含义和起源。为此，他考察了多种功能的形成过程，如城市物质环境固有的吸引、集中、聚拢、容纳、互动、发散（辐射）等功能，进而总结道："假如城市探源仅局限于集中在城墙范围内那些永久性建筑上，我们就还根本没有涉及城市的本质问题。"

他的基本观点是：文化发育过程中，文化的礼制化、环境化、组织化、行为规范化，以及最后人格化这些不同的阶段和内容，有其固有的先后顺序。其中，文化观念、文化的价值形态，会先于物质载体、制度、人格、行为而首先形成。举例来说，学校、大学，作为文化实体，包含各种要素：校园、组织、教师、学生、制度、教育实践活动和传统，直至典型人格、优良教育家和师资……教育的价值理念首当其冲。

人类城市物质结构形成之先，城市的功效、职能要首先形成。而且，早在这些物质构造形成以前，相关的功能早已形成并且投入使用很久了。例如，人类不是有了祭坛才学会祭祀礼仪和行为规范。恰恰相反，是先有祭祀心理和情感需求，接着有礼拜、悼念等行为活动，随后才很缓慢一步步形成祭坛、贡品、祭火……乃至悼念活动引发的新收获、新品格、新作为。

沿这样的思路和线索，刘易斯·芒福德令人惊讶地从古代人自发的奉献为起点，如何演变为牺牲、贡品；贡品后来又如何合法化，演变为十一税、捐税、摊派徭役、供奉牺牲，乃至后世的人殉等形式。其余的序列还有创造象征符号的过程和序列产物：从原始刻画符号开始，包括结绳记事之类的原始辅助记忆手段，美术、绘画、雕刻、浮雕、塑像、象形文字、表意字，直至后来才有的发达语言文字，以及文字产品如文学、戏剧作品、专业创作和序列演出。这一系列文化创造活动都是相对独立的文化发展序列。同类实例还有，从狩猎部族的酋长到国王、巫师到主教的发展序列，等等。

刘易斯·芒福德的深入观察研究发现了人类联想思维能力、概括抽象事物、形成概念的能力，而创造象征符号代表抽象概念的能力，这些也就是后世系统化文学艺术创造活动的前身，它们在人类整体进化图景中又独自构成一个完整的进化轴线。尤为重要的是，刘易斯·芒福德把戈登·柴尔德十项分散的、外在的、就事论事的城市起源要素，统统整合到人类主体上来，作为人类主体自身的创造活动，尤其作为人类精神主体外化的产物。他能透过人类对客观世界的操作、改造过程和效果，来观察人类自身的同种进化，并在此基础上展现出人类这个独特物种的时空大尺度进化。

这样的观点，他在《城市文化》（The Culture of Cities）中有关城市本质一节内，概括为这样几大类内容：

（1）古往今来多少城市都是大地的产儿，它们都折射出农民征服大地时所表现的勤劳智慧。

（2）乡村生活的每一个方面都对城市的诞生和存在有所贡献。农民、牧人、樵夫、矿工们的知识经验，都会通过城市转化成为或者"升华"（etherealized）成为——丰富多彩的成分，而在人类文明遗产中流传久远。

（3）古往今来多少座城市又无一不是时间的产儿。……在城市环境中，时间变得可以看得见、摸得着。建筑物、纪念碑，以及公共要道、大街小巷，样样都比书写的文字记载更加公开而真实，样样都比乡村里分散的人工物更容易被大众观察到、注意到。

（4）古往今来多少城市又莫不缘起于人类的社会需求，同时又极大地丰富了这些需求的类型及其表达方法。在城市的作用下，远方传入的各种社会力量和影响同本地的同类物相互交融。与它们的融合和谐相比，它们之间的冲突也具有同等重要意义。在城市当中，通过市场、聚会场所等介质的交融手段的浓缩强化，人类的生存方式逐渐形成了各种替代形式。

（5）城市是自然界万般事实中的一种，从这个概念上说，它与一处洞穴、一串游弋的鲭鱼或者一座蚁冢，并无差别……古往今来多少城市又莫不缘起于人类的社会需求，同时又极大地丰富了这些需求的类型及其表达方法。……乡村生活的每一个方面都对城市的诞生和存在有所贡献。农民或者"升华"（etherealized）成为——丰富多彩的成分而在人类文明遗产中流传久远。①

简言之，如果说戈登·柴尔德提供了一个文化断面，刘易斯·芒福德则在此断面基础上展现了一个多元、纵深的层序结构，这个结构可以类比为彗星掠过夜空时后面拖带着比较宽大的扫帚形彗尾，若干条轴线、经向发展线索同时聚拢，交汇到最前方的顶端。这正是刘易斯·芒福德力图展现的城市形成的基本过程和机理。应当说，这样的发现和论述是符合历史事实的。正因如此，刘易斯·芒福德甚至不同意戈登·柴尔德"革命"这个措辞，因为革命这个词汇过于机械，而城市的出现远非革命式的突变，而是漫长、久远的积累和渐进过程（戈登·柴尔德《城市革命》详见附录E）。

二、刘易斯·芒福德的新发现几例

刘易斯·芒福德城市探源有许多理论贡献和新发现，细读《城市发展史——起源、演变和前景》等著作，作者独特视角和新发现几乎满篇都是，令人感觉如海滩拾贝，俯拾即是。首先，刘易斯·芒福德如实地将人类放置在生物世界发展进化的起点上，同时发现人类不同于其他动物的突出特点，归纳出人类特有的物种属性和独创，揭示了人类无比丰富的创造源泉和独特生活方式。且举几个实例：

（一）人类永久性聚落的形成

几乎在城市起源考察一开头，刘易斯·芒福德就提出一个著名观点，逐水草而居的民族随着死去的祖先而逐渐定居下来。原著中有一句有趣的话："是死人首先获得永久性居住地。随后，活着的人才随之逐步定居下来。"而其中的动因特别重要，它是人类一种特殊的关注。特别是自己的亲族、长辈死后，特别是氏族社会的老族长、世族首领死后，安葬在一个显眼地方，往往有个明确的标志物，一丛树、一个小树林、一

---

① （美）刘易斯·芒福德.城市文化[M].宋俊岭、李翔宁、周鸣浩译.郑时龄校.北京：中国建筑工业出版社，2009.

个大山洞，或一处有泉水的地方，安葬在那里。还常常用石头围集一个石冢，后代们商定好，定期到这来集中、祭奠，这个聚点就成了人类最初的集合地，人群集中的一个标志，一个凝聚核。

"很快你还会发现一些证据，证明这些古人类具有其他动物没有的特殊兴趣和忧虑。他们尤其关心死者的安葬问题，证据就是他们对于安葬方式的精心安排。其中越来越清晰显现出，古人类对于死亡现象的虔诚观念和忧惧心理。"

这些都提示我们："即使最原始的城市起源形态，也要比单纯的动物性需求丰富得多。"①

从这一重要起点，刘易斯·芒福德得出结论认为，"这种对于死去同类的敬重心理，大约比实际生活需求更强烈地促使人类去寻求一个固定的聚会地点，定期回归瞻仰纪念死者。这就最终促使他们形成了连续性的聚落。"所以，活着的人是随同死者逐步形成定居形式的。而且，这些聚落往往围绕、守护着一个神圣中心——他们的古代祖先。

（二）城市先形成自身的吸引功能，然后才形成和具备容纳功能

接续前面论述，作者写道："所以，人类最早的礼仪性聚会地点，亦即各方人口朝觐的目标，就是城市发展最初的胚盘。""可见，这样的地点总是首先具备磁体功能，而后才具备容器功能的。"显而易见，刘易斯·芒福德对城市起源的研究已经开始从抽象功能的发育形成过程来开始观察、衡量。他还进而从古埃及楔形文字中找到更多佐证，房舍和城镇，以及母亲这样的语汇，在古埃及楔形文字中是同一个字。

（三）人类追求更高远的生存目标

刘易斯·芒福德从以上考察得出结论，"所以，城市形成过程中起决定性作用的因素不是有限地区内集中的人口规模，而是看有多少人口在统一控制下组成一个高度分化的社区，同时去追求高于饮食生育的更高生活目的。"这种特性往往体现在丧葬形式、岩洞艺术，引领了后世的社会活动和宗教组织。此外，连同市场上物物交换和生产活动、社会活动和宗教心理，分别体现古文明发展的两种推动力。

"正是在这两种推动力协同作用下，人类才最终形成了城市。"②

（四）都市特性并非晚于村庄的文化

刘易斯·芒福德研究发现，石器时代圣地遗址还透露出，人类城市文明生活方式在石器时代就已开始萌芽，而大型永久性村庄聚落那时候还远未出现。③

（五）城市诞生的重要条件，是新石器文化和旧石器文化联姻

这一点是刘易斯·芒福德最突出的理论贡献。依据就是城市机体的两个突出特性，一是高度的生产能力，创造生命的能力；另一个是高度的组织化的特性。两者各有自己

① （美）刘易斯·芒福德.城市发展史——起源、演变和前景[M].宋俊岭、倪文彦译.北京:中国建筑工业出版社,2005:5.
② （美）刘易斯·芒福德.城市发展史——起源、演变和前景[M].宋俊岭、倪文彦译.北京:中国建筑工业出版社,2005:5.
③ （美）刘易斯·芒福德.城市发展史——起源、演变和前景[M].宋俊岭、倪文彦译.北京:中国建筑工业出版社,2005:5.

产生的根源。这两个特性在古代的依据分别是新石器文化和旧石器文化。但是两者任何一个都无法独自创造如此丰富而完整的城市社会构造、如此完整的城市社会机体，尤其是组织化特性的来源，追溯结果，定位在旧石器文化高度的组织化能力和特性。刘易斯·芒福德认为，城市的出现乃是旧石器文化成分同新石器文化成分在更早的古代互相结合的最终产物。这里所谓旧石器文化成分主要指这种文化特有的巨大组织、指挥和控制能力。这种文化的行为能力和特性，在古人类捕获猛犸象的集体协作行动中表现得特别生动。至于新石器，则主要指它的包容、创新和巨大的养育动植物生命的能力。

那么人类呢，城市对人类自身的作用在哪里？在于组织化，在于劳动分工合作，在于劳动组织、分工组织和协作提高。刘易斯·芒福德的贡献还在于他提出，城市诞生的关键一步，是旧石器文化与新石器文化的联姻。这个观点，既新颖又震撼。因为这个联姻形成了人类最早的聚落凝聚和组织化核心。因为组织是要有权威的，权威是要靠强权、威望和武力的。这就是最早的城市凝聚核。

（六）最早的城市聚合过程

都市要素的聚合过程，是刘易斯·芒福德城市探源的又一大亮点。

所谓都市要素的聚合过程（urban implosion），是一个较长的文化聚合过程。具体含义是指人类各种具体的发明、创造、文化积累和人文活动，原先分别各自分散在广阔大地上。这些分散元素，从各自背景上逐步向某个凝聚点聚拢、有机组合，形成新的社会组织机体。在原先范围广阔的背景上，这些分散的文化元素要在一种强大吸引力，或者外加强制力作用下才会逐步实现最终聚合。这种凝聚力量，常是某著名圣地或著名组织权威，这就是最原始的文化迁移和聚拢现象。其集中发生的时间大体在公元前 3000 纪的 700 年内，刘易斯·芒福德学说中称之为 urban implosion，实质上是各种人类分散的文化职能大汇聚的历史时期。刘易斯·芒福德还将其同另一个 700 年相提并论：从钟表问世到热核技术成熟的 700 年，也就是现代世界文明的开端，同为人类历史上两个意义重大的 700 年！

（七）确定城市基本形态

结合城市起源，刘易斯·芒福德进而深入到城市定性的重要问题。从城市最初的凝聚核，也就是城市胚芽开始，刘易斯·芒福德提醒两点：首先，"不论哪个阶段，我们都不能将密集的城市建筑现象（这往往是人口密集的单纯原因所致），同复杂的、生机勃勃的城市组织混为一谈。……所以，我们要记住卢梭的话，Houses makes a town, and citizens makes a city."接下来，他进一步强调说，"要确定一座城市，我们必须找到它的组织核心，确定它的边界，弄清组成它的各种行业，确定支撑它的通信联络中心，同时分析其团体和机构的分化和整合过程……终究，该机体的组织核心才是引导整体生长发育以及有机分化的本质因素。"

这样的探索和论述，在《城市发展史——起源、演变和前景》以及后来的《技术发展与人文进步》当中比比皆是。

第四节　城市起源：华夏文明的回声

沿循刘易斯·芒福德城市探源的启发，从华夏历史发展中也能发现令人称奇的雷同现象。刘易斯·芒福德关于城市起源的西方学说，在中国文化脉络中居然也能找到各种类同依据。这种不谋而合看似偶然，实际上宣示着深刻的文化发展共同规律性。

一、华夏地区古代墓葬的启示

这个聚落位于楼兰以西 103 公里的沙漠深处，它早于丝绸之路 2000 年，在东西南北民族古代交往融合过程中逐步形成，存在了至少五六百年，后因环境退化而寂灭。

太阳墓是古楼兰人最奇特的墓葬形式，古墓有数十座，每座都是中间用一圆形木桩围成的死者墓穴，外面用一尺多高的木桩围成 7 个圆圈，并组成若干条射线，就像太阳的光芒，正是因为这种墓葬外表酷似太阳，被称为太阳墓（图 4-5）。

古代人类对于死亡现象特别关注，表现在他们对于死者丧葬仪式的高度重视，以及墓地的精心安排。如今这个距今 4000 年的聚落里，居住地、耕地、作坊、畜栏、储物场，一切都消失了，唯独这块墓地保留下来了。古人类的目的达到了，这就是重新复活，向未来传递心声。

小河墓地的外观是沙山上密密麻麻矗立着多棱形、圆形、桨形的胡杨木柱（图 4-6）。这些木柱大约有 140 多根，高出地表 2~4 米，直径多为 20 厘米以上，多棱柱从 6 棱体到 20 棱，尤以 9 棱居多。墓葬头部的立柱形状根据死者的性别而不同，男性死者棺木前部的立柱是桨形的，大小差别很大，其上涂黑，柄部涂红；女性死者棺木前部的立柱基本是呈多棱形，上粗下细，高度一般在 1.3~1.5 米左右，上部涂红，缠以毛绳。

图 4-5　古楼兰"太阳墓"
来源：选自 http://news.ts.cn/content

图 4-6　古楼兰"小河墓地"
来源：选自 http://www.huaxia.com/zt/whbl/2004-95.html

简言之，此时的人类已经懂得了悲痛，懂得了希望。丧葬习俗的诞生非同小可。我们从遗体安葬仪式当中了解到的人性内容，要大大超出墓穴掘铲给我们讲述的故事。

二、华夏古代岩画的启示

岩画是世界许多地方不约而同的文化遗存。中国的广西、云南、江苏，以及内蒙古，都发现了大量古代岩画遗存（图4-7、图4-8）。阴山的古代岩画是古代先民生活的投影，记录了当时的社会组织、生产生活方式、审美情趣，以及价值理想。

图4-7　这些岩画中有狩猎活动，也有歌赞、骑马竞赛和游戏场面，表明驯化动植物已经初具规模
（网络图片）

图4-8　记录了古代半地下帐篷营寨的村落组织形态
（网络图片）

阴山岩画的丰富生动震惊了世界。其中集体猎鹿、帐篷村落、群体拜日、巫师祈福、生殖崇拜等诸多图像，堪称反映古人类生活场景的艺术博物馆。其中许多怪异形象虽至今难以解释，却能从中感受到古人类活跃的想象力，理解他们对神奇自然和超自然力量的敬畏与憧憬。其中还隐约反映出人类自身与这些力量的关系、态度，以及对彼岸世界的猜想、向往和准备。有意义的是，阴山这大宗岩画与此前法国、西班牙、拉丁美洲各地先后发现的岩画、岩雕不谋而合，遥相呼应，共同演奏出古代人类文明探索前行的同一个主旋律，曲折艰难、顽强不屈、探索上升，一步步摆脱野性走向人性，为城市起源探索提供了宝贵线索。此外，前9000至7800年前河南贾湖骨笛、陶鹰鼎的发现也为艺术、游戏创造了人类提供了新的证据。

三、华夏古文字的启示

古代中国文化历史悠久。由于北方黄土和南方潮湿环境都容易侵蚀物质构造，所以留存的文化遗迹非常有限。这种情况凸现了青铜器和文字考古的重要价值。尤其青铜铭文弥足珍贵。汉字作为表意文字，其结构和原则富含古代华夏民族的思维方式和文化变迁以及历史过程，从中可以看出许多因找不到遗迹和依据而流逝了的文化进化历史。尤其令人称奇的是，许多现象，居然同前文所述刘易斯·芒福德的观察研究不谋而合、互为印证。例如，祭——这个古代汉字，表示最原始的祭坛，其余如丘、村、邨、洲、神、庙、宇、城、郭（表 4-1），各种字体无不宣示着城市发育早期的各种渊源……

（一）生态环境条件——州（洲）

中国建制市名称中出现频率最突出的词尾当属州（洲）字。这个洲字古写是河中浅滩，甲骨文写法：〳〵〵 。它揭示人类聚落最早选址之一，靠近河湾水滨地带的浅滩。这里很容易成为古人聚落选址是有生态依据的，那里水浅、流缓、鱼蚌丰美，因而后代常发现大量贝冢遗存，往往是大块石头旁边被砸碎的贝壳摞起得很高。中国那么多城市名称结尾是洲字，提示我们城市人类居落的这些渊源，就是城市三叠结构当中的生态本底。其他环境特点也反映在名称上，可能是峪、沟、湾，都是这个生态环境的意思。

（二）人文环境背景——丘

有理由认为先祖坟茔，即使不是城市最早起源，也要算很古老的文化渊源之一。这一点从中国城市名称中也可以找到线索和证据。刘易斯·芒福德提出活人跟随亡故先人定居下来，受此启发，我们也发现中国几个古城词尾都是丘字，比如山东章丘、河南省宛丘、河北任丘、蓟丘。这些地名都有同源字——丘。考察台湾人编的《中文形音义大词典》，丘字，甲骨文变化至今，形象生动。其中甲骨文丘字，隆起的坟堆，像图画一般，有的连续 2 个，有的甚至 3 个，都读作丘、坟丘。北方话至今有坟丘子的说法。更重要的是，丘字前面的字也有共性，宛、章、蓟、任……如今皆为姓氏，组合起来就是某家、某族人之坟茔，蓟丘就是北京最古老的称呼。岂不与刘易斯·芒福德聚落起源于去时的先祖丧葬地说法，互相印证了吗？

（三）生产技术水平——村（邨）

再举一例，屯，与村同源同义。地名榆树屯，就是村子的意思。该字在《形音义大词典》中是一棵谷禾图画，其成熟的谷穗、对生或者互生的叶子，还有一把镰刀收割谷穗。一个象形文字"屯"活生生记录了农业文明的真实场景及其寓意——即粮食的收获和积存。村、屯，就是有余粮的地方。粮食剩余，是人类聚落的基础条件之一。村落的村，古字写作:屯，加上偏旁邑。象形字邑，是个人、人群，安卧在合围地区内，也就是聚落。聚落外加余粮，就是村落。有了剩余粮食，人能在其中居住生活，不就是村的含义吗？镇，是金字旁，是一个重，它在许慎《说文解字》里，含义是以很重的东西压住什么。还有人口的含义，"盛"（音承）字，有容纳的含义在其中。这些名称当中都可以为城市探源，在不同程度上提示了城市的渊源。

一些汉字的象形文字　　　　　　　　　　　　　　　表 4-1

	甲骨文	金文	小篆	造字本义
丘	⋀	𠂹	𠚊	指高出平地的土堆，如坟丘、丘墓等

续表

	甲骨文	金文	小篆	造字本义
村	缺	缺	𦱴	人口聚集的自然村落
镇	缺	缺	鎭	表示利用金属玉石的重压来定位
州	𛀁	𛀁	𛀁	独立于河心的冲积沙洲
城	缺	𦰩	城	配备武装、用以围护都邑的郭墙
郭	𰻝	𦰩	𩫖	城墙上的眺望预警塔楼
庙	缺	𢈔	廟	皇宫里朝拜和祭奉的大殿
宇	缺	宇	宇	古代房屋两侧向天空翘伸的横梁
神	缺	示	神	古人祭拜万物的创造者和掌控者
祭	𥛠	祭	祭	祭祀

（四）文字提供的聚落等级结构举例

邦、都、城、郭、郊、野、鄙，组成序列，都有邑，即聚落特征的右偏旁。

四、华夏大地的古城遗址

华夏大地先后发现几处古城遗址：山东章丘城子崖遗址、河南堰师二里头古城遗址、浙江省河姆渡文化古城遗址线索……其中，河南堰师二里头都城遗址，位于伊洛两河之间，距洛阳 18 公里，遗址东西长 2.5 公里，南北宽 1.5 公里，属距今约 3900 ~ 3600 年的夏、商王朝时期。考古发掘证明，这里是公元前 2000 纪前半叶中国乃至东亚地区最大的人类聚落，拥有目前所知中国最早的宫廷建筑群，有最早的青铜礼器群和青铜器铸造作坊，也是迄今已确认的中国古王朝都城遗址。[①]

图 4-9 中的遗址证实了刘易斯·芒福德的判断，当有文字记载的城市出现时它已相当古老，人类文明发育已相当成熟，已完成了城市以及文明人类自身的早期孕育和发展。

章丘城子崖遗址：山东省章丘县龙山镇迤东，武源河东岸，隶属于黄河下游（图 4-10）。

河姆渡考古发现的都城线索：2006 年北京展出了河姆渡考古发现的玉器制品，尤其是玉琮，大宗陈列品。其中在古村落遗址地下发现了古代宫殿遗址的四分之一，面积浩大，预示着一个规模宏大的古代都城。河姆渡遗址为距今约 7000 年的中国新石器时代遗址，

---

① 限于资料来源不足，本节图文引述了网络文字和图像，请原创者联系笔者。

图 4-9　堰师二里头遗址证实了刘易斯·芒福
德的判断
来源：网络图片

图 4-10　章丘城子崖遗址
来源：网络图片

主要分布于宁绍平原东部杭州湾南部。遗址中发现了有木桩、圆木等的干栏式建筑群以及大量的稻谷遗迹、陶器、石器及木耜、骨耜等农耕工具，也发现了家畜、禽类、鱼类遗骨和象、鹿、虎等兽骨，还挖掘出船桨等水上交通工具。这些发现显示出当时的农业经济、家畜饲养和原始手工业都比较发达。此外，河姆渡文化揭开了中国玉文化的序幕，遗址所出土的玉器是我国迄今发现较早的玉饰件，种类包括玉央、璜、管、珠、环等小型装饰品，是我国考古发掘最早出土玉璜的遗址。在建筑方面，河姆渡文化时期人们的居住地已形成大小各异的村落，其村落遗址中有许多房屋建筑基址。河姆渡文化的干阑式建筑使居民能临水而居，既通风凉快，又可防潮防湿。河姆渡遗址出土许多桩柱、立柱、梁、板等建筑木构件，已有加工成的榫、卯（孔）和销钉等，显示出当时木作技术的杰出。遗址中所发现的两种木构衔接法，令人惊叹不已，至今仍为木工工艺所沿用。遗址中还发现了迄今为止最早的水井遗迹。河姆渡文化的居址周围水体与海水相通，致使盐分较高，不适合饮用。水井的出现是人类为提高生活质量所作的努力，是人类本质使然。

石峁遗址位于陕西省神木县高家堡镇东，是新石器时代晚期石峁类型的命名地遗址（图 4-11），也是陕北已发现的规模最大的龙山文化晚期的人类活动遗址。这是中国已发现史前时期规模最大的城址。

石峁遗址距今约 4000 年左右，面积约 425 公顷。1976~1979 年和 1981 年发掘，揭露有灰坑、白灰面居址及土坑墓、石棺墓、瓮棺葬（图 4-12），出土陶、玉、石器数百件。陶器以夹砂灰陶为主，还有泥质灰、黑、红陶，纹饰有篮纹、绳纹、附加堆纹、划纹，器形有筒形袋足瓮、双耳罐、单耳罐、碗、鼎、尊、器座等。2006 年被公布为全国重点文物保护单位。石峁遗址以"中国文明的前夜"入选 2012 年十大考古新发现。2014 年 2 月，首次在城址附近发现了祭祀所用的祭台。

考古勘探确认了石峁遗址由"皇城台"、内城、外城 3 座基本完整并相对独立的石构城址组成（图 4-13）。调查发现，石峁石城分为外城和内城，内城墙体残长 2000 米，面积约 235 公顷；外城墙体残长 2.84 公里，面积约 425 公顷。其规模远大于年代相近

图 4-11　陕西榆林石峁遗址
（魏永贤　摄）

图 4-12　1976 年就被发现的石峁遗
址，经过系统调查和考古发掘，发现了
石峁城址，这是一处宏大的石砌城址

的良渚遗址、陶寺遗址等已知城址，成为已知史前城址中最大的一个。

　　"皇城台"位于内城偏西的中心部位，为一座四面包砌护坡石墙的台城，大致呈方形。内城将"皇城台"包围其中，依山势而建，城墙为高出地面的石砌城墙。外城系利用内城东南部墙体、向东南方向再行扩筑的一道弧形石墙，绝大部分墙体高出地面，保存最好处高出现今地表亦有 1 米多（图 4-14）。

　　考古学家现场考察后一致认为，石峁遗址是一处面积超过 4 平方公里的史前石城遗址，比已知的山西陶寺、浙江良渚的城址都要大，是 4000 年前中国面积最大的古城址。根据考古发掘初步判断，石门、石墙与石峁遗址龙山文化晚期至夏代早期遗存的年代相一致，但整个石城址的规模远大于年代相近 300 多公顷的良渚遗址、270 公顷的陶寺遗址等已知城址的面积，可谓是国内规模最大的新石器晚期城址。此外，考古队考古发掘了外城的东门址，其体量巨大、结构复杂、技术先进，发现了迄今保存最早的壁画、部分玉器（图 4-15）和大量龙山晚期至二里头早期的陶器残片等重要遗物。专家初步认定石峁城址应当始建于龙山中期，延续至龙山晚期至二里头早期阶段。这对

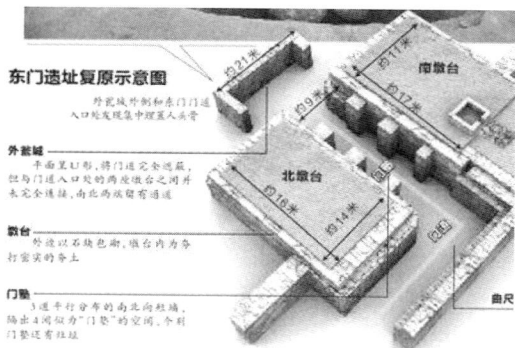

图 4-13　考古勘探确认了石峁遗址由"皇城台"、
内城、外城 3 座基本完整并相对独立的石构城址
组成

图 4-14　城墙越沟现象将石峁城址基本闭合
起来，形成了一个相对封闭的独立空间，为探
讨石峁早期地貌变迁及环境提供了重要资料

于进一步探索中华文明起源等具有重要意义。

良渚文化遗址，位于杭州城北18公里处余杭区良渚镇（图4-16、图4-17）。发现于1936年，是新石器时代晚期人类聚居的地方。出土的石器有镰、镞、矛、穿孔斧、穿孔刀等，磨制精致，特别是石犁和耘田器的使用，说明当时已进入犁耕阶段。出土的陶器，以泥质灰胎磨光黑皮陶最具特色，采用轮制，器形规则，圈足器居多，用镂孔、竹节纹、弦纹装饰，也有彩绘。玉器发现很多，有璧、琮、璜、环、珠等，大部分出土于墓葬中。与良渚遗址同类型的遗址，在长江下游的苏南，直至钱塘江以北的平原地区，分布较广，考古学界统称为"良渚文化"。据对有关遗址出土文物的碳14测定，其年代距今约4700～5300年，先后延续达千年之久。1986、1987年，从良渚墓葬中出土大量随葬品，其中玉器占90%以上，象征财富的玉器、象征神权的玉琮和象征军权的玉钺，为研究阶级的起源提供了珍贵的资料，而且使世界上许多大博物馆对旧藏玉器重新鉴定、命名，使一些原被误认为是"汉玉"（实际上是良渚玉器）的历史推前了2000多年。1994年又发现了超巨型建筑基址，面积超过30公顷，确认是人工堆积的大土台，土层最厚处达10.2米，其工程之浩大，世所罕见。考古学界认为"良渚文化是中华文明的一个源头"。

良渚文化是我国长江下游太湖流域一支重要的古文明，是铜石并用时代文化，因发现于浙江余杭良渚镇而得名，距今约5250～4150年。经半个多世纪的考古调查和发掘，初步查明遗址分布于太湖地区。在余杭市良渚、安溪、瓶窑3个镇地域内，分布着以莫角山遗址为核心的50余处良渚文化遗址，有村落、墓地、祭坛等各种遗存，内涵丰富，范围广阔，遗址密集。20世纪80年代以来，反山、瑶山、汇观山等高台土冢与祭坛遗址相复合。

陶器以黑陶为特色，制作精美，有的甚至涂漆（图4-18）。玉器非常发达，种类有珠、

图4-15　石峁遗址出土的玉器

图4-16　良渚文化遗址

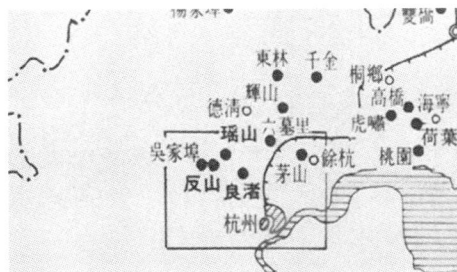
图4-17　良渚文化遗址分布图
（网络照片）

109

管、璧、璜、琮、蝉。其中玉琮个体大，最高
达 18～23 厘米，上面雕刻圆目兽面纹，工艺
精湛，是中国古代玉器中的珍品，被誉为"玉
琮王"。形状为内圆外方，与古代的天地相通
思想相吻合。玉器上刻有似神似兽的神人形象
和神人兽合一的形象，可能是当时人们的崇拜
对象。

图 4-18　制陶

良渚文化的钱山漾一地出土有绢片、丝带
和丝线，是中国远古时代最重要的家蚕丝织物。此外，还发现了许多祭坛遗址，如余
杭瑶山遗址发现的祭坛，平面呈方形，从里向外为红土台、灰土围沟和砾石台，外围
的边长约 20 米。祭坛上一般都有大墓，可能是人们祭祀先祖、天神的地方。

第五节　城市探源揭示文明人类的由来：城市与文明人类同步孕育、萌启、发育、成熟

城市探源长期局限于物质构造层面的探索和观察分析，很少有所突破，因而长期
停滞不前。甚至，如刘易斯·芒福德批评戈登·柴尔德所说，这样的探源"还误导了
对城市起源问题的理解"。这样的批评不无道理。因为城市探源若完全脱离人类自身的
成长进化，孤立于物质构造，就几乎成了伪命题。

如本书前面已经澄清的，城市概念包含 3 个层面：生态基础（即自然环境）、人工
构造（即人工环境）、社会本体（见图 3-4）。其中最高层次"社会本体"又可以进一
步分解为物质和精神、生理和心理、个体和群体，以及更丰富的人性内容，如马斯洛
人格模型中的 5 个层级构造等（图 4-19）。

这样的基础概念和结构模型，对理解城市的本质和起源都非常重要。

它为城市探源规定了不同层级的观察内容和评价标准。

一座古城遗址、一穴墓葬、一幅绘画雕刻、一件石器工具、一件骨质装饰品……
每一件物质实体都可以从上述 3 种层级含义分别考察出不同内容。可惜的是，古人类
可以留下骨骸、石器工具、岩画、陶器碎片、绘画雕刻遗迹，但无形文化，如语言、
思维、情绪、道德、伦理、心理结构、人格取向，很难留下物质证据。

所以，城市探源考察若忽略其中这些最隐微、最缺少物质证据的内容，就难以深入，
难以突破。刘易斯·芒福德及许多志同道合的学者，正是在这些层面上突破以往局限，
发现了新的、令人振奋的内容。

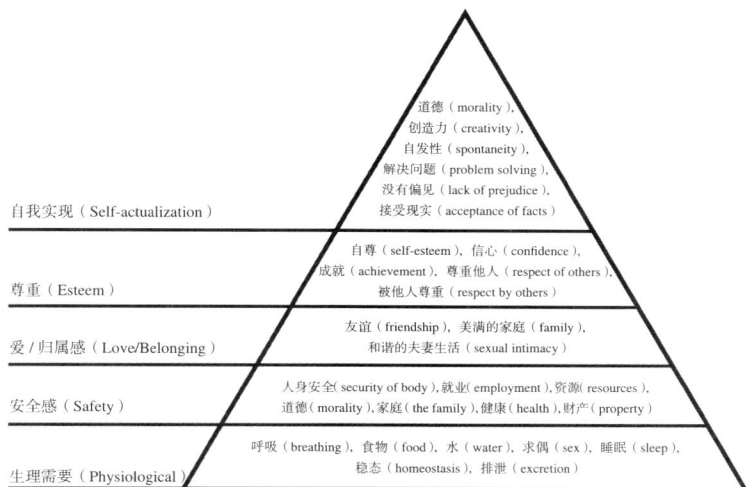

图 4-19　马斯洛的需求层次理论结构图

　　这新发现的核心就是：城市与文明人类其实是同源事物。人类觉醒的那一刻，城市文明的萌动和孕育已经开始。反过来，城市文明的些微物质创造成就，无一不为文明人类铺垫了继续前进的道路。此后，两者互为支撑、互为促进，构成人类文明的全部历史。

　　人类进化，从人猿揖别到智人形成，大体经历三四百万年。到了智人（Homo sapiens），也就是人类作为生物物种进化距今最邻近的形态阶段，历时约 25 万年，其中包括现代人在内。

　　智人阶段可分为早期智人和晚期智人，晚期智人包括今天人类在内。

　　早期智人生活在距今约 25 万～4 万年前，属旧石器时代中期古人类；晚期智人在解剖结构上属于现代人，大约在距今四五万年前开始出现，一直延续至今。在晚期智人阶段，人类分布范围才真正开始扩大，从旧大陆非洲启程，先后到达澳洲和美洲。

　　其中有关城市起源研究的要点，在于晚期智人的心理结构和文化结构的实质性发育和进化。正是这些要素构成文明与非文明的界限，也决定文明人类的特征、方向和命运。

　　所以，人类进化，开始是体质结构的进化，如前后肢分工、直立行走、脑容量扩大、足趾短化等，然后就终止了生物进化，开始了文化进化阶段。

　　生物进化结束后，文化进化逐渐变成最重要的手段。但是，文化进化很难像生物进化那样从体质特征层面找到证据，因为它更多是给人类自身精神世界营造改进上升效果，包括智力水平、心理结构、精神情绪，以及人性特征的各种进化和收获，而且同城市的起源紧密联系在一起。因为城市，从本质上说，正是文化人类诸多文化特征、创造活动及其成就的集大成，而古人类这类早期文化特征却最难留下物证。因而能否以及如何考察发现古人脱离野性形成人性的过程和辩证关系，亦即文化进程和证据、踪迹和含义，就成为城市探源能否深入的关键。

刘易斯·芒福德及其志同道合者发现的主要内容大体如下：①形成自我意识；②形成空间框架概念；③形成时间框架概念；④形成理想世界概念；⑤形成语言文字；⑥形成自我修束框架。

一、形成自我意识

人猿揖别，不是挥手就能远去的。人性、野性之间，横亘着汪洋大海般的阻隔。这种沧海横渡，渡船要靠古人类自己摸索、尝试、打造……跨越这种阻隔的工具手段，既有物质的，也有精神的，还有组织化、制度化的。

后世文化考古学者懂得将此综合复杂的大过程分别离析为几个含义和进程：文化之观念化、文化之（行为）规范化、文化之（组织）制度化、文化之环境化，以及文化之人格化。我们迄今发现的古城遗址，就是最后文化环境化过程的产物，当然其中融合了其他各种同时运作的过程。

由于古城遗址是唯一留下物质遗迹，其余各种非物质内容大多就要靠推论了，前文所述的精神世界、心理结构、道德伦理框架之类，就属于这样的工具手段。这些内容构成人类进化过程中一个很大的环节。

人类这个文化特征若拆分来看包括许多细小、具体的层面：时间空间框架、自我约束、礼制……这个大环节的发展又包括许多细小进程：自我认知、自我约束、自我定位、自我管理、自我超越……这些精神活动内容，都环绕自我意识，而自我意识的核心内容就是觉醒。

甚至如今，当一个人幡然醒悟，一切就有了作为人这个个体的认真的开端。古人类也是从这里有了认真的开端。这个开端的诱发因素，据刘易斯·芒福德在《技术发展与人文进步》（Technics and Human Development）中说，一是亡人，一是梦境。而更深刻的依据则是宇宙进化大潮赠给人类的特殊礼品：极其发达的大脑皮层。

图 4-20 为现存于布达拉宫的清代《藏民族起源图》唐卡，长 91 厘米、宽 62 厘米。传说藏族远祖是由观音点化的神猴与罗刹女结合而生出的猴子猴孙，吃了不种自熟的五谷，逐渐变为人类的，此幅唐卡正是根据藏民族的起源传说绘制而成的。"本图表现神猴经菩萨点化之后，逐渐演进成人类的经过，中间经过游戏、听经、访仙问道、放牧耕作、静思、远游、苦行、修炼、乐善好施、战妖孽辩吉凶，最终聚落为邑的传说故事"。其中还包括第一代赞普——至聂赤赞普时期发展冶炼、农耕等重要史实，并且再现了西藏著名的寺院建筑，是对整个藏族历史的浓缩反应。①

---

① 中华古文明大图集出版指导委员会.中华古文明大图集（第一卷）[M].北京：人民日报出版社，1992：27.

这让我们又回到了"祭"这个字。

表意文字的汉字为我们文化考古提供了各种"化石"。"祭"这个字，下面是三块石头纵向垒靠，顶端两层石块相叠（图4-21）。这就是古人类第一代建筑物之一，即原始祭坛。然后用手将猎获的肉类摆上祭坛，点燃祭火，开始思念，开始祭悼，开始回忆，开始思索……

图 4-20　清《藏民族起源图》
（网络图片）

图 4-21　表意文字的汉字为我们文化考古提供了各种化石

荒原上游荡的类人猿，是在亲族死后的极度悲痛和惶恐中开始思索的；尤其是在深梦中再次见到亡者，甚至梦中反复见到故去祖先和亲人后的惶惶不可终日，并开始思索自己和与自己相关的各种根本问题，包括：我是谁？我在哪里？（故去的亲人）他们在哪里？我到哪里去？周围一切怎么回事？……这就是觉醒，这就是自我意识的开端，一个伟大文化进程的开端（图4-22）。

"神"字的甲骨文演变如图4-23所示。"神"这个字，最先是　，代表的是霹雳，

图 4-22　荒原上游荡的类人猿

图 4-23　"神"字的甲骨文演变

113

朝各个方向开裂的闪电，原因不言而喻，古人认为打雷闪电是由至高无上的天神来操纵的。后来在金文中，又增加 ![金文符号]，形成新的"神"字——![金文神字]，古人为"神"增加了祭坛。

甲骨文中"神"有几种刻写方式，基本含义是人面对祖先灵寝的行为和心态。这个古文字，何妨理解为，一个父亲或者母亲跪拜灵前，一手怀抱婴儿，另一手牵幼小儿童，抚今思昔，设想未来，下定决心，奔赴前程。

对于人类这个宝贵能力和特性，刘易斯·芒福德有个总括论述："可见人类之所以最终成为人类，主要在于人类自己的自我演变能力（self-transformation），他们一群接一群，一个地区接一个地区，一种文化接一种文化，逐步地演变成了人类。这种自我演变的能力，不仅确保人类没有在其发端的动物状态上永久停止固定，而且还解放了人类自身发展进化最为优良的器官——大脑，让大脑除考虑物质生存之外，也开始筹划新的方向和内容。所以人类的主导特性，能够支配其他特征的核心特征，是人类这种自觉的认知的能力，这种有目的的自我认同（self-identification）、自我演变，以及最终自我领悟（self-understanding）的能力。"

1972 年，湖南长沙马王堆一号汉墓出土一幅帛画（图 4-24）。帛画用 3 幅棕色细绢拼合成"T"形，顶上系有丝带，四角缀有青黑色的麻绦带。出土时画面向下，覆盖于内棺上。根据记载，这种形式的帛画在当时称为"非衣"，是出殡时张举的铭旌。帛画的构图分为天上、人间、冥府三部分。天上部分取"T"形的横幅面来表现，绘有金乌、蟾蜍、蝎龙、翼龙和天堂的守门神"帝阍"等；人间部分则描绘了年迈的妇人即墓主人拄杖而立，有 3 个侍女陪同，在众家人的祭奠中，正告别人间，缓缓升天；冥府部分则绘有巨人站在鲸鲵之上托举着大地。整个画面通过 2 条穿壁的游龙联成一

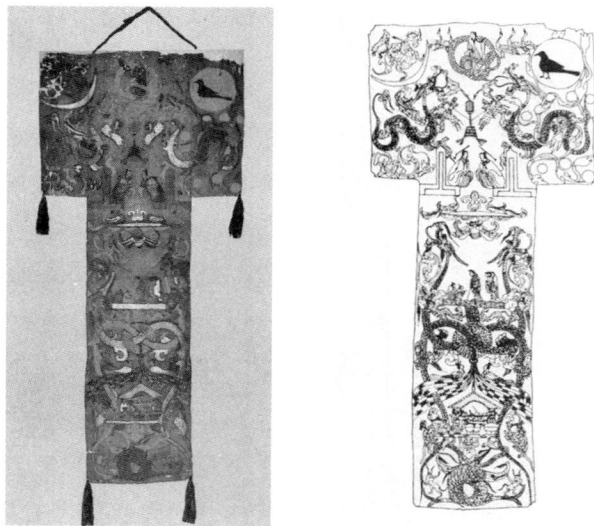

图 4-24　现存于湖南省博物馆的《升天图》，为轪侯妻墓出土文物，
纵 205 厘米，上横 92 厘米，下横 47.7 厘米

个有机的整体，具有丰富的神话内容和瑰丽的浪漫色彩。帛画的线条精细劲健，施以朱砂、石青、石绿、白粉等矿物颜料，浓淡相宜，鲜明富丽。

从这幅图中可以清楚看出古人类构想的宇宙框架和人的地位，以及朴素的伦理道德主张。

二、形成空间框架概念

人类产生自我意识的同时，觉醒的第一个内容就是主观与客观联系的牢固建立：觉醒的我，与我的环境、我的处境之间的是一种什么关系。这就是自我定位，要解答我在哪里？我是什么？周围又是什么？

这种认识由近及远，古人类通过日常生存繁衍活动，在认识直接环境基础上，通过观察天宇，逐步了解天地上下、南北东西，形成了基本的空间框架结构，并在其中的中心位置定位自己。这当中天象观测扮演了重要角色。人类从感知天体运行规律，到了解宇宙秩序，从而把握空间秩序之后，进而形成时间框架、时间秩序，实现了对客观世界秩序的第一次整理。这种整理过程中，他第一次发现自己处在这框架的中心位置，证据就是原始的宇宙观念和信仰。

紧随其后，当人类把自己适当定位在有序化时间空间框架之中，就有了后世建造人工生存环境的大框架和大基础。后世建筑环境中的章法、句法、词法，都是在这样的大框架中逐步显现、成形的。

"泽当"汉语的意思是"猴子玩耍的坝子"，相传在西藏的神山"贡布山"上有3个仙洞，分别住着1位菩萨、1只因犯了戒律而由神仙变成的猴子和一位美丽的妖女，后来猴子在菩萨的授意下娶了妖女，生下了6只猴子，猴子一代一代繁衍下去而进化成为今日的藏族。贡布山的猴子洞是藏族的发源地，而它的具体位置就在拉萨东南约200公里的泽当。

在泽当，不仅有刻满经符的猴子洞，而且还有藏族的第一块田和第一间屋。第一块田坐落于泽当的北面，相传这块田是天神送给猴子种植粮食的，所以每逢播种时，人们都会在神田里抓一把土撒在自己的田上，祈求丰收（图4-25）。

刘易斯·芒福德说，古代人类"通过新石器时代培植和建筑活动，人类破天荒第一次开始有意识地改变大地自然景观。开阔的地平线上，人类年复一年经营的事业，开始积累起越来越多的符号：小村、小庄，陆续出现在世界各地。新石器经济，在大自然丰富却非常随意的风物背景上，别开

图4-25　雅磐河谷平原农田，位于西藏泽当

生面创造出一种明确的秩序。这种有序性，加上人类的勤勉，把以往人类礼制活动和口传文化中才有的丰富内容，都逐渐注入到周围物质构造之中"。①

三、形成时间框架概念

时间对于今人如此习以为常，以至完全不再理会它，以至完全忘却了这观念的来之不易。古人不然，他经过了多少困惑，甚至痛苦，才获得最基本的时间概念和框架形态。这种时间框架在整理过程中，发现自己也处于中心位置，因而最终确定时间框架也以自己为中心来测度。

时间框架概念得以形成，同样古人类也经过观察昼夜轮替、寒来暑往、春种秋收、花开叶落，特别经过生老病死、生死交替出现，才逐步发现了时间的流变顺序，形成今天、昨天、前天、后天、去年、前年，直至发现此生，以及在此生基础上的来世观念（图 4-26、图 4-27）。

这一过程中，人类的自我意识，自我觉醒真正开始深化，进而形成是非善恶、规范进退行止，懂得分寸尺度，自我约束，这才标志着人类与猿猴、黑猩猩的真正作揖道别，从此走上文化进化的康庄大道！

图 4-26 黄道十二宫，河北宣化辽墓穹隆所绘的星象图，直径 2.17 米。图中绘有北斗七星、太阳、月亮，并用红色画出了二十八宿。外围是黄道十二宫，除金牛座外，其他均保存完好，中西天文体系的合璧，也是契丹文化"欧亚二象性"的有力证明

来源：王力主编．中国古代文化常识图典 [M]．北京：中国言实出版社，2002：7

图 4-27 大河村出土的彩陶残片中，彩绘了多种太阳形象。其中两种器物上绘制的太阳图案都是 12 个，似乎表明当时已经明确理解一年的 12 个月份。5000 年前的大河文化中已经形成了天文观念和基本的历法内容。在此基础上形成的二十四节气则见证了古人类时间框架与年度农业实践活动相结合的成果

来源：王力主编．中国古代文化常识图典 [M]．北京：中国言实出版社，2002：28 - 29

---

① Lewis Mumford.Technics and Human Development[M].New York:Harcourt Brace Jovanovich，Inc.，1967.

四、形成理想世界概念

做梦和梦境同样也是发达的大脑皮层的产物。原始人的古老梦境在人类发展当中扮演了非常重要的源动力角色。人类幼儿就会做梦，即使尚未形成语言能力时，这是稍细心的父母都体验过的。这观察、感悟和判断不靠语言，而靠经验，更靠超乎语言的人性力量，人类潜在能力。

幼儿能做梦，这结论和判断依据多种参照系：比如，人类胚胎个体从头至尾重复了生物进化的整个过程：从单细胞、多细胞原虫、鱼类、两栖类、爬虫、哺乳类……，直至灵长类、人类。以往这推论仅限于组织个体，如今有理由推延到心理结构、精神结构。幼儿不能说话就会做梦，反推可知，古人类尚未形成语言，也可能做梦。证据包括岩画中，除却灵动鲜活的形象还有更多难以解释的怪异图形和离奇构想，这些很可能来源于古人类的梦境（图 4-28）。

这些梦境对人类的影响强烈而深远。起初，他们被这反复出现的梦境所困扰，他们在梦中看到死去的亲人，活灵活现，一起欢聚，无比欢快温馨，睁眼就消失不见。漆黑一片，眼前的世界冰冷、残酷、梦境彻底消失了，这完全不同强烈对照的两个世界，一时分不清楚哪个世界更真实。梦中的那个世界比现实更温暖、更仁爱，而现实世界是凄凉、寒冷、严峻。他们开始幻想，期盼那个梦中世界。这就是原始理想境界概念的由来、原始宗教心理的由来。所以，他们围绕祖先坟茔聚拢在一起，越来越频繁，终致形成习惯、传统，形成永久性聚落，最早的人类聚落就这样形成了。刘易斯·芒福德在《技术发展与人文进步》一书中有大量研究论述：

"所以，我们有理由认为，梦境，对人类行为始终发挥着某种特殊作用。而且，还很有可能（虽然无法提出科学手段予以展示），正是梦境，伴随人类语言器官的发达进化，一起共同营造出人类文化的全部结构基础。人类的创造性开始于无意识活动，而创造性的第一个人性化表现形式，就是人类的梦境。"[1]

文字也是从这条途径产生的。梦境这种虚幻经验的传达沟通，无疑要靠象征符号来表达，尤其在语言尚未形成的时候。世界各地岩画中，都发现了难以解释的景象，由此可以找到破解的线索。大量无形和有形事物的归纳，就从共性中产生出图形和象征符号，这就是文字的起源（图 4-29）。

还有个十分重要的元素，就是人类心灵的发育。在古人类心灵中逐渐形成一种高于现实的境界，一种比现实更高的目标。这个目标来源于对死者和记忆和想念，来源于梦境启迪出的死后世界，这就是原始的理想世界。或者说，这一观念的形成，原始宗教观念的形成，就是最早的文明元素。而这些动因则可进一步追溯到人类大脑皮层。大脑皮层又是什么呢，是人类进化的产物，宇宙进化的最高产物。因而，城市的起源，

---

[1]　Lewis Mumford.Technics and Human Development[M].New York:Harcourt Brace Jovanovich，Inc.，1967.49.

图 4-28　这样的岩画记录很可能是屡次出现的梦境景象，表明了古人类的关注、企盼、惶恐，乃至忧虑
（网络图片）

图 4-29　甲骨文实物

追根究底，已追到大脑构造，其意义在于联系到自身野性的改造，联系到宇宙进化历程。而且，这历程经历反复失败挫折，经年累月却功败垂成，反反复复，一再失败，又从头开始，那一座座荒城废墟之后又一次次重新开始，就是证明。

"人类有一项很具体的进化成就，让人类与其最贴近的类人猿亲属也迥然两异，就是人类已经形成的新型自我（new self）：不仅在外貌上，还在在行为上、在生活规划上，都与人类的动物性祖先分道扬镳了。而且随着这一分化的逐步扩大，那些确定无疑的'人类身份特征'（human identification marks）的总量也大增。这样，人类就加速了自身进化历程，以文化为介质在较短时间跨度内实现了其他物种要通过生物进化途径才能很费力实现的巨大变化。"

文化历史学者威廉·詹姆斯也说："人与野兽最重要区别在于人类自身那种心高气傲、永不知足的进取精神。人类后来能超越野兽，纯粹由于人类的特殊需求——包括他的物质需求、道德需求、审美需求以及认知和智能需求。而且，这类需求无论在数量或特异性上都绝对超过野兽。人类能超越野兽，原因仅此一点，而非其他。人类的全部进化若不是在这种追求道路上如此无尽无休，如此坚持不懈，假如他曾浅尝辄止，那他可能至今都无法树起自己一往无前、不屈不挠的人类形象。"

五、形成语言文字

刘易斯·芒福德在其《技术发展与人文进步》（Technics and Human Development）一书中针对语言的出现有段精彩论述："语言出现，本身就是个奇迹。古人类会陶醉其中，又有什么不好理解呢？试想，其他动物没有而人类独具的各种能力，难道不是语言赋予的吗？有了语言，人类头顶整个天穹顿时浴满智慧和觉悟之光。语言的诱惑效果，堪比后世首度发现迷幻药效时的狂喜。那么多境遇让人类痛感自身渺小无助，而语言效能却如此神奇。于是，人又怎能不一再屈从它的诱惑，用语言形式将心中符咒和祈求一股脑都抛向周围的难题！从此，人类不仅开始对自身精神过程施加影响，还开始影响自然过程和自然事物。不过，正如我们吹嘘不已的抗生素，其副作用往往也带来灾难性后果。"[1]

六、形成自我修束框架——在驯化自己的基础上，驯化自然

迄今世界各地发现的古城遗址无不体现出上述各种过程的综合，无不映射出古人类自身的艰难进步，他们改造自然适应自身需要，最终创造出适合自身意愿的人工环境。古城遗址不仅体现古人类改造世界的高超技能，而且尤其体现出人类改造自己的艰苦卓绝、不屈不挠的精神！它证明，人类在未曾成功改变自身之先，他对改造周围物质世界无能为力，一筹莫展！所以，以往有关人类定义和起源的各种说法，包括"劳动创造了人"，"能使用工具的动物"，等等，都显得不够完满了。

这证据就是，人类的技术活动、技术进步从一开始就是围绕自身生命、自身生存目的（life-centered），而不是以劳动生产为中心的（work-centered），更不是以权力为中心（power-centered）的活动。这些活动充分表现出，古人类对于野生动物植物的驯化，也就是畜牧业和栽培农业和园艺的由来（图 4-30）。这种观察自然、了解自然、依赖自然、顺应自然，以及人类活动协同参与自然的过程和特点，清楚体现在古典文献所描述的"天地玄黄，宇宙洪荒，日月盈昃，辰宿列张，寒来暑往，秋收冬藏……"，在中国农业文明典籍《农书》中更是清晰可见。刘易斯·芒福德在另一处则更尖锐指出，全部问题集中在人类究竟是"工具制造者（tool-maker），还是心灵创造者（mind-maker）"？这一概括将全部问题集中到一点：城市形成的漫长历史，寸步不离人类自身人化的历史，或者说，城市始终就是人类人化的工具和结果。

古人类自我修束的压力和动力，除对于天宇等自然力的敬畏，更来源于聚落形成后人口规模迅速扩大。第一反应是组织管理能力增强，维系组织的手段逐步形成，包括风俗、习惯、戒律、禁忌同时形成。证据之一是共同的信仰和行为规范，后世的各种风俗习惯，如祭祀、割礼、婚配、礼节

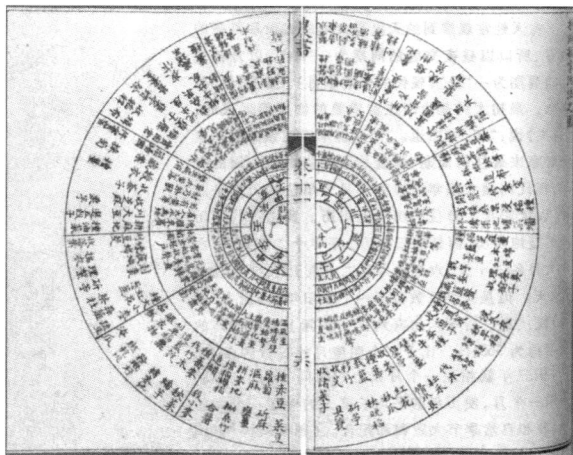

图 4-30　授时指掌活法图，出自王祯《农书》。其内容是：一年有二十四个节气，每节气分三候，五日一候，一年共七十二候

来源：王力主编．中国古代文化常识图典 [M]．北京：中国言实出版社，2002：30

---

[1]　Lewis Mumford.Technics and Human Development[M].New York:Harcourt Brace Jovanovich，Inc.，1967：94.

仪式，以及行为模式，小至进食方式，大至生死抉择，直至国之四维礼义廉耻之类行为框架的最终形成，无一不是这漫长发展藤蔓上的花朵和果实，而且这个过程至今没有结束（图4-31）。城市与语言文字，绞结着诞生于人类文明萌生的古代，是这藤蔓上生长出的两种最重要、最持久的进化手段。后来形成的精神信仰、意识形态、光明黑暗、天堂地狱、礼制、图腾、禁忌、戒律、美德、善恶等价值形态，最终都有物质表现，承载了文明的一系列人性目标，都成为一连串进化成果（图4-32）。

图 4-31　礼义廉耻，国之四维，新与旧，普世价值

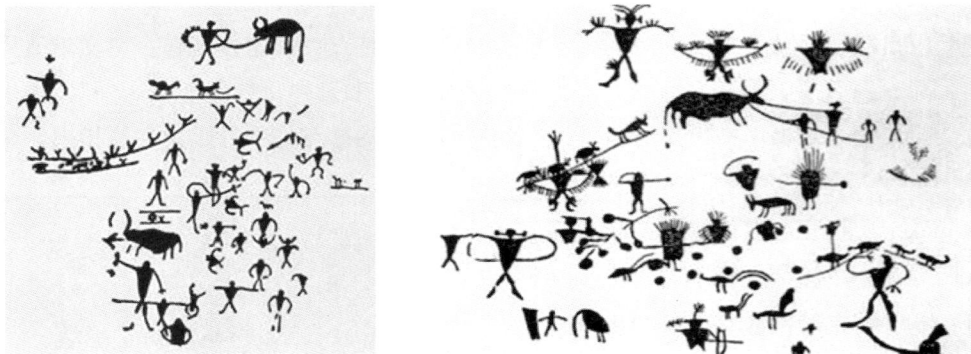

图 4-32　社会组织形式扩大和丰富。云南沧源原始村落图，新石器中期岩画遗存。画面表现了原始村落里庆贺胜利的场面。战争胜利之后，满载而归，宰牲、跳神、祭祀、舞蹈、男欢女娱的场面
来源：王力主编.中国古代文化常识图典[M].北京：中国言实出版社，2002：31

　　刘易斯·芒福德说，"早在青铜时代工艺还远未学会充分利用园艺学和农学积攒的经验之时，古人铺垫性的探索已非常出色，以至除了培植草莓和杂交草莓之外，我们当今全部栽培作物和驯养动物竟都是新石器文化时代的巅峰作品。"[1]

　　对此，刘易斯·芒福德讲解道：

　　"一切生命形态都无法摆脱物质环境条件制约，人类岂能例外？人类的体温不能超出上下很少几度差别，人类血液酸碱度平衡则更脆弱，连一天内不同时辰都会影响人利用能量的水平，继而会影响其综合体征共同抵御疾病的能力。此外，月相、天气、

---

[1]　Lewis Mumford.Technics and Human Development[M].New York:Harcourt Brace Jovanovich，Inc.，1967：135。

气候变化都会给人带来生理和心理反应。而唯独在下面这唯一种含义上，人类能力虽不是神仙却胜似神仙，这就是人类创造的象征性宇宙。这个象征宇宙虽由意念和精神构成，却能完整体现人类自身本源的真义，能映射出人类沿文化道路进化的漫长历程。尤其可贵的是，这意念和精神构成的象征性宇宙，能让人类在极大程度上超越自己的生物局限。人类全部日常生存活动，包括饮食、劳动、求偶、繁衍等，无不必须，缺一不可。而这全部基本生存活动，若不能激发人类最终去参与宇宙最高的创造过程，如果离开古今一切宗教都认为人类与生俱来又超然物外的伟大过程，将丧失了全部意义。这个伟大过程宗教上称之为神性（divinity）。"[①]

证据就是，古代城市莫不反映出宇宙，亦即时间和空间的明显框架结构。特别是其中的寺庙、教堂、修道院……更是如此，而且这些场所往往就是城市形成的最早核心。经典的城市规划往往试图在人间复制理想的天堂，将人类安置在中央位置，其中最突出实例之一，就是古典都城北京（图4-33 ~ 图4-36）。

图 4-33　天坛

图 4-34　地坛

图 4-35　日坛

图 4-36　月坛

宇宙物质世界的进化大潮产生了生物界，又产生了人类。人类诞生伊始就开始了文化进化的历程。这进程通过两大介质，一个是文字，另一个就是城市。

---

① Lewis Mumford.Technics and Human Development[M].New York:Harcourt Brace Jovanovich，Inc.，1967.

城市作为文明的物质构造，有理由推断最初的零起点为祖先埋葬的墓地。环绕此地点首先聚拢游荡先民，定期回归祭祀礼拜，久之成聚落。后来长期发展中城市形态完全不一样了，而其中机理万变不离其宗：以人类为核心的创造活动产物；这创造依据当时理念和价值形态，用当时技术手段和能源条件，对彼时彼地资源环境进行操作，创造成符合彼时彼地人群需要的生活环境。

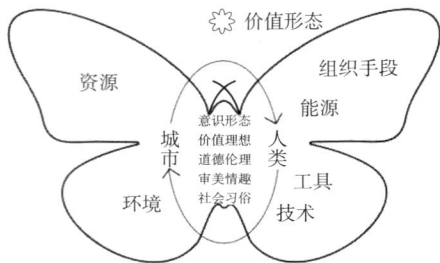

图4-37　蝶恋花模型

这个机制可用一蝶形图案来表示：中央位置是人类和人文理念，左面是资源、环境，右面是技术手段、工具和能源……中间是人类与城池交互产生、互为依存、交迭上升的螺旋上升运动，去追求不断更新的价值形态。城市就是这样产生和发展进化的（图4-37）。

人类为实现某种价值形态，应用已有工具、技术，能源，对周围环境和资源进行操作，创建生存和发展基地，先后是聚落、寺庙、观象台、堡垒、城池。

左中右三种要素综合运作，一种创造机制初步形成，开始依照一种价值理想开始操作资源环境，营造新环境、新构造，以及新的生活方式的时候，城市的起源就开始了。这样的机制和活动，如今大多只能从岩画、丧葬、祭坛、歌舞、游戏、图腾、割礼、残趾、禁忌、图腾、体绘等大量物证中去推想了。其伟大意义在于它的萌发和延续。

此后的聚落长期发展、进步、败落，又重新开始，再次尝试……直至城市形成，无不遵从了这种机制的运作。

文明人类发育成长寸步离不开营造环境：物质环境、社会环境和精神艺术环境。反过来，城市物质环境，从原始墓葬开始到大都市的漫长发育进程，也映射出文明人类的同步进化。环境进步昭示着人类的兴旺发达；反过来，人类精神道德的退化堕落，也预示着环境迟早的崩颓败落。

关于城市的起源问题，有两种习见必须首先抛弃：第一，认为城市是由农村经过自然增生、集结而形成的；第二，认为随各种手工制造业发达以后，在交通要道为适应经济发展而形成的，而同农村毫无关系。地理学家马克·杰弗逊的研究成果认为，城市与农村乃属同种事物，并不是两种事物。他的证据是美索不达米亚平原的古代城市，那里的居民大多是农民，耕种着城市周围的耕地，或外出负担徭役、筑城、修堤、挖河或其他公共工程。城市范围内，确曾出现过新的村舍，但那是作为城市近邻地带的附属物，容纳从其他农村迁来的移民。无论是这种形式的农村，还是市场的扩大，都不会产生足以形成城市发展的复杂结构。

城市是伴随着其他革新一起兴盛起来的，城市在此过程中又成为这些革新事物的摇篮：例如，系统的天文观测、文字和算学的发展，纪念性建筑与雕像的创生，终生性的劳动分工与行业分工，强制性的大型集中劳动组织。

其中最广泛、最实质性的影响，大约是旧石器时代遗留下来的狩猎文化与新石器文化的互相融合。旧石器文化的核心是争夺权力与保持权力，新石器文化的特征是重视生灵、圈养牲畜，比较正规化。人类早期的畜牧业就是从此开始的。从此，人类开始有了剩余劳动力，可以从事军事掠夺、公共工程，而且规模之大前所未有。这些因素戈登·柴尔德都注意到了，但他却忽视了那种能够把这种种因素束集在城市之中的聚合力量：血亲制度。正是血亲制度接下来使狩猎部落酋长变成至高无上的神的化身，他的话就是法律。

本章小结

城市起源研究如大部局限在物质形态探源，不仅难以深入也无太大意义。因为从实际过程看，城市形成的漫长历史寸步不离人类自身人化的历史。或者说，城市始终就是人类人化的工具和结果。城市形成的历史，反射出猿类走向人类、兽性走向人性、人性走向神性的巨大变迁。它本身又是一种双螺旋的绞盘上升过程。

作业与思考

1. 查阅各种重要工具书，简述城市的起源。
2. 简述戈登·柴尔德生平。他对城市起源理论的主要贡献是什么，有哪些创新？
3. 收集良渚文化、石峁遗址的相关资料，从中发现并且描述古代人类的生产生活方式、精神思想、喜怒哀乐、未来理想……

第五章　城市的形制、要件、结构与类型

城镇自然形成之初便划分为两种典型形制，或者更恰当地说，我们只把这两种形制称之为城市，以便与人类的其他居住形式相互区别。有形制是机体健全的表征。有机体而无形制，丧失形制，意味着病患的先兆。

——刘易斯·芒福德

本章导读：城市是文明人类的子宫，是人类文明的孵化器。古典城镇孕育古典文明和古典人类，现代城市将孕育现代文明和现代人类。这种机制，这样的效应，这样的奇勋，仰赖城市自身客观形制和合理结构才得以实现。如今城镇，尤其大都市，面临重重难题，是重新思考城镇形制这些基本理念的时候了。

探索城市起源当中，我们发现了文明人类的由来。城市和文明人类是一个互为依存、互为消长的依存联系。因此，唯有从人出发又以人为归宿来观察文明历史中城市的演变和未来，城市学研究才能永远不失掉依据，不迷失方向，不迷失评价问题的基本准则。城市结构发育过程，以及它们的运行条件、状况和效果等，才会逐步找到存在运转的枢轴。所以，说清楚有关人和人性的基本问题，以及同城市结构和运行的基本关系，是本章的核心内容和要点。

本章讨论城市的形制、结构，可以从几种视角来展示：比如，像动物解剖课程那样作客观冷静而条理性的机械描述，以往绝大多数书本正是这样做的，优点是能提供较清晰的组织结构形象和概念，缺点则是不同程度上撇开了城市主体，将人、人性、人类文化，同城镇——物质的，建筑学概念上的城镇——不同程度上割裂开来，放在两极位置上，漠视两者非常重要的联系和互动。殊不知唯有这种联系和互动，才是城镇灵魂之所在。以往的理论难以突破内在机理，原因之一可能就在这里。

当今中国城镇发展大大超前理论研究，或者反过来说，理论研究大大落后于实践脚步。磅礴激荡的城镇化潮流中，许多基本学理领域还在探索，这种局面

中，至少城市学研究须先从澄清概念入手做些拓荒性工作。须先向读者交代清楚某概念究竟何意，说清楚所用语汇和术语，诸如职能、作用、性质、运转、本质之类……究竟何意。尽量把每个概念从外延到内涵都结合实例一一交代清楚。从事理论研究和撰写城镇学术著作理论著作的人，宜把重建常识、恢复最低限度理性作为己任，把所见、所想、所悟、所疑，都清楚写出来。真理的讨论和探索有益于指导实践，减少失误，少受罪孽，造福人寰。藐视真理，草率出论，不负责任，迟早要付出代价，有时是惨痛代价，这方面教训已经足够多了。因而，要不惧于说出真相和真理，同时接受实践检验和民众检验，然后互相学习、取长补短、不断修改、不断完善，与民众一齐在混沌昏昧中不断启蒙自己，继续摸索，继续前进。笔者参加多个论述城市的"学术研讨会"、"专家咨询会"，感觉各行各业自说自话，概念模糊，语汇淆乱，逻辑不清。这里仅一家之言，参与讨论。

第一节　城镇的形制

一、城镇形制的概念

（一）概述

形制，《现代汉语词典》释义为："器物或者建筑物的形状和构造。"《汉语大词典》释义为："形状、款式。"《辞海》释义为："指形状、制作。"可见，"形制"这个概念包含外与内的两个层面。因而，城镇形制便成为城市学对城镇本体论讨论的又一个突破点，形制是城市研究又一个基础内容和前提条件。

城镇形制列为本体论讨论的起点，因为这是认识事物的规律，遵循由表及里，由浅入深的途径。从方法论上讲，就像分析和把握文章，既要注意主题又要注意章法，任何一方不可偏废，有纲举目张之效果。何况任何生物、有机体，乃至广义上的机体（即控制论意义上的巨系统），皆有其固有形制。这些形制首先从外观上逐步展现它的功能特征和构造内容。所以，研究城镇形制是条好线索，引人入胜、曲径通幽、逐步深入。反过来看，任何事物出现问题和矛盾，迟早要表现在它的形制上。中医诊治病人使用的望闻问切四诊，也是先从形制入手，逐步深入的。城镇亦如此，也可以望闻问切，下文会说到这类情形。

此外，从词语和概念上看，"形制"非常贴近"形式"，却不完全等同于"形式"。"形式"含义是"事物的形状、结构等"，且多指外在特征和条件，常与内容相对而言，如说"该作品从形式到内容都……"。所以，从这种概念上说，它完全不同于形制。请注意：在城市学讨论中城镇形制与城镇形式，两个概念有其相同内容，也其有不同内容。

（二）城镇形制：经典作家论点

1. 用细胞代表城镇基本形制

西方城市科学开创伊始，以帕特里克·格迪斯为开端，一系列经典作家都使用细胞概念表述城镇的基本形制。

帕特里克·格迪斯（Patrick Geddes，1854.10.02—1932.04.07），英国生物学家、社会学家，城市和区域规划理论先驱人物之一。他深受达尔文进化论学说影响，曾在 T. H. 赫胥黎指导下攻读生物学，也曾和博物学家 J. A. 汤姆森合著一部著作《性活动的演进》（Sex in Evolution）（1889 年）。后来他转而研究社会学，在印度孟买大学担任社会学和市政学教授（1920—1923 年）。他先后在印度、墨西哥、巴勒斯坦和苏格兰等地从事的研究工作中形成一种观点，认为人类文化现象，包括居住和聚集；社会发展趋向，包括人际关系、人对环境的适应和环境塑造的生活方式，等等。这些现象从本质上说首先是生物学性质的，并在此基础上形成了他的社会观和城镇观，以及城镇理论和规划实践，由此诞生了西方近现代史上最早的城镇规划理论。他用 2 部代表作品——《城市发展》（1904）和《进化中的城市》（1915 年），对自己观点、主张作了总结。20 世纪 20 年代离开印度后，到苏格兰学院担任院长。

后世指称这位先驱，至少用 2 个典型头衔：英国生物学家，以及西方城市规划科学的创始人。帕特里克·格迪斯将生物学研究的视角、概念、语汇以及方法，都搬移到新兴的城镇研究，将城镇看作有机生命，借用细胞概念比喻城镇。

用细胞比喻城镇，这认识方法和说法也为格迪斯的追随者刘易斯·芒福德所继承。例如，刘易斯·芒福德给《国际社会科学百科全书》（International Encyclopedia of the Social Sciences 1 and 2）城市词条撰写的释文：

"从公元前 5 世纪的希腊直至 13 世纪的欧洲……2000 人的城镇很普遍，10 万人以上的很罕见了。而不论哪一种，都有个组织核心发挥调控作用，调节其生长发育。这就类似细胞内的情形一样（as in a cell）。"[1]

用细胞这种概念和视角看待城镇，还被当时和后来许多著名学者广泛沿用和继承。刘易斯·芒福德转述他的思想主张说：

"埃比尼泽·霍华德第一个贡献就是提出了有必要限制城市的人口规模和用地规模。他意识到，城市的无节制增长和扩张，不仅会导致城市自身内部的衰朽，还会造成宝贵农业用地的永久性损失，同时伴随着农业和农村社会生活资源的持续损耗。埃比尼泽·霍华德还意识到，城市当中实际上存在类似细胞生长受到限制这种生物学领域的现象，尽管他没有使用这个生物学的比喻说法。他认为，每个细胞都有其生长规范和发育极限，如果超越了这个规范和极限，容纳细胞质的胞壁就会裂解，此时唯一出路

---

[1]　International Encyclopedia of the Social Sciences 1 and 2[M].New York:Macmilan，1968：448.

是细胞发育导致新细胞的繁殖增生过程。当一个细胞发育到最佳状态时，其细胞核便裂解为两个，形成两个细胞。而人类的城市并非有机生物，因而它的发展不存在任何自然制约，除非考虑到必须依靠有限的水源和食品供应。但是，城市存在一个社会极限；这种极限的标志，就是城市自身功能的流失、社会解体，以及倒退到原始状态的社会水平上去。而很不幸，这样的极限已经在现代城市的超常发展中屡次被超越了。"①

刘易斯·芒福德在"现代城市的理想便结合形态"一节中，也使用了细胞，乃至城市细胞这种概念和措辞，有关现代城市的理想形式与轮廓，我们就有可能用较为具体的语言来界定现代城市的某些功能和特性了：

"细胞学特性（Cellular Character）：现代城市系由一系列互相关联的细胞组成，其中每一个细胞又都是均衡的、一定程度上自成一体的，同时又隶属于一个范围更广阔的整体社会。现代城市不能理解为一些公路、街道、公共场所，这些东西都是可以无限延长的，也不能理解为密集扎堆儿的建筑物，间或有一些公共绿地点缀其间。从空中看，现代城市的平面形象，不是由公路、道路和建筑物构成的图形，而是由许多公园、田园等开放空间组成的，其间偶尔会有建筑物融入其中。"

"细胞边界：城市细胞的边界，如同城市本身的边界一样，都必须予以明确界定。当今有两种很现代化的办法可以确定这些界限，两种办法都符合城市的功能要求，同时又明显易察。"②

举例这么多，重要的并非语汇，而是语汇背后包含的蕴意：细胞及其全部重要内容和成分。细胞是个有生命的有机体，能够新陈代谢，有其基本群类作为它的基础材质。它有一定边界，还有组织核心。最后，它还有能够分裂增殖，它有自己的过去，还有

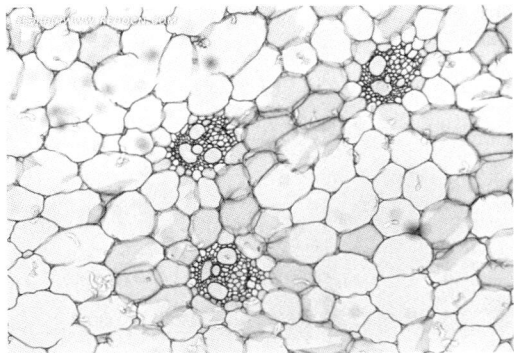

图 5-1　显微镜下的细胞写实图像
（网络图片）

自己的未来（图 5-1）。这些基本内涵才是这一比喻的全部要义。这些经典作家用细胞这概念来指称作为有机体的城镇，就是告诉我们要用对待生命体的观点和方法来看待城镇，操作城镇。

上面这节引文中，最引人注意的便是这句话："或者更恰当地说，我们只把这两种形制称之为城市，以便与人类其他居住形式互相区别。"读者须注意，这是刘易斯·芒福德20世纪70年代为国际社会科

① （美）刘易斯·芒福德著．唐纳德·L.米勒编．刘易斯·芒福德著作精萃 [M]．宋俊岭，宋一然译．北京：中国建筑工业出版社，2010.
② （美）刘易斯·芒福德著．唐纳德·L.米勒编．刘易斯·芒福德著作精萃 [M]．宋俊岭，宋一然译．北京：中国建筑工业出版社，2010：171-172.

学百科全书的城市词条撰写的论文，非常严谨，非常严格。其含义我们从同一篇文章另外两处，找到了最好的注脚，下文将有引述。

2. 城镇形制基本上有两种

在上述细胞模型的基础上，城镇形制基本上就是两种：一个是封闭的，另一个是开放的，这也是经典作家的理论贡献。同样是在《国际社会科学百科全书》的"城市"词条撰文中，刘易斯·芒福德写道：

"原始社群这种组织内核一旦成形，它会逐渐发育形成一种城镇模型。然后经过各种增减变化，各式各样的城镇便随之出现。但城镇自然形成之初便划分为两种典型形制：或者更恰当地说，我们只把这两种形制称之为城市，以便与人类其他居住形式互相区别。"

"第一种为古典形制，这种形制直至17世纪都还占主导地位。它包括密集成片的建筑群，通常由内城城墙圈围，外围环绕居住区、工场、作坊、神庙、祠堂，有大小街道纵横贯穿，整个地区又由高大的外城墙封围庇护。城墙再向外有壕堑、河渠。城墙开有险要而巨大的城门作为出入门户。这种城镇的面积可达数十乃至数百英亩。"其典型例证，便是本书第二章列举的古典北京城。

"另一种则是较为松散的开放型城镇。这种形制可能最初出现在古埃及的金字塔时代，后见于爱琴海文化区的卫城，以及中美洲一带各个宗教纪念中心。这种形制的特点在于，城镇本身的凝聚力超过了内城。对整个城市的经济活动和社会生活发挥保护、控制和支配作用的，是宗教权威当局，而不是皇权。尊奉同种信仰的教民不是集中居住而是分散居住在周边邻近地区几个村庄、郊区小镇或者分散的田庄里。他们定期到宗教仪式中心举行集会，以宗教联系形成社区。这种开放型城镇保留了城堡社会的组织形式，同时具有开放广阔的自然环境，避免了密集型城镇许多严重弊病。在罗马奥古斯都大帝那样的太平盛世，往往发展得特别迅速。"①

以细胞比喻城镇基本形制，这种形制基本上又可分为两类。经典作家如此对城镇研究的理论贡献至今仍未过时，因为简单明了的比喻概念，揭示了其丰富内涵。细胞这种形制意味着边界，意味着有限性，也意味着机体对环境的尊重，意味着自身有清醒意识，意味着自我定位适当，因而它不妄自尊大，不会动辄"突破一亩三分地"的"局限"。所以，有形制是机体健全的表征。而机体无形制，丧失形制，意味着病患征兆。经典作家的这些思想理论，至今值得我们结合实践和实例，去反复思考，其理论价值仍有指导意义。

3. 城镇形制从何而来？

基本上可以这样说，优良健康的有机生命，莫不具备形制特征，特别是年幼、青壮年生命个体，莫不伶俐可爱、欢蹦乱跳、健美壮硕。这些生命现象清楚地告诉我们，有形体、好形体、鲜明的形制特征，就是生命和健康的符号。因而形制来自生命，来

---

① 摘自：北京市社会科学研究所城市研究室选编.国外城市科学文选[M].宋俊岭、陈占祥译.贵阳：贵州人民出版社，1984：49.

自健康完美的生命个体，来自生命潜力和未来。同样，城镇也是有机体，具有有机生命体许多特征。所以，一切优良城镇都是有形制的，这形制来自城镇的具体而现实的主体性，包括统一的组织制度、和谐的运作，以及适度规模和构成要素。前面第二章优良城市范例列举的华盛顿和古典北京，就是极好的例证。细胞的形体、面貌和特征，都是生物遗传信息规定的，要受细胞核生物遗传信息的约束管理和调控。细胞的形制特征就是这样来的。城镇作为人类社区，也具有类似的调控核心，经常管理调试机体本身的规模和边界以及新陈代谢机理。必要和可能的时候，它会分裂增殖，进入自身生命的新阶段。城镇的形制特征就是这样被自身的文化信息和权威管理机构规定的。

4. 城镇若无形制会是什么景象？

正常的生命体具有鲜明的形制特点，它是健康、壮美、活跃的。反过来说，丧失形制，无形制特征，很可能意味着该机体的病变、危机、衰朽、寄生和死亡。城镇若无形制，会是一种什么状况呢？对此问题，刘易斯·芒福德在同一篇文章中先从理论上予以大致描述说：

"诚然，确曾有这样的情形，一些村庄或集镇单靠人口自然增长便逐渐带有城市某些特征。但也有另一种情况，一些大城市，盲目扩展，拥挤阻塞，结果逐渐丧失了它原先吸引、聚合各种结构要素的特殊功能，完全变成一群乌合之众。看起来花里胡哨，很热闹很活跃。实际上日益松懈解体。从公元前5世纪的希腊直至13世纪的欧洲，2000人的城镇已很普遍，10万人以上的城市就很罕见了。而不论其大小，都有个组织管理核心发挥调控作用，调节其生长发育。正如细胞内部都有个细胞核一样。如今，人口数量达数千万众，地域面积大到数千平方英里的地区，也被称为城市，并美其名曰'megalopolis'。如此玩弄词汇的把戏只能表明，人们对城市能够保存并且流传文化的特殊功能仍然一无所知。因此，只有更细致研究城市发展的历史过程和历史功绩，才能获得较为完整、正确的城市概念。"①

我们阅读经典理论文献，要非常注意联系实际。否则常如阅读天书，如堕五里雾中。细胞是个形象比喻，给我们提供具体路径理解其中深意。其实，刘易斯·芒福德论述当代城市弊端经常使用的词汇包括 disorganization（解体）、disintegration（崩坍），都同细胞概念联系在一起，或者可以从这里引申开去。他所说的 urban disorganization（解体）、city disintegration、鞭长莫及、四分五裂、分道扬镳、各自为政、各行其是……或者用社会学家孙立平所说的"溃败"、"溃散"的意思都尽在其中。都是城镇失掉形制的严重后果之一。

而这类现象，正是眼前城市中正在发生的事情，请看实例：

时间：2014年3月5日—25日。

① "Megalopolis"是法国地理学家让·戈特曼杜撰的词语，意思是特大都市，也有人译为人口稠密区。见：北京市社会科学研究所城市研究室选编.国外城市科学文选[M].宋俊岭、陈占祥译.贵阳：贵州人民出版社，1984：42。

地点：北京市海淀区北洼路北段，466 医院对面，以及向西沿双紫支渠的车道沟南街。

事实：同一条街道装饰面砖、地面铺砖、路缘石，频繁装修，反复拆改。一次铺装完毕之后，不足一年，便拆毁、丢弃，原样予以更新，同种工程材料，同种规格尺寸，几乎同一个施工队。三五年内，如此折腾了三四次（图 5-2 ~ 图 5-4）。这样做的目的是什么？

图 5-2　街道施工
（宋俊岭　摄）

质问：

观察者记录这些景象，拍照并询问施工队："这么好的材料，拆下来许多完好如初，如今刨出来运走，下一步准备做什么用？"

一位民工劳动力回答："废品，建筑垃圾，拉走处理掉了呗。"

"这么好的材料都扔掉，不可惜吗？你是农民工啊，家乡小学不是还很贫穷破烂吗？"观察者接着问。

"我们贫穷，国家有钱啊！"言者大笑，周围民工伙伴们听着也随之小笑。

笔者注意到他们大多身着橙红色施工马甲，马甲背心位置印有"时代市政"四字。唯有一位连续数次目睹该街道数年反复"施工、维修、美化"的另一位五十多岁民工感慨道，"这也是一种腐败！"。这是位收购废旧物资的河南民工，他的工作岗位就在街角，刚好目睹两个方位上的全部施工过程。他在这里已经工作了 10 年不止，是这丑陋事件的见证者。

此行为活动的非理性、黑暗、明目张胆，令人发指！它的令人愤慨、令人郁闷，更在于社会对此类现象普遍广泛的冷漠，长期视若无睹。即使有个别市民揭露此类现象，多次给市政府、街道办事处、本市晚报记者站打电话反映、揭露此类现象，却长期得不到回应，得不到纠正，这事情就连续数年处于无人监管的猖獗中！当然有理由认为

图 5-3　挖掘出来的砖块还很新
（宋俊岭　摄）

图 5-4　正在施工的民工们身着印有市政标志的背心
（宋俊玲　摄）

这只是个别现象。但是，若将居民数年反应此类情况，却得不到管理部门的任何反响，那么它就不是一个特定的、偶然的、孤立的事件，而可以作为城镇机体上的病症予以病理分析。

挖掘起来的砖块完好如初，和新替换进去的砖块一模一样。如此折腾，一两年一次，究竟为何？是专业蛀虫、贪污分子、监守自盗？抑或是宏观经济失调，产业群产能产品滞胀，不得已而为之？都亟待深入调查研究，改善决策。

联系城市学研究、城镇原理，以及这里所说的形制和无形制，耐人深思。我们不妨将此问题作为样本，来说明城镇无形制状态究竟是一副什么样子：

分析：

让我们回到引述中刘易斯·芒福德的一句话："或者更恰当地说，我们只把这两种形制称之为城市，以便与人类其他居住形式互相区别。"同时思考，他为什么将这两类单独列出，以便与人类其他居住形式互相区别，为什么？恐怕抽象考虑，既空洞又难以找到合理答案。其实答案和注脚就在下文，我们不妨重复引用在此：

把这么庞大、杂乱和瘫痪的一大片物质构造居然也叫作城市或美其名曰超大城市，"如此玩弄词汇的把戏只能表明，人们对城市能够保存并且流传文化的特殊功能仍然一无所知"。而这样丑陋的事情不仅发生了，而且难以剔除！

首先，生物体外观或者形体突然发生重大变化，恶性膨胀，或者畸形发育，往往是细胞癌变（图 5-5）。癌细胞是繁殖极快的。那么，无形制、城镇无形制，或者丧失形制，飞速增长会意味着什么呢？刘易斯·芒福德的城市研究著作中多次提出这样的问题。城镇无形制首先表现为什么现象或征候呢？联系眼前许多城镇现实，无形制的城镇首先会表现为：边界模糊；规模失控；丧失调控能力；丧失有机协同能力；丧失方向；丧失秩序和美感；丧失价值判断能力；丧失主体性；滋生出寄生社会；文化衰败和死亡……

观察城镇日常生活中各种活动和现象，调查其背后的层层根源，能发现许多问题和病态。例如城镇道路，包括人行道，它属于公共品。其质量和状况最能检测该城镇主体性之存亡。假如这些道路，包括人行道，安全、清洁，不受恣意破坏，无人敢监守自盗，仅此一项形制状况就足以反映一个城镇的健康与完善，反之亦然。此次粗略调查还发现一个突出现象，就是老百姓对这类情况早已心知肚明，早已见怪不怪，听之任之，稍询问便会听到大量风凉话。比如访谈对象，包括施工民工。问他："这么好的地面，为什么拆掉？不可惜吗？"答曰："国家有钱没处花了

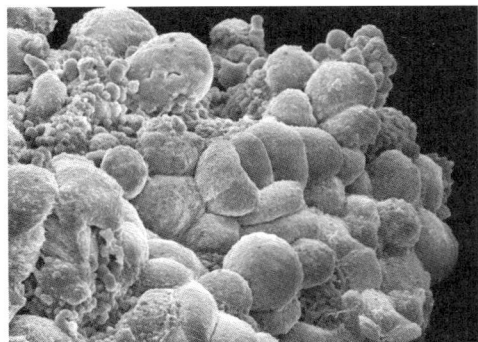

图 5-5　显微镜下的癌细胞图片

呗！"。再问一位工头模样的人同样问题，他回答说："不修路，怎么贪污？"。过路人的评论是，"这也是一种腐败！"还有高明的人剖析个中原因说，"近一二十年，城镇化势头迅猛，刺激了本地产生出一大批砖瓦水泥厂，更招来了大批施工队伍。而最近三两年城镇化势头减缓了。建筑业开工不足。工程队能力积压、水泥厂砖瓦厂产能产品积压……眼前这种反反复复拆了建，建了拆就是这样来的……"。这样的评论听着有些道理，如果属实，则表明这座城市的结构性失调已经非常严重，应当引起决策者高度重视。那是高层该研究的大决策问题，也应当对社会公众有所告示。

滋生出寄生社会：大量有专业技能、年富力强的体力智力劳动者赋闲在家，包括某些农村地区，祖祖辈辈勤劳成性的农民，如今也以赋闲在家，搓麻打牌，养尊处优为荣，以劳动流汗为耻辱。这样的社会趋势，值得警醒。

文化衰败和死亡：首先体现在人缺乏文化教养，丧失礼制规约……

二、世界变迁呼唤新的思维

20世纪五六十年代之后，世界进入大都市时代，全中国人口超过百万计的城市已经多达103座。1950年人口超过千万的城市只有纽约和东京，1975年上海和墨西哥跻身此列，到2010年已经多达20座城市。人口超过2000万的城市已经多达4个：日本东京，3670万；印度德里，2200万；巴西圣保罗，2030万；印度孟买，2000万。

另一数字统计时间稍早，也足以反映该趋势：目前世界上人口最多的城市是日本东京（3530万），其后是墨西哥城（1920万）、美国纽约（1850万）、印度孟买（1830万）和巴西圣保罗（1830万）。其他前十名的几座大城市排名依次为：印度新德里，1530万人；印度加尔各答，1430万人；阿根廷布宜诺斯艾利斯，1330万人；印度尼西亚雅加达，1320万人；中国上海，1270万人。紧随其后的依次是达卡、洛杉矶、卡拉奇、里约热内卢、大阪-神户、开罗、拉各斯、北京、马尼拉和莫斯科。

这种情况下，细胞理论是否还适应城市的观察研究，已经大成问题。如果不适应，又应当以何种概念和模式观察、归纳、解释、评价当今大都市的膨胀现象？这是理论界面临的严重挑战。这其中最核心的理论问题是城市、城镇，是靠什么力量凝聚成为整体并实现和谐运行的？答案应当是整合手段。因为社群的形成和维系，必须依靠综合的整合手段，包括亚里士多德所说，城镇人口的理想规模是"登高一呼，声音所达范围内的全体听众"，言外之意，听不见的，就算超过了理想规模了。这意味着，信息是城镇社会核心的整合手段。

那么，大型和超大型城市，又是靠什么力量凝聚成为整体，若要维系他们的和谐运行，需要创建哪些整合手段？

依照现有理论，这种力量有3种，分别处于3个不同层次：资源生态资源环境——社群依赖同一资源环境得以生存发展；社会组织力量——社群依靠统一的信仰、价值、道德伦理形成整体，协调行为活动；社会群体靠行政力量，包括军力、警力形成整体——这样的整体是机械性的，不完全符合有机生命的属性要求。大都市运作普遍依靠发达的信息系统。20世纪卡内基说过一句较有影响的话，后来被人遗忘了。他说，"研究西方文明，我们了解了人类的过去。而欲知人类的未来，我们则需要从西方以外的文明中去研求。"未来前景，依照刘易斯·芒福德的历史研究，未来的生态文明，实质上就是农业文明在更高层级上的自我回归。爱因斯坦对于东方文明有一段著名论述，重温这段论述有助于东方人增强自信。他说：

> "西方现代科学两大支柱，一个是古希腊亚里士多德时代发展起来的形式逻辑分析，另一个是14世纪以后发展起来的实证物理学。中国的先圣先哲不循此径，诚然令人惊奇，而更令人惊奇的是，他们依靠阴阳五行、天人合一的理念，把我们想做的都做出来了，而且要早一千年。"[1]

这其中所说的阴阳和五行，都包含形制的概念。什么是城镇形制？什么是城镇要素？什么叫城镇运行？《易经》载："观乎天文，以察时变；观乎人文，以化成天下。"意指观天文星象把握四时更替，察民生需求，了解风俗习惯信仰，因势利导实行教化改造，有效控制地域空间，成就人间和谐社会和天下一统。这些思想也都包含了形制的基本内容和要求。如今城镇，尤其大都市，面临重重难题，是重新思考城镇形制这些基本理念的时候了。

第二节　城市的要件

一、城镇要件源于生命基本需求

城市现有的一切，无不为满足人类生存发展需求而创制，房屋提供风雨庇护所，工厂企业解决劳动就业，学校解决教育需求，道路适应行走沟通的需求，城墙城壕提供防卫安全，寺庙解决精神需求……这样盘点可以看清彼时彼地人类需求内容，及其被满足或者未被满足的情况，但却容易遗漏该有而没有的内容。所以，论述城市要件，与其清点城市现有的全部家当，不如细数人的基本需求，看看城市如今少了些什么。

这个启发来自刘易斯·芒福德的一节论述：

> "英国生物学家、社会学家、区域规划的先驱人物之一，帕特里克·格迪斯（Patrick Geddes）和布兰福德（Branford）都曾指出说，'关于城市，一个最核心最重要的事实是，城市作为一种社会器官，通过它的运行职能实现着社会的转化进程。城市积累着、

---

① （美）爱因斯坦.爱因斯坦全集（第一卷）[M].赵中立译.长沙：湖南科学技术出版社，2009：374.

包蕴着本地区的人文遗产，同时又以某种形式、某种程度融会了更大范围内的文化遗产——包括一个地域、一个国度、一个种族、一种宗教，乃至全人类的文化遗产。'因此，城市的含义一方面是一个个具有个性的城市个体——它像是一本形象指南，对你讲述其所在地区的现实生活和历史记录；另一方面，总括而言，城市又成为人类文明的象征和标志——人类文明正是由一座座富有个性的具体城市构成的。"①

这就启发我们从文明发生、发展、成功、失败的含义上来理解、观察和解析城市的构造概念和运行概念及其规律性。这样的尝试能否成功？会有多少收获？有哪些风险？这些疑问我们暂时还都没有答案。但有一点很有把握：对人的研究和探索，才是深入城市研究的正确方向和途径，舍此无第二条道路。

二、从生物需求到人类需求

（一）生物需求

图 5-6 系芬兰学者佩卡·库西在其《我们这个人类世界》（This World of Man）中的插图。他要展现人类生存发展需要的各项活动内容。他想证明，人类需求系由一般动物需求演化而来。人类需求，基于动物需求而又高于动物需求。这是由人类自身的特殊的物种属性所决定的。虽然人类是最高级的灵长类动物的后代，却已然超越了一般动物的生存发展概念。突出表现为人类自身的特殊需求：社会团结协作、求知需求、情感需求、审美需求、超越自我、终极关注……而相对于一般动物，包括灵长类动物，其需求较之人类则要简单得多。

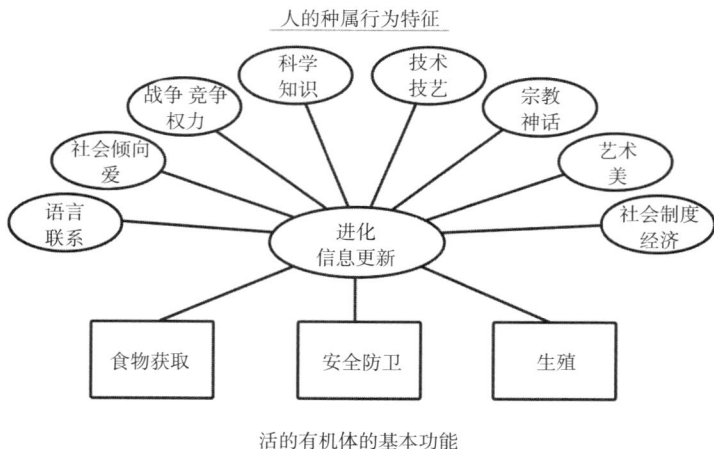

图 5-6 人类行为的动力系统
来源：佩卡·库西. 人，这个世界 [M]. 北京：中国工人出版社，1989

---

① （美）刘易斯·芒福德著. 唐纳德·L. 米勒编. 刘易斯·芒福德著作精萃 [M]. 宋俊岭，宋一然译. 北京：中国建筑工业出版社，2010：133.

（二）人类需求，人类与动物的根本区别

刘易斯·芒福德语录：

"虽说人类觉悟、悟性发挥着核心作用，并构成人类一切其他创造和建设活动的基础。然而，人、人类，终究不是神。因为人的精神光彩和自我发现能力都只是自然创造能力本身的延续和放大。人类理智如今告诉他，即使人在最富灵感、最成功最辉煌的时刻，也仍然只是更宏伟浩阔宇宙过程的参与者。这过程既不是他发动的，也不以他为开端。因而他也只能在最低限度上去控制这自然过程。扩大自身智能和觉悟才是他增长本领才干的唯一途径。舍此，他无法丝毫改变自己渺小和孤独。因此人类逐渐明白一个道理，虽然自己具有奇特智能水平，却一定要及时遏制其智能所发动起来的本我主义①的洋洋自得和痴心妄想。因为即使是顶级的人类行为能力，也只能在服从宇宙各种力量和生物和谐合作的大前提下才能顺利运行。因而宇宙体系各种力量的进程，连同各种生物的生命需求，人类都不能不予以充分尊重。"

这其中许多内容基本上都一目了然。而最困难也最宝贵的，则是位于顶端的价值判断和终极关怀能力和实效。所谓价值判断，简单说就是评判人物、行为、活动、思想主张之是非、功过、黑白、曲直的基本观点和立场、标准（图5-7）。

关于这一点，刘易斯·芒福德有段论述这样说：

"一切生命形态都无法摆脱物质环境条件制约，人类岂能例外？人类体温不能超出上下很少几度差别，人类血液酸碱度平衡则更脆弱，连一天内不同时辰都会影响人使用能量的水平，继而就影响其综合体征共同抵御疾病能力。此外，月相、天气、气候变化都会给人带来生理和心理反应。而唯独在下面这唯一含义上人类能力虽不是神仙却胜似神仙，这就是人类创造的象征意义宇宙。这宇宙纯粹由意念和精神构成（a symbolic universe of meaning），它映照出人类自身本源的真性，也映出人类沿文化道路进化的漫长旅程。并且尤其可贵的是，这意念与精神象征宇宙还在很大程度上让人类从精神思想上超越自身生物局限。人类全部日常生存活动，包括饮食、劳作、求偶、繁衍等，无不必需，缺一不可。而这全部基本生存活动，如果最终不能激活人类去参与宇宙最高的创造过程，如果离开了古今一切宗教都认为人类自身与生俱

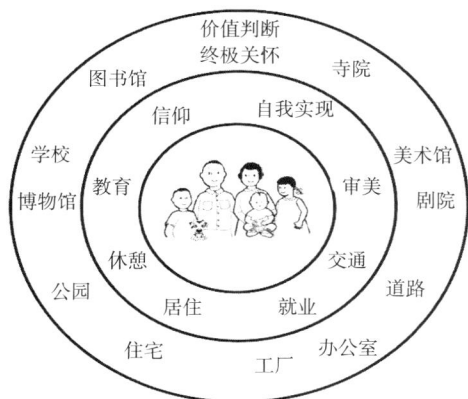

图 5-7　由人类需求衍生出城镇各项物质手段要素

---

① egoistic，只顾自己利益的——译者注。

来同时又超然物外的伟大过程，就将丧失了全部意义。而这个伟大过程，宗教上称之为神性（divine）。"①

价值判断能力，终极关怀的情愫，不论对于个人、家族或者全社会，当然更包括这社会的代表人物，如它的首脑，都是个首要评判标准。他能否比较妥当解决这个价值判断问题，殊为重要。希腊哲学家普罗格斯特斯所说的话："人是衡量一切事物的标准……"，从很大程度上说，核心内容便是指人有无价值判断能力，有无终极关怀能力和实效。或者反过来看便更清楚：一个社会不能分辨好坏事物和好坏人物，能不能"恐恐然唯惧其人不得为善之利（总担心人做了好事得不到好报）……"这样的社会才是有希望的社会。反之，许多"为善者"（实际生活中大绝大多数）若不得好报，这样的社会是没有希望的。古往今来许多例证都证明了这一点。举大家较熟知的实例来说，岳飞、顾炎武、谭嗣同、张志新……而这个终极关怀和价值判断，除了主流文化和媒体之外，更是需要城市、城镇从规划建筑和设计美化装饰的角度，予以展示，予以肯定和弘扬。

可以毫不夸张地说，中华、中华文明，曾经是人文主义思想的超级大国。从孔孟之道、荀子、韩非子、诸子百家的思想主张，直至20世纪上半叶，中华民族的主导意识形态就是人文主义的思想精华。这样的思想主张深得民心，渗透神髓。许多教导，简化为格言警句、楹联、中堂、座右铭，脍炙人口，深入人心，成为成熟而强大的社会氛围、精神方向和道德伦理实力。因而塑造了勤劳、淳朴、勇敢坚毅的人民及其典型代表。其中特别是农村历史悠久的乡绅阶层，以及城镇读书人的仕宦阶层，他们长期代表了精神文化的价值主流和方向。

三、整体论的要件与结构

最有意义的，莫过于刘易斯·芒福德的城市五行图。它是根据刘易斯·芒福德对于城市要件的概括，发展而成：一个五边形平台，五个角落分别代表整体论意义上的城镇之要件，及其相互的关联。综合以上内容，刘易斯·芒福德在《权力五边行》（The Pentagon of Power）一书中对于人类威权社会各要素之间的互动（即其书名中Power的含义，包括城市），概括为一个五个P的结构：Power（权威）、Productivity（效益）、Profit（利润）、Politics（政治）、Publicity（透明度）。

依据这样的构思，结合本书前面的叙述，我们构想出下面的五行图（图5-8）。

其中五个要素分别为：①民众与民意（包括媒体）；②权力权威；③资本；④科技智力；⑤资源环境。

对于城市这种高度复杂的有机体，这样的概括可谓简明、扼要、透彻。它既可作

① Lewis Mumford.Technics and Human Development[M].New York:Harcourt Brace Jovanovich，Inc.，1967.

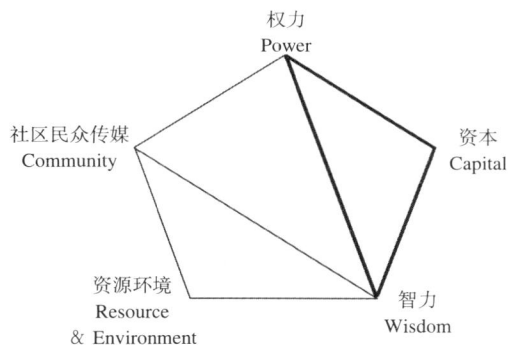

图 5-8　刘易斯·芒福德权力五边行诠释了人类生存困境

为模块，用以认识分析城市社会运行和现状，又可看作一个工作平台，在规划、建设、管理和决策实践中定义各相关方面的角色以及互动联系。有人会问，权力、资本、规划建设……都不乏代言人，资源环境又该如何发言，如何参与决策表决？当然有，否则成立国土局、环保局干什么的？关键看这些部门的人才人格状况。唯有这些机构真正为中华鲟、白鳍豚、金丝猴、珙桐等珍稀动植物和山川大地的旷世生存代言，一如媒体真正携带民意出席这样的决策平台，才能形成城镇的正确抉择与和谐运转。相反，任何一家独大或挟天子以令诸侯，奉行"一支笔定大计"的惯例，城市是无法转移到生态文明的方向和道路的。

第三节　城市的结构

浏览各种城市理论著作中有关"城市结构"的论述，越看越糊涂，首先是各种概念自说自话，缺乏一个大家都认同的标准和体系，因而没有共同概念和语汇。最常见的有：城市结构、空间结构、产业结构、社会结构、经济结构、文化结构、人口结构……众说纷纭，各执一端，自说自话，看不出整体与部件的纵向联系，以及各部分之间的横向联系。面对共同的研究目标，长期以来缺乏一个大家认同的体系和框架，无法形成共同概念和语汇。结果，这样的城市学，这样的城市结构论述，令人莫衷一是，如堕五里雾中。这样结构问题的讨论，就不得不先从结构的确切意义（exact meaning）说起。

其实，就结构概念而言，所谓结构是指事物各组成部分的功能搭配与组合，这当然也涵盖了这些部件之间的逻辑顺序。这种搭配、组合和顺序，是该事物本质属性所规定的，是它赖以长久存在和顺畅运行的基础。例如，各种生物体，其表皮、肌肉、骨骼，到内脏、神经、内分泌、中枢神经、运动器官、消化器官、循环系统、生殖系统，直至中枢神经系统，这些组件不仅有其统属关系，而且构成一种叠加、递进组合，共同环绕并维护该生命体的组织核心和存在目的。所以，结构是有机体自身——包括城市——客观存在的特质。它不能靠外力主观规定和改变，否则会从根本上否定该生命体，致其彻底变形、变性，异化为另外的东西。

因此，论述城市的结构概念，一定要理清城市机体自身包含的各种部件的纵向和横向关联，亦即各组成部分之间的搭配和组合，以及它们互相的逻辑顺序。

三叠结构决定城镇基本结构，体现城镇有机整体。依照系统论的观点和方法，城市是个大系统，该巨型系统有 3 个一级子系统：①人类主体；②人工环境；③生态本底。

一、三层次各自的结构内容

（一）人类主体

人类主体的内容如图 5-9 所示。

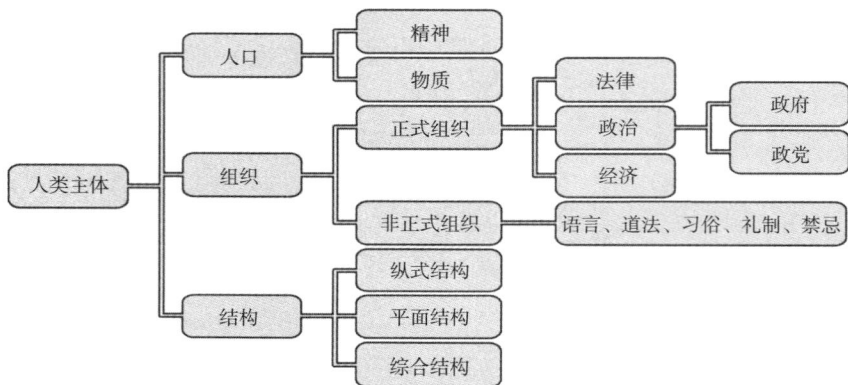

图 5-9　人类主体内容

（二）人工环境

人工环境包含的内容如图 5-10 所示。

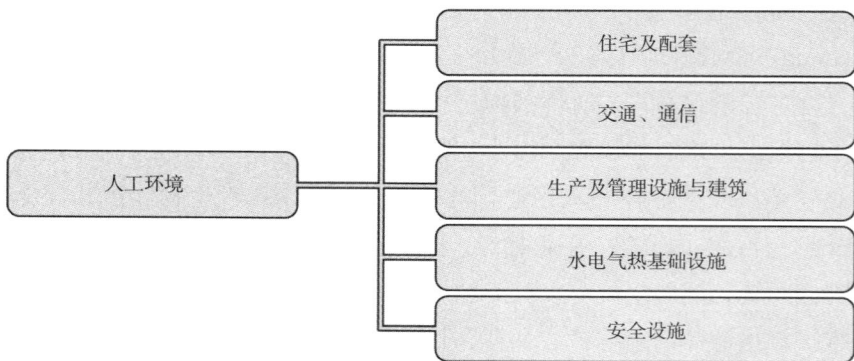

图 5-10　城镇人工生态系统——大市政的基本内容

（李海天　绘图）

城镇是人类利用和改造自然生态系统，在长期实践中创造的人工生态系统，也就是通常所说的大市政概念，它服务于人类自身生存和发展。为此，该人工生态系统具有一系列最基本要素：住宅、道路、给水排水、能源、通信等基础设施等，以解决人类的基本活动需求，包括居住、交通、就业和休息（按照雅典宪章总结的城市基本职能）。但是，文明人类决不以此为满足，他还有更重要的追求和需要，这是人类超越动物的特殊属性和特殊需求所决定的。因此，城镇作为人工生态系统，不会也不能停留在最基本要素水平上，它还需要创造更高级的精神文化设施，以满足文明人类必需的高级需求：①住宅；②道路；③上下水；④能源；⑤大市政；⑥产业与产业结构；⑦文化教育；⑧科学技术……

（三）生态本底

生态本底的内容如图 5-11 所示。

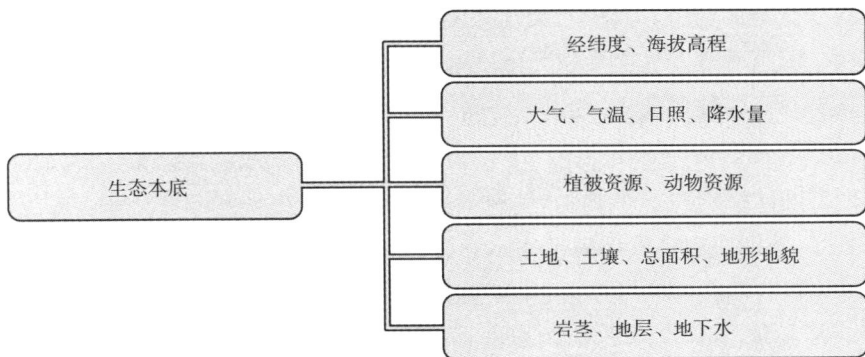

图 5-11　生态本底内容

二、三层次互相关系

前面的章节分别用具体模型和分层轮廓图表述了城市基本构成和层次关系，而现实生活中城市给人的印象要复杂、迷离、困惑得多。瞎子摸象的故事就典型地体现了各个学科对城市各执一端的观察和猜想。30 多年来这种学术局面虽已大有改观，但仍有待一个根本突破，渴望深入城市内部破解它的内在机理。唯有冷静观察，仔细解剖分析，长期积累，联想、推理、论证，才能逐步破解城市推动文明发展的内在奥秘。这其中系统论的观点和方法，是基本的工具之一。

依照系统论观点，城市、城镇，乃至村庄，都是大系统或巨系统（mega-system），具有整体性、运行、活力等复杂特性。这些特性背后是它固有的、复杂的、细密的组织结构、运行原理和规律。这个大系统又在纵向和横向上进一步细分为多层次的子系统、小系统、单体构造……诸如物质环境、人工环境、社区建筑、邻里单元、社会本体及其下属的多向、多级的层次构造。这些子系统之间还有相对的上下、先后、主次、表里关系，存在因果联系，还有个阴阳虚实的地位和角色变换等，奥秘无穷。数千年的文化史和城镇社会就建立在生命世界、人类文明和物质环境三者这种团结协作、交互作用、不断变换的基础之上。

以上这些就是城市结构的三项基本内容，及其包含的二级子系统。这三者中，人类是主体，生态环境资源是存在的基础，人工环境是人与自然互动的界面和产物。从时间顺序来说，生态环境无疑首先存在，继而是人类和人工环境，同步发展改善和成熟。三者形成对立统一的联系，其中人类始终占据主导地位，但这不等于人类可以无限度掌控自然，违背自然规律和要求。此外，这些层次搭配形成。如果分别命名为 A、B、C，那么，它们之间的结构关系如下：

A、B、C 分别代表自然环境生态本底、人工环境，以及社会主体。这 3 个层次的主要内容和联系是：

基础层次 A：包括自然环境和资源、地理位置、土地、岩基、大气、水源、土壤、气候、生物及非生物资源，这些条件构成该城市的生态本底。

人工环境层次 B 包括基础设施、建筑物、构筑物、道路桥梁，水、电、气、热等管线，这些因素构成城市的物质主体。

第三个层次是社会主体 C，也称为社会软环境，包括人口、组织、经济产业的结构和水平。行政组织制度，包括该城市历史发展上的社会文化积累等非正式组织形式，如语言文字、历史文物、名胜古迹、民风民德。

这 3 个层次的大致联系如图 5-12 所示。基础层次 A 承载着人工环境层次 B，基础层次 A 加上人工建筑环境层次 B，又承载着核

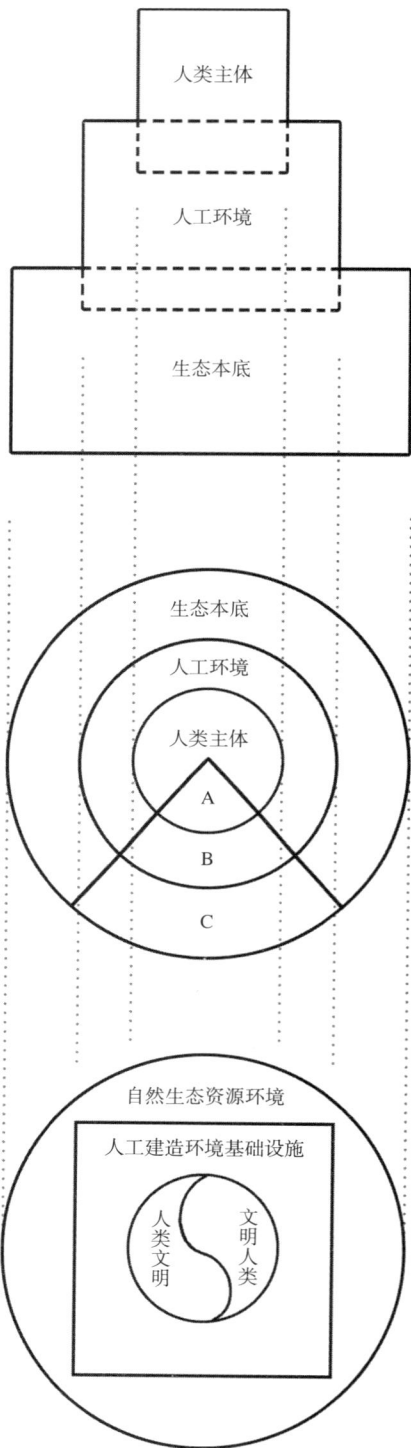

图 5-12　城市三叠结构的理论框架，最内层圆代表人类主体，最外层代表自然环境和资源，中间是人工环境

心层次 C，也就是社会主体。社会核心层次 C 则又以自己的活动、行为支配和影响着 A 和 B。三者构成密切的联系，形成一个互为依存、互为制约、互相渗透的整体系统。

三、特别重要的社会复合结构

依据结构功能主义理论，社会结构由社会要素及其互相联结和关系构成。结构功能主义以塔尔科特·帕森斯（Talcott Parsons）等人为主要代表，阐述社会的 4 个子系统递进互动的结构关系，形成社会发展进步的周期运行理论——结构功能主义。英籍日裔社会学家中根千枝则依据此原理，以人际关系替换结构功能主义中要素间的联结，来观察和分析社会结构和运行，得出著名的纵式社会（vertical society）概念和理论。两个概念都很有启发，对观察分析城市运行也很有帮助。横式社会和纵式社会两者的结合就如图 5-13、图 5-14 所示。

这两个概念都极富启发性，能够清楚图解城市社会的结构特征。

它们的要点在于，纵式社会中，指令是支配因素；而横向社会中，支配因素是子系统之间的互相影响和制约，叠次促进，或者叠次促退，完成一个运行周期。实际

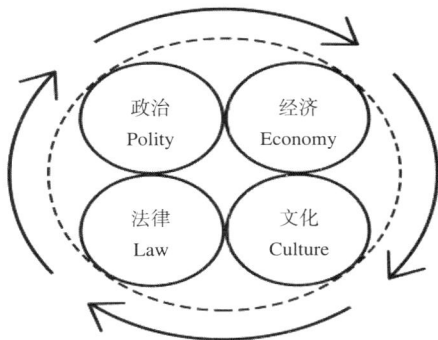

图 5-13　横式社会结构

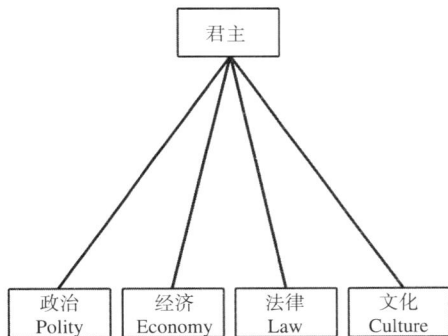

图 5-14　纵式社会结构

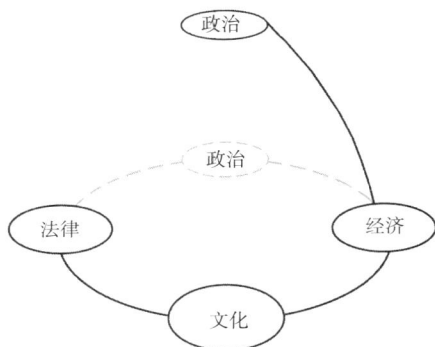

图 5-15　复合结构

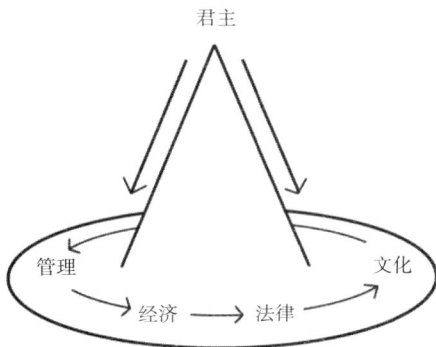

生活中绝对的横向或者纵向结构都比较少见，绝大多数是不同配比的组合形态，或者两种结构形成刚性冲突，常见于转型时期的社会（图5-15）。后面还有章节详细解说。

第四节　城市的类型

城市类型的参考书极多，这里只列其纲目如下：

一、从生成划分

分为自发型城镇和规划型城镇（从略）。

二、从功能划分

从功能上划分，城市分为行政中心（各级首府）、经济中心（各类制造业中心）、军事要塞型（明朝的镇南关、旅顺口）、资源型城镇（西昌有色金属和航天工业）、交通枢纽型（各地港口，水陆交接转换地点），以及综合功能型（例如北京、东京、巴西利亚、伦敦、巴黎）等，它们既是本国的政治、经济、文化中心，又是世界著名的旅游城市和国家旅游中心，同时也是世界上重要的国际贸易中心和交通枢纽，这种具有综合性职能的城市称为综合型城市。

三、从规模划分

从规模上划分，可分为超大型城市、大型城市、中等城市、小型城市、小市镇，也可以划分为：一级城市，人口在500万以上或经济发达、消费水平较高省会城市或大城市；二级城市，人口在300万以上或经济较发达、消费水平较高的大中城市或一般省会城市；三级城市，人口在100万以上或经济较发达、消费水平较高的中小城市；四级城市，除以上三级以外的其他城市。

四、从地理环境划分

分为平原城市、山城、内陆城市、滨海城市。

五、从研究视角划分

单个城市、城镇，与城镇网络、城镇体系、城市带。

本章小结

城市是人类依据自身生存进化发展的需求，而创造的谋生手段和生存方式。这种手段服务于人类的多层次需求，特别是人文目标，而不是单一的追求和手段。这样的城市天然具备一定的形制特点、要件、结构和类型，否则不可能达成人类的宏远目的。因而，经典意义上的城镇多少复制了细胞模型，便不足为奇了。三叠结构是城市的最基本结构，以此形成城镇这个巨系统，下辖不同级别的一系列子系统。城市的要件反映城镇构成中不同侧面及其联系，以满足人类多重需求，其中低级层次的需求也服从高级层次需求，以确保人文进步不中断，不断远离浅薄，远离愚昧，远离野蛮，远离残暴。

作业与思考

1. 城市必须要有形制……如此说来，现今许多城镇已经不是城市，不是经典意义上的城市了。为什么？

2. 城市结构的主要思路，类似树形结构，纵向横向联系，脉络分明。尝试将此树形结构大致画出来。

3. 中国城镇最为缺乏的东西是哪些？原因是什么？

第六章　城市的运行、功能与属性

> 城市最核心的功能就是化力为形，化权能为文化，化朽物为活灵灵的艺术造型，化有机的生物繁衍为社会创新。
>
> ——刘易斯·芒福德

> 最佳的城市经济模式，就是关怀人、陶冶人。
>
> ——刘易斯·芒福德

本章导读：运行即有节律、有方向、有目的的周而复始的运作，其间伴有物质、信息和能量的输入输出，最终还有产物或成品。运行是机体——包括生命体也包括机器——活力的直接表现和保障。城镇就属于这样的生命体，须臾离不开健康运行。楼兰、统万、交洱、高昌等古城的死亡，就是因为运行失去了依托。运行是城镇本体论研究最重要的课题之一，直接关系到城镇的职能属性、质量状况和生死命运。

第一节　城镇的运行

说起运行即想到人工环境物质构造层面：水电气热、内外交通、多媒体通信……其次是市行政管理层面内容：户籍、人口、治安、就业、社保……这些无疑是最基本要目。其实，依照前述城镇的理论模型来理解，城镇运行内容清晰地划分为三个子系统各自运行——生态子系统、人工环境（基础设施）子系统、社会本体子系统。当然，还有这些子系统基础上的城镇总体运行。

生态本底和人工环境的运行在市政学和公用品管理中已有大量探讨，甚至包括社会运行近年来也多有讨论。城镇运行是块非常庞大的内容，有限文字很难说清子系统运行，包括社会运行、经济运行、文化运行及其互相关系，以及各个子系统合成的城镇总体运行。扼要言之，城镇如人体，不仅需要新陈代谢，还需要传宗接代。这就不仅涉及物质补给，更涉及信息更新、习惯制度轮替、人格创新。

城镇运行的产物：包括精神社会文化产品、优良人才人格、优良的社会思想和体制制度。当然也产生物质废弃物。两者都有依存条件，都要求适当环境和处置手段。

运行的分类：从管理角度看，运行可分为两类：可操作的和难以操作的。一般来说，前者主要指城市管理的本体操作层面，大多为物质层面。例如市政设施（水电气热、公交通讯、消防卫生、治安……），也就是三叠结构的中间层次——人工物质环境。从这个层次向两端拓展，不可操作性便逐渐增加。无论上层的社会机体或下层的生态本底，都大大超出人类的驾驭能力。因为无论社会系统或者生态本底系统的现实关联（即客观规律性）都非常复杂，大部还隐匿着不为人所知，甚至基本事实（如地震板块活动规律或社会心理状况）都难以透彻观察、难以及时把握。这也正是当今城市管理科学非常注重研究拓展的领域。

社会文化运行是城镇模糊运行的又一实例。周有光老人说，他经历过五个时代：晚清、军阀、民国、解放、改革开放……从文化来说，民国最好。为什么？因为出现了蔡元培那样的教育家、林风眠那样的画家、鲁迅那样的文豪……不胜枚举。从林风眠有感于好友在校园被暗杀，挺身而出，举办画社，直接提出"美术是改造社会的利器"，到丰子恺那么多深得人心的人伦教育画册，至吴冠中画作中西合璧闪烁风眠魂魄，还有诗人，还有剧作家，还有金石学家，还有……有人这样评述那段城镇文化："那是人才辈出的时代，造就了多少才情与风骨并立、厚道与隐忍共存的真君子……"。而到"文革"中期这景象早已荡然无存。

从功效划分，运行又可划分为正运行（进步）和负运行（倒退）。至于进退如何界定,"不同阶级有不同标准",不争为宜。终究无法否认,上述倒行逆施的运行也反映城镇质量状况,也是运行的结果。道不远人,人是衡量一切事物的最终标准。无论进退,如此文化运行当然很难预设。唯其无形,才要观察研究这种运行的内在联系和规律,尽量运用指导今后的实践。

运行的机理:机理是指运作机制、原理,涵盖主动被动、原因结果、物相转化等原理和内容,其中最主要最浅显的内容是因果关系。如欧洲黑死病极大刺激了社会改良和宗教发展……城市规模会导致气候模式发生改变。产业发展引发能源消费最大化,环境污染随之最大化。富裕加失德,催生地沟油和广泛污染;欧洲黑死病大灾难催生城市卫生制度;20世纪80年代我国二王惨痛事件催生身份证制度。20世纪80年代末连发抢劫银行恶性案件,催生运钞车装备和制度。

以上内容无疑都是题中之意,却非最重要的。因为城镇运行最难突破的奥秘在于人类置身城镇文化环境是如何创造文化和享受文化,以及该过程中心物互动的机理。具体地说,就是凡人如何变成伟人,好人又如何变成犯人,这才是最难突破的理论和实践障碍。这个过程被称为心物过程(physio-psychological process),指人类精神心理接受物质环境讯息、加工储存、接受和改造整理之后,对自身和环境作出的适应和反馈,包括行为规范和取舍决定……本质上是物质世界与精神世界之间的一个界面(interface),或称为临界状态,兼具两个世界的基本特征。所谓文化(包括城镇)继基因之后成为人类继续进化的介质,就是在这个界面上——或前进或倒退——时刻发生的变化机理涉及形而下,更涉及形而上,内容非常丰富、细微、深奥。需要文化人类学、社会心理学、生理心理学界大量严肃学者持续努力,进入深层理论,攻克难关。而大量的研究和准备工作尚未纳入规划,甚至根本没有进入视野。最不该忽视的论题,长期被严重忽视了。

有机体的最大特征是其运行,这是生命活力的直接表现。生命基本特征是新陈代谢以及更替延续。城市作为仿生有机体,也具有生命体的基本特征,它与周围资源环境保持互动和物质交换。这些基本活动就是城市的基本运行。

城市运行又是一种很有规则的新陈代谢和物质交换过程,因而还表现出节律性和周期性,无论是物候特征、自然景观、寒来暑往形成的景观变化,或者是市井风物的轮替,都是这种周期性、节律性的表现。此外,城市运行要求物质产品的输入,也必然有成品产出,包括产生各种城市问题(例如犯罪和罪犯)和危机(例如疫情、恐慌、骚乱)。产品当中有用和有利的产成品包括,物质产品(各种消费品、商品)、环境产品、精神人格产品、社会文化产品。以古希腊城市为例,除了产生优良建筑之外,还产生出大量戏剧、诗歌、寓言、思想,产生出优秀人物,哲学家、剧作家、医学家、史学家、军事家和政治领袖,这些都是古典希腊城市运行的产物和贡献。这些优秀人物是这些优良城市的产品和化身。其数量之多,足够烘托出一个繁荣文化时代,体现了人类历史上一次非常重要的文化飞跃。确实，希腊城市在不到 2 个世纪的时间里，诞生了极为丰富的人类天才，除了文艺复兴时代的佛罗伦萨，几乎没有城市可以与之相比。这都足以说明，城市运行的重要性和丰富含义。

一、城市运行的内容

城市运行的内容大体分为子系统各自的运行，包括生态子系统、人工环境（基础设施）子系统、社会本体子系统。重点解说社会本体的运行：其中包括社会运行、经济运行、文化运行……，还有子系统之间的互动：互为因果关系。欧洲黑死病极大刺激了社会改良和宗教发展……，城市规模会导致气候模式发生改变，例如北京的降雨量和时空分布形态。

从管理角度看，城市运行又可以分为两类：可操作类和可操作以外的，亦即不可操作或者难以操作的类别。一般来说，前者主要指城市管理的本体操作层面，如市政设施（水、电、气、热、公交通信、消防卫生、治安……），也就是三叠结构的中间层次。从这个层次向两端拓展，不可操作性便逐渐增加。无论上层的社会机体或者下层的生态本底，都大大超出人类的驾驭能力。原因是无论社会系统或者生态本底系统的现实和复杂关联，亦即客观规律性，大都还隐匿着不为人所知，甚至基本事实（例如地震板块活动规律或者社会心理状况）都难以透彻观察、及时把握。这也正是当今城市管理科学非常注重研究拓展的领域。

如前所述，城市是个复杂的大系统，三叠结构、五维空间，内涵丰富、结构复杂、范围广阔。依照前面云雀窝模型，城市三叠结构中生态本底是基础，发挥着主导作用，这是最重要的制约要素。依此模型，城市运行至少分为以下 5 种，扼要概述如下。

（一）自然生态系统运行——主要城市及其支持圈之间的供求关系和互动过程

这种供求关系的满足，使得城市得以成为一个能够自我维持、基本功能能够自我满足的人工生态系统。自然生态系统运行，其具体内容包括地质学、生物学和气象学等领域。具体表现为自然资源环境对于城市人工环境的支撑和维持。水源补给和下泄、水循环、大气环流、日照、生物资源供给了城市日常生存和发展需求。地下水消耗和超采又会带来地基下沉和地面沉降、地面裂缝。能源消耗带来大气污染和雾霾天气，城市规模扩大乃至失控，也可能带来生物资源减少等负面影响。环境恶化有可能导致人口健康水平下降，乃至影响遗传基因，从根本上威胁人类生存。资源环境因素的变动，无疑也会制约经济发展。1976 年唐山大地震，可以看作城市系统中自然结构变动，加上人类活动影响和干扰，导致城市生态本底发生异常，最终彻底毁坏了城市本身。

唐山大地震证明，城市大系统中生态层面的运行不可避免地同人类活动以及人工设施交织在一起，产生互动。又例如，一座为该城市服务的水库，它的位置、容量、坝高、载荷、运行年限、安全系数，这些因素都同相关水系、地质状况、服务形式（拦洪抑或蓄水）、管理体制（所有权、管辖权、受益方……）、管理水平，密切相关。

（二）市政基础设施的运行——这是城市运行中最为明显的层面

这包括了城市日常衣食住行最普通、最基本的生存活动。具体表现为道路、车辆、住宅、能源、照明、供排水、通信、基本生活资料的供应（粮食、蔬菜、肉乳制品等）、清洁卫生、垃圾清运与消纳、余暇消费设施、医疗保障，直至丧葬体制制度和设备。可见，市政设施及其管理，是城市运行的最直接现实。城市的兴衰都要首先从市政状况最直接地反映出来。因此这个层面是市长最为重视的内容，是研究最多、投入最大，也最容易见效的层面。反之，如若受阻或瘫痪，立即影响城市的存在和延续。

（三）城市的经济运行——经济运行是一座城市保证自身人口生存，以及城市自身生产和消费而进行的各种产业活动和价值交换活动

任何城市都存在于某一地区或者某一体系之中，它必然要与周围地区发生物质交换和职能分工，从而结成某种经济联系，必然形成产业和产品的分工协作和交换以及互动关系。这样城市就会有自身的基础或者支柱产业，以及直接为其服务的第一、第二、第三产业体系。这种产业配置状况，产生出城市的辐射圈和供给圈。本地居民所需的各种消费品和服务有的来自本城，有的来自外域。这样的经济联系，有时可以很遥远，例如北京等大都市的家政劳力，可以来自数千公里之外的西南和西北诸省。北京培养的技术精英又可以分配到深圳、海口等新兴城市，形成全国性的经济协同联系。依照宏观经济学的观点，城市自身就是一种物质和社会资源，也是一种特殊商品，其文物、旅游资源、土地、房屋、水源、信息、市政等基础结构，以及人才、管理、医疗、消防、金融和保险，等等，构成城市特有的资源和经济内容，构成城市第三产业的庞大群落。

（四）城市的社会运行——包括行政管理与民间社会运行两个大层面

前者主要是城市各级管理体系和机构的职能发挥，包括市政府、辖区、辖县、街道办事处、居民委员会等管理机构，履行各自职能，如民政、户籍、婚姻家庭、生育、司法、消防、治安、社会保障、新闻、通信、教科文卫等等社会职能。民间社会的运行主要体现在邻里、社区以及民俗、习惯、时尚，等等。

（五）城市的文化运行——城市同乡村的本质区别之一，是城市有发达的文化

文化概念相当广泛。城市文化运行可以大体上界定为如下方面。正式的文化组织，诸如各类学校和科学研究部门、教育机构、学会、科普活动站、文化馆、美术馆、博物馆、图书馆、展览馆、电影院、剧院、体育馆、游泳池。文化设施当然也包括宗教活动场所，如清真寺、教堂、寺庙。此外，文化设施还包括与人类文化活动结为一体的非正式组织体系：语言文字、道德、民俗、时尚，以及新的文艺作品，包括戏剧、诗歌、绘画、舞蹈。现代城市社会还须具有发达的通信和影视作品、报纸以及其他民意表达和民众参与的手段，各种大众传媒等。文化运行的意义在于促进城市人类的精神道德化育，培养优良人格，最终形成丰富的城市文化积淀。与城市市政基础设施相比较，这一层面的运行状况往往不容易引起人们足够注意，实际上这一层面最能表达城市的本质特征。

波特兰城市的先锋广场成为人们喜闻乐见的去处，主要因为这个地段的文化信息，记载了本地历史和传统，凝聚开路先锋们的思想情感和灵魂，成为本地一个精神凝聚核（图6-1、图6-2）。

图6-1　波特兰城的先锋广场经常聚集着很多人
（宋俊岭　摄）

图6-2　波特兰城的先锋广场经常聚集着很多人
（宋俊岭　摄）

（六）城市的总体运行

恰如人体各个系统，呼吸系统、循环系统、神经系统、消化系统、内分泌系统，绝非各自为政，而是互相协同，互为支撑和制约的。城市这些子系统的运行亦然，统统协作构成城市的总体运行。这种运行需要资源环境的投入，例如能源、人力、物资、材料、智能、水源。运转也有产出物，既有有用的成品，也有垃圾废料；既出人才，也出罪犯和城市问题。

二、城市运行的机理

因果链，城镇大系统各子系统之间的互动：互为因果关系，任何一个子系统的运行又以其他两个作为环境和条件。"联谊会组织数量增多根源之一是中世纪晚期欧洲城镇人口因黑死病死亡率大增，为应对疾病和死亡才有这种社会运行结果。不过，这现象也折射出当时教区和邻里层面宗教生活的巨大活力。因为当时民间宗教热忱，直接促进兴建、修复、装修本地教堂。宗教组织的资源活动，包括给圣坛增续蜡烛、参加教堂音乐伴唱、朝觐、教堂维修、打扫。当然也有负面作用，如西班牙城镇民间宗教狂热，可以解释 15 世纪日益增长的敌视犹太人、伊斯兰人活动。"①

城市的健康运行要遵守重要原则：必须保持生态本底与人工环境和社会规模的均衡态势，不能头重脚轻。

运行的时空框架：时间、空间、社会三要素互动（三条轴线互动关系尚不清楚）。"时间和空间不仅是城市文化框架要素，也是内容要素"。

三、城镇运行的产物

城镇的运行涉及消耗和产出，分别包括物质以及精神方面的。城市的社会结构与物质结构高度融汇结合，此过程既有输入也有产出。城市的运行是系统的一种代谢和物质交换过程，需要输入品也必然有输出品。这些输出品包括两类：有用的和无用的。无用的包括废品，还有各种城市问题，如犯罪和罪犯，也是在城市运行过程中产生的。有用的产品包括五大类：物质产品、环境产品、社会制度产品、精神人格产品、社会文化产品，如艺术、思想、著作等。例如，希腊城市的产物，除了优秀的建筑物外，更有优秀的人物，像那些诗人、戏剧家、哲学家、医学家、军事家、演说家和政治领袖等，都是古典希腊城市运行的产物。他们是这些古典城市的代表和化身。他们智体发达，文武双全，这些人物凭自身的存在，体现了希腊城市文化的历史性突变。确实，希腊城市在不到 2 个世纪的时间里，在几百万人口之中，诞生出极为丰富的人类天才，烘托出一个繁荣的文化时代。除了文艺复兴时期的佛罗伦萨，几乎没有一个时代堪与

---

① 彼得·克拉克. 欧洲城镇史：400—2000 年 [M]. 北京：商务印书馆，2015.

之相比。此例足以说明城市运行含义的丰富性和重要性。

物质产品：生产生活资料、名优特产……著名品牌商品。精神产品：宗教。城市与宗教，孰先孰后？历来有争论。常听到两种说法，一曰"宗教是文明之母"；其二曰"先有潭柘寺，后有北京城"。这都明确指明宗教生成在先，城市形成在后。此说不仅不无道理，且证实一个原理：观念在先，实体在后。恰如刘易斯·芒福德所说，城市物质形态形成之前，城市的功能早已问世，并且运行很久了，例如祭祀、庆典、各种集会……那么，说城市运行产生了宗教，乃至学徒制、宗法制等许多其他制度形态，与前说是否矛盾呢？制度产品：书院、大学、学徒制、法律、宗法制度、专制主义、权力制衡；民主、人权、新闻、报纸、媒体、科学、理性主义、启蒙运动与文艺复兴。

城市运行的最高产品，还是优良人格。而优良人格的各种化育手段中，慎思独处是个必要的心理驯化课程。教堂、庙宇、名山古刹，都是良好的独处场所。现在教堂少见了，寺庙变味儿了，连坟茔墓冢也不见了踪影，总得在城市里尽可能多地建立、保存、开放和利用供人们独处的好场所吧？包括多多建立社区图书馆（俄罗斯人在那么饥饿的岁月不忘读书），包括开放沿河清静场所。优良人格：老舍、雨果、巴尔扎克、托尔斯泰、狄更斯、刘易斯·芒福德，数不胜数，皆城市运行的最优秀产品！

四、城市运行的条件

城市的运行是有条件的。这些条件包括：生态和资源环境条件、人工建筑环境条件、整体和谐条件，以及社会文化条件，具体内容涉及到社会运行的各种必要介质，如语言文字、人口流动、社会人际交往（涉及氛围、互动关系、对话的机会、频度）、大众传播等技术手段、民意表达手段、通信联系手段。还依靠管理条件和水平：硬件和软件结合、载体和指令结合、信息的发布和反馈、管理操作的有序化。

城市运行的具体内容会依赖并涉及城市机体的每一个层面和各种必要介质。最好的例证恐怕就是许多城市垃圾分类屡试屡败的教训。且以北京为例，多年前便号召垃圾分类收集、分类处理、废旧电池集中收存。不少居民响应号召，照办了。但是不久发现，难以贯彻始终。大量废旧电池收存后，找不到归宿，久而久之不得不放弃。垃圾分类，诸如纸张、玻璃、废旧金属、塑料、木材，这些可循环利用的垃圾，本来可以资源化，但是缺乏许多环节必要的配套设施和运转，终究难以持之以恒。根本原因就在于一项措施的运行，需要多种保障、配套改革，包括产业、教育、媒体宣传、法律、行政管理、思想教育、奖惩措施，等等。多管齐下方能奏效。同样，维持每天的公共交通，就要求各种子系统的支持维护：资源、管理、习俗、信息、通信、气象、劳动、能源、保安、交警等诸多领域的协同运作。总体的城市管理操作，就更需要了解人口流动、人口结构、人际交往、社会思潮、历史传统……

管理水平：从管理角度看，城市的运行又可分为两类，可操作管理的和管理操作范围以外的。一般说来，城市管理的操作主要集中于城市本体的层次，亦即城市市政基础设施的层次。而由这个层次向外扩展，无论向生态层次，或是向社会精神文化层次扩展，城市管理的可操作性都逐渐降低。未来社会宏观发展，以及古代文化遗产的利用保管的可操作性也较低。

五、城镇运行的基本规律

（一）运行能力的相关性和递进特性

城市依其构成可划分为 5 个层次：生态本底层次、基础设施层次、人口层次、社会层次、文化层次。城市的这 5 个层面又是相互渗透、相互影响、相距促进、相互协同，总趋势是由物质到精神层面呈逐一上升的递进发展。在这样一个功能性的等级结构中，每一个层次的形成和运行，都以其"下面"的那个层次的存在和运行为基础条件，如生态本底层次的良性运行是城市基础结构运行的首要条件，而基础设施层次的运行又是人口和社会层次存在和运行的必要条件，很类似马斯洛的个人需要层次理论，依此类推。

（二）自发特性

对城市运行管理和操作的能力水平，以人为起点，向两个方向递减：一是向其物质环境层面和生态层面，离人越远，操作控制能力越小。这一特性是如此突出，以至相当一些规模较大的城市，连自身的规模都无法控制，甚至无法预测。二是操作能力沿社会心理和精神层面的延伸而递减。城市子系统的形式越是抽象，时间跨度越大，就越难以控制操作，越是管理不了。如社会文明根本制度的变化、社会的稳定水平、社会心理的千变万化、道德习尚、时髦追求，难以琢磨。也很难预料出城市现状将来出现天才还是罪犯。当然，这并不意味着城市管理者只能知难而退，就此止步。相反，好的管理者恰恰应当知难而进，运用适当的认识方法，不断开拓城市认知和城市管理的新领域。

（三）城市运行的节律性和周期性

城市运行的节律性很明显，例如，交通流量和供电都呈明显突出的"高峰时刻"和高峰负荷。城市的人口流动也因度假、旅游等原因会出现明显的节律，甚至连蔬菜水果等商品的供应，也随收获季节的到来而出现高潮。可见，这些节律性是因生态规律和社会规律使然。还有学者认为，城市运行和发展又随王朝的兴衰更替，或历史文明的更新而呈现出周期性的发展规律，但因时间跨度大而往往不易察知。

（四）城镇的良性运行与恶性运行

良性运行是自然、积极、顺畅的社会运行，特征是人才辈出，例如中外历史上各种盛世。恶行运行是人为的、机械的、倒行逆施的运行，核心特征是人口大量非正常死亡，例如"大跃进"和"文化大革命"时期。良性运行要求社会各个子系统自身保持开放状态，无任何一家独大，挟天子以令诸侯的局面，包括管理系统自身。同样保持开放状态，既发出指令也接受指令，包括中国传统社会数千年农业文明，也是纵向社会与水平结构的有机搭配。

城市五行：城市、城镇的运行，由于互相关系和环境条件变迁，其运行状况会呈现出良性和恶性的不同差异。正如人体以及大自然的运行会发生各种变异一样。就此而言，我们不妨就城市套用在五行模式中重新予以观察分析。

生态本底，以物为主，模型中代之以土；

市政运行，能源为主，模型中代替之火；

社会运行，以人为主，模型中代之以木；

经济运行，以财力为主，模型中代之以金；

文化运行，以神为主，模型中代之以水。

这样就构成了城市运行的五行模式图（图6-3）。

1. 良性运行：正气之流

良性运行两三项实例：

（1）传统古镇：丽江。

（2）新英格兰（指美国东北部区域马萨诸塞等6个州）核心城市之一：波士顿。

2. 恶性运行：倒行逆施

实例：主体性缺失，古村落遭破坏。因果链实例：翻译事业、制度环境、文化质量、社会状况。两个实例：

（1）石家庄食品厂的有毒饺子事件

自2007年12月至2008年1月底，日本千叶、兵库两县3个家庭共9人，食用河北天洋食品加工厂生产的速冻水饺后先后出现呕吐、腹泻等中毒症状。此事经日本媒体报道后，引起我国政府的高度重视，国家质检总局马上成立了专家调查组，并责成河北省出入境检验检疫局对该企业的留样产品和原辅料进行检测。

这起案件在石家庄市中级人民法院一审公开审理，日本驻华使馆官员、媒体记者及各界群众80多人参加了旁听。石家庄市人民检察院指控，被告人吕月庭在河北天洋食品厂工作期间，因对工资福利待遇不满，企图制造事端引起厂方重视，以提高工资待遇。2007年7月~8月间，吕月庭利用工作之便进入冷库，用注射器向食品厂生产的饺子产品中注射农药甲胺磷未遂。同年10月至12月间，吕月庭使用

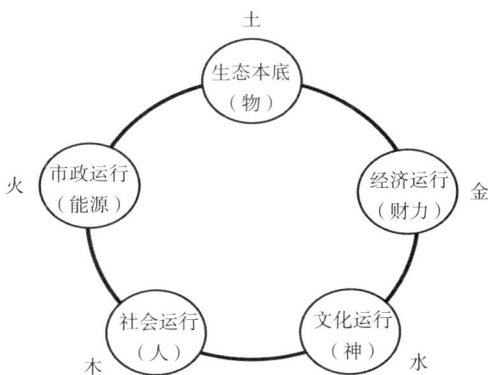

图6-3 城市运行五行模式图

注射器先后 3 次进入冷库向大约 6 ~ 9 箱速冻饺子内注射甲胺磷。

据吕月庭当庭陈述，他在河北天洋食品厂工作，干了 15 年炊事员，却一直是临时工待遇，不仅月工资比正式工少，逢年过节的奖金更是有天壤之别，2006 年春节时正式工能拿到 7000 多元奖金，他只得到 100 元。于是吕月庭想搞点动静引起厂方注意。他在 2007 年五六月份，分别在厂周边的一间卫生所和厂内部卫生所获得两支注射器，又在厂环卫办偷了平时往植物上喷洒的农药甲胺磷。

2007 年中秋节假期期间，吕月庭找到一个表弟，让他写了 3 封匿名举报信，寄到厂里，称有人在饺子中下毒。"我觉得这样会引起厂领导重视，等他们来调查这件事时，我就乘机把提高待遇的事情说一下。结果厂里一直没有找我。"吕月庭说。

虽然吕月庭当庭认罪，但巨大的损失不可弥补，除 13 名中日消费者中毒外，作为一家拥有食品经营出口权，年生产能力 6000 吨的国有大型企业——河北天洋食品厂已经倒闭，上千名职工下岗。案件发生后，天洋食品厂产品召回费用、封存产品费用等直接经济损失 500 多万元。我国食品安全声誉也受到损伤。

（2）杨佳上海刺杀警察事件

北京居民杨佳只身赴上海旅游，其间因租赁自行车问题遭遇当地警察盘查过度，造成身体伤害。杨回京后多次申诉，上海警方曾来京处理，并予经济赔偿 1200 元。杨佳不认可，继续上诉无果，便于 2008 年 7 月 1 日精心策划后实施行刺，致死致伤警察共 9 人，其中 6 名警察被刺身亡。

此类恶性事件近年来呈上升趋势，造成严重社会后果，两起事件都可以作为城市恶性运行的案例。当然，有关部门痛定思痛，处理杨佳之后，警界举一反三，严厉整顿作风纪律。根据一位法官介绍，这件事情对于整个公检法产生了极为震撼的效应，有关部门主动严厉查处了类似作风和积案，力求从恶性事件汲取教训，促其转化为积极效果。这就反映出：恶性运行，若假以时日和主观努力，也可以向良性转化。

第二节　城镇的职能

职能，有些书籍称之为功能，含义相同。职能系职责与能力的合称，是功效与能力的合称。总之，职能或功能，都有职责与能力的双重含义。职责，又称职务，就是责任和义务，意指应当完成的任务，应当实现的效果。能力则指实际才能、才干、素养、品质。职务与能力，二者其实是一表一里辩证关系：职责（职务、职位）为表，能力为里。职责能否兑现，取决于能力是否充足。而这能力，城镇的能力，又何来呢？举刘易斯·芒福德观点为例，他说城市的核心职责是"留传文化、教育人民"[1]。这是城镇的职责，更准确地说，是城镇的高级职责。职能、职务、职位，都指向责任与义务，属应然范畴，而非实然。要将应然化为实然，最终取决于能力。城镇必有特定而具体的能力，才能胜任上述目标：留传文化，教育人民。下面让我们解剖开来，看看城镇职能所含各要素之间是一种什么样的内在联系，以及它们与属性的联系。

功能的含义是功效与能力，指有某种能力实现某种功效。例如，枪炮有效用于战争可以克敌制胜，灭蚊药剂可以杀灭害虫……即言其功效。城市的功能，因机体本身庞大复杂，功效便被划分为浅层、中层和深层。

一、雅典宪章对于城市功能的界定

居住、工作、交通、休憩。

二、本章对于城市功能的界定

本章把城市功能分解为基础层次、本体层次和潜在层次 3 种层级上的能力和功效。

基础功能：承载、包容、养育（资源环境容量和极限概念，基础条件）。

本体功能：居住生活、工作就业、交通通信、休闲娱乐（一般城市都具备，程度不同）。

潜在功能：储存文化、流传文化、创新文化、教育人民、提高人类素养（不一定能实现）、社会文明发展和经济水平增长的增长极，但潜势绝非现实。

从实例来看，据《中国市县大辞典》，江苏省的宜兴市不独生产紫砂壶，还称为教授之乡，那里的人爱读书，文风久盛不衰，名人辈出：古时有周处、徐溥、卢象升、陈维崧等人；现代有徐悲鸿、潘汉年、潘梓年、潘序伦、潘菽、蒋南翔、周培源、周建南、唐敖庆、史绍熙、朱启桢等人。江西省的临川市被称为"才子之乡"，历代王朝的 195 次考试中，中进士者 726 人，自宋至清，著书立说 450 余种，2000 多卷，其中 771 种被列入《四库全书》存目，宋代著名学者、词人晏殊、晏几道父子，改革派政治家王安石，明代大戏剧家汤显祖，清代大书画家李瑞清，现代物理学家饶毓泰，文史学家游国恩，都出自这里。湖北省的蕲春市，素被称为博士之乡，一条街上出了 35 名海外博士。钟灵毓秀，人杰地灵。这些都证明了城市创新的勃勃生机。

三、衡量城市功能的尺度

若把马斯洛金字塔模型与本题目相结合，我们得出如图 6-4 所示图片：人类的基础素质、主体素质和导向素质，连同各自的需要，都应当在城市环境中得到解决。

---

[1] 参见《国际社会科学百科全书》第一卷 "city" 条目。

这就是要求城市提供养育、智育、体育、美育、德育的综合能力和效果。为此，城市以自身日常生态、社会、文化和市政设施的运行，包括学校、医院、托儿所、敬老院、博物馆、图书馆、影剧院、教堂、寺庙……体现人间关怀和社会功能，保证人类逐步走向文明，远离浅薄，远离愚昧，远离野蛮，远离残暴。如果说城市规划的首要任务还是价值的规划，同样，城市运行的核心含义还在于确保城市能完成上述使命。

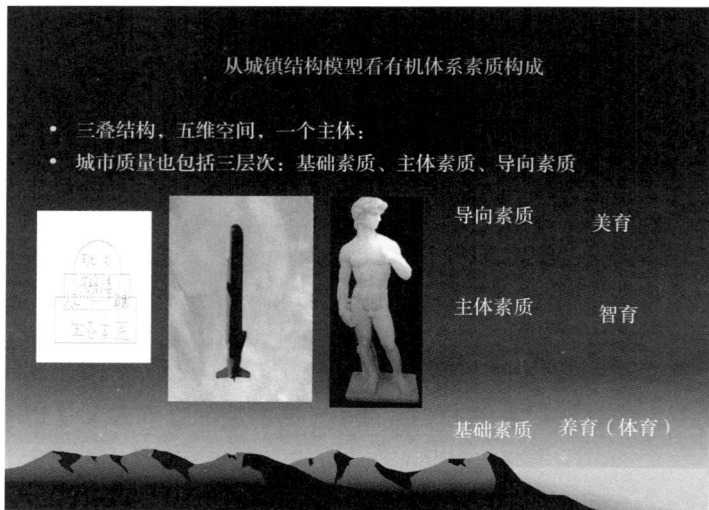

图6-4　从城镇结构模型看有机体系素质构成

第三节　城镇的基本属性

正像与某人相处，要了解他的脾性，否则难以相处一样，与城镇打交道，也要了解城镇的脾性和特点，才能正确对待它。那么，城镇有哪些脾性特点呢？一座城镇是一个实实在在的物质集合体，包括了各种建筑物、构筑物的集合，还包括了人类各种组织和机构的集合，以及人和物密不可分的联系。这个集合体具有许多属于自己的特性，比如有机性、整体性、复杂性、创新性和风险性，等等。城市这些属性是由它的构造机器运行决定的：三叠结构决定了城市如下属性。同时，不同学科又注重城市不同方面的属性。例如，公共管理就会注重城市的公共品属性，因为这一属性连接着城市自身主体性状态。弄得不好，许多方面会失于管理，或被投机者侵夺。

城市是真善美价值形态的渊薮，真诚、善良、美感就成为城市固有的属性。以真诚的态度对待历史真相，普京总统在政治镇压受害者纪念碑（图 6-5）落成仪式上的讲话为这种真诚树立了典范，并以这种精神教育人民，成为俄罗斯民族自我认知的精神源泉。莫斯科与圣彼得堡一样，同样成为伟大精神的象征（图 6-6）。

图 6-5　莫斯科政治镇压受害者纪念碑

图 6-6　圣彼得堡涅瓦大街西端彼得大帝青铜雕像
（宋俊岭　摄）

为了便于认识和把握，对于城市机体的属性还可以大体上划分为两大类：

1. 城市的正面属性

整体性：城镇是个有机整体，各子系统间存在互相依存，互为表里的关系；无法随意拆散而不受损失。

有机性（共生性）：不仅纵向横向都有千丝万缕联系，牵一发动全身的运行机理，而且能新陈代谢。

均衡性：各子系统互相制约，互为依存，共同运行，形成和谐有序的物质环境和社会机体。

丰富性：融合自然、生物世界、历史、人类、文化、形而下与形而上学的各个层面。

创新性：城镇有机生命能够新陈代谢，推陈出新，创造新思想、新文化、新型人格。

规范性：物质环境和社会活动形成规范，遵守规范，不断更新。

有序性：物质环境和社会生活运行有序。

节律性：城镇运行结合自然环境呈现长中短节奏韵律；天、周、月、年，世代皆有其特殊节律。

信息性：城镇富含信息，文字的、形象的、生物的、精神的，故有"城市是本石头的书"之说。

审美性：环境清洁优美，极具审美效果；足以感染人，陶冶心灵。

而涉及经济学概念的属性，还有公器、公共品……城市属于公器，需要公共管理、公共监督。

2. 城市的负面属性

复杂性：这是丰富性的反面特征。

模糊性：复杂衍生出模糊不清，表现在物质环境、社会机体、历史状况信息的不完整、不真确。

二重性：既创造又破坏的能力，既前进又倒退。

脆弱性：由于模糊，由于复杂，由于微妙，城镇系统的存在和运行都是有条件的，自身非常脆弱。

风险性：由于模糊，由于脆弱，城镇有机生命存在风险。

本章注重城市的属性有如下方面，现在简要分述如下：

一、有机性

新陈代谢、物质交换、保持均衡，能类似生命体那样运转；具有生命自身的脆弱性；文化很单薄，如同土壤有机质，容易被破坏；"破四旧"、节律性、规范性等特性也附属于有机性，系由有机运行状态所决定。有机性是人类社会的显著特征，城市（镇）社会尤其显著。所谓有机性原来是指与生命有关的物质，后来扩展来指事物中各个部分相互关联、协调密不可分，就像生物体那样的特性，而这两个含义城镇都具备了。城镇的有机性具体表现在它可以增生，可以由小变大，由简单变为复杂，有低级发展为高级。城镇也可以生存许多许多世代而不消泯。北京城市已经在一个地带不断游动、连续存在了 3540 年，表现出了强大的生命力。这就是城镇有机性的明显例证。反之，有些城镇则在发展途中死亡了（例如高昌古城、楼兰古城和统万古城等），即丧失了其有机性。这是很容易了解的，也是人所共知的。

有生命的有机体的一个突出特性是新陈代谢，这个特性在城镇机体中表现也十分突出。每个城镇都需要新陈代谢，都需要与外部世界进行物质交换。一座百万人口的大城市，仅每天要消耗的粮食就多达 3 ~ 4 列火车的运载量，它还时刻离不开水、电、气、热的供给，还要排出生产生活废料。举北京为例，这个大都市每日产生的生活垃圾多达 1.2 万吨，折合为 3000 辆卡车的清运量，总体积相当于两座半景山。城镇的基础设施，无数的道路、管道、网络、站点等，就是为了维系城镇的有机性特点而兴建的。

莫里斯·詹诺维茨在《城市社会学——芝加哥学派城市研究文集》的导言中说："城市绝不是一种与人类无关的外在物，它不只是住宅区的组合；正相反，城市包含了人类的主体特征。它能从总体上展现人类状况，尤其通过空间分布特征展现人类的社会关系。"

可见，这个有机性的根源已深深植根于城镇的主体——它的众多居民之中。这些居民需要生存，需要同外界时刻保持物质供给和交换，需要同整个自然界保持密不可分的依赖和联系。所以，有些作者索性把城镇中无数的管道、线网，看成人体器官的放大，把食品加工厂、菜市场等看作是人类进食器官的放大，把污水管线看作排泄器官的延长……城镇的各种基础设施，无一不与人类的物质需求和精神需求相联系。所以，城镇人口的增加和分布变化必然产生新的需求。一座城镇人口多了，它的就业供给、食品供给、医院、学校、商店、社会保障和救济……直至火葬场、陵园的配置，都会逐次产生新需求、新变化。这种有机性还注重环境对于城镇人口的承载能力、供养能力和消纳能力，讲求人口与环境的平衡。城镇的管理操作者，如果不理解这种需求，不适应这种变化，不注重环境和人口的平衡，势必造成城镇问题久拖不决，给城镇社会酿成灾害性的祸患。

二、整体性

城镇的整体性特点是说，城镇是由许多部分组成的一个具有相对独立性特征和能力的整体，它的各个组成部分强烈地依附这个整体，形成某种不可分割的特性。举一座建制镇为例，它在行政单位上是独立存在的，有自己的镇政府，有独立法人资格。在地理空间上它有自己明确的边界，有自己的地图，有相对稳定的面积和人口数量，有自己的生产事业和生活设施，有统一的或者主导性的语言、文字、政治体制、社会风俗，等等。它与外部同类的建制镇相似而不相同，它自己可以独立地与它们形成双边或多边的协作或联合的关系。总之，无论从地理学、社会学、政治学以及法学意义上说，它都有自己的明确独立存在。这就是它具有整体性的表现，这是不需多说的。

城镇机体的整体性还表现在城镇社会机体"牵一发，动全身"的高度互相关联。例如，设施不合理，可能会在居民的健康水平上表现出后果。卫生保健部门新近调查出一个结果，我国城镇居民中糖尿病患者增多。1980年患病率不足1%，1994年上升至2.5%，1995年上升至3.4%，1996年升至3.5%，1998年某些社区的患病率竟然高达8%！[①]据初步分析，这一现象的原因包括：饮食结构失调、缺乏运动、人口结构老化、生活方式不合理、城镇社区生活设施欠佳，等等。可见，城镇这种整体性是指其各个组成部分的高度相关性，城镇物质结构的质量完全可以在其居民的健康状况中显出后果的。

另一个表现是，这座城镇的各个组成部分，譬如它的各个社区、企业、部门、住户、个人，都同它形成难以分割的联系。这是由于城镇的许多物质构造（如交通、水源、电力、热力和燃料供应等）、社会组织（如隶属关系和社会联系）、经济关系（供求、就业、信贷、协作等），都交织成一个致密的人工生态系统，使得局部难以脱离整体而单独存在。由于城镇的这个整体特性，所以操作者、管理者不可以任意切割它的某一组成部分而搬移到其他地方。如果违背这一规律，必定遭受失败或者酿成祸端。某大城市实施战略疏散任务时，曾想将其某个社区整体迁往内地，由于涉及的极多问题无法解决或解答，终至放弃。

再举一例。在沧州市中心，沉降特征清晰可见，沉降前后的两段地面，高度相差约30厘米。中国地质环境监测院地质调查与科技外事处处长吴爱民介绍，从20世纪70年代至今，沧州大约沉降了2.4米。沧州的地面沉降并非个例。在华北平原，地面沉降量超过200毫米的区域已达6万多平方公里，占华北平原面积的近一半，北京、天津、沧州等地沉降最严重。主要沉降原因之一，就是过量开采地下水资源。华北平原地下水的开采量，占整个供水量的75%～80%。华北平原目前已经超采地下水1000多亿立方米，如果依靠自然循环来补充这些地下水，至少需要上万年。如果地面沉降继续加剧，很可能影响到京沪高速铁路和南水北调工程的安全。

三、多样性和复杂性

城镇机体具有多样性和复杂性的特点，这是很明了的，但是又往往为人所忽视。

---

① 据2000年11月15日的中央人民广播电台广播的内容记录资料。

城镇的多样性导致它的复杂性，而复杂性则源于它构成的多样性。大家都知道，与乡村比较，城镇所包含的内容丰富得多了。不久前闭幕的世界大城市市长论坛上，记者采访了 9 位首都城市的市长，他（她）们是巴黎、赫尔辛基、斯德哥尔摩、雅典、曼谷、内罗毕、布加勒斯特、蒙特利尔和维也纳的市长。在会议即将闭幕时，北京电视台的记者问他们："什么颜色最能代表北京城？"请这些在北京已经度过了多日的市长们用一种颜色来概括北京的特点。结果，这些在同一时期来北京的市长们见仁见智各有不同，给出了 7 种以上的答案，分别有红色、黄色、灰色、蓝色、玫瑰色、砖红色和绿色，等等。应当说，他们对北京的观察和概括都是正确的。这个事例从一个侧面折射出一个事实：城市的特征具有多样性。实际生活中，许多城镇从民族、人口、文化、建筑、职业，到规范、风格、习俗、流派、时尚、思想，等等，都早已大大超出了乡村社会的单一性。这是人们容易观察到的，而且是城镇工作中应当予以尊重的。

四、信息性

城市是文化容器，文化氛围浓郁，是城镇，尤其是经典古城市古镇，乃至古村落的突出特色。这里将这一特点概括为信息特征——信息性，作为城镇基本属性之一列在这里，目的是突出城市的文化内涵。实际上，举目望去，构成城市及其个性特征的，除连片的房屋之外，就是本地的文化符号。举例来说，江南城市附近许多古镇，临河而居，河厅河房、小桥流水、乌篷船、乌毡帽，就是本地的文化符号。湘西古镇则多吊脚楼（图 6-7）。土耳其的伊斯坦布尔，则有它特有的拜占庭时代建筑物（图 6-8）。古典北京，除宫殿庙宇外，还有它特有的胡同和市肆。有人有这样概括老北京：天棚鱼缸石榴树，先生巴狗胖丫头（图 6-9、图 6-10）。这些都是城市的信息特性，是由其文化内涵决定的。

更为显著的特征和实例，是本书前面优良城市举例说的古典北京和美国首都华盛顿。这些首都城市靠规划语言体现了当时的伟大哲学和宇宙概念，或者彰显王权神授的主张，或者宣示宗教渊源的救世志向，都为各自国家的民族举起价值理想的大旗。这特征都体现在这些城市大大小小的建筑设计和布置之中：华盛顿城市广场那么多硕大建筑，厅内空空如也，唯独圣贤雕像和名言警句铭文。这是什么？是文化，是信息，是价值，是方向！能够创造出这样一个象征表达，经历了艰难探索和漫长创造过程。

刘易斯·芒福德在《技术发展与人文进步》（Technics and Human Development）一书中有段精妙阐述：

"有了口头表达这个手段，人类首先扩大了自身社会交往范围和组织水平，进而有了共同情感。及至最终形成表达能力丰富的语言体系，人类就建成一个内涵丰富的象

图 6-7　来到凤凰古镇，可以在沱江边上看到一排排依水而建的吊脚楼，它们历经了千年风雨，与
小镇完美融合在一起，形成一幅美丽的画卷
来源：http：//www.fl0743.com/FckImg/image/2（14）.jpg

图 6-8　位于伊斯坦布尔的阿亚索菲亚博物馆（Ayasofya Museum），原称圣索菲亚大教堂，它是历
史上遗留下来的最精美的建筑物之一

图 6-9　位于北京南锣鼓巷的帽儿胡同，是少数保留下来的北京胡同之一

来源：http://img4.duitang.com/uploads/blog/201401/07/20140107192949_a8um5.jpeg

图 6-10　"天棚鱼缸石榴树，先生巴狗胖丫头"，这是典型的老北京小康生活人家的写照

来源：http://www.qiaoxun.org/upload_files/article/58/2529_1357780476_3497464.jpg

征意义新世界。这新世界在一定程度上独立于日常生活体验，它不属于日常任何具体环境与场合，却完全处于人类操控之下。其受控制程度是物质世界其他部分许久以来可望而不可即的，这就是所谓价值意义的王国（the domain of significance）。这个王国里，且只有在这里，人类地位才至高无上。"①

另一位学者也指出："一旦城市不再是艺术和秩序的象征物时，城市就会发挥一种完全相反的作用，它会让社会解体，令碎片化现象很快扩散开来。试想，在城市密集杂乱的居住区中，各种罪孽和缺德恶行会传播得更快……发生这种情形不是城市生活的光荣，城市这种光荣曾经唤醒一些圣贤、先知的灵感，包括耶利米、萨佛诺罗拉、卢梭，以及英国19世纪的艺术评论家、社会改革家腊斯金等人。"

可见，城市的价值在于宣示理想目标，在于张扬起文化旗帜。以此观之，仅仅顾及日常物质生存的直接迫切需求，忽视了超物质层面，当今城市岂不重新跌落到文明以前的时代？

五、规范性

城市最大特征之一，是庞大人口群落生活聚居的地方。之前章节讲述同仁堂著名对联时说，它代表了一种操守……这个操守的"操"字，甲骨文中形象地展示出，就是众人聚集要有规则（🥢）。下面的部分，就代表尺度，就是规范。这是城市的最基本属性之一，失掉了，便不成其为城市。

综合前一项的城市信息性，我们可以重温刘易斯·芒福德在《技术进步与人文发展》中的分析总结，"如果我说的正确，正如礼制是人类通过语言走向有效表达和交流沟通的第一步；禁忌，同样也是走向道德自律的第一步。若丢弃了礼制，丢弃了禁忌，人类的千古大业早就完蛋了。看看历史，有多少专横跋扈的统治者和民族国家，不都因为实行压抑生命的倒行逆施，因为自己神经病大发作，不是早就销声匿迹了吗？"②

他这一论述提醒我们，规范存在于城市的每一个层次和每一个方面，是构成城市的本质特征之一。最突出的实例和领域就是城市交通，若忽视规范的建设，小则事故频发，进而背离城市的本质和前进方向。

六、模糊性

城市的模糊性是指城市隐藏了许多奥秘，尤其掩藏着许多潜质，或者在孕育巨大成果，或者酝酿巨大灾祸，而不为人所知。这种模糊特性又由城市的复杂性而来。所以，复杂性又必然派生出城镇社会机体的模糊、不确定和风险。这就很值得引起城镇

---

①　Lewis Mumford.Technics and Human Development[M].New York:Harcourt Brace Jovanovich，Inc.，1967：74.

②　Lewis Mumford.Technics and Human Development[M].New York:Harcourt Brace Jovanovich，Inc.，1967：71.

工作者的警醒和高度重视了。所谓模糊性，是指对城镇机体（包括物质结构和社会组成）的情况认知不真确。比如，你的城镇有多少人口？不要说是超级大都市，就连最小型的城镇也很少有人能讲清楚的！原因是这个数字每分钟都在变化！再如，城镇的边界也很难确定；尤其在当今，特别是那些为数众多的没有城墙作为边界的城镇，在结束了历史上相对稳定的时期而进入高速发展期以后，老边界早已突破，而且反复突破。城乡之间普遍出现了一个模棱两可的结合部，这个结合部是个过渡状态，成为一个迫使人们不得不接受的事实。以上尚且是指城镇构成中那些显性的、可见部分而言的。城镇还有它那些隐微的、看不见摸不着而又无所不在的社会运行机理的层面，如产业结构、社会组织、阶层、心理、行为方式、价值、时髦、流派、流动……以及这些要素之间的相互影响和结果等。这些层面和机理的模糊性就更加突出了。而这个模糊性、不确定性是个客观存在，我们的主观只能接近它，而不可能穷尽它。无论是城镇的历史、现状，或者未来，造成模糊性的原因之一是城镇机体巨大，早已超出常人视野范围和一般的观察能力。举北京为例，前一次的人口普查中才发现，这个城市中人户分离的人口竟然高达 291 万人，占总人口的比重高达 27％！这个现象当然不是存在一天了，但是不经过规模浩大的普查就难以发现。其他领域里同样存在这种模糊性特点，就很值得重视了。

模糊性的成因，除了机体本身庞大、复杂，难以掌控外，另一重要原因就是管理落后、数据积累滞后、认识上存在差距。一些城市不重视旧时代遗留的城市档案，不仅对地下情况若明若暗，就连地面情况的历史，乃至社会遗产，尤其非物质文化遗产，缺乏足够评价。对于城市运行症候的数据不予以整理和积累……。举例来说，本研究把非正常死亡率，当作测评城镇质量的指征之一，但却到处找不到系统资料和数据。原因一是无处负责分散数据的总成，另一个不认为这个数据有统计和测评价值。还遭遇过这样的答复：即使有也不随便“向外”提供。这样，城市便有极大领域处在混沌状态。生活在城镇中的人，自然也处于盲目和高度不确定性之中。针对这种情况，要极力开展基础数据库的设计和修建，减少盲目，增加自觉；降低模糊，增强透明。

我们之所以必须重视它，是因为城镇运行的巨大风险性正被包含在这种模糊性和不确定性当中！这里的风险性包括了城镇的物质结构可能发生的各种灾害（污染、疾病等），以及其社会环境里可能发生的事故、变乱和动荡。

七、创新性

城市的有机性还有一个含义，是指它的内部机理可以发生由低级向高级的运化，这是指城镇的物质环境的改善可以催生更高级的社会进步和良性发育，我们也可以将其称为创新性。城镇具有创新功能，它的这个创新性则是往往被人所忽略的。让我们试以北京城区内的人定湖公园为例作个解释。

北京市西城区地界内，位于南北向的德胜门外大街和鼓楼外大街之间，东西向的安德路和北三环路之间，有一处面积不大的公园——人定湖公园（图6-11～图6-13）。这座公园闹中取静，独自静卧在连绵的居住区之间。就连许多北京当地人都不曾注意过它。但它的简短历史和突出作用，很值得城镇建设者和管理者的悉心思考，有机会最好能实地考察它。

图 6-11　在公园广场树荫下乘凉的老人们
（李海天　摄）

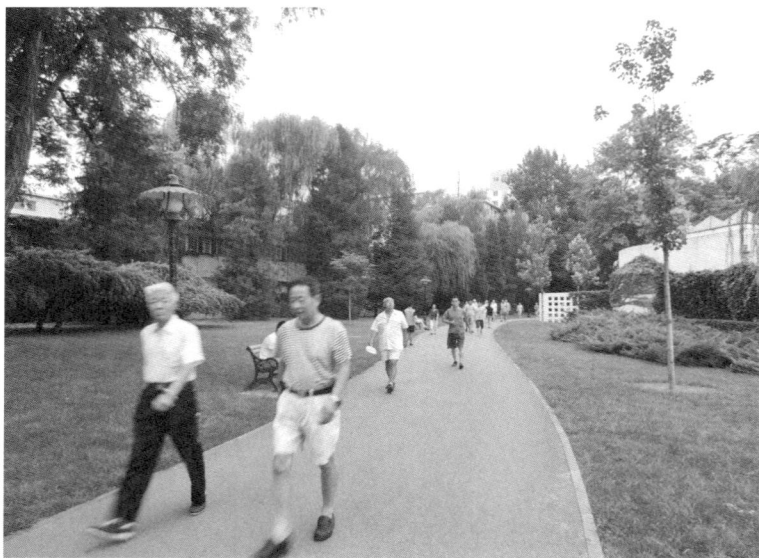

图 6-12　傍晚在人定湖公园环湖健康步道上散步运动的人们
（李海天　摄）

图 6-13　不论是小孩、年轻人还是老人，都能在这座公园享受到娱乐和放松
（李海天　摄）

这里原来是一片死水坑，热天臭气熏天，蚊蝇猖獗……。为了改造环境造福人民，1958 年疏浚臭水沟，填平坑塘，初步建成公共绿地。1994 年 4 月进行全面改建，1996 年完工。总面积 9.2 公顷，水面 1 公顷，总体为现代园林为主，南半部分用草地、水潭、雕塑、花架、景墙构成一处欧洲规划式庭园韵味的园林环境。北半部手法简洁，利用原有的荒林疏草、湖泊沟渠，稍事修整，增添了铺装广场，浑然成就一处雅致静谧的田园环境。竣工后连当地人都惊讶这种巨大变化。人们没有想到，这座当初为了驱逐蚊蝇、由废水洼填埋而成的小型公园，如今已经成为当地百姓们流连忘返的去处。这里的许多优美雕塑、绘画、流泉飞瀑、湖泊、旷场、树丛、亭榭，以其优美的造型和色调，以及雅致的环境，吸引了无数的爱好者前来观瞻流连。更有许多人将此地作为经常造访的美好去处，到此举行各种文学艺术活动，或休闲游乐活动，由此运化出许多优良的亚文化，如合唱、舞蹈、武术、体操、棋艺；如各种从事业余或者专业活动的群体，美术写生、雕塑和园林教学、影视拍摄现场，等等。它的设计者园林设计专家檀馨女士，就地选材，悉心设计，化腐朽为神奇，集古今中外园林之大成，在当年污水洼地上营造出一座小巧而美轮美奂的公园，既为当地居民提供了良好的休息园地，又为园林设计课教学、美术实习、业余歌舞、影视制作等文化活动增添了宝贵的场所。至今，这里每逢艳阳高照或皓月当空，总有歌者舞者不断，青年在其中进取成才，老人在此颐养天年，各取所需，各得其乐。这里，城镇环境中的良性运行机理被创建出来了，原先那种臭水横流、蚊蝇猖獗、歹徒作恶的臭水洼几乎被人们忘怀了。所以，这个公园起了个很自豪的名字——人定湖公园。

这个实例告诉我们，城镇中优良的建筑物质环境可以催生高层次的社会文化内容，可以成为孕育新事物、新人才、新流派，甚至是新制度的苗床。此种实例许多城镇都有，古都咸阳市区内曾经有个"都市里的村庄"——嘉惠堡，就很类似此例。那里原是一个村落的所在，聚集了一些皮张、毛毡等零散的小型制造业，也是污水四溢，蚊蝇滋生……。当地经过彻底改造，把这个地带改造成了商业和居住两用的一个大市场，经济和社会效益都相当不错。

类似的例证都体现了城镇的有机性，它与城市的创新性密切相联系，成为城镇极为可贵的特性之一。它的核心意义在于，一定质量、一定形态的物质环境，可以承载和运化相应的社会文化活动；而一定的社会文化活动又会运化出相应的人才、阶层、思想和制度。这就是城市（镇）的有机创新特性。这种特性在西欧、北美以及我国古代的众多城市中都有生动体现。农业社会被工业社会替代，工业社会又被信息社会所取代，以及众多优秀人物的涌现，新思想、新制度的诞生，等等，都是通过城市的创新性实现的。

城镇的这个创新功能特性，特别值得城镇管理者们的重视。中国众多的城镇，在历史上对中华文明作出了巨大贡献，著名事例数不胜数。浙江省湖州市的含山镇，是有名的丝绸之乡，相传是集中了远近民间缫丝、织锦的技艺，而成为中国丝绸文化的发祥地。绍兴市以往 2000 多年的历史上，从古代的勾践、西施、王羲之……到近代的秋瑾、蔡元培、周恩来、马寅初、竺可桢、华罗庚……，城市文脉久盛不衰，几乎代有人杰！成为城市文化研究中的一个谜！古典文学中，以姚鼐著称的散文大家——安徽桐城派的形成，源于安徽省的桐城。京剧源于北京，昆曲源于昆山……几乎每一座古城古镇都能够找到自己在历史上的创新贡献！在新时期，我们更应当自觉开发城镇的这一特殊功能，继往开来，推陈出新，为我国未来高度发达的现代化社会文明创制出崭新的新事物来！

八、二重性与风险性（脆弱性）

任何有生命的机体都无一例外地承担着生存的压力和风险，城镇机体也不例外。前文所述古典北京那样的经典作品同样存在二重性：以谭嗣同为代表的清末仁人志士，被斩杀菜市口刑场，还有文天祥就义、袁崇焕就义，如此残害忠良的实例，屡见不鲜。可见，培育出优良人民的古典都城，其社会结构和意识形态中同时还包孕着阴险毒剂。刘易斯·芒福德归纳古代城市的二重性，表现在战争、奴役、严苛的专业分工……那么，二重性何来？一个是专制统治，例如古埃及法老建立的严格纵向社会结构。但是，没有这纵向结构，不可能诞生人类第一架"超级机器"——奴隶劳动组织，更不能建造金字塔。这事实本身就证明了文明和城市非常复杂的二重性。但是，如果专制主义全部扼杀人类个体的利益和自由，就等于自杀。当劳动者毫无利益可言，他们会拒绝劳动或者怠工，接着就是饥荒，饿殍遍野……中外历史都有过这样的教训。二重性的另一起因，是对于社会经济和生态环境资源错综复杂的联系，若明若暗。不调查研究，决策主观片面，导致离奇后果。我们先看一个例证：

某大都市有个郊区建制镇，那里原来是很著名的农业区，历史上就有著名产品京白梨成为宫廷贡品。农业学大寨时期，又修建了大型渡槽和 8800 米的盘山渠道，引水上山，浇灌山坡田园，成为粮食产量过江的红旗单位。但自从 20 世纪 60 年代初，本地发现了煤矿，建立了煤矿企业后，发生了重大的、明显的、而且是灾难性的变化。最终结果是，该镇的某些村耕地遭受煤矿作业破坏而下陷，水源短缺……村民多次到市政府群体上访告状，要求赔偿，要求集体办理农转非手续。

这个案例的梗概是：该建制镇内自 20 世纪 60 年代以来就因当地煤矿井下采掘导致耕地塌陷、水位下降、粮果减产等损失。但长期以来，村民的损失得不到及时补偿和重视。1988 年 4 月，400 多名村民在忍无可忍的情况下，集体到本地煤矿食堂就餐，并以耕地锐减、产量降低为由，明确提出农转非的要求。后经多次多方协商决定，自 1988 年 10 月 26 日起，每年由矿区提供赔偿金 15 万元。此后，村民仍然无法维持农业生产，地难种、树难养的局面依旧。至 1991 年该村已人均耕地不足半亩，达不到国家规定的农村人均耕地资源标准的法定底线，遂又于 5 月 14 日多方协议，由当地市府批准核销已被占用耕地 232.2 亩（塌陷区 232 亩，另有矸石占地 36 亩，再议），赔偿金增至每年 20 万元，并由矿区申报农转非事宜。但是，又因农转非以后人口的归属问题发生争议：由矿区还是由区政府负责转非？这是矿务局和区政府之间的分歧。实质是：如依靠矿务局转非，今后需成立家属委员会，一切社区问题由矿务局负责解决，包括就业、治安、公益事业，依照企业办社会的老模式将全村问题包下来，当然企业也会有权支配村里的集体资源，如土地、水源、作物和其他设施。而如果让区政府包下来，区政府要向新建立的居民委员会提供支持资金（约计每年 10 万 ~ 20 万元），用于社区公益事业，诸如卫生、治安、防火、防汛、文教、计划生育等。

换言之，分歧发生在转非后享受企业保障还是社会保障的问题。据了解，现在是管辖的区政府妥协了，答应要实行，但要求矿务局提供启动资金给予支持，而矿务局只答应了一次性的 10 万元……究竟结果如何，现在尚不得而知。这个事例表明，城镇在发展过程中不同的产业之间，若规划调整不当，是有可能发生结构性冲突，并且酿成事端的。

可见，城镇社会运行机理存在着固有的、极其隐微的联系，不可掉以轻心。优良环境可以培育优秀人才，催生优良活动；恶劣环境同样可以引发恶性案件。根据实际案例改编的电视剧"犯罪升级"内容就生动地反映出长久的赤贫可以引发恶性犯罪案件。

本章小结

　　城镇具有生态学功能、经济学功能、社会学功能和文化学功能。从实际生活看，城镇负担着居民居住、工作、交通和休息娱乐等活动，而这些实用功能的实现依靠了它更基本的承载功能、包容功能、储存、流传功能等，这些实用功能的实现，又使得城镇能够在更高的层次上实现城镇的创新功能、组织功能和教育功能。城镇也具有有机性、整体性、复杂性、模糊性、风险性等特点。一座优良的城镇必是这许多功能和特点兼具，并且互为运用。因而，若认为"城市"必然具备创造能力，那是异想天开。创造须有前提：如前文所说，任何有机物，若想生存、延续和发展，自由都是第一要义。不论何种程度的自由，都是对低限度生存发展的基本保障。纵式结构给水平结构留有必要余地和空间，社会文明机体就能生存和发育。这恐怕是改革开放最重要的理论总结，同时也是城市学对城市创造功能的最重要的提示。

作业与思考

　　1. 尝试描述你家乡城镇的历史文化运行，找出那些值得骄傲的产品和成就。

　　2. 从一件重大事故中——如台湾高雄的燃气管爆炸事故或大陆许多城市雨季内涝事故——看其中城市运行的机理和城市属性。

　　3. 田野调查：调查江苏省教授之乡、江西省才子之乡、湖北省博士之乡的近况，深入研究，写出结论和说明。

　　4. 观察城市运行，并作出评价。设想良性运行的条件和状况，提出改革建议。

　　5. "任何有机生命欲生存发展，自由都是第一要义……"，您怎么看？

第七章　城镇运行中人文互动机理初探

> 城市与文明是一枚铜板的两面，城市与文明人类互为表里。
>
> ——佚名

> 人类未来不寄望于权力和财富的增加，而在价值理念的普及和强化。
>
> ——唐纳德·L·米勒

> 人类发明、创造以及改变自然的每一成就，与其说是为了增加生活资料——或者还是为了控制自然，毋宁说是为了开发利用人类自身丰富的有机生物资源，为了体现和发挥自身潜力。最终目标是更充分实现人类自身高于生物的追求和理想，这些目标不是一般生物能构想出来的。
>
> ——刘易斯·芒福德

> 假如大家都不花时间研究历史，我们就没有足够眼力看透当今世界，更谈不到把握未来。因为久远的人类史从未远离我们，而未来已经迫近。
>
> ——刘易斯·芒福德

> 但目前情况却是，时值20世纪了，城市规划尚未找到一个全新的、全方位的城市概念。部分原因是我们还未深入探究过现代文明应具备的全部价值理念、功能、方向和目标，还没把这些东西与许多伪价值彻底分开，更未同城市的放任剧变划清界线，这种放任正为促生这机制的人们制造权势和暴利，而他们却置城市质量于不顾。
>
> ——刘易斯·芒福德

本章导读：城镇作为推动人类进化的构造，其最重要的运作机理就是文化与人类的互动。

城镇是文化的直接现实。如前所引，"人对于文化，究竟是何种关系？是因还是果？是人创造了文化和城市，还是相反？是文化和城市成就了文明人类？答案是互为创造：两者交替互进，或者互退。"所以，城市作为优良人类的孕育所，作为文明成就的孵化器，其最大奥秘就潜藏在人文互动这个层面上。

城市是文明人类的外衣，是孕育人类文明的母体子宫。城市孕育、形成、发展和完善的过程，密切伴随人类自身人化的过程，两者并行不悖。城市在此过程中充当胎儿，在母体子宫接受养育。因此，叙述城市史从来有两种途径，一个是孤立察看城市物质构造发展和形态变迁，另一个是密切结合城与人互动的内容和机理，深入考察城市及其与人类裹携互动的过程。深入本质的城市史，在很大程度上就是人类人化的历程和内容，这正是刘易斯·芒福德对城市的解读。

城市学学理探索既然以人类发展为主线，一万年城市孕育发展史便简化为一条清晰的脉络：一端是古代野性人类，另一端是当今文明人类。城市，以及城市史，便如一条长路或一座巨桥，连通文野两极。当然，稍微阅读和深入思考城市史便会发现，这条道路或桥梁并非不可逆。相反，文明与人类、人性和人世，连同城市本身，在进步道路上都曾经多次折返兽性和野蛮，让城市发展与文明进程充满曲折灾难。研究漫长复杂的城市历史进程，研究城市学，其要义之一在于开发这其中反反复复上升与倒退的内在迷团和机理，总结最深刻教训。刘易斯·芒福德正是这样做的，但并未做完，后来者不是应当继续探索与努力完成吗？

丰富、深刻而复杂又充满矛盾的城市，连同文明人类和人类文明，是怎么形成，又是怎样发展至今？城市在此过程中发挥什么作用，以至被刘易斯·芒福德一类大师级学者概括为文明人类的子宫、人类文明的铸模，与文明互为表里，形同一枚铜板的两面？其中奥秘何在？城市从孕育、成型到发展、变迁，经历漫长历史和浩大剧变，以至古代城市如今踪影全无。是哪些要素推动着如此漫长浩瀚的剧变？又是哪些因素把城镇糟害得当今这种面目全非？未来城市又将服从哪些要素的塑造？换言之，城市三叠结构如何成为一个有机整体，承载了数千年文明进步，推动人类文明和文明人类不断走向新高度？这些内容实际上就是文明人类的由来与去向。

生物进化依靠本能引领，经由获得性遗传、基因突变，产生新物种，完成生物进化过程的一个周期，该过程本质上是生理的。而文化进化依靠新价值的提炼与普及，依靠新价值形态的引领，经由原则的取舍，明确方向，以新的精神追求作为新一代历史文明的核心价值理念。该过程本质上是心理的、精神的，因而也特别艰难。但是，一成气候，便能摧枯拉朽。

第一节　城市学与城市史的关系

一、遭遇瓶颈

在北大研究生课程讲授城市学和编写本教材进行到这个环节，曾长时间踟蹰不前，长时间盘桓在城市发展的漫长历史面前，不知该如何开掘。首先，城市发展和文明进步漫长丰富的历史如同一座大山，不能轻视，不敢忽略，城市学当然不能不予理睬。但是，如果开掘、研究，又当如何挖掘，如何取舍？为此很费思索。曾反复试图尽量简略叙述整个漫长历史。实际上，一位助教已花很大力气写成专章，罗列中外古今大量城市……我们坚信这大山中有宝贝，因而总想呈现一幅基本完备的城市发展全貌，让读者一目了然，穷其究竟。这样尝试了几次，"宝贝"还是没挖出来。当然，为丰富知识，这段可贵探索或可放在本书后面作为附录，便于读者查考，更可以标志本研究经历过的曲折和艰难。

漫长文明发展史上，城市何以能不断发展、进步、壮大，或者倒退、堕落、衰微，乃至死亡？其中奥秘是什么？答案仿佛现成摆着：城市之所以发展、变迁，前进、倒退，在于政治、经济、文化、技术等要素的改进或变动……这样的回答早已耳熟能详。如今面对它却很犹豫，质疑它，并不是否定它，而是深感其不足，质疑它简单薄弱。理论上的这种单薄浅显，长期以来导致城市实践与决策领域同样的单薄、浅显、贫乏。

还有一种说法，城市之所以发展进步，是迫于本地人口的精神生活和物质生活需求日益增长。是在这种压力之下，城市不断开掘道路，创造手段和条件，不断实现自身的发展进步。实际上，当今管理和决策者正是这样说，也是这样做的。有关部门首席官员撰写的大作《追求繁荣与舒适》，可作最典型注脚。生存当然需要追求舒适，问题在于，这样的概念指导千万年的文明发展大计，便显得单薄无力了。这令人联想起"让一部分人先富起来"（目标价值）、"摸着石头过河"（工具价值）、之类口号及其延伸。若就一时一事，这类主张无可厚非，长此则大可商榷。长远文明之大计，问题要复杂得多。对此种观点，刘易斯·芒福德一类学者认为，假若人类从一开始就追求"温饱""舒适"，那么他就根本不会从猿进化到人。类人猿灵长类之所以能进化为人，是因为他始终要追求生命的意义，而不是舒适——亦即自身生命生存的价值。两种观点、两种主张基本差异就集中在这里。所以，讨论城市数千年乃至一万年来孕育发展变迁的动因，讨论文明史中城与人的互动、人与文的互动机理，与其问城，莫如先问人，首先注意考察人类自身，亦即人类文明和文明人类的发展、变迁及其动因。

二、难在何处?

这一章主要想探索城市发展变迁的推动力和深层原因,试图找出描摹文明人类依据城市并且随同城市发展同步进化的动态过程和形象。这任务须先描述城市自身长期发展的客观事实和动因,并且曾经试图从历史事实中抽引出重要事实和其中规律性的东西。因为不满足现成的、众口一词的公认答案(城镇之所以发展变迁,不外乎政治、经济、文化、技术等方面的原因;以及城市发展的推动力就是人民群众不断增长的物质生活和精神生活需求),因为这种答案实际上不能解答城市进步和倒退乃至衰亡的重大史实,甚至不能鉴别、区分城市明显的进与退,试图重新探索。答案分明蕴藏在漫长的城市发展史中,明知答案深藏在那里,想提炼出来却非易事。难在哪里?

难点之一:题目浩大,而自身积累太少,力不从心。

本章节之难就难在必须完成城市学最核心的学科探索任务:文明人类以及人类文明的由来与去向。我不曾读万卷书,更未能行万里路。题目之繁难与自身积累之狭小偏窄两相对比,力不从心可想而知。曾想知难而退,避开这壁垒,找些容易而浅显的话题应付应付……这种处境中,不禁又想起刘易斯·芒福德在其《城市发展史:起源、演变和前景》第三章开篇一段的著名描述,他说:

"因此,研究证据这种严重不足便令人十分茫然。须知,5000 年的城市发展史,以及大约同样长久的原始城市孕育史,就这样横陈在几十座仅仅经过局部勘探挖掘的遗址场地上。历史上一些划时代的大城市代表,比如乌尔城、尼布尔城、乌鲁克城、底比斯城、太阳城、阿叔尔城、尼尼微、巴比伦……一座座都有 3000 余年的历史,这么巨大的历史空白,不能希图只用一点点历史遗物和几百页勘察报告就能填满。在这片软如泥沼的研究领域内,连最坚固的、事实构成的落脚点,也往往不可靠。因而研究者经常陷入绝境:要么索性不要去探索,要么便冒险跌入纯推测的无底泥淖。所以我对读者有言在先:自己探索,自担风险!"

——《城市发展史:起源、演变和前景》,中国建筑工出版社 2004 年版,第 60-61 页。着重号为引用者添加。

当时我们就处于刘易斯·芒福德描述过的这种"绝境"。这促使我们深思:我们与刘易斯·芒福德的联系是什么?是简单、机械重复他?还是在他研究理论基础上继续开掘探索?而且很清楚,即使是简单重复他,也须透彻理解他的思想体系。更何况必须继承他,继续开掘未知领域。

难点之二:方向和道路迷茫。

刘易斯·芒福德的城市论述无与伦比。刘易斯·芒福德探索和回答了有关城市的几乎全部重要理论问题。他的《城市发展史:起源、演变与前景》一书受到世界性重视,原因之一是该书首次(或者是主要代表)把人类进化与城市状况密切联系起来,并在此基础上提出并解答了有关城市和城市学一系列根本学理问题，包括城镇起源、功能、结构、特性、机理、目的、方向、本质，城市与人类的关系，城镇与文明的关系等，论述了有关城市每一个重要方面和理论问题。但是，若想从他著作中提炼出一个重要而紧迫的新学科，回答当今城市全部问题和根本原理，却如大海捞针。具体说，难在他的精彩论述大量呈现为故事、史诗、戏剧，对历史城市讴歌赞赏或痛加挞伐。而专业的学科形态，例如城市学，必须注重思辩、推理、逻辑、条理、证明，注重学科框架相对完整和体系清晰，并自圆其说。所以，如果说刘易斯·芒福德众多城市论述是丰饶的富矿，那么这大量矿石当然还不是专业学科的成品形态，还需大量苦功攻克一系列难点和薄弱环节，才能逐步自成体系。比如，刘易斯·芒福德研究探索人类文明，他必然讨论形而下的部分，而他尤其注重形而上的领域，这是他与同道者相比非常显著的长处之一。他们思维活跃，挥洒自如又顺理成章。而新学科城市学著作就必须给这些形而上的内容找到合理的理论位置，并且顺理成章。这都不是一下子就容易做到的事。

难点之三：语汇和概念的复杂、相叠，为探索增加了困难。

本章题目所说城与人的互动机理当中，城市，据前面第三章"城市的完整概念和理论模型"界定，乃由三叠结构构成，其中最高层次是人类社会本体，由人与文的双螺旋结构组成。因而，城的概念已包括了人，而人的概念中又包含生物学概念的人类以及文化人类学概念的人类。两者都称作人，但生物学概念的人已经几乎不会接受城市的改造和变异。能被城市改变的，是社会学意义和文化人类学意义上的人。

这样，城与人的互动，极大程度上也是人与文的互动，是文化人类概念构成当中显性文明与隐性文明（下文详解）的互动，是文化与人格的互动（图7-1）。这样一来，这种复杂和相叠的相关概念便很难探索了，并增加解析的层次和缜密之难度，叙述极易产生歧义。解决办法，除了努力一一界定概念，理清其中互相关系，没有出路。

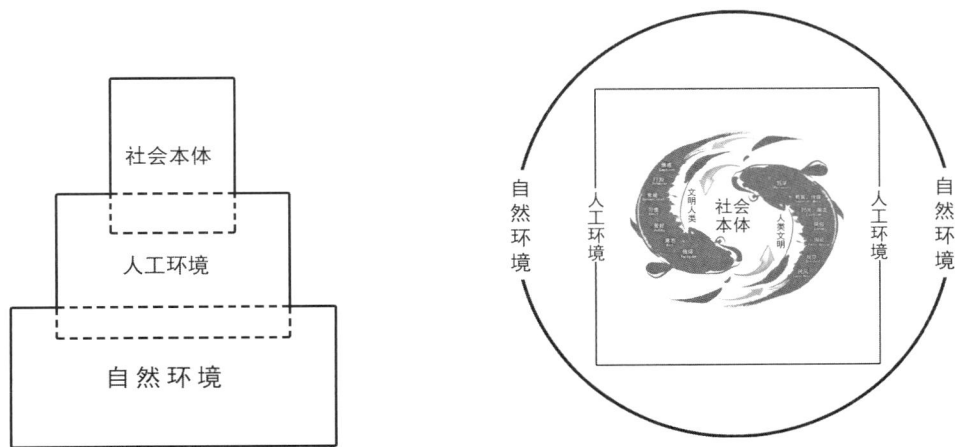

图 7-1 城与人的互动，极大程度上也是人与文的互动

难点之四，是当今世界文明和城市现实：超大型发展日益成为主流，生活彻底脱离自然，并成为常态，彻底的物质主义。

技术迷信、机器迷信、GDP迷信，凌驾于自然和人性之上，挖运河、建水坝、转基因、杀鸡取卵，竭泽而渔，节节突破自然底线，得逞一时，繁荣一时，活在当下，却置长远于不顾。能否持续，概不负责！曲突徙薪无恩泽（黄万里、梁思成等为典型），焦头烂额座上宾。一派升平，掩盖长久祸患。话语权垄断环境中，危言难于取信，这恐怕是最难的……

出路只有一个：自己探索，自担风险！刘易斯·芒福德为此作了不受欢迎的小先知约拿。这是一种精神，有这种精神，就坚持、就付出、就喊出真相。同时准备失败，准备遭受冷落。没这种精神就退缩，就放弃。全凭自己怎么看待，怎么思考，怎么对待学术，以及对待生命和世界。

三、面对城市史，城市学的任务是提炼其中机理

城市学对待漫长复杂的城市史，不能简单重复，而要提炼其中城与人互动的机理。文明历史中深刻的学理问题，能解决就解决；不能解决，就努力解释，陈述事实，解释现象。假若既不能解决又不能解释，那么至少也要把真正的实质性问题提出来，重新陈述历史，陈述事实，以利思考。刘易斯·芒福德就是这样做的，为我们思维提供了非常广阔的空间，值得我们学习和继承。因而我们重新明确本章任务，对待漫长的城市发展历史，不能简单重复，要在尊重事实的基础上，提炼其中的城与人、人与文协同发展、交替攀升的互动机制。

关于城市发展历史最普遍的论述是划分为古代、中古时代、近现代，下面分别予以展示和论述：

1. 原始城镇：耶里哥、加泰土丘、二里头；

2. 古代城镇：燕下都、齐临淄、吴越绍兴、雅典卫城、耶路撒冷；

3. 中古城镇：唐长安、宋汴梁、威尼斯、佛罗伦萨；

4. 近代城市：明清北京、伦敦；

5. 现代城市：上海、纽约、赫尔辛基。

彼得·克拉克（Peter Clark）的新作，《European Cities & Towns:400-2000》通过300多页系统回顾，试图比较不同历史时期欧洲人关于 urban identity（自身观念中认同的城市标准和城市形象）所发生的变化,或者基本不变的内容,他得出的比较结论认为：欧洲人认同的城市形象，从最初的城墙和教堂塔尖，到皇宫、市政厅，再到市场、广场，再到近现代大型公共建筑、大型会展、高级时髦消费和生活方式……

可见，传统的城市史论多遵循线性发展模式，即所谓时间轴线的追踪描述。撰写城市史，说清楚来龙去脉、前后顺序，当然重要。但更重要的，是说清楚城市历史发

展中的是非曲直、功过得失。仅说城市更多了、更大了、更"先进"了……并无重要意义。真有价值的，是指出其中的成败得失，背后各色推手及其意图。这样，我们就能判别各家史论之高下。以此观之，如今城市历史著作不算太少，而真正对准这一方向、达到这一标准的著作的确不多。

提炼城市的本质问题，离不开漫长的城市历史。但是，这里提出的城市学理论体系不能、也不必叙写完整的城市发展史，尤其不该罗列千层饼似的城市发展史。首先因为那本是城市史家的领域；其次，若止于千层饼式的回顾和罗列，无助于破解城市发生、发展和变迁的深刻机理。那么，从城市孕育、发展、变迁将近一万年历史中要提炼出的真义是什么？这是本章要回答的核心问题。城市学考察城市的历史过程，注重从中提炼根本机理，评判是非曲直和功过得失，尤其注重解析其中多种因素的协同互动，从漫长的文明史进程中找出真谛和教训。一句话，它不满足于平铺直叙，而必须回答城市发展、变迁、前进、倒退万般史实中埋藏的"所以然"。这当然需要首先弄清楚什么是前进，什么是倒退，以及个中因由。而且，能否做到这一点，是城市学研究成败的重要指征之一。

优秀的史论，应当是人类文明提纲挈领的总结。回顾与前瞻都站在宇宙高度，描绘来龙去脉，评价功过得失。因而具有史官董狐的眼光和胆识，秉笔直书。晋太史董狐，不理睬当朝皇上旨意，秉笔直书："×年×月×日，赵盾弑其君。"遣词、造句，将事实、判断、态度、立场、尽书其中！这就是优秀史论。而如今许多史论，面对天大史实，置若罔闻。人文大功看不到，在大罪前噤若寒蝉，不置一词！如此史论置史实于不顾，无异掩人耳目，助纣为虐！这种思维指导下常见一些城镇化研究，面对大量文化流失和人类退化现象，得出高度城镇化的结论和鼓噪。声声高叫，当今城镇化水平太慢、太低……

这里用得着再次引述孔夫子的话，"道不远人，人之为道而远人，不可以为道"。以及古希腊哲人普罗格拉斯的话语，"人是衡量一切的标准……"从城市孕育发展的丰富历史事实中提炼规律性的东西，指导人类和文明进步的真知灼见，这才是城市学看待城市漫长史的意图、视角、态度和任务。

城市学的理论体系中，人类是一个过程，这过程连接着兽性与人性，城市即此过程的介质。这是一万年城市发展历史的基本总结。只不过，这过程还有非常丰富而复杂的内容和表现。但是，如何看待这个漫长的城市发展历史？是描摹，还是提炼机理？最后是从城市学与其他学科的根本联系和差异中获得了解答：城市学面对城市历史发展过程，它的任务不是细述或者简述这个过程，而是要以历史为材料，提取其中精化，冶炼出其中宝石。这任务就是解答如下问题：人类能进步，文明能发展，究竟依凭了什么？一万年漫长城市孕育发展历史，哪些是精要，哪些是枝节？哪些才是最根本机理，即最富规律性的观察和结论，究竟是什么？这才是城市学看待城市历史的视角、态度和任务。

"我们力促的变革不是资财的简单再分配；它更涉及改变思想、习俗和行为模式。总之，涉及社会生活和行动的全部重塑……需要重新分配的不只是金钱，更有价值理念的重塑。必须重新构想天堂和地狱，此外的任何主张都是枉然。因为，天堂地狱难道不是历来的行动指南吗？"[1]

因此，城市学不能，也不必越俎代庖去叙写完整的城市发展历史。因为，那是城市史学家的领域和任务。但是，城市学却必须在城市发生、发展、变迁历史的基础上提炼其中深刻机理和内涵，评判其是非曲直、功过得失，尤其解析其中多种因素协同互动的机理，从漫长历史进程中找出真谛和教训。更要清楚回答什么叫前进，什么叫倒退，以及何以前进？何以倒退？其中因由……能否做到这一点，其实是城市学自身成败的重要指征之一。

第二节　几个相关概念和知识更新

本章核心论题是城市如何包含、促进人类与文化的互动，从而推动文化进步，以及人类进化。因而不能不对一些基本概念和理论前提做些澄清，包括本文所说文化的基本含义、文化与人类的联系、文化形成和运行的过程和机理，等等。换言之，要解答文明人类和人类文明的由来和去向，不首先定义什么叫做人、文明人类、人类文明，等等概念，便无从入手，也无法进行。这些基本概念和相关基本理论，须有个清晰的交代。

一、"人"和"人格"的概念

重新定义"人"，看似荒唐，实则不能不做。否则"人与城互动研究"便难以清楚展开论题。

在我国使用最广泛的词典《现代汉语词典》（简称"现汉"，中国社会科学院语言研究所词典编辑室编撰）当中，"人"的第一个定义是："能制造工具并使用工具进行劳动的高等动物。"较大一些的辞书，再如1999年版《辞海》中，人、人类，定义为"灵长目。一般指更新世以来的人，通常只包括智人。"然后罗列6个特点：直立姿势、双手解放、发达的语言、善思维的大脑、制造工具、能动地改造自然。最后总括说，"人是社会性劳动的产物。"

王云五领衔编订的《云五社会科学大辞典·人类学》卷，出版较早（1971年），

---

[1] D.L.米勒，《刘易斯·芒福德生平》，商务印书馆，2015。

却资料翔实宽广。在其"人"词条中，定义征引了多个学科权威说法。其中文化人类学对于人的定义认为，人，"……具有语言、用火、使用工具、家族制度、乱伦禁忌、运用经验知识、创造和使用象征符号、有礼制、神话、传说和宗教……因而人是 a or the animal with culture（一种或者唯一一种具有文化能力的动物）。"并且因而提问：人与文化的关系，究竟是因，还是果？人究竟是文化的创造者，还是文化的创造物？对于我们城市学研究中的城市与人类互动关系而言，这是最有意义的提问。

英语中对于"人"分别有 human、human being、being、man、person……等词汇，而汉语中很难找到严格一一对应的不同字词。因而大多一律用"人"来指称这几个英语词语。但《韦氏新世界词典》首先介绍 person 这个词语的拉丁文语源学含义——persona，原系戏剧演出中演员使用的角色面具（actor's face mask）。然后，它给出该词语第一个最基本核心含义："a human being, especially as distinguished from a thing or a lower animal."（一名人类个体，尤指有别于无生命事物或者低等动物的人类个体），还有其他含义，这里不再一一指出。在 person 的基础上，接着有了 personality（人格、人性……）等衍生概念。依照形式逻辑定义公式，这其中的核心"种差"就是前述"有别于无生命或者低等动物"的主要内容。

当然，这"种差"，内容非常丰富，但集中而具体来说，就是人类理想。就当今城市实践而论，"……我们拥有当今世界上规模最大的城市实践。但我们的城市理想模式是什么，都是个始终没有说清楚的问题。我们实际上比任何时候都更需要说清楚我们中国人的理想是什么，我们心目中的理想城市又是怎样。有了理想，再与现实相结合，才会变成有理想的现实城市。否则，即使有了城市，也只能成为人类欲望的集合体，而非人类文化的容器。有了理想，才能折衷。如果连理想都讲不清楚，那么一上来就讲现实、讲折衷，这其实是最大的不现实。有些事情可以摸着石头过河，但不是所有的事情都可以这样。至少城市不是。什么是城市规划？规划就是借助力、公权力，让理想比现实跑得更远一些。"①

而人文互动，或城人互动概念，主要是就 person 意义上的人而言。这个 person 的意义非常贴近 personality（人格）的概念，而 personality 一词则以王云五编订的《云五社会科学大辞典·人类学》卷给出的定义较简练、中肯：

"[人格]一词是指个人之特征，特别是指既定社会文化环境中（例如城镇），人通过学习和训练形成的个人特征。因此，当我们提到某人时，实际上是指此人人格特征的全部集成，……包括该个体之行为、思想、情感等各种具体特征。……人格还反映出所属文化群体成员共享的 needs（欲求）和 emotions（情感）的动态组合（dynamic organization），其成员因而能够适应本群体的价值体系，并作出相应反应。"

---

① 见李忠文：《理想城市与城市理想》，2013。

大陆新版《辞海》对于人格的释文，很全面，很新颖，值得抄录如下：

"人格：①个人的尊严、价值和道德品质的总和，系人在一定社会中地位和作用的统一。伦理学意义上的人格，常称为道德人格。马克思主义认为，人格不是超历史、超现实的抽象，本质上是人的一种社会特质。②在人格主义哲学中，特指具有人格意识与自我控制能力，即具有感觉、情感、意志等机能的主体。它是唯一真实的存在，是一切其他存在的基础。人格主义者将人归结为能进行各种精神活动的统一体，并认为'人'、'我'与'人格'是同义词（这一解说特别符合刘易斯·芒福德的观点和主张——笔者注），又主张建立以上帝为主宰的人格体系，认为上帝是最高的人格，宇宙中的一切都是由上帝所创造的。③在心理学上亦称'个性'。指人的稳定心理品质，包括两个方面，即人格倾向性和人格心理特征。前者包括人的需要、动机、兴趣和信念等，决定着人对于现实世界的态度、趋向和选择。后者包括人的能力、气质和性格，决定着人行为方式的个性特征。两者结合，使个性成为一个整体结构……"

简单说，person 及其体现的 personality，确保社会群体能够凝聚和运行，确保社会生活以及人类个体都获得生存和发展。其中人格和社会价值体系之间的联系，就成为人与文化之间互动的纽带之一。所以汉语相关著作最好能为这英语词汇 person 找到一个恰如其分的同义词（或者词组），虽然汉语"人"一词具有超强涵盖能力。

语言的疏忽会导致学理的模糊、概念的混淆。

二、游戏创造了人——关于从猿到人的知识更新

从猿到人的基本动因是什么。究竟是什么创造了人？是劳动？是工具制造？人类的本质是什么？人，就是"能够使用和制造工具的动物"？这种说法司空见惯，但当真如此吗？为此，本书顺便介绍两位作家，一个是尚且名不见经传的当代人芦笛，另一个是荷兰历史学家赫伊津哈（Johan Huizinga）。赫伊津哈，1872-1945 年，资料显示此人为荷兰历史学家，从格罗宁根大学和莱比锡大学毕业，先后担任两校历史教授，1942 年被纳粹扣为人质，关押致死。他的成名著作是《中世纪的衰落》，其他著作还有《伊拉斯谟传》《明日即将来临》。关于人类起源和人类文明的动因，刘易斯·芒福德接续赫伊津哈等学者的观点主张，有这样几段论述：

"我们一些理论界的先辈，往往把他们对机械技术进步的特殊理解，同其毫无道理的道德优越感扯到一起，这很欠佳。维多利亚时代有种信仰，相信通过掌握机器，人类其他一切组织制度和习俗规约必然都能大大改进；如今人类本来能够抵拒这种无根据的信仰。但是，当代人却仍然以疯狂热情大力发展科学技术；仿佛光靠科学技术本身就能为人类找到救赎的唯一手段。其实，当今人类之所以过分相信和依赖科学技术，部分原因在于他们对人类发展进步的整个历程存在严重误解。因此，要克服这种偏差，为让人类恢复自身均衡，先要把人类发展进步，从原始人至今的全过程的主要阶段，

都一一清楚展现出来，仔细予以观察分析。"①

"人类生存离不开工具，如今这一论点几乎成了天经地义的结论。而也正因如此，我们必须警惕，不要过分强调石器工具的作用。因为，数万年之前，这些工具尚未完成功能分化，尚未变成有实效的应用工具。但是，长期以来，多少生物学家和文化人类学者，都把制造工具看作远古人类生存的核心手段和内容。与此同时，他们却低估了，甚至完全忽略了许多其他物种也有的，甚至比人类更加灵敏而熟练的，更加丰富的生存技能和活动。而且，尽管许多科学家都提出了反证，包括索斯（R.U. Sayce）、福德（Daryll Forde）以及勒若伊·戈亨（Andre Leroi-Gouhan）等等，却仍然有人顽固地要把工具和机器等同于技术：这就无异于以局部取代整体。"②[306]

"一个多世纪以前，托马斯·卡莱尔（Thomas Carlyle，1795—1881年，苏格兰散文家和历史学家。其写作风格大量使用典故和传说，思想观点偏重鼓吹人类需要强权人物。主要作品有《法国革命》《论英雄、英雄崇拜和历史上的英雄事迹》等。——笔者注）就将人类定义为：能够制造工具的动物。就仿佛，凭借这唯一特点，人类就与众不同，就高高出离于整个野兽世界。如此过分地强调工具、武器、物质器具，以及机器制造的作用，却让人反而看不清人类进化的真正道路。把人类定义为使用工具的动物，即使是后来更正为"制造工具"的动物，在柏拉图看来也是离奇古怪的，因为他曾经把人类的出现，人类能够从其原始状态进化成为人类，归功于音乐发明者玛息阿（Marsyas）和奥菲士（Orpheus，与前者都是希腊神话中的神灵和歌手，善于弹奏竖琴，歌唱时鸟兽谛听，顽石点头。玛息阿还曾与天神阿波罗比赛演奏竖琴。——译者注），归功于从天上偷得天火给人间的普罗米修斯（Prometheus），或者，归功于铁匠之神赫法斯特（Hephaestus），也就奥林帕斯万神殿当中唯一的体力劳动者。"③

"然而，人类是'制作工具的动物'这定义已如此深入人心，以至于常常发生这样的情形：假如在一堆砍削过的鹅卵石附近又偶然发现一些小型灵长目动物的颅骨碎片，就会被其发现者里基博士（Dr. Leakey）当作充分证据，说这种生物就属于人类的直系祖先，尽管与猿类以及后来的人类有明显体貌特征差异，就如同非洲发现南方古猿遗骸时的推论情形一样。由于里基博士所谓的类人猿脑容量只有智人的三分之一，'甚至小于猿类的脑容量'，即使是有砍削粗石器和使用石器的有限能力，这种能力却既不需要——自身也产生不出——人类才具有的这种丰富智能水平。"④

关于制造工具究竟是否发挥了决定性作用，刘易斯·芒福德则有如下解说：

"其实，制造工具和制造器皿，从功能上看是完全一样的活动。假如早期调查研究

① （美）刘易斯·芒福德.《刘易斯·芒福德读本》，宋俊岭、宋一然译，上海：上海三联书店，2016：302（此次引用个别文字有改动）。
② （美）刘易斯·芒福德.《刘易斯·芒福德读本》，宋俊岭、宋一然译，上海：上海三联书店，2016：303页。
③ （美）刘易斯·芒福德.《刘易斯·芒福德读本》，宋俊岭、宋一然译，上海：上海三联书店，2016：304页。
④ （美）刘易斯·芒福德.《刘易斯·芒福德读本》，宋俊岭、宋一然译，上海：上海三联书店，2016：304页。

者能够及时发现并且认识到这种共性，他们就会清楚看到，人类手工制造的石器工具和器物，其实并没有任何特别值得注意的，直至人类发展到很久以后的结局。甚至就连人类的远亲——大猩猩，也能把大量树叶集合到一起，制作成一个安乐窝。或者采集一些蕨类植物的茎秆，在浅浅溪流上草率搭建成一座桥梁，以免过河时打湿或者扎伤双脚。而人类的五岁儿童，虽然可以讲话，可以阅读，可以简单推理，其使用工具的能力和悟性却可能很差，更不要说制造工具。所以说，假如说制造工具也算一个决定因素，那么，它也决不是确定人类的充分必要条件。"

"假如非洲南方古猿能够制造工具，却没有人类其他特征，连这些特征最初级的阶段也没有，那么这只能证明，除了真正的人类（the genus Homo）以外，至少还有一个物种也具有这种特性，恰如鹦鹉和鹊鸟也具有人类的清晰的语言能力，以及某些鸟类为了装饰的目的而能够修饰自己的隐蔽所一样。可见，没有任何一种孤立特性——甚至包括制造工具——能够充分体现人类特征。人类专有的、独一无二的特征在于，人类能够把范围极其广泛的各种动物癖性（animal propensities）都组合成一种自然而然的文化整体：亦即所谓人性。"[307-308]

关于人类的躯体演变，有如下论述：

"人类身体可不是为了完成某种单一专门活动设计出来的；而人类的大脑则更能扫描极为广阔的生存环境，能把生存活动中众多不同要素组合成整体。正是由于人类自身的这种异乎寻常的可塑性和明敏（sensitivity），人类就既能更多地利用和开发自己的外部资源，同时又能够开发和利用自身内部的精神心理资源。"[308]

刘易斯·芒福德还提出一个重要质疑，并且重找答案：

"在为人类优越于其他生物伙伴寻找证据的时候，我们不一定非把自己局限在那些粗劣石器上，而完全可以另找证据。或者说，我们可以提出这样的问题：在发明出精制工具之前的漫长年月里，古人类干什么去了？既然采用同样材料，以同样纯熟肌肉敲打动作完全能够制造出更加精美的工具；那么，那些漫长年月里，他们都去关注什么活动了呢？"①

循此思路，关于人类和文明的发生和起源，刘易斯·芒福德的引述和评论说：

"可见，假如把人类看作主要是能够制造工具的动物，那就无异于遗漏和忽略了人类发展历史上一个重要篇章。我反对有关人类起源的这种毫无生气的工具论，而且想进一步发挥我的观点，我认为，人类首先还是一种创造了自己心灵的动物（mind-making），能够自我操控的动物（self-mastering），还有是能够进行自我设计的动物（self-designing）。而且，人类全部活动的主要轨迹，就都留在了它自身生物学的构造之中，更留在了他们的社会组织形态之中；因为，离开了这种社会形态，人类简直无从体现

---

① （美）刘易斯·芒福德.《刘易斯·芒福德读本》，宋俊岭、宋一然译，上海：上海三联书店，2016：304-305。

自己的真实存在。所以可以说，人类在未能成功改变自身之先，他对其周围物质世界无能为力，当然也就几乎什么也改变不了。"①

在这种自我发现和自我转变的过程中，制造和使用工具，从其狭隘意义来看，充其量也只是个辅助手段，而非人类发展进化过程中的最主要推动力量。因为，技术手段，直至我们这个时代为止，始终是人类文化整体的一个组成部分，从未与文化彻底脱离。而人类却在这个文化整体当中始终发挥着主体的作用。

古希腊文中，"tekhne"（技术）一词就很典型，它的含义当中并不包含工业生产与"精细艺术"或者象征艺术的互相分离。更何况，人类历史的大半时期内，这两个方面都是无法分开的；其中一部分代表着文化的客观条件和功能，另一半则体现着人类生存的主观需求。

依据这样的解说，人类可见首先是心灵制造者而非工具制造者。这观点如同指明了方向：从猿到人的进化道路上，决定意义的是精神，而非物质；是游戏，而非劳动；是艺术，而非技术。这一系列根本性问题都需要重新思考。这里大段的引文，就想请读者原汁原味阅读大师级学者（不是一个，而是一群）的思考和探索。他们有些距今已将近 200 年了。其思维之新颖（针对守旧的意识形态），却如同刚发生的事件。我们的许多知识领域是不是都亟待更新了？

三、文明和文化——两个概念的差异与联系

几乎有常识的人都知道，培育公民，靠优良文化；哺育人才、巨匠，靠丰富的都市历史文化积淀，包括家族的世代积累。多少优秀人才的成长过程，都证明了这一点。

那么，文化是什么？

查考词典对文化的定义，总感觉流于一般，大多从内容上予以定义，比如《现代汉语词典》定义其中①是"人类在社会历史过程中创造物质财富的总和，特指精神财富，如文学、艺术、教育、科学等"。

学理探讨中，一些最基本概念不得不"较较真儿"。

多数词书对于文化的定义令人不能满足。于是查考英语词典中 culture（文化）的释文。

在《韦氏新世界美语词典》（第二版）（Webster's New World Dictionary, second edition）中，culture 一词的释文有 6 种，分别是：

① cultivation of the soil（土壤耕作）；② production, development or improvement of a particular plant, animal, commodity, etc.（某植物、动物、用品的生产制作，孕育发展，或改进过程）；③ a）the growth of bacteria or mircro-organisms in a specially prepared

---

① （美）刘易斯·芒福德.《刘易斯·芒福德读本》，宋俊岭、宋一然译，上海：上海三联书店，2016：308。

nourishing substance，as agar. b）a colony of micro-organisms thus grown（a. 以专门制备的营养材料，如马铃薯加琼脂，培养细菌或微生物；b. 用这种方法培养出的微生物总菌落）；④ a）development，improvement，refinement of the mind，emotions，interests，manners，taste etc.，b）the result of this，refined ways of thinking，talking and acting，etc.（a. 个人精神、情感、兴趣、举止，品位的形成、改进，以及精细化过程；b. 这过程产生的结果，包括思维缜密、言谈举止审慎与周到细致）；⑤ development or improvement of physical qualities by special training，or care [*body culture, voice culture*]……（以专门训练或者养护，促进体质发育和改进过程，[诸如身体训练、嗓音训练]……⑥ the ideas，customs，skills，arts，etc. of a given people，in a given period; civilization（特定民族在特定历史阶段的精神思想、习俗时尚、技术才干、艺术表达等）。

以上这些内容在很受尊敬的陆谷孙编订的《英汉大词典》（上海译文出版社，1993年版）当中，汉化为以下几个主要释文：

① 文化，文明；② 教养，修养，陶冶；③（土地的）耕作；④ 种植，栽培，培育，养殖（尤指以培育新种为目的者，例如 the culture of bees，fish or silk-worms，蜂、鱼、蚕等的育种）；⑤（微生物、细菌组织等的）培育，培养菌，培养液，培养基；及⑥ 采取同样生活方式的一群人，文化群体，如 the non-meat culture（非肉食主义群体），the singles culture（独身主义群体），the drug culture（瘾君子们）。

这样一比较，汉语的"文化"同英语的'culture'之间，在概念内涵和外延上都存在极大差异。

值得注意的是，汉语"文化"一词并无英语 culture 一词中"哺育，培养基"等概念，而这恰恰是本书讨论人文互动中最核心的含义。

所以讨论人类与文化互动关系和机理之前，澄清这里所说文化确切含义，以及这个概念所包含的功能和产物，就很有必要。

有人认为，culture 与 cult（巫术、迷信）同源。此说不妥，因为 cult 一词更古老的拉丁语源 cultus，仍系于 care（关怀）、cultivation（耕作），而迷信、崇拜之类是后来发生的语义转移。

可见，《韦氏新世界大词典》对 culture 释文最大的不同和启发是它不是从内容而是从功能着眼解释该词语，并落脚在"耕作"、"培育"、"培养基"等概念。而这正是本书讨论城市功能和人文互动机理中所使用的文化概念：文化对人类的驯化和培育，包括手段、介质、效能与结果。

为更全面把握文化的上述功能概念，这里介绍一位作者芦笛和他的文章《也谈两希文明》，文章中先对文明和文化有个清楚界定。此文短小犀利、文风活泼，尤其观点符合历史真实，很有说服力。笔者认同芦笛该文的论点。

该文有 3 个部分：一是文明与文化（廓清二者异同）；二是文明的存亡；三是相反

相成的两希文明（希腊文明和希伯来文明）。

第一部分"文明与文化"的要点摘引如下：

这里所说"文明"和"文化"，不是考古学意义上的文明和文化，与什么"迈锡尼文明""仰韶文化"等，都不是一回事。这里两个概念的使用其实是社会学意义上的。

……

这两类概念所代表的事物，很贴近形式逻辑学所说的"范畴"：也是无法定义，且外延最广的概念。文明已经非常贴近亚里士多德所规定的十种范畴（ten categories）：substance（物质）、quantity（数量）、quality（质量）、relation（关系）、place（地点）、time（时间）、position or posture（位置或者态势）、condition（条件）、action（运动）、affection（影响）。

芦笛认为，文明或者文化——在概念类别上——贴近这10种范畴。芦笛的依据是"很难找到相邻的类概念，更难以把握"种差"。众所周知，这都是定义公式——种差＋相邻的类概念＝新概念——当中必须遵守的基本方法。再者，亚里士多德规定的这10种范畴具有高度抽象性，无法拆分，而文明和文化则不然。所以，芦笛这一说法非常牵强，并不严密。但是他这样的归类方法的可取之处在于其高度概括，何况的确很难为"文化"或者"文明"找到相邻的类概念，因而权且可以同意他的归类。这种高度总括的视角，总览了文明、文化这事物之整体，恰恰呼应了本书中把城市学定位在人文学科，注重城市总体概念、形象以及运作机理，将城市整体而论而不拆分开来。同样，文明、文化同样也整体而论，不予以拆分。

接下来，芦笛文章中对文明和文化有这样的规定：

"所谓文明，就是某个地域内的居民一切智力活动成果的总和，包括宗教、文化艺术、科学、学术（指科学以外的学科）、生活方式、思维方式、道德伦理，以及其他价值观、mentality（心态），等等。"[①]

他在下面这一节的议论却非常重要：

"根据其表现和生存能力，文明可分为两大类：显性文明和隐性文明。前者属于精英，在很大程度上与'文化'同义，也就是写成书本的各种学说，包括宗教、文化艺术、哲学、科学、人文学科，以及其他由台湾芋仔和番薯们翻译为'意缔牢结'（ideology，大陆译为意识形态）的东西。而后者则属于草根，类似所谓'不成文法'。不是写下来的东西，而是主要表现为人们的心态（mentality）、反应定式、思维方法、潜在价值信念、行为规范，等等"（笔者以为还应当加入语言文字、习俗时尚、信仰禁忌，等等——笔者注）。

……

---

① 参见网络芦笛文章《文明真空和未来中国的潜在危机》。

"这两类文明中，前者较容易看见，因而也时时是学者们讨论的热点。但在我看来，其实后者虽然看不见，或者不容易看见，但作用更大，生命力更旺盛。

"今日尚存于世的所谓华夏文明，其实就是隐性文明，也就是千百年儒释道模具铸塑出来的人民心态（mentality）、反应定式、思维特征、潜在价值信念、行为规范等等。"

……

"这里给出的定义虽然不能完全符合逻辑学的通式，但还能成立。而且，其好处是指出了文明与文化的联系与区别。简言之，文明＝文化＋隐性文明。而所谓的隐性文明，就是没有形诸文字的人民心态、思维特征，等等。"①

这些段落引自芦笛文章《也说两希文明》，加重号系笔者添加，是本书要征引的重要论点。要引用的，是它所说隐性文明潜入人类心魂，塑造人的人性人格、思维定势、行为指南。该文还说：

"……如今国学派最喜欢鼓吹的，便是中华文明乃是世上独一无二持续至今的文明。光这事实本身就证明中华文明是世界上最强大的。……"②

此说比较符合实际：从中国现实而论，"世界上唯一绵延不绝的文化"，这仅仅是就后者而言。因为，许多文明要素早已不是本土产物：不仅哲学上和技术上的东西，诸如哲学中的唯物辩证法、政治概念中的无产阶级专政、实用手段中的各种方式，诸如洋车、洋火、洋油、洋布、电话、电报、电影、能源、汽车、火车、轮船、飞机、枪炮……就连都市构造和规划形象，也大都彻底脱离了《周礼·考工记》规定的传统样式，走向西化。漫长浩大变化中，最难改变的，倒是心态、情感、思维、民族情绪、仇富心理、仇外心理、"同仇敌忾"之类……都多年不变，都是本书人文互动机理要着意讨论的。

芦笛文章还有个重要论点：他反驳"离开相关人群，文明便会死亡"，与刘易斯·芒福德主张的"象征世界具有很大的独立性"英雄所见略同。他说：

"文明一旦诞生，便获得了独立于人群与地域的生命。在这特定人群消失之后很久，它依然可以存在。例如基督教文明就是犹太人文明的苗裔，但它早就超出犹太人的圈子，早已扩散到全世界。又比如佛教文明，在其原产地基本上已经灭绝，然而他仍在东亚持续存在，并在很大程度上模塑了中国人的心态。这些事实，除了国学派那些文盲，恐怕谁也不敢否认吧？""文明一旦诞生，便有了独立存在的生命。它可以超越具体人群和地域流传下去。不仅如此，如中世纪的历史表明，哪怕是一度曾灭绝了的希腊文明，其生命力也是空前的。这样才能在千年之后死灰复燃，通过文艺复兴大放异彩。"③

---

① 参见芦笛网络文章《也说两希文明》，个别词序有所变动。
② 参见芦笛网络文章《也说两希文明》，个别词序有所变动。
③ 参见芦笛网络文章《也说两希文明》。

　　以上芦笛的两个论点，"文化是隐性文明，是嵌入人心最恒久的因素"，以及"文明一经诞生即获得了独立存在的生命"，都值得细品深思。这见解呼应了前面介绍的刘易斯·芒福德论点。

　　显性文明和隐性文明，两者之间是什么联系，芦笛虽然没有说。但很显然，隐性文明是显性文明的产物，而且它牢固附着在民众身上，可以有离开了人而独立的青铜器、甲骨文……却不能设想离开了具体人群的思维定势、民族情绪、风俗习尚，乃至语音语调……结合中华文化现实情况，似乎符合事实。中国甲骨文、青铜器、四书五经、唐诗宋词元人杂剧、明清小说，乃至最普通的毛笔书法……这些都早已"脱离相关人群"，但不能说这种文化形态已经死亡。相反，它有非常顽强的生命力。而且，只要条件具备，都可以重新繁荣兴旺。

　　这样，要点就出来了：芦笛这里所说"隐性文化"，其实就是"人格"、"人性"的含义，即：人（human being）之所以为"人"（person）的全部内容，亦即某特定民族或群类的具体人性，即英文所说之 humanity、personality、character。这些正是刘易斯·芒福德著作中出现频率几乎最高的词语，也是本书最核心的概念之一。同时也是文学艺术乃至某些哲学流派（例如康德）所说的"灵魂"概念的确切含义。

　　芦笛该文还探讨了西方文明的两条根脉，认为西方文明源于"两希文明"。

　　那么，中华文明相应的反思呢？我们是否也存在类似两希文明的根脉？以及，这些根脉如果存在，如今状况如何？不是也该想一想的吗？这很容易联想起中华文化乃由儒释道三家锻造而成的著名观点。笔者在《刘易斯·芒福德读本》译序中有这样的议论：

　　"中华文化中儒释道三家各自的核心理念，若都以一词概括，则一曰慈悲（或博爱），一曰阶序（或纲常），一曰超脱（或清虚）。三者中，一个入世，一个出世，另一个则普世（普适）。它们之间既矛盾又互补，既分明又纠结，构成中华复合型的社会结构、精神世界和个性心理。中国社会就是这种一个主干（儒）两个支点（释与道）构成的超稳定结构的文化，中国历史就是慈悲博爱、纲常阶序、清虚超脱这三种功能轮番交替的走马灯。中国人的人生，就是这三种心态和气质不同配比的人格组合。纲常、慈悲、清虚三要素，就这样结成中华文化的三位一体，混杂缠绕、变幻无穷，许多高士以及奸佞者都能灵活变通，运用自如。因此，许多中国人处世的变换无常，道貌岸然，慈眉善目，圆融诡诈，张阖收放，灵动飘逸，以及中国历史无常态可言却总有常态，等等，让一些即使是中国通的老外也常看傻了眼！他们说，中国文化越学越玄秘，中国政治则无法理性归纳。他们奇怪，如此亲和包容的中华文化，为何长期内斗不休？为何始终未能运化出更高级的政治秩序，而长期陷入不共戴天的你死我活之争？就因为，万变不离其宗者，还是三者中儒教精神实质厘定的纲常或统属的刚性链接。朕即国家，万年牢的官本位，"中体西用"怪圈，"……基本原则"，首府城市与首位城市高度合一而无一例外，等等，不皆源于此吗？这纲常阶序，也正是专制者治理朝政能将群臣万民玩于掌骨之法宝。这三位一体，加上缺乏逻辑习惯的民间社会文化，加上关键时刻总会出现的中庸之道，在共同构建一个超稳定结构的同时，往往还给被逼至绝境的忠义之士留出最后逃遁的孔道。因而，即使孔子竟也能"道不行乘桴浮于海……"[①]

结合前文引述的古典北京居民最认同的价值：忠厚传家、诗书继世，以同仁堂对联为代表的业界操守，还有鲁迅笔下的车夫等实例，至少都可以从佛教和儒学思想影响中找到依据。当然，"文化"铸造、雕塑人心，也有相反例证。而且，"文化"对人的操纵、改变和塑造效应极为强大，包括一个文化上成熟的人，也可以在某些意识形态影响下一夜之间彻底变形走样。

杨绛先生的《洗澡》在描叙知识分子改造第一个回合思想动员后，当思想批判一开始，彼此完全熟悉的日常同事之间，"认识的都不认识了，和气的也不和气了。"[②]

所以，文明、文化、民族文化，不论其显性或者隐性，都是城市一切研究者、谋划者不可不思考的大问题，这是探讨城市历史过程中人与文互动机理需要梳理的又一个理论问题。

四、文明的两极概念

探讨城市史中人与文互动机理，还需准备的第二个理论，就是文化、文明有扬与抑的两极，这也是受芦笛该文章的启发，值得介绍的另一论点。

芦笛从西方文明发端于两希文明（希腊文明和希伯来文明），看出其中的一扬一抑（它的原话是一个刺激，另一个抑制），分别代表人性的两极，类似车辆的加速器和制动器，决定主体的进与退、行与止。

据马修·阿诺德（Mathew Arnold，1822－1886 年，英国诗人，文化评论家）的研究结论，西方文明有两个起源，一个是古希腊文明，另一个就是希伯来文明。中国学者简称之为"两希文明"。而且马修·阿诺德清楚提出，这两种文明为西方文化提供了一正一负、一阴一阳的两极，互相制约、互相补充、相辅相成。芦笛接着解释，大意是说：希腊文化是以理性为主导的世俗文明，它赋予理性以重要地位，追求一个"真"。主张按照客观世界的本来面目去认识世界。此外，古希腊人对于美的事物有非常敏锐的感受和激情，甚至认为美就是善。他们的大量神话就是证明，其中充满理想主义的结局，而古希腊哲学各派大师的哲学思辨无不充满理性主义。理想主义和理性主义，由此构成人文主义（humanism）思想主张。这也是当初引动西方学者最为关注的精神

---

① 宋俊岭："时代呼唤大手笔"，《刘易斯·芒福德读本》译序。上海：上海三联书店，2016：10。
② 见杨绛《洗澡》，人民文学出版社，2012 年第 207 页。

财富，也是西方科学与哲学的基石。而更重要的，还是古希腊人特别注重个人价值，注重个人自由，一个典型代表人物就是寓言作家奴隶伊索，他不自由毋宁死。强调人人平等，追求个人自由。正是古希腊遗传下来的个人主义文化遗产，给西方文化和政治生活带来了民主主张。所以，西方文明最宝贵的精华——民主、科学、哲学和思辨，都来自爱琴海周边气候温润的希腊、雅典，而非干燥的耶路撒冷。

对比来看，希伯来文明则是以信仰为主导的宗教文明。作为一种文化，它基本上没有哲学、科学和美学内容，而主要以大量的伦理学主张构成。因而，它在智力上相当贫弱，它关注的不是"真"，也不是美，而是"善"。注重追求的，也不是个人自由，而是个人的"得救"或者"救赎"。亦即躲过了地狱惩罚，而获得灵魂永生。它对待个人的态度与希腊文化截然相反，它强调品行与服从，这几乎是马修·阿诺德的原话。论其本质，它更接近、类似儒家学说，都是基于集体主义价值观对大众的思想控制。它与儒家思想的不同之处在于，它给自己添加了神学包装，通过发明"原罪"说，让每个人类个体从出生一刻就处在"负起点"上，须每日每时诚惶诚恐地进行"思想改造"。

所以，就其本质而言，希伯来文明乃是"非西方的"（non-Western），反倒更像我们熟知的东方文明。两者都基于集体主义价值观而建立。而今日大家感知的所谓"西方文明"，其实是以个人主义价值观为基石建立起来的希腊文明的后身。

如此说来，一部西方文明史，就符合了黑格尔所说的"正题——反题——合题"的三段论过程。具体来说，也就是"经典文明→基督教文明→两者的糅杂"。以希腊雅典文明为代表的经典文明，在基督教到来前勃兴于世，后来遭到基督教勾结强权被扼杀，同时又在文艺复兴之后得以复苏，并且日益彰显。反而把基督教文明从各个角落排挤出去。因而，今日大家所感知的所谓"西方文明"，其实本质上是希腊雅典文明的膨胀体。

芦笛认为，采用基督教文明比采用希伯来文明陈述问题，更符合历史真实。因为基督教文明虽然源于犹太文明，却不全是犹太文明。而犹太文明中负面的东西太多了，一部《旧约》，写满了猜忌、专制、暴虐、怨恨、复仇，其为人类规定的行为规范，就是约伯对暴君不可理喻残忍的绝对盲从，《旧约》里面除了展示耶和华的邪恶与可怖，无一字涉及爱。芦笛这里的归纳或过偏激，他认为，那部书就是古代基督教和古代伊斯兰教一切邪恶的总源。幸而耶稣降生，改变了这一切。尽管耶稣本人智力有限，无思想家的魄力，人生也太短促。然而耶稣的伟大贡献就在于给那邪教中注入了一个爆炸性的、颠覆性的内容——爱，并由此发明了人道主义。由此弥补了希腊文化所缺少的东西。所以，人道主义，唯有人道主义，才是基督教后来为人类作出的最重大贡献。……由此去观察西方文明历史中基督教既作恶又行善的吊诡现象，就不会困惑不已了。

基督教文明不仅为西方文明注入了希腊文明所缺乏的"善"，还为西方文明提供了伦理的"刹车"。所以，从文化机制的意义来看，希腊文明代表着"放纵"，而基督教文明则代表着"节制"。希腊文化为西方人类提供了大脑，并由此产生了科学，还提供了感官，由此产生了灿烂的文学艺术；而基督教文化则为西方人类提供了爱心，由此产生了人道主义，又提供了良心，并由此产生了社会公正，包括强者的忏悔和左派主张的"PC"（political correctness，政治正确）。

这两者之所以能共存于西方文明，是因为它们适应人性中的两极需要。人，既需要放纵又需要节制；既要行又要止。两希文化，一扬一抑，如此结合，提供了社会文明这种不能没有的拮抗机制，只强调任何一方都不可以。能克制不放纵，如欧洲中世纪那样，社会文明便长期停滞；光放纵不克制，也会出问题，如中国"文化大革命"时期"革命无罪造反有理"，不要任何规范……结果国敝民穷。结合日常生活常识，消费主义主张亲近放纵，而自我约束，适度消费，则贴近节制苦行。对于一个社会文明或人类个体，这两者都需要，需要两者有机搭配。从这个意义上说，每种社会文明，每个族群，每个人，都有"出世"（withdrawal）和"入世"（return）的心理空间和具体内容，也有其现实选择以及实际效果，因而都处在红尘与圣界两个极端之间的无穷摆荡和轮替状态。所以，我们的城市概念以及环境设计安排，就不能不认真深入考虑和落实文化及其特性的这种大背景。

五、文明孕育发展过程的层序性

任何有机物的孕育成型，基本上遵循一种层序过程。

首先是个单细胞原生物，接着是鱼类、爬虫、两栖类、鸟类、哺乳类……这一总层序之外，还有个显著特征：最重要的优先显形。

人类胚胎发育序列展现出，从单细胞原生动物形态开始，逐渐呈现脊索，然后出现头部，大脑最先发育、最先显型，然后是神经系统，其后是脏器雏形，再就是四肢雏形，之后协同发育。最重要的最先显形，而不是相反（图7-2）。不会先生长双足或者双手……最后发育大脑和神经。为什么？有没有什么道理呢？

显然有个先后主次的自然顺序。

文明作为一种有机形态，其形成过程同样存在类似层序特点。首先发育的是该文明的核心观念、精神、理念、价值形态；其次是该价值的实施手段或物质依托；再次是相关组织手段和实践，形成产业与专门化的知识、阶层、人格、章典、规范……先有心念，后有手段。

举例来说，祭祀，作为文明的一个单元，就很能体现这种层序性特点。最先产生的是祭祀先行者的精神情感要求，然后在实践中创造物质构造，包括祭坛和祭品，再就是程式化的仪式、祭乐、舞蹈、程序，祭文，最后才是专业化的祭司、章典等。

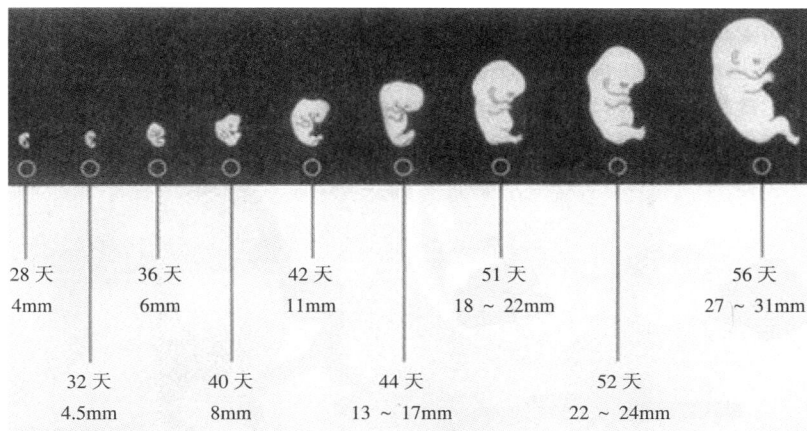

图 7-2　最重要的最先发育、最先显形，而不是相反
http://henan.china.com.cn/sitedata/resource/images/201203/20120327133504_m.jpg

因而，文化或者文明形成的过程，大体上可以分为文化的观念化、组织化、制度化、环境化、产业化、人格化……，这样繁复的过程，而且形成一个可以反反复复的周期。从精神开始的文化周期进化过程如图 7-3：

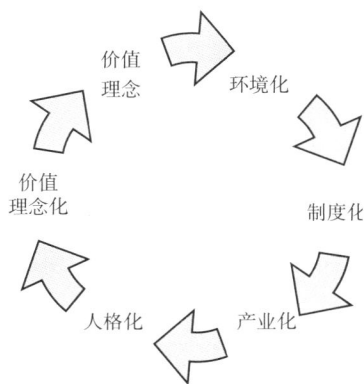

图 7-3　精神开始的文化进程

繁体字"農"，可作另一实例：

务农，农作，农事，农业，农村，农产，农业技能，农民。

甲骨文——農（图 7-4），象形文字，上为林，下为辰，意指破晓的辰时赴林野务农耕的实践活动。

值得注意的是，祭和農两个甲骨文字都表示主体和活动，其中还包含（或随后才有）该实践所包含的客体、行为对象和环境条件、物质构造。可见，文化形成过程的层序性特点，实际上隐含在我们古代的文字当中，这也是通过古文字考古辨识事物的方法和实效之一。

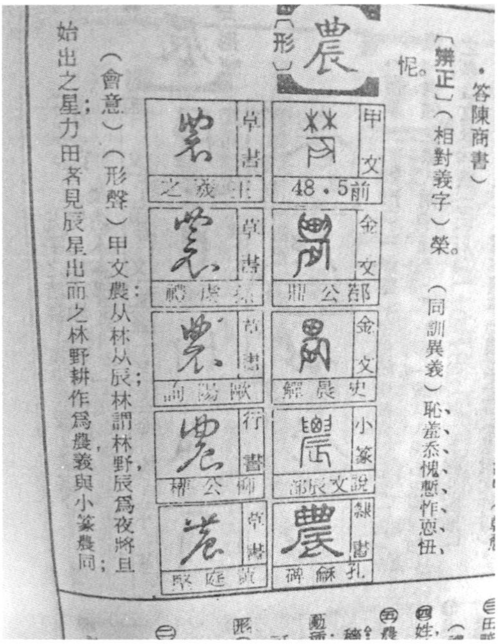

图 7-4 甲骨文——农

六、方法论：分解与整合

（一）文明进化序列：从单一到集成——把复杂过程分解逐个认识

证据稀缺，万般无奈中，本章研究讨论遵循一个基本思路：把复杂大事物分解开来，逐一认识、逐一描述，建立多项目的序列；然后将这些项目集成，还原为城市和人类文明的大系统。本着这一方法，先罗列几个项目如下：

居住：石窟岩洞，窖穴，半地下棚舍，土木结构房屋，砖瓦房屋，钢筋水泥结构，豪宅广厦；

聚落：原始游荡群落，追水草而居，半定居，定居，原始村落，集镇，小城镇，都市，大都市；

生产：采集狩猎，原始畜牧，人畜共居，人畜分离，……现代大型牧场，畜牧；

能源：燃烧草木，开采煤炭，开采冶炼石油和天然气，热核能源；

工具：石器，青铜器，铁器，……丰富精良的现代工具；

食材：采集和狩猎，农耕，畜牧业，制造业加工食品；

服饰：茹毛饮血，利用天然材料，棉，麻，丝纺织品，人工合成材料；

交通手段：步行，拖曳，畜力运输，驼队，马帮，轮式车载工具，船，各种现代水陆空交通工具；

器物：桌，碗，匣；

组织：氏族（图腾，禁忌），原始信仰，原始宗教，主流宗教，政教合一，政教分离；

精神：神话，传说，原始信仰，巫师巫术，史诗，民谣；

语言文字：语言产生，文字产生，教育形成，教育发达，现代教育；

……

（二）再把这单一过程集成整体，汇聚到城镇这个"容器"之内

原始城镇 → 封建城堡 → 中世纪城市 → 资本主义工业城市 → 现代大都会。

（三）精神与物质两类资源、两类手段：对比之下充分看到精神遗迹的严重缺失

价值论最基本内容：价值本质上是精神的，发端于人对生死、天地、人我等根本问题的叩问，即所谓终极关怀，这是城市理论和实践都必须研究解决的重大问题。后面有专门章节讨论，涉及价值的定义和基本内涵：方向（世界和平，人类博爱）、原则（忠厚传家久……）、取舍（鱼与熊掌不可兼得，生命诚可贵……舍生取义……）。价值分类又划分为工具价值（计划经济，市场经济）和目标价值（社会主义核心价值观），还需要认识辨别真价值与伪价值。

第三节　人文互动过程基本描述与解析

城镇作为推动人类进化的文化构造，其最重要的运作和机理就是文化与人性的互动，将其描述清楚是个很复杂的难题。欲解决它，必先解释其症结何在；欲解释症结，必欲描述该活动机制的全貌与全程。所谓城镇运行中的人文互动，是城镇运行过程中人与其创造的文化之间互为塑造、互为影响、互为创新的无限循环。要展示这个客观历史过程，而历史遗迹、证据稀少，变通办法之一是通过文化和文字考古。

人文互动中所说的文、文化，是前面所说的显性文明，泛指人类文明。具体说则包括了上自意识形态、组织制度，下至乡规民约教科书本等最细微末节的全部有形文化和产品。其时序甚或可以上溯到从猿到人的全过程与产物。

人文互动的起点和基础，首先是人创造文化，否则不可能与它发生互动。因而文化有个开端。文化发端于精神，终结于人格，并呈周期性回旋重复，或前进上升或者倒退下降。因而，该互动过程绝非不可逆。

城市探源微妙而艰难。难在物质证据很少，想象和推论不仅不可避免，舍弃这些方法，寸步难行。中国人很幸运，留下了图画文字，可弥补化石的不足。一个个象形文字，蕴义丰富，一幅幅素描般生动记载了古人类行为活动和精神情感，甚至包含对宇宙自然的基本猜想、认识和判断。所以，通过解析古文字，可以了解当时的人类活动和认知状况。这种解释古文字和语文的学问，古代叫作训诂，是古代"小学"之一部分。即考证古代汉字造字法，识文断字，从结构和语义的联系给出文字恰当解释乃至造字起源。其中涉及城市学研究的最突出例证有祭、丘、神与邨等一系列古汉字。

更多证据有待后来者深入研究，从史诗、传说、故事、民俗等文化遗存中继续大量发现，予以补充。

一、文化发端于精神：甲骨文提供的线索和证据

进入当今藏民住地常见尼玛堆，蒙族人居住区则有许多敖包，大多也用石头堆成，顶端插古代兵器，相传能辟邪。汉人居住的村落、城镇胡同里，从前也常有大小寺庙，小至一两尺高的神龛。这类构造被完全拆除绝迹不过是五六十年内的事。在当今城镇生活中这些遗物早已边缘化，然而它们的共同特点和象征含义，就是人类精神情感的表达。而这些都曾恰恰是文化发展的初源、城市的起源，也是城市遗迹中最难以保全的部分，因而研究中极易忽略。

为此，我们可以从源头探索城与人互动的机理，从甲骨文"丘"、"祭"和"神"字提供的重要线索一步步展开讨论。所幸，中华文化，特别是古代，有一个非常重要的特点和优势，就是象形文字，特别是甲骨文、金文、小篆、大篆等书写形式。这种象形文字和中华文化，特别是在中原地带水草丰美，物华天宝，生存相对比较容易。由于古中华古先民采取对自然的寄生和模仿，思维方法借用自然辩证逻辑，语言文字也借用自然物作符号，文字大量采用象形、指事、比附、形声、假托等手法，同时将人类活动参与其中。因而古代文字在很大程度上记录了自然过程以及人的行为、活动、参与和心理、态度。这就给后世留下了非常宝贵的认知和考据线索。城市的起源、城市的发展动因、各种变迁的由来，往往能够从中获得意想不到的收获。祭、神、丘、邨、镇，乃至城郭、郊、野、鄙……整个序列概念，都整整齐齐地构成聚落认知判断的序列概念。其中祭祀特别富于启发。附带说，这样的探索刚刚开始，虽然很有启发，但须结合田野考古，而不能孤立使用。否则连非连贯证据链也难以形成。甲骨文蕴藏的丰富信息尚有待来者继续开掘探索。

如前面章节所叙，陵墓、丧葬地点是人类创造的象征意义世界的最早部分。但是找到这些物质构造遗迹，其实只是深入研究的开始而非结束。因为紧接着陵墓和丧葬地之后，便是人类对于死亡现象的感受、思考、解释和实际态度。这是很容易忽略的。中华文化有一种幸运，就是可以通过我们的古代文字来考古。甲骨文"祭"与"神"就是很好的实例。这里，我们找到打开城市发展变迁机理奥秘的第一把钥匙，就是这个"祭"字，以及"神"字（图7-5）。

这几个甲骨文汉字居然能作为城市研究的第一把钥匙，奥秘在哪里？

首先来看丘字。

刘易斯·芒福德说，"祖先的丧葬地点就成为古人类经常聚会的场地，从而成为城市的最初起源。"这绝非偶然，中华古城镇，特别是最早一批古城名称，如章丘（曾被

考古界认作中华最早的古城,在今山东省)、宛丘(也曾被认作最早的古城,在今河南省)、蓟丘（北京古称）、商丘、任丘、灵丘（今河北省）,不约而同都以丘结尾。查阅甲骨文,令人惊异地发现,这个古文字如同一幅绘画,生动记载了地貌景象:平地隆起的坟冢。而且,不止一个! 更令人惊异的是,丘字前面不约而同都是古老的姓氏! 意味着这里是某个著名氏族的茔地（图7-6）。刘易斯·芒福德早就想来中国看看,若他看到中华古文明如此形象地呼应,证明了他的城市起源论点,恐怕也会惊羡不已!

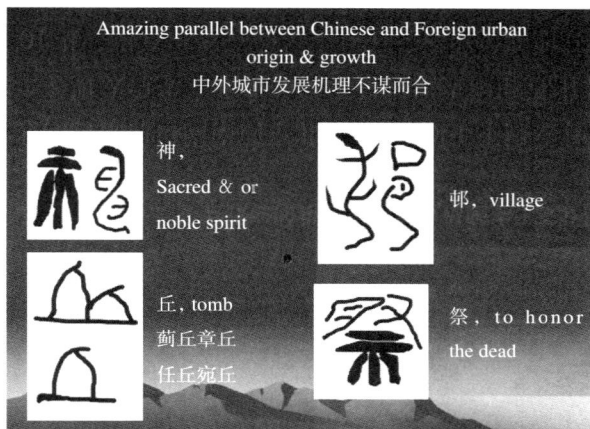

图 7-5　中外城市发展机理不谋而合

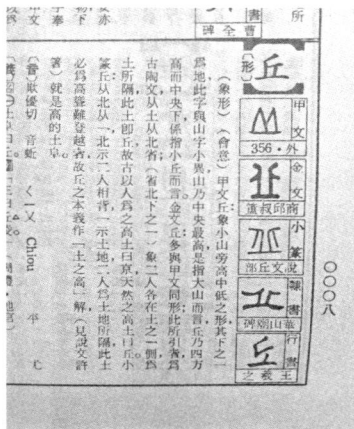

图 7-6　甲骨文——丘

接着,我们再来看看甲骨文"祭"字（图7-7）包含的哲理:

中国甲骨文非常生动,生动得简直如同一幅照片记录当时的人类活动:以祭字为例:最下面是三块石头纵向竖立,互相依靠围起来,成为原始祭坛。一块肉,常常是鹿肉,由一只手(古"又"字代表一只手)将其摆上祭坛。这个祭字非常古老,其象征意义大吉,甚至就是文明的起点、根基。证据之一可以说是中国汉字以这个字根作偏旁特别得多,"礻"字旁有极强的文化再生能力。因为这个"礻"常代表祭坛或者坟墓。

"国之大事在祀与戎"(《礼记》)。

祭祀是古人类各种各样的亚文化之一,这类亚文化还包括歌舞、游乐、占卜、婚俗、节庆,等等。总之,浩大深邃的城市文化,莫不由涓涓细流积累而来。这其间包括最古老的祭祀仪式……当原始人的某个族群,以粗石堆起人类第一个祭坛,点燃第一堆祭火,第一次供奉牺牲的时刻,城市的核心概念就在这火光中被点亮了。其后形成、发展的一万年中,城市留给人类的最宝贵东西就是文化。人类,凭借文化脱离野性,走向神性。这其间靠的是一个高远追求和目标。

祭,把文明人类和人类文明发生、发展以及屡次变迁都记录在城市和城市遗迹之中。城市与文明共享一个起源、一个内核。这个内核就是祭祀先祖。从城市起源一章中我们依稀看出一条线索,从穴居人开始,甚或从岩穴时代以前的祭火为先导,形成一序

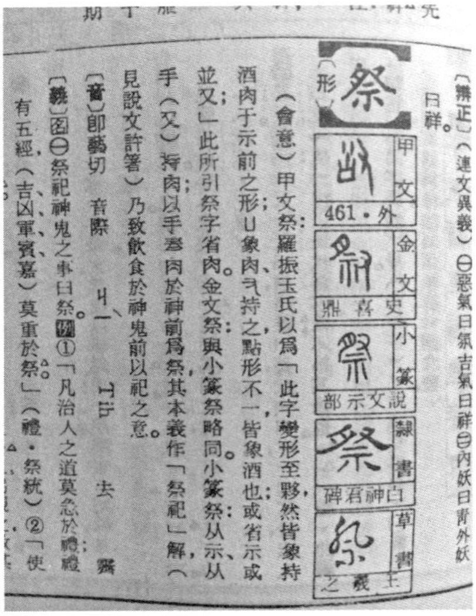

图 7-7 甲骨文——祭

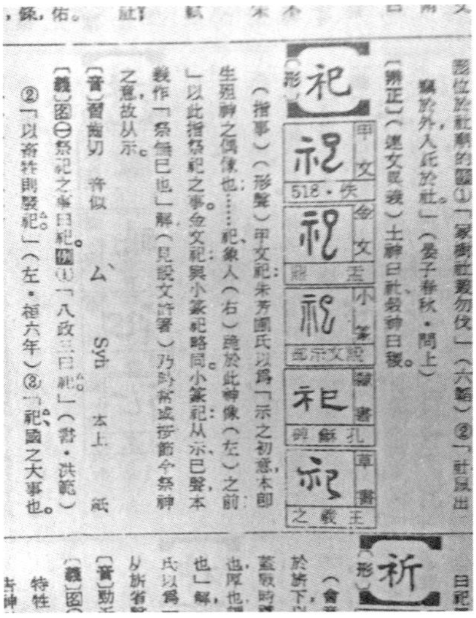

图 7-8 甲骨文——祀

列坚持不懈的艰苦卓绝的探索追求。这条长线从学会祭祖开始就逐渐描出人类这种进化路途。祭祀火光源自人类内心，源自原始人类惧怕黑暗，向往光明。火光帮助人类克服了对死亡现象的深深恐惧困惑，下定决心，振作精神，探索未知，开辟未来。所以，祭祀的火光不仅照亮了黑暗的岩洞，更照亮了人类的内心和征程，帮助人类形成了理想世界、彼岸世界的观念，引领人类创造了自然世界从未有过的生存环境，同时缔造了文明人类自身。这条引导线索就是最高级灵长类动物——人——特有的最高关注心理取向，也是漫长城市发展历史过程中的内在线索，反映出价值追求和价值变迁。

"祀"字，在《中文形音义大辞典》中解释为"如人（右侧）跪于神像或祭坛之前"（图 7-8）。

接下来看精神的"神"字。对比之下，甲骨文的"神"字，表达祭祀后接续出现的心态、内心情感和意向的表达。"神"字形如一个人半跪着抱着小孩，手牵另一个半大小孩，半跪姿势，下决心，高度的内心活动，立志要怎么怎么样……这幅图画中，第一含义是逝者的存在，是现实当中的；第二是他自己想象的，是平常时刻当中所没有的，这就是所谓的原始心理，理想世界的萌芽，也是价值理念的萌芽。"我一定要去实现什么，我一定要去完成父母或祖上未能做成的某事……"比如说复仇，把仇敌或者野兽钉死，或者找到新的水源地，如此古人类的思绪，都通过古老象形文字符号，给我们留下了宝贵的考古线索。

死亡和梦境两种现象为大脑皮层十分发达的人类物种创造文化提供了非常广阔的舞台。《中文形音义大辞典》中"神"字缺少甲骨文形式，只记录有金文（图 7-9）。然而我们通过解析该文字中偏旁"礻"和字干"申"，却可找到字干"申"的甲骨文形式（图 7-10）。

图 7-9　金文——神

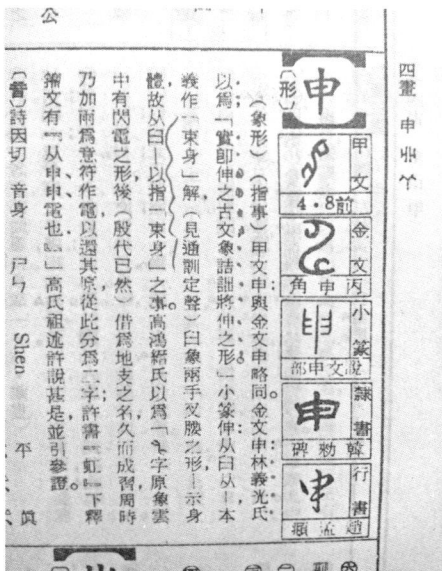

图 7-10　甲骨文——申

释文如下：

（象形）（指事）甲骨文"申"与金文"申"略同。金文"申"，林义光氏认为，"实即伸之古文，象诘诎将伸之形"。小篆"伸"从臼从丨，本义作"束身"……云云。申，直立，抒发，行动……

笔者以为，这解释只叙其有形部分，身体的屈伸。其实，该文字的指事含义还可以指代内心活动，内心深切愿望的表达申诉，同样可以借用"申"字非常生动的图形，尤其面对先祖亲人坟茔，情感强烈，意向鲜明，委屈、压抑，此时此刻得以明确伸张，清晰表达。这是顺理成章的结论。

那么，这情感是什么？就是刘易斯·芒福德著作反复引用的"超我"（alt-ego，supper-ego）的概念，包括自我超越的意向和决心，也就是"神"、"精神"这些概念的核心含义。代表对过往生活的清算和今后的前进目标！"悟以往之不谏，知来者之可追！"至于该词典的另一段释文，解释神为"天神引出万物者"，则代表神的另一含义，与前者并不矛盾。可不可以说，作为中华古文化记录的甲骨文，为刘易斯·芒福德的古人类首先是 mind-maker（心灵制造者）之说，提供了线索和证据，证明从猿到人的创造过程中发挥决定意义的不是工具制作，而是心灵觉醒？我们的古文字"祭"、"祀"、"神"，都如同摄像或者素描般把古代人类的活动乃至心态，惟妙惟肖地记录传达出来了。

二、文化周期发展终结于人格——还从甲骨文观察

前面所说古典北京以同仁堂对联为代表的业界操守，居民最广泛认同的伦理价值准则、忠厚，这些都是人格的重要内容。人格，现代汉语大词典给出的定义是：①人

的性格、气质、能力等特征的总和；②个人的道德品质；③人作为权力和义务主体的资格。

《云五社会科学大辞典·人类学》卷给出的定义，要点是："指个人特征，尤其指既定社会环境中，通过学习和训练获得的特征。"

本研究中，人与文的双螺旋结构中，人一侧的含义，即人符合概念中之人格（personality）含义。人格是文化的产儿。成熟人格又可以进一步创造和丰富先进文化以及城镇。同样，本研究中对于人格的定义，就是前文所说的文明构成中相对于显性文明的隐性文明：心理状态、思维定势、精神情感、价值认同、规范认同、行为趋向。这些概念没有非常明确的边界。

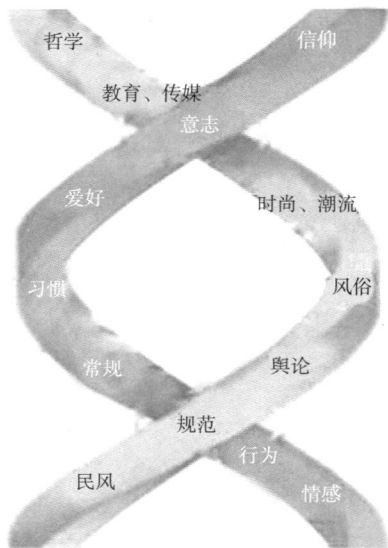

图 7-11 两个螺线分别代表显性文明和隐性文明——本研究中亦即人格

结合前面所介绍的芦笛之文，两个螺线分别代表显性文明和隐性文明——本研究中亦即人格（图 7-11）。甚至，从很大意义上来说，这个概念代表了大哲学家康德对于灵魂的概括。康德认为，所谓灵魂就涵盖了思想、情感、意志三要素。文化发育落实到人格，也可以说在灵魂层面找到归宿，当然是剔除该词语的荒诞迷信的成分。

两条螺线上的接点，呈现互相对应的联系：哲学（意识形态），对应个人信仰、三观；体制，对应社会运行规则；教育，对应个人思维和行动规范；舆情，对应社会思潮和个人习尚；民风，对应个人道德操守、情感、取舍、行止。总之，哲学主张、意识形态是文化螺线的龙头，是塑造全社会文化的总根脉，是社会文明的更新，必须重新思考和评价的东西。

让我们还从甲骨文入手，找一些线索，论述这种互动联系。

第一个，操守的"操"（图 7-12）：

操守的操，原来没有手字旁，三口一寸（原非木字底），意为众人要遵守的法度、规则。这是就群体而言形成的行为规范，也是从猿到人，文明人类人化过程中的重要内容。守则的"守"，有同样的含义，只不过顶端的"宀"意指官场或公共场合：重要场合、公共场合必须遵守的规则。可见，人的操守，逐渐成为文明

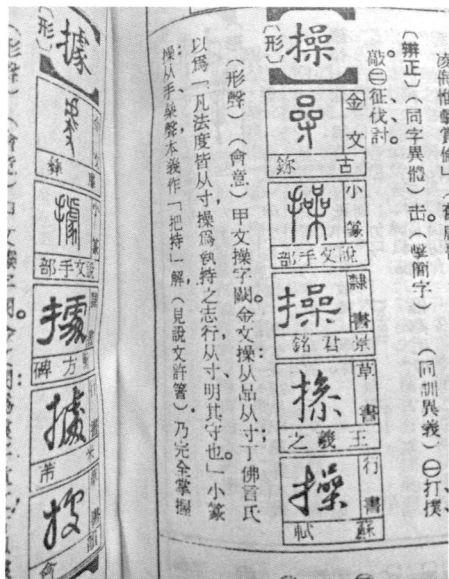

图 7-12 甲骨文——操

人类行为的重要内容。

第二个，道德的“德”（图 7-13）：

这个字的意思是“发于心而表于外者为德”。该字右面字根部分（同古相字）的形象意思是：眼睛对准内心，遵守内心要求。这些构词造字都反映出中华古代文化注重精神根源的特点和标准，一定程度上反映文化的根源是源于精神活动。

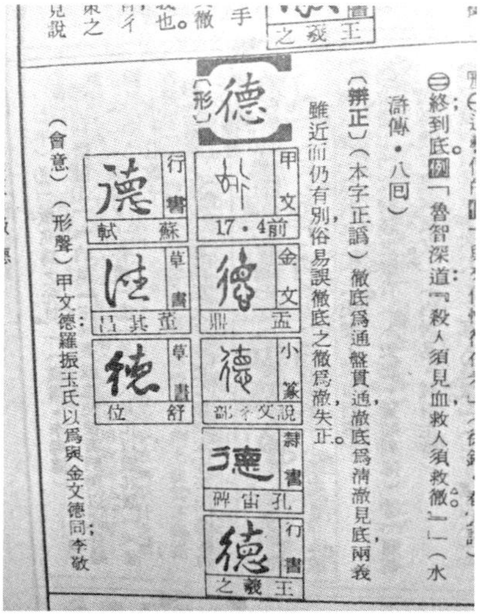
㊂終到底。例「魯智深道：『殺人須見血，救人須救徹。』」（水滸傳・八回）
〔辨正〕（本字正譌）徹底爲通盤貫通，徹底爲清澈見底，兩義雖近而仍有別，俗易誤徹底之徹爲澈，失正。
德〔形〕
甲文 前17·4　金文 盂鼎　小篆 說文彳部　隸書 孔宙碑　行書 王羲之　行書 蘇軾　草書 董其昌　草書 舒位
〔會意〕〔形聲〕甲文德羅振玉氏以爲與金文德同；李敬

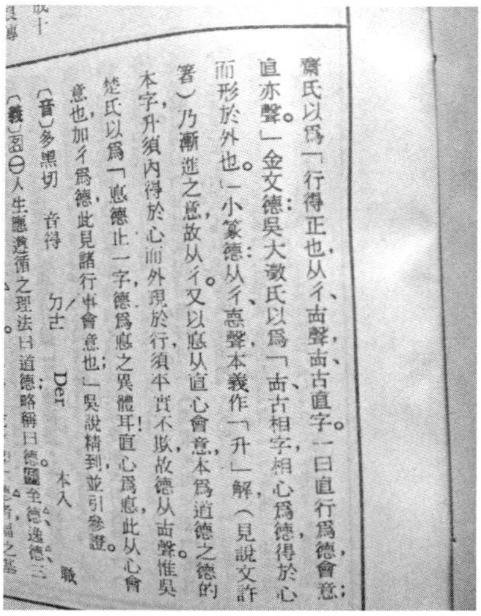
齋氏以爲「行得正也，从彳、㥁聲，㥁古直字。一曰直行爲德，會意；直亦聲。」金文德吳大澂氏以爲「㥁、古相字，相心爲德，得於心而形於外也。」小篆德从彳、㥁聲，本義作「升」解，（見說文許箸）乃漸進之意，故从彳。又以㥁从直心會意，本爲道德之德的本字，升須內得於心而外現於行，須平實不欺，故德从㥁聲。惟吳楚氏以爲「㥁德止一字，德爲㥁之異體耳！直心爲㥁，此从心會意也，加彳爲德，此見諸行事會意也。」吳說精到，並引參證。
〔音〕多黑切　音得　ㄉㄜˊ　Der　本入　職
〔義〕名㊀人生應遵循之理法曰道德，略稱曰德。例全德、逸德、三

图 7-13　甲骨文——德

几乎每一历史时代的优良城市都有其优良的人格代表。古典北京的老舍、泉城济南的刘鄂、江宁苏南徐霞客等一系列文人墨客。希腊雅典则在不到两个世纪催生出一大批思想家、政治家、哲学家、剧作家、艺术家和军事家，包括寓言作家伊索。这些人凭自身的存在证明了城市文化的历史性突破，在不到两个世纪的时间内，在几百万人口之中产生出极丰富的人类天才，烘托出一个极为繁荣的文化时代。如刘易斯·芒福德所歌颂，“这些人是希腊城市文化的代表和化身。”文化不仅发端于精神，精神活动也支配着文化随后的长期发育过程。一系列的思潮，无不由新型人格推动，他们代表文化新的发展走向，历史上出现的各种思潮就体现出人类精神创新活动始终没有中断过。各种思想主张，自然主义、古典主义、浪漫主义、实用主义、文艺复兴、宗教改革、理性主义、野蛮主义、虚无主义……对于社会和人的改造都有所贡献。

礼、禮［会意，形声］、甲骨文“礼”（图 7-14），王国维认为，这幅图画就是……装盛玉器（或其他祥瑞之物），奉神祈福之仪。

人与其他物种的本质区别在于人类创造了发达的文化，凭借文化积累脱离获得性遗传和基因突变这条生物进化轨道，进入人类特有的文化进化。而文化的核心内容当属精神思想、意识形态，因而思想活动中断是极其可怕的局面。就此而言，历史上各

种思潮及其代表，如同植物的长长茎蔓绵延不绝。围绕这茎蔓生出一系列枝叶、花卉、果实，就是所谓整套上层建筑的构成部分，包括价值、体制、礼制、信仰、道德、规约、行为、习尚、人格。确乎如此，文明人类正是环绕各种意识形态，逐步形成和发展各时代的价值理念、组织模式、行为特征、风俗习惯，乃至情感和抱负。刘易斯·芒福德的《人文标准》（The Condition of Man）一书就一一整理先后出现的各种思潮，梳理它们之间的复杂联系，评价功过得失。总结历史经验教训，就当今社会发展的症结，提出看法和建议。

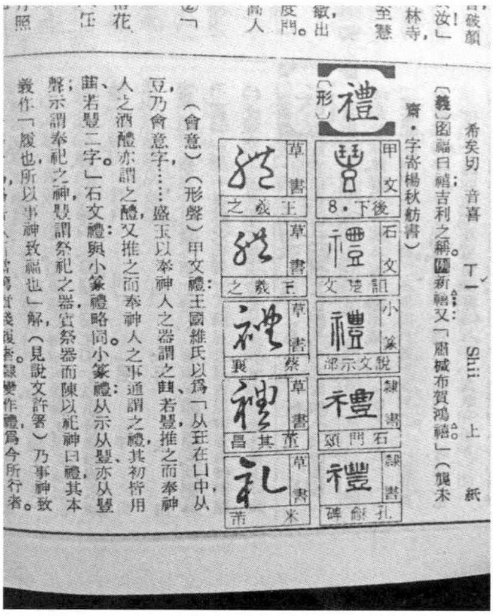

图 7-14   甲骨文——礼

三、组织化人类剖析：破解人文互动机理的几把钥匙

组织化人类，是指在阶级分化和行业分工的基础上由王权整合而成的社会整体。第一个明显现实就是建造了金字塔的法老统治的古埃及社会文明，以及建造了万里长城的秦帝国。它是显性文明与隐性文明，以及文化与人类首次最完整的互动和统一。组织化人类的形成，需要 3 个要素：社会高度分化和分工；信息手段和管理能力成熟；权威操控的整合。

（一）"北京人"（Peking Man）最重要的学理贡献（第一把钥匙）

"北京人"为中国文化人类学研究提供了大量实物和内涵丰富的现场，对这一宝库的学理性挖掘远未完成。特别是类似祭祀和精神凝聚核的部分。尤其是北京人提供的非物质文化，远未挖掘研究。古人类学家夏皮罗（Harry L. Shapiro）撰写的英文著作《Peking Man》，依据裴文中和贾兰坡等人的发现和研究，综合出一条重要现象：群体自身与其环境的高度适应与均衡和谐状态。这样一个发现，包含非常重要而丰富的内容。

其核心意义在于，这样一个能在数十万年绵延不绝的人类群体，依靠的最重要生存本领，是自身的整合，与其环境的整合、统一与和谐。而这整合的最重要手段，是一种多元要素：原始语言、原始禁忌、原始信仰、原始礼制、原始审美……而且这些要素还互相适应，彼此配衬，综合平衡，协同运作，协同发展。除此以外，非常重要的，一定还有个权力与道德的权威。此外，这权威要作为群体的长期组织核心，而且要成为传统。这是笔者依据夏皮罗书中描述的猜想和推断。许多内容是要靠证据来证实的，包括现场遗迹、物质化石以及非物质的化石。但如今对于这种权威，我们除了青铜器、礼器和铭文证据，就只能找到"城"、"镇"、"國"等古代文字中的"戈"和"金"的字根作为这权威存在的重要证据了。只要明确这样的研究方向，总会有所发现，有所收获。

公元 70 万年前到 20 万年前，在北京西南的周口店有人类。这个综合平衡的均衡原则，是说这个群体有 3 至 40 人，就是说还有好几处类似这样的洞，这个洞穴可能是三两个连着的，能容纳三四十人的群体，组织规模是由一个族长世族，就是老家长统领的血亲制度，如果组群规模再大，就超出了他的权威和操控能力。其权威能力跟他的组群规模保持一种均衡，而这种均衡和支配能力，又同当时族群语言沟通能力互相适应。当时的语言一定非常原始，还没有文字，只有岩画，近处没有发现人迹。在阴山山系已经有岩画，更重要的是，他们这个族群当中有规则。他除了酋长权威，除了语言，还要遵从某些原始禁忌，诸如近亲不能结婚，图腾崇拜，对死者要祭祀要安葬，这些规矩已经有了。死者和生者要分开，要有一定的距离，所谓后来城镇领地范围内的阴宅阳宅观念，这个时期已经确立。其基本法则在这些族群已经形成。这里头更重要的一个均衡要素是族群的行走能力，每天行走半径……书里介绍考古学家估算为 5 平方公里，要在 10 里到 15 里，活动区域弯曲行走，就是早晨一早出去，中午到达最远点，然后折返，这一路上女性成员会带上幼小成员，能行走的小孩子，走得比较近，到安全系数以内不再远走，男性会走得更远一步，但是到中午也要返回，带着猎物，带着自己手皮口袋装的那些野生的各种菜回来了。这类的采集物如磨菇、树叶、块根、野果。整个活动半径内的资源，计算下来每平方公里供养 3 至 4 人，那么加上他们占领的墓，整个应该是 10 平方公里，因为他的族群是三四十人，这个是最重要的均衡。第一他要行走，没有别的交通工具，女性走得慢，何况还要背小孩，领着刚学走路的人。男性强壮走得就远一些。一个普通的北京人给你提供的信息就丰富极了，他作为一个人类群体，最早的社会形态，其中那些内在的、外在的、心理的和物质的资源，生态状况极为丰富的结构，必定是一种有机搭配的均衡实体，跟环境是高度融合、和谐的寨堡。到更晚期的山顶洞人，地址在北京人原址顶上 40 多米。向下挖掘有深达 40 多米的文化堆积层。山顶洞人距今才 5 万年，那时的人形跟现在人类在结构上已经完全一致，就是说骨骼等解剖学特征已经完全一致，甚至还有支体的结构特点……解剖学特征很一致。

北京人文化，代表中国旧石器时代初期的一种人类文化，遗址在今天北京房山区周口店。猿人头骨发现于1929年，当时遗址除发现丰富的人类化石、哺乳动物化石以外，自1921年起，还发现不少打制石器和更多北京猿人的错向小尖状器的石片、石核及石器半成品等。北京猿人石器以石片石器为主，石核石器较少。原料以脉石英、燧石、砂岩等为主。其类型大体有刮削器、砍砸器、尖状器、两端刃器、石锤和石砧等以砸击法制成的两极石片，以及用两极石片加工成的两端刃器，为主要特色。由于周口店第一地点的北京猿人堆积厚达40米，自下而上逐层均发现石器，因之可以看出其共同特点及发展趋向。其特点为以石片石器为主，第二步加工多用石锤直接打击，以单面加工为主；石器由大而粗糙逐渐变为小而精致，种类增加，第二步加工技术亦较前进步。这些考古发现为研究北京人的体格形态及劳动、生活情况，提供了宝贵的资料。而在此时期所发掘出来的头盖骨却在1941年时下落不明，成为历史上的一个谜团。现存唯一的真标本是1966年从山洞顶部堆积层发现的一个北京人头盖骨的模型（图7-15）。后来又发现了石制品、骨角制品。

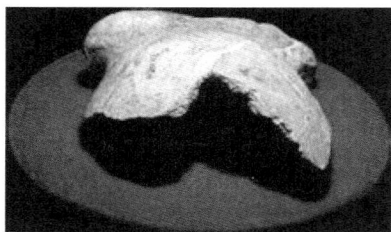

图7-15　北京人头盖骨化石（中国历史博物馆提供的幻灯片）

最后的北京人头盖骨化石——额骨发现于1966年5月北京西南周口店附近的北京猿人遗址，是世界上出土古人类遗骨化石和用火遗迹最丰富的遗址。先后发现5个较完整的北京猿人头盖骨化石以及一些其他部位化石，还有大量的石器和石片，共10万件以上。时间距今约70万年至20万年。这些古人类发现于北京西南周口店，他保留猿的某些特征，使用打制石器，已会使用天然火，过着群居生活。也有学者认为，当时已会制造骨角器。

在北京人住过的山洞里有很厚的灰烬层，最厚处达6米，灰烬堆中有烧过的兽骨、树籽、石块和木炭块。这表明北京人已经会使用火和保存火种。研究发现，北京人通常几十人结成一群。寿命很短，大多数人在14岁之前就夭亡了。北京人是用天然火，所谓的天然火不是人工取的火，而是打雷正好击中干燥的木头，点燃了火，或者是火山爆发和森林火灾。晚上轮流看火，他们是用灰来保存火种的。那时他们用火烤东西吃，晚上睡火边，这样可以取暖，还可以赶走野兽，因为野兽怕火。那时的周口店一带，深林茂密，野草丛生，猛兽出没。北京人用锤击、砸击的方法，将石块敲打成粗糙的石器，出土的有砍斫器、刮削器、雕刻器等，把树枝砍成木棒，凭着极原始的工具同大自然进行艰苦的斗争。只靠单个人的力量，无法生活下去，因此，他们往往几十个人在一起，共同劳动，共同分享劳动果实，过着群居的生活，形成了人类早期的原始社会。

范文澜著《中国通史》第一编："北京西南周口店山洞里，1929 年发现生存在约四五十万年前的猿人头骨、牙齿、下颚骨和躯干骨化石。这种猿人被命名为'中国猿人北京种'（或简称'北京人'）。他们已经知道选取砾石或石英，打击成为有棱角的石片，当作武器或生产工具来使用。他们居住在石灰岩的山洞里，用木柴燃火，烧烤食物。当时的自然环境资源比较丰饶，证据就是清中期当地县志记载，乾隆皇帝南巡北归，经过拒马河驻跸房山县境内，曾经题诗记其所见，诗云：'……我从长途直北望，葱茏佳气干牛斗''草色催人重回首''草色云烟处处深''入院有泉供柏叶，攀崖无处不蒿莱。''中峰独拥诸山胜，古木环合万木荫。'"这些文献记载都间接证明这里自然环境长期优良，资源丰富。

北京人生活状态提供的文化人类学启发在于：人类文化的整合能力，对环境以及群体的综合平衡实效。要点如下：

种群与生存环境的供养能力相适应：种群规模在 30—40 人；环境和生物资源供养能力每平方公里 8—10 人；

原始语言、原始信仰图腾和禁忌，形成原始的群体凝聚力；

交通方式：步行；

工具：旧石器工具，包括砍砸器、刮削器、尖状器，用于砸、削、砍、捣、投掷；

懂得用火，熟食，食材包括叶、果、根、茎、树籽、草籽、昆虫、鸟类、鱼类……除狩猎外，采集活动或获得可食的野果、嫩叶、块根以及昆虫、鸟、蛙、蛇等小动物，都是日常食材；

伴生动物：剑齿虎、肿骨鹿、三门马等；

山洞容量：未获得准确数据；

活动半径：步行往返，活动半径大约为 3—7 公里，覆盖面积大约 30—150 平方公里；

心理活动：欠缺资料；

语言、符号：未获实证；

审美：不详；

艺术：欠缺资料。

山顶洞人的实物资料就更多，一是时间上更靠近，另外一个原因是覆盖物浅薄，好找。这第一把钥匙，就叙述完了。关键词是综合平衡，是整合，是原始社会文化整合，是主观、主体和客体的均衡一致，也就是说你这块土地必须足以养活你这片人。水啊，草啊，野果子和那个山洞的容量和构造，要足够提供遮风挡雨、躲避野兽这样的基本功能，还有族群内部的组织、权威、语言、禁忌、规矩，生物学和生理学的均衡协调。

这一最粗略归纳和估算表达一个最基本事实：种群规模与其生存的自然环境供养能力相适应；组织能力与群体规模互相适应；交通方式、行动半径与采集狩猎等生产工具效能相适应……如此形成一种综合平衡状态，就是原始人的生存状态，包括摄食、栖居、防卫、繁衍。各种具体分散证据之外，最可靠证据就是遗址当中多处深厚的文化堆积，最浅的 6 米，深厚的达 40 米。这些证据表明了该地区原始人类的栖居和生存活动曾经绵延不断。而绵延不断背后隐藏的一个重要事实就是强大的生存能力，其创造力何来？靠整合各种必要元素和手段。所以，北京人的生存史揭示了整合手段在进化中的重要地位。均衡，包括种群规模要适应自然环境、活动行走能力、组织能力、语言沟通水平、信仰、禁忌、图腾等诸多人文要素统一构成均衡（综合平衡），维持了这岩洞聚落的生存发展。但是，若细致分析，这均衡中的精神灵魂要素却很有些"形而上学"的意味，很微妙、很隐晦，是无形的。它最初是精神、情感、意志，体现为语言、文字、歌舞、娱乐、祭祀、图腾……它是黏合剂、整合手段，在小型群落时代，这种黏合是有效的。群落规模越大，地盘越大，地广人众（直至全球化时代）……必定要求"黏合剂""升级换代"，否则离散、解体和溃败接着就开始了。所以，荷兰史学家休伊曾加，以及紧随其后的刘易斯·芒福德都赞成，不是劳动创造了人，而是"游戏创造了人"。人类不是"工具制造者"（tool-maker），而是"心灵制造者"（mind-maker）。

所以这种综合平衡就是"北京人"提供的重要学理之一，表明人类生存各种要素之间的搭配均衡合理，而且有必要的核心权威支配、调试这种整合。假若其中某一件突出、发达、充盈，像人口规模超大或者工具效能超强，而另一件或者几项特别落后。又比如，资源环境、行走能力严重落后……北京人就绝不可能维持 50 万年以上的稳固生存发展。

城市，包括现代城市，就建立在这种综合平衡和整合能力的基础之上。当然，这均衡后来遭到破坏，技术大大超越了艺术，劳动超越了游戏或者正相反，权威大大超越民众或者正相反，那都是后世工业技术大发展时代造成的局面，是要另外解析的话题（图 7-16）。

（二）"祭"字的哲理（第二把钥匙）

祭祀的"祭"字，意义还不止字面本身，它还从哲学意义上概括了人类活动的全貌。我们可以把这个字看作一场完整的祭祀活动、一个系统行为，有主体（古写的"又"字），有客体（古写的"肉"字），还有载体（"礻"，或者"示"）。这样，其中含义就丰富了：行为主体、行为客体、行为载体（原始祭坛）。这个祭字就构成一种哲学意义上完整的行为活动（图 7-17）。这种动作、活动，就是一种文化。简单说，就是这三纵两横五块石头，更深层的意义是它的象征含义。它象征人类活动从精神情感心理活动，外化到物质创造和行为动作的一系列过程。假如我们把其中三个要素的历史发展变迁一一扩充开来，逐步展现即可发现，该物质构造在其后漫长历史发展中陆续发展为一个完整序列：从原始村落，如半坡、姜寨，逐步发展为堡垒、营寨、要塞，直至庞大寺庙和整座城池，火烛燃烧的巨型祭坛。

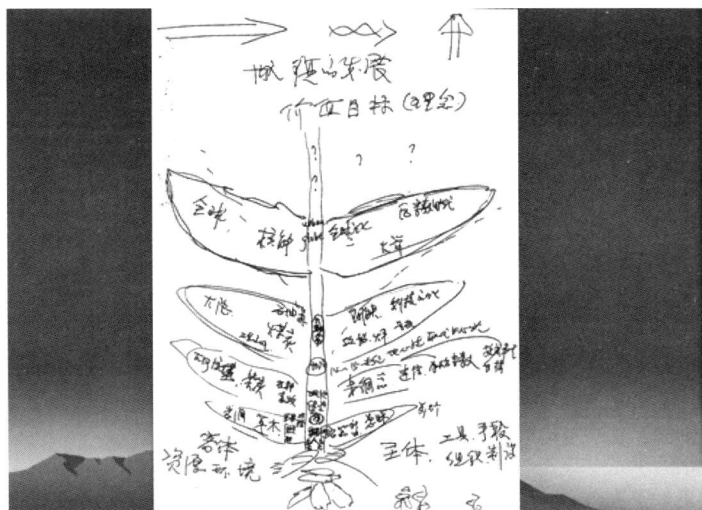

图 7-16　城镇发展价值目标

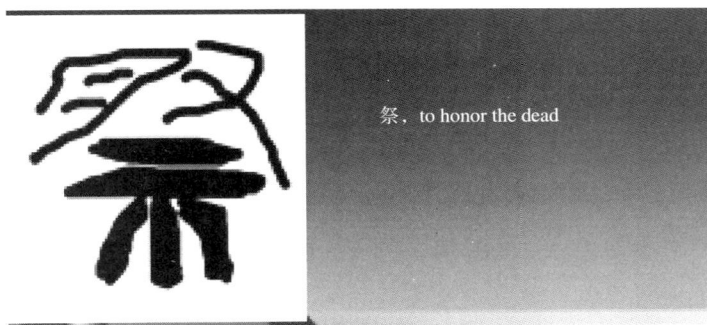

祭，to honor the dead

图 7-17　"祭"字的甲骨文写法之一

众所周知，祭字中古写的"又"字代表一只手，体现那个行为者，就是哲学上的行为主体。他可以是一个人，也可是个家庭、氏族、社区，乃至人类总体。祭字中古写的"月"（肉）部分，哲学意义上象征操作的客体（受体），即人类活动的承受者、操作对象，它可以是资源、环境。从"肉"这猎获物开始，此概念还可拓展为草木、果蔬、田地、石器、原材料。"示"，代表物质构造，它可以拓展为树林栖身所（林）、河流沙洲浅滩（即中国那么多城市地名——某州——的环境根源）、港湾、平原、山岳、大河流域……总之，主体、客体、载体，都可以而且都在迭次发展累进，互相促进，互为创造，互为支撑。半坡、姜寨……那么多原始村庄、社会文明便开始显现，逐步发展，直至城镇出现，文明人类和人类文明破晓。

在此过程中，人类组织不断分化、丰富，劳动、职业、技能特征陆续丰富，社区的均质性递减，而异质性、多样性、复合性特征递增，城市社会形成。这其实就是从猿到人，逐步远离野蛮，走向文明的最具体的人化过程。这其中还伴随脑力、体力活动分家，知识阶层出现，宗教僧侣阶层出现，主要宗教犹太教、佛教、伊斯兰、基督教、道教等出现。还有主要学派和思潮陆续涌现，随后还有政教合一，政教分离，然后重又政教合一的复杂变迁。当然，法律、法庭、军队、警察、纳贡、十一税、传媒等，经过长期孕育发展，也都逐一走向完备，刘易斯·芒福德著作中也都有详尽描述。如再具体叙述，那就是历史学的领域了。城市学在此过程中的着眼点，是看人类在此过程中从野性走向人性，从单一走向复合的人化过程，这过程一方面表现为丰富多彩的历史画卷（……铸剑、刺秦、变法、流放、就义、成诗、著书……）另一方面就是优良品格的形成，以及凝缩、固化为隐性文化的过程和产物：民族性、心理、根性……其核心是：源于精神的理想追求，逐步提炼，形成价值形态，也就是历史上一连串的目标追求和工具手段，也就是首尾相连的各种文明形态。

（三）蝶恋花模型（第三把钥匙）

这个模型是靠祭字所含主体客体载体的哲理概括绘制而成。具体内容解说如下：

"如果说这是个能源，只能稍慎，这时候的能源已经是叫做柴碳，再上头就是煤碳、石油，再上头核、核能，就是说这个客体逐一上升，主体也在逐一上升，工具从铜器到铁器、钢铁、原子能、自动化，成熟的宗教和后宗教时代，这边已经成了原始城市、成熟城市，像北京、洛阳、威尼斯、罗马，再上边是现代化的纽约，最上边是……整个城，《城市发展史——起源、演变和前景》的开篇叙述了一个城市，这个城市象征一个世界，本书结尾叙述了一个世界，这个世界在许多方面又是一座城市，……顶尖，还有诸多的问号，这是一个"祭"字给咱们的启发，就是以小见大。以小见大就这么厉害，你要把他看透，把这个看成主体，把这个看成客体，把这个看成载体，那么线索就清楚了。人类改造自然、利用自然、创造自然，生存、进步、发展，主观在丰富，客观一点一点地进步，产品一代一代升级换代，其不就是线索吗？真理特征之一是朴素、易懂，而非故弄玄虚"（图 7-18、图 7-19）。

（四）进化树模型（第四把钥匙）

进化树是无数个蝶恋花组成的纵向序列。一个翅膀代表人类主体，另一个翅膀代表人类操作的对象，包括资源、环境，如土地、能源……主观客观互动的综合产物，就是中间部分，一系列人工制造的物质环境，从最初的"示"，到当今最大城市带……这其中重要概念包括：组织化人类形成，整合手段：整合权威和整合介质（图 7-20）。

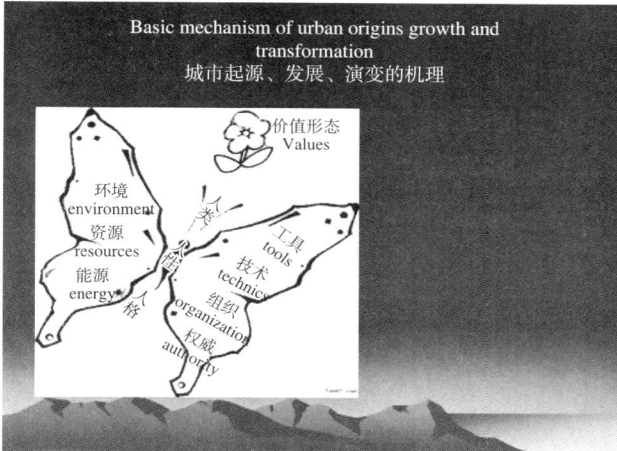

图 7-18 蝶恋花模型

图 7-19 伪价值形态是城市发展的最大危机

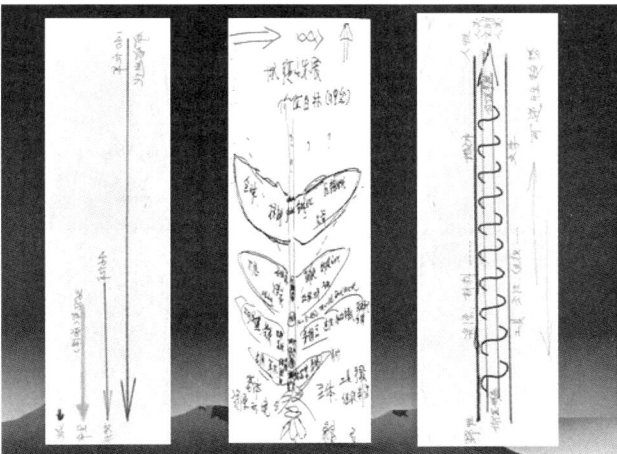

图 7-20 进化树模型

……这一左一右，不断发展变化，节节攀升上去，不就如同一只蝴蝶振翅翩飞的轨迹吗？它飞到哪儿去呢？这是最大的奥秘了……是我们城市学研究核心中的核心，我们一开始就说了一个词，说城市学当然要研究形而下，也研究形而上，近乎玄学……深入思考之后必然要钻到这个领域里来：文化人类学、心理学、美学、终极关怀、宗教、原始心理疑惧，等等。面对死亡，古人类曾经困惑不解，产生巨大的心理压力。其效果有正面的，也有负面的。负面的让他们胆小，让他们消极，正面的让他们积极，要去突破无知世界的屏障，要去开拓创新。开拓新边疆，发现新大陆就有这一重含义。对中世纪末期的欧洲毫无念想之后，远走他乡，新大陆就是这么发现的。远古人类何尝不也有这种心理和尝试呢？祭拜祖先之后，也扶老携幼，远走他乡，重找梦中的美好世界。这种尝试，你怎么知道一定没有呢？刘易斯·芒福德跟我们说，这完全可能，因为这个灵长类有发达的大脑皮层，即使夜间梦中，也积极活动。形象思维仍在继续。梦境，就是这样产生的。刘易斯·芒福德还说，古代城市被挖掘发现时，便已经很古老。我们发现的宛丘，或二里头、章丘、城子崖，古代城市你发现它的时候，就已经非常古老，已经经历了漫长的孕育形成历史。只能靠文字、心理学的共同规律去推测，在现实物质生活当中找证据，进行合理推测。这个主体、客体、载体都奔向一个目标。这样的推断是否成立，请大家讨论。我只告诉你，前面那个花朵才是目的、方向、归宿，蝶恋花这张图是破解城市中人文互动奥秘的第三把钥匙，这把钥匙形象而清晰，这个思路还有待在坐各位努力读书，动脑筋、动笔，努力去丰富……你们一定要有想象力，人的智商是怎么构成的？一是记忆，二是理解，第三个就是想像。要有想像力，想像力是创造的源泉。从那个"祭"字，如对它长久注视，慢慢就捉摸出来。但是前面那个花是什么？我也就解出了很少的一些内容。比如说祭祀之后，我们怎么知道他们想什么呢？但是他必有所想，必有所感，必有所念。他哭那么久为什么？他哭以后是什么效果，哭着哭着不哭了，脸上一脸的坚毅、镇静，决心都在其中，那是什么内容？英文所说 determined（主意已定）、resolved（下定决心）、Values……就是价值形态、价值理念、价值理想、价值目标，但是字典给的概要解释是：方向、指南（direction）、原则（principle）、优先权或者叫首选目标（priority），或者更好的叫取舍。裴多菲有诗云："生命诚可贵，爱情价更高；若为自由故，二者皆可抛！"要这个而不要那个，这就是价值判断，包括方向、原则、取舍的几重含义。依据这样一个原理，城市的一代一代上升就可以解释了，走偏也能解释了。蝴蝶奔着这花飞来了，飞到那边的花了，投向伪价值，它不就错了吗？曾看过电视里播的一条新闻短讯，欧洲某地一对新婚夫妇用热气球飞到高空展示自己世界之最的婚纱，4000 英尺之长，演讲时我应用了，我说……一个是价值理念（values），一个是浮夸虚荣（vanities）。我看这个是当今城市发展的一个要害，就是正在弥散开来的 vanities……

价值理念的扭曲和迷失，是当今城市发展很核心的要害问题。究竟是不是，我们还可以讨论，但是这个扭曲不仅在中国，世界到处或多或少都侵害了人类文明，其根源可以直上溯到 14、15、16 世纪的巨变。那场巨变，一个是发现了日心说，取代了地心说；另一个就是人类起源的科学发现，这个科学洪流到达尔文的《物种起源》，大概在 1861 年，后来到 1878 年发表《人类的由来》。这两本书整个颠覆了以人类为心中的宇宙说，于是，人类作为一个孩子找不着北了，因为天宇的中心不是地球，是太阳，人类是猴变的，不是上帝造的。上帝不是他爸，他成了孤儿，他到哪去不知道，上帝也不是他的牧者，他可以到处闲逛，成为野孩子。逮什么吃什么，怎么高兴就怎么行事，当今人类基本形象恐怕如此，城市危机无非就是这样景象的体现。

人类文化从精神开始，形成价值理念、价值判断，突破自身局限，去追求一个更高更远的目标，这是第一步。在此过程中，人类不断创造和改进工具手段，包括物质工具和非物质工具（语言文字象征符号等），同时改进自身、塑造自身、丰富自身，包括群体和个体的素养和能力。这是一个从精神到物质，从主观到客观，从个体到群体的螺旋攀升过程。最终，精神物化为人格，新人类（alt-ego，新我）也物化为复杂丰富的社会组织，这在芒福德的著作中，常常被称作 super-ego（超我）。这就是人类与文化互动的基本过程。

（五）人头马模型（第五把钥匙）

从猿类、原始人类能转变为文明人类、组织化人类，是因为该过程始终服从从野蛮到文明，从低级到高级的发展进化。其中的推动力就是文化追求。笔者在费城的罗丹艺术馆里见到一座雕塑——人头马，获得了极其震撼的印象，可惜未能摄影记录，这里权且借用网络上搜寻到的类似造型（其实相差天壤之别），以传达大概（图 7-21）。

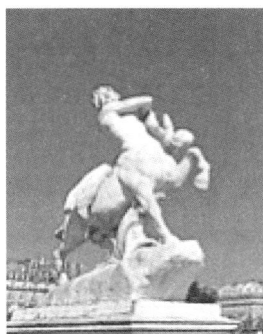

图 7-21 "人头马"雕塑

看到这个艺术馆纯属意外收获。因为费城博物馆很多，我看完了中央艺术博物馆之后走在中央大街东侧梧桐树荫里，意外又遇见一个非常熟悉的雕像，就是那个著名的 "Thinker"（顺便说，中文译 thinker 为 "思想者"，实属败笔。莫如译为 "思考"或 "思索"为好，如考虑翻译工作还有个沟通文化的使命）。好奇心驱使下，我蹩进了路旁一座淡黄色建筑物，所见景色却令我迟疑：规模不大，只有一层，风格朴素；墙垣半颓，有院无墙，有门无户，有池无水；屋舍俨然，门廊轩敞，却寂寥无人；房舍入口既无人阻拦，也无人售票验票，全然另一番意境。我继续怯生生地蹩进室内，才见得密札札严实实陈列的，尽是雕塑精品，却仍见不到人。蓦然间，在各种人物成排的造型间隙里，见一"藏品"略显异样。凝神细看，才发觉这件"人物雕像"以几乎难以觉察的细微动作在点头招呼，仿佛应答我的惊讶和疑问。终于，目光相遇才领悟，是静坐这里的一位管理人员。他皮肤黝黑，眼睛很大，黑白分明，似是印度人，和悦而有礼。回答提问，声极清细。再仔细一看，展厅深处，还有一两位观览者，都极安静。

这就是十分著名的罗丹艺术品陈列馆，陈列着法国政府赠送美国的罗丹艺术品的大批原件。由于是法国人民的友好礼赠，所以开放展出，不收取门票。其建筑物和陈列品朴实无华，别有韵致。这是艺术宫殿，人在这里是渺小的，都被大师的一件件作品和思想所震慑、冲击。未曾料到，许多作品以前都见过，不料尺度大多并不如想象的那样宏伟浩大，甚至非常娇小。有件藏品耐人寻味：一只如牛似马的动物，身躯之下四蹄拼命蹬踏，全身筋骨块块饱绽，树桩般结实粗壮的颈项，奋力拔起，尖顶处头颅已现出人形，愤怒、昂扬、呐喊，不顾一切，挣拼着要脱出自己野性的本源……难怪人在这里不敢张扬，而是更深刻地认识了自己。这就是城市所发挥的功能。

找不到原作记录，只能借用图7-21中的这件艺术造型传达其概要。生命世界中物质与精神的联结和超越，这联结非常牢固，连带着精神与物质的两极，传达亿万年的转换和沟通。物质生物层面的连接，固然须臾不可挣脱，然而定义人类（human, person）的，却只能靠上面昂扬的人头而非马身。这艺术造型表述城市当中发生的人文互动过程和机理，概括人类逐步脱离野性走向文明的漫长过程，也说明该过程最初开始的地方。

四、生物进化靠本能引领，其本质是生理过程；文化进化靠价值引领，其本质是心理过程

三叠结构展示了城镇基本内容、结构和概念，这三者中唯自然生态本底可以独立存在，其余两者，人类和人工环境都是从属的、依附的，皆不能独立存在，更不能一家独大。而且，这后两者本身其实也是自然世界的产物。因而，城镇三叠结构天然是个有机整体。然而这样的事实，这样的正常顺序和制约关系，却常遭漠视。如果我们从头看起就会发现，这样的正常顺序和从属关系在人类进入城市时代以后就被完全颠倒了。

生物进化靠本能。所谓本能，是有机体对外部刺激的无意识反应，包括反射动作。本能激活生命机体（包括动物和植物）的生理机能，其本质是生物学、生理学领域的，属于本能的生理反应或者能力习性。例如,猫天然会捕鼠,蜜蜂天然会酿蜜。就人类而言,本能是不经过学习和教化就能掌握的本领，其指挥中枢——就高级动物和人而言——在

桥脑、延髓和脊柱，往往由迷走神经传导，由植物神经支配。文化进化则靠价值理念引领。价值体系、价值理念，是高级神经活动的产物，也是长期驯化习染的结果，绝非先天具备。价值的本质是对事物之是非、高下特征的判别、认知、认同和取舍。指挥中枢在大脑皮层。而且，本能可以经由个体生物机理实现，经过遗传基因延续。而价值，虽然最初产生于个体，则必须通过社会群体才能有效实现和推广。价值要通过心理学的途径、高级神经活动和精神活动的途径，才能培养、形成、实现，而不可能通过生物的遗传基因途径传递。因此，价值的创造、保留和留传，正是城市发挥的最核心的作用之一。

（一）价值浅说

如前所述，价值形态不仅是城市起源、发展、变迁与衰亡的根本动因，而且，城市和文化更深层更重要的动因：深藏在祭祀中的心理、梦境、理想世界观念、世俗追求和宗教追求、价值体系与权威操控的整合等一系列复杂问题。

1. 价值与价值体系概说

（1）方向（举例：佛罗伦斯·南丁格尔创建护理事业）；

（2）原则（举例：诺曼底多佛海滩登陆反击法西斯）；

（3）取舍（举例：司马迁，以身殉道；布鲁诺、谭嗣同……舍生取义）。

2. 价值的形成

（1）还从"祭"字说起：对死亡的困惑与深思，终极关怀形成；

（2）有灵魂吗？康德三段论：思想、情感、意志；

（3）原始人的梦境：根源、内容、意义；

（4）自我意识、自我认知、自我导航、自我实现、自我超越。

3. 价值理念：人类发展和文化进化的动力和指南

（1）生物进化以本能作引导，文化进化以价值作引导；

（2）规范和标准：群体生活所必须，从甲骨文"操"字说起；

（3）缓慢绵长的孕育，光彩夺目的结局：从礼制到优良人格；

（4）初步的总括，"祭"的启发：从进化树到蝶恋花——递进关系。

4. 价值自身的特点

（1）源于生存，高于生存；

（2）相对合理性："让一部分先富起来"；

（3）扭曲价值、伪价值、普适（普世）价值。

5. 价值判断与价值担当

（1）历代实例：价值衍生出习俗、节庆、节日、仪式有形和无形文化；

（2）现实意义：小例：刘易斯·芒福德在大都会博物馆所见古希腊运动员雕塑受到激励；

（3）下一轮新价值能否出现，取决于本轮运行能否形成新人格以及制度环境；

（4）并非不可逆的螺旋运转。

目前的基本情况是，时值 20 世纪了，城市规划界还未找到一个崭新的、全方位的城市形象。部分原因在于我们还未深入探讨过现代文明应具备的全部价值理念、功能、方向和目标，还没有把这些东西与许多虚假价值观彻底分开，更未与城市自发剧变划清界线，这类自发过程正给促成这机制的人带来权势和暴利，而他们却置城市质量于不顾。

——刘易斯·芒福德

6. "价值浅说"小结：生物进化靠本能，文化进化靠价值

（二）"绞龙"模型

可逆的螺旋形运作：文明、文化，包括城市和人类自身，都可以前进，也可以倒退。这取决于所追求价值之真伪（图 7-22）。

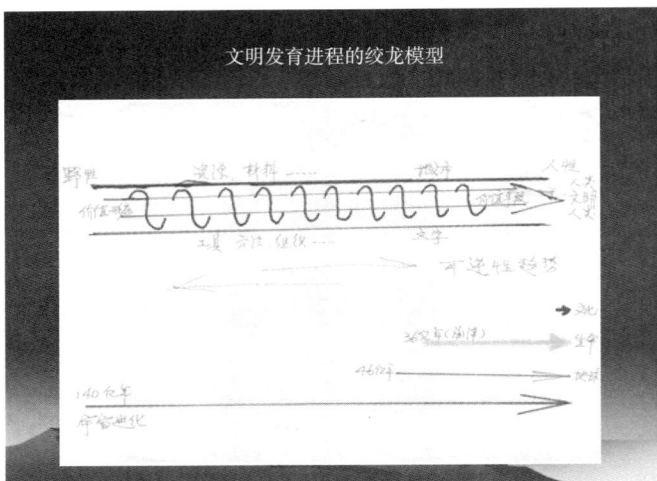

图 7-22　蛟龙模型

生物进化依靠本能引领；文化进化，包括城市发生发展，则依靠价值引领。这就是一万年城市孕育、发展、变迁的基本总结。城市史研究的要点就是要提炼出这种真义。

（三）中西文化对比，中华文化与人格关系简析

当今世界潮流是生态文明，也是全球化面临的主题。人类文明当中，与自然如此亲近、如此密切的文化，恐怕首推中华文化。南北走一走，古代稻、粱、稷、菽、黍，特别是在南方，稻、茶、蚕桑，以及果蔬药材……游子留居海外多年归来仍然慨叹：在任何发达国家也吃不到中国特有的、那么味美而品种丰富的桃子！还有，作为中华文明支撑的作物之一——竹子，是中国人该特别感谢的经济作物，食料、器皿、家具、车船、建筑、药材、竹简、艺术品……五千年传统文化里再找不到竹子未曾进入的领域。中华文化植根自然的特点，产生出特有的亲和自然的民居、村落、建筑、城镇、医学医药、哲学、文学艺术、生活方式（包括民居以及葬俗），都对世界文明很有贡献。古文字甲

骨文则更提供了摹写自然的真实证据:甲骨文中"不雨其雨之夕,允今夕其雨,获象?"其中"象"字如此生动逼真,令六岁小儿竟也笑而能识。

古代中华人类大量使用占卜:用牛骨或龟板,钻孔剔槽,火碳炙之,甲骨遇热膨胀龟裂,术士即依背面裂纹解析占卜结果。其卜问内容很多:农业收成如何?打井能否有水?众官员对王国是否顺从等?都要卜问。卜算数量之大,令人深思!如此大量的问卜活动中,隐约看出当时人类的精神状态和生活态度。古代中原物华天宝,环境的巨大养育力培植出浓重守土习性。人对自然依赖寄生,对不确定内容则揣测、企望、卜问与服从。对自然的逼真临摹与深度寄生,其积极收获,一是由此而生的象形文字艺术美与持久生命力;二是参悟到自然过程中深刻的辩证逻辑,因此有周易诞生。由于中华文化中辩证逻辑如此超前而形式逻辑如此滞后,就只能用辩证逻辑替代形式逻辑去解释世界,用经验手段替代实验手段去解决问题,典型代表就是中国医学。辩证逻辑获得长足发展的同时,却也阻碍着形式逻辑得以创生和完善的道路。久之,科学思维难以形成传统,中国古代十分发达的历法、建筑和应用技术,都很难进入和影响主流文化。总之,以大写意的态度和方法对待自然,以及高度宿命观包含的消极被动主导了五千年文化,使之与许多探索与创新机会擦肩而过。可见,亲合自然的态度中蕴含诸多启示,既是智慧,是骄傲,也露其短。因为自然本身不包含形式逻辑,形式逻辑存在于自然之外,存在与形象之外的抽象,是大写意态度和手法所能为力的。此是否即中华文化逻辑方法欠缺根由之一?同为方法,辩证逻辑(阴阳、虚实、表里等)重总体整合,形式逻辑(定义、推理、证明等)重局部剖析。前者归纳,求终局合意;后者分析,求步序合理。可见,东西方文化从起步之日已各自选择不同道路。全球化时代,正好观察它们如何以及能否殊途同归。

尼罗河一年一度的泛汛逼出古埃及人精确的量地术,亦即后来的平面几何。古代中原水生态优良,水土草木寒来暑往,禽虫鱼兽繁衍更替,让古中国人很早解悟了自然包含的辩证逻辑。爱琴海域海陆反差的挑战,克里特岛纷乱破碎的地舆环境,压出希腊人抽象归纳破解谜局的思维方式,为逻辑学奠定基础。形式逻辑是思维和认知的工具,是存在和规律的抽象,是推究未知、破解密团、验证结论的利器。它包括词语基本定义、推论、三段论推理,直至研究可能与不可能……逻辑学最早由亚力士多德为代表的古希腊人创立,代表著述是他的逻辑学汇集《工具论》。掌握这一思维利器,让西方科学活动占尽先机。而缺乏逻辑习惯和传统,则耽误了很多事情。回顾一下,在认知世界本源问题上,中国金、木、水、火、土的五行之说,早在《尚书》就有记载,形成年代已不可考,至少不晚于公元前5世纪西方希腊雅典的水、气、火、土四行之说。而差别在于,西方的希腊雅典依靠古典民主制度,提倡辩论,蔚成风气,水、气、火、土四家观点,就世界本源问题互相辩论,发展真理,不断修正理论,结果氢氧碳铝硫……一个个元素陆续被发现,直至19世纪门捷列夫创制元素周期表,竟能预知尚未发现元素的详细特征!全部114种元素中没一种是中国人发现的。在认知客观世界的问题上,东西方曾站在同一起跑线上，后来就分道扬镳各奔前程。但因逻辑方法的有无，两千多年后东西方再次相遇时就差别甚大了，东方人甚至还认为洋兵膝盖不能弯曲，可用长杆缚刀，一举而灭之……

试想，诸多圣贤教诲，从"道可道非常道""人之初，性本善"（或性本恶，半善半恶），直至"卑贱者最聪明，高贵者最愚蠢""阶级社会里，人只有阶级性，而没有超阶级的人性……"之类说法做法，都只见论断，不见严格定义（如"道"之定义，"人性"之定义）。无逻辑的民族最容易愚弄，而以辩证逻辑代替形式逻辑尤其为虐深重！一句"两极相通，物极必返，大乱大治"混淆了多少基本的是非善恶！不要求逻辑环节推论和证明，不要求推理方法，不讲求真理标准，且人云亦云，千百万次重复，亦步亦趋，言者不觉欠妥，闻者亦不予质疑，完全失去思索辩证的能力。长期混淆真理与误谬、可能与不可能、圣贤与恶魔之间界限，结果思想僵化便屡现历史而难以扭转，民族辗转于精神奴性的泥潭而长期不能自拔，是否都与缺乏逻辑传统习惯密切相关？

而逻辑的意义还远不止思维方法一面。工作程序、法律程序、行政程序，甚至包括合理的制度文明框架、权力约束与制衡办法，都是逻辑的现实。所以，学习逻辑、养成逻辑习惯是现代化的第一步，是反愚民的利器。建立逻辑思维习惯和传统，学会概念的提出和使用，先要有严格定义。结论的导出要经推理验证，学会经过三段论识破诡辩术。学会辩论，让人从习惯天性上鄙视偷换概念。只有这样，文过饰非、指鹿为马之类的诡计也就难行其道了。如不然，倡导现代化却容许反逻辑的说法、做法畅通无阻，是与现代化相悖的。

面对文化全球化，另一个该思考的是文化传统问题。李慎之先生留下两句重要的话：传统文化不等于文化传统；而中华文化传统则是极权主义（totalitarianism，absolutisim）。这极权主义，简单说就是宗法结构。如果说美国的国家制度是宗教理想的政治化结局，那么，中国的国家制度就是封建家族宗法制的国家现实。说破这一点，不难，难在评价，难在破解迷局。家天下、党天下、民天下，中国进步的这三阶段，如何实现向民天下的转变提升，至今尚未破题。

中华文化传统还有另一个解释，就是儒释道三位一体构成的超稳定文化结构。思想家李慎之，不可能不知道中华文化儒释道三家合一的传统。因而，他所说极权主义为文化传统，当是这三位一体结构的更深层解说。就是说，儒释道三者中，有一个最正统、最主导、最根固的东西，这就是儒学精要构成的纵式社会结构中的极权主义制度——宗法统属结构。改革开放前的中国社会，基本上也是这样一个金字塔式的纵式结构，类似宗法制中的纲常统属关系。而且这"纵式社会"结构中真正意义上的对立本质，以及那实际意义上的最高寡头，都被巧妙地掩盖起来，长期为公众所不察。这在之前已有论述。

另一值得思考的，是与新石器文化强大养生能力和世俗生活方式随之而生的本土宗教传统的薄弱。何以世上百分之七十以上人口信教？仅因他们迷信落后？而为何这块无神论土地又常塑起人间神灵，掀动邪教般崇拜，制造人间惨剧？因为，终极价值的关怀，宇宙、人生的根本追问，一个高于世俗趣味的精神伦理价值追求，是人类物种独特的属性。而人生意义这一需求空缺，种种代替物都会来填充：偶像崇拜、拜物、拜金、放浪、虚无、吸毒……

源远流长的中华文化，在走向现代化的一百年中，康梁、陈独秀、梁（思成）陈（占祥）、于土、李慎之等……曾流闪出多少灿烂巨臂华章？为何许多都殒于一瞬？为什么他们的历史空间那样狭小？全球化到来之际，倡导"中华文化引领世界潮流"之际，一个慎重的文化自检，达到一个冷静清醒的心态，不是很有必要吗？

五、优良文化产生优良人格，而优良人格会转化为文化要素

至此，文化与人格互生互换的道理，几乎已经不言自明了。人类文明进步体现为历史上层出不穷的优良人格、不同城镇对待自身优良人格的不同态度。人，才是衡量一切城镇的最后标准。

纵观中外历史，那么多璨若群星的优良人格，哪个不是强有力地推动了社会文明的进步和发展。达尔文及其进化论学说，其实早从其祖辈父辈就已经开始酝酿思考；他的成功无疑得益于那样一个慎思求真家族文化的熏陶。晚清和民初的大学者蔡元培，以及鲁迅，都出身名门，身上凝聚了数辈人的文化积累和精进。晚清维新派人物张之洞、东汉学者张衡，则集官吏、科学家、文学家和画家多种角色于一身……中国历史上，这样的人物数不胜数，他们的成功反映其身后深厚的文化滋养。同时，他们的成功又让自己跻身于璀璨文化之林，对后世子孙产生长远影响。

第四节　不同价值理念产生不同时代的文明和城市
（研究提纲）

哪些因素参与了塑造城市形象，推动城镇发展变迁？总括前面各章节以及本章所叙述，推动城镇发展进步、升降变迁的主要因素有：

意识形态；政治权力结构；经济结构和生产方式；外来文化，特别是宗教信仰，表现为各种思潮；科学技术；文学艺术教育（俄国托尔斯泰所著，1898年出版的《艺术论》中，把艺术划分为宗教艺术和世俗艺术两大类，认为艺术的源泉、本质与功能，在于表现、传达情感和情绪，而与思想和认识无关。……艺术的目的不仅在于表现美，更在于向人或者人类的精神世界，施加仁爱的影响。他对于美的定义是，"凡是能让我们感到惬意，而不引起占欲的东西，我们称之为'美'"）；重大资本流入；风俗时尚，

在新思潮引领下；自然变迁；偶发因素。

一、城市促进文明人类发展的核心要素：工具价值与目标价值

依据刘易斯·芒福德城市史叙述中概括的整合手段，城市文明进化显现出四个阶段：一是语言文字与其对应的礼制城市和礼制人类（礼义廉耻、仁义礼智信……目标价值）；二是宗教信仰与其对应的宗教城市和宗教人类；三是科学技术与其对应的机械城市和机械人类；四是信息互联与其对应的生态城市和生态人类。概述如下：

以整合手段考察发现城市进化的四阶段。

（一）语言文字与其对应的礼制城市和礼制人类

语言的出现是个奇迹。古人类竟至陶醉其中，还有什么不好理解的吗？试想，其他动物没有而人类独具的各种非凡能力，难道不是语言赋予的吗？有了语言，人类头顶整个天穹顿时浴满智慧和觉悟之光。语言的诱惑效果堪比后世首度发现迷幻药效时的狂喜。那么多艰难困苦让人类痛感自身渺小无助，而语言效能却如此神奇。于是，人怎能不一再屈从语言的诱惑，用语言将心中符咒与诉求一股脑掷向难题和困境！从此，人类不仅开始逐步塑造自身精神过程，还开始影响塑造自然过程和自然事物。不过，正如我们吹嘘不已的抗生素，其副作用往往也带来灾难后果。

语言成为人类最重要的玩具和工具，这不是没有道理的。设若没有语言承载各种含义和价值理念，人类其他一切工具还有丝毫意义吗？

礼制的主要含义和作用：

图 7-23　燕下都老姆台宫殿遗址
http://p9.qhimg.com/t01460f89f12b516421.jpg

图 7-24　城址中万人坑
http://a2.att.hudong.com/11/56/01300000164305121429560593674.gif

图 7-25　370 年前的城墙高耸

http://www.miaojiao.cn/gjimg/2010223125348887.jpg

　　侯仁之论述北京城市历史的三个里程碑，皆属于礼制城市的范畴。1443 年明皇太后下诏命丧夫的皇妃殉葬。张光直《青铜时代》所论"圣都"与"俗都"的主张和解释都很可取。

　　夏商周、殷商，六代帝王九次迁都，目的就为了尽量靠近、追赶铜矿地点……

　　高昌城始建于公元前 1 - 2 世纪,初称"高昌壁",为"丝路"重镇。后历经高昌郡、高昌王国、西州、回鹘高昌、火洲等长达 1300 余年之变迁，于公元 14 世纪毁弃于战火。高昌故城位于吐鲁番市以东偏南约 46 公里的火焰山乡所在地附近。城郭高耸，街衢纵横，护城河道的残迹犹存，城垣保存基本完好，分内城、外城、宫城三重。外城大体呈正方形，墙厚 12 米、高 11.5 米、周长 5.4 公里。为夯土板筑，部分地段用土坯修补，外围有凸出的马面。每面大体有两座城门，而以西面以北的城门保存最好，有曲折的瓮城。内城居外城正中。西南两面城墙大部分保存完好,周长约 3 公里。宫城为长方形，居城北部。北宫墙即外城北墙，甫宫墙即内城北墙。这一带尚存多座 3 ~ 4 米高的土台，当时为回鹘高昌宫廷之所在。内城中偏北有一高台，上有高达 15 米多的土坯方塔，俗称"可汗堡"，意为王宫。稍西有一座地上地下双层建筑，可能为宫殿遗址。 1961 年，这里被列为全国重点文物保护单位。

　　楼兰王国从公元前 176 年以前建国，到公元 630 年消亡，共有 800 年的历史。王国的范围东起甘肃古阳关附近，西至尼雅古城，南至阿尔金山，北到哈密。但是，这个王国究竟为什么会消亡，直到现在仍然是个没有解开的谜。楼兰古城是楼兰王国前期的经济、政治中心。公元 4 世纪以后，这个在丝绸古道上盛极一时的古城，无声无息地退出了历史舞台。公元前 126 年，历尽艰辛的张骞第一次出使西域归来，他在给汉武帝的报告中写道："楼兰、姑师邑有城部，临盐泽。"

　　但机智勇敢的阿尔迪克凭借着微弱的月光，不但回到了原营地，摸到了丢失的锄头，而且还发现了一座高大的佛塔和密集的废墟，那里有雕刻精美的木头半埋在沙中，还有古代的铜钱。阿尔迪克在茫茫夜幕中发现的遗址，后经发掘，证实就是楼兰古城。

交河故城位于吐鲁番市以西约13公里的雅尔乃孜沟中。它最早是西域36国之一的"车师前国"的都城。《汉书·西域传》称："车师前国，王治交河城，河水分流绕城下，故号交河城。"故城建于一个自北向南、高30米多的黄土地上，长1650米，最宽处300多米。四无城墙，崖岸笔立如削，壁垒天然（图7-26）。

图 7-26　交河故城

交河故城建筑风格与高昌不尽相同，多为挖地成院、掏洞成室、夯土为墙，屋宇多为两层，临街不见门窗，穿巷方见大门。此为典型的唐代建筑特色。如今游人至此，仍可走街串巷，登堂入室，颇具情趣。

（二）宗教信仰与其对应的宗教城市和宗教人类

《圣经·旧约》"出埃及记"第19章，摩西率以色列人离开埃及后，来到西乃山下的旷野扎营。为了让以色列人永远尊奉耶和华为唯一的神，耶和华在雷电、火光中降临西乃山，并召摩西一人上山面授十诫。众以色列人在山下观望，无不震吓颤抖。十诫内容：犹太民族"因为不屈服于奴役，所以他们选择了流浪"，摩西带领他的族人在西奈山下祈祷，请求耶和华为他的族人指一条道路。一只看不见的手——上帝之手在西奈山的峭壁上刻出十条戒律。《摩西十诫》被称为人类历史上第二部成文法律，体现了平等的"人神契约"精神：谁要毁约，谁就会受到上帝的惩罚。同时，人民也有"神不佑我，我即弃之"的权利。

第一条："我是耶和华——你的上帝，曾将你从埃及地为奴之家领出来，除了我之外，你不可有别的神。"；第二条："不可为自己雕刻偶像，也不可做什么形象仿佛上天、下地，和地底下、水中的百物。不可跪拜那些像，也不可待奉它，因为我耶和华——你的上帝是忌邪的上帝。恨我的，我必追讨他的罪，自父及子，直到三四代；爱我、守我戒命的，我必向他们发慈爱，直到千代。"；第三条："不可妄称耶和华——你上帝的名，因为妄称耶和华名的，耶和华必不以他为无罪。"；第四条："当记念安息日，守为圣日。六日要劳碌做你的工，但第七日是向耶和华——你上帝当守的安息日。这一日你和你的儿女、仆婢、牲畜，并你城里寄居的客旅，无论何工都不可做；因为六日之内，耶和华造天、地、海，和其中的万物，第七日便安息，所以耶和华赐福与安息日，定为圣日。"；第五条："当孝敬父母，使你的日子在耶和华——你上帝所赐你的土地上得以长久。"；第六条："不杀戮。"；第七条："不奸淫。"；第八条："不偷盗。"；第九条："不做假证陷害他人。"；第十条："不贪邻人房屋，也不贪邻人妻子、仆婢、牛驴，以及其他一切所有。"最典型的城市代表是耶路撒冷（要特别提及托马斯·康帕内拉和他的太阳城）。

（三）科学技术、行政指令缔造的机械文明与其对应的机械城市和机械人类

1. 工业时代：工业文明和工业城市

与我们中国的公园相比，中国公园是诗，是艺术；而伊斯兰公园是几何，是数学。不同的是，公园里有好几座清真寺，白色的大圆顶，前墙用瓷砖镶着各种几何图案和阿拉伯数字的古兰经经文，寺内除四围白色高墙外一无所有。伊斯兰教禁止偶像崇拜，乃至花鸟虫鱼。中国古建筑或庄严富贵，或雅致清幽，西洋古建筑气势雄伟、鲜丽壮观，比较起来伊斯兰古建筑要单调多了。

2. 底特律废墟，工业城市为何会突然死亡？

奥斯瓦尔德·斯本格勒说，当今世界就是那种浮士德时代建造出的浮士德城市！浮士德的故事是说，一位科学家，为追求知识和财富，与魔鬼谈判，条件是把灵魂抵押给魔鬼……这个故事是德国大学者和诗人歌德一次故事写成的长诗名著。

3. 现代文明和城市的深厚根基以及文明的巨大断裂

现代工业文明巨大转型的基本历程：

①日心说带来的进步与危机；②地理大发现；③文艺复兴；④理性主义；⑤启蒙运动；⑥发现新大陆；⑦重商主义；⑧帝国主义时代；⑨进化论《物种起源》与《人类的由来》；⑩工业革命与现代文明危机。

（备忘：矿物燃料问世并普及，Amish作为传统文化的遗子。人类进程，城市进程、文明进程，都是宇宙过程的组成部分，是宇宙过程的成果与顶端，讲述着宇宙进程内在主体性的丰富蕴义。这个主体性在宗教思想体系中被称为神灵，在经典哲学中被称为绝对精神，东方文化中将其概括为"道"。人性的伟大、城市的价值，在于它体现着这一正道，循此指南才能逐步发掘人类的丰富含义以及城市的可贵功能。看清楚历史上的是非曲直，功过得失。）

（四）信息互联与其对应的生态城市和生态人类

信息时代互联网 vs. 生态文明与生态人类。

城市是人类自身人化和走向文明社会的介质。它最初从精神形态开始，不断物化发展攀升，先后经历文化的环境化、文化的制度化、文化的产业化、文化的艺术化、文化的人格化等阶段和内容，互相连接，互相补充，形成螺旋上升的基本模式。城市建设和规划是这长过程中的一个环节，而城市作为物质环境构造则贯彻全部文明发育过程。这样一个基本机制，融合在一万年的城镇发展历史进程中，顽强又隐秘。人类在参与这个创造过程中，创造自己，更新自己，也创造和更新了自身生存的物质构造——城镇。人类文明是生物世界基础上发展进化的产物，是在生物世界基因引领机制基础上，开掘出的新路：人类创造出价值形态，依靠价值引领步入新境界。

本章小结

何谓价值理念（values）？举凡增益民众对真善美的认同与追求，远离浅薄，远离愚昧，远离野蛮，远离残暴的艺术创作、文学作品与活动，无拘大小，皆可称有价值理念。例如莫斯科的"悲伤之墙"、巴黎的拉雪兹神父公墓、杨继绳的《墓碑》、1978 年的获奖小说《芙瑞达》、杨显惠的《夹边沟记事》、陈愉庆的《多少往事烟雨中》，也包括成功整合生命之两级的优秀建筑设计，例如文津街原北京图书馆改造前的状态，等等，都是佳例。

以前各篇章中反复提到的三叠结构中，社会主体这一层次实际上由"人"与"文"两要素结合而成。这两要素如两股茎蔓、两条蛟龙，密切绞结在一起，互为依存，互相牵制，互相影响，互相塑造，互相促进。这种机制有这样几个要点：

1. 文化是精神产品，这种精神产品强有力地影响、塑造、约束着人类的精神、行为、心理、人格、人性。

2. 文化进化从精神情感发端，其物质基础是大脑旺盛的精神活动。大脑皮层则无疑是宇宙过程的最高端的富有精神功能的物质产品，它须在丰富的物质世界活动，并且与之互动。

3. 城市史中这种人与文的互动过程非常漫长，其中机理更是隐微难察。一万年的城市孕育发展完善过程，历史留下来的遗迹稀少珍贵，证据严重缺乏。考察化石，特别是中华文化提供的保贵"非物质化石"——甲骨文，就成为十分重要的资源和途径。而且，初步尝试就果有收获。

4. 以精神、情感活动为起点的人类实践与物质世界的互动，在长期进程中逐步形成一个大致的周期规律：精神情感→→形成最初价值理念→→创造工具和手段→→改造环境→→创造人工环境，包括文化环境化阶段，然后开始形成组织，包括正式组织（小如社团、大如国体政体）和非正式组织（例如习俗、时尚、行为方式），形成产业和相关技艺，形成新型人格及其特有的价值理念和思想主张。当然，这进程中人类时刻都在改造自身，包括自身驯化、运用器官和创造语言和文字。而且这过程常多头并进，而非孤立进行，但一个时期、一个领域总有一个主项，两者并不互相矛盾冲突。

5. 生物进化靠本能引领，收获基因，指导遗传，属生物学、生理学范畴；文化进化靠价值引领，收获人格，指导前进，属心理学和社会学范畴。文化进化过程中产生的价值理念，包括工具价值和目标价值，以及二者的整合，是观察城市历史和破解文明进步奥秘的锁钥。不同时代的价值形态、不同的目标和工具，决定不同时期和级次的文明形态，以及城市面貌和特征。因而文明史上呈现出四个阶段的文明，各有不同的整合手段，其目标价值分别着眼于礼制、宗教、机械和生态文明，以及相应的人类社会和城市。

作业与思考

1. 刘易斯·芒福德大批城市和文化论著都一再提出人格和人性问题，其论点的主要内容是什么，如何理解？

2. 你最熟悉的城镇是哪个？尝试一下能否描述这座城镇最典型的人格表现，包括具体代表人物和抽象要目。又是否能够描述人格人性在以往 30 年的变化、五六十年的变化、100 年的变化，然后描摹这些变化内容和代表人物背景上的城镇面貌、特征、细节，等等。

3. 你认为你所设计、规划的项目，与人格、人性塑造是否有联系？如何联系？

4. 你认为，我们当今城市或者你所熟悉的城市，其成功与败笔何在？

5. 关于浮士德的故事，有何感想，畅谈一下。

6. 你所设想的生态文明和生态城市如何？

7. 你所设想的未来人类应当具备哪些优良品格，如何培育这些品格？

第八章 城市问题和大都市膨胀病理初探

> 历史上，同样是先有制度创新，然后，一些发展过渡的大型村落、碉垒、营寨才靠这些制度安排逐步转化为环绕一个核心、高度组织化的文明构造，让城市诞生于世。如今我们亟须的同样也是这种强大的制度安排。
>
> ——刘易斯·芒福德

> 无知不是过失，无知而掌权就是非常可怕的了。
>
> ——陈占祥

本章导读：城镇各种问题源于城市自身二重性、模糊性等负面属性，自古即有之。刘易斯·芒福德归纳古代城市负面属性和特征表现，计有战争、奴役、严格苛刻的职业分工、压抑人性发展，等等。近现代城镇问题系于工业化和现代化生产和生活方式带来的负面效应，最突出者当属发展失控、环境污染、人口密集、世俗化生活追求冲击宗教价值和道德伦理。从整个世界看，传统文化向现代文明的转型，前后不齐，路径殊异，社会文明的结构性转轨呈现出扭曲状态，如此潜伏下的城镇问题，特别需要加强研究和关注。

第一节　城市问题

一、历来的表述

对于城镇问题的表述，如果依照三叠结构框架罗列进去，会得到如下概览：

生态本底：水源短缺，能源紧张，地面沉降；大气污染，雾霾成灾；土地紧缺，资源匮乏；动植物物种绝迹，植被缩减；气候模式变形（降水时空分布显著变化）……

人工环境：住房紧缺，交通阻塞，环境杂乱；建城区规模失控，建筑环境丧失本土风格；城市内涝，建筑物周期缩短，重复建设；垃圾消纳难，堆积成灾，市容脏乱差；无规矩或者不守规矩，文化遗产遭拆改破坏等。

社会本体：贫富差距拉大，社会两极分化；就业困难，犯罪上升；权力寻租，贪污腐败；非正常死亡率上升，人口老龄化；邻里消失，疏离感增大；文化资源匮乏，文化主体性缺失；手工业等传统产业濒于消亡，人口寄生趋势增长等。

各层面综合酿成的问题包括：人口和居住密度偏高，土地财政、公共地产资源部门损公肥私，通过地租房租管理费等盘剥劳动者，致使辛劳者生存困难、致富无望；大量无房户与大量闲置房屋并存；大量失地农民集中进城，成建制城镇化执行困难；城里失地农民工退休养老无着等。

二、问题：根源与对策

（一）如何认识：引述伊利尔·沙里宁和伤寒论序

著名芬兰规划教育家伊利尔·沙里宁一句名言广为传颂："让我看看你的城市，我就能说出你们的民众在文化上追求什么。"这如同中医的望、闻、问、切四诊，准确道出城市的内外关联，看症状识病因，辨证施治。沙里宁的话，其实就是透过现象看本质，认识方法的通俗应用，深入而浅出。

无独有偶，我国著名医药学名家张仲景及其名著《伤寒论》，成为医家必读之物，而其序言对各种学问的治学方法都有帮助。作者说对于有机体的疾病诊断不能片面，不能草率，不能孤立看问题。序文中说道：

"痛夫！举世昏迷，莫能觉悟，不惜其命，若是轻生，彼何荣势之云哉！而进不能爱人知人，退不能爱身知己，遇灾值祸，身居厄地，蒙蒙昧昧，蠢若游魂。哀乎！趋势之士，驰竞浮华，不固根本，忘躯徇物，危若冰谷，至于是也！"

（释义：真痛心啊！举世之人都昏昏迷迷，不懂得觉悟，不爱惜自身，如此轻视生命，说你们轻视生命，那为何那么计较荣华富贵名利权豪呢！这样生活，进不能体恤民众了解人民，退一步讲你不懂得爱自身不能了解自己。危难当头或患大病，总是蒙蒙昧昧，愚得像游魂。真可悲啊！追逐名利权势，攀比浮华享乐，不懂得保持健康，为享乐舍身忘我，如此人生就像活在寒山寒谷般危险，人尚不知！）

另一段讲述："观今之医，不念思求经旨，以演其所知，各承家技，终始顺旧，省疾问病，务在口给。相对须臾，便处汤药，按寸不及尺，握手不及足，人迎趺阳，三部不参，动数发息，不满五十，短期未知决诊，九候曾无仿佛，明堂阙庭，尽不见察，所谓窥管而已。夫欲视死别生，实为难矣。"

（释义：看看当今的医生，不研读经典书籍，不照经典主张处理问题，不照经典理论发展自己的知识和技能，而各用各家秘方，不思进取，因循守旧。诊断时全靠患者口述，对患者观望片刻便处方药。号脉按寸脉不及尺脉，见表不见里。诊断手便不察看脚，脉相辨别还不知人迎、趺阳脉大小逆顺，快慢不知。浮沉迟数各脉莫辨，察脉观息不满50次。对患者近况不诊，对三部九候迷迷糊糊。对明堂、阙庭等部位望诊也无察见，如此诊治疾病，即所谓窥管之见。试想，以这种水平诊察人的生死实在是太难。）

如今看待和处理城市问题，正如这种"按寸不及尺，握手不及足，人迎趺阳，三部不参，动数发息，不满五十，短期未知决诊，九候曾无仿佛，明堂阙庭，尽不见察，所谓窥管而已"道理是一样的：看问题浅表化、片面化，不仅不解决问题，也不能解释和描述问题，乃至提不出质疑，根本不能发现进退生死一类的深刻问题本身。这是当今城市治理的最严重问题。

（二）症状映射病理

全国当今在大搞城镇化，而城镇化究竟为了什么？为节约土地？为盖房赚钱？为消弭民众群体上访？若以这种目标来操作，而不高瞻远瞩、科学缜密地为民众建造良好生存发展空间，这样的"城镇化"注定会陷入尴尬境地。现在，某些文章这样写，某些媒体这样宣传，某些地方的事情正这样操办……结果，群体上访趋势不减反增，还令人奇怪吗？中国城镇化进程突破30%的第一临界点进入高速阶段就在20世纪90年代末，也正是从这时起，全国范围内群体上访到党政部门投诉的趋势越来越猛。这表明，城镇化高潮与社会矛盾激化和问题增多的趋向同时到来，并不足奇。

（三）结构失范——五行有序与五行紊乱：以某个案为例

20世纪90年代末，笔者应市政府要求和安排，深入调查了某小村镇，目的是了解当地村民长期、屡次群体到市政府上访告状背后的原因、真相、根源和对策……了解到的情况，如极简单说，就是社会变迁和进步过程中城镇化操作失当（各地原因不同，当不在话下）。深入了解该小山村的发展故事，让我大长见识。细索其中经济、社会机理，又联想到国内外许多好做法。

该地建制镇原为传统农业区，介于山地和平原之间的过渡地带，地处山前丘陵，平地较少，又是城乡过渡带上一个入京的桥头堡。镇政府下辖8村，约4万人。环境优良，地下水很浅，"挖个坑，用瓢就能擓出水，这里素有'水罐子'的称号"。这里有悠久而有为的农耕史。封建时代的数百上千年里，香客们去往妙峰山进香礼佛，都从这里登上长长山道。当地出产的京白梨脆嫩香甜，曾是王朝时代进京入朝的贡品。"农业学大寨"时期，这里建成 8700 米的盘山渠道，改善和扩大了灌溉，成为远近闻名的能够上缴粮食的山区农业红旗单位。但自 20 世纪 60 年代初当地发现并开采煤炭之后，丰富的地下水资源很快下降。煤矿采空区地面的农业用地塌陷严重，水源枯竭，多年的果木树凋萎或旱死，粮食急剧减产。8700 米长的盘山渠道也随地层塌陷断裂崩坍无法通水只好废弃。同时，煤矿产出的煤矸石堆积成山，破坏景观还占用良田。某村 1990 年还有耕地近 900 亩，人口约 1500 人，农耕为主，民风淳朴，种植粮食、果木，盛产京白梨。至 1991 年，该村已退化到低于人均半亩农村耕地资源水平的法定底线。在此之前的 1988 年 4 月，400 多名村民就曾在忍无可忍的情况下，拿着饭碗集体到邻近的煤矿食堂强行就餐。耕地锐减之后，村民就以农田产出不足糊口为由，多次到市政府群体上访，明确要求由农民户转为城镇非农户，即人口城镇化。

当地政府和有关矿区做了大量工作，多次提供了赔偿和补偿。近年又大力招商引资，建厂盖房，水泥厂、砖厂建起来了，一排排小白楼立起来了，以往上访的农户也转成居民户口了，这当视为顺利"城镇化"了。实则不然，细访之后发现，村民们有多重困难：就业难、社保难、生活质量下降，买不起新楼房，居住条件恶劣。转为居民户口之后，无工作职业。原有口粮田虽予保留，但灌溉丧失保障（矿区以双方关系脱钩为由不再向原村民提供矿井废水作浇灌用水），且土地窄小，收获仍不敷糊口。不少村民只好自谋出路，男人出去当出租车司机、建筑临时工，妇女做月嫂、保姆，还有的外迁投亲靠友。其实，风闻该地不久要实现"农转非"之时，远近农户，包括一些河北和山西农户，宁可承诺不要口粮田，纷纷把户口迁来投靠，期待有朝一日"跳农门"。及至转成居民户口之后，生活并未改善，甚至连原有保障也丧失了。村民们自己说，自己现在是"非城非乡，不农不工"，很尴尬。表面看，村民们"农转非"的要求满足了，政府的钱也花了，然而村镇面貌依旧，困难依旧，这种"城镇化"取代了稳定的农村社区，而有保障的城镇社会却未能如期建立。

这样一个小村镇的处境对于高速发展城镇化的中国具有典型意义。因为它提出了工业文明向何处过渡的方向性问题。事实上，我国很多地区都有类似城镇，包括 20 世纪五六十年代曾勃兴一时的石油城、焦炭城、钢铁城、有色金属城等，如今许多都面临矿竭城衰的类似困境，都在思考出路。同样，这小镇也提供了解决问题的线索：这里资源和问题并存，不仅海拔高程 200 米以上的国有荒山荒坡仍然待开发利用，就连承包给个人的片片集体土地和山坡，也因经济能力等条件所限，10 年未能明显发展。相当数量的农田待精耕细作，本地农户却大量外出打工，很有"手捧金碗讨饭吃"的意味。

这是社会发展中自然资源重组引发的不同产业互相冲突，及相关利益群体之间的矛盾。应视为外力驱策的农村城镇化，有别于非农产业发育成熟而推动的自然城镇化进程，是须十分小心谨慎处置的社会变迁进程。城镇化有两个要素，一是当地人口，另一个是当地资源，这些构成城镇化全过程的主体和客体。如果操作主体外化，把本地要素排斥在外，这样的"城镇化"是不会有好结果的。出路在于顺应当今"工业文明衰落和生态文明萌起"这个世界性主题，以生态原则和本地资源建设"田园城镇"。哪些具体的好经验和做法可资借鉴？

该村自 20 世纪 60 年代以来就因当地煤矿井下采掘遭受耕地塌陷、水位下降、粮果减产等损失，农民反复上访告状，政府责令有关部门将赔偿金增至每年 20 万元，并由矿区申报农转非事宜。但是，具体如何农转非？人口的辖属如何安排？由矿区管理还是由区政府负责？这是矿务局和区政府之间的分歧。其实质是：如依靠矿务局转非，今后须成立家属委员会，一切社区问题由矿务局负责解决，包括就业、治安、公益事业，依照企业办社会的老模式将全村问题包下来。当然，煤矿企业也会因之有权支配村里的集体资源，如土地、水源、作物和其他设施。而如果让区政府包下来，区里要向新建立的居民委员会提供支持资金（约计每年 10 万～20 万元，用于社区公益事业、卫生、治安、防火、防汛、文教、计划生育等）。换言之，分歧发生在农转非之后，村民是享受煤矿企业保障？还是北京城市社会保障？不幸的是，几乎在转变城镇居民户口的同时，煤矿也因环保等原因而被令停产关闭。这样，行进了一半的城镇化就中途搁浅了。

其"城镇化"搁浅的根源在于当地新产业（采煤）参与资源重组之后，所引发的传统产业的危机和利益群体之间的矛盾。问题的症结在于操作者在观念上把城乡绝对对立起来，在政策上割裂了城与乡、生产与生活、资源与经济的有机联系。"手捧金饭碗讨饭吃"的局面就是这样形成的。而且由此扩大来看，一些人口大省"整理土地"的风潮正席卷大地，散点分布的村舍被集中，地形被改造，植被被破坏，人口被集中到拥挤的成排房子里。这种做法是很值得商榷的，是不妥当的。中世纪的兵营是这样建设的，猪圈、鸡舍也这样建设的。21 世纪中国民众的城镇不该再这样建了！要解决问题，须警惕那些与民争利的个人和集团，要杜绝与民争利的霸道做法，首要任务是正确理解田园城镇的含义和价值。

这个矿村城镇化进程中的困局该如何解决？对该矿村田园城镇化道路的具体建议包括：①房屋住宅与生产设施配套规划、设计、建造和发售；②住宅与基础设施以及配套政策捆绑上市销售；③向居民提供生产和服务事业（包括商店、旅店、浴池、学校、诊所等）的经营资质、权益的配套政策设计和行政审批手续保障；④为生产者提供给排水、用电、生产、运销、运输的一条龙服务；⑤各户分散的口粮田可以参股方式进入大中型资源密集型的集约经营项目，引导和促进高科技的合作化集约化经营。比如，以先进理念和技术，集中设计建造蔬菜和花卉栽培大棚的太阳能温室、药用昆虫养殖和花木栽培温室、珍禽异兽养殖场、特色果品栽培温室。甚至，连居民房前屋后的园田，也可在自愿基础上设计建造成家庭式菜园或花园（比如太阳能温室）。一句话，如果能设计建造出来一个能居住、能就业、能上学、有发展保障的新村或新镇，还发愁没人购买吗？所以，现在所缺少的，正是原有矿山、本地镇政府、开发商和当地居民的民主协商与合作的基本构架。而要具备这个构架，先要有远见卓识和坚强魄力的中国式的埃比尼泽·霍华德。问题是，这样的人才和智慧，尤其是这般古道热肠，我们哪里去找呢？谁来培养？

三、一种必然：转型中结构转换迷路

大略回顾十一届三中全会以来中国改革开放的道路，其因果效应可以简括如下：结束"文革"，集中精力搞经济建设→以户为基础的农田联产承包责任制→粮食增产，剩余劳动力溢出→城乡居民生活改善，乡镇企业诞生，推动城市改革→普遍设立学校和市场公平秤，管理所→思想活跃，价值多元化→社会发育良性化→要求规范管理，要求法治，要求约束权威部门的权力范围→……这样一个基本循环，完全符合社会学中结构功能主义的归纳模式。但是，在中国传统社会的纵向机理之下，难以形成完整的周期循环，形成政治促进经济，紧接着经济促进文化，紧接着文化推动法律，然后法律约束政治……这样一个完整周期。这样城乡社会的运行和进步就难以形成一个首尾相接的完整周期循环（图8-1）。

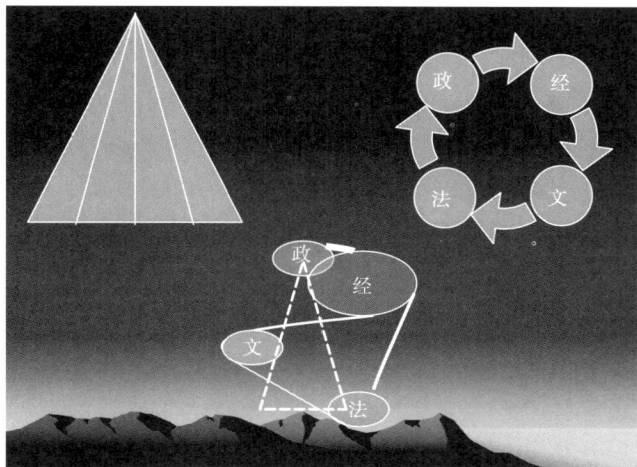

图8-1　城乡社会运行和进步难以形成一个首尾相接的完整周期循环

实际上，改革开放以来，社会的运行总体上看是良性多于恶行，前进大于倒退。问题在于，如孙立平所说，"中国的改革开放的进程出现了第三种结局，既未能达到预定目标，也没有倒退回原点。而是在20世纪80年代末和90年代初期中途停顿了下来，进入权力与市场联姻和蜜月时代，并且胶着得难解难分……致使社会发展方向产生了

一个消极变化，整个社会情绪变得消极了"（其实，大量"老虎"和"苍蝇"就是这个时代的这种联姻和蜜月背景中滋生起来的）。这样形成的大格局就是广大城乡诸多社会问题的总根源，而且这情况不仅在农村，在城镇社会也普遍存在，具体表现就是公民参与民意表达受阻。民众难以影响决策过程，这就导致许多主观主义和官僚主义作风长期存在，为害一方。行政虚化，不能与时俱进，这是制造了城乡社会大量问题的症结所在。理论上说，这也是城镇社会主体性缺失的表现。为此，孙立平非常谨慎地预测，中国广大城乡社会的发展方向究竟如何，还要看未来这30年的基本决策和真正走向，而不是口头表达的那些东西。

以上这类问题最终都映射出城市主体性缺失，主体性缺失又映射出非专业管理制造的恶果，不单表现在人口的城镇化。不懂城市的人，甚至包括城市方面的顶级专家作最高决策，开发东方广场、"水煮蛋"（老百姓把国家大剧院谑称为"大坟仓""水煮蛋"）放在紫禁城旁边，将古城瑰丽置于无底线的蚕食和侵害，是可忍孰不可忍？是可为孰不可为？千奇百怪的建筑物，就这样雨后春笋般冒出地面。这都是城市真正主体性缺失的后果，都是权威一支笔拍板决策的危害。"无知不是过失，无知而有权，便十分可怕了！"这句话道出了大量城市深刻问题的总根源。

四、几个忽略了的问题

（一）共生与寄生——主体性的缺失与再造

城镇飞速发展，取得巨大成效的同时，伴随肆无忌惮的膨胀，一起滋生出的还有无底线的丑陋和大量寄生人口出现。这观点是从简单的人文标准出发看待人生，衡量人口质量状况：有为，或者无为。判断难免带有主观性，而且是当事人自己的主观判断。他们认为，自己正在沦为寄生虫，而且违背自己意愿正在"变为寄生虫"（当事人原话）。为说清楚情况，仍然先看几个实例：

马工程师：回族，男性。专业背景：暖通、给水排水、金属结构工程。经验丰富，身体健康。退休之后，多次寻找志愿者途径，向社会提供无偿的专业服务，良好愿望最终未能实现，如今大部分时间用来参加宗教知识学习。

研究员陈、石夫妇：北大生物系生化专业背景，身体特别健康，退休之后追求继续奉献余热，先后想治理中国沿海地区堆积成山的海生生物甲壳，包括蟹壳、虾壳、贝壳。生产世界上第六种营养物甲壳素，供医药、食品、饲料等工业使用。大大有益环境，有益民生的设想，付出大量心血和费用之后，五六年之中四面出击，八面受挫，最终善罢甘休。石女士继续游冬泳，陈先生专门四处游荡摄影……

城镇化的本地村民：本地医院扩建，占据了毗邻村落和他们的农田，大约80%村民，陷入无业状态，虽然不愁吃喝，甚至靠补贴房产出租，许多户购买了汽车，但是终日优哉游哉，无所事事。同他们聊天，他们也说，"我们也不乐意这样，整日闲荡……"

　　寄生一说,首先是这些当事人自身的比喻。他们完全可以养尊处优,因为已经退休,无义务继续服务。问题在于,改革开放以来社会较以前富裕多了。退休之人虽理应养老,但当事人自己乐意奉献社会,不愿意终日游荡,甚至心怀宏愿想追求以往未能实现的志向。城镇社会却未能提供这样的渠道,这是很遗憾的事情。应当解决,可以解决。更重要的含义还在于,他们的要求反衬城市现实局面——包括大量征调外来资源、水源、能源和材料,沉重依赖外来劳力维持自身生存,自身无所回报无所创新,反而日益空乏,日益丧失自我调节能力,这趋势就值得思索警惕了。古罗马城市不就是这样衰朽死亡的吗?

（二）到处问题,熟视无睹,处之泰然,遑论根治——看不见问题是最大的问题

　　为说清楚这种对问题熟视无睹的局面,谨以城市教育驯化功能的缺失或者遭到漠视、损害为例。讲述两个小实例:

　　例一:图 8-2 是著名建筑设计师墨菲利用庚子赔款返还部分在中国设计建造的三项建筑杰作之一——位于北海公园西侧的老北图,原名北平国立图书馆。目前是国家图书馆的方志书籍阅览部。这座大手笔的建筑作品最突出的恰恰是建筑物主楼前开放的绿地空间（open green space）。他巧用古典建筑环境符号——一对华表和冬青构成的田字格低矮绿篱布局。细致设计了凡尘世界市井氛围与圣殿境界的巧妙衔接与整合。读者从熙熙攘攘的街市进入古典大门,迎面而来是这恬然雅静境界,在绿篱间面对清白色石雕和建筑物清白色立面和大块绿色琉璃屋顶,独步走过 30 米绿色空间,浮躁心态逐渐淡定。及至拾级而上,已完成朝圣的心理准备。准备好参拜中外圣贤著作、绘画、经文……来此思考、修炼、参与城市中神圣空间里的活动和功能。这样的功能空间不宜同其他空间和活动随便融杂在一起,因而绿色环境的过渡就不是可有可无的安排。

图 8-2　对照图
（左为网络照片,右为笔者拍摄）

　　两张图片的差别在于,大手笔设计的绝妙被拆毁了,再一次证明了陈占祥先生的痛切感触:"无知不是过失,无知而有权就非常危险了。"更危险的是看不出这里发生的问题，因而让这样反文明、反城市的现象到处泛滥。因而到处耸起奇奇怪怪的建筑。这说明北京拆城墙的教训并未汲取，根源并未纠正，尽管主管者勒令"这样的事以后就不要讨论了"！

例二：海淀区北洼路环保宿舍曾经有一面非常优美壮观的常春藤构成的立体绿化成果，横向占地大约11米、高约22米的立体绿化墙面，是该处建筑物诞生以来历时30余年生长的成果。从地面直至屋顶檐，春天一片葱绿，夏季一片墨绿色，深秋季节一片金红色，壮美无比。3年前惨遭砍伐。理由是，该常春藤豢养了鼠害虫害。砍伐时，我女儿哭了，还喊叫，别砍它呀，这楼就剩这一块好东西了……掘根砍伐后第二年春，地面又顽强滋生新芽，施工者又在地面深挖沟槽，填入砖块，再用水泥封顶，直至这常春藤消灭得干干净净……曾几何时，一些作决定的人，其心灵对于自然之美，已经变得如此冷漠荒芜，竟而出此下策？

正如城市规划理论家金经元在其"近现代三位人本主义城市规划理论家"的长篇论文中所说："在城市各种职能中最受忽视的莫过城市的教育职能……这不是指学校教育和政治宣传，而是城市环境通过生产生活人际交往，不仅在人与人之间也在人与物、物与人之间互相传递着人类文化的信息和情感。它潜移默化参与人格塑造……效果默默无声，却那么强大，直入人的心灵深处，塑造出各种活生生的人格特性。这些人格类型又决定着人的价值判断能力和重大的行为选择和取舍决定。"

某些领导人，不谙文化业务。似乎可以不懂得不理睬文化"那一套"，可以把文化部门精美设计环境恣意拆改，不懂得建筑环境设计中设计师的匠心，不理解城市最伟大的功能是关怀人、陶冶人，看不出大手笔设计当中每个细节都体现对人的理解、尊重、关怀、周到、抬举……而这样的漠视建筑美学效果，否定教育功能的现象到处都是，却不为人所察，更无人理睬、纠正，遗患无穷。让城市不像城市，文化不像文化，倒行逆施，反城市，反文化……有病而不觉，祸患将至而不备，世风日下，人心不古，听之任之，这才是最严重的问题。因为这反映一种良知泯灭的状态，知识分子面对不正确的趋势噤声失语，社会不会分辨高下对错，说到此，不妨引用陈丹青一段精彩讲话："徐悲鸿先生更有提拔人才的眼光、热情、雅量，尤其是能量。他当年在江西遇见贫寒的傅抱石，直接找江西省军政界头目熊式辉资助傅抱石留学日本，人家买他账；他当年到广西与军政界人物李宗仁、白崇禧结交，人家买他的账；他回国后亲自举荐吴作人、吕斯百、沙耆这几位小青年去比利时法国留学，教育部买他的账；北平被解放军包围时期，他在傅作义召开京城贤达名流的会议上率先发言，力劝傅作义认清形势，顺应潮流，保护古城，人家也买他的账；他接掌北平艺专，亲自在全国范围杰出画家中点将组班，接聘来京，共襄其盛，当时美术界各路英雄好汉全都买他的账——今天全国各省找得到这样爱惜人才、慨然做主、亲自拍板、从善如流的军政长官与教育长官吗？全国各校找得到这样胸襟开阔、人脉遍在、资望超群的伯乐教授吗？全国各地找得到这样一呼百应的精英群体吗？徐悲鸿给学生俞云阶送一幅大字'勇猛精进'。结果俞先生当了20年右派，抬不起头。徐悲鸿先生一辈子座右铭是'一意孤行'，今天哪位艺术家胆敢'一意孤行'？今天我们所有艺术家的身家性命'一意孤行'得起吗？我们不但不敢'孤行'，我们甚至没有自己的'一意'。在座哪位说得出自己的'一意'是什么吗？"

说不出自己的"一意"、一句话、一个词，是不是活画出主体性缺位，"知识精英缺位、良莠不分"的状态？也反映出更深的危机，乃在于人们最深刻内涵、精神、情操、价值鉴别和取舍能力的缺失。

（三）外来务工者谈城市和问题

为尽量客观反映问题，笔者走访了几位外来打工者，倾听了他们的反馈，并记录如下：

第一位受访者，孙某，男，26岁，来自河南省周口，到北京3年，先后从事安装、铝合金制作、快递……常年租住地下室，目前待业状态，自己估计将要返乡。当问及收益和评价，他回答："挣了些钱，但与我的辛劳和生活状态相比，并不值得！因为生活成本很高，还有意料不到的风险。"当问及切身体会，陈述对城市给予的收获和意见和期望，他回答说，"城里人都很好，特别是中老年人，对我们比较友好。对于城市，我认为，城市有两件事情该做没做：一是对外来务工者的业务培训；除了技能培训，还要告诉没有经历的青年防范风险，包括防范金融风险。培训我们，教育我们，是政府的职责。因为一不小心，我们的辛苦钱莫名其妙就被吞掉了。"当问及对城市的评论，他说："竞争激烈，很自卑。富的越富，穷的越穷。城里不是我们能待下去的地方。"

第二位受访者，崔某、毛某，携带家眷从安徽芜湖市农村来京开小餐馆。已历3年，"我们每天工时长达12小时以上，挣了些钱，但不准备在北京继续待下去。准备积累资金回家做生意，谋求全家团聚，和和睦睦地生活。城里生活工作，风险太大，不知哪天可能突然就把我们撵走……"当问及对城市的意见，他们说最头疼"工商城管"强令办卫生合格证，我们租用的是小产权房屋，根本不给我们办证件。不得不想办法应付。"既然地产不合格，为什么还要高租金租给我们？又让我们办这办那证件，简直存心刁难。"

这些以及更多的受访者，都反映出他们对于城市的认同，城市能提供机会挣钱，但不准备在城里久居，因为城市不属于自己可以久留的家园。

（四）财富增长超过伦理发育，当今城市缺少淡定心魂的场所

人们生活已经离不开城市了，而多少人还是被城市的喧闹挤压到一个个僻静角落来躲避，寻求逃遁。我又一次想到城市生活中独处的必要。以往城市里那些宁静角落呢？那些静静的胡同口和大院儿呢？那些槐蚕垂吊的树荫，那些清净的大盆睡莲和金鱼缸呢？还有，那些教堂里，默祷静思用的告解室呢？那些菩萨前蒲团上直面自己灵魂的跪位呢？喧嚣城市中，人到哪里去淡定心魂，去直面人生和世界？其实，忏悔或者独处当中，人所面对的，或是神灵，或是先祖，或是自己的灵魂。而且，往往这三者会在独处中轮番而来，与你同在。而那些供人们淡定、独处或者忏悔的场所，都哪儿去了呢？整日价蝇营狗苟者，是不需要独处的；反之，不能独处，也难化育出城市新的人类。

人性在繁忙喧闹的城市越发呼唤独处的场所。许多先哲讲述过独处的益处："独处的时候，尊严、自信会渐渐回到心中。""愿你在独处中萌发心智，找到自己乐于献身的事业和价值。"早期的基督徒，正是从黑暗的中世纪城镇中走出，来到岩洞里常年独处、默祷、参悟，终于迎来现代文明的曙光。还有："若要清白无辜，时常独处；能够独处，才算成人。"罗素则索性说："幽居独处，最不孤独。"（I was never less lonely than I was alone.）而当今呢？浮躁，浮躁，物欲推动的大浮躁……城市不能永远这样发展，这不是文明前进的正确方向！

先哲教诲：你若无事可做，就不要孤独；你若孤独，就不要无事可做。在发财之前，先要做好道德伦理方面的准备。这个任务还是要靠城市来完成。著名城市理论家、社会哲学家刘易斯·芒福德说：人类最初形成城市的目的，是要让自己接近神灵，变成神灵……刘易斯·芒福德又说过，当今人类的技术和财富发展，超越了人类的伦理发育程度。这真是切中要害！难道不是这样吗？比尔·盖茨也是财富大鳄，他和妻子建立了研究和防治癌症的基金会，建立了儿童福利基金会，援助非洲贫困国家和地区……多重义举同时兴办！何以如此？因为他们发财之前，老早就完成了道德伦理的准备阶段。我国富有群体，何日能够并驾齐驱？而为什么会落伍呢？"作为人类，其意义不在于最后是否会毁灭，而在于毁灭之前的过程是否完美。正如人终有一死，但仍追求生命过程的完美一样。"这一见解，无论对于人类，对于城市，对于个人，都是箴言。这些都是城市应当思考的问题。

城市的最高产品，还是优良人格。而优良人格的各种化育手段中，慎思独处是个必要的心理驯化课程。教堂、庙宇、名山古刹，都是良好的独处场所。教堂少见了，寺庙变味儿了，连坟茔墓冢也不见了踪影。总得在城市里尽可能多地建立、保存、开放和利用供人们独处的好场所吧，包括多多建立社区图书馆，也包括想方设法开放沿河的清静场所。

"道不远人，人之为道而远人，不可以为道。"思考城市问题，自然要回到人这条主线上来。

第二节　大都市规模膨胀解析

一、不符国情的同心圆规划模式是大都市规模膨胀的显性原因

一流行甚广的比喻说中国大都市形如"摊煎饼"，越摊越大。这摊字，真乃神来之

笔！确乎如此，那一圈圈环路，岂不就像煎饼刮子把本来一小团面糊一圈圈画出了个大煎饼吗？同心圆模式一百年前就由芝加哥学派归纳出来，成为城镇机体发育的重要模式之一。如此同心扩散蔓延的城市，有些适可而止，有了止境（例如巴黎、芝加哥、巴尔的摩、波士顿）；有些——在城镇化高速发展而又人口基数庞大，而又权大于法（城市规划法）的历史背景下——则无边际扩展。例如中国许多大都市，包括多数省会城市，其主要机理在于一系列因果链：都市发展，道路先行的大决策→主要干道交通建设发达→道路两侧地价猛涨→土地投机，开发立项→资金流入，建筑密集，人口聚集→环境恶化，交通拥挤→再开发外圈环路→两侧地价飞涨，土地投机→开发立项建筑密集→……如此形成恶性循环。这种背景下城市规划法，即使规划师有远见，也无能为力。因为，权力大于法律效力。面对权力寻租，权力与市场联姻且长久蜜月，规划和红线，如一纸空文。城市膨胀变得如脱缰野马……

二、城镇化快速发育期与改革梗阻相叠

贫穷政府享有无限权力，掌握土地支配权，与拥有重金的开发商，一拍即合！权威和市场本来是历史上一对宿敌，在中国特殊环境下，居然权力与市场联姻，而且开始了恒久蜜月。改革由此中断！房地产开发商从此成为大都市膨胀的主要推手，这是公开的秘密。

三、社会文明世俗化浪潮登峰造极

大都市规模失控的深层原因还有现代文明的通病：高度世俗化趋向，浓厚的物质享受主义，将城市的主要含义和特征聚焦在安逸生活和物质享乐，严重冲击了精神追求。彼得·克拉克的新书《欧洲城镇史：400-2000年》（European Cities And Towns：400-2000）回顾了欧洲人心目中的城市认同，先后经历了教堂、城墙→皇宫广场→工厂工作、市政设施→大型展销会、摩天大楼→超级时尚生活、博古馆、电影院、高消费……虽然说，都城意味着机会，意味着创新，但大众聚集城市其中当然不乏好逸恶劳、嫌贫爱富的人类根性。所以，社会生活的高度世俗化，是大都市膨胀的强大推力之一。粗略调查可以发现，外来务工者，大多并不打算在城市里久留，但是他们大量涌入城市，就为了获得工作机会，通过诚实劳动，赚取第一桶金，然后回家，实现梦想……这样的"世俗念想"，对于多年贫穷的民族，本无可厚非！于是，大都市，特别是一系列优惠政策吸引之下，外来人口简直大有超过本地人口的趋势。值得思考的是，一些本不贫穷，或者飞速致富了的群体，在大兴土木当中推波助澜，无节制圈钱，然后外逃，造成大批无房户与大量闲置房屋并存。大小"老虎"和社会性腐败，就是以往15年高速时段的特殊副产品。评价城镇化质量的时候，不能掩盖这一事实。

四、隐性的、最难纠正的原因——首府城市与首位城市的高度合一及其映射出的问题

有个最基本的事实:中国城市发展历来有个突出特点:本来一座规模不算大的小城,一旦成为本地区首府,便迅即膨胀,甚至会扩张成超大都市。这在中国几乎是铁定的规律。河北省的省会城市,最早设立在天津,后迁到保定,小小保定府迅即发展,随后没多久就迁移到石家庄,随即让这个几乎默默无闻的铁路小站石门也迅即膨大到如今的百万人口大城市。这个石门,就是原来河北老乡们给这个小站的名称,如今还有几多人仍然记得? 这个规律几乎没有例外。谓予不信,您提供一个例证:哪座首府城市在其所在的省份(自治区)当中不是规模最大的? 在中国,有吗? 山东省会济南可能是个例外,那里有青岛港口城市,早已超过省城规模。旅顺大连同样,如果两座城市联合起来,也可能超过省城沈阳。

那么在国外呢? 是否也同样? 笔者寡闻,阅历不广,不敢放言。但尝试调查了美国情况,发觉情景几乎完全相反:美国首都华盛顿哥伦比亚特区不是美国规模最大城市(美国规模最大城市依次名列前四名的是纽约、洛杉矶、芝加哥、休斯敦)。不仅如此,许多州府城市也都不是本州最大的城市。甚至还有一些州府城市,有意识避开最大城市选定州府,坚拒大都市的诱惑,保持自己相对独立超脱的位置和地位,例如纽约州的州府奥尔巴尼市。这个州府城市就几次谢绝了纽约市的"好意",始终在远离大城市的边角上静卧着。加利福尼亚州的首府,没有设立在规模最大的洛杉矶市,而在萨克拉门托市;伊利诺伊州的州府,没有设立在大名鼎鼎的芝加哥,而设立在了名不见经传的斯普林菲尔德市;宾夕法尼亚州的首府不在美国圣地城市费城,而在哈里斯堡;马里兰州的州府不在美丽、壮阔的巴尔的摩市,而在小小的阿纳波利斯城;俄勒冈州也一样,它的州府没有设立在美丽而优雅的波特兰市,而设立在偏南一隅的萨勒姆城。到那里一看,还真的很寥廓,简直有些过于空旷的感觉。

这就奇怪了,美国的许多州府,为什么这么超脱? 莫非就是要这个派头? 存心要倜傥不群,离群索居? 您说对了。比如,纽约市的大财团和有巨大影响力的实业集团,三番五次要求州府迁移至纽约城。而奥尔巴尼市就是为了不沾染大城市资本集团,不受现世文化的习染,坚定地保持了自己相对独立的地位。这里还有社会、经济、政治、文化传统的深层原因。当然,也不全都如此。有些州的州府就是本州规模最大的城市。其实例有:印第安纳州的州府印第安纳波利斯、爱达荷州的州府博伊斯、夏威夷州的火奴鲁鲁、佐治亚州的州府亚特兰大市、科罗拉多州的丹佛市、阿肯色州的州府小石城、亚利桑那州的凤凰城、马萨诸塞州的波士顿市,等等。这些州府,又都是本州最大城市(当然,这其中包括一些州本身领土规模就如一座城市般大小,比如罗得岛州)。但是,这种类型的州,在美国50个州当中只有14个,大约仅占了28%,显然不能算主流特色。

中国则不然。社会、经济、文化、产业、军事、科技、教育、文艺，等各种资源，无不争先恐后地集中到首府麾下，人员、物资、财政、建筑物等的聚集效应立现，本地区立即在短暂繁华之后出现壅塞。这几乎是屡见不鲜的定则。道理在于，在旧有体制下，政治——社会4个子系统当中的一个——不合理地拥有着最大化的动员能力和吸引力。其余3个子系统，经济、文化和法律都要臣服在权力最大的政治之下。这就是中国大一统的政治经济社会文化当中长期占据支配地位的运行机制。在这个机制的钳制下，社会、经济、文化教育、生产事业、军事、科学技术、文学艺术等各种资源，无不牢牢地被设定在一个以政治为顶端的金字塔结构当中。首府城市的壅塞，就是这样无可逃遁地形成的。根源就是这个：集权体制带来的强大的支配能力和吸引能力，可以合并起来称为"冲顶效应"。

对比来看，在民主化体制下，政治不是最高的、唯一的权力部门。与政治平列的，存在着经济、文化、法律等社会的其他3个子系统。它们3个与政治，像餐桌上呈田字形排列的4个齿轮，组成一种联动、协调、配合的关系，牵一而动全体，共同而又各自发挥着自身的社会职能，平等地充当着社会联动推进器的作用，而并不仅仅听凭政治的支配和指挥，因而能够游离于政治之外。美国首都华盛顿以国会山为圆心辐射出几条大道，宾夕法尼亚大道、马萨诸塞大道、康涅狄格大道，各条大道的两旁，鳞次栉比地排列着各种利益集团驻首都的游说办公室。随便举例：退伍军人协会、枪支制造者协会、烟草生产者协会、教师协会、保护儿童协会、妇女权益协会、少数民族协调委员会、矿工协会、反对堕胎者协会、赞成堕胎者协会，等等，应有尽有，都会去国会表达和主张自己的利益，因而那里不会有成堆的"上访客"……对比来看，我国首都地面上，各种代表地方利益的驻京办事处，不仅包括各个省（区）和直辖市，甚至一个规模很小的外地城市，都会想方设法在北京设立驻京的办事机构。而这类机构，无一例外地，都代表着本地区地方政府的利益，都是纵式社会结构当中担当着上下级之间的纽带作用，而唯独缺乏通畅的民意表达渠道。

首府城市与首位城市的高度合一的现象，不利于社会的均衡发育和运行。一个国家出现这种现象仅只表明，这个国家政治行政动员和操控能力等同，取代了社会自身的有机运作，因而呈现出权力与社会高度合一格局，压抑了社会自身的活力和纠错机制。古典小说《官场现形记》记曰："问何以为官，曰：堂上一呼，阶下百诺。出则与马，入则高坐。见者侧目视，侧足立……"一呼百诺，前促后拥，是这种格局生动写照,怎能不越来越膨胀？纵式社会的垂直动员和操控能力,纵式结构带来的"冲顶效应"无疑助长了大都市的膨胀（大量与城市无关的机构都钻进城市，例如水利水电研究钻进严重缺水的城市，沙漠研究，海洋研究，森林公安消防指挥中心……许多小城市也来开办驻京中心），或者即使与城市有关，例如学校和医院，也因为纵式效应，将大量资源吸纳到首府首都圈内。

235

那么今后呢？随着新的市场经济决策的推行，随着社会发育的多元化趋势日益明显，这种局面会不会发生变化呢？比如说，有没有一些首府城市，甚至首都城市，要求迁移到比较僻远的地区去呢？很难说。韩国首都已经在酝酿迁都了，目的是争取综合效益，既有利于环境又有益于社会发育，何乐而不为？其实，首府城市舍弃繁华，深入穷乡僻壤，进军荒漠，对于促进生态文明和谐社会的发育，只要是高瞻远瞩，何尝不是一着高棋？新的疏解方案已经出台，乐见其成，收获长远的综合效益。

五、首府（都）意识滋生出的政策倾斜

在中国，如前所述，一座城市若有幸被选作首府或者首都，紧接着就会有一系列的从属机构纷纷聚拢，集中到"首脑身边"。所谓首府意识，其实是王朝思想意识残余，是王权唯我独尊思想的延续。这种思想意识指使下，诞生了一系列倾斜政策：投资倾斜、价格政策倾斜、设计规划倾斜，乃至文化市场、媒体等，都实行倾斜。菜价低廉、公交票价低廉、水费低廉、电费低廉、学费医疗费也并不高，人往高处走，众人纷纷趋利而来，首都首府大都市在如此大量的倾斜政策下，焉有不挤、不胀之理？

最后，学生们通过学习，对于当今城市问题写出如下体会，专门引述于此：

"整个社会缺乏一个纠错的机制，没有一个评判标准。在城市发展过程中产生的价值理念，包括工具价值和目标价值，以及二者的整合，是观察城市历史和破解文明进步奥秘的钥匙。鉴别真伪价值就要弄清工具价值和目标价值，如'让一部分人先富起来'，这本是工具，但被用作了目标，导致价值误判。"（郭颖）

"城市问题的根源之一，是未能对城市管理者和决策者，包括市长和镇长，进行全面的、系统的、持续不断的专业知识的启蒙和培训。"（佚名）

本章小结

城镇有问题并不稀奇，要紧的是认识分析和把握方向步骤。目前情况是症结认识不清，大家都在忙，忙不到症结问题上。刘易斯·芒福德说，"任何彻底的变革首先是价值观念的改变，是全社会首选物的改变，也就是首先看全社会把什么摆在首位……当今那种不加节制，不要终极目的，追求单一指标的进步概念，可能是当今这个非常狭隘的世纪中最为狭隘的思想概念。"城市规划理论家金经元先生积多年经验更委婉地说出这样的话："城市规划在实践中能在多大程度上尊重科学和关心人民，取决于社会进步的程度、统治者和被统治者力量对比、决策者的明智、人民的觉醒程度和城市规划师对问题的认识深度。要真正关心人，规划科学的完善最终还有待于社会素质大提

高和彻底消灭私有制。"这些都表明城市问题的解决有待于人类自身迅速跟进，包括认识水平和社会的结构性改造。都市形象是人类自身的投影。大都市规模失控膨胀，映射出人类不懂节制自身权力，不尊重自然局限和社会局限。

作业与思考

1. 城镇问题与社会文化主体性缺失有联系吗？体现在哪些地方？

2. 改革开放大背景下，城市社会结构的发育现状如何？前景如何？城市问题与它有什么联系？

3. 你认为中国大都市发展失控了吗？如何解释？

4. 如何疏解膨胀拥挤的大都市，请你给出一些对策。

5. 城镇当今各种问题之中，哪些是最紧迫最要害的问题？为什么？

第九章　城镇化：学理与实践

如今美国的城镇化飞速发展时期，就出现了一个自相矛盾的概念：也就是说，城市反而在它的快速发展时期，被彻底抹杀掉了……这其实都表明，决策者和操作者们根本就没有弄懂真正的城市功能是什么？根本就没有弄懂城市的真正目的何在？

——摘选自《刘易斯·芒福德著作精萃》

西方资本主义城市如今已成为城市的主要形制，这种形制在一定程度上首先主宰了世界。但是世界上最悠久最绵长的城市文化传统，仍然首推中国的城市文化传统。

——艾丹·索撒尔

农业革命让城市诞生于世界，工业革命让城市主宰了世界。信息革命会让城市彻底改变世界。

——本章文字

本章导读：城镇化体现了社会文明发育的进程，其最终目的是要实现更高水平的文明社会。因而，城镇化本身是过程，而不是归宿；是手段，而不是目的。颠倒这种关系，是当今中国城镇化战略指导中的最大认识偏误。本章节就此展开解析。

第一节 城镇化：学理与定义，基本历程和纳瑟姆曲线

一、城镇化涵盖两重概念——urbanization 与 urbanism

（一）何为城镇化？

城镇化，英文是 urbanization，urban（城市的）与 urbane（文雅的、守礼的）是同根字，city（城市）与 civilization（文明）也是同根字。这表明城市与文明有血缘联系，城镇化是文明化的同义语。走向城镇，不论规模大小，意味着走向文明和文明生活。背离这个含义和效果，城镇化就丧失了价值和宗旨。顺便说，本文采用"城镇化"而不用"城市化"是考虑到我国既有 666 座建制市，更有将近 3 万座建制镇。这些建制镇不应当不纳入讨论范围。更何况在大都市普遍陷入窘境的当下，小城镇战略意义日益凸现，成为举足轻重的回旋余地。

关于城镇化，有不同的定义方式：

第一个定义是：人口向城镇地带集中的过程，表现为城镇数量增多，以及城镇规模增大，也含有城镇地区人口生产、生活方式向非农领域转变（转自《大英百科全书》）。

第二个定义是：农业人口及土地向非农业的城市转化的现象及过程，包括人口职业的转变（农业人口不断减少，非农人口不断增加）、产业结构转变、土地及地域空间的变化。此过程中城市基础设施和公共服务不断提高，文化价值观和城市生活方式渐成主题，不断向农村扩散，也包括农村本身的城镇化。该定义主要体现在中国城镇化质量评估体系当中，这是从国家执行部门多年来的操作经验提炼出来的定义。

第三个定义是：人类从野性走向人性的过程——刘易斯·芒福德。

笔者认为以上 3 种说法各有侧重。其中第二个定义是操作层面，刘易斯·芒福德论述的是基本实质，而《大英百科全书》中的是现象上的基本法则。前两种过于在世俗层面上操作，忘记了根本的宗旨和目的，而刘易斯·芒福德一本又一本的大作不厌其烦地讲述的就是这个基本的原理。作为从事城市规划的学生，应该记住这 3 种说法，在执行过程中，尽量不丢掉其中的任何一个。

（二）城镇化始于何时？

我国讨论城镇化开始于 20 世纪 80 年代初，至今已经 30 余年。成果颇丰，已到了对其去伪存真、去粗取精的时候，而且已经具备足够能力。如果还是不能提出真确的城镇化的理解，说不过去了。但是争议随之而来，即使缩小在专业圈内，城镇化开始于何时存在争议。多数意见认为城镇化是随工业化开始的，城镇化水平是由数字表示的（城镇人口在总人口中的比例）。当今我国的城镇化达到 46% 左右，发达国家可能达到 70% ~ 80%。

那么，零突破开始于什么时候？是工业化吗？

通常主流观点认为比例达到 10% 以上才叫"城镇化"。但是如果是过程，就应该从零开始。零突破显而易见开始于全世界第一个城市的出现，理论上存在，但是实际上很难找到绝对正确的答案。

迄今为止人们普遍认为公元 7000 年前在巴勒斯坦的边界出现了人类第一个城市性聚落——加泰土丘，只是远未成为人类文明的主导力量（图 9-1）。

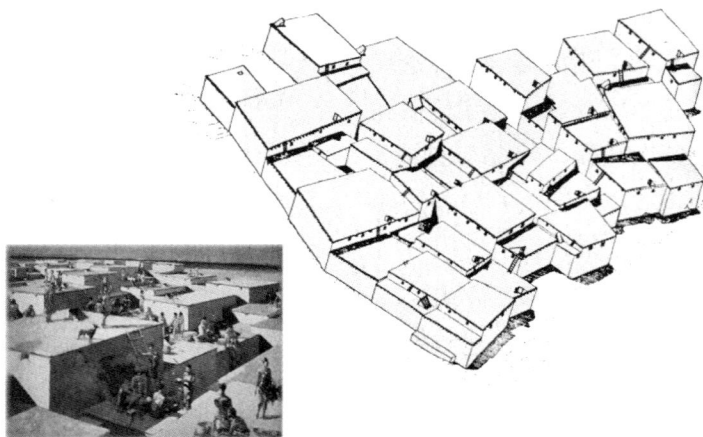

图 9-1　古代城市加泰土丘（Catal Huyuk），约公元前 6500 年，位于土耳其安纳托利亚（Anatolia）。左图为加泰土丘城镇的生活想象图
来源：http://vr.theatre.ntu.edu.tw/fineart/architect-wt/prehistory/catalhuyuk.htm

在 20 世纪，位于土耳其中部安纳托利亚的加泰土丘发现了一处城镇遗址。这是世界上最早的城镇，居民总共约有 7000 人，占地约 30 英亩，12 个建筑层涵盖了公元前 6500 ~ 前 5650 年之间的 1000 年。加泰土丘城镇的房屋是用砖砌成，整座城市呈蜂窝状排列，整齐划一。房屋没有门，但有窗子，人们从屋顶进入室内。由于房屋相连在一起，所以需要经过彼此的屋顶才能到自己的家。这类住屋大约有 1000 座，屋内涂抹灰泥，十分整洁，有些房间以壁画为装饰。

一万年前，当采集变成了农耕，狩猎变成了畜牧，村镇开始出现，预示着伟大的农业革命开始。各种陶器、水渠、牲口开始出现，形成人类文明的早期文化基因。但并未只有物质、技术的产物，还有与这些技术生物质量一起孕育的人心人性、人的情感和特征。现在的研究往往忽略了这一层，注重环境的改进、技术的追求，而忘了人类的状态，特别是情感心灵的纯洁。

二、农业革命让城市诞生于世界，工业革命让城市主宰了世界

笔者和陈占祥先生合译的《国外城市科学文选》，其中一段关于澳大利亚的城市革

命的论述非常经典，"农业革命使城市诞生于世界，工业革命使城市主宰了世界"。该论述说明，农业革命时期，城镇化已然开始了，只不过是涓涓细流，到了 19 世纪工业革命的高潮，城市开始主宰世界，城市成为汹涌的波涛。这期间，有漫长的孕育过程，不能被抹杀掉，这是城市的根，根丢失了，就不知道该何去何从了。城镇化并非始于工业革命，无需争论，求同存异，心存即可，以便得出一个更为深刻真切的答案。

第一次是农业革命浪潮，主要涉及作物种植和动物养殖。"经过这次革命性的变革，出现了农民和牧民的阶层，农产品的剩余也为城市奠定了物质基础。"

第二次是工业革命浪潮，这次革命把农民和牧民变成了机械的奴隶。工业革命直接促动了城市化进程，把世界人口越来越多地引向城市地区。正如吉斯特和费瓦所说："农业革命让城市诞生于世界，工业革命让城市主宰了世界。"

现在是第三次浪潮，于是这个著名的说法出现了又一种可能——信息革命，让城市彻底改造世界。[①] 究竟如何？我们拭目以待。

第二节 中国历史上的城镇化，兼论超稳定社会结构的形成

一、中国历史上的城镇化

《中华城市文化人类学》（Urban Anthropology in China）一书中提到，工业革命让城市主宰了世界，西方工业资本主义城市成为了全世界城市形象当中的领跑者和明星。但是我们的注意力不要全部被西方的工业城市吸引，世界上最悠久最绵长的城市文化传统在中国。在西方，对中国有所研究并能够提出此类真知灼见的人不多，而我们也真是不能妄自菲薄。

"The domination urban form is now the western industrial capitalist city, the first to domination, in a sense, the whole world. But the largest and continuous urban culture tradition is that of China." [②]

"西方资本主义城市如今已成为城市的主要形制，这种形制在一定程度上首先主宰了世界。但是世界上最悠久最绵长的城市文化传统，仍然首推中国的城市文化传统。"

500 年前，也就是元明之交时期的城市，主要分布在沿海地区、华北平原的北部及云贵高原地区。500 ~ 1000 年前的城市，也就是唐朝至元朝时期，这是一个城

---

① 转自费瓦和基斯特的文章《城市革命》第 26 页。见：北京市社会科学研究所城市研究室选编 . 国外城市科学文选 [M]. 宋俊岭，陈占祥译 . 贵阳：贵州人民出版社，1984。

② Greg Guldin, Aidan Southall. Urban Anthropology in China[J].China Journal，1993（34）.

市繁盛生长的时代。从分布上来讲，更为广泛，疏密有致。1000～2000年前，城市像繁密的星空。2000～3000年前，更为繁密，主要分布在黄河流域。

长江三角洲地区有河姆渡文化、良渚文化，那里长时间是文化繁华地带，从未衰落过。新的考古已经在杭州、绍兴附近，发现早期的木构建筑。独木舟15～16米，这种规格的独木舟已经能够在大洋近岸处航行，同时也发现了宫殿群的遗址。就在人们急切盼望发现王城的时候，考古工作却终止了脚步。但事实是清楚的，绍兴这样的名城，至少有3000年以上的文明，文韵久盛不衰，代有人杰，绵延数千年，一个参天大树仁立了两三千年，其根基会浅吗？三星堆，那样震撼的面具（图9-2），它表明组织权利、发达的生产力和技术，表明对人工调动的能力。但是在这个图里没有显示，有待大家继续完善。所以不要妄自菲薄，欧洲城镇化进程不到2000年，而我们有2000～3000年，只是很少著书立说。

图9-2 商代的青铜器，人头像方颐，有平顶和圆顶两种，大耳或竖耳，耳垂穿孔。蒜头鼻、阔口、颈较粗，头发向后披，脑后补铸发辫或发饰，现收藏于三星堆博物馆
来源：http://baike.baidu.com/view/11798232.htm#sub0

二、最悠久最连续的城市文化传统——中国乡绅阶层的形成及其社会作用

"乡绅最早源于宋朝的缙身之说，所谓'缙绅者，小民之望也。果能身先倡率，则民间趋事赴功者必多。'而乡绅作为固定的史料用语则始于明。'乡绅'之'乡'指'乡村'，且是作为当事人家乡的'乡村'，故此人一般与本地有宗族血亲联系纽带。而乡绅之'绅'则指'绅带'，所谓'子张书诸绅（论语·卫灵公）。'借代为有做官经验或者有做官可能之仕子。故从起源看，这些乡绅原本就是本地人，能读书，会写字，有一定知识和一定资产，有较丰富的社会联系。所以'乡绅'意指居住在自家家乡的缙绅。从明清开始，乡绅作为官吏和乡民之间的过渡阶层，一直扮演着国家和乡村社会之间的调节器。所谓'国权不下县，县下惟宗族，宗族皆自治，自治靠伦理，伦理造乡绅'。"[①]

究其原因可从三方面理解：首先，乡土社会是安土重迁的，系生于斯，长于斯，死于斯的社会。这种稳定的社会关系使得人们只需要对经验文化"学而时习之"就足以获得生活保障。而这种共同遵守的习惯，就是"礼治"的基础。其次，国家权利逐

---

① 凌莉萍.中国乡村的新乡绅时代——都市精英回归乡村[N].企业家日报，2013-09-07.本文书录过程中，略有增删。

步退出乡村（或根本就未能亦不必发育到进入乡村之深度）带来了权力真空。"礼治"取代"法治（吏治）"维持了乡村社会秩序。最后，学堂和科举生涯为乡绅阶层营造了上通帝王的政治资源，以及下连乡里讲授儒学教义的文化地位和资源。他们可以自由游走在朝廷国家和民间社会之间。从此，乡绅作为宗族核心人物，便成了广大乡村社会"礼治"现实的缔造者和执行人。

当然，"礼治"的范围远不限于培养谦谦君子，它涉及组织、协调乡民完成各种社会任务、生产事业以及环境治理，乃至本社区的横向纵向对外关系，否则不足以满足一般社会公众各阶层的基本生活需要。其具体任务则包括修桥铺路、围仓划田、乡规民约、维护传统道德法纪、风俗等很具体的生活必须。电视剧《白鹿原》对此提供了极好的图解。稳定而强大的乡绅阶层巧妙地运用由朝廷律治所带来的非正式（半正式）权力实现了一定程度的乡村自治，而且将这种局面维持了成百上千年，营造出一个比较理想的农乡和谐社会。但是到了19世纪后半叶，随一次次对外战争失利，皇权变迁，西学东渐，西方思潮涌入，尤其在1905年废除科举考试，传统乡绅阶层开始分化。大量思想先进的乡绅离开农村进入城市，从事实业或文化教育事业。留在乡村的大多数乡绅，则非愚即谲。当时有人评论说，"今之所谓绅士，愚者八股外无所知。谲者把持公事，唯利是图。"

三、新时代"乡绅"对乡村建设的贡献

从中国城镇化变化趋势来看，城市衍生于乡村（此说有待商榷）。中国真正的城市时代开启于改革开放。换句话说，今天都市人的原始故乡其实就是乡村。因此乡愁是一种普适和永恒的情结。归隐乡村是中国读书人一种永远的冲动。如陶渊明《桃花源记》所表示的，千百年来人们总是在疲倦时本能地切望回归母体，回归乡村所代表的超脱与自在。但是，伴随着社会经济的发展进步，城市越来越集约。人们聚集在城市之中，每天面对聚集带来的机遇和挑战，逐渐沦为提高城市效率的机器。回到乡村，回到广阔的乡村田野，体验原生态生活态度选择，已经从类似作秀升级为自觉的取舍。

当然，除乡村情结外，创业商机也是一个不容忽视的返乡动因。而且这两者又有天然联系。某种意义上说，乡村情结创造了乡村市场和乡村商机，两者相辅相成。在这两大驱动力作用下，大量都市精英带着情感、眼界、抱负、资金、资源……来到乡村。其初衷或许并没有那么宏远，但他们投入到乡村的资本和精力，都多多少少融入乡村社会发展和环境建设事业中来。从实际效果看，这些都市精英就是新时代的新乡绅。

参照有关资料可以把这些都市精英融入乡村的方式总括为三类：

（一）新乡绅投资新农业

在食品安全备受关注，农业旅游方兴未艾的大背景下，越来越多的城市精英看出

蕴藏在农村的巨大经济潜力。他们带着自己对乡村的热爱，带着资金的积蓄，带着市场触觉来到乡村，投身、投资新农业。他们用新知识探索新道路，继承农业古老理念，颠覆了大机器大技术模式的所谓现代农业实践。他们的探索和成绩，启发了当地农民，一场新的生态农业革命，正在铺展开来。最典型的例子就是台湾地区的家庭农场：土地资源的限制，决定了台湾地区不可能走规模经营的现代化大农业，而只能走精致农业的路线。在相关政策引导之下，很多都市精英甚至公务员都回到了乡村，开办休闲农场。将一产农业向高附加值的六产农业演进。例如台湾台东县太平生态农场的农场主就是一位从海军军官学校退役的官员。

更值得一提的是，中科院植物研究所首席研究员蒋高明教授，在其家乡山东平邑县进行的生态农业试验。从 2005 年开始蒋高明教授就在弘毅生态农场，将生态学原理用于农业生产实践。他摒弃了传统的化肥、农药、除草剂、农膜、添加剂、转基因等技术手段，总结推广了农业的三种循环运作模式——"秸秆—面包草—牛—牛粪—沼气—农田"循环模式；"庄稼—害虫—诱虫灯—鸡"循环模式，以及"秸秆—牛—牛粪—昆虫（蚯蚓、黄粉虫等）—鸡"的循环模式。通过这种新型的农业发展模式生产出纯正的有机食品，增加了农民收入，带动了劳动就业，实现了农业可持续发展。

除此之外，一些大企业也开始涉足新农业。联想旗下的佳沃集团 2010 年开始涉足现代农业投资领域，先后在山东、辽宁、四川、湖北等地建成包括苗木繁育在内，总面积达 15000 亩的规模化基地。以生态、绿色的品牌建设提高农业附加值。这种资本下乡投资建设新农业的战略选择不限于联想，丁磊养猪、王健林种菜、刘强东种稻……新乡绅与新农业的结合已经逐渐成为一股潮流。

（二）新乡绅建设新农村

不局限于新农业，一大批新乡绅将目光放大到了新农村的研究与建设开发当中。学者熊培云、梁鸿通过深入的乡村调查和实地生活感受，分别创作了《一个村庄里的中国》《中国在梁庄》。他们的研究工作将村庄建设放大到每个公众面前。他们对于乡村建设的关切，使得他们所代表的新乡绅阶层与乡村建设紧密地联系在一起。除了乡村研究，还有很多的都市精英都亲身参与到乡村建设实践当中。

以北京怀柔雁栖不夜谷为例，很多外来投资者依托长城和周边景区资源发展协调性休闲，其示范作用带动了一大批"洋家乐"。比起农家乐，这种"洋家乐"不仅在外观上与外界自然环境更加融合，在功能上也更加丰富。从新西兰回来的林宪君先生仿照新西兰著名度假小镇皇后镇，在怀柔雁栖不夜谷建造了北京的皇后镇度假村。在这里，人们可以居住在外域风情浓郁的小木屋里，可以去周围果园采摘，可以坐在庭院饮用咖啡，也可以与友人一起烧烤……著名建筑师李晓东则在雁栖不夜谷设计建造了篱苑书屋，为隐居农家院落增加了一个文化场所。这建筑本身也成为大自然中一处景点，它由 4.5 万根柴火搭建而成。每一个来书屋读书的人，都被要求带上 3 本书前往，离开的时候，则可以从那里带走一本心仪的书。这也是作为第一个公益性乡村图书馆可持续发展的有效经营模式。

（三）新乡绅培育新农民

新农业、新农村之外，还有很多退役军官、媒体工作者，以及普通的城市人一直在不断涌入乡村，为农民及其后代提供就业岗位、教育培训，甚至争取政治权利。

2011 年 9 月的乌坎事件成就了回家养老的林祖銮。这位 62 岁的退休老人，被推举为村委会干部，领导乌坎人探索新时代条件下农村自治的新模式。虽然前路茫茫，举步维艰，但至少林祖銮在乡村政治晦暗的背景下给大家带来了些许希望。大部分乌坎人还是对这位新乡绅充满信心的。台湾地区《中国时报》原资深记者张平宜在四川凉山大营盘"麻风病村"支教 12 年，以"最朴素的母亲养育了"充满希望的最稚嫩的心灵们。从 20 世纪 90 年代中期开始，大学生完成学业之后离开城市到农村去当村官、去支教、去用他们的知识经验建设乡村文明，培养新时代的新农民。这种反向郊区化新农民的队伍正在成长壮大。

四、纵式结构与横向结构的有机组合

中国几千年来的超稳定结构的形成，恰巧是这两套结构最巧妙的结合。封建皇帝往下，通过科举制，建立纵式官员制度，到郡县为止。县太爷以下（七品以下），就交给民间了，民间往往有乡绅这个阶层。乡绅有学问，甚至是举人，他们不做官，住在乡间。古代农村那些大宅院住的都是这些有钱、读过书、有知识、有理想的乡绅，他们去经管乡里事物。纵向是官场社会，横向是民间社会。民间社会有种田的、做工的、做豆腐的、教书的、看病的、算命的。农民造反造到县太爷这个阶层为止。这种纵式和横式的有机结合就解释了中国农业社会文明数千年超稳定结构的来源。

第三节　当今城镇化实践与诸多问题

一、新中国成立以来的城镇化实践概述

新中国成立以来，中国的城镇化发展经历了三个阶段：

（一）新中国成立到改革开放前的缓慢起步阶段（1949~1978 年）

新中国成立之初，城镇化水平只有 10.64%，到 1978 年我国城镇化水平只提高到 17.92%，设市城市由 132 个增至 193 个，仅增加 61 个（表 9-1）。

1949 ～ 1978 年我国城镇化进程 表 9-1

年份	全国人口（万人）	市镇人口（万人）	城市化率（%）	城市化年均增长百分点	城市总数（座）	城市年均增加数（座）	建制镇总数（座）
1949	54167	5765	10.64		132		2000
1950	55196	6169	11.18				
1952		7163	12.50		160		
1955	61465	8285	13.48				
1957		9949			177		
1960	66207	13073	19.75				
1965	72538	13046	17.99				
1970	82992	14424	17.38				
1975	92420	16030	17.34				
1976	93717	16341	17.44	0.10			
1977	94974	16669	17.55	0.11			
1978	96259	17245	17.92	0.37	193		

资料来源：中国统计年鉴

（二）改革开放以来到 20 世纪末的加速发展阶段（1978~2000 年）

1978 ～ 2000 年城市化水平由 17.92% 上升到 36.22%，年均增加 0.83 个百分点，设市城市由 193 个增至 663 个，建制镇由 2173 个增加至 20312 个（表 9-2），增加迅速。

1978 ～ 2000 年我国城市化发展基本情况 表 9-2

年份	全国人口（万人）	市镇人口（万人）	城市化率（%）	城市化年均增长百分点	城市总数（座）	城市年均增加数（座）	建制镇总数（座）
1978	96259	17245	17.92	0.36	193	5	2173
1980	98705	19140	19.39	0.43	223	7	2874
1985	105851	25094	23.71	0.69	324	24	7511
1990	114333	30191	26.41	0.20	467	17	
1995	121121	35174	29.04	1.44	640	18	15043
1996	122389	37304	30.48	1.43	666	26	17770
1997	123626	39449	31.91	1.44	668	2	18000
1998	124761	41608	33.35	1.43	668	0	19060
1999	125786	43748	34.78	1.44	667	−1	19184
2000	126743	45906	36.22	1.44	663	−4	20312

资料来源：中国统计年鉴

（三）21 世纪以来的快速发展阶段（2001 ～ 2009 年）

2000 ～ 2009 年我国城镇化正式制定了加速城镇化发展的总体战略，经历了小城镇规模扩张时期、城镇群发展时期等阶段。2009 年城镇化率达 46.59%，2000 ～ 2009 年城镇化年均增加 1.15 个百分点，速度进一步加快（表 9-3）。

<table>
<tr><td colspan="8">2001 ～ 2009 年我国城镇化进程</td><td>表 9-3</td></tr>
<tr>
<th>年份</th>
<th>全国人口
（万人）</th>
<th>市镇人口
（万人）</th>
<th>城市化率
（%）</th>
<th>城市化年均
增长百分点</th>
<th>城市总数
（座）</th>
<th>城市年均增加
数（座）</th>
<th>建制镇总数
（座）</th>
</tr>
<tr><td>2001</td><td>127627</td><td>48064</td><td>37.66</td><td>1.44</td><td>662</td><td>−1</td><td>20374</td></tr>
<tr><td>2002</td><td>128453</td><td>50212</td><td>39.09</td><td>1.43</td><td>660</td><td>−2</td><td>20601</td></tr>
<tr><td>2003</td><td>129227</td><td>52376</td><td>40.53</td><td>1.44</td><td>660</td><td>0</td><td>20226</td></tr>
<tr><td>2004</td><td>129988</td><td>54283</td><td>41.76</td><td>1.23</td><td>661</td><td>1</td><td>19883</td></tr>
<tr><td>2005</td><td>130756</td><td>56212</td><td>42.99</td><td>1.23</td><td>661</td><td>0</td><td></td></tr>
<tr><td>2006</td><td>131448</td><td>57706</td><td>43.90</td><td>0.91</td><td>656</td><td>−5</td><td>17652</td></tr>
<tr><td>2007</td><td>132129</td><td>59379</td><td>44.94</td><td>1.04</td><td>655</td><td>−1</td><td>16711</td></tr>
<tr><td>2008</td><td>132802</td><td>60667</td><td>45.68</td><td>0.74</td><td>655</td><td>0</td><td></td></tr>
<tr><td>2009</td><td>133474</td><td>62186</td><td>46.59</td><td>0.91</td><td></td><td></td><td></td></tr>
</table>

资料来源：中国统计年鉴

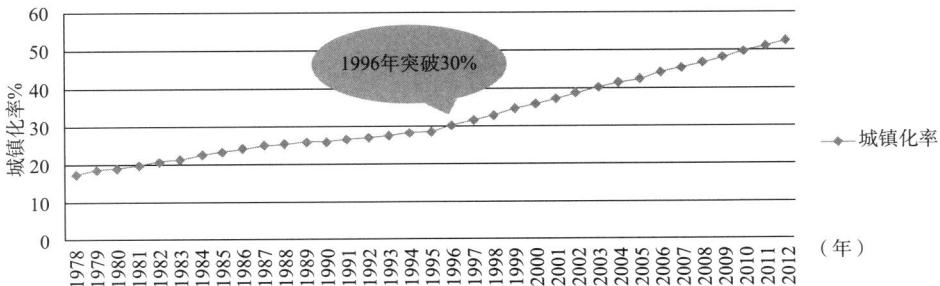

图 9-3　1978 年以来的中国城镇化率

来源：《中国统计年鉴》2013

图 9-3 表示的中国城镇化率的速度。改革开放以来，城镇人口经过 1979 ～ 1984 年的短暂恢复发展阶段，就迅速进入稳定发展和快速发展阶段。1978 ～ 2012 年城镇人口由 17245 万人增加到 71182 万人，净增 53937 万人。每年平均增加 1453 万人，是 1949 ～ 1978 年间城镇人口每年净增数量的 4.04 倍。其中 1996 ～ 2012 年城镇人口更以每年 2118 万人的速度递增，是 1949 ～ 1978 年间城镇人口每年净增数量的 5.3 倍。随着城镇人口的迅速增加，中国城镇化水平从 1978 年的 17.92% 上升到 2012 年的 52.57%，共上升了 34.65 个百分点，年均增加 0.93 个百分点。与 1949 ～ 1978 年间年

均增加 0.25 个百分点相比，提高了 0.77 个百分点。城镇化速度明显加快。①

城镇化进程像喷气式飞机起飞的过程，从零突破后开始慢慢走，在第一个临界点 30% 拔地而起，进入快速阶段。通过第二个临界点 60% ~ 70%，失去迅猛的势头，恢复到平稳成熟期。中国在哪里？快接近终点了。中国是城镇化最新的新秀。这条纳瑟姆曲线是分析把握一个国家或一个地区非常终点的一个模型、思路和线索。

纳瑟姆曲线：纳瑟姆（Ray M. Northam）用一条曲线归纳了世界各国城镇化的共同规律（图9-4）。而且，纳瑟姆认为这条城镇化曲线与该国或地区的经济发展水平走势保持着粗略的线性关系。

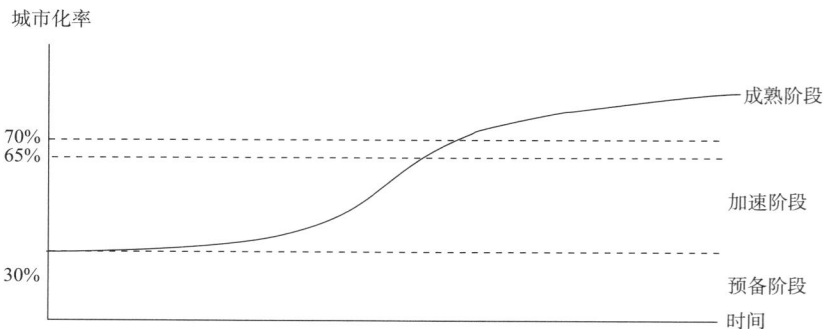

图 9-4　纳瑟姆城镇化共同规律曲线：城市化的三个阶段——预备阶段、快速阶段和成熟阶段

二、混淆手段与目的、途径与归宿——"百分之百的城镇化"是否可能？是否必要？是否有益？

根据我们现在的统计方式，说我们的国家里一个农民都没有，所以我们的城镇化水平是100%，这是顺理成章的。但是如果我们将城镇化理解为刘易斯·芒福德所说"从野性到人性的过程"，这话我们还敢说吗？但是统计数据为什么会出现100%呢？这是值得讨论的。

笔者曾经到过刘易斯·芒福德的家乡。他20世纪30年代就离开了纽约，住进了一个小村庄阿米尼亚（Amenia），这个小村庄有漂亮的图书馆，有铺装的道路、街灯、花坛，拥有一个健康城市的一切设施。那里不仅环境质量很好，还是大学者聚集的地方。真正是"谈笑有鸿儒，往来无白丁"：诗人、画家、音乐家经常在那里聚会。但它仍然是乡村。为什么在美国的城镇化水平上，他并未占百分比呢？就是因为依据美国的统计数据，人口不足2500的地区不算城市。

---

① 节选自：马晓河，胡拥军.中国城镇化进程、面临问题及其总体布局 [J]. 改革，2010，10:30-45。

这就表明，各地区对于城镇化的统计都并未真实反映城镇化水平，部分地区已然达到城镇化，但并未算入城镇化指标中；而还有一部分地区，情况则刚好相反。

近年来，有关部门开展城镇化质量测评，导致许多城市攀比城镇化水平，有些很快达到90%的，百分之百地宣布出来。一下子城市化成了目标，成了归宿。错了，决策层的概念错了，城市化是什么？城市化是过程，城市化是途径，不是归宿啊。城市化是手段，不是目的。这些逻辑的、常识性的东西在管理层面是混淆的，完全违背了城乡均衡、协同发展的基本原理和历史事实。

三、礼俗社会与法理社会——理论盲区

礼俗社会与法理社会：社会学研究的两个研究范畴，原系德国社会学家菲迪南·托尼斯（Ferninand Tonnies，1855—1936年）首先想到，并于1887年以此为标题发表专著，生前就出了7个版本，其中以1912年的第二版最为成功。从理解上说，维系人类社群团结须有社会联结纽带，诸如血亲、效忠、庇佑、联姻、归顺、结盟、统属、契约、互换、保护、奖惩……这些纽带简单地说分为两种，一种本质上是礼俗，例如乡村；另一种本质上是法理，例如都市。这对术语就分别指称两类不同社会纽带形成的社会群体类型。

学科历史上看，托尼斯观察对比纷纭复杂的人类组织、人类活动和社会现象，予以逻辑分析和归类。为便于理解、分辨和研究，最初杜撰了这一对对偶概念，并称之为"类别标准"（normal types）。因此，这对概念原来属于认知工具（conceptual tool），后来被哲学家和社会学家马克斯·韦伯（Max Weber，1864—1920年）继承过来予以发展，称之为"理想标准"（ideal type），上升为一种新的概念。而且认为这对概念反映了人类社会文明发展变迁和进步过程中最重要的元素。

这样，这个思想概念很快在欧洲重新点燃了一连串热闹非凡的社团组合思想复兴浪潮以及社会组织改革运动，包括新中世纪文化复兴运动（Neo-medievalism）、行会社会主义（guild-socialism），这些社会思想反过来也促进了社会学研究的进一步发展。

礼俗社会和法理社会的特征分述如下：

礼俗社会（Gemeinschaft）：在英文中常常翻译为community，这种礼俗社会组织的成员，核心特征是群体成员关注群体利益，就像关注自身利益，若非有甚之。成员的行为活动遵守公共道德和风俗习惯，并且相信每个成员都自觉遵守该集体的责任和义务，对集体负责，对他人负责。托尼斯1922年说礼俗社会团体的突出特征就是"统一意志"（unity of will），并且认为家庭就是这类社群的最佳样本。但是他也认为，除了亲缘关系纽带之外，共享生活空间、共享思想信仰，都可以成为礼俗社会的基础。他举例说，流散到世界各地的同一宗教成员，尽管远离故土举目无亲，仍然能凭借信仰和风俗习惯找到亲人。因而他们仍有可能形成一个遍布世界的礼俗社会。另一特征是礼俗社会成员的身份可以继承，可以随出生环境背景承袭家族身份地位（ascribed status）。这样的风习走向极端就是印度电影中所说的"法官的儿子永远是法官，贼的儿子永远是贼"，甚至至死不变。

除上述因素，适度劳动和职业分工、牢固的人伦关系、根深蒂固的家族历史、较简单原始的社会惯例，都是形成礼俗社会的动力。礼俗社会基本无须动用外部控制力量来维系群体团结，它有强烈的集体观念、忠诚心理，足够维护群体团结。因此，当群体利益与个体利益发生冲突时，群体利益无条件压倒个体利益，个体命运只有服从群体格局才有生存空间。从世界全局来看，礼俗社会构成坚久的传统势力。

对比来看，法理社会（gesellschaft），英文常译为 society，或者 civil society（公民社会）、association（社会联盟）。与前者形成对照，法理社会组织缺乏共同的道德基础，它的存在运行完全依赖全体成员个人充分实现各自利益的行为和活动。因此，现代化企业常常成为法理社会组织的最佳样本。这种组织内，员工、经理、董事会成员彼此之间在信仰、道德、价值判断方面可能基本上没有共同语言，他们甚或并不十分关心自己生产的产品，但是他们都来上班，都来挣钱，自然就符合大家的利益。企业因而得以存继。法理社会成员的核心含义，是奋斗得来的身份（achieved status）。这种身份要靠读大学、继续深造、就业、进取、晋升，总之，精诚所至，金石为开，功成名就，水到渠成，没有祖传能世袭的优越权力和地位。

它不像礼俗社会，以首属群体（Primdry group）为社会主导骨干，而依赖次级群体联系（secondary relationship）作为主导骨干；不依赖家族的或者社区的人际关系纽带，因而社会组织中没那么多的忠孝仁爱、忠诚叛逆。法理社会的社会凝聚力主要来源于精微致密的专业劳动分工协作。一般来说，这样的社会组织容易爆发阶级斗争以及族群或人种间的斗争。

转型时期的社会组织，这种情况就复杂得多。例如美国社会复兴时期的社会动荡，就导致了礼俗社会群体中社会类别更加复杂，原因是以往的奴隶阶层组成了新型社区，既有新的法理社会特征，却又不可能完全摆脱原来奴隶制群体内的礼俗社会血亲纽带。因而这种社区内的社会构成和斗争就非常错综复杂。

当今世界礼俗社会最为典型的代表就是美国宾夕法尼亚州东北部的艾米什人（The Amish）。而这个群体却生活在当今世界上最为典型的法理社会——美国之中。

结构功能主义社会学派代表人物塔尔科特·帕森斯（Talcott Parsons，1902～1979年）认为，礼俗社会代表一种宿命社会，生死相依、同甘共苦，不像法理社会那样，个体成员可根据各自价值理想去追求合情合理的幸福和利益。

托尼斯起初发明这个概念是为了建立"识别特征（或者类别标准）"，属于社会学纯概念范畴。在应用社会学领域内，他认为可能会发现两者的混合形态，并且准备做对比观察和试验研究。这是社会学研究的一个很重要的开端。

重温这些学理概念，有助于深刻理解城镇化高速发育阶段喷薄欲出的社会活力和激烈的社会矛盾，乃至冲突和斗争及其深刻的根源；有助于看清楚转型社会面临的结构性改造这个时代主题和必然选择，有利于清醒头脑、克服理论盲区，下定决心优化战略决策。

四、中国城镇化实践中遇到的诸多问题

（一）中国城镇化

若有机会，需补充西安半坡遗址丰富的人文内涵——城市文明的准备，但是学术界没有这个框架，以至于改革开放后很快出版了一本名为《中华古文明大图集》的著作，这部名著的操办者握有雄厚的资源，共8卷，主要包括始祖（神话卜易）、神农（农桑六畜）、铸鼎（陶铜营造）、通市（商贸驿道）、社稷（文治武功）、文渊（书卷经典）、世风（书画民风）、颐寿（中医中药）。这部著作里没有文明的容器——城镇，以至于书中内容的有机联系就无法梳理出来。

城市的本质是文化的容器、文明的筑模。而我国的城市发展状态是：铜早就熔了，已经开始浇筑，可是模子还没筑好，边浇边筑，于是各类建筑，丑态百出，各种产业，不加选拣。决策者们不知道城市的混乱直接导致人心的混乱，城市的无序是社会组织的无序，城市的低能反映人的低能。优良的中国古典先民，曾经是有序的、优美的城市环境中筑塑出来的。他们不懂这个关系，所以小看了城市设计，小看了城市原理，小看了城市规划，小看了这些要素之间正确的关系。

（二）中国城镇化：首位城市和首府城市

中国的社会有个文化传统，向来对于民众有这样的诱导：东西南北中，无不是以资源占有优势和规模最大来体现领导地位。于是乎，社会、经济、文化、产业、军事、科技、教育、文艺等各种资源，无不争先恐后地集中到首府麾下。人员、物资、财政、建筑物等的聚集效应立现。本地区立即在短暂繁华之后出现壅塞。这几乎是屡见不鲜的定则。道理在于，在旧有体制下，政治——社会4个子系统当中的一个——不合理地拥有着最大化的动员能力和吸引力；其余3个子系统——经济、文化和法律，都要臣服在权力最大的政治之下。首府城市的逐渐膨胀、饱和、壅塞，就是这样无可逃遁地形成的。对比来看，在民主化体制下，政治不是一个最高的、唯一的权力部门。与政治平列的，还有经济、文化、法律等其他3个子系统。它们3个与政治，像田字形排列的4个齿轮，组成一种联动、协调、配合的关系，牵一而动全体。[1]首府城市与首位城市的高度合一现象，不利于社会的均衡发育和运行。

一个国家出现这种现象仅表明，这个国家的政治行政动员和操控能力等同，取代了社会自身的有机运作，因而呈现出权力运作与社会运行力求合一的格局，压抑了社

---

① 宋俊岭.中美首位城市与首府城市对比与思考[J].北京城市学院报，2011（3）。

会自身的活力和纠错机制。

（三）中国城镇化：城乡结合部与城中村的问题

城镇化的过程实际上是资源的重组与人口的重新分布的过程，进程中产生一系列城镇问题，大家熟知的如环境污染、生活质量下降、疏离感、亚健康等。华北的地下水大漏斗；永定河干涸；沧州楼房下沉，二层成了半地下室，就是因为超采地下水。这并不是一般的城市问题。大城市让人想逃跑，我们的城市化进程是遭遇了瓶颈还是走进了死胡同？

日裔美国学生久朗津欣子（Yoshiko Kurotsu）偶然发现中国农民工的生存状态，听过我的课之后，决定以此为题材作独立研究，其间拍摄了一系列照片（图9-5～图9-9）。拍摄的地点是十多年前北京北郊龙王塘洼里乡清河东侧，其中一个是废料、布料收集场，这个看起来不起眼的小厂，理念却十分宝贵——循环经济。这些收集来的东西丢弃到土壤里就毁了，土壤也污染了。我们曾经有这样好的传统，现在却丢弃了。只要将它正式的产业化，提供很好的劳保、很好的技术，让工人们不那么受罪，便是文明中很好的现象。

图 9-5　京郊的布料收集厂
（久朗津欣子　摄）

图 9-6　留学生与北京农民工子弟小学校长
（久朗津欣子　摄）

图 9-7　带着孩子上班的工人
（久朗津欣子　摄）

图 9-8　农民工子女上学

照片中的浙江村制衣厂，工作的人们由于从事的职业，被统计为已经城市化的人口，而他们的生活质量如何呢？他们要带着未入学的孩子一起上班，入学的农民工子女的读书环境也是极其恶劣，工厂和民工居住的宿舍连在一起。就在我们采访完这个村子三五天之后，北京晚报报道了一个消息，那里发生大火，起火原因是用于取暖的炉火引燃了堆积在门口的废布料，三名打工妹死于火灾。

图 9-9　火灾后未被清理的作坊
（久朗津欣子　摄）

学生强烈要求再去一次。我们去的时候现场已经被清理干净，只剩些焦煳的痕迹。学生在院子一声不响地看、想，待了很长时间，长得让我当时无法理解。她心中想的具体是什么我不知道，但是我知道她在心中逐一还原火灾经过，甚至默悼几位蒙难女子……她的情感是非常珍贵的。

这时期考察中发现，乡村居然在萎缩，这让我非常震惊。这是来北大讲课之前不曾获得的信息。内蒙古草原多少个世代，天苍苍野茫茫，风吹草低见牛羊。草萎缩了，小溪干涸了，村子居然先从生态基础层面开始败落了。北京的南面，也听到了类似的情况。多少条河历代流水不断，都干涸了。乡村的退化这个警号比什么都严重，它让城市没有退路。别小看了乡村，除了给你粮食这些最基本的支持以外，还是情感的保护海洋，乡村人的情感往往更深厚。

另外，城中村整治已经涉及 100 个城中村，给予相应的投资，比如大望京村、北坞村，然后流动人口减少了，原来这个地方的流动人口占 2/3。这些流动人口都往外迁移了。以这样的一种模式来解决城乡结合部的问题，实际上是使得城乡结合部向外扩散，而不是解决了。但是究竟是不是城市不能容忍这种低端的城市生活？我们也去过巴西的首都，那里有大量的流动人口。上海当年的棚户区，也是苏北人的落脚点。城市应该更加包容，应该包容不同经济能力的人。

（四）城镇化动力比较：内源与外源

学者研究表明，在实际的历史进程中，通向现代化的多样性道路大致概括成两大不同的起源，从而形成不同类型的现代化过程：内源的现代化（moderning from within）、外源或外诱的现代化（moderning from without）。内源的现代化是以工业革命和工业化带动整个社会其他方面的变革；外源的现代化变革顺序则有不同，一般是社会和思想层面的变革和政治变革发生在前，而工业化发生在后。[①]

---

① 罗荣渠. 现代化新论——世界与中国的现代化进程 [M]. 北京：北京大学出版社，1993：124。

内源的现代化是一个自发的、自上而下的渐进变革过程，经济与政治权势的转移是非常缓慢的，变革引起的社会矛盾和社会动荡是十分缓慢的。外源的现代化则是在自身内部因素软弱或不足的条件下，外来因素的冲击和压力形成的动力。因此外部因素作用超过内部因素，各种社会矛盾和动荡的发生是集中的、急速的、大幅度的，一旦造成剧烈的社会分裂与敌对斗争，就难以保持稳定的文化秩序，经历的曲折与反复也多，不易保持改革的连续性，有时会出现"断裂"。[①]

中国的城镇化是非自觉的，外源主导。学者认为，自 1949 年以后，中国的城镇化动力取决于政府在不同阶段的政治抉择。[②] 尤其得益于十一届三中全会大的决策转折，把党的工作重心转移到经济建设中，我们称之为"观念的转变"，一下子把好多闸门都打开了。社会评论家认为中国城镇化的主题词即为"断裂"。所谓的"断裂"现象在我们的日常生活中十分普遍，行业断裂、居民和生态基础的断裂、上下级的断裂、清流不断的小溪干涸断裂。不仅城市，乡村也出现了这种状况。

欧洲的城镇化是由意识形态作为动力的成分，但是很显然仍然与现代工业生产力的发展相关，欧洲的城镇化主要动力是技术和资本。如由大机器生产及工厂制度确立所引致的社会资本与人力资源在配置方向上的转变；资本及人口的集中又导致了城市化趋势的出现，市场的极度扩展根本地改变了以往生产、分配、消费等各种制度，并要求建立新的结构秩序；由此又导致了社会其他方面的变化。

以新中国成立以来的城镇制度变迁为例：在影响中国城镇化的制度因素中，核心是城乡二元户籍制度以及社会福利制度。新中国成立初期，中国劳动力流动和人口迁徙是自由的。从 20 世纪 50 年代初期起，为配合国家的优先发展重工业战略，开始一步一步地限制农村人口向城市流动。1957 年中共中央国务院发布《关于制止农村人口盲目外流的指示》。1958 年国务院发布《中华人民共和国户口管理登记条例》，此后以户口制度为基础先后又制定了粮食、副食品、燃料、住房、教育、就业、医疗、养老、婚姻等制度，这些制度安排把城市人和农村人分成两个不同的二元世界和两种不同的身份。在此制度限制下，中国的城镇化缺乏农村劳动力流动和人口转移支持，导致城镇化长期落后于工业化。

从 20 世纪 80 年代起，城乡二元的就业制度开始解冻。从 20 世纪 90 年代以来，为适应农村劳动力大规模跨地区流动的要求，户籍制度的壁垒先从小城镇被打破。1993 年 11 月党的十四届三中全会强调逐步改革小城镇的户籍管理制度，允许农民进入小城镇务工经商，发展农村第三产业，促进农村富余劳动力的转移。从 2003 年以来中国城乡关系进入新的发展阶段。党的十六届三中全会明确指出，在城市有稳定职业

① 陈征平，俞晓玲．中国城镇化动力模式演变与法发展抉择 [J]．经济问题探索，2005（02）。
② 陈征平，俞晓玲．中国城镇化动力模式演变与法发展抉择 [J]．经济问题探索，2005（02）。

和住所的农业人口可按当地规定在就业地域居住地登记户籍，并依法享有当地居民应有的权利，承担应尽的义务。2010 年中央（一号文件）提出深化户籍制度改革，加快落实放宽中、小城市小城镇，特别是县城和中心镇落户条件的政策，促进符合条件的农业转移人口在城镇落户，并享有与当地城镇居民同等的权益，采取有针对性的措施着力解决新生代农民工问题。城镇化作为中国国家战略首次提出是在 2001 年的国家第十个五年规划中。2012 年召开的党的十八大再次将城镇化与新型工业化、信息化、农业现代化并列作为推动中国未来新一轮发展的"新四化"。[1]

（五）发展的困惑：城市化还是城镇化？

1. 城镇等级制度与大都市带

德语依照城镇规模形成一系列词汇，dorf kleinstadt……英语如法炮制，形成 eopolis（原型城镇），polis（城堡），metropolis（大城市），megalopolis（特大城市），conurbation（城市群）。中国现实实践中为建制镇、县级市、地级市、直辖市等几个管辖级别。

1957 年城市地理学家戈特曼（Gottmann）发表了具有划时代意义的著名论文《大都市带：美国东北海岸的城市化》(Megalopolis：Urbanized Northeastern Seaboard of the United States)，并由此开辟了城市地理学的一个崭新的研究领域。他认为在大都市带（Megalopolis）这种巨大的城市化地域内，支配空间经济形式的已不再仅仅是单一的大城市或都市区，而是集聚了若干都市区，并在人口和经济活动等方面密切联系形成的一个巨大整体。这种城市地域空间组织形式的出现标志着美国空间经济的发展进入了"成熟"阶段。因此它并不仅仅是单个都市区的过分膨胀或多个都市区的简单组合，而是有着质的变化的全新的有机整体。[2]

大都市带的特征归纳如下：第一，从空间形态上看是在核心地区构成要素的高度密集性和整个地区多核心的星云状结构。1950 年，美国东北海岸大都市带人口密度为596 人 / 平方英里，而同时期除了东北海岸的这几个州，没有任何一个州的人口密度达到 200 人 / 平方英里，且在空间构成上有 48% 的土地为经济林木。第二，从空间组织上看是其基本单元内部组成的多样性与宏观上的马赛克结构。大都市带的基本组成单位是都市区，每一个都市区都是由自然、人文、经济特征完全不同的多种成分组成的。宏观上讲，大都市带是由多个各具特色的都市区镶嵌形成。[3]

因此，所谓"城市带"并不是从波士顿连绵到华盛顿，而是当你开车走在这个城市带的时候，并不像北京这样房子接房子，开不出去的房子群，而是广阔的绿地接着

① 马晓河，胡拥军.中国城镇化进程、面临问题及其总体布局 [J].改革，2010（10）：30-45.
② 史育龙，周一星.关于大都市带（都市连绵区）研究的论争及近今进展述评 [J].国外城市规划，1997（02）.
③ 史育龙，周一星.戈特曼关于大都市带的学术思想评价 [J].经济地理，1996（03）；史育龙，周一星.关于大都市带（都市连绵区）研究的论争及近今进展述评 [J].国外城市规划，1997（02）.

城市，穿过绿地大概需要半小时的车程。这种模式的前提是人口基数小，可用地较多。他可以通过这种模式很快地脱离雾霾天气。而用于中国就难说，中国的人口基数是美国的 4 倍多，用地紧缺，不能照抄别人的模式。

2. 城市发展的困惑

关于城市化问题,本文提出三方面问题供讨论:①中国的城市化道路是走"城市化"还是"城镇化";②大城市发展的悖论;③中国城市化道路的一些困惑。

首先，城镇化还是城市化，在中国应该强调"城镇化"，而不是"城市化"，主要是基于生态的理由。"城镇化"中的"镇"有两个含义，我们可以认为镇是城市化的初期形态，还未达到大城市的规模及功能。而在美国、欧洲等城市化已经比较成熟的地区和国家，镇就有另外一层含义——后大城市时代的一种空间形态，是人们在大城市生活质量下降后，寻求更为亲近大自然的一种空间形态。而我国城市化道路中，通常将"镇"理解为第二种含义，而对于能源相对紧缺的国家来说，镇在生态消耗上，是十分奢侈的一种空间形态。在服务设施公平的条件下，大城市是相对集约的一种空间形式。

欧洲国家已经经历过一次人口疏散，他们的问题是人口稀少，怎样显得不萧条。而我们的情况则恰恰相反。美国 939 平方公里，人口是 3 亿，除了阿布拉契尔山脉，基本上全部是平原。在这样的对比下，美国可以走洛杉矶——汽车轮子上的城市的城市道路。而中国的面积是 960 万平方公里，山区面积占 2/3，人口是 13 亿，所以我认为我们该走相对集约的"城市化"道路。

如此，第二个问题随之而来。如果从宏观的角度——生态约束来说，我们应该发展大城市，1000 万人口的城市消耗的资源量比我们 5 个 200 万人口规模城市消耗的资源量要节约得多。可是从大城市本身这个角度来说，又产生了一些系列的问题，大家生活在北京，这种感受就十分明显，包括水、空间、房价等，这些问题又使得大城市的发展仿佛遇到了不可突破的瓶颈。

（六）中国城镇化高速发育阶段的社会特征和任务

1. 高速阶段发育大约多少年?

工业化过程基本上与城镇化的高速阶段相重合;而且,一个国家工业化开始越晚,其城镇化高速阶段的进程就越迅猛（图 9-10）。

在图 9-10 中,城镇化水平由 10% 上升至 30%,英国用了 79 年,澳大利亚用了 26 年;（中国的过程比较曲折，起起伏伏大体上也用了将近 50 年）。而进入高速发展阶段后，城镇化水平由 30% 上升至 70%，英国用了约 130 年，而工业化开始得较晚的德国用了约 90 年，美国用了大约 70 年，苏联用了大约 50 年，日本只用了大约 35 年。中国工业化开始极晚，预计其城镇化高速阶段的历程会更快，更猛;从图中所列发达国家的现实看，当城镇化水平达到 60%、65% 或者 70% 的时候，这个国家基本上实现了社会

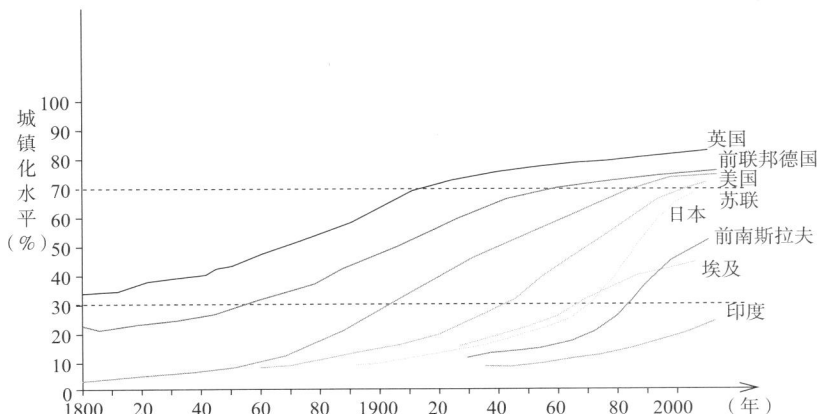

图 9-10　各个发达国家和发展中国家城镇化历史进程对照示意图

现代化。而这个社会的基本框架，其社会生活的总体质量以及社会结构的和谐程度等一系列质量指标，则是在此前数十年，乃至百余年的实践和奋斗中奠定基础的。所以一个发达国家的社会质量和基本面貌，诸如它的城镇分布是否合理，社会分层是否过度向两极化离散，其环境质量是否优良等问题，在极大程度上取决于这个国家在城镇化高速发展阶段中的决策质量和努力程度；据中国统计年鉴，我国 1997 年的城镇化水平为 29.92%，1998 年底为 30.40%，恰好处于纳瑟姆曲线中 30% 的第一临界点。由于对城镇人口的统计历来偏于保守，可以认为，20 世纪 90 年代中期我国城镇化进程已经来到这个临界点而开始了它的高速发展阶段。据预测，包括建制镇内从事非农产业的人口在内，中国的城镇化水平在 2000 年可以达到 35%，到 2010 年将达到 45%。那么，从现在开始至 21 世纪的 40 或 50 年代实现 65% 以上的城镇化水平，完全有可能。而这就相当于所谓的中等发达国家的生活水平，甚至局部的社会发展指标还要超过它。

2. 中国城镇化高速阶段社会发育的基本特征

依据结构功能主义和城镇化基础理论筛选了必将参与塑造我国社会发育进程的诸要素，并根据世界各国共同规律和中国实际明确指出，我国城镇化高速发展阶段已经开始。未来 10～30 年社会发育的主要特征是：

（1）人口数量到达峰值（2025 年）前人口负担最大的时期；

（2）人类活动对境内资源、环境、生态的动员和操作趋于最大化，资源和环境的反作用同样也最大化的时期；

（3）社会的结构性改造进入大破大立的质变时期。

因此，这段时期中国社会发育进程已经，并将长期持续表现出"高活力、高速度、高不确定性和多灾变"的特点。

导致"高活力、高速度、高不确定性和多灾变"这些特点的原因是，中国社会要经历由传统型礼俗社会向现代化法理社会的结构性改造。"不确定性高和灾变多"的突出表现，是自 20 世纪 80 年代末期已经显化，至 20 世纪 90 年代中期已升至高峰的、广泛的、破坏性很大的社会失范状态。所以，努力加强社会整合，使社会运行有序化，是这一时期社会发育的最重要目标。社会失范与反失范的整合努力之间的持续较量，是贯穿未来中国社会发育 30 年的主题。

关于高活力：现代社会的前提条件（和特征）之一，是较高的社会活力水平。社会活力本质上就是人的积极性和创造能力。社会活力包括 3 个层面：资源层面、制度层面和精神层面。改革开放解放思想，战略重点转移到经济建设等大决策，首先从制度层面迅速地、极大地激活了蓄积已久的个人自主性和积极性；随着解放思想，转变观念，首先从农户，从个体劳力开始，经营积极性空前高涨，并逐次引发各级产业单元的经营活力。农村中"以户为单位的联产承包责任制"的实施，首先扭转了以往城乡之间、农业与非农产业之间相互关系的恶性循环，社会活力开始释放。在一系列新决策指导下，资源配置、投资方向迅速调整，并日趋合理，产业结构重组迅速。传统的纵式社会结构发生裂解，在局部地区这种单一的社会结构甚至迅速瓦解，社会控制弱化，生产力和人口都重新分布，新观念、新技术、新的经济实体普及迅速；大量的人口跨地区、跨行业、跨企业、跨国度的流动；产业化水平长期滞后的广大农村地区和农村人口蕴含着极大、极猛的城镇化潜势，新的社会机体迅速形成。这些都是生产力解放的表征，是新时代有别于改革开放前历史时期的首要特征。

关于高速度：过去的 20 年中国经济实现了以 8%～9% 的年速率增长，最高速率达 14.2%。1998 年在面临东南亚货币危机以及长江和松花江流域大水灾的情况下仍高达 7.8%。中国经济发展在未来的 10～30 年内仍将表现出高活力和高速度。"长期持续高速增长"这一结论，是林毅夫博士参照了日本和亚洲四小龙发展的历史事实得出的。这些国家和地区曾经利用它们与发达国家的技术发展差距实现了将近 40 年的经济高速发展时期。而 1978 年的中国同发达国家的技术差距，显然大于 1960 年日本等国和地区与发达国家的技术差距。所以同样道理，中国利用这种差距有可能获得 50 年的高速发展时期。

关于高不确定性：所谓"高不确定性"（high uncertainty），是指进程和结局具有多种可能而言。不确定性有两个含义：一是高度的不确定性会给社会变迁、发育和发展的进程开辟很广阔的灵活性，它显示社会发育的进程常常具有多种选择，相当灵活，这是积极的一面；另一含义是，社会发育、经济发展和环境变迁的进程和结局具有难以预知、难以操作的特性，福祸往往相倚相生，而并非总是排他性的，这是消极的一面。它会使民众的安全感下降而防范备荒意识增强。当今普遍消费疲软、持币观望、谨慎投资的心态，有生活经验的人都有浓厚的备荒意识，凡此种种正是这种不确定性在社会上的心理反照。

关于高灾变：这里的"灾变"，包括物质灾害、人类活动引发的自然灾害、技术设备事故、社会灾害、利益集团之间的差异和不稳定因素所引发的社会灾害，等等。社会在飞速发展进步的同时呈现出问题多、失范现象频繁和灾变多的特征，这是不争的事实。发达国家在此阶段也都曾出现过类似特点，英国伦敦发生的瘟疫和大火灾，以及美国芝加哥城发生的大火灾，也发生在他们各自国家城镇化高速发展时期之内或者此前不远的时期，也都曾经造成极大损失。尤其，这些事件表明，"多灾变"这一特点蕴含着深层的结构原因。对此特点不可轻视，相反，须对这个阶段中问题多、灾变多的特点保持高度自觉、清醒的认识和足够的准备。所以这个时期社会治理的基本事实和思路是：纵式社会解体引发的社会失范与社会整合之间的持续较量，直至新的有序社会成形。

3. 基本任务

转变哲学思想：改换斗争哲学为和衷共济（live and let live）的哲学思维；认识该阶段社会结构转变的内容和根源（资源环境动员最大化，其对人口的反作用也最大化，礼俗社会与法理社会之间的结构性冲突……），最大限度优化决策，趋利避害，化险为夷，培育一个强大的中产阶级作为社会中坚，有独立的价值判断，而且让他们生活的既体面又有所担当；迈向生态文明的目标。具体来讲，主要是以下几个方面：

（1）培育一个庞大的中产阶级，奠定现代化社会的结构基础

中产阶级，或中等阶级，泛指社会地位和财产状况均介于上层阶级和劳工阶级之间的那个阶级，是社会重要产业的从业者，并占据了这些产业的关键部门和关键地位，因而构成现代社会的中坚力量。现代化社会和中产阶级之间是一个相互缔造的关系，中产阶级保守现代社会的主流价值观念，他们是言行一致的爱国主义者，是国家整个制度的结构支撑。就现代社会而言，中产阶级的含义是：有较高文化素养和职业技能，拥有稳固的财产、传统的价值观念和政治态度，在社会结构中居中的阶层，其数量要占到人口总量的一半以上。就中国未来社会而言，中产阶级必须是礼、义、廉、耻等传统道德观念的皈依者，这一点十分重要。它强调，中产阶级主要还不是以财产而论的；中产阶级的另一个重要作用是，它教育高质量的后代子女。

发展高等教育事业，发展第三产业，社会改革和社会发育决策，都要落脚在这个目标上，因为没有庞大的中产阶级作中坚的社会是一个难以稳定的社会；一个没有相应社会结构支撑的经济结构也将失去它赖以持久存在的依据。以文化和道德教育水平为核心，培育一个庞大的中产阶级，这应当作为立国的根本决策之一来对待。高等教育具有塑造现代社会价值观的功能，"建设有中国特色的社会主义""走共同富裕的道路"这些基本国策，以及最近媒体对于社会发育失衡的议论和认定，适时出台扶助低收入群体的措施,高考扩大招生（因为高等教育是培育中产阶级的首要措施）等，都预示着中产阶级可以成长发育起来。"无恒产即无恒心"，这一古训是有借鉴意义的。

（2）治理污染，改善生态环境，激活新的经济增长点

治理污染、改善环境已经成为今年人民关注的第二位问题，仅次于对克服腐败的关注。环境治理滞后于经济社会发展，这种滞后，尤其表现为广大城镇地区物质环境建设和质量状况严重滞后于全国城镇化迅猛发展的形势要求。结果造成人口在城镇化过程中长期维持在所谓"低质量的城镇化水平"上。而目前的状况仅以垃圾处理为例，在上海市区和郊区的1260平方公里内，面积50平方米以上的垃圾堆有2000座，占地526公顷，这种局面都是今后现代社会和环境建设必须面对的难题。

垃圾无害化和资源化工程：如前所述，现代社会和环境建设必须面对城镇垃圾消纳和处理的难题。而这个问题的根本出路是垃圾的无害化和资源化处理。这个新产业，不仅会节约土地、保护环境、节省资源、增加肥料和建材来源，无疑还会提高人民生活质量，刺激产业结构调整，刺激利用存量资本，是根本出路。

物质环境恶化的问题已经被人们认识到了，但还有一个同样重要的问题尚未引起人们的普遍关注，这就是软环境，亦即社会环境，如世风问题、社会风气问题，尚未引起足够重视。在人们愤激抗议大气污染令人窒息的同时，很少有人抗议当今浑浑噩噩的社会风气。在政府大力治理环境、美化绿化之时，很少有人指出：许多城市前进的方向并不正确！很少有人批评首都并没有履行好首都的职责，因为它应当为一代新社会文明的到来充当棋手和前卫！而现今的北京丧失了这个能力。在罗马帝国走向没落时，它的首都罗马城的景象是一片靡靡。对此，美国著名的社会哲学家和城市历史学家刘易斯·芒福德曾经总结教训说道："无论从政治学或是城镇化的角度来看，罗马城都是一次值得汲取的历史教训。罗马城市的历史曾不止一次地发出典型的危险警号，警告人们这座城市的生活方向不正确：哪里人口过渡密集，哪里房租陡涨而居住条件恶劣，哪里对边远地区实行单方面的剥削，以致不顾自身现实环境的平衡与和谐——在这样的地方，古罗马的遗风便几乎会自行复活。如今的情况正是这样：大规模的竞技场，高耸的公寓楼，大型比赛、展览和足球场，国际性选美比赛，被广告弄得无所不在的裸体像，经常的性感刺激、酗酒、暴力，等等，都是道地的罗马传统……这些东西都是厄运临近的征候。"

（3）正确处理新时期大量发生的人民内部矛盾

经济改革的主要含义是群体之间的利益关系的重新调整，一定时期内群体利益的冲突是必然的。改革开放以来，全国范围内发生的趋向是由此前的高度总体化的社会（亦即无阶级社会——孙立平等的语言，实际上是高度均一的均质化的社会）分化为异质化社会。具体表现为社区的重组、职业分化、政治分化、价值观的分化、生活方式多样化等，这已成必然；人们常常说的"社会复杂了"就是这个含义。北京城市新发展时期拆迁的事实表明，这个时期政府、集团、个人，都争取自身利益的最大化；旧城改造和发展的机遇把一个分流器摆在人口面前：迫使他们都力图选择自己的最佳位置，

最佳位置意味着可以最大限度地获得自然资源和社会资源。鉴于此，以利益关系重新调整为主要内容的人民内部矛盾将会大量发生。处理好这些问题，是社会管理无法回避的课题。北京市的工作经验提供了处理此类矛盾的基本公式：从发展和稳定的愿望出发，经过分清是非，协调利益，在新的基础上实现新的发展和稳定目标，并简化为：发展和稳定——分清是非和协调利益——发展和稳定。

考虑到我国人口文化平均水平低下、法治传统薄弱、法律观念淡薄，在社会高速发育的时期，在相当长的时期内社会犯罪率上升几乎是确定无疑的。所以，需要大力加强公安、执法队伍的建设，增加设立检察院、警察、法院、监狱等机构和设施等措施，恐怕是无法舍弃的重要选择。而除增设机构和设施外，尤需加强这支队伍的文化和业务素养，以提高法治和执法的效果。否则，依法治国、法治社会的设想会流于空谈。

（4）以制度化建设为核心的精神文明建设

现代社会要求有适应时代特点的精神文明准则。物质文明建设和精神文明建设所谓"一手硬，一手软"的局面，可能导致如下危险：长期持续经济发展增长的结果，中国极可能成为类似西方经济强国的经济大国。而现在的西方强国，以其只占世界总数20%的人口消耗着占世界80%的资源，如果中国重蹈西方强国剥削他国的模式，也不可以抄袭发达国家消费主义泛滥的浊流（目前这股高消费的浊流正方兴未艾，很有潜在狂兴之势）。一定要在全社会大力提倡节俭和清廉的风尚。设想，如果中国以其13亿人口与西方各国竞相消耗资源，那么世界将不堪重负。

制度建设首推税制建设，现代化社会是典型的"民有、民治、民享"的社会。卢梭（1712.6.28～1778.7.2）于1762年发表的"社会契约论"中提出用社会契约为手段保障人民的自由权力，同时借此手段把"公众意志"奉为社会的主宰来创建社会道德。这个想法基于他试图解释为什么社会上存在着那么多的不平等现象……卢梭思想的精要，就集中体现在他由此思考好人政府而得出的"由老百姓办理的社会"概念。而这个概念的实现，它的现实基础只能靠税收，靠完善的税制来实现。百姓共同出钱，办理一个廉洁政府（good government 或称"好人政府"）。不妨认为，所谓"有中国特色的社会主义"也是实现这个概念的一种尝试。

未来改革进程特征之一是以"纳税人社会"取代"感恩戴德"式的传统社会。设想，如果公民自己的一切都是别人"赐予"的，那就根本没有全社会的自由、民主、平等可谈。

精神文明建设还要配套制度文明，例如法治建设。我们是否已经完全有必要果断实施"裁减冗员、高薪养廉、渎职严办"的政策了？否则，廉洁的政府从何实现？当今民众的消费疲软，高薪养廉和渎职严办实际上是使廉政产业化，将廉洁政府连同优良环境作为商品，提供给消费者和纳税人。"既纳税，便参政，"这正是现代化社会的特征这之一。此外，为了刺激内需促进消费，鼓励信贷消费，社会除了要做道德准备和法律准备之外，还要做相关的制度和组织建设，亦即开办消费者信誉查询机构和制度。这个举措已不可再拖延了。适应价值观多元化时代的到来，适时重新评价宗教，改进宗教政策，也是必须考虑的。

（5）大力加强社会发育进程的预测预警研究

改革开放以来的两个教训，一是社会发展的预测、预报、预警研究太差；二是民众参与和民意表达发展过慢。返顾改革之路，有许多情况是出人意料的。邓小平在 20世纪 80 年代后期也曾说，"农村改革以来，我们没有料到的一件大事是乡镇企业的兴起……"在 20 世纪 80 年代末期，他又曾预料说，"20 世纪 90 年代，中国出问题，可能出在农业上……"据此，农村工作始终注意农业政策，注意"延包"的实施效果。而就在那个时期前后，一位经济学者指出，中国的城市社会在 20 世纪 90 年代面临大量的就业问题（当时还没有广泛使用"下岗"一词）。但是，社会对于他的警告重视不够，准备甚差……原因是社会发展的预测、预报工作过去很少有人做，大有加强的必要。为保证社会安定，宣传媒体上"弘扬主旋律"无疑是安定民心、稳定社会所必需的。但社会又面临高灾变的现实特点，所以决策要兼顾稳定民心的需要和研究者了解实情的需要。让社会研究工作者了解实情，就显得更重要。要保证社会科学工作者的知情权。强化预警机制（社会学界可以考虑建立专业性的灾变研究杂志和报纸），强化灾难赔偿制度；中央电视台开办的"焦点访谈"节目，7 年的播出证明官方媒体揭露弊端、弘扬正气的做法，大得人心，值得大力提倡。它也证明，民众参与和民意表达是现代社会必不可少的事业，是稳定社会、促进良性发展的重要手段。值得一提的是，民众参与和民意表达，这两件事情过去官方注意甚差；中国民众素有强烈的参与意识，过去的数年屡屡受挫。

回首来路，社会心态转向冷漠化，离婚率上升，官员腐败猖獗，剧烈的社会振荡，犯罪率上升等，不都是眼睁睁的事实吗？而谁人曾预警呢？所以，宜极大地提高社会科学，尤其是社会学的调查能力、分析能力和预测认知能力。实际上，社会科学能够做到的还很多，取决于开明的管理和领导。首先要充分提供内部和外部信息，尤其是我国自身的内部信息。公安部、民政部、住房和城乡建设部、林草局、农业部、交通运输部、军队，等等，掌握着中国社会运行的基本数据，而建议创办社会灾害和预警的刊物和报纸，从世界经验中提取规律性的经验教训，提高人民和决策者防御灾变的能力；发达国家的进程已经表明，城镇化高速阶段到来得越晚，其发展势头越猛，速度越快，日本和澳大利亚的事实都提供了证据。而无法获得真实情况，社会学者也难为无米之炊。我国许多部门的信息历来都是"不对外"的。建议开办联合信息服务，开创信息共享的妥善办法；以期优化社会研究、国情研究，通过预测、预警，服务社会服务人民。

最后，活跃思想的问题值得高度重视。前文谈到过我国当今和未来社会具有"高活力"的特点，但这个"高活力"不适用于当今的思想界，因为思想界长期未显露出与高速变迁的社会现状相般配的活力水平。孙立平等人讲得极好：

"20 年的改革历程或多或少地祛除了思想的某些桎梏，至少也是把一部分独立思考的能力交还给社会的时代，这个社会就整体而言却丧失了独立思考的能力……时至今日，正当这个社会的发展进入至为关键的时期之际，知识精英却拿不出长远发展的基本国策，在事关社会公平的重大问题上也听不到声音……知识精英层的短视和技术官僚集团的无能将使我们这个社会失去赖以立国的长远决策能力。"①

"哲学是报晓的雄鸡"（马克思《小逻辑》）。为扭转缺乏新鲜的哲学和精神旗帜的局面，可考虑将"不争论"和"少说、多做"的安排稍事调整，提倡积极、健康的学术争鸣，促进科学真知的发展。不可设想，新文明的启蒙没有其理性、理念、哲学和精神的旗帜。

当今出现了思想活跃的某些迹象。继《山坳上的中国》一书后，《交锋》、《现代化的陷阱》、《大国之难》等书籍先后问世，尤其近年对于古籍和近代思想史的整理和出版，如《释中国》（上海文艺出版社），整理了由王国维、梁启超、章太炎等人直至 20 世纪八九十年代的共 110 余位思想家的成果。近来又有中华书局整理出版的"著名学者自序集"（又名"学林春秋"）。这么众多的出版物，若引导得力，有可能昭示着一次更为广泛的新思想的解放运动……要奖励对于媒体中误谬言论的批评。未来的中国社会需要呈现极大的生机活力，如同恩格斯对于文艺复兴时代所概括的那样，我们需要一个"需要巨人，并且产生了巨人"的时代。

第四节　理性的城镇化从启蒙开始

一、第三次浪潮对城市的冲击

在波特兰横跨哥伦比亚河的一座桥上，我看到了在第三次浪潮冲击下荒废的城市景观（图 9-11）。哥伦比亚河河水清澈，两岸青山，密密麻麻的树林，瀑布飞流，雪山作为其背景，在桥上你可以看到没有一辆火车工作的火车站、废弃的码头、仓库，这是多么重要的设施，曾经如此繁忙，熙来攘往，如今却冷清地被闲置。这就是工业化的尾声，第三次浪潮兴起之后带来的后果。精准商业、精准农业、精准物流配送的出现，使仓库不再被需要，主要的运输手段也不再是铁路。周密计划让分散、配送取代了传统大批量输送、集中、储存和周转，许多地区铁路、码头随之屈居次要地位。它表明，资源、人口和生产力分散、合理配置，密切沟通交流，是生态文明主要特征之一，它构成了新时期世界的大趋势。

---

① 中国战略与管理研究会社会结构转型课题组. 中国社会结构转型的中近期趋势与隐患 [J]. 战略与管理，1998（5）：16。

图 9-11　第三次浪潮冲击下荒废了的工业设施
（宋俊岭　摄）

二、理性的城镇化要拥有城市生活质量的守望者

一座城市应当有它的生活质量守望者。那里——俄勒冈州的波特兰市——的守望者，就是当地民众基础上产生的"千友会"。这个组织的成员完全是当地的居住者和业主的代表人物。其实，他们自身都是各行各业的专家，从业领域涵盖了建筑、规划、经济、金融、法律各个领域，应有尽有，许多甚至就担任着中上阶层领导人角色。但在这个"千友会"组织中，他们的身份就只是城市的主人，是城市这个大产业的受用者，在"城市交易"（city deal）中担任着甲方角色，可以对城市经营者乙方的不当行为说"不"。

实践证明，这样一个监理机制成为后来波特兰城市发展建设获得成功的最重要秘密。后来波特兰市之所以成为美国城市规划和管理工作引以为豪的橱窗，成为美国人羡慕的居住地，其全部关键就在于这个城市的质量和生活质量，获得了这样一个权威的和专业的守望者。作为一个城市质量的守望组织，没有人能蒙骗他们，没有人能腐蚀或者收买他们！他们与市长、政府、规划部门、建设开发机构协同合作，保证了城市的发展方向符合本地人民的意愿和利益。

显然，这不是个技术问题，而是制度层面里的事情。不幸，这个"城市质量守望者"的理念和实践，无论在美国或是在其他地方，都还远远没有普及，恐怕尤以中国为甚。

"如今的北京是一种令人窒息的丑陋。……北京有些新东西是比赛似的难看，选出一个冠军来还真不容易。一场革命真的把我们的审美力革得那么彻底吗？我觉得，中国人不仅失掉了审美力，还失掉了"魂"——哪个城市还有自己的灵魂呢？……我是从心里觉得北京的面貌是一个大悲剧，尽管我们像每个人一样心怀美好的向往。北京现在的丑不是化妆化坏了的那种丑，而是整容整坏了的那种丑，不知道有什么妙手可以回春。如果当年像世界上一些古城那样，保留古城，在边上建设新城，可能还好办一点，比如巴黎，比如新奥尔良，比如蒙特利尔。新城建坏了，还可以不断修改……"①

---

① 余杰.我的梦想在燃烧 [M].北京：当代世界出版社，2007。

余杰这里转述的是城市被毁当中显性的一面，事情还有隐性的一面，就是那些难以发现、往往被忽略的人的麻痹和冷漠。或者，就是人们对于这些破坏的麻木不仁，或者是作为"子民"心态的感恩戴德和逆来顺受。这个隐性的原因才是最为要害的。就是说，这些城市没有确立人民的地位，没有民意表达的顺畅机制，没有民众参与的制度性组织和渠道。如今看，北京古城的存废之争，其中的是非曲直、功过得失如今已经清晰可鉴。但是，这中间的历史沉疴却未予总结：当初不是因为人民没有发言权吗？甚至，民众只能是以逆来顺受的心态去接受任何事实。请继续看余杰的文章："当年，北京城墙被拆毁之时，只有梁思成、林徽因夫妇心痛如刀绞。假如换了是在巴黎，巴黎会有多少人奋起保卫他们的历史遗产呢？"而北京呢？恐怕，作为城市主人的理性的"市民阶层"，还没有出现在这里的地平线上。民众，作为市民社会的支柱，还仅仅只处在成胚时期，悲观的依据在此。

那么后来，北京城市发展的重大决策过程中，可曾听取、采纳过民众的感想吗？民众有发言的机会或者渠道吗？皇家苑囿中南海里的长廊、亭榭、牌楼，以及绝大多数四合院被拆毁，可曾询问过哪个百姓的意见吗？府右街西侧畔曾经有北京城里最高的一棵大叶杨树，树龄逾数百年，高约二三十层楼，它被腰斩，以及运河河畔数百棵大杨树的被斩，可曾问过哪个百姓的意见吗？

社会发育进程是有其内在规律的，是一种客观必然。当经济、社会、人口、地理、技术和政治诸要素都齐备了，一个国家的城镇化要采取何种方式到来，那就是一种客观必然了，就像十月怀胎一朝分娩，也可能像是冲云破雾而来的冰山要撞击泰坦尼克号一样。古都北京曾经是座丰水城市。50～60年前，市中心居民的主要取水方式曾经是井水或者手轧唧筒。地面河湖纵横，挖地五尺便见清水潺潺……如今，巨大的城市热岛高压居然可以改变氧含水云系历来的走向，让城市在一年中最宝贵的多雨季节里丧失历史性降水补充！城市大发展，福兮？祸兮？

很值得思索的是：城市形象和质量是由谁塑造的？都有些什么力量在参与塑造城市的形象及城市生活的质量？历史上的情况如何？现今又如何？从历史上看，参与塑造城市形象的主要营造法式和匠人，主要遵从着祖训和章典规制。如今，则遵从权力集团、金融财团以及一些知识精英（主要是建筑和规划界）。都是哪些力量在推动着中国城镇化形态的固化？他们各自具有什么样的理性水平？如今分析，这些力量大致有：政府、金融界、开发商、消费者、规划与建筑学界知识精英，以及媒体。无论是平列或者是纵列它们之间的关系，这里都有一个机制的缺失，就是如何保障城市这个最终的产品，也是社会文明的主要载体，保有其最佳的质量？换言之，在这六因素中，谁将是城市这个最终产品质量的守望者（watch-dog）角色或者机制？类似"千友会"那样的守望机制，是个极端重要的问题。

三、理性的城镇化从启蒙开始

在我国发生的，是世界上最庞大人口群落的城镇化，是新世纪两件世界性大事之一。需密切观察，格外盲慎，避免重复以往“以其昏昏，使人昭昭”的非理性状态。特殊国情决定了理性、健全的城镇化道路以及配套决策只能从启蒙开始：启蒙自己，启蒙大众，启蒙启蒙者，启蒙决策者。就启蒙的内容而言，首先有 3 个问题值得深入讨论：时代特征、城镇化概念、中国特色。这些一再重复的语汇，确切含义到底是什么？

时代特征即前文所述第三次浪潮对城市的冲击，城镇化的概念在本章开篇也已做论述。而要深刻理解城市的重要性，需从城市从无到有的历程来深入考察。为此，说到第三个启蒙内容：认识国情，认识自己。而且，要从人类何以诞生的角度，来重新认识自己。懂得为什么要尊重人类、尊重人民、尊重人权。这里再次引用比科·德拉·米兰多拉（Pico della Mirandola）的精彩文字以作注解：“终究，你还须依据自己的理想和判断去构建和实现自己的家园、自己的生活方式和自己的本领……你不然，你不受此禁限，你可以照你的心愿给你自己的本性钦定一个范围……你是你自己的造物主、自己的设计师和塑造者……当然，你也有权听从自己灵魂的判断和引领，一路攀升至生命更高层级，在那里获得重生。这种境界叫作圣洁。”

这里虽然引入上帝，但其主要目的在于提醒我们：人类的未来只能靠我们自己来决定。文中所言的“灵魂的判断和引领”在这里可以理解为理想，人类的理想。

理想，从一开始就是人类进化路上追求的目标和动力源。丧失理想意味着迷失，意味着堕落。从原始人点燃第一支祭火，立原始宗教，经过体绘、歌舞、禁忌、占卜、岩画等一系列漫长进步，直至放弃人殉采用陶俑，到尊重普通人权，形成自由、平等、博爱、民主普适价值。我们是否该考虑顺应世界文明潮流，推行普适价值，用自由、平等、博爱、人权，将其作为新时期新的国之四维，来维护一个民主和法制的新国体，作为我国城镇化进程保驾护航的守护神？

文明人类、圣洁人类，是城镇化道路的理想目标。但在抵达文明、圣洁一系列高峰之前，守礼、和善、勤奋、节俭、博爱、悲悯、知耻、认错、忏悔、道歉、自励、自检、自律、清廉、容恕……都是一个个绕不开的理性台阶，逐一拾级而上就能登上圣洁巅顶，铺设这些台阶就是城镇化的重任之一。在这些基本的伦理考核和要求面前，国君与庶民，无人例外！

四、中国城镇化的目标

（一）中国城镇化应当迈向生态文明

由于今后 30 年（从 1978 年算起是半个世纪）中国的经济建设高潮包含了对资源、环境的最大动员，对于一个资源环境相对贫弱如中国这样的大国来说，对生态环境质量的考虑不可不放在特殊重要的地位。更何况在世纪之交的当今，一个世界性主题正是"工业文明的衰落和生态文明的萌起"。所以，在这样的世界背景下，一个无法回避的问题是清醒审视工业文明的是非曲直和功过得失，从而优化中国自己的发展战略抉择：是步人后尘，亦步亦趋走完工业文明的全过程再向生态文明过渡？还是直接瞄准生态文明的发展目标？有无这个概念，可能意味着一个"失之毫厘，谬以千里"的结局。这里也显示出社会进程具备的多重选择性、可塑性和不确定性。

生态文明的首要概念是可持续发展。发展要考虑社会效益、经济效益和环境效益的可持续发展战略和策略。依次观察世界上的古文明发祥地，都已经或者正在变成沙漠或荒漠。两河流域、尼罗河流域……生态环境已经衰退到难以挽救的地步。我国近年的经济成就的实现也是有环境和资源的沉重代价的：长江流域农业和乡镇企业制造业产值的多年持续增长，是以淮河、太湖流域的严重污染为代价的；北京房山区的石油化工企业高产值也是以当地局部地区的严重污染为代价的。黄河河水近年开始断流，这是向我们发出警号。所以，在预测未来 10～30 年经济和社会高速增长发育的同时，也应当警醒如下一点：这个高速增长发展阶段很可能是以动员我国生态系统最后潜力为代价的。换言之，这个高速发展的阶段的实现很可能就是生态环境大衰竭的开始。这种状况都与可持续发展的概念不相容。

我国的人均耕地由 20 世纪 50 年代的 2～3 亩，下降至现在的约 1.2 亩；在 1956～1986 年的 30 年中，我国耕地年均减少 800 万亩，近年这种势头不见消减，仅 1991 年一年中就锐减 870 万亩。可见，我国人均耕地不足 1 亩的日子在 21 世纪中期之前就会到来。畜牧业前景也不乐观，因为国土资源属于缺草类型。2000 年之后，多种矿产资源也将严重不足，将难以支持占能源 95% 和矿产资源的巨大需求。据中国科学院国情研究中心和自然资源调查的长期研究结论，中国的环境容量、资源人口承载量最多能容纳 15～16 亿人。所以，可持续发展战略对于中国是个性命攸关的问题。之所以造成资源枯竭、环境老化，根本原因是我们长期执行着一种"向自然索取"的发展模式，我们的经济建设和社会发展给自然环境造成的消耗，始终低于对自然界补给的能量和返还物质。这一切都迫使我们思考如何把我们的文明，由过量消耗资源环境的模式，转变到尽可能多地向自然界补给物质和能量的模式。这是各行各业都值得思考和行动的大题目，涉及整个国家民族的移风易俗。例如，大力提倡改火葬为沙漠树葬的绿化国土的工程，就很值得有关部门研究推行。据自然资源部公布，准备在 2030 年前把中国的自然保护区扩大到占国土面积的 12%。这无疑是个好消息。要研究国际移民的可能性（何肇发教授经考察，提出向澳大利亚、加拿大和俄罗斯的西伯利亚移民意见）；与发达国家相比，中国先于社会现代化而进入人口老龄化，主要原因是迫不得已自 20 世纪七八十年代实行了控制人口的极端政策——计划生育政策。宜从 21 世纪开始，选择某些大、中型城市开始，选择适当的人口群体，实施提高生育率的政策，允许每对夫妇生两个孩子。防止政策调整后，人口增长又呈现新的规律性波峰。

总之，中国面临的人口、资源、环境和生态条件的制约，迫使我国只能走一条"依靠科技、节约资源、分配公平、适度消费、生态协调的可持续发展道路"。

所谓生态文明，有两重含义：一个是整个生命世界的均衡，如前文所说，当然包括人类世界及其依托的生态环境之间的均衡；另一个十分重要却往往被忽略的内容，是人文生态的概念、社会生态的概念。它是指人类社会总体上的均衡，各阶层、各民族、精神与物质、技术与艺术、历史与现实、整体和个体……各要素之间种种复杂关系之间的综合均衡状态。只要你思考人体，或者生物体各部分之间的有机搭配，就会获得启发。如今的发展却不是这样，富有的人，投资到沙漠去建立排污池，发达国家转嫁污染企业，贫困地区得不到优良师资，集权体制下民意表达、民众参与问题迟迟没有妥善安排，等等，都不符合生态文明的要求。

（二）生态文明是农业文明在更高层级上的自我回归

依照刘易斯·芒福德的城镇发展历史经验总结，他对于中世纪，包括东方西方的中世纪文明，尤其以《清明上河图》为代表的中华城市文明秩序，有很高的评价。对照工业文明的偏颇，刘易斯·芒福德认为，生态文明是一种未来选择，它会重复农耕文化的许多特点和优点，即构成为生态文明。

而人类之所以称为人类，之所以能作为人类生存于世界，这真是要有个前提有个限度的：这个限度就是，人类必须能从生命和生活的原材料当中转换出、创造出一个崭新的世界，这个新世界会存在得比他自己原来的生命体验更为久远，还会超出其局限性，这才无愧于人类！人类必须尊重自己的创造能力。只要是人类已经丧失自信，丧失对于自己潜在价值和意义的信念，他就让自己降低到了动物的地位，甚至对自己基本本能反应都丧失了把握能力，因而只能求助于更为简单的机械形式和机械秩序，当作一个大海螺壳，躲到那里边去避难了。

自然经过宇宙进化、生物进化和文化进化，依照神灵形象造就人类，我们这颗星球才是真正的伊甸乐园。不幸，这长远安排却为人类所干扰。人类该检视工业时代以来的种种错误，把渺小荒唐虚妄可笑当作丰功伟绩来歌赞（例如宏大的水坝工程）。这些错误让人类远离自然造化的本意。文化异化、自毁家园、灵魂妖魔化，把这美丽星球祸害得面目全非。"人类，人生，这是野兽与神灵间一条悬索，下临深渊！"出路就在于通过优美精良的城市，通过优美精良的文学艺术和城市文化找回自己本源的谦恭美丽，温良适度；不断攀升，升跃到神灵的境界。

整个世界正经历着这种重大变革。国要复兴，广开言路，激励舆论表达和民众参与，才是良策。正心、正言、正行，也就是依照新文明的新规范来重新规范社会人伦（如立即终止鱼翅筵席），已成为当今头等要务。

第五节　城镇化理论与实践是怎样一步步落得这般混乱

数年来，在普及城镇化基础科学和知识等方面做了不少工作，取得不少成绩，也遭遇很大障碍和难题。2015 年元月，得闻云南省某些地区采用收缴农民户口本集中到派出所统一加盖公章，使大面积"农转城"成功。以至民怨沸腾，纷纷投诉到中央电视台……研究 30 余年至今日，闻此胡作非为，很生感慨。其实，冰冻三尺，非一日之寒！如此城镇化理论与实践丧失正途的情况，其实早已发生。如今只是自食其果罢了。长期以来，糊涂人胡写瞎说，明白人噤声失语，或人微言轻不足为据，长期如此！可怕的是，至今不见有人回顾、惊醒这漫长歪路是怎么一步步歪下去的，不能迷途知返……这样的状态正常吗？

当下大陆中国城镇化势头如火如荼，而理论和实践仍无明显改进，情势不容乐观。虽然事出有因，而且，主要直接责任无疑首推上方决策者。但是，作为多年来从事城市科学的理论工作者们，同样难辞其咎！因为，虽然都做了工作，但远非尽善尽美。否则中国城镇化不会是当今这番景象。

这一节文字就针对这情况专门增添，意在系统回顾我国近三四十年来城市科学的发展经历的基本历程，包括集合、出发、艰难探索、收获成就、曲折、松散，以及迷失。一个人的视野当然很狭小，本人只能以自己经历为线索讲述所见基本经过和个人看法。这局面就是业内人常说的："起了大早，赶个晚集"。一人叙述当然不可能涵盖全景，成绩也讲得很不够，只能在自我批评基础上坦率提出个人看法和改进建议，作为基本情况和思路提供给有心人去思考问题，总结经验，改进决策，统领全局，优化组织，趋利避害。

一、城市研究和城镇化觉悟——良好的开端

党的十一届三中全会之后，一股新风气主导了全社会。随中央建立社会科学院之后，各省区市党政部门也先后建立了各自的社会科学研究机构。本人所在的城市问题研究所就是在这种背景上逐步发展起来的。因为初期参与者大多数是外文专业背景（不少是刚刚落实政策进入专业岗位的专业人员），主要工作领域便是情报资料部门，翻译介绍国外各种重要百科全书中有关北京的论述，并且从最初注意力就集中到大都市基本信息采集和城市基本概念和理论问题。

此间先后产生了北京城市概述、城镇化基本概念和城市基础理论介绍，包括城市的基本形式和功能。这当中《不列颠百科全书》和《国际社会科学百科全书》

（International Encyclopedia of the Social Sciences）里"城市"词条的论述，特别引起读者兴趣和重视。①而且，由《城市问题参考资料》这家杂志带头，城镇化（当时urbanization译法尚未统一，当时仍译为"城市化"或"都市化"）讨论逐步热闹起来，其中许多大学和研究机构，包括中科院地理所、北京师范大学地理系、清华大学建筑系、北京大学地理系、同济大学、复旦大学、中山大学……也都投入了研究和讨论，成为非常积极的角色。

结束"文革"，正经搞建设，正确大决策带来良好的社会风气。大家不仅有积极性，作风、学风也很正。团结互助，勤于学习，取长补短，许多大龄青年，下了班还风尘仆仆骑车去各地参加补习班听课，吸收外文资料普遍很积极、很认真。吴良镛先生用"激情"、"希望"两个词语回忆和描述那个复兴的时代。本人深有同感。一批书刊就这样问世了，其中包括北京社会科学研究所的情报资料室编辑出版的《城市问题参考资料》，以及翻译出版介绍的外国城市科学常识。这是在20世纪80年代初期和中期。

二、初步获得成就——辩证法研究会召开的城市发展战略研讨会

在新时期党的工作重点战略转移基础上，中国自然辩证法研究会重新考虑自己的工作方向，决心结合全社会的转轨转型，密切理论同实际的联系。先后就社会经济重大现实问题，包括城市这个主题，连续召开座谈会，集思广益，酝酿筹备更大规模的学术讨论。终于在城乡建设与环境保护部的大力支持以及有关部门大力赞助下，于1982年12月在北京召开了"全国城市发展战略思想学术研讨会"，主办者还是自然辩证法研究会。它"召集了与城市发展有关的知名学者、专家，从事城市工作的实际工作者和理论研究工作者、部分省市主管城市工作的负责同志共200余人出席了会议。他们来自全国各地，共聚一堂，回顾历史，总结经验，思考问题，探索未来。对有关我国社会主义城市发展战略方面的一系列问题进行了热烈讨论。这次会议提出了长期以来被严重忽视的重要战略思想问题：城市发展与国家发展，会议以其鲜明的、富有针对性的问题——城市在我国社会主义现代化建设中的地位和作用，在全国引起了广泛热烈的反响。这次会议受到中央领导的重视和关怀，对于推动我国社会主义城市科学的发展具有重大意义。对城市在我国社会经济发展中的促进作用将发生积极影响。"

"十一届三中全会以来，由于决策正确，当时我国农村几乎立即呈现新气象，发达兴旺，欣欣向荣。这个城市发展战略思想研讨会，正是在这个关键时刻召开的。它的意义不在于是否回答了城市发展与国家发展的一系列重大问题，而在于它及时地把这

---

① 参见《城市问题参考资料》第1~3期，1981~1982年

些问题提了出来,唤起人们的关注。这次会议倡议并且产生了中国城市科学研究会筹备组,为我国有组织地、综合地研究城市科学揭开了序幕"。①

这其中不能不提到召集会议辛勤工作的许多老同志:周林、曹洪涛、吴良镛、费孝通、雷洁琼、钱学森、李梦白等。该会议成效主要是首次集合队伍,多学科讨论,百家争鸣。包括秦仁山同志不主张城镇化道路的意见,都予以发表,自由争鸣。周林同志特别辛苦……自然辩证法研究会当时首次提出了城市发展这个主要议题,首次集合了广大专业科研和行政队伍,首次倡议建立正规组织,专门专业研究城市理论问题。尤其采纳了当时天津市委书记李瑞环同志建议,想在中国办成事情,就要本着"权力加智力"的原则。因而新成立的城市科学研究会筹备委员会包括了许多专家学者,也包括了许多省委书记、市委书记,其构成人员包括:吴良镛、李瑞环(时任天津市委书记)、李铁映(时任沈阳市委书记)、吴官正(时任济南市委书记)、朱厚泽(时任贵阳市委书记),还有陈为邦、周一星、张秉忱、宋俊岭等中年专业人员。

筹备组成立后第一次会上就提出了城市科学的研究方向要超出传统的具体领域,着重于战略问题、根本问题和城镇的基本原理,并且立即开展调研。在曹洪涛同志大力支持下,笔者随同建设部法规司赴重庆,考察重庆市周边小城镇。就大型国企和军工产业今后发展走向,展开调研。获得基本思路是在企业基础上开展多种经营,逐步建立城镇,走向城镇化的道路。接触实际,丰富知识,活跃思想,提出新问题。与此同时,城市主题下一系列学术组织、期刊杂志,如雨后春笋,在全国各地纷纷建立。

三、专门的理论研究机构建立之后,未能坚持基础理论的研究方向

专门的研究组织建立后,面临的首要问题就是究竟应当如何研究城市和城市理论:是把各种专业领域,诸如建筑、规划、管理、市政、给水排水、经济、金融……当作五脏六腑装入一个大集体,还是高瞻远瞩,另辟蹊径?刘易斯·芒福德说,"若长期盘桓在城墙范围内一对对物质构造上,我们就始终规避了城市的本质问题。"后来的发展趋向和结局让人不能不说,该组织在这样的重大方向性问题上,贻误战机,辜负重托。

专门的科学研究会组织建立后,挂靠国家行政和专业部门,越来越背离建立研究会的初衷。筹备组成员,特别是非官方学人,不少被排斥在外,尽管周兴沪同志辛勤走访过他们。该组织也就越来越少了书卷气,致使到处都在研究的东西,比如规划、建筑、经济、市政、环境等,又都重新集合进入新创生的高级象牙塔,而到处都未予充分研究的基础理论部分,仍然继续撂荒多年!这样的学科构成和任务配置,何以能在城镇化高潮时期发挥信息情报部和战略参谋部的作用?直至城镇化高潮真正到来,普遍的理论饥渴,思想阵地一片荒芜,主谋主政者尚且浑然不觉。专业人员、专业杂志,

① 中国自然辩证法研究会.城市发展战略研究[M].北京:新华出版社,1985。

胡言乱语，各言其是，奇闻奇说，屡见不鲜。事实上，跨世纪迎接该时段的"中国现代社会发育进程未来 30 年基本预测"这样的分内职责，就不是这个组织或者以它为主导的科研力量完成的。后来研究结果证明，城市最本质功能在于推动文明人类的形成和继续进步。因而，城市学或城市最根本理论问题，在于回答文明人类的由来和去向。这样的答案，以及城市完整概念，以及基本真确的理论模型之类，几乎从不落入该研究会的视野和考虑范围。一些根本问题上的重大理论突破和收获，便都与这宏大而费钱的"官员俱乐部"全然无关。民谚"占茅坑不拉屎"说的就是这种情况。

四、学者队伍的意见分歧

建筑、规划、经济、地理，各种角度的城市研究都有人操心了，谁来研究城市最基础性的理论？长久以来形同真空。举例我所在的研究室来说，初期很团结，互相促进。稍有成就，显出差异后，人心就不齐了。首先表现在研究方向和杂志选题上，意见纷纭，有的建议研究管理，有的建议研究综合……各种主张都有。有人主张：人无我有，人有我强。别人多年研究的东西我们不必重复，如建筑、规划、地理、历史、经济……这些领域各大学早就有专业大户，早就雄厚积累，声名赫赫，无须我等野叟献暴。我们需要发挥社会科学自身专职的义务和优势：从人文学科角度探索城镇最基本原理、概念和规律，包括城镇的本质、起源、演变、运行、人文互动机理、功能、属性、历史贡献、城市问题、质量评估等基本范畴……作为其他学科的补充和依据。可惜，这样的提议未获充分理解和支持。而且迅速被边沿化，以至于最终坚持这个方向，最好的结果只能落个"计划外自选课题"（视为上班出勤，不予课题费支持）。事业发展，编制扩大，这些人员最后在办公空间划分中最终被划到楼道尽头水房里，在一大排自来水龙头和水泥洗槽之外的空间上支起办公桌，两三个人继续工作，一分钱课题费没有，一连 30 多年冷板凳！但他们的出版物和书籍从来畅销，从不会堆积在楼道里数年无人过问，最终当废品卖掉。

五、城市学课题破产，又一次毁灭性打击

继国家哲学和社会科学规划"七五"（1985—1990 年）规划课题"中国现代社会结构模式研究"结束后，"八五"（1990—1995 年）规划又产生了"城市学基础理论研究"的国家级课题。虽然这个重要课题在国家哲学和社会科学"八五"规划中曾有立项，也进行撰写和审查过立项报告，有合理的竞标过程，合法分配经费的过程，但最终课题验收时，该学科研究任务彻底泡了汤。基本过程是这样：

只因两个研究机构的领导人皆为该课题评委会成员，围绕该课题形成竞争态势。结果，"哥俩好，见面分一半儿！"最终，两个社科院瓜分一个课题和课题经费，15 万元给两家分，研究城市问题的拿走 8 万元，研究基础理论的用剩下的 7 万元。这 7

万元，又被领导及其骨干拿走 5 万元。原本 15 万元的整体经费，只剩下了 2 万元供 5 年内研究基础理论问题。能干什么呢？！首先，这样的局面对做实际研究和具体工作的人是莫大的精神打击。很难要求当事人具备"不吃草，照样跑"的精神品质和能力。结果，除一位成员交出译著和课题条目概述，其余成员钱花完了，成绩空空。这样的教训很深刻，却没有汲取！

两次国家课题（前一次是中国现代社会结构模式研究）就这样在不同程度上都流产了。一位同仁（如今是知名社会学家）愤愤然评论说，"×××真傻，花钱盖大楼，定编制，……五年研究任务都快交卷了，至今还没破题呢！"这评语是否同样适用某些专门的科学研究会。总之，城市学基本理论框架和相关的重大理论和概念问题，许多年都没有得到回答。

六、1999 年社会学年会后，一篇获奖报告对城镇化论述过简且被断章取义，导致误谬泛滥

中国城镇化这个题目，在 21 世纪以前还只限于学术、教学和专业工作关注的领域。类似当今这般注重城镇化进程，乃至举国上下把城镇化当作目标来追逐、攀比，规定进度、要求速度，则是 1999 年以后逐渐发动起来的事，甚至酿成一度多个城市争先恐后宣布自己百分之百实现了城镇化……这种浮躁缘何而起？

该变动起因要追溯到 1999 年在武汉召开的中国社会学年会，会上一篇调研报告曾引起小小轰动，题目是《中国现代社会发育进程未来 30 年基本预测》，报告使用了 4 个模型预测出大陆中国社会发育开始进入高速阶段，将呈现出高活力、高速度、高灾变、高不确定性。该报告引起与会者的普遍兴趣和重视，获得一等奖（梗概内容见本书第九章第三节）。

该报告依据结构功能主义和纵式社会理论，还有纳瑟姆城镇化曲线，以及社区结构的其他模型，提出中国城镇化和社会发育进程于 1998 年突破第一临界点（30%），开始进入快速发育期。社会进程因此将呈现出高活力、高速度、高灾变和高不确定性的特征（详述从略），并在全国年会上获得一等奖。这个结论引起与会者高度关注，曾有简报将要点直接抄报中央决策部门。

报告引用的 4 个模型之一就是众所周知的纳瑟姆城镇化进程曲线。那一年中国官方公布的城镇化水平（1998 年）为 30.40%，突破了该曲线认定的第一临界点，它写道："城镇化水平超过 30% 意味着（城镇化的）准备阶段结束，高速阶段开始。及至该水平到达或者超过 65% ~ 70%，一个现代化的社会就将呈现在人们面前……"笼统地看，这结论本不错。问题发生在报告中这段话的论述被寻章摘句，特别是一位海归学者在 2003 年抗击 SARS 的危急时刻将其用在决策层学习会上，断章取义片面引述，严重误导了此后的舆论和思维。从那以后，城镇化视点、城镇化思维、城

镇化意识，便逐渐凸现……直至该论点逐渐被简化为 70% 左右的城镇化水平就等同于现代化。

此后不久召开的中央十五届五中全会，首次提出城镇化概念和思维。会前也曾邀集专家撰写城镇化有关常识做些铺垫，为此出版的《中国城镇化知识 15 讲》（中国城市出版社，2001 年出版）虽有所突破，但因力量分散，终未能透辟主旨，对社会发生深刻影响。

社会发展变迁中的某种现象，诸如城镇化这样的宏大社会变迁过程，须得如实详尽描述才能透彻分析，然后才有可能操控。这里，描述（包括计量）、分析（深入认知）、操控，是不同层级的知识活动。三者构成递进相关关系，而且，三者的可行性递减。尤其是宏观社会变迁，可操控的程度很低很低。贸然干预，很容易发生错误。核心问题是：全面认知是理性操作的基础。而一些宏观的社会过程，例如文明进步，包括城镇化，能够用人为操控增减百分比在短时间内奏效吗？

无论如何，人们后来见到的普遍现象是：在未能严格界定城镇化基本概念和前提，不清楚城镇化的质量标准等等内涵的情况下，各地纷纷制定指标，要求进度，互相攀比，又搞起行政命令，假大空，争先恐后……最终酿成云南省个别地区出现那种"集中收敛户口本，增加图章，完成农转城……"的荒谬做法。

实际上，1999 年社会学年会那份报告本身结论失之过简，很长时间未能接续及时澄清城镇化作为社会过程所具有的途径和归宿、目的和手段等更进一步的内涵和辩证范畴。而途径与归宿、手段与目的这些概念的混淆，导致工作和政策的淆乱。令操作者不知为何要推进城镇化，也不知道怎样的城镇化才算合格。这些都是理论工作者，包括该报告作者本人，都首先要检讨的问题。

七、教训何在？

前述云南省某些地区的"农转城"的做法，可谓奇闻、丑闻。问题是：谁的责任？丢了谁的脸？官员吗？中央吗？不错，这种荒唐事怎能让他们满面生辉呢？但是，最丢脸的当是中国学术界！是城市基础理论研究队伍，是读书人，是我们自己！因为，我们本是这国家的心魂，是她的智囊（这种自我认定无须取得何人认可）。张之洞说得对，"世运之明晦，人才之盛衰，其表在政，其里在学。"如此丑闻，学界一直在忙些什么？如果大家在理论世界努力工作，那么，又是什么阻碍着理论的横向流动，而不能及时、透彻走向实践？冷静下来，有这样几个问题要反省：

（一）漠视政治改革

从结构社会学视角来看，中国社会漫长的发育变迁过程基本上遵循了泛政治化社会到泛市场化社会的简单嬗变。在政治反思和改革严重滞后背景上，权力与资本勾结起来给社会发育定向、定调，酿成市场与权力这对宿敌互相联姻，而且开始了长达 20

多年的蜜月，生出一堆大小老虎苍蝇臭虫……这样的背景上，纯学术研究的地位和影响，可想而知。

（二）严肃学风

2003年春，在全民抵抗SARS时，一位海归学者在重要学习会上依据上述研究报告断章取义使用该报告结论，误导决策思维和语汇。自兹，各种城镇化、城市学研究著作纷至沓来，多是想当然的急就章。将城市基础理论必须回答的问题，诸如起源、属性、目的、运行、职能，弃诸一旁。著作空泛之极，机构形同虚设，工作大量重复，艰深课题乏人问津。学人而不读书，不驳谬，懒于探索和广扬真理。这些优良品格远未成为学界风尚。当完整、健全的城市概念还远未普及，怎能企望对城市化概念有完整、真确的理解和把握呢？

（三）体制反思

早在1985年就提出了建立专门的城市科学研究机构，并成立了筹备委员会。直至该会真正建立，却违背初衷，始终不知自己该干些什么。致使最初自然辩证法研究会为核心统领各个学科集思广益的局面再也没有出现过。这现象不独见于城科会，许多社会科学领域建立了专门科学研究机构，却缚其手足，封其嘴巴，泯其心灵头脑，岂不徒有其名？几个国家课题流产，形同虚设，就是证明！

（四）历史问题

十八届四中全会前后，党中央从扭转社会风气入手，揪出一连串大小老虎，深得人心，社会风气开始好转。但是，若认为社会的严重病态仅仅表现在这些大小老虎区区一点，就太天真了。这些大小老虎背后折射出深远的社会、文化、哲学、意识形态以及体制方面的多重根源，绝非三言两语能说清楚。因而，社会的改造和进步任务艰巨，任重道远。

本章小结

同工业化、现代化、市场化等概念一样，城镇化无非人类社会进步的途径和表现之一。它本身是手段，不是目的；是途径，而不是归宿。城镇化过程涉及许多要素，经济的、文化的、社会的，以及政治政策的。它还涉及方方面面的协同关系，往往因时因地制宜，在具有一般规律的同时，往往表现为巨大的地方差异。例如，工业化开始越晚的国家和地区，其城镇化势头便越猛烈。这样的规律在韩国、日本、菲律宾等国，以及我国台湾等地都曾反复显现。但在20世纪50年代官方主导的工业化背景上，中国大陆的城镇化并未或者很少呈现城镇化迅猛发展的势头。由农村经济改革开放带动乡镇企业和人口流动，为中国城镇化连续三四十年的迅猛发展奠定了基础。同时提出一系列紧迫问题。这些问题，有些认识基本清楚了，有些仍然未能认识，甚至根本不予承认。

作业与思考

1. 从城市的核心含义，说清楚城镇化的主要含义。

2. 农业革命让城市诞生于世界，工业革命让城市主宰了世界。设想未来，当今的信息革命……又将使得城镇如何呢？比如，"信息革命将让城市拯救危机深重的当今世界。"请予以论证。

3. 请试着解释一下，城市的无序和社会组织的无序之间的关系。

4. 关于礼俗社会和法理社会，你认为哪种更适合中国？针对目前中国的大量流动人口，我们应该采用哪种机制来安顿他们呢？

5. 你的实际生活中有没有接触到城中村，你认为他们的生活是怎样的？相比于偏远农村，郊区和咫尺之遥的高楼大厦，这些村庄有什么特别的地方吗？

6. 你认为城镇化的基本任务除了文中提到的，还有哪些？

第十章　为什么城镇化不应排斥村镇？

人类文明源自文化最初的种种整合手段：圣贤祠堂、碉垒营寨、村庄、作坊以及市场等。后世城市各种规制，无一例外，都在不同程度上从这些起源中汲取构造要素等组织形制。

城市肌理中许多成分至今是人类有效交往团结不可或缺的要素，其中当然包括缘起于圣贤祠堂、村庄社会的各种元素，例如首属群体等。设想，若无家族、邻里之类首属群体积极参与协同，一些最基本价值，如尊老爱幼、睦邻友好、敬重生命之类最基本道德理念，能否代代相传而不遭野蛮践踏，都是很可怀疑的。

——刘易斯·芒福德

本章导读：当下城镇化发展进程无论怎样强调乡村的重要性，事实上，仍大部以拆旧盖新的方式来推进自我，甚至不惜一切代价要冲破所谓"乡村"束缚。当前，保护非物质文化遗产，常常只关注单项知识或技艺层面的形态，而缺乏对特定区域整体的空间关照，也不重视乡村社会人与文化的关系及乡村文化自身的发展规律，对于地方民众的精神面貌更缺乏概括与解释力。

本章从乡村起源说起，概述其对文明发展所做的巨大奉献。然后讨论村镇在城镇化中的地位，慢慢深入讨论村镇能否在城镇化大潮中生存下来，以及乡村在城镇化进程中的重要性。说清楚我们为什么一定要保护乡村，从一些案例中可以得到一些启示。

文明人类从物质到精神，文化的血脉实际上扎根在乡村。而我们对乡村的知识却非常缺乏。比如，"露从今夜白，月是故乡明"这样的好诗歌，不独在中国，大多都吟咏乡村生活。乡村除供给我们粮食蔬菜、鸡鸭鱼肉，连傀儡戏、皮影、杂技、乐器、器乐演奏、歌谣、舞蹈，戏剧，这类文学艺术形式，都起源于乡村生活。有些发达乡村不仅曾有机构复杂的舞台和装置，更有发达的曲目种类形式和戏剧班子……走村串户的行吟诗人、杂耍班、货郎担、托钵僧、江湖郎中，都曾经是乡村生活中进进出出的主要角色，在漫长中世纪文明中上演了丰富多彩的戏剧。山珍海味，绫罗绸缎，五行八作，没有一桩不起源于乡村生活。

如今稳固的粮食和蔬菜作物，早已经过新石器时代文化的长期筛选而最终稳固下来。乡村是文明人类第一个真正的家园,人类从这里出发,创造了文明的各种要素,尤其创造了文化人类和道德人类自身,包括习俗、道德、规约、技能、艺术、神话、歌谣、手工业、烹调技艺、情感、人格、宇宙概念和精神信仰……

吴良镛先生在给《江苏省农村调查》撰写序言中说,我们对于乡村还非常无知。原文这样说:"乡村是人居环境的重要组成。中国数千年的农耕文明造就了乡村特有的物质景观和文化意境。但较之于城市,我们对于乡村的认识和理解还极为肤浅。尤需深入的调查和系统的研究……"

第一节　关于村庄的知识

一、辞书典籍一览

(一)《现代汉语词典》

《现代汉语词典》对于"乡村"的释文:"主要从事农业,人口分布较城镇分散的地方。"对于"村庄"的释文是:"农民聚居的地方。"……不查不知道,一查吓一跳!不少辞书对于村、村庄、村子的释文非常轻视,有些比较重要的辞书竟至完全没有相关的词条和释文。此或可作为对于村庄之无知和轻视的第一个实例!后来笔者查阅了《中文形音义大辞典》,其中乡(鄉)字释文如图 10-1 所示。

(二)费孝通先生的总结概括

在《乡土中国》这本小册子中,费教授举例之后对乡村给出如下概括:

(1)社区生存依赖土地,靠作物种植和畜禽驯养;

(2)社会结构是氏族社会,尤其以亲子关系为主轴构成的熟人社会;这种社会注重道德和规约,等级差序严格,各种生产生活经验、讯息口口相传,对文字传递信息的手段依赖不强,靠传统和宗法礼制实现社群管理,具体化为长老会体制;

(3)注重经验的世代相传和继承,不重视经验创新;社区生活表现为平面的旋转重复[这一点在彼得·阿伯拉罕小说《霹雳前程》(Path of Thunder)中有极为生动的

图 10-1　"乡"字释文

278

描述和叹挽]；

（4）如不遭遇重大天灾人祸，生活基本上安适、稳定；人口流动不大。这一特色直接表现为许多村庄以姓氏命名，如李庄、周庄、杨村等；

（5）凝聚人群的手段不是法律而是习俗、情感、道德、传统、乡规民约以及宗法礼制；

（6）从总根系说，乡村社群是血缘和地缘社群高度合一的社群。从血缘组合为主转变为地缘组合为主，就是传统向现代的转变，也是社会文明历史上的根本性转变。

（三）《云五社会科学大辞典》的介绍

乡村社区（rural community）大约有两类定义：一是由氏族联系之家族成员，聚集于一个农村地区，共同生活，因而有共同意识、共同利害和社会团结；另一定义则突破氏族观念，人群以共同利益和兴趣为基础，形成集聚生活体系。前一个说法着重血脉联系，定义过于狭窄。后一方法着眼于共同利益和兴趣，则持论过宽。因此，乡村一个比较适中的定义应当是：乡村是生活在特定地方的一群人，他们有共同的联属意识，而且通过组织和传统制度，共享或者共同参与一些有共同兴趣或者共同利益的活动。

乡村社区有五种要素，分别是：①其成员以农业为生，生活互相依存；②有相同的文化和社会价值理念，在其特有之社会结构内参与共同行为和活动，并遵循同一行为规范；③已经形成相当数量的社会制度形态和社会组织，例如丧葬、祭祀、礼制、教化，足以维持或者满足社会生活的要求；④情感上有共同意识，亦即社会认同和文化认同，即彼此感觉都属于同一团体，且与别的群体有分明的界限；⑤有较强的情感纽带、群内意识，形成群体内外差异的心理。用此五种标准界定一个乡村社区，当无重大疏失。

从类型上看，乡村因结构和规模不同，又可以划分为五个类型，分别是：①集镇农村社区；②村镇农家社区；③单村落社区；④联村社区；⑤团庄社区。

以上五种中，前两种最多见。另外有必要补充，近现代历史文化浸入乡村社会，激发社会结构和产业分化，而乡村却仍不失为乡村，却带有了新的特色，融入大量手工业和文化娱乐事业：农畜产品加工，如做豆腐的、蒸米糕的、酿酒的、梳麻的、剔牛角梳的、剃头的、木匠、石匠、铁匠、瓦匠、教书先生、算命的、看阴阳的，这些职业完全可以依托乡村长期发展经营，因为他们的资源和市场超出纯土地的局限，维持自身的同时也给乡村社会增添了内容和特色。

《云五社会科学大辞典》的其他卷册，如人类学卷，对于乡村、农业社区等还有更专业更深入的讨论，这里就不一一赘引。

乡村社会还有一些基本特色和属性，第一个就是女性或者母性特征，认为新石器文化村舍上上下下无不打上女性的符号；美索不达米亚文化中乡村与母亲两个概念乃同一文字。第二个，刘易斯·芒福德认为村舍是新石器文化高度发达造就的产物。这两个特点刘易斯·芒福德都有最精彩的展现。他在《城市发展史——起源、演变和前景》中对于乡村作为新石器文化的创造物，有特别详尽的观察、分析和叙述，例如他说，

"在所谓农业革命之先，很可能有过一场'性别革命'（sexual revolution）：这场变革把支配地位不是给了凶狠好斗的男性，而是给了较为柔顺的女性。她们因为经常带有幼儿而行动迟缓，行动中也总同小孩子步调一致，还要照看各种幼小动物和家畜，有时候甚至还亲自哺乳那些失去母畜的小幼仔，还要播种，还要照料幼苗。……这里女人的特殊需要，女人所担忧的各种事情，女人对于生育过程的熟悉，以及女人温柔慈爱的本性，必定都起了重要作用。驯化动植物的内容不断丰富，人类的食物来源不断扩大，女人在这种新经济中的中心地位也随之确立。"①

"原始村庄的每个部分都可以印证女人所起的巨大作用：包括村庄的各种物质构造，那些防卫性的围院，这些构造更深层的象征含义，目前已经由精神分析法逐渐揭示出来了：庇护、容受、包含、养育，这些都是女人特有的功能，而这些功能在原始村落的每个部分都表现为各种不同的构造形式：房舍、炉灶、畜棚、箱匣、水槽、地窖、谷仓，等等。这些东西后来又延传给了城市，形成了城墙、壕堑，以及从前厅到修道院的各种内部空间形态。房舍、村庄，乃至最后到城市本身，都是女人的放大。如果说这种看法是精神分析法的荒诞猜想，那么古埃及人也可以提供证据：在埃及古代的楔形文字中，房舍或者城镇这些字，也可以代表母亲。这无疑证实，个体和集体的养育功能，其实是同源的。"②

刘易斯·芒福德还着重讨论了新石器文化的特征来源于女性：

"这里我来着重谈谈新石器人类对于自然生命及其演化所作的巨大贡献：他们不是单纯对自然界生长的东西进行简单取样和试验，而是进行鉴别、选捡以及培育，而且达到如此高的水平，以至于我们后世人类所种植的全部重要作物，所养殖的全部重要家畜，竟没有一种超出了新石器文化时代人类养殖和种植活动的范围。"

"因此，很自然地，新石器农业的每一个方面，从新出现的村庄聚落中心，到房舍的地基，以至于墓穴中，到处都留下了'母亲和家园'的印记。在田地里挥锄操劳的是女人，在园地里照料管理作物的是女人；采用选择杂交的方法把野生物种转化为高产、美味、营养丰富的农家品种，完成选择杂交伟大功绩的也是女人；制造器皿、编结筐篮、用泥条缠绕成最早泥罐的，也是女人。就形式而言，村庄就是女人的创造，因为不论村庄有什么其他功能，它首先是养育幼儿的一个集体巢穴。女人利用村庄这一形式，延长了对于幼儿的照料时间和玩耍消遣时间。在此基础上，人类许多更高级的发展才

① （美）刘易斯·芒福德.城市发展史——起源、演变和前景[M].宋俊岭，倪文彦译.北京：中国建筑工业出版社，2005：11.
② （美）刘易斯·芒福德.城市发展史——起源、演变和前景[M].宋俊岭，倪文彦译.北京：中国建筑工业出版社，2005：12.

成为可能。"①

所以，刘易斯·芒福德后来总结说，"最佳的城市经济模式在于关怀人、陶冶人"，就出于这一深刻远古内涵。而且，这种历史过程和文化内涵至今埋藏在民歌和艺术活动，乃至人心最深处，成为上述古老历史文化的回声。

笔者不久前观看的大型歌舞演出《云南映象》中有段少数民族歌舞，就活脱脱再现了这样的意境：一段生机勃勃、活力四射的族群舞蹈，伴唱歌曲，实际上半唱半吟，歌曰：

……

月亮歇歇了，歇得呢！

太阳歇歇啦，歇得呢！

女人歇歇啦，歇～～不得呢！（歇字拉长音，念诵得特别有韵味！）

女人歇息，火塘就冷了。

冷风吹老人额头，女人用脊背抵挡！

咯针刺娃娃脚底，女人用心肝铺在山路上呢！

有了女人，老老小小就成一个家。

有了女人，天塌下来，男人也能顶住呢！

……

柔和温婉的歌声，静夜里活画出女性的伟大历史形象。云南是少数民族聚居地，大型演出中每个民族都贡献自己独特的歌舞，这只歌谣属于哪个族的，已不记得。只深深记得，舞台上，火辣辣的歌唱舞蹈过后，火塘边，女人哄小孩子入睡，歌谣缓缓地、喃喃地唱出，把人带入一个遥远而温馨的意境。歌声活画出村庄生活的温馨美好，歌赞女人创造人类情感价值和艺术价值的伟大作用和功勋，见证了村庄作为温情的渊薮，艺术、手工业和人类大爱的发祥地。

这些吟唱岂不就是上述新石器时代女性历史文化的遗痕和回声吗？所以说，古老的村庄曾经是催生人类文明的慈爱外婆……人类的情感、丰富的艺术活动、歌舞音乐、百般技能，都曾源自村庄生活。正如刘易斯·芒福德所说，剩余粮食和剩余人口，这两个是城市生活的先决条件。因而刘易斯·芒福德总结说："同样，假如没有新石器文化在各方面为人类的道德规范预先奠定一些基础，后来随城市而来的那些更复杂的社会协作最终能否实现，确实是很值得怀疑的。"②

① （美）刘易斯·芒福德.城市发展史——起源、演变和前景 [M].宋俊岭，倪文彦译.北京：中国建筑工业出版社，2005：12.
② （美）刘易斯·芒福德.城市发展史——起源、演变和前景 [M].宋俊岭，倪文彦译.北京：中国建筑工业出版社，2005：11-12.

二、村——邨到半坡、姜寨

邨，同"村"。常特指社区，区别于传统意义的"村"。在《中文形音译大词典》中，该字描绘为一颗禾谷图画，成熟的谷穗，对生或者互生的叶子，旁边一把镰刀用来收割谷穗（图10-2）。

将甲骨文的"邨"字拆分为"屯"与"邑"。屯，本义为卷曲、包裹、收获，引申义为聚集。邑，上为口，表疆域；下为跪着的人形，表人口。

那么，邨，也就是"村"，代表着有粮食、人口聚集的地方。余粮，是人们聚集的基础之一。长此以往，形成了聚集的生活单元——村，是供给和养育的场所。

从中国文字的发展中，竟可一窥当时社会场景，这成为把握村庄起源和含义的巧妙视角。

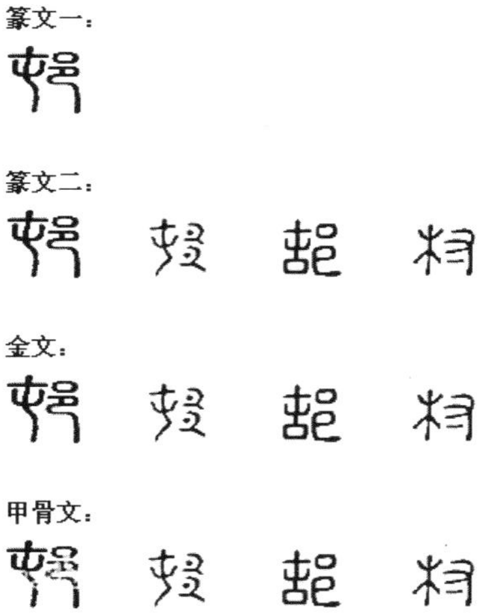

篆文一：

篆文二：

金文：

甲骨文：

图 10-2　甲骨文——邨

（一）西安半坡遗址

位于陕西省西安市灞桥区的半坡村，地处浐河下游右侧覆盖有黄土的二级阶地上，背依白鹿塬，与河床相距 800 米，至今已有 6000 ～ 7000 年的历史。

这座发现于陕西西安市以东的母系氏族公社村落遗址，作为我国黄河流域仰韶文化的村落遗址代表，已经展现出丰富的村落生活景象（图10-3 ～ 图10-5）。

观察这座遗址，能够发现新石器时代后期，社会繁荣的生产生活场景：焚林垦田，种植粟、白菜、芥菜等。驯化并养殖猪、狗。同时打猎、捕鱼、纺织、取火。初步修建房屋与防御性壕沟。半坡的半地穴式建筑，已成为中国建筑的雏形，其出入口向南，使用木质框架结构支撑锥形屋顶。半坡遗址是产陶地，陶器广泛使用，以鱼纹图案最为典型，并在陶器上看到早期文字的雏形。

（二）西安姜寨遗址

姜寨遗址，其保存完好和布局清晰的程度，都是前所未有的。

姜寨遗址位于西安城东临潼区骊山山麓临河东岸二级台地上的姜寨村，是目前发掘的中国新石器时代面积最大的一处遗址，面积约 5 公顷，深达 3 ～ 4 米的文化层跨越了 5 个序列。遗址分为居住、窑场和墓地三部分。房屋有大小，可分为地面建筑、半地穴和地穴式三种。墓葬地多分布在居住地区的东南方向，有 600 多座。此遗址已出土生产工具和生活用具逾万件，包含磨制石器、骨器、陶器。这为研究当时的社会性质、结构、方向，生产技术、水平，家庭制度、演变等问题，提供了宝贵的资料（图10-6 ～ 图10-8）。

图 10-3　半坡遗址的聚落空间布局
来源：http://dms.nmns.edu.tw/dms/webfile/
epaper/100000304.htm

图 10-4　聚落外围的壕沟与公共墓地、
制陶场地
来源：http://dms.nmns.edu.tw/dms/webfile/
epaper/100000304.htm

图 10-5　繁荣的生活景象复原图
来源：http://www.bpmuseum.com/

图 10-6　姜寨聚落遗址模型
来源：http://www.wenwu.gov.cn/contents/456/13640.html

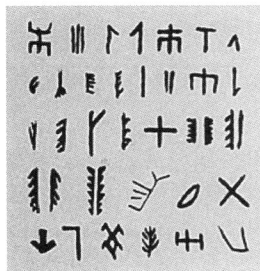

图 10-7　陶器刻画符号
来源：http://www.wenwu.gov.
cn/contents/456/13640.html

图 10-8　刻符钵及刻符陶片，新石器时代，西安市临潼区姜寨出土
来源：http://www.wenwu.gov.cn/contents/456/13640.html

三、乡村社会与城镇社会基本特征形成对照

乡村社会与城镇社会基本特征对照见表 10-1 所列。

乡村社会与城镇社会基本特征形成对照 表 10-1

项目	城市社会	乡村社会
人口	规模大，密度高，纵向、横向社会流动大；民族构成丰富	规模小，密度低，流动相对较小，民族构成单一
家庭	核心家庭为主，功能简单	大家庭多，功能复合性高
社会结构	高度分化，组织化程度高	结构简单，组织化程度低
经济结构	制造业、服务业为主；行业丰富	农业、手工业为主；行业单一
社会心理	偏重开放	偏重封闭
社会认同和人际关系	次级群体、职业纽带、重功利、疏离感重；走向冷漠化	首属群体、血亲纽带、重道德伦理、凝聚力强；注重团结互助
文化、信息	多样性为主；文化教育和知识水平较高；信息和信息手段发达	单一性为主；文化教育和知识水平相对较低；信息和信息手段发展相对滞后
社会凝聚核心、意识形态与社会控制	有精神凝聚核心，意识形态鲜明，正式控制手段：偏重法理（法制社会），必须有确定的控制中心和组织制度	非正式控制，偏重礼俗（人治社会）；凝聚核心可有可无；意识形态不鲜明，无控制中心与制度
道德、民风、犯罪率	重礼仪规范，民风流失，犯罪率相对较高	注重道德，民风淳厚，犯罪率低
物质结构、自然生态、活力水平稳定性	人工环境，与自然疏离，活力和创新能力高，稳定性低，风险性高	基本上利用自然生态环境，与自然联系密切，活力和创新能力低，稳定性高，风险性低

刘易斯·芒福德所说"城市不源于村庄"，何意？

刘易斯·芒福德的原话是这样说的："关于城市的起源问题，有两种习见必须首先抛弃：第一，认为城市是由农村经过自然增生，集结而形成的；第二，认为城市是随各种手工业、制造业发达之后，在交通要道为了适应经济发展而形成的。而同农村毫无关系。"[①]

城市并非完全脱离村庄而产生，也不是村庄自给自足的更高形态。由于村庄的能力有限，即使再美好与坚固，都不会自动发展成为城市。事实上，这需要其不曾拥有的一种特殊活力的因素，为它带来极大的扭转。当新石器文化所形成的集团行为活力，面对狩猎部族逐渐发展而来的富于战斗性的个人进取精神，并且两者发生融会之

---

① 参见：北京市社会科学研究所城市研究室选编 . 国外城市科学文选 [M]. 宋俊岭，陈占祥译 . 贵阳：贵州人民出版社，1984：45.

时，正是新旧两种石器文化联姻的过程，诞生了王权形式的集权体制，城市因而诞生。[①]可以说，人类第一次大发展时期诞生的王权，是城市剥离开村庄而独立发展的重要标志。王权引领的文化，也在那一时期脱离了人类基本生理需求，走向人类更高的生存追求。

这种剥离并非一蹴而就，而是经历了漫长过渡，并且其中始终贯穿着宗教的影响与主导。这部分历史是瑰丽而神秘的，许多新石器时代的惯例保留沿用：祭祀、庆典、牺牲、供奉，周而复始地循环着，并且在古老的人类文明诞生地得到了极大的发展，孕育出四大文明古国及其周边辐射地区的文化。这种由过渡走向剥离甚至在更早就开始了：圣经中的城市——耶利哥城（Jericho），一座被证实是巴勒斯坦，乃至全世界最古老的城市——至少形成于公元前 6800 年，如今再度成为死海西岸的一个重要城市。

每一座古城，在被发现之时，早已是座古城。村庄习俗的长久孕育，人类更高追求的漫长影响，这一切的积累，使得城市可能形成于短短几个世纪之中，成为人类文明的容器。然而脱离开村庄基础，还会萌发出更高的追求吗？还会因此而形成城市吗？

刘易斯·芒福德在《城市发展史——起源、演变和前景》中对这一思想有更具体详尽的阐述：

"新石器文化各种主要发明和组织形式一旦确立，乡村生活便会自给自足，墨守成规，几千年不变地延续下去，直至最后一次大变更随同犁耙文化和金属工具问世取代石器同时发生。所以，在可以称之为完整的、充分发育分化的城市还根本没有踪影的时候，必定先经历了一段相当长的孕育期。而新时期村庄向新石器时代城镇的发展过渡如此平缓，二者相似之处如此之多，以至于很容易让人们误认为同一物种的幼龄阶段和成年阶段。这种相似性尤显见于其物质构造形式。但其社会组织结构则不然。城市的许多成分固然潜伏在村庄之中，有些成分甚至已经明显可辨，但村庄毕竟像一个未受精的卵，而不是已经开始发育的胚盘。它要等待于一个雄性亲本向它补给一套染色体，方能进一步分化，进而发育成更高更复杂的文化形态。"[②]

第二节　村庄集镇的贡献

一、新石器文化产物的集大成

与旧石器时代相比，新石器时代的文化发展明显提速（表 10-2）。两个时期之间贯穿着母系氏族社会向父系氏族社会的演变。考古学上，母系氏族制的前期处于旧石

① （美）刘易斯·芒福德 . 城市发展史——起源、演变和前景 [M]. 宋俊岭，倪文彦译 . 北京：中国建筑工业出版社，2005.
② （美）刘易斯·芒福德 . 城市发展史——起源、演变和前景 [M]. 宋俊岭，倪文彦译 . 北京：中国建筑工业出版社，2005：20.

器时代晚期，而母系氏族制后期属于新石器时代早期。是否母系氏族制变迁的动因更能体现新时期时代的特征呢？

旧石器时代与新石器时代的对比　　　　　　　　　　　　表 10-2

	英文	标志	时间	生存	居住
旧石器时代	Paleolithic	打制石器	距今约 300 万年～约 1 万年	采摘、狩猎	树居
新石器时代	Neolithic	磨制石器	距今约 1.4 万～约 4000 年	农耕、畜牧、手工业	半地穴式

新石器时代早期，女性因其生儿育女与种植方面的天赋，使得那时人们的生活手段天然倾向于依靠女性能力，包括孕育人类生命，以及依靠女性获得食物。这样的关系使女性获得社会中的支配地位，并且往往又充当男性角色。这在印度教的古老神话中亦有所体现：印度教主神之一的湿婆之妻——帕尔瓦蒂，貌美无比，有多个化身。以主司破坏活动及生育职能的迦利神最为凶残，连湿婆都曾将自己垫在迦利脚下，以缓解她对大地的冲击。

而到了农业畜牧业高度发达的新石器文化后期，具有体力精力绝对优势的男性开始胜出，并以一种积极进取的活动方式，逐渐代替了女性保守的维护型活动方式。更为明显呈现出这样的景象：男性逐渐成为领导者，建功立业；女性退居次要地位，哺育后代。

这个时期，农业方面驯化了大量的动植物，小麦、大麦、粟、黍、山羊、牛、猪、狗等。生产工具更新升级，犁耙文化代替锄铲文化。有了统一的水利工程，完整交通运输系统。过去用来捕杀猎物的武器，也有了震慑反抗者的功能。

社会物质环境的变化，带来社会关系的变化，带来新的潜力。农业常规方式的日渐成熟为社会的运行——一种基于生存饱腹和繁衍后代的稳定而且强大的运行——提供了一种保障。但是男性所代表的力量与强权，正在以一种突破的姿态影响着发展方向。孔子曰："父在，观其志；父没，观其行，三年无改于父之道，可谓孝矣。"这句话是说父母健在的时候，观察他的志向。父母去世了，就要观察他的行为。三年不更改父母的为人之道，那么他的行为就能算是孝了。

孔子曰："父母之年不可不知也，一则以喜，一则以忧。"就是说父母的年纪是不可以不知道的事情，我们一来对他们的寿命感到喜悦，一来又时时刻刻为他们的衰老而担忧。

孔子曰："父母在不远游，游必有方。"就是说父母在的时候，不要出门远游，如果非得要远游的话，就要有一定的方向。

子夏问孝，孔子曰："色难，有事，弟子服其劳；有酒食，先生馔，曾以为孝乎。"是说，子夏问什么是孝，孔子说：孝之难，难在孝敬父母时脸色一定要和悦。有好食物，首先要拿来孝敬父母。

孟懿子问孝，孔子曰："无违。"是说不要违背父母的意愿。

孟武伯问孝，孔子曰："父母，唯其疾之忧。"是说对于父母最担心是他们的身体健康。

孔子在回答弟子樊迟时说："生，事之以礼；死，葬之以礼，祭之以礼。"当弟子宰我认为三年之丧太久时，孔子批评曰："予之不仁也！子生三年。然后免于父母之怀。夫三年之丧，天下之通丧也，予也有三年之爱于其父母乎！"。

《论语》这些总结、记载，其实表达上万年农耕文化对文明历史中道德人伦的成熟过程。这些精神成果是文明赖以存继的条件，而这些活动最初就是在农耕文化和乡村环境中逐步成熟的。

二、第一产业的孕育所

我们身边的食物，五谷杂粮、青菜大豆，以及用粮食喂养的鸡鸭鱼肉，皆由土地孕育而生。物质生活的根源在于我们脚底下的这片土地，土地是我们文明的来源。以土地为物质生产资料而形成的村庄集镇，是第一产业的孕育所，承载农业活动的场所，是诞生农耕文明的子宫。

2008 年统计数据称，我国耕地 18.26 亿亩，如果加上复种指数，年成好的时候我们农作物总播种面积达到 23.5 亿亩。[①] 也就是说，中国人利用不到全球 10% 的耕地生产出占全球 25% 左右的粮食。村庄集镇功不可没，土地支撑起牢固稳定的第一产业。

村庄集镇具有农田生态系统，是自然生态系统的重要组成部分。村庄集镇除了有居民点之外，还包括了围绕村庄的农田、牧场、森林、河流、湿地等环境。村庄集镇自然生态系统的稳定是保证农业生产的前提，其中大量的自然生态要素也是维持着这片土地生态平衡的关键因素，它们保障着这片土地的生态安全。

我国村庄集镇旷野广袤，生态服务功能突出，如调节气候、涵养水源、保持水土、净化空气、降解污染物质等。正是因为这些优越的自然环境资源，使得村庄集镇具备了农业生产的条件，成为社会文明第一层基石（图 10-9）。

图 10-9　今日都江堰农村风貌
来源：http://act3.cd.qq.com/4445/work/show-id-340.html

---

① 陈锡文．关于"三农"问题几点报告 [EB/OL].http://znzg.xynu.edu.cn/Html/?10177-1 html。

三、伦理道德的渊薮、文学艺术发源地

村庄集镇早于城市的出现，历史悠久，幅员辽阔。虽然村庄集镇结构较城市而言相对简单，但在本质上也是政治、经济、文化、物质等交织的社会系统，而且是人类伦理道德的渊薮，文学艺术的发源地。

村庄集镇文化结合自然，蕴含着天人合一的观念，顺应和尊重自然。生产上的循环利用，生活中的节俭低碳等都是为了节约资源，保护自然环境。由此孕育出中华民族崇尚勤劳节俭、温良礼让的传统美德。

在传统社会里，村庄集镇是文化之地。不少饱读诗书之士在乡间开设私塾，甚至只有十几户人家的小村庄集镇也可能有一处私塾。根据费孝通先生与潘光旦先生对清朝科举考试读书人身份的分析，其中 52.5% 来自城市，41.16% 来自村庄集镇，6.34% 来自介于城乡之间的市镇。

东晋陶渊明的"桃花源"就是理想的村庄集镇，是文学艺术的典范。退隐村庄是中国人的理想，代表人物有"竹林七贤"。村庄集镇有着天然的优势，地域的差异，地貌的不同，季节的变换都会表现出各具特色的景致，不同的风土也养育出不同的人情。多少文学艺术诞生于此，村庄集镇寄托了文学家们的情怀。

四、手工制造业的创造者

你还记得你们村镇那些手工业作坊吗？磨坊、酱房、染坊、铁匠铺、木匠作坊、皮革作坊、药材加工作坊、纺织作坊、篾匠作坊……你还数得清中华那些名优特产吗？丝绸、茶叶、纸张、毛笔、砚台、竹制品、农林渔畜产食品，还数得清吗？中华之可爱，哪样不是她那些农业文明的精华？包括文学艺术、优良城镇，以及传统道德、风俗礼仪。这样的说法，是不是很难驳倒？

第一次社会大分工，农业与畜牧业分离，所以出现了固定居民点，产生了从事农耕活动的聚落。就此拉开村庄集镇的历史序幕，随着生产力的发展，粮食有了剩余，农民从农耕中脱离出来而从事手工业的生产。手工业的逐渐发展，使得手工业产品有了剩余，这就为剩余产品的交换创造了条件，城市应运而生。

H·钱纳里等人的多国模型，将经济结构转变划分为 3 个阶段：工业化初期、工业化中期、工业化成熟期。国内一些划分方法有以不同产业所占比重的变化作为依据，将经济发展阶段划分为：农业时期、工业时期、后工业时期。在工业化初期，农业哺育工业，农业在工业化初始阶段为其积累资本。村庄集镇哺育着城市。

近现代城市主要是经济活动的中心，在城市及周围的村庄集镇构成的区域中，城市这个核心吸引着广大的村庄集镇腹地。因而，城镇化又是城市对村庄集镇发生影响的过程，是强势城市文化同化村庄集镇社会的过程。当今的城镇化，不可以排斥它自

身赖以存在的农业文明基础，包括世世代代积累的那些优良产业和产品。

五、社会规范、人类物质和精神生存的根基

村庄集镇聚落的产生始于农耕文明。从父系氏族开始，家庭就成了社会最基本的结构单元，儿子继承父辈的土地，共同生活在一起。随着几代人的发展，形成一个同姓的小村庄，更重要的是家族的团聚利于保护自身的安全。因为出于血缘的关联和安全的需要，农民通过聚居使得村庄集镇聚落形成了一个自给自足的社会单元，成为物质和精神生活的根基。当今世风的浅薄、浮躁，其实与割断自身与乡村深厚的精神情感渊源密切相关。割断这一渊源的城市，必定走向思想空泛化、人心空壳化、文化空间化。

实际上，虽然中国传统社会中的城市是村庄集镇地区的行政中心，但是城市的模式其实还是村庄集镇人口的集中。

如今我国有 9 亿人口生活在农村，而且我国的民族精神生存的主要根基也在农村。

国人眷恋故乡，古往今来，背井离乡也是普遍现象。因为战乱、流离、仕途、游学等，使得人们不得不离开家乡，但离乡者终想还乡。随着长期的农耕文明进程，中国人逐渐形成安土重迁的传统。宗族观念、光宗耀祖、光耀门楣的情结形成了中国人重血缘、重乡土的特点，成就了中国人独特的乡土情结。绝大多数的游子们将离家在外的处所当作是人生的驿站，最后只有返回故里、告老还乡才是身心认同的归宿。游子回归同时也将文化带回了村庄集镇，衣锦还乡的传统为村庄集镇社会保持着人才。衣锦还乡在某些程度上体现了中国传统文化中好面子的一种普遍心态。

总之，村庄集镇发展是居住于其中的人们共同的愿望，村庄集镇发展的根本目标是满足在村庄集镇从事各类经济活动的村庄集镇人的需要，满足村庄集镇居民生活的需要，满足其物质和文化的需要，创造和提供有利于村庄集镇居民自身发展的条件。村庄集镇是物质和精神生活的根基，村庄集镇是中华民族地域文化根源的主要栖息地。村庄集镇发展建设的重要工作不仅仅在于完善基础设施，改善居住环境，还应关注乡土特色的保护，传统文化的延续。

第三节　古村古镇在城镇化高潮中的地位

一、现状堪忧

改革开放以来，随着城市化的快速推进，城市面积越来越大，城镇人口越来越多。到 2013 年，中国的城镇化率已达到 52.57%，城镇人口比例超过了农村人口，成为中国的"大多数"。与此同时，城镇的兴盛背后却是乡村的消亡。据报道，中国每天都

会有 300 多个乡村消失。而随着大批劳动力转移到城市，更多的乡村有名无实，成为"空巢"。"2000 年人口普查表明，在城市中，老人空巢家庭户的比例为 27%，村镇大致为 1/3。乡村明显高于城市，2000 年全国乡村人口为 62.13%，独居老人为 66.12%，而 1 人的寡居老人家庭比例更是高达 76.19%。在乡村空巢家庭老人占整个乡村居民的 41.26%，但在城镇占 31.35%。这说明农村老年人口远比城市严重，尤其是贫穷地区，青年人口外流十分严重。"[①] 乡村的"空巢"老人生活艰辛，子女外出打工无暇照顾父母长辈。而除了物质上的匮乏，精神上的缺失更是少有人关注。新闻中不乏因无人照料，病死家中，几天后才被邻居发现的惨痛案例。而留守儿童的处境更是触目惊心，他们很多往往几年见不到父母，也不知道父母是做什么工作的，成了某种程度的"孤儿"，遑论教育以及心灵的护佑。据《中国青年报》报道：2004 年 3 月，由于父母双双在外务工，四川省富顺县镇一个 13 岁的初一女生小英，在事先无人知情的情况下生下一个孩子，尚未成年的女孩竟然当上了母亲！留守儿童缺少父母的关爱及有效的教育、引导和管理，空巢老人长期无人照顾，有的生计面临着严重的困难，留守儿童和空巢老人已是农村建设中刻不容缓的社会问题（图 10-10、图 10-11）。

图 10-10　空巢老人

来源：http://www.cphoto.com.cn/dz/viewthread.php? tid=42616

城市扩张，邻近土地被征用，农村被拆迁，成为城市化的牺牲品。而乡村的劳动力大量转移到城市，也使得乡村失去了活力，正在渐渐走向衰落。

而乡村面临的问题远不止如此，当《中国在梁庄》、《底层立场》、《中国农民调查》等一系列有关农村现实的书籍出版，乡村本身面临的问题才渐渐进入大众视野。农村的现状是令人震惊的，原先的伦理体系正在瓦解，城市文化入侵，各种问题层出不穷：环境污染、早婚早育、赌博、轻视教育、漠视生命等等，农民不再爱土地了，要么进城打工，要么出去做生意。

图 10-11　随着进城务工人员的大量增加，农村留守儿童和空巢老人数量也是与日俱增

来源：http://photo.rednet.cn/space.php? do=album&picid=234258&uid=3883112

---

① 黄润龙 . 我国空巢老人家庭状态 [J]. 人口与经济，2005（2）: 57-62.

如《梁庄在中国》里面，梁庄的小学现在变成了养猪场，校门口的"梁庄小学，教书育人"被涂改成了"梁庄猪场，教书育人"！往日村民为之敬仰的小学，他们曾经一块砖、一片瓦亲自盖起来的小学，装载着梦想与希望的小学沦为了养猪场！曾经的琅琅读书声变成了哼哼的猪叫声，还伴着恶臭。村庄正在走向衰败！

自从城市诞生以来，乡村就和城市相依相伴，互相补充，乡村为城市提供源源不断的劳动力和原材料，支撑着城市的发展，城市利用自身优越的文化、经济引领着乡村前进。而现在随着城市化大潮席卷华夏，乡村的生存现状岌岌可危，不禁要问：它还能撑多久呢？破落以后又是什么可怕结局？

二、古村落价值初探

散布中国各个角落的古村落历史源远流长，远非那些年轻的城市可比。近期一些例子就证明了这些古村落不是注定被淘汰的糟粕，而是文明的精华，对人类的价值意义十分巨大。

古村落是先人在与自然相处的智慧的结晶，对于现在仍然具有很多借鉴意义。例如云南哈尼村的聚落模式。哈尼村寨上方是丛林，下方是农田。高海拔将南太平洋的暖湿气流截而为雨，村寨上丛林的截流涵养成为终年不断的涓涓细流，最先被引入寨中人所共饮的蓄水池，再流经家家户户门前的井涤池汇入寨中和寨边的池塘，那里是耕牛和养鱼的场所，最后富含着养分的水流被引入寨子下方的层层梯田，灌溉着他们的主要作物——水稻。[①]这种生态模式对于城市化所导致的能源危机、环境污染、水源短缺等问题的解决是有很大借鉴意义的。

古村落对于中国传统文化的保存与发扬具有举足轻重的意义。城市化的大拆大建，导致了现在的"千城一面"，许多珍贵的文明产物毁于一旦，但是乡村由于地处偏远，受到的波及要远远小于城市，反而保存下来了众多的文化遗产。例如客家土楼，其集约的建筑形式，独特的造型，兼具实用与美观，代表了客家的一种生存的文化（图10-12）。而受此启发，已有建筑师以此为灵感，设计出了一种新型的集约住宅楼（图10-13）。将防卫性的外墙，向内的格局应用到诸如高架桥旁边地块。这些地块不适合一般的住宅楼，但这种新型的住宅却很好地解决了这个问题，在土地紧张，房价飙升的现在社会，也不失为一种解决途径。

另外，村落作为人类和大自然接触的良好界面，在城市居民的紧张生活中起到了缓解压力的作用。一些旅游项目的兴起就是这种状况的最佳注脚。如周庄，兴旺的旅游业证明了传统文化巨大魅力的同时，也表明了人们对于非城市生活的喜爱。一些农家乐、农家宴的兴起，也在一定程度上表现出了人们对于乡村的向往，对自然的眷恋。

---

① 俞孔坚.景观的含义 [J].时代建筑，2002（1）：15-17.

图 10-12　永定客家土楼
来源：http://tupian.baike.com/a1_04_45_
01300000358882124885453203572_jpg.html

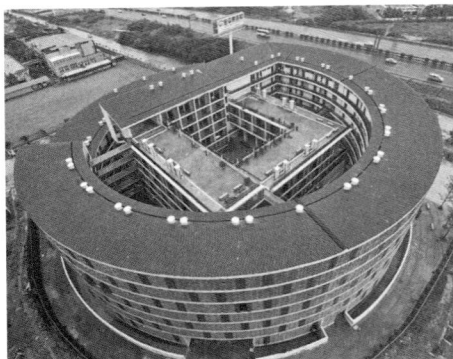

图 10-13　万科土楼
来源：http://blog.sina.com.cn/s/blog_
4d0b472f0100wia8.html

三、古村镇——城市华堂之上不可冷落的慈爱外婆

　　人类的文明史中，乡村对于城市的付出不可谓不多，对城市的贡献不可谓不高。从城市的诞生、发展、繁荣、衰败，到再一次的复兴，走向更高一级的文明，在这一系列的过程中，乡村都在扮演一个隐于幕后而又举足轻重的角色。她为城市提供源源不断的新鲜血液和各种农产品以及原料，同时也是人类伦理道德、文学艺术的发源地，是人类物质和精神生存的根基。她像一位慈祥的外婆那般细心呵护着文明，呵护着文明的人类。而现在，她被冷落了，甚至是被遗弃了！城市肆意的侵占她的肌肤，污染着她的血液，让她的子民流离失所，背井离乡，成为不被待见的"城里人"。现在这位外婆满脸皱纹、衣服肮脏，被现代的城市文明逼得无处躲藏。而另一方面，面对着日益严重的环境危机（水污染、空气污染、温室效应、雾霾）与社会危机（犯罪率居高不下，各种假冒伪劣商品层出不穷），各种天灾人祸横行的当代，我们是否该停下脚步反思一下：我们做得对不对？

　　乡村从来都是与城市相互依存的，她仍然在为城市的发展奉献着。大量的农民工撑起了城市飞速发展的繁华，而这种繁华却不属于他们，现在甚至连他们回去的路都要堵死。我们应该反思，为那些农民工反思，为那些被逼入绝境的村落反思，为我们的城市未来反思：古村落——这位华堂上的慈爱外婆——不应该被冷落！

四、村镇是城市完整概念和均衡复合体中一个组成部分

　　村镇和城市是相对的两个概念，在人口、社会结构、形态、民俗等多个方面存在着很大的差异，但并不代表他们之间可以用一个代替另一个，两者在某些方面各有千秋，因此不能笼统地说城市比乡村先进，至少就犯罪率来看，乡村的犯罪率要低于城市，而且乡村与自然的关系也很值得城市学习。

　　村镇是城市完整概念的组成部分，是文明人类物质生活和精神生活的根本。根本虽然不是主干，但却绝对不能割舍，否则城市人类和文明便失掉了主干和枝叶。可见，城市化的发展和乡村的发展是不矛盾的，以牺牲乡村来换取的城市化是病态的，不完善的，这已经由中国的现状证实了。

　　"城镇化这件事的难度不是仅仅放开户籍就行的。人进城后最起码的三件事：住房、就业、社保。2014 年统计局公布城镇化率是 46.6%，但里面大概 1.5 亿已经进城的农户并没有落下根，我看 46.6% 能实际达到 35% 就不错了，所以片面追求城镇化所带来的社会后果是非常严重的。"[1] 中国现在面临的问题不是用数字来解决的，住在城里就算城市居民，这是不合理的，如果住房、就业和社保跟不上的话，城市化就没有意义。

　　此外乡村和小城镇可以作为"拦水坝"防治城市扩张。拉美、非洲等国城市化的历史教训已证实：没有小城镇作为"拦水坝"，人口的洪流就会大量的涌入大城市；没有小城镇提供的就地城镇化，农民进入城市就易引发"贫民窟病"；没有小城镇对区域生产力合理布局的贡献，内地与沿海地区的发展差距会越来越大。[2]

　　乡村城镇化的问题是一个世界性的问题，发达国家的一些经验可以给我们很大的启示。比如日本，战后经济复苏，农业人口迅速减少，城乡差距拉大，日本政府特地颁布了《农业基本法》以振兴农业产业等增加农民收入，后来又施行一系列政策法令和拨付专项经费刺激农村经济发展。[3] 这些举措在很大程度上减少了城乡差距，推动了日本农村的健康发展。

本章小结

　　本章就乡村的起源、对人类文明发展的奉献，以及其在城镇化浪潮中的地位进行了探讨，从历史角度来看，乡村对于城市的发展是举足轻重的，但在现今城镇化浪潮之中，我们的乡村正面临严重的危机，说是灭顶之灾也不为过，道德伦理体系溃散，农民大量外流，村庄空虚，现状堪忧。村落在现今的城市发展中仍然具有不可替代的作用，不管是从现实的人口安置角度，还是从文化角度，或者从人的天性来看，乡村对于城市，对于人类而言仍然具有不可磨灭的价值。我们应该认识到这一点：乡村与城市是均衡复合体，缺一不可。

---

① 　陈锡文. 关于"三农"问题几点报告 [EB/OL].http://znzg.xynu.edu.cn/Html/?10177-1 html。
② 　仇保兴. 中国城镇化的 12 线与"底线"解析 [EB/OL].http://www.upnews.cn/archives/2871。
③ 　孟祥林. 农村城镇化：国外实践与我国新型城乡形态发展设想 [J]. 广州大学学报（社会科学版），2011（10）：51-57.

作业与思考

1. 促成当今城乡对立互斥的动因是什么？这个动因是偶然形成的吗？

2. 古村落的价值都有哪些？试举例说明。

3. 你认为造成古村落衰落的因素有哪些？

4. 对你自己的家乡村镇进行系统调查，包括查考相关县志，走访老人，倾听他们的陈述和建议，写出自己的心得体会和政策建议。

第十一章 城镇质量评估指标体系（草案）与相关问题

> 评价任何社会活动和职能的标准，首先看它能否促进人类进化，而城市自身仅为日常社会生活中人们自然、自发邂逅、冲突、困局以及相拥相爱，提供一个活跃舞台。
>
> ——刘易斯·芒福德

> 城市的最高使命是促进人类自觉参与宇宙进化和文明史伟大进程……有机世界、人类社会、人类个体，不用说当然还包括城市，都是有机构造，它们能调节能量摄取和利用使之适应生命要求。但是必须记住：这些构造都非常脆弱！
>
> ——刘易斯·芒福德

> 最佳的城市经济模式就是要关怀人、陶冶人……当今城市首要使命还是恢复和再造人性、人格、人类良知。
>
> ——刘易斯·芒福德

本章导读： 城市科学理论和实践领域都希望有一套简单明了又切实可行的指标体系，用以评价城镇的质量状况，指导城镇分析和建设管理实践。这种迫切需求已经很久了，但这样的指标体系却迟迟未能问世。原因首先是理论界长期拿不出完整的城市概念以及切中要害的理论模型和城镇功能描述。本章在以往各章节论述基础上拟定一套构想和草案，供进一步试验讨论，逐步完善。

城镇是复杂而精微的有机体。该质量评价指标体系方案的研究设计本着"复杂问题有限求解"的精神逐步深入，从最简单现象反映较复杂运作机制的路径，筛选出代表性、相关性最强的项目作为测度，力求收到举一反三、一叶知秋的评价效果。

第一节 迫切需要与由来已久的难题

一、城镇发展高潮迫切需要科学的质量评估指标体系

我国城镇化进程自 20 世纪 90 年代末进入高速阶段以来，现代社会的发育进程呈现高活力、高速度、高灾变和高不确定性的特点。广大城镇在飞速发展取得成效和进步的同时，又不可避免地呈现扑朔迷离、乱象丛生，甚至危机四伏的趋向。这种情势下，决策者和管理者的任务是扬长避短，千方百计引导社会发育进程趋利避害，走上良性发育的轨道。

刘易斯·芒福德有个著名比喻，他在 20 世纪中期说当时世界范围的大城市发展如同一辆汽车，既无方向盘又无制动器，却飞奔在一条不可持续的道路上，这比喻曾经脍炙人口。因为越来越多的城市曾经的经历乃至现状，都不断证实着这一论断。为中国城市发展制定一套城市化质量评估指标体系，最终目的就是千方百计要给这辆飞奔的汽车安装方向盘和制动器。最低限度，也要在它飞奔道路两旁插上警示标志，标明危险禁区上下界限。让城市操作者、决策者和广大民众都明了，哪些情况要高度警惕，哪些事情是绝对不可以做的。编订这套评估指标体系相当艰难，最终目的，集中到一点，就是知其不可为而为之，为我国城市化进程的健全和平安发展摸索方向和航线。能否奏效？有赖实践积累，以及众人拾柴助薪。

二、城镇质量评估指标体系

具体的城镇建设实践当中，如何诊断一个城市的质量、健康水平以及风险水平？靠哪些指标呢？在这一方面，城市基础理论的研究和应用都大大落后。不妨让我们借鉴人类古代医学发展的历史：当解剖学问世之前，人们对于人体及其机理的认识还十分肤浅。但是就在那个时候，中国传统医学发育出了自己特殊的诊断技术，靠"望闻问切"四诊、"浮沉迟数"四脉，靠着这很直观而浅显的体征探察到人体深层的生理和病理机制，至今数千年仍行之有效。西方医学也曾经首先靠一些简单体征，观测人体健康状况：体温、心搏、血压、大小便、情感及语言应对能力等基本指数，首先认知人体的基本健康状况。这种由简单到复杂，由浅入深，由表及里的认识分析方法，对于我们逐步认识城市复杂机体的风险和病理很有启发。其实，城市类似人体，甚至就是人体的放大，甚至比人体更要复杂、模糊。那么，能不能也靠一些简单的表征来揭示其内部质量状态呢？其实，我们当今的城市已经大量地表露出了病症：拥挤的人行道，屡屡上升的非正常死亡比率，频发的市政设施事故，如水管频繁崩裂、路面塌陷，被拖欠工资的民工屡屡攀上高楼或广告牌，大量行乞者……但是，"感觉到了的东西，我们不能立即理

解他；唯有理解了的东西，我们才更深切地感觉它。感觉只解决了现象问题，理解才解决本质问题"。因此，针对城市三层次模型本文提出衡量城市质量的基本指标体系：用当地人口非正常死亡率（每年每百万为基数）来度量城市的社会群体（层次 C）；用人均拥有人行道面积，以及人行道的有效性和使用率来度量城市的物质环境（层次 B）；而用人均拥有水资源，特别是人均拥有地面水——也就是有"城市肾脏"之美誉的城市湿地面积——来度量该城市生态本底（A）的质量状况。以这 3 个指标为基础，综合出一套统计对比方法，测量城市的历年发展变化和趋向。这一工作，无论对于城市科学研究，或者是城市操作层面的广大人员来说，都是十分迫切而艰巨的任务。

这还只是一个预想中的模型，有待通过讨论不断修正丰富完备。选择这些因素当作城市风险指征，所依据的原则是：普遍性（每个城市必有），明确性（客观、单纯、直观），相关性（连带反映着其他层面质量状况），可测度性（可比性）。对此，第一和第三层面的要素——人口非正常死亡率和人均水资源（尤其是城市湿地）统计数——是比较好理解的。最需要说明的是第二个层面的指征——人均人行道面积。采用它能否反映城市物质环境质量状况，还是以其他因素——如居住区噪声——当作风险指征更好，都是可以商榷的。

总之，历史的经验值得注意。太远的不说，根据彼得·阿克罗伊德（Peter Ackroyd）所著《伦敦城市传记》中记载，伦敦城有火灾记录的年代有：公元 764 年、798 年、852 年、893 年、961 年、982 年、1077 年、1087 年、1093 年、1132 年、1136 年、1203 年、1212 年、1220 年、1227 年、1666 年……仅仅 19 世纪的前 50 年中，平均每年发生 556 次城市火灾。仅 1993 一年当中就发生火灾 46000 次。伦敦城所有的标志性建筑物，包括伦敦桥、联盟议会大厦、皇家证券交易所大楼，都曾经被大火夷为平地。其中尤以 1666 年伦敦大火最为著名：1666 年的大火灾十分可怕，但是并非比以往火灾更厉害。这次大火之所以留下了比较完整的记述，是因为经历现场的人当中刚好有两位著名的日记作家，一个是约翰·埃弗利纳（John Evelyne），另一个就是塞谬尔·佩皮斯（Samuel Pepys）。两人都是当时的最多产作家。其中，佩皮斯几乎目睹了这场大火的全过程，他描述说，"火灾开始于一家麦芽酒厂，熊熊火舌直窜天空，凶险邪恶，非同寻常，极其可怕。"直至大火燃烧殆尽时，整个城市 5/6 的面积都已经一片焦土灰烬。街面上流淌着从圣彼得大教堂屋顶的铅板熔化之后流出的金属熔液。

人类历史上，几乎每一座大城市都发生过大火灾。芝加哥城市的大火发生于 1871 年，那次大火灾对人们震撼之强烈，以至于美国把这一天——10 月 9 日——的周年纪念日定为全国防火安全日。实际上，这次火灾发生于 8 日夜晚，大约开始于凯瑟琳·奥利里太太（Mrs. Catherine O'Leary）家中的谷仓内。最初是因一头奶牛踢翻了油灯，油灯又引燃了储物间里的草料和粮食。当时，当地正有很强的西南风，所以大火迅速蔓延到市中心，全城很快陷入一片火海，所经之处，片瓦无存，包括法院塔楼，那里的瞭望哨久等救援无望之后，沿着着火楼梯上的栏杆支柱蹓了下来，才得逃命。还有芝加哥论坛报的办公大楼也成一片焦土，而该建筑曾经被确信是防火的建筑物。不过，论坛报很快重整旗鼓，2 天之后就恢复出刊报纸，出刊后的第一篇报道就是"人类历史记录中没有先例的大火灾"。后来统计说，这场大火烧毁了 17000 间房屋，大约占了全城多半，烧死 250 人。

与火灾相对立而又相互强化的灾害，是水资源短缺。中国城市几乎一半以上缺水，有些城市已陷入了极度短缺的险境。笔者 20 世纪 90 年代中期得到的可靠数据是，北京市的地下水超采 20 亿 ~ 40 亿 m^3。如今已经又过去了 20 年，这个数据早已大大超过。而很少有人会把东三环马路路面的突然塌陷与地下水超采联系起来。但是，内行人心中有数。因地下水超采漏斗扩散，如今周边地区严重缺水，不仅河道、水库干涸，井水也枯竭了，以至有数十万人和更多的牲畜饮水发生困难。这种情况下的火灾威胁和破坏力无疑也就更大。从这个意义上说，春节恢复燃放鞭炮的举措是失当的。

刘易斯·芒福德在描述罗马城的时候，有一段历史性的总结：

"无论从政治学或者城镇化的角度来看，罗马城都是一次值得记取的历史教训。罗马城市前进的历史曾经不止一次地发出严重的警号，警告人们这座城市前进的方向不正确：哪里人口过度密集，哪里房租陡涨，而居住条件恶劣，那里对边远地区实行单方面的剥削，以至于不顾自身现实环境的平衡与和谐——在这些地方，古罗马的遗风几乎便会自行复活。如今的情况正是这样：大规模的竞技场，高耸而密集的公寓楼，大型比赛、展销会和足球比赛，国际选美比赛，被广告弄得无所不在的裸体像，经常的性感刺激、酗酒、暴力，等等；都是地道的罗马传统……凡是这些东西复活的地方，就是城市厄运临近的症候。"

第二节 重新认知城镇，普及城镇常识

一、城镇质量评估的一般概念

城镇质量评估及其指标体系，就是合理选择和科学制定一整套指标（例如：人均水资源、每 10 万人的在校大学生人数、人均绿地、人均用电量、垃圾无害化处理比率等），并且构成体系，用以检测城镇及其运行的总体质量状况。

此外，由于城市与文明的关系正如一枚铜板的两面，互为表里。因而，城市如今陷入困境，应当如实看作是文明陷入了困境。城市设计应当被看作是文明的设计和建造，因而城市规划师也是城市社会生活质量的设计、规划和建造者。所以，无论如何安排生产力和人口，无论是"多中心"还是"单中心"，无论是"集中配置"还是"散点配置"，无论是"城市带"还是"城镇群"……只要是将社会人群引上一条生态死境，就绝不是好的方略，无论它是哪种城市发展战略，哪个派别。这样的危机，都可以通过系统的质量评估体系，适时地检测出来。

二、兼议城镇质量和"城镇化质量"的联系

在说清楚城镇质量的同时，鉴于近年来开展的所谓"城镇化质量评估活动"，需要附带说明近年来持续已久的所谓"城镇化质量评估"的概念。

既然具体任务是制定城镇化质量的评估指标体系，当然首先要弄清楚城镇化质量究竟何义，以及理清楚城镇化质量同城镇质量的互相关系。这个基本的概念和理论问题，以往长期处于模糊状态。因此，需要逐一讨论和严格区分以下几个相关基本概念：城镇化、城镇化水平各是什么概念？城市化（城镇化）的质量评估与城市（城镇）的质量评估，是否属于同一含义？如果不是，如何区分？二者又是什么联系？这些问题是制定评估指标之先必须梳理清楚的基本概念和学理讨论。

城镇化：城镇化是城市和城镇诞生、发育和发展变迁的全过程；更是某地区或国家的经济、人口、生产和生活方式、用地方式、大地景观逐步脱离农业和农村社会和农村景象逐步向城市社会的发展、转变的过程。城镇化过程包括三个发育阶段：准备阶段、快速发育阶段和成熟阶段。要特别强调的是，城镇化、工业化、现代化，市场化四种概念都从不同视角参与人类社会的发展、变迁和进步。它们是几个并行不悖的社会发育进程，近现代的信息化则是工业化更高层级的表现形式。

城镇化水平：依照现行惯例和实践，城镇化（urbanization）作为一种动态进程，它的发育水平通常统计为城镇人口与地区总人口的百分比。例如，全世界人口城镇化率，经过几个世纪的漫长发展在 2008 年 2 月 28 日超过了 50%，就是说当年全世界居住在城市的人口已开始突破一半。

就某个具体国家或地区城镇化进程来说，其人口城镇化率在 30% 以前属于城镇化准备阶段；发展到 30% ~ 70%的区间，就属于快速发育阶段；其后，即城镇化率高于70%，则属于城市化的成熟阶段。

城镇化质量：首先，这个概念的提出是针对相当长时间以来某种偏差：不少地区城镇化速度很快，百分比甚高，但却看不到一个与此统计结果相适应的发达的城市社会文明。比如，有些地区百分比甚高，而城镇问题丛聚，矛盾激烈复杂。不少地区注重城镇化百分比统计结果，却忽略城镇化发展的实质内容。结果，城镇化水平和城镇质量这些本来高度统一的事物，却在扭曲的实践操作和统计数据中呈现分裂，致使城镇化动态进程的统计水平同城镇发育实际成效互不相干、乃至互相背离……"城镇化质量"就是针对这种偏向而提出的。它强调城镇化的实质内涵，强调在注重统计城镇化水平百分比统计数据的同时，更要它给城镇经济、文化、社会文明发展

带来的实际内容和良好效果。

城镇质量这个概念是指在整体论的认识方法指导下，城镇自身的全面质量状况，包括生态本底、人工环境和社会本体三个基本层次各自的质量状况，以及它们的整体综合效应。形象地说，它类似一个人的全面体检，就是城或镇的整体综合质量状况。

那么，城镇化与城镇的关系是什么？

如前所述，城镇化是城镇孕育、发生、发展和成熟的全部进程，城镇则是该进程中不同阶段的实际产物。二者有本质联系，甚至高度统一。城镇化（进程）的最后效果，终究要通过城镇自身质量表现出来。但依照当今城镇化统计概念和方法，即使统计结果（百分比）较高，也不一定意味着城市质量良好，而且这样的背离还比较普遍。其根源在于，人们对城镇定义和城镇化概念的不同理解和实际把握千差万别。再加上政绩考核和错误理解之类的不正确思想因素作祟，考量与实绩不是一码事，就不足为怪了。

附带说明城镇化的根本目的：为什么要推进城市化进程？如前所述，工业化和城镇化如同鸟之两翼，车之两轮。现代社会发育进程对这两轮两翼缺一不可。何况，城镇化就其实质内容来说，就是社会走向文明，走向有序化、规范化……这一系列现代文明标准的基本发育过程，如同小孩子逐渐成年，逐渐懂事，懂得必须遵守规范，负担人生使命，不再胡作非为。这些规范、这些秩序、这些使命，在人类文明历史长河中是有客观依据的。实现这些要求和标准，就是城镇化的根本目的。因此可以说，违背此目的的做法和结局实际上违反了城镇化的初衷。

城镇化，就其经典意义来说，唯一目的就是推进社会走向文明，推进人类走向文明。而文明自有历史的客观标准，不是可以任意表述的。城镇和城镇化的关系清楚了，结论就很清楚了：守住了城镇质量，当然也就守住了城镇化质量。反过来看，脱离实际一味去谋求空洞的城镇化百分比高指标，很可能把自己城镇社会、经济、环境搞得乱象丛生、民不聊生。谁愿意做这样的傻事？所以，必须回到具体的城市、城镇自身质量状况中来仔细审查、仔细评价、仔细思考。

请想一想：既然城镇化是发展变迁的动态过程，当然它就有速度、趋向、势能、质点和质量等一系列衍生含义。一个根本规律是，它的最终实际效果总要通过该过程的最终产品的质量状态表达出来，也就是城市、城镇本身的质量。因此，对城镇化质量的测度和评价，而且是全面、详尽的测度，归根结底，最终要深入到城镇本身质量各种细目中来，也就天经地义了，尽管其中框架、语汇、概念及其适用范围，都需要继续商榷。

既然城镇化质量最终聚焦于城镇自身质量，接下来的问题就是，一定要把握好城镇的完备概念。这里强调完备概念，因为许多理论、做法和政策都不符合整体论的城镇概念。

要弄清楚城市的完整概念，必须理解城市的基本结构、基本特征和基本属性。因为只有具备这些常识才能正确把握城镇化概念及其具体质量。换句话说，评估城镇化质量前提是懂得城镇是什么，它的基本构成和基本任务。

第三节　整体论城镇的质量概念

一、整体论构建城镇质量概念

机体是指大系统的统称。《现代汉语词典》将其等同于"有机体"，这样的定位值得商榷。因为，依照系统理论的标准，机体相当于大系统，大系统或巨系统（macrosystem 或 megasystem）包括机械大系统以及有机大系统两类。而两者有个根本区别：就是有无生命的核心概念。机械论的大系统没有生命核心，有机体则有生命。这一差别画出了两者的根本分界。有机体的生命本质是什么？是物质的还是精神的？争论由来已久。爱因斯坦晚年有类似说法：宇宙的本质最终很可能被证明不是物质的。对此，佛教学说诠释得最好。

城市、城镇是文明的集大成者。城市是文化的容器、文明的铸模，孕育文明人类的子宫。文明的要素，城镇无所不包。城镇概念若不完整、不正确，便无法合理评价城镇的质量。对于城镇概念刘易斯·芒福德说过："假如仅专注于城墙内那些扎堆的永久性物质建筑物，我们就还远未涉及城市的本质。"可见，完整的城镇概念是质量评估的基础。因而关键任务在于提炼一个简略模型对城市、城镇予以形象展示和精炼陈述。

二、制定该指标体系的指导思想

制定该体系先要把握城镇客观解剖结构，了解城市基本构成，包括三叠结构、五维空间，以及属性、运行机理等等城镇常识作为我们的指导思想。现将这些城镇常识扼要介绍如下：

（一）指导思想之一：三叠结构

城镇的结构特征：三叠结构（图 11-1）、五维空间，以及三叠结构决定的城镇质量内在层次关系。城市质量包括：生态本底质量、人工环境质量、社会主体质量。

三叠结构：自然界常启发人类认识自己。它提供了城镇以及一切人类聚落的基本结构解剖：由生态本底（包含土地、水源、大气、植被、资源……）、人工环境（包含地上下建筑、基础设施、道路、桥梁、人工构筑……）、社会主体（包含人口与经济、文化、正式与非正式组织制度、语言文字、道德、习俗、价值伦理、行为标准……）三部分构成（图 11-2）。

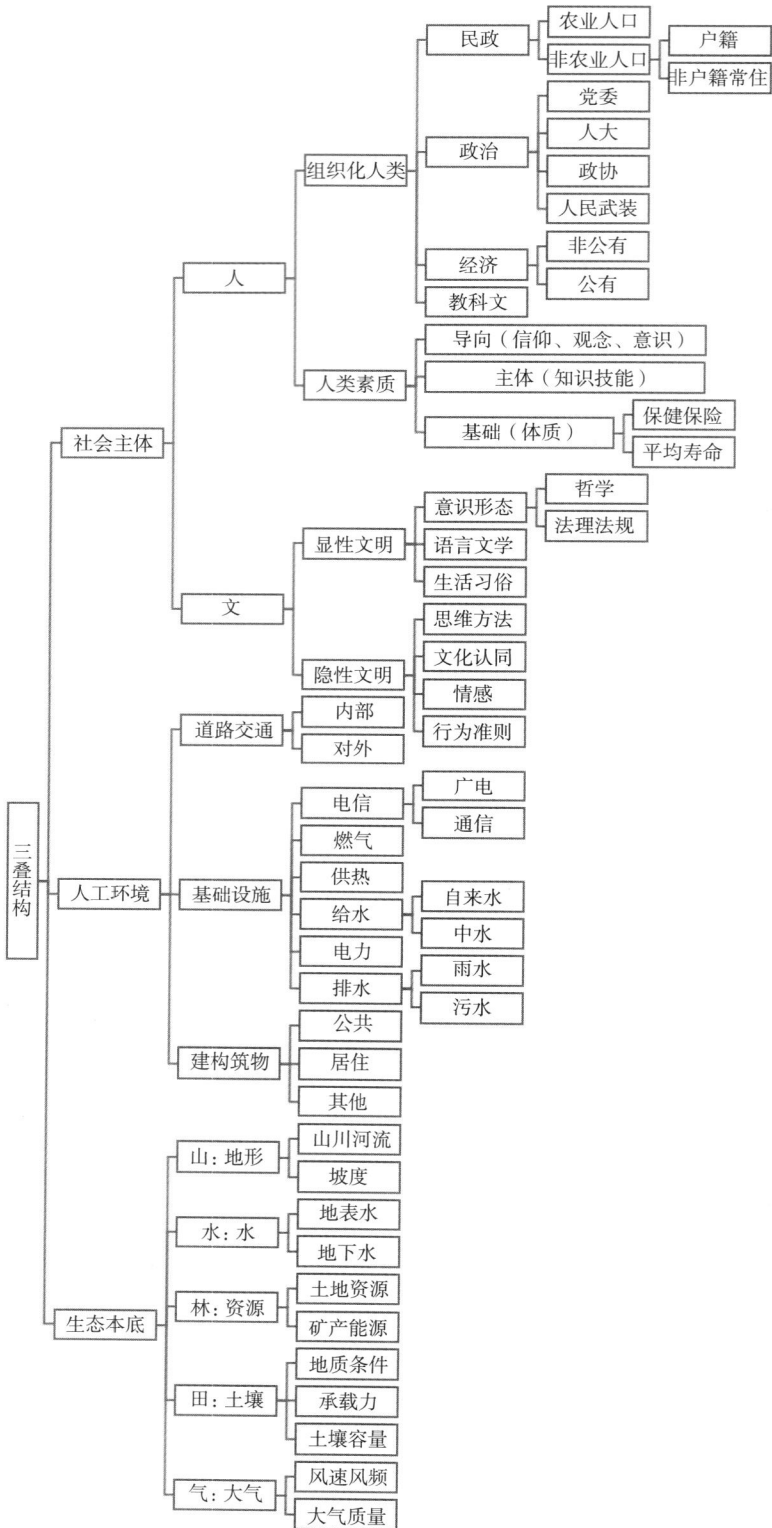

图 11-1 三叠结构

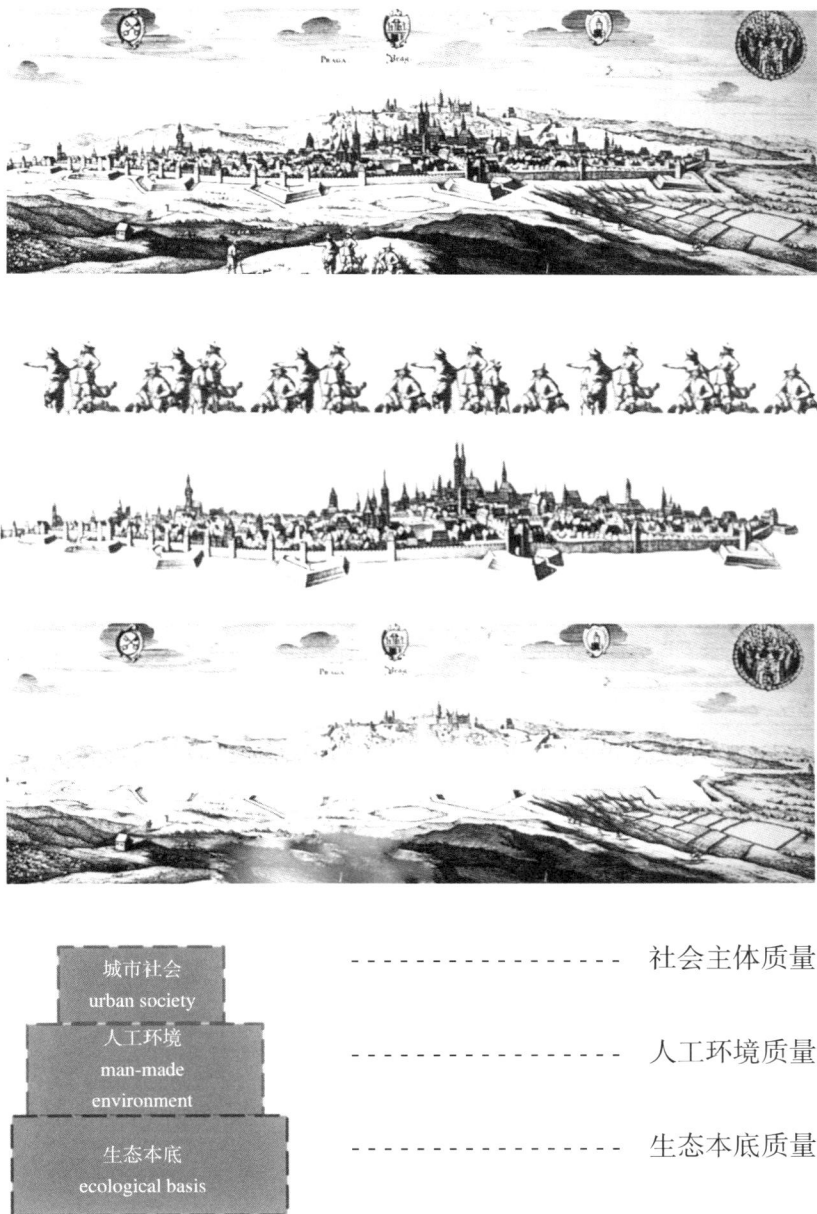

图 11-2 城市结构三层次以及分解示意

基础、主体与核心，这三段论划分法用于城市分析和认识，同样清晰有效。城镇体系中这三个构成层次分别是：生态本底构成城市的基础素质；人工环境构成城市的物质构造，是人类生存的重要物质保障；城市的社会主体包括人口构成及其文化素养。具体表现为该城市人类文明的走向和质量状况，而这些大量内容都要通过人类素质和社会运行状况表现出来，而且这无疑是城市最核心的本质特征。这些内容的具体分析是非常庞大复杂的任务。只能够分阶段、分步骤逐步深入，由表及里，由浅入深，由简入繁，逐一完成。

（二）指导思想之二：城镇的主体性

所谓城镇主体性是指城镇自身三维空间、四维空间基础上的第五个维度：主体性空间，是城市环境中生存的社会主体，及其选择生存方式和生活道路的能力和结果。城市作为文化容器，其所容纳的生命、生活，远较这容器本身更为重要。这种主体性集中体现在公民社会的培育。而在当今，公民社会又要从担当社会主要职能的中产阶级的培育开始入手。他们既是社会主要职能岗位的担当者，又是正当、传统价值理念的维护者。

健全的城镇化，要从公民教育开始培植人类共有的价值形态，培养公民意识。公民意识包括：权利意识、契约精神、人道主义情怀——维护合法权益、担当社会责任和道义；自尊、互尊、不违约、求双赢、讲妥协；维护权益又敢于担当的健康社会阶层。无共同底线的社会注定会走向溃败。这样的过程和状况，也要逐步反映到评价指标体系中来。公民社会的培育同样是长远而浩大的社会工程，它可以不在今天日程表中，可以不在今日的评价指标体系中，却不能至今仍不在决策者的视野和思虑之内。

（三）指导思想之三：城镇的基本属性

城镇作为大系统，有如下一些基本属性：

正面：整体性、有机性、均衡性、丰富性、创新性；

负面：复杂性、模糊性、脆弱性、二重性、风险性。

制定城镇化和城镇质量评估指标体系，就要把握城市这些基本属性和基本职能。现把这些属性扼要分述如下：

所谓整体性或完整性，是指城镇的三叠结构——生态本底、人工环境和社会机体——密切组合形成一个有机整体并进入社会文化的运行状态。这种完整，尤指文明社会的整体和完整，直至人格人性、人文行为的完整。不懂这种完整性，就不能理解刘易斯·芒福德为什么说"当今城市在城市化的高速发展时代里消失了"。当今威胁之一，正是这种完整性的解体。文化裂解会导致人格裂解，反之亦然。

有机性与整体性一起构成城市的生命特征，让它可以生长发育、继承、创新，也可以衰老死亡……城市的创新性,往往通过优秀思想家、文化精英先驱人物表现出来(梁启超、蔡元培、邱瑾、万里、李慎之、资中筠、徐凤翔……挂一漏万，不胜枚举)。精英良才一旦出现，若不会识别，则可能误其为罪犯投入监狱。历史证明这样的城市及其文化历来难以抛弃陈旧罪恶的哲学和制度，难以孕育出新的天地。

城市的复杂性尽人皆知，模糊性如影随形。一个极其庞大的有机体系隐藏了无尽的奥秘，包括其中的创造潜能和巨大风险。道理很简单，太大的东西，我们无法尽收眼底；太厚重的历史文化积累，我们没有那么大的胃口立即消化，这就是城市。一些历史文化名城，如此充满活力，究竟如何造就出一代代英杰，这些优良人格又是如何经由城市建筑艺术文化积淀，耳濡目染，超脱俗务，登入圣境的？所谓文运久盛不衰，地灵人杰，城市这样的运行机理，我们至今并不清楚，这就是城市的模糊性特点。

城市、城镇还具有二重性，它兼具创新和破坏两种取向。这二重性的由来可上溯至140亿年宇宙进程。宇宙进化基础上才有生物进化的开始，进而诞生人类，距今约200万年，原始人类问世。从此便抛弃了用进废退、适者生存以及获得性基因遗传的生物进化途径，弃旧图新，选择了文化进化的新途径，把远大目光投向新天地。这文化进化途径中两大利器，一个是语言文字，另一个就是城市。而无论文字或者城市，两者都是介质、手段、容器，在价值判断中属于中性。它们既可以负载正面内容，也能产生负面产品。正如文字可以传承圣贤书，也可以记载邪门歪道。城市流传文化教育人民，若整治不好同样会藏污纳垢。优良城市可以涌现大量良才圣贤（例如赫赫有名的古代名城绍兴），不良城市则不断制造歹徒凶犯。质量评估体系目标和任务之一，是趋利避害、及时预警、防患未然。

（四）指导思想之四：城镇化历程

城镇化历程反映人类文明和文明人类的由来和去向，当今历史进程正面临新的突破。城市实质上是人类的化身，尤其是文明人类的化身。一部城镇从无到有的历史，客观映照出从野性人类到文明人类的进步上升过程。城镇从无到有，从简单到复杂，从低级到高级的发展历史，反映着人类文明、人类社会同样的进步上升过程。人类是凭借城市这一阶梯，一步步提高自己、丰富自己，甚至最终超越神灵。所以城市的本质功能在于"化力为形，化权能为文化，化朽物为活生生的艺术形象，化有机的生命繁衍为社会创新"。"城市从一开始就体现人类之爱的一种物质构造、一个器官，因而最优化的城市经济模式应该是关怀人、陶冶人。""这都是城市能够发挥的积极功效。然而若没有制度创新，若不能首先有效支配现代人类掌握的巨大权力和能量，这些积极功能就无从发挥。"

众所周知，农业革命让城市诞生于世界，工业革命让城市主宰了世界。经过将近200万年的采集和狩猎经济文化之后，人类在农业文明时代创造了城市，历时一万年让城市文明登峰造极，无数优良城镇都是农业文明的产儿。农业文明对人类的巨大贡献绝不仅仅限于上万种农牧业优良品种和作物、无数的粮食蔬菜水果、畜牧业牲畜产品……更包括文字、天文、历法、手工业技能、艺术、文学、歌曲、音乐、建筑创造、乡村与城市、生活方式、习俗、伦理道德、情感世界、优良人格、社会组织、哲学、宗教、璀璨的手工艺品等，无一不值得大书特书。而今对待农业文明的正确总结却微乎其微，野蛮拆改，实在是不肖子孙忘恩负义，也是当今决策和实践偏离正道的深刻根源之一。

工业文明仅存两三百年，工业城市文明显然已被推入险境，四顾茫然。如今信息革命降临了，这当中城镇又将何去何从？如何疏解当今大城市过于集中的人口，走出城市困境已经成为世界性难题，这是需要长期探索、高瞻远瞩的重要课题。反过来说，如果丧失这种方向感，不懂得预留空间，我们就会在谋求高数字城镇化水平的同时，缔造出违反文明标准的新新人类、浅薄人类：无礼、无能、无才、无序、无知、浅陋、野蛮、无担当、无灵魂的"史后人类"（post-historic man），它同城镇化的本质要求背道而驰。生态文明实质上是农业文明在更高层级的自我回归，会重复农业文明的诸多特点。因而我们的城镇化值得花大力气研究、珍惜和保存以往农业文化的遗产，探询城镇在新历史时期的出路和形态，例如适度规模、相对分散等特点。当前的信息革命时代已经为此创造了有利条件。

（五）指导思想之五：筛选指标的原则

这些指标自身须符合如下标准：

（1）客观（非主观臆造）、普遍（每个城镇都有）、简易（简单明了，简便易行）、示警（内涵丰富，一叶知秋）。因此，这些指标最好具备"察微见著，一叶知秋"的效果，因为它们往往是一连串因果链的终端。它应当服务于城镇的最高使命，让更多的人操心现在，更操心城镇的长远未来。

（2）纵横体系扼要完整，能够体现总体论的城市完整结构。

（3）考虑循序：这项工作任重道远，必须循序渐进、由简而繁逐步完善。指标必须做到必要、合理、可行；针对迫切项目先予规范（如北京的垃圾处理）。

（4）在操作方法上可以描述与测度相结合，参考中医的四诊：望、闻、问、切。

城市化质量评估体系应该具有哪些要求呢？首先，它不是孤立的记录，要符合实际，切中要害，有预警性，能够举一反三，一叶知秋。在这个基础上用最直观的东西表达最深刻的内容。中医号脉做到了从简单到复杂，然后再重新回归简单。能够通过脉搏、血压、语言的清晰度、脸色等看出一个人的基本健康状况。城市，能不能寻找类似的途径，察微知著？为此，除了必须把城市解剖结构弄清楚，还要在这个结构基础上弄清城市具有的本质属性和特征，比如有机性、整体性、模糊性、风险性。我们是城市人，生活在城市，又在操作城市，要参与其中，要悟它，要给它把脉。在记录的基础上去提炼，然后再筛选。由于前人并没有给我们做好铺垫，城市化质量评估体系也就像盖宝塔的尖，费劲、危险。这就要求我们首先要把城市的基本结构搞清楚，就像外科医生要清楚人体的基本构造一样。城市亦然，从事这个项目，心中要明了城市的解剖图。

城市化质量评估体系应该在调查研究、记录的基础上浓缩出或者归纳出各项指标合理的最高值、最低值。比如，在已发布的城市化质量评估体系成品中，城市的恩格尔系数、基尼系数等这些指标的上限、下限应该是多少，具体到不同的城市又应该是多少，都应该有具体的说明。这就像体检报告，血压、心搏等每一项检查都有具体指标是一样的。当然，一步或者一天是做不到的，要测量百八十个城市之后，慢慢归纳出来，这是长期而艰巨的事业。

其次，要对城市的宏观主题有中肯的把握和深刻的理解。希望今后有更多的人能够像刘易斯·芒福德、弗里德曼、梁思成、陈占祥等那些眼光辽阔、心怀宽广的大学者，对城市观察尊重事实，目光如炬，把城市论述得那么透彻。希望他们的智慧之光能够照亮我们。基础理论能帮助我们透彻理解城市，也会让我们改变看问题的视角，获得许多新方法。

第四节 城镇质量评估指标体系（草案）

一、拟定城镇与城镇化质量对照评估指标体系

这套评估指标体系的具体做法，从方法论说有两种含义：一个是客观、实际的记录；另一个是筛选之后确定合理域值。前者消极、被动、机械而零散；后者则在理性思维指导下从客观数据和实际生活筛选临界指标，力争有机、全面、浓缩、深入浅出地反映城市化（城镇化）以及城市（城镇）实际质量。两套做法联系密切：无前者绝对做不出后者。就是说，只能从客观记录入手，然后一步步精炼浓缩，缩小数据指标上下限之间域值，逐步求得合理的指标体系，反映城市体系健康安全的发育状况。

上述思路和指导原则，产生出图 11-3 框图，远未做完，仅只是个思路和示意图。如何完善、如何测评、量化和进一步细化指标等问题都远未解决。终须仰赖各界集思广益，群策群力，日臻完善。

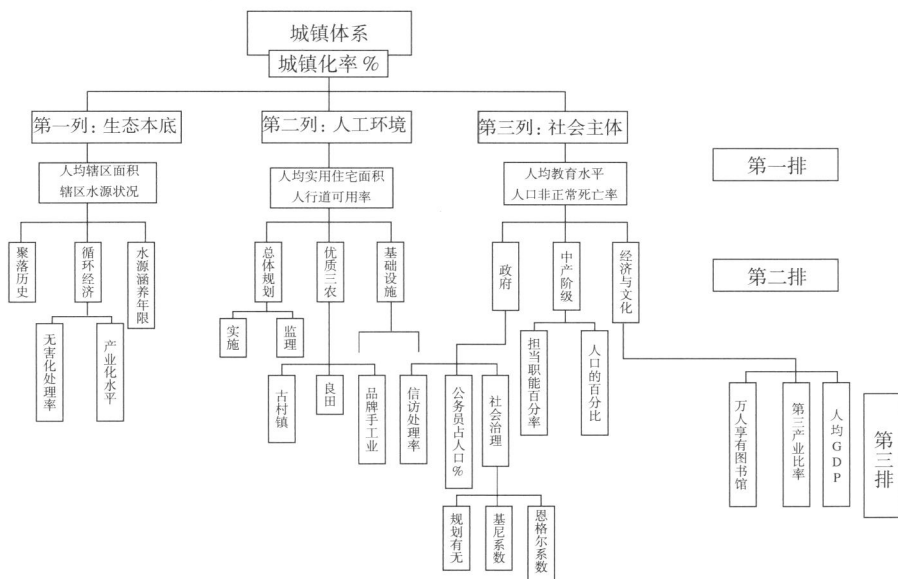

图 11-3 城镇结构层次关系及质量指标体系思路（示意）

二、框图说明

（一）首先，为何选择人行道（有无以及可用率）作为人工环境质量评估两个一级指标之一？

由于人行道在城市规划、设计、建设、管理当中几乎是工作的尾端产品，又同公厕、路灯、下水道、柏油路等基础设施一样，都属于公共品；却又最不受保护，成为许多方面争相蚕食对象。而人行道却在城市生活中占据举足轻重的地位。一些理论家认为，城市人行道不仅能够通行，还兼有公园、庭院的职能，能提供休憩场所，维持人际交往、社会联系……人行道状况可作为视窗，透视城市整体文明状况，包括立法、设计、规划、建设、管理、人口密度、产业密度、社会交往以及行为规范等诸多方面质量状况。可见，人行道阻塞状况就如同人体内血管壁的沉积物。举例来说，据笔者探访，某处水果销售棚长期占用桥梁路面从事经营活动，因为它向当地居民委员会每年缴纳8000元保护费，因而面对城管能够岿然不动。这就不单单是人行道不通畅的简单问题了。类似实例恐怕很有代表性。

（二）为何选用人口非正常死亡率作为社会主体两项一级指标之一？

原因很清楚，也很简单。城市的本质功能首先是人类生存发展和进化的场所。这里发生的非正常死亡事件，理所当然折射出城市各个层面不适应生存或发展。这现象和数据很客观，但很难获得。从中进一步分析原因，就会得出该城市的社会、经济、建设、工程、管理等诸多方面的隐患，作为线索继续深入研究分析和解决城市方方面面的问题，例如社会治安、就业状况、教育水平、人文关怀、犯罪率等。实际上，非正常死亡率这方面数据状况，是否有系统记录、积累、分析、整改，这事实本身就是城市质量的指标之一。

（三）为何增添了优质三农作为经济文化项目中的主要成分？

因为，首先为了纠正一味追求高数字城镇化的偏向，似乎"城镇化水平"越高，社会就越发达。其实不一定。因而要努力纠正这种偏差：整日消费农产品、粮食果蔬、礼节仪式、伦理道德，却不懂得这些都来自农业文明。何况合理的城镇结构必须注重城乡的结构性均衡，有必要保留相当数量的农业和农村，有必要不断营造农民与社会服务机构的良性互动联系。更何况，即将到来的生态文明本质上是农业文明在更高层级上的自我回归，会重复农业文明自身许多历史特点和优点。因而要有意识保留优良的农业、农村和农民，作为新文明发展和建设的"酵母"。有一组数字发人深省：据中国财政经济出版社出版的《中国第三次人口普查资料分析》公布的中国历代官民的比例：西汉为7945∶1；东汉7464∶1；唐朝2927∶1；元朝2613∶1；明朝2299∶1；清朝911∶1；现代67∶1。用1998年财政部部长助理刘长琨的话说：汉朝8000人养一个官员，唐朝3000人养一个官员，清朝1000人养一个官员，现在40个人养一个公务员。仅过了11年，官民比例竟从67：1升到了40：1。不怪农民说："几十个大盖帽管着一项破草帽。"而现在是26：1了。在前两年的"两会"上又公布的一个数据，我国行政管理费用25年增长了87倍！

可见，未来许多新的改革奇迹，许多峰回路转、柳暗花明的新貌还有待从这个优质三农里面创新问世。这一着棋对濒临山穷水复的城镇化现状有挽救全局的重要战略意义。

（四）为何着重关注中产阶级状况？跟踪它、记录他、分析它，为什么？

原因很简单，因为中产阶级是社会健康运行的依靠，更是城镇文化主体性的实际表现。中国在过去十几年世界纷乱格局中基本上不迷失、不紊乱，重要原因之一是改革开放初步培育出一个生活质量有所改善而且有所担当的中产阶级。当然问题还很多，一个真正具有独立价值判断，具备全面操控能力的强大中产阶级，还需要继续大力扶植。橄榄型社会结构就突出体现了这种稳定特征。因而，要为万世开太平，这个内容就不可掉以轻心。

（五）方案中各项目数据如何统计，尚待讨论。

建议结合《城市化》杂志发布该方案中的数据和统计方法进行综合评估，这会超出我们各自专业领域范畴、联合行动扩大合作和调查范围，势不可免。

（六）有几个特别紧迫问题值得特别关注：

第一个是地下水超采以及废弃物、废水的无害化处理的问题。两个问题实际上都反映城镇新陈代谢水平和能力。地下水超采、地表水污染，反映城镇化道路的可持续性问题，其严重性此处不多举例了。

第二个，究竟什么是城市，值得再三思考。反过来说，并非多建住宅、马路、路灯、自来水、公厕等设施，再有了工作、生儿育女……就是城市了。人们来到城市、人类形成城市，原动力是崇高的追求，超越物质生存的简单含义，超越自我……如今人口素质，尤其伦理道德操守低下，所谓"世风日下人心不古"的社会风气问题，都与城市质量状况、文化资源配置、城市经营方向有千丝万缕的联系。需要回溯历史，总结教训，深思熟虑。

其余紧迫问题当然还有，不再多列。因为这些指标直接反映了具体的城市化进程是否沿着一条不可持续的道路前行。制定指标要有前瞻性和警示性，把这些危机鲜明地摆在民众眼前，更摆在管理者、决策者桌面上。

（七）附带说明，该评价体系如何评分、谁来评分，即所谓"谁是评价行为的主体"，也是个关键问题。

本文提议由居民和专家结合的方法来进行测评和分析。比如，指标体系中3列数据如何加权，是否加权，都可以商讨。再例如，人行道可用率，可以划分为0－20－40－60－80－100五个区段，通过问卷方式，散发给居民和专家专业调查小组，分头进行，最后讨论综合。

（八）在实践中前进：认识城市同时认识自己、提高自己。

评价城镇过程中，同时我们自身也在经受评价，也需要不断改进。因为制定指标体系有个无法回避的问题，就是主体的自检，也就是检视我们城市的建造者、管理者、使用者自身对城市的认识深度和知识积累，包括是否具备长年累月有系统的数据积累，更有我们心中是否有个城市结构和机理的解剖图。如果有，当然更好，日臻完善就是。必须具备的知识和记录，如若没有，只能从头做起，从此刻开始。记录每一天、每个层面……日益积累，终成体系。不能因为自己不具备这些积累，就以"不具备可行性"予以排斥。

总之，城镇化走上良性发展道路，前提条件是树立整体论的城市观、历史观、人类观和文明观。离开这些指南，城市研究、城镇化质量评价终难找到正确方向和有效方法。

本章小结

城市是宇宙进化的最高阶段——文化进化——的两种介质之一。城镇、城镇化道路，是人类从野蛮走向文明的必经之路，是人类自我驯化之路。该进程并非不可逆，城市和文明建设治理得当可以成为进步的阶梯；反之可沦为危险泥淖。这应成为城镇质量指标体系编订工作核心指导思想。明确并牢记这一宗旨，其余都是工作和方法了。不存在一成不变的方案和途径。正如刘易斯·芒福德所说："任何彻底的社会变革和城市更新，首先是价值观念的改变，是全社会首选物的改变，是先看全社会把什么东西摆在首位。"在此大前提指引下，任何行之有效的办法都可以尝试，目的是引导城镇走上良性发展的征途。

作业与思考

1. 为什么要制定城镇质量评估的指标体系？如何看待这种指标体系的真确性、可行性？

2. 城镇质量评估指标体系长期难以建立的根本原因是什么？

3. 城镇总体质量的评估还可以从哪些途径思考、解决？

4. 目前本章提出的方案，还有哪些弱点和难点？如何克服？

第十二章　城镇学理论体系与中国城镇实际的衔接

> 人是衡量一切的尺度，衡量存在的事物及其所以然，也衡量不存在的事物以及所以不然。
>
> ——普罗塔哥拉斯

> 城市就是民众，还能是什么？
>
> ——威廉·莎士比亚

本章导读：本章是实践课，需要读者运用学到的知识描述城镇现实情况，解答实际问题。

城镇学是属于人文学科的城镇基础理论，主要探索城镇原理，这样的定位必然呈现浓厚的观念性、学理性特色，其内容和方法大多属于概念性探讨（conceptual and philosophical）。优点是清晰解析总体论概念的城镇诸多内涵和问题；缺点和不足，则是它与具体城镇实践保持了相当距离，因为实际生活中城镇运行要复杂得多。因而如何将这些学理性探讨、模型、概念性内容和观点，包括规律性总结，与中国当今城镇实际生活、管理和决策实践互相结合，就成为一个必须考虑、必须解决的重要步骤。真理的价值就在于能够解释复杂现象，解决繁难问题。若不能切合实际解释和解决当前城镇生活中重大问题，纯粹的坐而论道，这样的城镇理论便无丝毫益处。本章就试图回答这些基础理论与中国城镇管理和决策实际之间衔接的关联、路径、操作和方法。所以，本章其实是自己动手动脑的实习课程，检测学习效果以及理论的真确性。

第一节　依照新概念和模型描述自己的城镇

学过前面内容，如今已经能够依照云雀窝的模型，重新构想你自己的城镇了：自然体态本底、人工环境、社会本体。这种构想中要把原来排斥在外的诸多要素一一涵盖进来：原来我们讨论城镇是不涉及精神文化之类的意识形态，如今不能不突破这样的局限。因为说到底，意识形态、精神文化是灵魂，衍生出政治哲学、根本方针政策、组织形态、运行准则、规章纪律，这些要目如龙头、龙身，支配了城市城镇的整套社会和经济生活，乃至社会的精神文化和人的行为标准。城市的发展、规划、建设、管理，莫不纳入意识形态这条巨龙之下。透彻理解云雀窝这个模型，参照城镇的"天圆地方双鱼旋舞"的理论模型，将不会领悟不到：云雀窝内那薄薄的羽片以及各种柔软松散材料，原来体现都市环境中的文化软环境，当然包括意识形态、精神信仰以及人们的精神皈依和坚守。文化这种东西，如此绵薄、如此脆嫩，有时候甚至如此虚幻，经不起一阵风，遑论"文革"那样的疾风暴雨式的"革命"的摧残。

一、生态本底

城镇辖区内基本概况，包括：总面积、地理位置、地形地貌、山形水脉基本走势、海拔高度变化、年均温度、降水量及其时空分布、自然河流、湖泊、自然资源、树种以及其他生物资源、植被状况和畜牧业种类、支柱性作物（例如北方的小麦、玉米、谷子、棉花……南方的稻、桑、竹、麻、茶……）历史变迁、历代沿革、人文传统、民俗民风，等等。这些情况若能做成沙盘，就更便于观察思考。

二、人工环境

人工环境是指人力建造的生产生活设施和环境的总称。描述内容包括辖区内建制城镇基本概况、建成区总面积、铁路公路状况、乡间路网和桥梁涵洞总体状况、动力源，还有祠堂、祖庙、戏楼、学校、寺庙、教堂、博物馆、展览馆等建筑设施。

三、社会本体

总人口及其基本构成包括：城乡人口比率、基本分布、城乡上下基本隶属关系及历史沿革、文化水平、风俗习惯、道德传统、组织体制、各级行政机构、教育与传媒、民族构成、宗教文化、手工业、制造业传统、名优产品、著名工匠和艺人、历史名人、等。

接下来可以把各种具体问题，放在城镇完整概念和理论模型框架内，予以重新考量。这样做的目的在于获得一种精神自觉，包括对文化形态、组织体制，乃至对古代传统意识形态的重审。既然文化的地位和角色如此重要，既然它统领城镇生活的一切，那么，如果它的确产生了阻碍作用——比如中轴线所代表的王权神授观念——最低限度是可以拿出来讨论和研究的，即使某些难题很难立即解决。因为，不这样做，首先很难把问题说清楚。想解决问题，若不能首先描述其全部真实，不能解释其中症结所在，这样的难题能够解决吗？治病，首先应当诊断、辨症，先说清哪里有病？根源何在？下一步，才是该病能否治疗？该医生有无资质？以及如何诊治？

第二节　解析城镇实际问题

本节将从宏观、中观和微观几个角度，用多个实例展现整体论城镇概念与中国城镇实际的这些衔接。许多具体难题，需要广大城镇理论和实践工作者，结合本地实际情况，灵活运用整体论的视角、机制或者原理，先对各种难题予以恰如其分的描述、实事求是的解析。然后，才谈得上彻底的解决。

实例一：中国现行建镇、建市标准

现行设镇标准为 1984 年制定的（详见附录 C）。

设立镇建制的限制因素主要有以下方面：县级地方国家机关所在地，总人口数量及乡镇驻地非农业人口比例，和其他有必要的地区。整个标准以民政管辖因素为主要考量依据，同时涵盖部分基础设施及环境因素。

现行建制市标准为 1993 年进行调整的产物（详见附录 B）。

其中设立县级市的指标主要由人口密度、从事非农业人口数量、从事非农业人口所占比例、非农业户口的从事非农产业的人口数量等人口指标，工业产值、工业产值占工农业总产值的比例、国内生产总值、第三产业产值在国内生产总值中的比例、地方财政收入等积极指标，自来水普及率、道路铺装率等城区公共基础设施三个要素构成。除此之外还有部分相应放宽的条件。

设立地级市的标准为市区从事非农产业的人口 25 万人以上，其中市政府驻地具有非农业户口的从事非农产业的人口 20 万人以上；工农业总产值 30 亿元以上，其中工业产值占 80% 以上；国内生产总值在 25 亿元以上；第三产业发达，产值超过第一产业，在国内生产总值中的比例达 35% 以上；地方本级预算内财政收入 2 亿元以上，已成为若干市县范围内中心城市的县级市。

可以看出，建制市的标准主要指标为非农业人口比例、数量，以及工业生产总值及其占工农业生产总值的比、国内生产总值和公共基础设施。其中主要以民政及经济层面的因素为主，附带基础设施建设。

评论：上述建制镇和建制市指标，涵盖人口以及人口经济活动的城乡分类，其中没有列出自然资源和环境概念，显系视之当然，而认定无必要。人类主体部分的内容也没有给出社会文化的明确要求。

如今城市发展多以集聚效应为主要动因。那么，城市也大都是以聚集为基本特征：人口、建筑、生产、消费、交换，城市集聚效益为其带来了源源不断发展动力。同时，过度集聚也为当今城市带来了诸多问题。例如，对环境和文化遗产的肆意破坏，换取GDP，而毁了人类赖以生存的自然环境质量。城镇内涝、交通拥堵、住房紧张、千城一面几乎成了每个城市的疾患；外来文化入侵让我们快要遗失中华五千年文明、城市里人与人之间的冷漠让我们越来越缺少人情，已经成为通病。这些在观察和评价城镇社会生活时，是不应当忽略的因素。

实例二：资源枯竭型城镇的转型问题

提到大同和类似的城市，想必大家想到的是"煤矿"和"云冈石窟"。是的，大同作为我国最大煤炭能源生产地之一，享有"中国煤都"称号，但这称号又给大同带来了什么？除每年上亿吨优质煤炭资源，还有井下火灾、采空区塌陷、采空区积水、瓦斯爆炸、煤尘污染、水污染等各种危害。据统计，2003年前后，各煤层累计采空区面积达500平方公里，大面积采空区的形成造成地面塌陷和裂缝，许多村子变成了悬空村。这就是三叠结构密切互动的现实例证。

这是中国许多资源型城市的发展模式。这样的发展，是否符合城镇人类主体的长远需要和利益？"大同市在采煤、运煤以及发展煤电产业过程中，已经或将要造成对生态环境的污染和破坏，与云冈石窟为主的历史文化遗产构成相互依存和对立的矛盾，国家既需要大同的能源，也需要名城的历史文化，大同贡献了资源，但决不能再牺牲环境和文化。"[1] 人们意识到问题，于是便有了对煤炭城市产业结构优化及转型发展的研究。煤炭城市产业结构优化的方式包括利用新技术改造现有传统企业；发展高新技术产业；培育和发展潜导企业；大力发展第三产业等。[2] 煤炭城市转型战略思路包括推进矿城一体化发展，重组城市空间结构；按照区域比较优势原则选择项目和发展接续产业；改善投资环境，吸引投资；综合治理沉陷区，修复生态环境。[3]

不难看出，大同以及同类型城市已经逐步进入反哺这些资源枯竭型城市的过程。

对于煤炭城市的转型，国外已有成功案例，其中最著名的应该是德国鲁尔区的转型。鲁尔区经过一系列改造，最终形成了以煤炭和钢铁为基础，以高新技术产业为龙头，多种行业协调发展的综合新经济区。其中以文化和旅游为主要内容的新产业直接提高

---

① 沈镭，程静. 大同市煤炭型矿业城市可持续发展优化研究 [J]. 自然资源学报，1998，13（1）：57。
② 李海伟. 中国煤炭城市产业结构优化研究 [D]. 成都：西南财经大学，2010:32。
③ 田明，樊杰，孙威. 我国煤炭城市转型发展研究 [J]. 矿冶，2004，13（1）：13-14。

了区域的文化生活质量。①

　　盖尔森基兴北星公园（Nordsternpark，Gelsenkirchen）就是众多改造项目中突出的例子。北星公园为原北星煤矿厂旧址改建，面积约 160 公顷。北星公园的设计强调对北星矿区历史及现有形式和结构的尊重，其设计语汇取自鲁尔区现存工业景观中的地形、建筑、设备等。公园不仅保留了工业历史的痕迹，改善了环境，也满足了现代生活的种种需要（图 12-1、图 12-2）。②

图 12-1　北星公园内保留的地形及构筑物

图 12-2　北星公园内保留的原有工业历史遗迹及后期绿化

---

① 任保平. 欧盟一体化进程中德国鲁尔区的产业转型绩效分析及其启示 [J]. 西安财经学院学报，2006，19（6）：5-9.
② 魏民，张晋石等. 风景园林专业综合实习指导手册——欧洲篇 [M]. 北京：中国建筑工业出版社，2014：115.

从整个煤炭城市转型的过程中，从三叠结构进行分析：

社会主体层面：

政治政策：推进矿城一体化发展，重组城市空间结构。

经济条件：改善投资环境，吸引投资等。

经济形态：发展高新技术产业，培育和发展潜导企业，大力发展第三产业等。

意识形态：人与自然的关系的思考，对煤炭城市产业结构优化及转型发展的研究，对历史文化及环境资源的保护等。

人工环境层面：

公共环境：对现有矿场的改造等。

生态本底层面：

矿产资源：矿产资源的枯竭等；

大气：煤尘污染等；

水：水资源污染，采空区积水等；

土壤条件：形成采空区、矿坑等。

实例三：创业生态变化

在创业路上，创业者们会有个共同经历，就是搬家。伴随着创业团队人员的不断增多、融资规模的不断加大，创业团队会根据需要，不断地变换办公地点。在这一次次的搬家中，形成了一张有趣的"创业迁徙图"。

中关村管委会主任郭洪勾勒了一张创业迁徙图：创业者从孵化器里起步，获得天使投资，然后迁到居民小区或创业社区进一步发展。在获得第一轮融资后，迁到商业写字楼中，进一步获得第二轮和第三轮融资后，可能进驻产业园区，谋求更大发展，甚至上市。郭洪主任说："不同的功能区和它融资的不同环节，它所需要的服务是不一样的，这共同构成了创业生态。"

中关村正在形成自己的创业迁徙生态，而在全国范围内，创业迁徙也呈现一线城市向二三线城市相互流动的态势。今年以来，为了鼓励创新创业，山东、河南、天津等地相继出台了多项的优惠政策，一个由个人、社会、政府共同打造的创业生态，正在逐步形成，日趋成熟的创业生态促发着创业者的迁徙，而创业者的一次次迁徙，也正融合和积蓄着创新的力量，为中国经济的转型升级提供源源不断的动力。①

从中关村创业迁徙的新闻中，我们可以看到：

社会主体层面：

政策：为鼓励创新创业多地政府相继出台优惠政策。

经济形态：中国经济的转型升级，创业生态。

---

① 根据新闻联播 2015 年 6 月 10 日内容整理。

社会人口组成：由创业带动的从事第三产业的人口的增加。

人工环境层面：

城市建筑：写字楼、产业园等建筑的兴建。

生态本底层面：

环境资源承载力：创业迁徙也呈现一线城市向二三线城市相互流动的态势，减轻了一线城市的环境资源压力。

实例四：中国国家大剧院

中国国家大剧院，从设计之初似乎就备受争议。2000 年 6 月上旬，两院院士及 114 名知名建筑师、规划师级工程师分别联名请求撤销法国建筑师安德鲁设计的国家大剧院方案。一个国家级建筑必然会引来众多目光，但如此多的专家反对，居然无奈它何，究竟是为什么？彭培根先生作为一名著名建筑师和建筑评论师在《我们为什么这样强烈反对法国建筑师设计的国家大剧院方案》给出了他的解答。其中包括建筑空间组合功能不合理、建筑设计过于形式主义；该建筑师未接受基本建筑教育，没有资格设计如此庞大、复杂的建筑；大剧院与周边历史肌理及环境不协调；大剧院会令北京本已在淡化、消失的城市文脉雪上加霜（图 12-3 ~ 图 12-5）。[①]

图 12-3　从景山万春亭看故宫，远处国家大剧院清晰可见

---

① 彭培根 . 我们为什么这样强烈反对法国建筑师设计的国家大剧院方案 [J]. 建筑学报，2000（11）：10.

图 12-4　从景山向南看，国家大剧院成为故宫的背景，与故宫及周边环境极不搭调

图 12-5　从北海公园太液池向南望，国家大剧院清晰可见

除此之外，国家大剧院在椭圆形壳体剧场周边设计了湖面，其水池总面积为35000 平方米，深40 厘米，总容积14000 立方米（一个标准泳池的水量，不超过 3000 吨）。[①] 有人说这个水池有个性，但北京本就是一座严重缺水的城市，这样奢侈的景观，真的合适吗？

从对国家大剧院的争论中，我们可以看到：

社会主体层面：

文化认同：对北京古都文化的理解及认同。

意识形态：大剧院的设计令本已脆弱的城市文脉雪上加霜，联名请求撤销国家大剧院设计方案的吁请毫无效用。

人工环境层面：

建筑：建筑空间的不合理，建筑设计形式主义。

建筑周边环境：建筑形象、肌理与周边的环境十分不符，对周边环境产生了极其不良的影响。

生态本底层面：

环境资源承载力：建筑周边的水面与北京的缺水状况。

实例五：人文互动，以小见大

一个很小的实例，居民反映市政设施瑕疵，道路和桥梁施工细节方面诸多不合理，影响车辆和行人日常通行。投诉多年后获得反响（图 12-6）。

概况：这座小桥改造工程留下后患：本来不宽的路面，被多余的路缘石阻碍车辆通行，过长的栏杆刚好全部阻塞了行人通道。这明显的毛病在该工程设计、施工、验收三个环节都未能纠正。"12345，有事找政府。"当地居民反映到市政府，市政府也转达给道路管理部门。若干年后问题得到解决，但仅局部解决：管理道路部门不敢操作桥梁部分。于是，照片上看到，道缘石阻塞物剔除了一半（钢筋裸露处），桥梁栏杆则继续阻塞着人行通道。余下的部分，道路部门不管，也不敢负责清除，因为那是桥梁工程部分，属于河道管理局职责。完整的环境被条块分割的管理机构和职能拆解得难以利用，居民们只能继续忍受这样的不方便

图 12-6　居民反映意见多年之后，路缘石阻塞物剔除了一半（地面上钢筋裸露处），过长的桥梁栏杆则继续阻塞着人行通道

① 刘文镔，徐竑雷.中国国家大剧院景观水池设计 [J].给水排水，2007（33）：18.

和不美。

参照城镇理论模型来看，这一小实例所反映的，其实正是现实城镇环境中人与文的互动，即行人、司机与组织体制的互动，处在不十分顺畅的状态，也是主体性遭遇障碍的表现。这当然会影响城镇质量和生活质量，理应在继续互动中继续改进，尤其改进组织体制和沟通手段——也就是文化自身的提高。人文互动不畅，此类事例在现实城镇环境中不是汪洋大海般存在着吗？可见，城镇的问题和滞后，往往是大文化的滞后，特别是组织体制改革的严重滞后，也是可以在人文良性互动当中逐步得以解决的。

本章小结

完整的城市概念以及清晰的理论框架，还需要恰如其分运用到城镇的实际生活，方能显出效用。城市学理论在城市实际中的应用或者反映，远远不止以上案例，如何利用城市学原理对城镇实际中的种种现象进行分析，如何利用城市学原理引导城镇未来正确发展，是我们需要经常思考和调查研究的实践项目。

作业与思考

1. 依照云雀窝的模型，重新构想你自己的城镇。
2. 三叠结构三个子系统中还有哪些可以添加的内容？
3. 利用城镇学原理对你周边城镇进行分析。
4. 如何定义一个成功的城镇？请给出实例。
5. 运用人文互动机理，解释自己城市成功的经验和受阻的教训。

第十三章 规划师、建筑师、决策者、管理者的角色、环境、担当与命运

为天地立心，为生民立命，为往圣继绝学，为万世开太平。

——宋·张载

他们为着所信奉的主义牺牲了别的一切。骨肉碰钝了锋刃，血液浇灭了烟焰。在刀光火色的衰微中见得一线薄明天色，这便是新世纪的曙光。

——鲁迅

刘易斯·芒福德认为，规划科学首先是解决价值理念问题。他忠告我们，若不首先直接解决这些问题，且慢邀请规划师和建筑师入场工作。

——D. L. 米勒

本章导读：本书全部的推演和叙述，最终要归结到城镇的操作者身上：他们首推规划师、建筑师、市长、镇长、决策者和各级管理者们，当然也包括撰写城市科学各领域的科学家和作家。广大城镇的这些"操心人"的心界，才同广大城镇的实际状况、质量和命运最关紧要。

首先，优秀建筑师和规划师自身就是自然过程的延续。就是说，宇宙过程的最高产物、生命世界里的最高产物和代表——文明人类，是交给规划师来进行长远规划。所以，城市一切实践的操作者，包括市长镇长和规划师、建筑师，都要清楚自身的角色和使命。要有清晰、正确的人类观、历史观和文明观，意识到自己的工作绝非仅仅"为了繁荣与舒适"，更关系到长远未来的人类质量和生存状况，意识到自己是在推行一种"天道"，一种伟大精神，一种崇高价值准则。

这个领域内以往许多优秀代表都卓有成效体现了这一精神。所以，建筑师、规划师，首先要读懂自然讯息，理解和把握自然造化的意图与方向，读懂自然，包括有形和无形的自然大法。有形部分容易见到，不难读懂。无形部分就不易真正读懂，需要通天法眼，磨炼"跳出三界外，不在五行中"的大智慧。用这种智慧去思考这样的问题：生命世界的方向、规则，人的含义和价值，城市的给力点在哪里……是该把民众作为单纯的"活物"供养着，满足基本需求，提供"繁荣

与舒适"，还是依照神州尽舜尧的理想来安排城市？人间仅是熙熙攘攘的名利场，还是地狱炼狱天堂的不断轮换？这样的深义，唯读懂了才会展现它、顺从它、推动它。果真展现了它，便成妙笔！以往历史上名都大邑莫不遵循这一大势，成就不朽。

读过本书以往各章，在古贤"为天地立心，为生民立命，为往圣继绝学，为万世开太平"思想启发下，本章有太多内容要表达，难以尽述。为此，本章找到的最好方式有两个，一是选择优秀代表体现本章中心思想：建筑师，乃至城镇的决策者和管理者们，当然包括市长和镇长们，其真正角色是什么？有何担当？本章所选人物，既有著名规划师、建筑师，也有普通学生学者。意在告诉读者：他们做到的，你同样能做到。以贤为师，继承先贤，这是第一个叙述方法；另一办法，是集中本课程的北京大学建筑与景观设计学院在职研究生 2011—2014 班绝大多数师生听课的感想：他们作为该领域从业者，感觉自己有责任和权利表达对国家民族千年大计的思考、关怀和忧虑。因而有必要把普通学子心中所虑所想，摘其要者直录在此，与您探讨。相信这种探讨有助于社会文明的良性发育和进步。

第一节　角色

角色的含义就是弄清楚 What am I ？ —— 我是干什么的？

孔子曰："道不远人。人之为道而远人，不可以为道。"这话可以说是本课程的主旨与灵魂。当然，古希腊哲学家的话，"人是衡量一切事物的标准，衡量存在的事物，及其所以然；也衡量不存在的事物，及其所以不然。"与孔子的话不谋而合，异曲同工。

可见，东西方先贤在遥远的古代，深入思考就已经殊途而同归，得出了相同结论：宇宙的价值核心是人，是人类，是人文价值。核心问题即所谓"道"。"道"是什么？"道"真的存在吗？还是说，天下根本无道，已经无道？如果有，它是什么？如果没有了，要不要恢复？以及，如何恢复？

城市城镇的规划师、建筑师和决策者和管理者们的工作岗位和职能，说到底，是什么呢？他理应沟通天意与人寰，在两者间斡旋、调试。学习历史，参悟宇宙过程，向人寰贯彻宇宙过程的方向和意志。至于如何理解、如何贯彻，则要看规划师、建筑师自己的知识积累与更新，更要看他（她）的人格素养、道德水平和专业才干。如果不容易理解，请参阅刘易斯·芒福德的《城市发展史——起源、演变和前景》最后一章"城市发展的回顾和展望"中有这样的话语："人创造了神，自己又依照神的形象逐步成长壮大，且达到了既定标准。当初，古代城市是因神性、权力、人性三位一体的综合而诞生问世的。如今，这三要素都须重新评价，都要依照当今意识形态和文化标准予以重新厘定。然后，将其作为熔液，重新倾注到全新的城市、区域和全球的铸模之中。"（着重号是引者添加）该章节最后一段，亦即全书结尾部分，作者总结说："城市的最高使命，是促进人类自觉参与宇宙进化和文明史的伟大进程。"这个所谓"宇宙进化和文明史的伟大进程"，就是我们想着重引述的，东西方先贤们不约而同发现并且一再强调的"道"。因此，城市的规划师们、建设者们、决策管理者们、市长、镇长们的角色，就其职能岗位真正意义而言，首先是参道悟道，是"替天行道"！

下面让我们看历史上一些著名先驱者们在这方面是如何实践的，或许更有说服力。

一、田园城镇运动的创始人埃比尼泽·霍华德①

（一）埃比尼泽·霍华德印象

埃比尼泽·霍华德（Ebenezer Howard）（图 13-1）的同仁兼挚友 F. J. 奥斯本为他写的传记中，用否定的写作手法这样介绍道："他不属于大师类型，不才气纵横，不十分富有，不锋芒毕露，不微妙含蓄，无趣闻轶事，不神通广大，不含蓄隐晦，不博学多闻，不格外聪明，甚至不诙谐幽默……但他散发出一种气场——慈爱、真诚、平易近人。若用最简洁方式总结他生平事业，可以说，他代表了普通人民在物质环境问题上的基本利益和愿望，他首次卓有成效地呼喊：这些利益和愿望完全可以通过社会行动来实现。"②

图 13-1 埃比尼泽·霍华德
（1850 ~ 1928 年）

这段话前半部分用连续的否定句来告诉世人，他只是一个普通人。正如大戏剧家萧伯纳先生所说，"他若消失在人群中，很可能你再也难以找到他，虽然同他交谈你会发现，这人有许多个性特征，尤其是他那坚毅、清晰的面孔和洪亮男中音……"这表明，普普通通的人也可以有大作为。

F. J. 奥斯本在他传记最后还有一句话这样写道："没有一定道德水准和思想境界，不可能正确理解和评价埃比尼泽·霍华德。"所以，这个人虽然很普通，但若没有一定道德水准和思想境界，你就看不出这个人的非凡之处。恰如不可用体温计去测量沸水，因为它量不出沸水读数。

（二）埃比尼泽·霍华德生平及思想演进过程

埃比尼泽·霍华德 1850 年出生于伦敦一个虽不阔绰但尚富裕的家庭。他 4 岁上学，15 岁离开学校。对很多事情都充满好奇并且兴趣十分广泛，这一时期，只有两项活动

---

① 宋俊岭. 读奥斯本著的 "埃比尼泽·霍华德和他的思想演进过程" [J]. 国外城市规划，1998（3）.
② F. J. Osbon.Sir Ebenezer Howard:The Evolution of His Ideas[J].Town Planning Review，1950，21（3）：221.

对他的未来有所影响：他自学了皮特曼式的速记技术，此外，他对机械发明产生了浓厚兴趣。1871 年，他随同 2 位同龄朋友移民到美国。当时新边疆移民定居的风潮正波及内布拉斯加州（Nebraska），这 3 个年轻人都接受了 160 英亩的处女荒地，开始干起了农耕生计。由于在农业上干不出名堂，索性卖掉了土地，于 1872 年迁移到芝加哥城。在芝加哥城的 4 年里，埃比尼泽·霍华德找到了自己的职业并开始发现了自我。通过速记工作，他有机会参与政府各种委员会的活动，也接触了商界、政界和法律界等各界的重要人物。虽然工作十分辛苦，但他的精神世界却很快地开放了。他当时的兴趣集中在科学和宗教的冲突问题上。

1871 年，也就是埃比尼泽·霍华德到达美国的第一年，芝加哥发生了一场大火，17 万幢建筑被烧毁，全城 1/3 的人口流离失所，无家可归，也毁坏了 1869 年已经开始的一项庞大的城市公园体系建设项目。大火灾之后掀起了一场讨论，主题围绕着是否应当在城市的周围建造一圈更大的城市绿带。埃比尼泽·霍华德虽只在芝加哥生活了 4 年，但田园城镇的基本格局可能就在这 4 年中定型的。正如 F.J. 奥斯本所说："现在，连埃比尼泽·霍华德自己也不清楚，他那如今已脍炙人口的"田园城市"，起初究竟是从芝加哥城想起来的，还是从亚历山大·司徒华特的工业城郊的概念想来的，或是从 1869 年完工的纽约倡导的花园新村联想起来的。不过我可以肯定，他是从芝加哥的生活中得到这一启示的，只不过他又赋予它更新的意义罢了。同时，我也可以肯定，由于他说过他此时痴迷于宗教问题的思考，所以，像城市环境这类的问题和经验，其实是在他自己周围城市景象丰富，城市环境迅速变换，以及在他亲身经历的城乡生活的实际对比中，于不知不觉之间获得的体验。"

后来，他回到了伦敦。在伦敦的生活中，他认真听取了各种说教和预言，包括改革家和激进派们的议论。他经常参与一些讨论，在这些讨论中，每一种足以疗救社会疾患的良方都会有人支持拥护，那些人把这些主张当作万应灵药；尽管埃比尼泽·霍华德自己也具有同样的热心肠，但是事实上，他并未同这类主张的任何一种为伍，不知怎的，任何主张都不能令他满意。但是他从自己的目的出发，从这些主张中抽选了他所需要的成分，形成自己的见解和主张。埃比尼泽·霍华德的思想具有开放性，这种开放性来自阅读贝拉密的小说《回顾》（Looking Backward），他承认阅读这本书时竟随之而飘然世外。这本书激发了他的道德热情，又激发了他的科学想象力。

埃比尼泽·霍华德正视严重困扰他那个时代的一系列社会问题，依照它们影响人类生活的程度，抛开人们习以为常的认识标准，重新安排它们轻重缓急的顺序，绞尽脑汁找出解决办法，他使用的是一个单枪匹马的革新者所能用的方法。经过多年的思考和探索，埃比尼泽·霍华德于 1898 年出版了一部名为《明天：实现真正改革的和平之路》（To-morrow：A Peaceful Path to Real Reform），这本著作在 1902 年以更为人熟知的题目《明日的田园城市》再版。1898 年这个年代非常重要，在这一年，中国"百日维新"失败。二者都是改革，一个成功了，做出了表率；一个却失败了。埃比尼泽·霍华德自己说这本书是以往 3 种方案的"独特结合"：爱德华·吉本·沃克菲尔德和阿尔福雷德·马歇尔教授合力提出的有组织移民方案，托马斯·斯宾思和赫伯特·斯宾塞联合提出的土地保有权制度，以及詹姆斯·斯尔克·白金汉提出的模范城镇方案。在这本书中，埃比尼泽·霍华德对田园城市进行了立体设计，除了平面的资源配置以外，还有政策、法律等各方面的构想并提出 3 磁铁模型（图 13-2）：田园城市位于 3 个马蹄形磁铁的中间磁场中，3 个磁铁

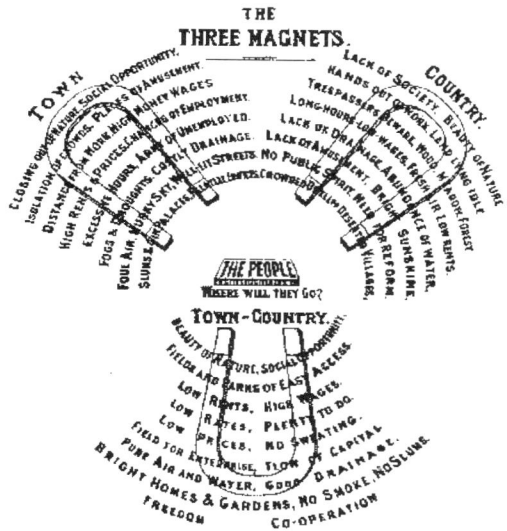

图 13-2　3 磁铁模型
http://en.wikipedia.org/wiki/Garden_Cities_of_To-morrow

分别是城镇（Town）、乡村（Country）、城镇 - 乡村综合体（Town-Country）。所以，garden city 一定不能译成花园城市，因为这里面有农民、有农业。因而，乡村不仅作为谷粮的来源，尤其作为亲情的渊薮，被小心保存在城镇环境之中。

《明日的田园城市》一书至今仍然是埃比尼泽·霍华德思想的最高体现，当时却是他行动的开端。他开办了一所宣传鼓动协会（现已更名为城乡规划协会），组织热心人赴全国各地进行宣传讲课，并在不到 5 年的时间里，建立了一家有限股份公司。由这家公司出面，在距离伦敦 35 英里处购买了一片处女地，并建起了第一座田园城市里的莱奇沃斯（Letchworth）。在当时（1903 年）看来，在距离城市遥远的乡村环境中建立一座新型的工业城市，这个举动真是大胆的奇想。然而，莱奇沃斯城的建成，产生了世界性的影响。莱奇沃斯城的示范作用促进了小型住宅和花园的推广和普及。1919 年，在他 69 岁时，做出了一生中最令人赞赏的举动：事先未同任何人商议，一人独担风险，借了几千英镑，从拍卖场买下了一大片土地，并开始了第二座田园城市的建设工程。在当时看来，他简直是发疯。第一，他无偿还能力；第二没有配套土地，纯粹是空想。"一般说来，对于一项重大举措，理想主义者和实干家都各有分工，而在这项行动中埃比尼泽·霍华德却一身而二任！这故事告诉我们，若不具备一种勇气和果断，任何高尚思想，终究一事无成。"就这样，又一座新城——田园城市韦林（Welwyn）诞生了。1927 年，埃比尼泽·霍华德被授予爵位。1928 年逝世于韦林城。

（三）埃比尼泽·霍华德的启示

埃比尼泽·霍华德在芝加哥城的 4 年里，从宗教信条方面看，当时还相当正统，后来他阅读了托马斯·佩因（Thomas Paine）的《理性时代》艺术，很快成为了思想自

由派，对自我关切逐渐也就释然于心了。对此，F.J.奥斯本给出如下的评论：

"他从此就再也没有回到正统的宗教上来。但在临终卧榻旁，他非常严肃地对我说，如果我将来为他写传记，我必须强调：他绝对相信精神世界的存在。正是精神世界的存在极大地影响了他一生，尤其是他为之献身的公益事业。他说，不论他的信仰是对还是错，也不论我是否同意他这信仰，我都必须认识到：对于他一生为人和处世来说，最重要者莫过这个有关彼岸世界的信念，以及个人生命在此生之后仍将继续存在的信念。"

最后他说："无私本身包含一种快乐，而快乐是人生一部分……世界所缺少的就是这种'社会精神'。无论这种社会精神已经普及得多么广泛，都要我们作为社会主义者，通过政府部门或技术机械部门的组织而为社会工作。这或许很必要，而至关重要的则是这种精神本身。没有这种精神，机械拯救不了人类！"[1]

埃比尼泽·霍华德生活的时代有一个重大历史背景，即宗教正逐步淡出历史舞台。这个大背景影响到当时每个角落，特别是学界人的精神思想状态。霍华德就是他们当中一个，当时关注的中心就是科学与宗教的冲突。自从阅读了托马斯·佩的《理性时代》之后，他就再也没有回到宗教上来。不过，他临终说出的上面这样的话，表明一个深刻道理。人之所以为人，有个一彼岸世界概念，有精神世界的存在。他当时无力抗争那种科学取代宗教的大趋势，但他绝对相信精神世界的存在。那个时代，机械登堂入室取代了上帝。科学、技术、机械，包括描写宇宙的模式，都借用了机械团团打转的模型，把上帝连同人类排挤到很边缘位置。在这种大背景上，如果社会精神、精神世界、人类的精神含义，都被忽略干净，规划师等也就忽略了自己心界的导向。靠机械、靠科学，世界上好多难题解无法得到解决。

二、帕特里克·格迪斯[2]

（一）帕特里克·格迪斯印象

帕特里克·格迪斯（Patrick Geddes，1854.10.2 ~ 1932.4.17），生物学家、社会学家、教育家、城市规划理论家，他将生物学、社会学、教育学和城市规划学融为一体，形成自己独特的城市观（图 13-3）。这种城市观和埃比尼泽·霍华德的田园城市理论一样影响了整个 20 世纪城市规划理论的发展。著名城市规划理论家刘易斯·芒福德 1938年提出的"有机规划论"和伊利尔·沙里宁（Eliel Saarinen）1943 年提出的"有机分散论"，都直接受其影响。

---

① F. J. Osbon.Sir Ebenezer Howard:The Evolution of His Ideas[J].Town Planning Review，1950，21（3）: 221.
② 金经元. 帕特里克·格迪斯的一生——把生物学、社会学、教育学融汇在城市规划之中 [J]. 城市发展研究，1996（3）.

（二）帕特里克·格迪斯生平及其思想演进过程

帕特里克·格迪斯出生于苏格兰一座乡间农舍，小时健康情况不佳。8 岁才入学，但 3 岁就已经学会了读和写。从进入中学开始，他一直保持着独立研究的习惯并勤奋好学，按照自己的志向行事。在 1878 年赴巴黎求学时，曾说道："最最重要的是追求真理。……按事物的本来面貌去认识它……按事物应有的面貌去创造它！"后面的两句话成为他的人生信条。1881 年，他在爱丁堡大学得到一个教学岗位，在教学过程中他试图把自然科学和社会科学结合起来，被当时很多人认为插手其他学科是放肆的，并且是对身居高位的学者的侵犯。后来的 7 年中先后被 3 所大学拒聘。

图 13-3　帕特里克·格迪斯

帕特里克·格迪斯本人的专业探索最初从生物学开始，而且是达尔文进化论的铁搭档，大名鼎鼎的托马斯·亨利·赫胥黎（Thomas Henry Huxley，1825 ~ 1895 年）的学生。不过他才思敏捷，兴趣广泛，最终跨入更宽广的学术领域，进入社会学、文化人类学、城市规划、宗教研究、人口统计分析以及古生物学、体质人类学、经济学，甚至还涉猎东方文化研究。

帕特里克·格迪斯的治学很像是苏格拉底，基本上是述而不作，常口若悬河滔滔不绝，而他髭须浓密，令听众听不大清。加上此人讲话又极无章法，跳跃性思维，讲起话来如火球滚动，火星四溅，身后留下数百个未完成的题目和研究项目。他许多想法是后人重新拾起，继续钻研出的结果，因为帕特里克·格迪斯本人既无耐心又缺乏专业素养继续深钻这些问题。如今流传在世的帕特里克·格迪斯理论主张，主要见于一些散乱文章、小册子、书籍、调查报告、规划方案说明，大多集中在一本文集里，是帕特里克·格迪斯口授给秘书或速记员，最后辑录成册。帕特里克·格迪斯从未将自己一生作品辑成专集，而凡是接触过他的人，都认为他是当时一位当之无愧的伟大思想家。

维多利亚时代巨子特色之一是博览群书，而且在向书本学习的同时也向环境学习。帕特里克·格迪斯的生物学兴趣源于他爱好动植物和周围环境。而这爱好又源于童年时代随父亲长途徒步行走于家乡珀斯郡（Perthshire）的原野和风景优美山水之间。对室外自然环境的浓厚兴趣和爱好，令他在治学中非常强调直接体验，强调田野考察。这种精神和原则后来深刻融入了他的生物学和社会学研究方法。

帕特里克·格迪斯正式专业活动始于他在南克星敦皇家矿业学校时接受赫胥黎培训的时期。后来到巴黎在拉卡兹 - 迪捷（Lacaze-Duthier）手下供职，后又到了德国耶拿（Jena）在黑克尔（Haeckel）手下供职。一度也曾到伦敦在约翰·波顿·桑德森研究所实验室供职，而且在这里遇见了查尔斯·达尔文本人。查尔斯·达尔文对自然世界那种热忱、洞察力、深刻思考，都曾深深感染了帕特里克·格迪斯，令他受益终生。

帕特里克·格迪斯在英国生物研究领域很早就确立了显赫地位。却在25岁上不得不中断研究。原因是他在墨西哥田野考察期间患病视力严重下降，不能长时间看显微镜，因而改行从事经济和社会研究，虽从未完全脱离生物界。1888年到一战爆发前夕，他选爱丁堡为基地，大多数时间在一廉租房地区对该城进行社会调查，以此发起改善贫民窟状况的革新，由此又开创了他的城镇规划和社会学研究新生涯。此期间他出版的文章小册子集中了他城市研究的基本思想和主张，特别是对都市更新的见解，对刘易斯·芒福德产生了极大影响。

帕特里克·格迪斯是环境科学、城镇和区域规划，特别是生态学思维和学科领域的拓荒者、先锋斗士。在英语学术圈内，帕特里克·格迪斯作为社会学家，首先深刻解剖、领悟了城市根本功能，提醒学术界注意研究城市在文化进程中的成形作用（formative role，也译塑形功能）。他的大量书籍和研究报告，是在考察过苏格兰、巴勒斯坦、印度、巴基斯坦等地50多座城镇过程中撰写的，大量丰富资料和新颖观点，点燃了刘易斯·芒福德研究城市科学兴趣，并从中学会了观察研究城市的新路子，就是直接观察、实地记录，而且以生物学家特有的敏锐和细心，领悟有机世界特有的错综复杂关系。

帕特里克·格迪斯直接继承法国实证主义学派的社会学者比埃尔·弗里德里克·勒普拉（Pierre Pierre Guillaume Frédéric le Play，1806.4.16～1882.4.5）[1]。他在索尔本（Sorbonne）从事生物学研究中曾发现并研读过这位前辈的著作，并从中发展出一门新学科——观察社会学，主张把人类社区看作各种有机势力互动的综合产物。这些势力包括地区场所（Lieu）、辛勤劳作（travail）、家族成员（famille）。因而格迪斯认为，名副其实的社会学应当从人类社区直接观察获得的第一手资料中抽引出理论和思想。这方法如同达尔文研究生物世界的经过，先对自然环境做透彻调查，穷其究竟，然后才可建立自己的解释和理论体系。

因此帕特里克·格迪斯总是首先做至少一周实地调查，且经常徒步走街串巷，反复"听取周围世界的讲述"，从建筑物、街道肌理、地质构造、地形地貌、社会人文中详尽考察，领悟其中历史内涵、社会习俗、价值取向……然后，才开始思考实际规划方案。他认为，当代规划科学最大的问题就是无视城市的日常生活内容。他经常提醒说："仅靠直尺图板，怎能做好规划呢？"

只要条件许可，帕特里克·格迪斯定会走到高处（山岳或丘陵），居高临下俯瞰全城，总览全貌。恰如亚里士多德从卫城坡顶俯瞰雅典全城。他确信当年亚里士多德说得很清楚，"large views in the abstract… depend upon large views in the concrete."（唯有具体

---

① 比埃尔·弗里德里克·勒普拉，最初为采矿工程师，后成为传奇性法国学者，社会学家、经济学家、慈善事业家。

把握全部内容，才可望对整体进行抽象概括。）换言之，在简·斯马茨（Jan Smuts）尚未创制整体论（Holism）这词语之先，帕特里克·格迪斯早已在践行整体论这个理念了。此方法今称整体论（holism），它不是简单的所谓"全面看题"，其精义为整体效应大于局部之总和。它认为要透彻认识任何生命或有机体，若脱离该生命体生存、活动的总体环境，则无从透彻了解、准确把握。

帕特里克·格迪斯也很注重城市与区域之间的联系，他坚持认为城市问题若不着眼更广阔的区域大背景来思考，常找不到很好的解决办法。因此他将整个城市地区视为一个错综复杂、有机联结的生态整体，操作这整体切勿草率从事，否则提出的方案常会颠覆它脆弱的生态平衡。这种态度和方法要求操作者十分熟悉大都市地区环境背景上每个方面和细节。帕特里克·格迪斯从爱丁城堡山峰建立的研究中心瞭望塔上详细观看这座城市，老城市区气象万千，延展融入山色空蒙绵延起伏的洛锡安丘陵地（Lothian Hills），直至天际线。这种全面观察让他领悟，若想系统了解爱丁堡，必须看到它的整个地区，包括环境特征和人文历史遗产。他认为，只有这样的调查研究方法——获得该地区自然和人文历史资源的详尽第一手材料基本诊断——才能让区域或城市规划活动获得可靠基础。

他认为，调查研究会让考察者把一些细小问题放在更宽广历史背景上来重审。因为一个地区发展的成败，至关重要的因素是它的历史背景、发展现状，以及它对当今思想、习俗、制度探源和评价的深浅。以此观之，帕特里克·格迪斯是个进化论者，他不把区域调查局限于眼前社会的空间形态。他做都市调查往往从当前开始，而逐渐向后进入历史，查看以往岁月给当今城市形态和组织制度留下的印记。他的考察融会着历史内容、田野调查专业分析，还有更可贵的整合效应。他深信，唯有这种"生态学分析"才能创造出可行的规划，真正促进区域社会发展更新。他曾说，"这种进化论式的调查研究本应是常识。"

帕特里克·格迪斯创立的瞭望塔既是座建筑又体现一种理念，其全部构造非常完美地融合了格迪斯的观点主张（图13-4）。这些内容，刘易斯·芒福德从陆续收到的瞭望塔资料，逐渐有了透彻了解。瞭望塔是一座石材建筑，屋顶周围有刺状雉堞，四角是中世纪风味的角楼、炮塔。该建筑至今耸立在皇家坪（Royal Mile）城堡丘，俯看着城里半圆或方形居住区。该塔楼原属一位光学家，他在该塔楼顶又增建一角楼，还安装光

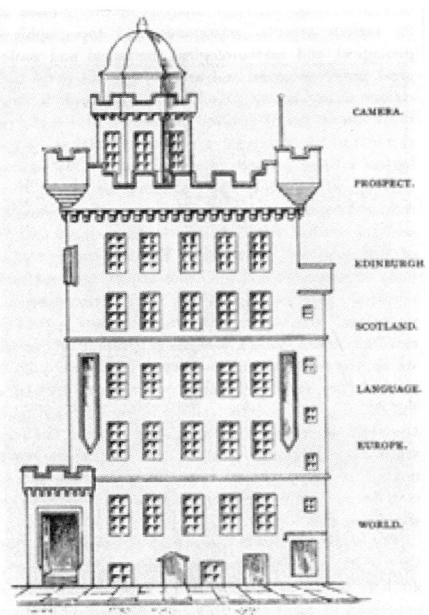

图13-4　帕特里克·格迪斯创立的瞭望塔
来源：http://en.wikipedia.org/wiki/Outlook_Tower

学装置，或可称之为"成影取像"。其实就是个旋转大镜片，可由镜头和反射效应将外界影像折射到下层暗室内白色圆形平台。帕特里克·格迪斯后来买下这塔楼产权，进行改装。通过这种聪明装置（该装置至今作为旅游观光项目仍在使用），观众对爱丁堡全城一览无余，包括周边地区，都一一连续不断映现在白色圆形台面上，而且黑暗室内环境反衬图像格外分明。帕特里克·格迪斯希望通过这些色彩亮丽鲜艳清晰的图像，唤醒观众内心沉睡的审美意识，感受到城市日常景观所含的瑰丽。所以这暗室能帮助普通看客唤醒自身的艺术家眼光，看到建筑和环境之美。

帕特里克·格迪斯就以这座建筑当教具来推广视觉和审美教育，启迪心灵。该光学映象设备还能将视觉体验整合为和谐统一的整体。该摄像室正下方是个露天阳台，可以360°瞭望全城地区。观众常见心情激动的格迪斯，站在开阔屋顶，远眺索尔兹别里峭壁为观众热忱讲解，向他们证明这城市物质遗产以及人文遗产多么丰饶宝贵。而且近在咫尺，"只要善于观察，而且就这么简单"。

每逢有人来访，他都陪同观众参观，而且喜欢从顶层开始。他常快步如飞沿旋转扶梯攀上顶楼。飞快的攀登让心跳加快，血流增强，与观众一起心身做好准备，感受即将展开的瑰丽城市景色。看过阳台全景和回旋图像展示后，帕特里克·格迪斯会率领观众进入一间小暗室，小室内窗户由厚窗帘遮得严严实实，内无任何陈设，只有中央一把座椅，四壁也毫无装饰。这个布置提供一种场合，供观众深思冥想。他们可在此回忆所看到的瑰丽城市景象，接着是窥视自己内心世界，因而也有人称之为内窥塔（Inlook Tower）。这种布置既有象征意义又体现他一种主张：人，人类，只有透彻了解自己，才有希望了解自身的环境。

观众在这黑暗小室内稍事停留，接着依次走下后面5层楼。这5层楼依次布置成索引式博物馆，沿循它管窥整个世界。顶层是爱丁堡美术馆，以下4层分别布置为苏格兰展示厅、大英帝国以及英语世界展示厅、欧洲展示厅，以及最后的东方文明展示厅。每个展示厅都陈列了丰富精美展品，有油画、印刷品、照片、彩色历史图表，回溯当代文明发展的漫长过程。还有全球植物分布图，著名地理学家设计的全球立体地图，林林总总各种图表和格迪斯个人的全套行头。还有一帧巨幅立体地图，讲述他最著名的"大河流域"，意在形象展示大河流域古文明以及振兴当代文明的宏伟构想。这些地貌模型图总括了一个地区和及其主要产业的构成情况，是格迪斯最喜爱的教具之一。

整座瞭望塔是个活样本，具体而生动讲清了区域考察的方法和目的，以及整合思维的过程与产物。不过帕特里克·格迪斯认为最重要的还不在这里，而在于它为社会行动提供一种模型和实验室，它也是全世界第一所社会学实验室。帕特里克·格迪斯不断为它更新展品丰富其思想理念，不断提出新构想、新配方，为文明的更新不懈探索新路径。与爱丁堡展览厅相邻还有个市政管理室，瞭望塔所有重要实际管理活动都集中这里进行。帕特里克·格迪斯在这里指导了历史名城爱丁堡城市的更新计划，是他毕生活动的开端，谋求全世界城市的重新规划和改进。为此，他在这里组织过一系列活动，包括化装舞会、节日庆典、参拜礼仪等，目的在于促进帮助人民重新发现自己本地城市的历史文化。

帕特里克·格迪斯不仅是一位主动研究的科学家，还是积极的社会活动家和教育改革家。1887 年，帕特里克·格迪斯和妻子迁入了爱丁堡最肮脏的贫民公寓之一的詹姆斯大院（James Court），但是通过自己的精心设计和苦干改造了自家的住房环境，并邀请所有邻居到家中做客，影响带动并帮助周边邻居，改善了整个邻里的环境。后来，帕特里克·格迪斯为了提高学生的住房标准，在王子街租了 3 套住房，经过重新的设计装修，供 7 名男生居住，这套宿舍被称为"大学华堂"（University Hall），是英国第一套自我管理的学生宿舍。

1892 年帕特里克·格迪斯将购买的一座中世纪住宅改建成了一个城市瞭望台和社会学试验室，取名"瞭望塔"（Outlook Tower），旨在把区域教育从教室普及到社会。瞭望塔每一寸建筑都用于宣讲真实世界和思想感悟。[1] 瞭望塔的参观从顶层开始。眺台穹顶当中是暗房观景器（camera obscura）。参观者围着房屋中央的白圆桌，帕特里克·格迪斯用操纵杆转动穹顶的反光镜，四周的彩色影像就通过一个照相镜头生动地投射在桌面上。顶层的女儿墙上挂有反映植物学、气象学、史学、地理学、人类学、地质学、物理学、化学、天文学、经济学等各种科学观点的图像或实物。顶层的八边形房间中布满了反映地球和区域的展品。地球轨迹的四季变化用一个太阳系模型来演示。房间另一角是一台投影放大器，它反映出，若地球是个透明体，就在爱丁堡这个位置的脚下，地球会呈现什么景象。第 5 层展示了爱丁堡的过去、现在和未来。每隔一段时间，变换若干主题。城市的工业、地质资源、教育系统和社会机构等都用地图、彩色图标、照片和其他形象生动的资料来表达。第 4 层展示全苏格兰的资源、机构和区域特征。第 3 层是英语国家的情况。第 2 层介绍了欧洲的情况。地面层介绍了世界情况。1911 年，苏格兰政府决定授予帕特里克·格迪斯爵士称号，以表彰他对本国城市和教育事业做出的贡献，但被格迪斯拒绝了。

帕特里克·格迪斯在 1911 年预测战争将在 1915 年席卷欧洲，为了赶在战争之前把展览的内容和有关城市问题的论文整理成册，于 1912 年下半年在百忙中开始撰写《城市的演变》（Cities in Evolution），并于 1915 年出版。此书是他系统阐述城市规划主张的唯一专著，思想深湛而语言表达晦涩，因而当时读者并不多，唯有刘易斯·芒福德为之倾倒，使他放弃了大学生活，走上了自学成才研究城市的道路，并终生承认格迪斯是他的导师。该书已由邹德慈院士率领的团队艰苦奋斗，翻译出版。

---

[1] 参见：金经元 . 帕特里克·格迪斯的一生——把生物学、社会学、教育学融会在城市规划之中 [J]. 城市发展研究，1996（3）。

1915 ～ 1919 年，帕特里克·格迪斯大部分时间在印度活动，为 50 多个城镇编制了城市规划报告，并将新城市展览会在印度多地展出，受到了前所未有的、难以置信的、非官方的欢迎，并以其人格使得很多印度人改变了对英国学者的看法。1919 年回到苏格兰后正式退休。1923 年，由刘易斯·芒福德安排，他到美国旅行。最终因为工作节奏和想法完全不同，两人并未走向合作，但他们之间仍然相互尊重。

帕特里克·格迪斯去世后，刘易斯·芒福德终生毕恭毕敬称他为导师。认为他，以及类似的人，都是当今时代的培根和达·芬奇，是"新文明的先行者和领路人。他们不仅倡导，而且奉行自己的信仰和理论。随后会有更多的人随之而起"。

三、刘易斯·芒福德

刘易斯·芒福德美国社会哲学家，写过很多文明史、人类史，以及建筑和城市规划方面的著作，他极力主张科技社会同个人发展及地区文化的企望必须协调一致。1943 年受封为英帝国爵士，获英帝国勋章，1964 年获美国自由勋章，主要作品有《棍棒与石头》（1924）《科技与文明》（1934）《城市文化》（1939）《生存的价值》（1946）、《人文标准》、《人类的演变》。1961 年出版的经典名著《城市发展史——起源、演变和前景》（The City in History：Its Origins，Its Transformations，and Its Prospects）一书获美国国家出版奖。

（一）刘易斯·芒福德印象

刘易斯·芒福德（图 13-5），金经元先生称其为"西方优秀的人本主义城市规划思想家"。公道地说，西方人给的社会哲学家更符合他的身份。因为他比霍华德、格迪斯涉猎更广泛，涵盖历史、文化人类学、文学艺术、技术史、新闻评论等领域，他都有所涉猎，而且学识渊博、治学严谨、关心人类命运。他从资本主义社会营垒内部对资本主义制度进行尖锐批判，也是 20 世纪以来资本主义世界一大批智慧而热忱的先进分子之一，也是以学术创作活动为武器捍卫人类进步事业的战士，被誉为"人类历史上最近的伟大人文主义思想家。"

（二）刘易斯·芒福德生平及思想演进

刘易斯·芒福德 1895 年 10 月 19 日出生于美国纽约长岛的法拉盛（Flushing）镇。高中毕业后，1912 ～ 1918 年先后就读于纽约城市学院和哥伦比亚大学，并在纽约大学学习过社会研究。自 1914 年开始师从苏格兰城市与区域规划先驱之一的格迪斯，从此接受了这位著名学者人文主义思想的启蒙教育，刘易斯·芒福德著述中的那些始终以人为核心的价值观念，那种积

图 13-5 刘易斯·芒福德

极、乐观的学术思想风格，以及多学科综合研究的治学方法，都是由此开始奠定基础的。1939年，他发表了《城市文化》一书，并因此获得世界声誉。他强调城市规划的指导思想应重视各种人文因素，从而促使欧洲的城市设计工作重新确定方向。第二次世界大战期间，他的著述被波兰、荷兰、希腊等国一些地下组织当作教材大量翻印，培训下一代的城市规划师和建筑师，准备迎接战后城市的复兴建设。

刘易斯·芒福德是一位勤奋而多产的学者，他的创作活动和内容是与人类发展的大事件、大趋势密切相关的。例如1933年希特勒执政以后联合各国法西斯组织推行高压恐怖政策，镇压共产党和进步人士，屠杀犹太人，欧洲和世界形势日趋紧张。刘易斯·芒福德当时正在创作《城市文化》一书，他看到威胁大都市文明的反动势力已十分明显，便在该书中专门以《地狱简况》为题，一一剖析了这些势力的发展和后果，重新阐释了他的导师格迪斯关于城市文明发生、发展、死亡的循环规律，警告人们提防和设法避免这些邪恶势力得逞。

二次大战后，情况并未根本改观，为了使人们对当时更为可怕的形势不要掉以轻心，为了给城市的发展找出路，刘易斯·芒福德又于1961年出版了《城市发展史——起源、演变和前景》这部宏篇巨制。这本书有两个特点：第一是广博——作者的论述在时间或空间上都是大跨度的，而且比较全面细致。第二个特点是深刻，颇富哲理性。在作者的论述中，城市实质上就是人类的化身。城市从无到有，从简单到复杂，从低级到高级的发展历史，反映着人类社会人类自身的同样的发展进化。同年，英国女王把这一年度的建筑学奖金授予刘易斯·芒福德博士，以表彰他的学术创作活动对城市规划和建筑学的突出贡献。

《刘易斯·芒福德著作精萃》（The Lewis Mumford Reader）一书，是从刘易斯·芒福德30多部专著和上千篇论文中精选编列而成，共七章，总体布局：第一章讲童年立志；第二章是建筑；第三章是城市文明；第四章是城市及区域的未来；第五章是美国研究；第六章是技术与文明；第七章是他在一次领奖会上的答谢词，作为全书的跋，是从建筑到城市、区域乃至国家一步步深化下去的。1971年发表了《机器神话》，分上下两卷：第一卷是《技术发展与人文进步》；第二卷是《权力五边形》。若只看书名，则很难理解书中到底讲了什么。我认为将此书标题译为《破除机械论宇宙观的迷信——当代醒世恒言》可能会更好一些。《权力五边形》包含对于社会文明运作的五行学说，权力、能源资源、政治、生产与利润、公信力与传媒，大致分为这五个类属……他分析了这五要素之间联结互动的机理探索。

（三）刘易斯·芒福德的历史担当

刘易斯·芒福德出生于19世纪末。人类在经历了19世纪各种世界大发现之后突然眼界大开，知识和精神都攀上高原地带，视野辽阔、胸襟舒展，无论面对宏观世界或微观世界。地球首次集合了自己的全貌，历史研究也首度突破文字记载而进入史前时代。宇宙和自然都突破宗教世界观念的藩篱，在更大范围寻找新的更大框架和结构秩序。人类自身则面临重新确认自己、定位自己的迫切任务。刘易斯·芒福德就曾经属于这积极乐观的时代，他深信未来必胜于过去。同样，他的全部怀疑、批判和探索，也是从这个基础上逐步形成的。他从 20 世纪 20 年代起就不懈地著书立说，奔走呼号，辛勤劳动度过了一生。他珍爱人类，重视人类，深刻理解人类，包括人类的成就和悲哀、人性历来的优美以及工业人类的人性丧失，以及随之而来的灾难。他看到危机而呼喊出路，刘易斯·芒福德的远见卓识让他成为当今波澜壮阔生态运动的领军人物，成为人文主义伟大传统的优秀继承者。

由于刘易斯·芒福德的思考和贡献，两届美国总统约翰逊和里根，曾分别为他颁发过文化和学术贡献奖状。

刘易斯·芒福德以实用与审美密切结合的观点审视建筑及建筑师。他考察一系列建筑和城市，评述其优劣，剖析其根源。他认为联合国大厦的丑陋形象设计有辱其光荣使命，对这一巨大遗憾，他毫不客气予以尖锐批评！他仗义执言，秉公论事，又是一位公道评论家。书中讲述布鲁克林大桥，热忱歌赞其设计建造者们的高超才华、艰苦卓绝、丰功伟绩，特别是他们的崇高献身精神。

特别值得指出的是刘易斯·芒福德对城市学基础理论的开掘和贡献。其《城市发展史——起源、演变和前景》一书受到世界性重视，原因之一是它首次把人类进化与城市状况密切联系起来，在此基础上提出并解答了有关城市和城市学的一系列根本理论问题，包括城镇的起源、功能、结构、特性、机理、目的、方向、本质、城市与人类的关系、城镇与文明的关系等。他在书中一节节精彩讲述，引领读者走上一个又一个历史性高原，获得开阔心胸和宏远眼界。他贡献的这些学术价值，时间越久显现得就越清楚。

科学活动、学术研究，是为给人类照亮前进道路，而不是为了科学和学术本身，更不能违背这一宗旨去反人类。刘易斯·芒福德不在传统权威面前止步，让人见到真正无禁区的学术研究和真学者的可贵品格。为探索真理与文明的正确方向，他质疑过许多权威，包括批评爱因斯坦不该在投放原子弹决议上签字，也包括批判列宁、斯大林的极端主义残忍做法。同时，为剖析工业文明弊端的来龙去脉，他一直追溯到人类的起源，挑战由来已久的"劳动创造人类"一说的权威地位，认为祭祀活动中的祝祷、巫术、戏剧、游乐、竞技等仪式，都从深度启发了人类自我意识和文化创造灵感。因而游戏等活动才是人性之根，而劳动和制造工具，则仍未脱离动物性之根。与劳动和制造工具相比较，游戏在从猿类向人类的过渡中——以及在人性继续提高——的过程中，都发挥着更为关键的作用。

刘易斯·芒福德从创作开始就大力倡导人类的文化觉醒。他相信，这种觉醒会首先出现在美国,因为"美国是个拥有无尽希望的国度"。因而他和其他青年作家的使命,就是为这个新大陆的复兴时代准备觉醒的土壤。他说，人类到美洲冒险的最大意义，不在于对物质财富的不懈追求，而在于开创一种真正新型的人类文化。美国正是在这个意义上诞生的。

最初，出于对欧洲中世纪后期结构松散文化的失望，出于对英国国教专横统治的愤懑，清教徒带着一个梦踏上新大陆。最早是新教教徒、发明家、政客、探险家，漂泊不定背井离乡的人各自来到北美，后来才在新大陆联合起来，组成复合型的美国社会。他们决心不再走欧洲的老路，并为建立新型国家和社会尝试过各种方案，甚至包括神权教主主持的公有制和群婚等许多荒唐做法。而终于觉悟到，为了一个新文明的诞生，需要找到一种生生不息的文化传统作为文化复兴的摹本和支撑。因此，美国的诞生是当时多种文化潮流最终融会的结果，这包括中世纪神权中心的瓦解；理性主义出现；宗教意义由戒律约束升为美德追求；启蒙运动发展；科学技术时代来临。

刘易斯·芒福德的大量著述从构成美国新文明的三个支柱——自然主义、理性主义、人文主义——检视了社会文明发育进程，尤其着重检视了三者通过城市与区域规划、文学艺术等手段实现整合的经验与教训。因而，他不仅清楚地描摹出美国有机世界观的兴起与衰落过程，更从 19 世纪中期美国文学巨匠的著述中找回美国自身独创的精神思想和文学艺术传统。他出色地诠释了美国文化个性：既担当工业化浪潮的前锋，又兼具欧洲旧传统继承与反叛两种角色。这样的背景规定了美国文化的双重性与生命力：科学的确定与神学的无定，既现实又浪漫，生机勃勃又谨慎有度，贵族的文雅与土著的粗犷，诙谐幽默而又多情伤感，粗浅俗陋同时又广博深刻，有杰克·伦敦、马克·吐温，更有惠特曼、爱默生，享受生活安逸又永不满足现状……美国特有的朝气蓬勃的轻歌剧就最能体现这种既矛盾又互补的精神情感特质。一部科普电影（蓝色地球）也能将科学、神话、历史、哲理、诗意、音乐、艺术美，尽融一炉。这些特点更通过一系列作家和诗人生动体现出来。刘易斯·芒福德把这些优秀思想代表人物的精神价值一一介绍清楚，推荐给美国人民。他至少帮助两代美国读者公众获得了情趣和鉴赏力的根基。

那么，他著作中挥之不去的忧虑和声声警号，又由何而来呢？简言之，就全人类文化走势而言，文明和人性当今都出现异化趋势。这含义还须从人类前一次大觉醒来回望。

依文明主流进程看，前一次大觉醒发生在 15 世纪前后。主要体现是文艺复兴、理性主义和启蒙运动。主题是反对宗教愚昧，主张理性，反对迷信主张科学，反对极权专制制度，主张平等、民主、自由和博爱。其成果是撼动了神权核心的宗教世界，树立以人为核心的价值理念，以及科学理性为核心的现代文明，科学技术大发展，大规模生产方式的诞生。最终，则是一个完全世俗化世界秩序的确立。

在这转变关节上，刘易斯·芒福德回忆，"当时我们都有个共同感觉，这就是我们正面临一个大转变的前夜，一个崭新的世界即将出现，这是个充满神奇力量的伟大转变。几个世纪以来的美国革命、法国革命，以及工业革命所孕育的美好希望，很快就会一起实现了。可是，不久到来的第一次世界大战完全粉碎了、毁灭了这些美好希望。眼睛看到的，以及亲身感受到的东西，要经过许多年才能传达到大脑，才能逐步解码，才能逐步透彻领悟其内涵！而在此之前，种种不祥之兆，我们却未能及时察觉领悟。直至进入 20 世纪 30 年代之前，我们能够看到的，始终只是乌云外围的金边儿。是啊，在那些信心百倍、豪情满怀的年代，谁会料到我们始终坚信不疑的太阳，不久竟然也会发生日食呢？"[①]

事实正是这样：紧接启蒙运动之后，人类自身在生产能力、效率、规模，以及行动速度和涉猎范围方面都大大扩展。科学研究和工业技术大飞跃让人类在广度、高度、速度、强度、深度、力度、效率和规模等方面，无不大超前人。人类涉足空前广阔的领域，从丛林、高峰、荒漠、峡谷、深海、南极、北极……直至太空，直至深入物质世界微观结构、基本粒子和微粒子、细胞核、基因……而在世界实现了物质生产一连串奇迹的同时，不幸，人类却在自身解放的道路上走过了头：自我膨胀，妄自尊大，人性丧失，自身行为恶魔化，否定自然，敌视和虐待同一星球生灵万物，最终让尼采喊出"上帝死了"！文明异化走向相反方向的结局，是环境污染退化，物种数量和规模锐减，生态失衡，以及人类自身的文化空壳化、城市空壳化、内心精神空壳化……位居海陆生物链顶端的鲨鱼，种群数量已锐减九成。该物种比恐龙更古老，曾历经 5 次生态大劫难而未被淘汰，始终担当维持海陆生态结构平衡的建筑师。人类城市生活逐步全面走向世俗化……所以，稍拓展时空尺度不难看出人类行为中许多乖张虚妄。又比如，总要以寿命不足百年的水坝去干扰业已存在亿万年并仍将继续存在亿万年的大江大河的生物态和地质态！因而，觉悟的民族已开始拆除水坝，恢复江河常态。如此实例，不胜枚举。刘易斯·芒福德思考的第一个重点，就是人类这种异化是怎么开始的。

为此，他开始检视各种文化机构和"器官"自工业时代以来的各自的异化和畸变过程，包括城市、建筑、教育、文学、绘画……并在此基础上逐步积累成对现代文明尖锐矛盾的思索和批判，写成批判工业（机械）文化的系列专著。

值得一提的是这种工业文明还产生过一种哲学，用机械方法拆分世界和人类社会。主张世界构成是对立统一或一分为二：企业分为资本与劳动的对立；有机社会分为阶级的对立，硬说几千年人类文明是阶级斗争的历史。在此基础上建立政党，推动暴力革命，让"一个鬼影在欧洲游荡"，产生出贫穷、野蛮、愚昧的新型暴政国家。当这鬼影淡出

---

① （美）刘易斯·芒福德著．唐纳德·L. 米勒编．刘易斯·芒福德著作精萃 [M]．宋俊岭，宋一然译．北京：中国建筑工业出版社，2010：序言。

欧洲的时刻，它已携走厚重的文化积累及亿万生命……这"鬼影"或"幽灵"正是大工业（机械）文化一个组成部分和极端形式，包括它的人格形式——恶魔希特勒及其追随者。

新一次大思考和大觉醒始于20世纪中期。从一系列的先驱人物到罗马俱乐部和绿色和平组织的建立，直至波澜壮阔的生态文化产品大量问世，如今生态文明正在变成世界的主流文化。刘易斯·芒福德就是人类又一次大觉醒——生态运动——的前驱和实践者，是工业时代走向生态文明过渡时代大潮推出的大手笔。他的思想学说建立在物质世界进化大潮的框架上，涵盖了宇宙进化、生物进化、人类文化进化的宏大篇章。他的思想精华可以概括为目的论的宇宙观、整体论的城市观，以及精神第一性的人类观。这其实就是伟大人文主义思想传统的核心含义。这样去理解和阅读刘易斯·芒福德，就找到了方向。刘易斯·芒福德和格迪斯、霍华德都生活在20世纪，都面临着工业文明博兴使宗教淡化这样一个大背景。宗教引领人类前进了两千年，这样一个庞大传统的逐渐淡出视野，给人的精神带来一种巨大的空白和危机感。杰出的思想者面对这样的挑战会多问几个为什么。其中最有贡献的，据笔者所知就有刘易斯·芒福德。在上帝逐渐淡出历史的时候，为人类和宇宙之谜继续寻求新答案，这是历史赋予刘易斯·芒福德的任务。我们人类文明的起源肇始于人猿揖别，城市是人类辞别生物进化迈上进化征程两利器之一，这些都是刘易斯·芒福德在学术探索当中的重要发现。

提起刘易斯·芒福德，首先应树立这样一个概念，即他是工业文明非理性内容的批判者。他的大量著述像一柄锐利的楔尖把两种文化从思想理论到学术队伍一劈两半，并且在工业文明的拥护者和生态文明的倡导者之间掀起一场旷日持久的大论战，这场论战明确了当今世界的一个主题——工业文明的衰落和生态文明的崛起。刘易斯·芒福德的著作《城市发展史——起源、演变和前景》诞生于1961年，20世纪60年代中期罗马俱乐部诞生，20世纪60年代末期绿党成立，类似的著作如蕾切尔·卡森（Rachel Carson）《寂静的春天》等也纷纷问世。很多国家都有绿党政治，举起了绿色的旗帜，反对工业文明非理性的内容。有人评论说，如果说卡尔·马克思是劳工运动向资本开战的领军人物，那么刘易斯·芒福德就是生态文明的奠基人。

图13-6是刘易斯·芒福德的家，现在被开辟成妇女儿童救助中心。为了安全，对建筑进行了一些改装。这其中的花草树木很多是刘易斯·芒福德亲自栽植的。他无时无刻不在奉行自己的信仰，并且同样

图13-6 刘易斯·芒福德的家，现在被开辟成妇女儿童救助中心

337

地教育民众。

比如他说，"传说，上帝依照神灵的形象创造了人。那么人就该依照自己内心的形象和规制创造自己的建筑以及城市。"他又说，"人类的理智如今告诉他，即使他在最富灵感、最成功最辉煌的时刻，也只不过是更宏伟浩阔宇宙过程的参与者。这过程不是他发动的，也不以他为开端。因而，他也只能在最低限度上去控制这个自然过程。扩大自身的智能和悟性，才是他增长才干的唯一途径。舍此，他不能丝毫改变自己的卑微和孤独。"

一个人的生命可以很卑微很孤独，但是你要有"智能和悟性"。刘易斯·芒福德在其后期著作中特别讲到佛教所说的觉悟、觉醒，就是自我意识。他对人类文明进化过程当中的觉醒、自我意识非常重视，做了大量的开掘工作。把这里面简单小事的全部内容挖掘的淋漓尽致，令人深深感觉到刘易斯·芒福德在这方面的良苦用心。一句话，人类不要妄自菲薄。人类之为人类，来之不易，不要对自己满身的进化成果掂量太轻。

刘易斯·芒福德的城市论述无与伦比，D.L.米勒评论说，"但读者搜索全书想找出作者梦想的美好城镇详尽规划蓝图，却是枉然。因为刘易斯·芒福德并非专业规划师，而是道德治世的学者。他纵论天下，意在给规划实践厘定社会标准和指导原则。刘易斯·芒福德认为，规划科学首先是解决价值理念问题。他忠告我们，若不首先直接解决这些问题，且慢邀请规划师和建筑师入场工作。"

但是，由于刘易斯·芒福德终生不属于任何宗教团体或政治派别，他只作为思想家、作家、学者、顾问……之类角色长期活动，著作等身，卷帙浩繁，思想又太过超前，因而他的实践活动和社会影响便大受局限。

四、金经元

金经元，曾任中国城市规划设计研究院历史与理论研究所所长、教授级高级城市规划师。参与了众多城市规划项目，撰写了一系列介绍西方经典，特别是介绍埃比尼泽·霍华德、刘易斯·芒福德和帕特里克·格迪斯的文章。埃比尼泽·霍华德《明日的田园城市》一书就是他翻译的。此书最初由中国建筑工业出版社出版，因未引起广泛注意，后又由商务出版社再次出版，但仍未能引起强烈反响。后来金经元先生放弃这些介绍，直接介绍规划师的道德操守以及规划师应该是什么样的人——也就是本章所说的"角色"。他之所以这样做，是因为他在承担、参与很多规划项目后，从正面和负面了解了许多行业内幕，知道规划师所处环境之恶劣。某大型省会城市曾邀请他给田园城市命名并剪彩，他说：你这是在以我的名义去做违背田园城市原则的事情，便毅然拒绝了邀请，放弃优厚待遇。他为人耿直，曾拒绝了很多类似噱头场面。

本文特别推介他却非为他这些殊荣，而是因为这是个普通人，一个平凡而堂堂正正的科学理论工作者，为他朴素的思想风格培养的严格治学态度。他的居室可以说至今朴素到无以复加，荣誉很多，居家环境见不到此类证书奖状。少有的耿直坚贞，文章人品，令人景仰！

在退休后，仍然坚持"继续探求城市规划的曲折是非，继续为人民服务，求真务实，不说假话、空话、套话，享受人生随心所欲的第二个春天"①。他在严格要求自己的同时，还不忘城市规划的教育事业。退休后，将多年关于城市规划问题的思考整理集结成册，名为《社会、人和城市规划的理性思维》，在序言中曹洪涛这样写道："作者以切身的经验教训，认真思考之后，勇敢地表明自己的观点和针砭时弊……呼吁从事城市规划工作的同事们，要时时保持清醒的科学头脑，时时保持高尚职业道德，时时把握建设有中国特色的社会主义大方向，以便更好地为社会主义建设服务，为人民服务。"②

著名城市规划学者陈占祥留下的这句话："无知不是过失，无知而掌权就是非常可怕了。"金经元先生说，我们所处的环境，所从事的专业，需要常和政府打交道，这当中恐怕大家就常常会想到这句话。耐心，别冲突，不要指责别人，要和他们交朋友，慢慢地渗透。为了推行真理，要学会耐心。一次学术会议上和某市政府市长有过接触，他对理论怀有成见，认为纸上谈兵不解决实际问题。某市副市长也说过类似话语。类似心态在政府决策者那里相当普遍。面对此局面，理论工作者对理论的真确性和实效性有无把握？自己若学透了，要让别人也能接受，就得想办法去影响他，去说服他。

金经元说："总的来看，人类的城市规划始终是正面的，产生了好的效益，走的是科学、尊重人民利益这条道路。"后面，他接着说："城市规划在实践中能在多大程度上尊重科学和关心人民，则取决于社会进步的程度、统治者和被统治者的力量对比、决策者的明智、人民的觉醒程度和城市规划师对问题的认识深度。要真正关心人，最终科学还有待于社会素质大提高和彻底消灭私有制。"

"取决于社会进步的程度"，包括我们的现实环境，我们这个社会进步的程度。"决策者的明智"，你面临的官方有多"明智"？需要怎样去影响说服他？"人民的觉醒程度"，我们前面提到的波特兰市，其中也有一部分人不觉悟，主张砍伐森林，也有一部分人和管理机构还决定把人们喜闻乐见的广场开成溜冰场赚钱。而那里的人民居然那样高超地予以拒绝，宁可少赚点钱而留一块净土。

正如金经元先生所说，"城市规划是一种以物质环境规划为手段的社会规划，要对社会发展负责。……因此，规划师既不能独断专行，也不能任凭别人摆布。"金经元先生在评述刘易斯·芒福德论文中警告中国城镇发展正在走向巴洛克道路，他文章最后一段值得细细品读——要警惕中国式的"巴洛克城市"思想：

① 专家论文集5·金经元专辑.北京：中国建筑工业出版社，2006。
② 金经元.社会、人和城市规划的理性思维[M].北京：中国城市出版社，1993.

"尽管我们的文化很少直接受巴洛克思想的影响，刘易斯·芒福德对巴洛克城市的批判对我们仍然很有现实意义。因为在我们的社会中，同样也存在着封建思想的余迹，随时随地会有意无意地反映出来。我们这个还不发达的国家，在追求排场方面有时并不比别人逊色，甚至有过之而无不及。风行全国的高楼大厦风、过街天桥风、立交桥风、国际性港口风、国际性中心城市风，等等，何时才能刮到尽头？在许多问题上，我们都喜欢以最'大'为荣，而不是崇尚最好、最精。最大的书法、最长的画卷、最高的佛像、最长的龙，在物质和精神上都是最浪费的吃喝风……量的巨大在许多情况下并不能说明质的精良。一个城市在市区内建了约 120 座立交桥，可能算得上世界之最，然而交通状况还在恶化，立交桥还要求助于信号灯的控制，大概也算得上世界之最了。在相距不远的范围内，同时建设了几个大型海港、航空港。一个经济还不发达的国家，对国际经济的影响力还很有限，却到处都想成为国际性中心城市，都想搞中心商贸区（CBD）。这一切，究竟给人民带来多少实惠？究竟浪费了多少宝贵的建设资金？究竟耽误了多少该办而未能办的事？究竟给多少不法之徒钻了空子？在有些地方我们似乎在不自觉地追求无序之最。如果我们能够消灭这种无序之最，我相信，我们目前仍生活在贫困线以下的 8000 万同胞，必能早日脱贫。"

巴洛克是什么？1600 ~ 1750 年这一百余年中，巴洛克作为一种思想、风格的主流，支配了建筑、文学、艺术、音乐、戏剧、装潢等，它的特征是华美、完整、有序、逻辑性强、光彩夺目、金光闪闪。如果听过约翰·施特劳斯（Johann Strauss）的皇帝圆舞曲（Kaiser Walzer，op.437），那个音乐给人以金光四射的感觉，再者如法国的凡尔赛宫和彼得堡的叶卡捷琳娜宫。看了凡尔赛宫，听了皇帝圆舞曲，或许就知道什么是巴洛克了。

我很同意金经元先生这段对中国城市的预警，别忘了当时是在 1995 年，还在发出警告。20 年过去了，如今中国的大城市，以北京为例，能叫巴洛克吗？高抬了。完整、有序、金光闪闪、堂皇壮丽，沾边吗？库哈斯居然把他那个丑陋无比的大裤衩称之为理性代表，是可忍，孰不可忍？做了这么一件不讲理的事，却说"我最讲理！"我不知道中国建筑界为什么噤若寒蝉？那个歪着的楼，那种非常让人不安的庞然大物是理性的代表？理性何在？巴洛克完整、有序、逻辑鲜明这个特征在包括上海那样的大城市哪儿找踪迹？逻辑何在？

可见，一些好事情，城市优良的机制，若无相应制度安排，则变成了空话。

五、久朗津欣子

心界，是言每个领域从业者的精神境界和情感状态。这并非城镇研究、规划、建造、管理等实践领域的专题，更不是唯有针对上述大人物，人们才会产生此类考量。城镇环境里任何一个普通人，都不能置身局外。差异在于自觉或不觉，关怀抑或冷漠。即所谓，评价任何人物，固然看其修为，尤其看道心，就是这个意思。所以我们再看个普通人实例：

久朗津欣子（Yoshiko Kurotsu），美籍日裔学生，2003年来北京读书，当时还是个本科生，来自美国马萨诸塞州惠顿学院（Wheaton College），以交换生身份来到北京外国语大学学习。欣子不爱动，课余常自守宿舍。某夏天傍晚，从宿舍临窗眺望，她偶然看到不远处一处已不再通行使用的门廊下，3个民工就躺在防雨棚下的水泥地上露宿过夜，整个夏季就这样度过。欣子中文说得不好，但观察事物细致入微。有个问题始终萦绕心间：这些露宿者是什么人？他们做什么工作？后来通过询问才知道这几个人是校园附近的建筑工人。北京外国语大学国际交流学院（IES）学程结业后，她主动找来想跟我做独立研究：针对城市环境内的民工现象做课题研究，并走访远近现场，采访个案，做了大量调查研究，写成她的大学毕业论文。

在该论文的结尾处，她这样写道：

"我绝没想到，朝宿舍窗外不经意的一瞥居然引燃我巨大的好奇心。两年前躺卧在窗外屋檐下的那3个民工，帮我打开了求知道路，不仅引领我探索发现了中国庞大流动人口群的动人事迹，还让我看出中国未来发展中这些人的重大作用。中国的未来决不单单取决于政府的有效政策。政府和人民都该认识到：这社会的每块资源都有重要价值。因为，若忽视了他们，牢骚满腹的民工完全有能力掀起巨大的社会骚乱。"[①]

在她准备毕业论文的过程中，我们去了京郊南部浙江村、北部河南村进行考察调研，持续了将近一个多月。考察结束后不久，三月初《北京晚报》刊登了一则消息：浙江村发生火灾，3名打工妹被火烧死。见到这个消息，她提出要再去一次。这个要求使我多少感到意外。我告诉她，事情爆发到见诸报端，最少两三天了，一定看不到任何有价值的现场。她听后，像往常一样：不说话，也不离去。

我只好尊重她的意愿，陪她去了南苑大红门地区，费尽周折打听出火灾地点，最终走进那个火灾现场。

一个很小的院子，大约5米×7米。我们看到了3个打工妹被火烧死的房间，还有邻近小院大门出口处一株已被火烧焦的大树。院子已经清理得十分干净，除被火烧得黑乎乎的墙面和树干。院落早已空无一物，现场已经打扫得干干净净，无人也无物。我们进院落来查看，也无人来阻拦或者盘问。有个现象很奇特：院子里邻近大门的位置有一株大树被烧得焦黑，只剩下一人多高的树干，证明这绝对是一场可怕的大火灾现场。但北屋三间，即打工妹们殒命的地方，除门窗不见了，其余基本完好，且里里

---

① 久朗津欣子（Yoshiko Kurotsu），Migrant Workers: China's Second Citizens? 美国马萨诸塞州诺顿市惠顿学院（Wheaton College）国际关系专业毕业论文，2002年5月13日。

外外无太多过火痕迹。

欣子进屋察看得很仔细，室内无明显过火烧毁证据。从各种遗迹来看，大火主要发生在院落，因为院落堆积了大量的缝纫原材料和碎屑。欣子又走出房间来到院子里，她先观看大树和院落，拍了很多照片。她静静地伫立了很长时间，面对焦黑的树干一声不响，长久肃立。然后调转方向，面对房屋，沉默肃立。接着站在院里子，那么长时间一动不动，始终肃立、沉思、一言不发。肃立时间之长，引得我开始纳闷，她在想什么？她会想到什么？我没有问，当然不得而知。但很自然：都是关于这几个蒙难女孩子的各种问题，她或在设身处地体会那一致命处境和情景……或者按照她的家族习惯，或者宗教信仰，在悼念，在致哀，在祝诵……

总之，这举动让我感觉很少有，至少在我熟悉的中国学生以及类似外国学生当中，她很格色。她没有将她那一刻思考的问题告诉我，或许在想大火燃烧时那些女孩的感受，以及家人此刻的哀伤？这场面给我留下很深印象。这事件和场景，后来在她的毕业论文中又给予生动报道和很动情的评述。这就是本文讨论的一种"心界"。

她对我们的启发在于，该课程要探讨建筑师、规划师们……的心界，把这小小例子放在本节末尾，是从一个普通学生的思考来联想自己，回答"我是谁？我们在哪里？我为谁而工作？我能做什么？"最后，有没有从民间疾苦，生出笔底云烟？

第二节　环境

讨论建筑师们等角色的环境，意在提醒注意自身处境——我在哪里？这时代的基本内容和矛盾是什么……还有注意审视自己的心界。心界，也是环境的一部分，是自身的内环境，是做好工作的前提，即所谓，先料理心情，再处理事情。所以，建筑师和规划师们的环境，可分为两大部分，一个是外部环境，即我们身处的大的时空框架；一个是内部环境，即自己的心界。

一、外部环境——转型期的碎片化社会

改革开放以来，社会结构已经发生了巨大的改变，然而却是无序的、混乱的。当今社会，包括大量域镇社会，多处于上述两种模式的交替和过渡状态。具体情形大体是这种状态：政治子系统与经济子系统密切地勾结在一起，就是这么一种很无序、很紊乱的状态。就像运动员，在场上横冲直撞，无明显规则，有序的机制还远未建立。这种状况被社会学家形象地称之为"碎片化社会。"

不完整不顺利的社会转型过度导致的碎片化社会，直接表现在我们的社会体制不

健全，法律有漏洞，更有甚者，人的基本道德底线被无限制地拉低。现在的社会，领头的动力是权与利，教育的失败甚至直接影响到我们的下一代。还有一个例子，即社会过于追求崇洋媚外，丧失文化自信，好像国外的都是好的，国内的都是要摒弃了。我们抛弃了自己的文化，学习了他们的语言，效仿着他们的建筑，学得不伦不类，却往往忘记了我们五千年来文化积淀的精华。当我们学着国外最新的建筑技术盖着越来越高的楼房的时候，我们不知道那些挺过了千年的只靠木头搭建的建筑是如何赢过地震的。当我们畅想着科技公路带给我们的便利时，我们忽视了它的危害，我们忽视了原始环境的呼吸和生命。

二、内部环境——专业人员自己的心界

何为命运？唯物主义的解释，即你所处的时间、空间框架，再加上自身心界，这些要素将塑造当事人的一生，也就是其命运。

可见，命运包含两大要素：一是身处的时空框架，属外部环境；二是自身心界，属内部环境。

既如此，先来探讨一下我们目前所身处的宏观时空框架。

总的来说有三点：第一，我们处在工业文明衰落生态文明萌起的转折期。前文提到的美国大量闲置的码头、仓库都昭示着工业文明大势去矣，而生态文明将如何承接并在大地上如何重新布置、重新塑造，这是一个大的环境。第二，中国的城镇化进程进入爬坡攻坚的紧要快速阶段。第三，在这样一个转型期，中国大陆社会所呈现的碎片化、断裂、溃败景象。何谓心界？心界，即精神状态，这也是一个非常重要的环境要素。心界类似前文提到的导弹模型中的制导装置，控制着要做什么和不做什么。

伦敦闻名世界的威斯敏斯特大教堂地下室的墓碑林中，有一块名扬世界的墓碑。其实这只是一块很普通的墓碑，粗糙的花岗石质地，造型也很一般，同周围那些质地上乘、做工优良的亨利三世到乔治二世等20多位英国前国王墓碑，以及牛顿、达尔文、狄更斯等名人的墓碑比较起来，它显得微不足道，不值一提。并且它没有姓名，没有生卒年月，甚至上面连墓主的介绍文字也没有。

但是，就是这样一块无名氏墓碑，却成为名扬全球的著名墓碑。每一个到过威斯特敏斯特大教堂的人，他们可以不去拜谒那些曾经显赫一世的英国前国王们，可以不去拜谒那诸如狄更斯、达尔文等世界名人们，但却没有人不来拜谒这一块普通的墓碑，他们都被这块墓碑深深地震撼着，准确地说，他们被这块墓碑上的碑文深深地震撼着。在这块墓碑上刻着这样的话：

"当我年轻的时候，我的想象力从没有受到过限制，我梦想改变这个世界。当我成熟以后，我发现我不能改变这个世界，我将目光缩短了些，决定只改变我的国家。当

我进入暮年后，我发现我不能改变我的国家，我的最后愿望仅仅是改变一下我的家庭。但是，这也不可能。当我躺在床上，行将就木时，我突然意识到：如果一开始我仅仅去改变我自己，然后作为一个榜样，我可能改变我的家庭；在家人的帮助和鼓励下，我可能为国家做一些事情。然后谁知道呢？我甚至可能改变这个世界。"

据说，许多世界政要和名人看到这块碑文时都感慨不已。有人说这是一篇人生的教义，有人说这是灵魂的一种自省。

当年轻的曼德拉看到这篇碑文时，顿然有醍醐灌顶之感，声称自己从中找到了改变南非甚至整个世界的金钥匙。回到南非后，这个志向远大、原本赞同以暴制暴填平种族歧视鸿沟的黑人青年，一下子改变了自己的思想和处世风格，他从改变自己、改变自己的家庭和亲朋好友着手，经历了几十年，终于改变了他的国家。

要想撬起世界，它的最佳支点不是地球，不是一个国家、一个民族，也不是别人，而是自己的心灵。要想改变世界，你须从改变自己开始；要想撬起世界，你必须把支点选在自己的心灵上。

以下要点也可以成为观察当代环境背景的主要内容：生态文明本质上是农业文明在更高层级的自我回归，重新认识农业文明，以及信息时代与生态文明的关联等。

第三节　担当

规划师建筑师们，乃至各城镇各领域理论工作者们的工作任务，首先是思考这个问题：要创建什么样的社会文明？要培育什么样的民众？然后在此前提下，规划设计出所需要的"苗床"、"培养皿"和"培养基（culture）"，促成社会文明的理想发育进程。所以规划师们等所做的规划，比如像小区规划等，是在设计一种理想社会，包括邻里和睦、孩子将来的善良等优良品德、老人的安全、执政者有道……都要成竹在胸，要对社会发展长远负责。简单说，这些这就是他们的担当。

具体说，城市和区域规划的任务是整合，这里的整合包括多个方面：文化与经济、技术与艺术、历史与未来、现实与理想、俗世与圣界、工业与农业、城市与乡村等对偶要素的整合。

（1）替天行道：首先启蒙自己——还以刘易斯·芒福德为例。

（2）认识自己管辖的王国：以时代主题启蒙自己，首先整合主观与客观。

（3）启蒙民众，启蒙启蒙者，启蒙决策者。

（4）建立与维护五行均衡的决策平台（中共十八届四中全会公报规定了行政决策程序要求）。

　　四中全会公报提出，依法全面履行政府职能，推进机构、职能、权限、程序、责任法定化，推行政府权力清单制度。其中，机构、职能、权限属于组织法内容。中国人民大学宪政与行政法治研究中心执行主任莫于川分析，这意味着要推进行政法体系中比较薄弱的组织法和程序法建设，"至少是一个不可阻挡的趋势，会向前走几步"。

　　公报还称，健全依法决策机制，要把公众参与、专家论证、风险评估、合法性审查、集体讨论决定确定为重大行政决策法定程序。这样的决策过程便成为行政程序中的重要的组成部分。

　　服务一个最高任务——文明诸多元素的整合。

　　整合是针对"裂解"或"破碎"而言，而"裂解"和"破碎"，包括"碎片化社会"的说法，则是针对工业文明固有的缺憾。导致完整宇宙和世界概念的裂解，人类和人格的裂解，技术与艺术裂解，城市与乡村裂解，团结和谐社会文明的裂解……这些现象要观察、评价。其根源要思考、理解。纠正办法，包括提出新的价值理念，都要从调查研究和反复试验中逐步摸索出来。因而，他们的工作首先就是大量的调查研究。

　　其次，整合的含义还可以这样理解：人类文明和文明人类，这都是整体概念：完整、均衡、协调，直至均衡完备的人生、人格。整合包含历史与现今和未来的整合，传统与现代的整合，社会各阶层的整合，世俗与神圣的整合。当今的大陆中国社会被社会学家孙立平界定为"碎片化社会""溃败"社会，根本原因就是经受了结构性的破坏，从社会整合走向社会裂解。为此，规划和设计，建设工作着力点应当更应当放在社会整合。具体内容包括各个要素之间的整合。孤立地说这个概念，很难理解整合与裂解、溃败的含义。这样，整合要义还包括：

　　（1）整合历史与现实；

　　（2）整合自然与人文；

　　（3）整合社会两极、整合城乡和工农；

　　（4）整合世俗与神圣。

　　其中最后一条，世界分世俗世界和神圣世界，即俗界和圣界。在规划设计一个物质结构中，多少要考虑到这种安排，村庙变为茶馆是典型的圣界降为俗界的代表。某新城的规划展览馆，堂皇宽阔的厅堂内竟然摆放几排游戏机……令人啼笑皆非。那么现在的人类能不能完全没有圣界？

　　圣界的概念核心是神圣。甲骨文中"神"是说一个人在祖先的祭坛旁边心中所想到的、发的宏愿、获得的启示，是超然的。"俗"呢？甲骨文中，是人和谷，有两种讲解：一种是山谷，还有一种是谷物。第一种讲解的意思是说一个谷有一个沟，站了一群人，即民俗。俗话说"十里不同音，百里不同俗"是说人世间实际生活状态。一定要注意其中文化基因两要素，文化起源状态中一俗一圣两个要素。当今社会文明一大弊病，就是忽略这两大要素共存的必要性。神圣，听起来神秘。其实，一座博物馆、展览馆，都可以从内容设计、布展方式、材料取舍、风格定位等角度集中调用宗教的严肃冷静、历史的睿智、哲学的深刻、艺术的灵动，为此目标服务，将其建造得很神圣。真正成为城镇中"改造人和陶冶人的场所（刘易斯·芒福德语）"。此外，整合还包括：

（1）整合途径与归宿；

（2）整合精神与物质、艺术与技术；

（3）整合目标价值和工具价值（亦即目的和途径的整合）。

在第十四章实例中，经过居民热议，波特兰广场不改做能赚钱的溜冰场，宁可保留下来供人们来静思默想，怀念祖先和历史，体验心灵的归宿。从一定意义说，那也是圣界，能淡定心神，看着浮雕，想着祖先在山上冻死、饿死，想着自己前世今生及以后的选择，当地百姓有这样的情操，了不起！所以说，要有整合，规划要有长远考虑，只有这样人格才是完整的，人格才是有内容有外壳的，而不会空壳化。文化、城市、社会不要空壳化，人格不要空壳化。波特兰的经验证明，当地具有浓厚的城市主体意识和切实可靠的制度安排。能够在规划决策的平台上整合权力、资本、专业、资源、民众、这五大要素。社会文明的目标价值通过工具价值，实现了完美结合。

芬兰作家佩卡·库希的《我们这个人类世界》（1985）这本书最后一章的标题：Protect Man against Himself！翻译成中文即"警惕人类自我毁灭"！毁灭的含义有两种，一是真正的机体毁灭，物种消失；还有一种是灵魂毁灭，浅薄，空壳。这本书出版于1985年，其作者在经营过程中做过饮料、酒业，后来转为教育，从事过新闻，再后来成为学者，从农耕、采集、狩猎等方面也做了类似刘易斯·芒福德的关于人类历程的教训反思。他走南闯北赚了很多钱后，看到了人类赖以存在的世界深陷危机，于是写成这本书。他这本书集中地说清了建筑师规划师们的各种专业担当的核心含义。

这里借用刘易斯·芒福德几段话来结束这一节：

"假如真理、真相召唤我们，我们怎么办？道理很清楚：科学的宗旨是什么？宗教的宗旨又是什么？所以，无论什么时候，只要真理发出命令，我们就要听从它。要把真相大声喊出来，不管你的朋友、邻居、同胞兄弟们喜欢还是不喜欢。"

"世界文明正经历着通盘瓦解的过程。若能扭转这一瓦解进程扭转局面，那简直是奇迹。而其可行途径，莫过重振人文标准"。

"你有权堕落，也有权依照灵魂的引领，一路攀升到生命的最高层级，那里获得永生……"

2014年秋季课程有一位学生写下这样的读后感："如果我在该地区担任市长或镇长，乃至最高决策者，首先要宣传一个理念——即'理性回归'。在经过科技大发展，经济大跨越后，要丰富人文、社会领域的内容，反思人性、人的生活、人的需求，关注民生。其次，在辖区内，在城市规划中鼓励民主机制，切实做到民众参与、民意表态，制定相应政策把民众参与纳入其中,而不是市长一人说了算,把城市还给人民!"(郭颖)"我来北大读书,最大收获就是启蒙了自己。"

第四节 命运

一、那么多忠良倒下,究竟为何?

(一)以陈占祥先生和华盛顿的总规划师比埃尔·朗方为例

为说清担当者们的命运,还让我们来看看实例:优秀学者和城市规划家陈占祥先生和他的故事。①

读者若对陈占祥先生一无所知,那么这里摘引该书封四的读者评论文字,就可以概略地知道他的为人和事迹:

"惜哉,西学中用,开启规划之先河,先知而鲜为人知;

痛哉,历经苦难,敬业无怨之高士,高见又难合众见。"

(在他去世的追悼会上,周干峙先生,城乡建设部前副部长,中国工程院院士,撰写的挽联)

"因制定'梁陈方案'而获罪的陈占祥先生,美国建筑师们心目中的中国英雄,其坎坷一生由他女儿陈愉庆写出,热烈处,如火如荼;凄恻处,可歌可泣!"

(诗人,翻译家,屠岸 题)

"这些平实、优雅而又隽永文字,娓娓叙说的不仅是一部关于父亲的传记,还是20世纪我们民族一部家族史,更是一部中国一代知识精英苦难的历程。当我们为往事扼腕叹息的同时,又为它展现的良知与人格的光辉潸然泪下。"

(诗人,作家杨匡)

"作为一名建筑师,我始终是《梁陈方案》的赞同者。其意义不仅是从专业本身考虑,而是作为一个中国人,应该如何把中华文明和文化精髓传承下去的问题。以及,作为一个中国建筑师,我们该向世界展现一个什么样的中国的问题。如果当初《梁陈方案》得以实现,北京将是世界上独一无二的文化奇迹。"

(汪国瑜,清华大学建筑学院教授,清华大学国徽设计小组成员之一)

这就是力主保留古典北京、"梁陈方案"中的另一个著名建筑规划科学家陈占祥先生。陈占祥先生的故事说清了规划师建筑师等人物身处的时代环境,以及可能遭遇的命运。如今是对这环境进行理性思考的时候了,可以概括为这样的要点:不完整、不顺利的社会转型过渡导致的碎片化社会。

---

① 参见:陈愉庆.多少往事烟雨中[M].北京:人民文学出版社,2010。

相信各位对《多少往事烟雨中》这本书都不陌生，这是陈占祥先生之女陈愉庆写的一本以纪人为主的回忆录，书中记录了新中国成立初期轰动全国建筑界，有关古都北京保护实施"梁陈方案"规划的过程。读过这本书后，应该都知道陈占祥先生是多么优秀。

陈占祥是中国第一代城市规划师。1938年8月，他赴英国利物浦大学建筑学院留学。1944—1945年，获英国文化协会（British Council）奖学金，成为伦敦大学学院博士研究生，导师为帕特里克·阿伯克龙比爵士教授（Sir Patrick Abercrombie），并随从他进行了"大伦敦规划"等相关研究。[1]

他爱国忧民，关心普通民众。1946年，正在伦敦攻读博士学位的陈占祥忽然接到北平市国民政府建设局局长谭炳训聘书,请他回国编制北平都市计划。他毅然放弃学业，归国支援建设。后来在上海与友人陆谦受、王大闳、郑观萱、黄作燊共组"五联建筑事务所"。

1949年10月，陈占祥赴北京工作。1950年2月，与梁思成共同完成《关于中央人民政府行政中心区位置的建议》，史称"梁陈方案"[2]。"梁陈方案"提出:"为解决目前一方面因土地面积被城墙所限制的城内极端缺乏可使用的空地情况，和另一方面西郊敌伪时代所辟的'新市区'又离城过远，脱离实际上所必须的衔接，不适用于建立行政中心的困难，建议展拓城外西面郊区公主坟以东，月坛以西的适中地点，有计划地为政府行政工作开辟政府行政机关所必需足用的地址,定为首都的行政中心区域。"[3]基本构想是新城与旧城分开，章法不乱，使得旧城得到最大限度的保存，而新城也能获及最大限度的发展空间。

在古典北京如何处置的问题上，毛泽东和彭真意见相左。不仅如此，学术界也针对这一问题进行了激烈的争论。在这场争论中，对垒双方都有留洋回来的建筑师和规划师——梁思成与陈占祥，对方有赵冬日和朱兆雪，都有出色的留洋教育经历。两组对垒的建筑专家，一方观点主张把新都迁出老城，而另一方则主张把新都留在老城。朱兆雪和赵冬日这方的观点是主张新都完全放在老城，旧的东西拆掉迁出去。这场争论最终由于政治仲裁决策。1957年，陈占祥还被划右派，送往京郊沙岭绿化基地劳动改造。1979年平反后,担任国家城市建设总局城市规划研究所总规划师。1988年1月，他应邀赴美国讲学，先后任教于加利福尼亚大学伯克利分校、康奈尔大学等校。2001年3月12日，逝世于北京。

我们来分析一下对垒双方的特点，其共同点在于双方都很优秀:一方有梁思成，

① 维基百科 - 陈占祥，http://zh.wikipedia.org/zh-cn/%E9%99%88%E5%8D%A0%E7%A5%A5.
② 王军.城记[M].北京:三联书店，2003.
③ 梁思成，陈占祥.梁思成文集（四）（关于中央人民政府行政中心区位置的建议）[M].北京:中国建筑工业出版社，1986.

中国古建研究之父；陈占祥，新中国第一代城市规划师。另一方有朱兆雪，比利时土木工程专业毕业，负责并主持完成人民大会堂、全国政协礼堂等重大建筑的结构设计，协同钢结构专家李瑞骅先生，实现大跨度无支柱横梁结构设计，贡献突出，后来担任北京工业大学校长。他还有件很露彩的事：据传，比利时王后举办数学竞赛，无条件限制。王后答应如果谁赢得比赛，公主就嫁给谁。年轻才俊朱兆雪参加了竞赛并赢得了公主。但是在这场重大论战中，在城市发展最大利益和长远方向上，这位洋学者眼界不行。在论战以失败而告终时，梁思成留下这样一句话：要不了太久，这个城市就会出现全市性的大问题。章法被打乱，各方面相互冲突。城市方面的错误是人类最难改变的错误之一，就像到现在为止我们也无法彻底解决北京当初行政中心选址所带来的问题。为什么这么多优秀规划师、建筑师会遭遇不公正对待？

无独有偶，美国首都华盛顿著名建筑师和规划师比埃尔·朗方也很有建树，却也遭遇总统的不公正对待。他去世时的全部财产包括两身简单衣服、自来水笔、制图圆规、手表、指南针和几本书籍。全部财产价值只有26美元。当然，后来美国人民意识到朗方留下的巨大精神财富，才将他的陵墓从马里兰的Green Farm迁移到了阿灵顿国家公墓隆重安葬。

（二）反思教训

专列标题讨论建筑师和规划师们的命运，显然因为中外许多优秀规划师命运多舛。这究竟为什么？那么多忠良倒下，究竟为何？比埃尔·朗方的实例，梁思成、陈占祥，乃至历史上那么多改良派的实例……他们的实践都证明：社会改革历来不是通衢大道，而充满险阻。社会转型期中结构改造的困局——政治改革恐怕长期难有突破。

二、转型社会结构性改造的沉重含义与前瞻

当代中国意义重大的改革开放何以能够开始？它又始于何处？曾经认为，改革开放始于恢复常识！始于"真理标准大讨论"——实践是检验真理的唯一标准！认为那次讨论恢复了大众常识，把精神从愚昧桎梏中暂且解脱，暂且回归理性、回归常识。时隔35年来重新回顾，毋宁说改革开放其实始于特定时代后的暂且式微，因为1978年那场大讨论很大程度上未作为一种文化传统和习惯继承下来。

后继进程表明，思想解放到一定程度便戛然而止。如今浮出水面的大量记录证明，即使在非常年代，全民族也没有全然昏聩到不分真伪、好坏、美丑的地步，只不过在严酷的时代背景下，泯灭了个性思维空间，更谈不上言论自由。作为历史文化传统，这一文化特征并没有断绝。于是，后来城乡发展中许多重大失误和问题，并非专业人员缺乏专业思维，也不是无人敢说话。民间并不乏真知灼见，而是面对权力高度垄断，正确意见难以被采纳，错误意见和决策难以纠正。最好的例证莫过于巴金老人的建议：建立"文革"博物馆，汲取历史教训。这样的好点子很多很多，以及分散

首都职能，建立多个中枢办公中心，也不失为一个好点子，却难以集中采纳。

　　一方面，规划师、建筑师是理想主义者。要在旧世界的丛林中开辟新路，他们不可避免要披荆斩棘，甚至赴汤蹈火。但是，要求专业人员都去坚持真理、冒死以赴，同非理性权力迎头相撞，则很不公道。甚至，为改善城镇质量，要求专业人员培养价值鉴别力、判断力和创新力，这在大环境无根本改观之前，也不甚恰当。当今困局中，解决方案不仅是促进决策者思维理性化，更重要的是制度批判和制度改革，包括保障他们表达自己诉求和申辩的论坛。如刘易斯·芒福德所说，"我们当今亟须的，仍然是这种制度安排，若没有这种制度安排，城市的核心职能是无从发挥的。"

　　这样的制度性改革在刚刚闭幕的中共十八届四中全会上公报中喜见端倪，其中规定的行政决策过程的五个必须，初步具备了城镇五行良性运行的雏形。让我们祈祷它进展顺利。

三、重温文艺复兴宣言书

　　那么，如何进入角色，如何解决价值观念问题？创建什么样的社会文明，培育怎样的可爱人类，答案往往首先需要规划师建筑师们自己探索和判别，自己寻找解答。正如刘易斯·芒福德著作中一段精彩引文所说，深刻理解城市的重要性，需从城市从无到有的历程来深入考察。为此，说到启蒙的第三个内容：认识国情、认识自己。而且，要从人类何以诞生的角度来重新认识自己。懂得为什么要尊重人类、尊重人民、尊重人权。人类究竟特殊在何处？请看刘易斯·芒福德这段引文：

　　过去一百多年里，许多人想尽办法想说清人类特殊在何处。恐怕迄今还没有人能胜过比科·德拉米兰多拉（Pico della Mirandola）精彩的文字，虽然他的思想使用了如今大家已不熟悉的神学语言。

　　比克·德拉米兰多拉是文艺复兴时代意大利伟大的人文主义者，他说，

　　"上帝依照一种很不确定的概念创造了人，并把他摆在世界的中心。然后嘱咐人类："亚当啊，我们赋予你的既非永恒不朽的躯体，也非你独有的体态。终究，你还须依据自己的理想和判断去构建和实现自己的家园、自己的生活方式和自己的本领。而且这一切都是你最想要的美梦和追求。世间其余自然万物，本性都已规定好了，都永固在我们圈定好的自然法则框架之内。你不然，你不受此禁限，你可以照你的心愿给你自己的本性钦定一个范围……你是你自己的造物主、自己的设计师和塑造者。因此，无论你给自己选定哪种更喜爱的形象，你有权堕落，有权沉沦到生命最底层，那种结局叫作兽性。当然，你也有权听从自己灵魂的判断和引领，一路攀升至生命更高层级，在那里获得重生。这种境界叫作圣洁。'"①

---

① Lewis Mumford.Technics and Human Development[M].New York:Harcourt Brace Jovanovich，Inc.，1967.

本章小结

城市是文化的容器、文明的铸模、孕育文明人类的子宫。符合这样先进理念的城镇不是现成的，不会凭空而来，它要靠专业规划师和设计师精心构思和创造来实现。为此，设计师们首要考虑的问题恰恰是：要培育什么样的民众？创建什么样的文明？答案靠自己思考，自己选择！

城市本质上是人性的延伸与物化，城镇延续着从猿到人的发展进化之路。人在这条道路上应当前进，不应后退。为此不得不首先分清前进抑或倒退的基本标准。这个基本判断既在人心，更在大众。既看所言，更看所为。这本是深刻又十分浅显的道理。

刘易斯·芒福德《城市发展史——起源、演变和前景》的最后一章首句话就说，"古代城市成形之初便将社会生活各种散在功能实体——集中，用城墙聚拢，强化其交互作用及融会结合。城市自兹满足人们共同需求，实现人类各种共同职能活动，这固然重要。而尤其重要的，是随同当今高效沟通与合作手段逐渐浮现出的人类共同愿景，这才是最有价值、最重要的。"他提示我们：危险与机遇并存，任重道远，大有可为。

本课程是在新的宇宙观、文明观、人类观基础上来理解城市、把握城市。价值形态作为文明的核心内容，作为城市发展的动力，推动着文明节节前进、节节攀升，推动城市向良好形态发展。规划师和建筑师们要有价值理念和判断力，以及价值创新能力。为此首先需要具备公民意识。一个城市规划师、建筑师，当然包括城镇的管理者和决策者，都必须首先是成熟的公民，理解公民意识，宣扬崇高的价值理念。公民意识包括：权利意识，契约精神，公平正义，人道主义情怀——维护权利，敢于担当！维护自身权利，维护他人权利，要有所担当。自尊、互尊、不违约、求双赢、讲妥协。无共同底线的城镇或者社会，注定要走向溃败！

作业与思考

1. 学生的课堂提问：在中国建筑师和规划师的环境，不像老师设想得那样简单，很难施展才干和抱负……怎么办？许多大都市并不是毁在建筑师规划师手中，而是决策者手中，如何看待这种屡屡不绝的惨痛现象？

2. 廊坊城建系统讲座的课堂提问：生态文明建设大环境中，如何规划城市？要点是什么？

3.假如你是市镇首脑，你如何评价自己的城镇？如何开始下一步的事业？

4.当今情势下，小城镇是不是比大都市有更好的发展环境和机遇？

5.如何规划、改造、复振许多资源枯竭型的城镇？例如以往的煤都和石油城之类。

6.举例讲述你所知道的成功规划项目及其主持者的事迹。

7.讲述你的城镇建设职业生涯和思考。

8.请讲述你所熟悉的中国古代和现代的城镇规划师和建筑师，说出你的评价。

第十四章 从波特兰市的经验看城镇学诸原理的实践

> 刘易斯·芒福德经过两周旅行考察,考察了华盛顿州和俄勒冈州,对规划界同仁说:这里是美国最后的净土了,现在要给她做长远规划,该问问自己:我配不配?(Are you good enough?)
>
> ——马克·特佩尔

> 城市的主要功能是化力为形、化权能为文化、化朽物为活灵灵的艺术造型、化生物繁衍为社会创新。必须创立一种社会组织形式,使之能处理现代人类掌握的巨大权能……不创立起这种新的组织形式,城市不可能行使积极的功能。
>
> ——刘易斯·芒福德

本章导读:本书长篇大论讲述了城镇的原理、原则,且多从抽象的学理角度展开论述。这些原则原理在城镇具体的规划、设计、建造、管理当中究竟如何实施?刘易斯·芒福德整体论的思想主张也常被讽为"优托邦",难以实现的理想主义。本章中波特兰城市发展建设的经验介绍了当地社会八方上下花巨大努力,顽强自新,初步实现了刘易斯·芒福德区域规划诸要素的整合,出色地回答了一系列问题。

若就历史悠久和文化传统深厚而言,美国城镇几乎乏善可陈。俄勒冈州的波特兰市却能一枝独秀成为佼佼者,成功创建人们广泛认同的宜居城市,以至许多城市科学国际学术会议安排在此举行。笔者1994年观览过一系列美国城镇之后登临这块土地,耳目一新,感觉这座城市恬静优美、祥和安宁,首次感觉这才是一座可以驻足久居的城市。何以如此?当时有幸聆听到该市总规划师马克·特佩尔(Mark Turpel)先生的系统介绍。且对其中反复努力、大力集中民意、努力照民意办事这一内容印象深刻。体现民意、实践城市的主体性,就是他们最核心的经验总结。

如今讲述城镇原理撰写此书,又专门邀请了马克·特佩尔先生撰文介绍波特兰的城市发展规划经验,就是想证明这些道理切实可行。马克·特佩尔的介绍逻辑清晰、论述专业、数据翔实,是不可多得的宝贵样本。他们的经验,比如详尽的调查研究、整体论的规划思想、系统论的操作方法，等等，可谓广泛而丰富。但全部经验集中到一点，是在具体实践中实现了城市的主体性，即通过艰苦努力，反复调查，了解民意，并集中民意，引导民众参与城市规划的全过程。从规划目标的制定，到城市规划、设计方案的制定，再到常规管理，直至实施和评价总结，无一环节把民众排斥在外。因而能最大限度体现民众参与和民意表达。其中最令人感动的，是管理者持之以恒同民众交流互动，采纳民众建议，而且为此果断改革自身行政组织机构，通过民选实现组织体制创新，成立统辖全区的大政府，以利整合资源环境，制定新的宏远目标。如此形成方案之后还交给民众反复讨论修改，直至获得最大多数民众的认可和支持，让规划真正成为可行方案，开创出理想境界。因而方案实施30多年后几乎很少发生突破计划的情况。可以说，这些美国人出色地实施了"从群众中来，到群众中去"的思想原则。

启发意义在于，真正实现人民群众当家作主，关键在于一个心正的引路人和一个强大的组织者。正如作者在结论中所说，他们的经验虽具有地方特色，其中包含的基本法则和原理，却可以突破地区局限，适用广阔地区。

他山之石，能否攻玉？全看我们如何看待其中原则和自身角色和使命。以下是马克·特佩尔撰写的全文。

开篇前的交代

我希望这篇有关美国俄勒冈州波特兰市规划与发展的文章有助于读者开阔视野。当然，我也希望大家记住，在考虑将它应用到其他地区时，须首先考虑它的几个基本方面和特点。

首先，波特兰若与历史悠久的很多中国城市相比较，就是一座非常年轻的城市。也就是说，俄勒冈虽有美洲土著民居住了至少1万年[①]，但这些民族几乎全部迁走或被遗忘，他们的历史和文化悉遭毁坏，以至于当今俄勒冈本地已经很难找到相关的物质文化遗存了。[②] 公元1500～1800的300年间，欧洲人和美洲人与俄勒冈原住民不断有过交往。而俄勒冈有文字记载的历史和城市聚落形成则始于19世纪40年代。当时

[①] 来源：俄勒冈历史：适合居住的土地，俄勒冈蓝皮书。详见：http://www.bluebook.state.or.us/cultural/history/history01.htm。

[②] 大量的美国土著人感染上了疾病，他们是经过那些与早期欧洲和美洲的拓荒者接触过的丝毫没有免疫能力的美国土著人传染上的。那些存活下来的美国土著人遭受到了极其苛刻的待遇。更多美国土著人和他们的历史的资料，详见：http://ohs.org/education/oregonhistory/narratives/subtopic.cfm?subtopic_ID=511 and http://www.nayapdx.org/。

拓荒先驱们乘大篷车沿新辟的俄勒冈小径（Oregon Trail）长途跋涉来到这里，最终才形成了不足 200 年的城市历史和发展进程。

第二点必须考虑的是，与大多数中国城市地区相比，俄勒冈常住人口很少。2011 年波特兰市区人口只有 593820 人，波特兰的城市辖区人口为 130 万人，整个俄勒冈州的人口只有 3868229 人。[①]

第一节　波特兰简介：地理环境、历史背景、城市选址与概况

波特兰大都市区域位于俄勒冈州，处于加利福尼亚州北部、华盛顿州南部的 100 英里内陆地区。西邻太平洋，地处哥伦比亚河与维拉米特河流的交汇处，波特兰北部止于维拉米特河谷，东面临卡斯卡特（Cascade）山脉，西部为太平洋海岸线（图 14-1、图 14-2）。

本文所指的规划范围是波特兰地区，它是俄勒冈大都市区域中的一部分[②]，还有摩特诺玛县、华盛顿县和克拉克马斯县中位于大都市发展圈层中的部分。波特兰地区包含有 25 个城市，其中最大的城市是波特兰市。基于分析的目的，其他学者或者作家对于波特兰边界有着不同的确认方法。例如，从家到工作的路途是通过私家车来解决的，单程路

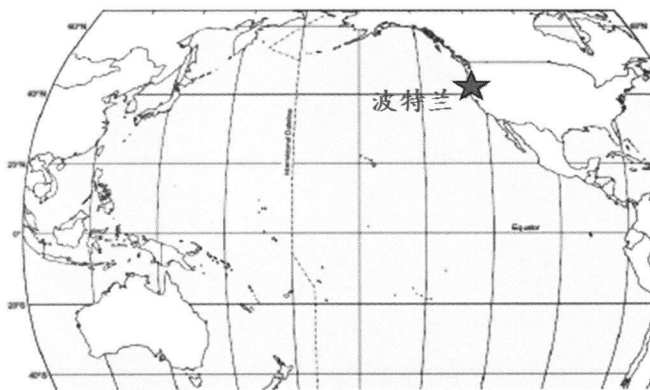

图 14-1　太平洋边界与俄勒冈州的波特兰
来源：亚利桑那州立大学地理学系、亚利桑那州国家大气与空间管理部门与地理联盟的 Barbara Trapido-Lurie 提供

---

① 2011 年, 波特兰大都市区的人口为 130 万人, 笔者基于波特兰区域政府的资料进行估算的, 美国人口普查局提供。详见: http://quickfacts.census.gov/qfd/states/41/4159000.html。
② 从功能上讲, Vancouver Washington/Clark 县位于哥伦比亚河北部, 是大波特兰的一部分。作为华盛顿州的一部分, 它的州立法律和管理办法与俄勒冈州有所不同。

途超过 40 公里，如果研究所有在市以及临近波特兰城区工作的人，针对不同的工作，给出的区域界定会更加倾向于地理区划，而不是研究中所指的区域了。本文是对波特兰市的政策和活动，以及俄勒冈州的影响的一个基本回顾，其地理区划的范围更多的还是局限于这个区域内。

一、波特兰和它的地理环境

波特兰区域的自然地貌很大程度上是受到米苏拉冰川时代的几次洪水泛滥形成的。[①]

"在上一次冰川时代，科迪勒拉山系（Cordilleran）的一块冰川向南进入爱达荷潘汉德尔（Idaho Panhandle），阻挡住克拉克福克（Clark Fork）河，形成了米苏拉冰河湖。在2000 英尺的冰坝上，融化后的水抬高了水平面，大水淹没了西部蒙大拿的山谷。米苏拉冰河湖向东延展有 200 英里，最终形成了一个内海。"

"冰坝会定期地融化跌落。这经常会导致灾难的发生，带来泥与冰的混合水流，灌入哥伦比亚河的排水渠，横穿北部爱达荷、华盛顿州的中部与东部，流经哥伦比亚峡谷，汇入俄勒冈威拉米特（Willamette）山谷，最后经哥伦比亚河口汇入太平洋。"

图 14-2　太平洋边界与俄勒冈州的波特兰
来源：由亚利桑那州立大学地理学系、亚利桑那州立国家大气与空间管理部门与地理联盟的 Barbara Trapido-Lurie 提供

"冰湖最高与最宽的时候，能够达到 500 立方英里的水量。当米苏拉冰湖将冰坝爆裂后，向下游泛滥时的水量相当于全世界所有河流总和的 10 倍。这种高耸的冰水轰隆隆地流入太平洋时震动着大地，剥离了厚厚的土壤，深深地切割着基岩中的峡谷。洪水以每小时 65 英里的速度咆哮着横穿大地，湖水在很短的 48 小时后就干涸了。但是科迪勒拉冰川继续向南移动，堵住了克拉克福克河，又形成了其他的米苏拉冰湖。几千年后，冰湖又将冰坝爆裂，洪水几十次的重复冲刷着在西北部的土地，留下了经久不灭的痕迹。至今，冰川时代的很多特征都保留在了这片区域。"[②]

通常，一个区域的地质不会成为影响区域城市发展的重要决定因素。然而，波特兰的一些研究人员[③]提出假设，由于米苏拉洪水的泛滥，它多样化的景观为这里的居住者

---

① 来源：俄勒冈州地质与矿产部门提供。地图：http://www.oregongeology.org/pubs/nr/press-release-2012-06-06.pdf。

② 来源：美国地质调查局提供。http://vulcan.wr.usgs.gov/Glossary/Glaciers/IceSheets/description_lake_missoula.html。

③ 就笔者所知，大波特兰地区的地形地貌对它的整体规划以及外围边界的延展，产生了巨大的影响，这个理论首次由波特兰州立大学城市研究与规划教授，伊桑·塞尔策（Ethan Seltzer）博士提出。详见 http://www.pdx.edu/profile/ethan-seltzer。

提供了强烈的归属感，因此在市区范围的划定上，地形地貌的重要性得以提升。从胡德雪峰（Mount Hood）到东部的景观，以及从西山（Tualatin）到西部的景观，为人们的居所提供了多条视觉通廊。这与很多美国城市形成很大反差，他们大都建设于较为平坦的用地上，没有地形高差，这一点也造就了波特兰独一无二的城市景观感受（图14-3）。

因此，波特兰景观的视觉感受就更为重要地被强调出来。在地形不断极端化的同时，从某种角度讲，这种地貌限制了发展的可能性。在这种地形地貌中的市区扩张逐渐成为大家讨论的焦点。

图 14-3　波特兰地区的地貌与四郊
来源：METRO，未来视觉，1995，制图员 David Ausherman 提供
详见 http://library.oregonmetro.gov/files/future_vision_geographic_context.pdf

二、波特兰移民简述

之前提到过，波特兰地区有记载的历史中所讲述的，通常是那些通过俄勒冈小径来到俄勒冈的欧洲美国人，定居于从波特兰开始的河流上游地区25公里处，是那个时期俄勒冈疆域中从开始独立的密苏里到俄勒冈城市的最终形成的3100平方公里范围内中的其中一小部分地区（图14-4）。俄勒冈小径最早始于1842年，截至1850年已经有9000人完成了这项艰苦的移民旅程。这些最早的开拓者在俄勒冈四处定居下来，其中的一些人发现了波特兰这座新城可以成为生存与建立家庭的好地方。

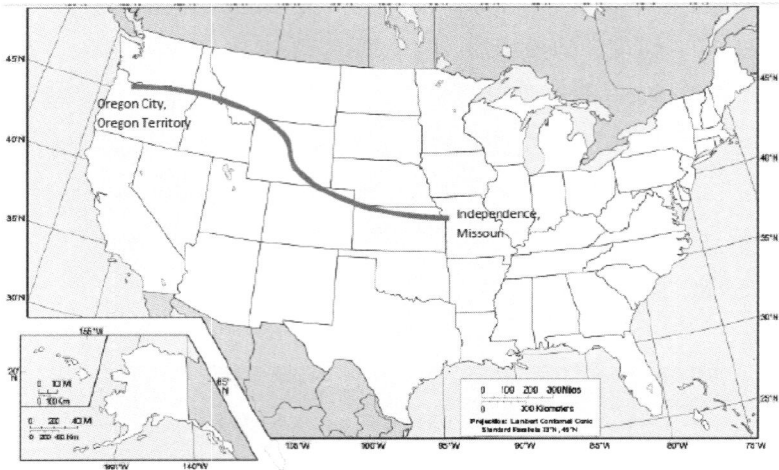

图 14-4　俄勒冈移民线路（地图显示的是当今的国界和州界）
来源：由亚利桑那州立大学地理学系、亚利桑那州立国家大气与空间管理部门与地理联盟与作者提供

这些来自美国东部的早期开拓者,经常冒着各种危险,包括家人和自己丧生的危险。但是也必须考虑到：

"尽管他们认为自己足够坚强、勇敢和独立,事实上他们在很大程度上是有所依赖的：他们可以理直气壮地要求联邦政府提供土地,受理他们的诉求,保护他们免受印第安人侵害、修建讯号灯塔和邮政通信线路,敷设大篷车能够通行的道路。"①

波特兰地区 19 世纪人口增长的一部分还包括来自太平洋彼岸的移民。例如截至 1870 年,在淘金热的吸引下,中国人开始来到美国,首先到加利福尼亚州,然后就来到了俄勒冈州。虽然他们所能从事的职业受到一定的限制,他们开始在三文鱼罐头厂工作,修建铁路、当矿工和淘金者,或者开餐馆、开洗衣店、开中草药店。然而,到 1880 年俄勒冈州开始对住在这里的中国人以及他们对疾病的治疗方式实行进一步的管制,美国人对他们的管制非常严格并且持续了很多年。②

三、波特兰移民的土地和土地所有权

波特兰地区的早期地图之一是由联邦土地管理者制定的,他们对俄勒冈州的地形地貌进行测绘,以便于建立土地所有人的档案（不包括上千年前已经在此居住着的美国原住民）。这些地图表达出了基本的地形地貌（水系、湿地、个人的农场、森林,以

---

① 来源：俄勒冈陆路的历史——俄勒冈蓝皮书。作者：Lewis and Clark 学院历史学系,Stephen Dow Beckham 教授,Robert B. Pamplin。详见：http://www.bluebook.state.or.us/cultural/history/history09.htm。
② 有关俄勒冈的早期中国移民的讲述是基于俄勒冈蓝皮书中俄勒冈历史中有关华裔美国人的记载。详见：http://bluebook.state.or.us/cultural/history/history19.htm。
俄勒冈历史协会还资助了俄勒冈历史研究的项目,由此他们得到了早期中国移民的更进一步的资料。详见：http://www.ohs.org/the-oregon-history-project/narratives/a-history-of-portland/mature-distribution-center/the-chinese-community.cfm。

及那个时期已经形成的为数不多的几个小镇）。图 14-5 是早期遗留下来的地图之一，它向我们展示了整个波特兰地区。图中我们可以看到：构成威拉米特河西岸的波特兰城市街块的格网形制的街道、威拉米特河东岸的独立的农场（现在已经是波特兰城市的一部分）、湿地、小路和马车线路（很可能是由美国原住民修建的）、道路、土壤的类型、地质情况和一处磨坊（蒸汽动力加工谷物），（波特兰城市北部平坦的区域，如今已经成为波特兰的市中心）。

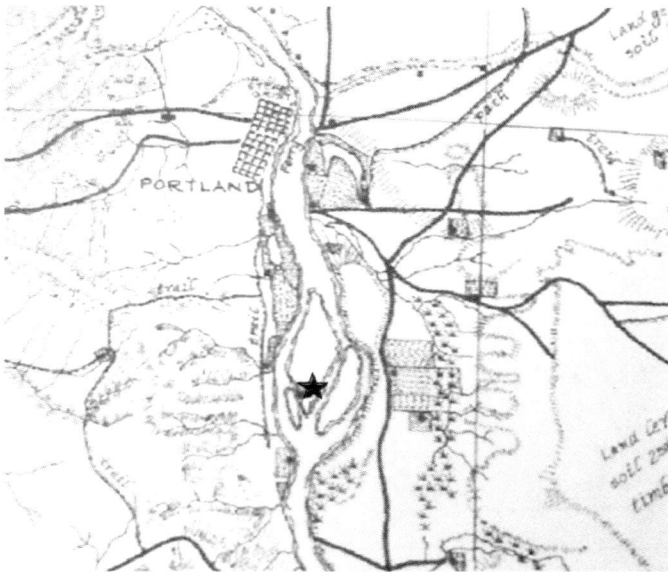

图 14-5 1852 年绘制的第一张联邦镇域图

来源：建筑与规划设计师 Ernest R. Munch，为波特兰区域政府（METRO）"2040 项目"绘制的。在原稿的基础上，于 1995 年由 Ruth Cotugno and Emily West. 重新绘制。五角星标记的 Ross 岛屿作为参考点，为便于理解文章后面所提到的图纸

皮毛贸易也许是最早期的重要经济活动，从 1852 年到 19 世纪 70 年代之间的大部分时间里，波特兰市的经济基础是林业（例如木材和纸张）、农业（谷物、水果和农畜）、渔业（特别是三文鱼），以及商贸（波特兰在太平洋与哥伦比亚河以北 160 公里范围内，同时有几条铁路线服务于波特兰）。[1] 对开拓者和私人企业主来讲，最重要的早期吸引力之一就是对土地所有权的向往和承诺，特别是拥有位于波特兰现今的北部边界的威拉米特峡谷上肥沃的土地。一些土地是对过去服过军役的人的奖赏，或者在遵照 1850 年俄勒冈捐赠土地声明中提及的，从 1850 年[2] 开始所有并有所改善的土地，

---

[1] 有关波特兰历史的一些很不错的参考书目由波特兰市的规划与可持续发展办公室保存。详见俄勒冈州波特兰历史：参考书目 http://www.portlandoregon.gov/bps/article/146372。

[2] 来源：历史记录：俄勒冈州捐赠土地运动，俄勒冈历史协会。详见：http://www.ohs.org/education/history-minutes-oregon-donation-land-claim-act.cfm。

一个人可以最多申请 129 公顷的宅基地（还可以其夫人名义取得 129 公顷土地）。俄勒冈其他的土地奖励给私人企业主，用以鼓励他们去进行军事车辆行驶的道路的修建。[①]在这种方式下，俄勒冈的土地从美国原住民的使用转变为联邦政府所有，然后又将划分成的各地块出让或者出售给私人与企业主，所以今天看到的俄勒冈的土地都是私人所有。对于居住用地来讲，通常一个地块大小为 15 米 × 30 米，或者 450 平方米，一般小别墅为二层楼。建筑使用面积通常为 490 平方米，由一个核心家庭使用，通常由爸爸、妈妈和孩子组成（图 14-6 ～图 14-9）。

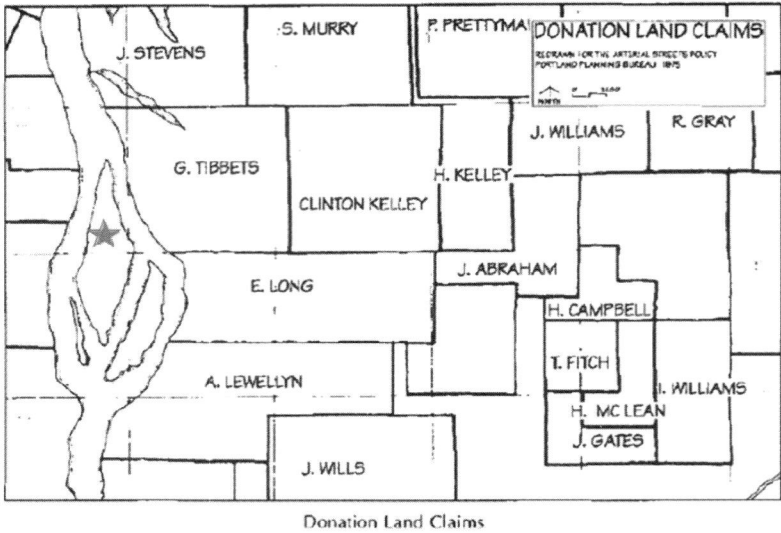

图 14-6　波特兰市区南部以及东部区域的早期移民时代获得土地的公示
来源：Creston Kenilworth Neighborhood 图，波特兰市规划局，1998 年，第 12 页

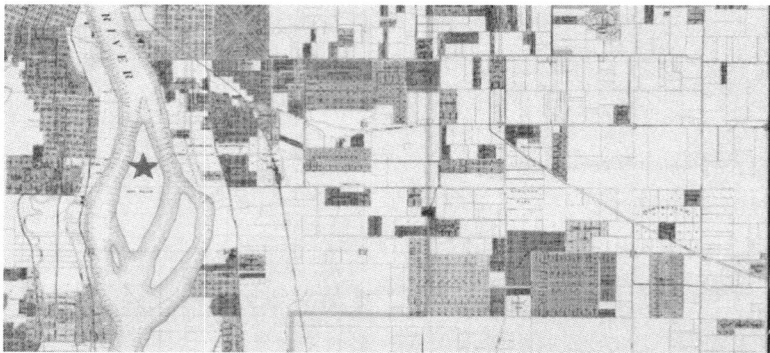

图 14-7　1906 年的波特兰地图
来源：http://www.portlandoregon.gov/bps/article/149129

---

① 来源：山姆大叔的手记，俄勒冈蓝皮书。详见：http://www.bluebook.state.or.us/cultural/history/history17.htm。

图 14-8　现今的波特兰地图

来源：波特兰区域政府（METRO）

参看：http：//metromap.metro-region.org/metromap.cfm？ Accept=accept，

地图的比例为 2.5cm：1.13km

图 14-9　波特兰现状用地划分图

来源：波特兰区域政府（METRO），http：//metromap.metro-region.org/metromap.cfm？ Accept=accept

四、波特兰城市地区大发展以及衰退的原因分析

如前所述，影响俄勒冈州的波特兰城市发展增速的因素有很多。这一章节所讲述的是，我们会区别看待两种增长极，一种是国家范围内的；另外一种是较为独特的，只针对俄勒冈州波特兰地区的。它同时可以引发人们思考这些因素对城市的规模尺度、形态以及质量产生何种影响。

增长极之一为波特兰选址在威拉米特河，正好处于哥伦比亚河与太平洋上游区域。现今从太平洋沿岸国家开来波特兰的船只，为波特兰带来货物的同时又满载着美国货物继续航行。为了给这些海洋上通行的船只保持一定深度的水道，哥伦比亚河流的河床底部都会阶段性进行疏浚。

同上所述，早期的城市形态主要由地形决定，除此之外，私人铁路在国家授予铁路公司的土地上铺设。这些铁路线连接了内陆各州与波特兰，以及美国东部城市之间的客运货运交通，使得农场之间、森林之间和矿区之间建立了联络。另外，穿行于哥

361

伦比亚河与太平洋之间，也增进了波特兰与太平洋沿岸地区的经济与人员之间的交流。毋庸置疑，这些铁路对国家规模的壮大具有重要意义。除此之外，他们对波特兰的成长也产生了巨大的影响。至今，波特兰已经成为了国际交通枢纽，有通往美国北部、南部和东部的铁路与公路，同时又拥有油轮港口和国际机场。虽然铁路对波特兰经济的影响并不如在20世纪初期那样大，但是它仍然是波特兰贸易往来中的重要连接。这种贸易对波特兰是非常重要的，波特兰经济之中的20%是由贸易带来的。①

另一个国家范围内的增长极——州际公路系统的形成，由美国联邦公路管理局提供。"州际公路的设想本身并非艾森豪威尔总统的创意。但是由于他的支持，1956年联邦政府发展公路的法案才得以通过和实施，于是才有该项目的立案，获得资金和最终建成。"②

高速公路建成后，使得波特兰与美国其他城市与地区之间拥有了前所未有的联系。当然，它也成就了美国城市与郊外风景区之间的衔接，从某种更为深远的意义上也包括与波特兰地区的衔接，特别是在20世纪后30年。在之后的章节中会更为详细地提到。

另一个增长极的实际案例是伯尼维尔（Bonneville）大坝。这处水坝处于波特兰上游区域66公里处，有自动水力发电，它对洪水的控制也是波特兰地形地势的成因之一。相对低廉的水力发电为很多工厂企业主提供能源，而且为住宅楼和商用建筑的使用者提供能源、间接地提供就业与货物。③另外，水坝的洪水控制与波特兰地区的洪水控制大堤使得历史上的湿地与洪水泛滥之地转变成为当今的工业、商业与居住用地。

增长极并不尽限于物质形式：法律、政策也可以成为影响增长的因素。例如，土地分区对城市发展的快慢都会产生深远的影响。当土地所有者由政府转变为私人，1924年波特兰市的选民改进了地区代码和地区地图，使得土地经营在城市中变得有序化了，自此颁布了更多有关编码的改进版本。④另外一个土地开发政策的案例就是俄勒冈州从未抽缴土地营业税（在出售货物、食品、服装等物品时所要上交的税）。相反，美国50个州之中的48个州都有这项税收。结果在有营业税的州的各个城市，出于不同目的，竞相在俄勒冈州边界内开设零售商店，以牟取免缴营业税的好处。这经常导致很多城市快速扩张边界，并尽可能地去吸引零售商的开发和随之所产生的营业税。

另外一个政策是基于俄勒冈州早期城市化进程中对于农场与农场主的保护意识提出的一些措施。这些措施包括，农场主上交的税收多少取决于他们农场上的收获多少，

① 来源：出口国2，2012年，美国布鲁金斯学会Emilia Istrate。详见：http://www.brookings.edu/about/projects/state-metro-innovation/~/media/3254D79E5E4A4408B2BECA2DD2577BB4.PDF。

② 来源：州际公路神话，州际公路联盟，详见：http://www.fhwa.dot.gov/interstate/interstatemyths.htm#question3。

③ Bonneville大坝的修建是Franklin Roosevelt总统新政中经济发展计划里的一部分，是以促进地方经济的发展为目的。大坝、泄洪渠与船闸的修建，是动用了联邦基金，完工于1938年。详见美国陆军工程兵：http://www.nwp.usace.army.mil/Locations/ColumbiaRiver/Bonneville.aspx。
水力发电的建设费用较低的部分原因是，原始投资成本由美国纳税人与债券持有人承担。另外，其利率不需要充分考虑所有的外部因素，例如，三文鱼与其他原生鱼种的消失，以及避免洪水泛滥带给人们的益处，等等。

④ 来源：波特兰的历史分区，1917-1975. 作者：波特兰市Lloyd T. Keefe。详见：http://www.portlandoregon.gov/bps/article/147441。

而不是城市发展中土地潜在的价值。总之，税收政策在为城市扩张减压上有一定的作用，使之不会超过所需范围去刺激更多的城市增长，而且它会强化农场主的收益并且继续作为农用地进行使用。①

第二节　20世纪60年代、70年代——城市退化，郊区的增长与改变的催化剂

1950～1980年，波特兰的城市人口数量几乎没有多少改变。1950年人口是373628人，到1980年人口降到366383人，轻微地下降了2个百分点。波特兰市中心的多层建筑很多被推倒了，是为了修建地面停车场。

在同一时期，都市区域人口从761280人增长到了1333572人，提高了75%。②波特兰市区外的城市与郊区用地经历了重大的增长和被投资，包括新的高速公路和道路、下水道、水利系统、学校和公园的修建，为新增的居民提供配套服务。大约20世纪20年代，第一次世界大战结束时，私人地产商、商人与波特兰居民们的矛盾与碰撞出现了，具体如下：

"他们认为，只有在该区域内既定工资水平和种族构成保持不变的情况下，财产价值才能稳定。从另一个角度讲，如果某街区遭遇'入侵'或'渗透'，被混入了新元素，财产固有的价值就会被削弱。事实上，这个理论视衰退为必然结果，他们认为，所有街区都难免因'渗透'最终退化，直至沦为贫民窟。"③

在波特兰城区范围内："这些年来，波特兰市民与美国其他城市的居民有所不同。特别是，正如他们和其他美国人看到的一样，在第二次世界大战后的早期时间内，汽车业的发展与经济的繁荣使得授予给他们的收入远远高于他们的父辈以及其他一些门类可以提高收入水平，如：GI付款、FHA贷款等机构。他们渴望更多的生活空间以及令人愉悦的牧歌似的生活环境，而不是城市原本提供给他们的核心区域。随着艾森豪威尔政府的帮忙，这些成为很多中产阶级的愿景。出于对国家安全的考虑，政府开始着手大量修建高速公路，使得地方之间的联络得以加强，显而易见汽车就成为了美国最主要的交通出行方式。体现在波特兰地区，即是私人公共汽车公司 Rose City Traction

---

① 税收的多少取决于农产品的估值，通常被认为是税务延期，而不是税务补贴。也就是说，一旦农场的功能有所转变，需要补缴过去10年的税款（如果农场位于城市增长边界上的话，只需补缴5年的税款）。持有土地时间较长的，应缴税金将大量减少；持有土地时间较短的，可以延期缴纳税金。详见:http://www.oregon.gov/DOR/ptd/Pages/ic_303_644.aspx。
② 来源：美国城市兴衰与成长：1950-2000，Jordan Rappaport，堪萨斯联邦储备。详见：http://kansascityfed.org/publicat/econrev/Pdf/3q03rapp.pdf。
③ 来源：面对20世纪波特兰的密度、多样性与差异性，Metroscape图集，Craig Wollner and Meg Merrick，波特兰州立大学大都会学院。详见：http://www.pdx.edu/sites/www.pdx.edu.ims/files/ims_mscape10sumatlashistory.pdf。

走向破产的同时，前所未有的越来越多的波特兰居民们开着他们的汽车行驶在街道上。

20世纪50年代，白人中产阶级开始向波特兰的外围区域转移，这些区域还称不上是郊区，像在地图中西南部的Hillsdale，紧邻着波特兰区域的边界。这种运动给波特兰地区带来的影响和在美国其他大都市是一样的。从核心区向郊区的转移立刻使白色中产阶级心中的城市中心与居住地得以划分开来。中心区开始成为一个仅供工作和做很多其他业务活动的地方。设立在市中心的不是购物中心和休闲场所，而是城市中的行政部门、警察厅、法院以及一些最大的银行和其他机构。事实上一些新建的购物中心顺理成章的建立在靠近外部街区的地方。"[①]

一些城市领导者们相信应对"萎缩"与撤资的办法就是在波特兰选定区域内的市区重建工程。这项工程使得个人所有的土地和建筑等值回购于城市政府所有。政府将原有建筑拆除，土地加固，用以建设更为大型的项目。例如：

"从1956年到20世纪70年代早期，开始于阿尔比纳（Albina）街区的一连串大型的工程建设。在1956年选民们批准了在原有最古老的街区内建设纪念性的体育馆。20世纪60年代，从波特兰的市中心到威拉米特河的东岸，横穿阿尔比纳，开始铺设通往西雅图的州际高速公路。20世纪70年代，伊曼纽尔（Emanuel）医院开始扩张，吸纳了更多的弗里蒙特（Fremont）大桥附近的建筑。5号州际公路的倾斜路面切断了阿尔比纳南部边界，导致更多的黑人家庭向东北部迁移。"[②]

破旧的老街区和被遗弃的房屋堆积在部分城市临近处。为了解决这种情况，地方政府实施了不同的措施。在20世纪80年代被遗弃的房屋里，让人担心的是如何保留住居民的同时也能留住市议会。1989年，波特兰市议会一致通过了162525条例（有关如何处理废弃建筑物的条例），里面写道："大量的废弃建筑物促使犯罪率上升，降低了财产的估值以及街区的活力。在城市条例的一些文件中指出，人们估计当时波特兰有2000到10000处被遗弃的房屋。"

例如：街区规划中如皮德蒙特（Piedmont）街区规划里提出了房屋租赁、鼓励保养、自置居所的解决办法。

另一个增长要素是波特兰市的综合开发计划（图14-10、图14-11的详细地图）。在此项计划中，预期人口的进一步减少，特别是学龄孩子减少，导致附近的学校的关闭。另外，修建的大量高速公路和快速路（点划线和虚线标示出的）穿行很多的住宅街区。

此外，在收到公民的投诉后，环境保护机构与俄勒冈州立环境质量管理局，发表了臭氧与其他一些空气污染物（通常称之为雾霾）对人体健康的不利因素等相关

---

① 来源：波特兰城市更新简史，Craig Wollner，John Provo，Julie Schablisky，见第二页。详见：http://www.kingneighborhood.com/history/Brief%20History%20of%20Urban%20Renewal%20in%20Portland.pdf。
② 来源：种族与进步性，俄勒冈历史协会。http://www.ohs.org/the-oregon-history-project/narratives/a-history-of-portland/portland-neighborhoods/race-and-progressive-resistance.cfm。

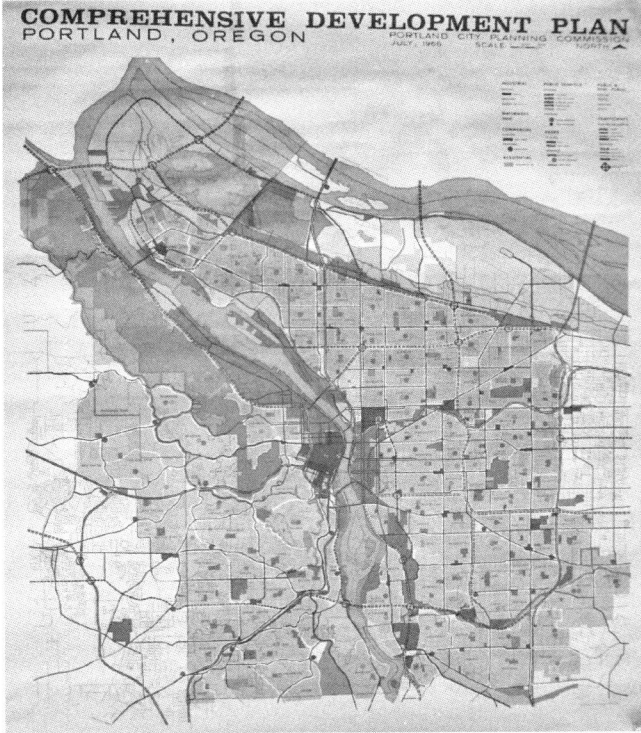

图 14-10 波特兰综合开发计划图
来源：波特兰市，1996 年

图 14-11 波特兰综合开发计划图——局部放大图
来源：波特兰市，1996 年

图 14-12　波特兰空气污染时的航空照片
来源：俄勒冈人报，俄勒冈州波特兰日报，1972 年 3 月 8 日第 29 页。

的声明，同时在 20 世纪 70 年代开始对空气质量进行了监控。[1]

"波特兰地区的空气质量有时会超出国家环境空气质量标准中有关臭氧（烟雾）含量的 50%！" 1981 年，波特兰有 1/3 的天数超过了波特兰地区有关空气中一氧化碳含量的标准。[2]

此外，在波特兰地区以及整个美国，越来越多的人开始对能源与能源消耗，能源来源与能源时效予以关注。木马核电厂成为讨论的焦点，在 20 世纪 70 年代石油供给出现的波动，以及在加油站排起来的长龙揭示出人们对于能源消耗的担忧以及对能源保护产生的兴趣。

另外一个新出现的问题就是，水质的降低直接影响着人们健康以及自然环境的恶化。特别是那些对环境赖以生存的族群来说，正如河岸边为三文鱼等鱼类提供食物、繁殖和饲养环境的栖息地来说更为敏感。为了适应城市发展的需要，波特兰大都市区的 1/4 的原始溪流，已经被管道疏通并埋入地下。估计波特兰地区原有的 1931 公里长的溪流中，有 482 公里的溪流在地下消失于管道中，剩余的 1448 公里长的溪流正接受着持续的城市发展的挑战。

在 20 世纪 60 年代和 70 年代早期的波特兰市区，人们面临着一系列令人生畏的场景：高速路切断了居住街区，使得城市出现日益增多的区域边缘化地区，城市核心区的衰退与被遗弃，城市更新的做法占用了大面积的靠近城市老区、城市中心区的土地，

---

[1]　来源：波特兰 - 温哥华空气质量维护计划，2007 年，俄勒冈州环境质量部，第 6 页。详见：http://www.deq.state.or.us/aq/planning/docs/portlandSalemOzone.pdf。

[2]　来源：空气质量一览表，俄勒冈州环境质量部，详见：http://www.deq.state.or.us/aq/advisories/glance.htm。

空气污染、水污染，以及对能源的来源、价格与供给的担忧。这些都是具有挑战性的问题，带给人们可能比以往任何时候都更加黑暗的未来。

第三节　制定规划目标与规划——该地区的转机

一、该地区命运的转折点

1966 年俄勒冈州的公民选举出了共和党成员汤姆·麦考尔（Tom McCall，图 14-13）成为州长，他参与运作了宜居的平台。汤姆·麦考尔为了告诉大众宜居的重要性，他于 1973 年为俄勒冈立法机关作了演讲。演讲中他表示："你我都无须声言我们比别人更热爱俄勒冈，但我们对它的爱绝不逊于任何人。我们今天的想法和深谋远虑，必须符合我们这一决心：把俄勒冈建成更可爱、更宜居的地方。""这也是历代俄勒冈人的决心，他们据此开创了这里的生活品质。这表明我们在实现定居生存之后还须活得更有意义。但我们可爱的生活环境

图 14-13　汤姆·麦考尔州长

和整体生活质量至今遭受无耻威胁，山川大地遭到猖獗损毁。巧立名目瓜分土地，沿海地区的公寓开发狂潮……俄勒冈现状更是成为全国的环境样板。我们至今未能制止土地滥用，无法有效保护我们珍贵而有限的自然资源。我们为此忧心忡忡。"

改变波特兰，麦考尔州长起到了决定性作用。而他并非单枪匹马孤军奋战。各方面人士、力量都行动起来形成庞大丰富的阵线，奋力抵制城市日趋腐朽绝望的趋向。参与此过程的组织和势力如此之众多（有政府也有非官方的），因而有必要回顾一些统计数字，否则你看不出有这么多重要的组织机构都曾发挥了重要作用，它们促成了波特兰城区的改进，在许多方面也制止了情况恶化。[①]

这些非政府组织，包括不同的正式与非正式商业团体，他们希望对政府的各个层面都能够参与意见。这些自由团体组织按照不同的种类划分。从不同兴趣爱好到各自的不同用地状况组成,例如俄勒冈州千友会、邻里协会等。甚至也包括出行交通方式（自行车运输联盟、威拉米特行人联盟、铁路和运输联营公司）、自然环境等（波特兰的

---

① 来源：汤姆·麦考尔政府的立法信息，1973 年。详见：http://www.upa.pdx.edu/IMS/currentprojects/TAHv3/Content/PDFs/McCall_Speech_1973.pdf。

Audubon 协会、保护选民联盟等）。这些组织更主张在地方、区域以及州域范围内参与决策过程，尽管他们也会与区域环境组织（如塞拉俱乐部）一起就联邦问题进行讨论。保守党在政治辩论中也起到了决定性作用，虽然他们更多的是自由主义的倡导者，而不会依赖组织架构。这些商业组织所遵循的是保守的价值观、是非政府主导的、减少监管的。他们更加依赖和关心的不是外部市场而是自主市场。

包括本地组织在内的政府组织——那些起初在地理边界上看算在波特兰市域范围内的，和波特兰地区的其他 24 个城市和 2 个县：克拉克默斯（Clackamas）与华盛顿（Washington）县。这些机构由专门的技术人员组成，由选举的官员管理，划分有不同的部门和单位，有专业分工，各司其职。如有关土地利用和交通等问题，以及波特兰市区的基本土地使用和交通方面的问题，如图 14-14 所示。

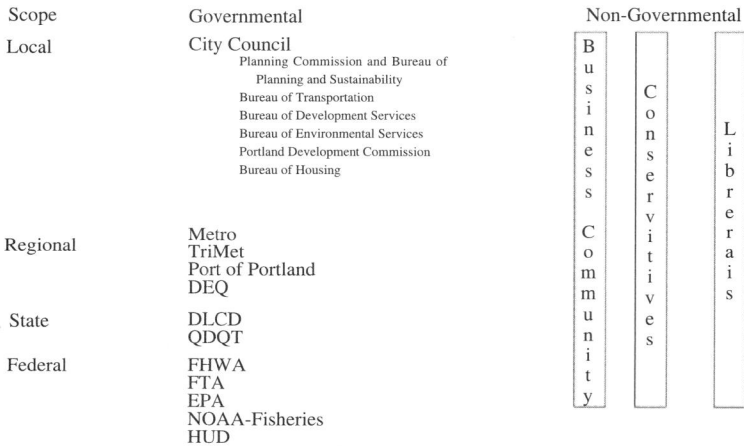

图 14-14　参与波特兰城市改变运动的组织机构

他们提出了针对波特兰地区环境特别制定的按区域划分的空气质量规划。

俄勒冈州是美国 50 个州之一。权利并不都在联邦国家政府手里，而是交给在全州范围内进行选举出来的管辖州长，立法机关通常由两部分构成：其中一少部分为州参议员，而大部分为州代表，他们都是按照地理区划推选出来的。进一步说，各州都拥有其相对较小的政府管理机构、地方民选政府、郡（包含国家地理区划中所指的所有用地）以及属于郡管辖的城市，有时只包含有几个郡的部分地区。少数情况下，一个郡就是一个城市（例如加利福尼亚的圣弗朗西斯科市和圣弗朗西斯科郡），当然通常情况下，郡在属性上属于郊区。

在俄勒冈，正如在所有美国城市一样，市、郡都是国家的产物，也就是说，州议会和州长制定法律，要求各市、郡承担一定的功能（比如全面完成与国家政策统一的土地利用规划，下文会做解释），禁止其他活动（例如各种苛捐杂税），让他们来决定是否要开展一些活动（例如或者为公路、饮用水、给排水、供电等费用收集的活动，或者是以城市发展为目的的公园改善建设活动。）[①] 所以当麦考尔州长呼吁用法律来更好地管理城市发展时，有很多关于如何平衡地方利益和国家利益的争论。此外，还有关于私有财产所有权的辩论：国家对规范私有土地所有权的限制条件。[②]

解决这问题首先就是 1969 年参议院 10 号法案（Senate Bill 10）的得以批准。[③] 然而，它并没有提出有效的、用以确保市、郡符合国家方针的执法行动。事实上，这期间，一个郡举行了是否废除分区制的投票表决，这个决定在接下来的几年后得以批准（但是该措施以失败告终）。

所以，在 1973 年，麦考尔州长呼吁用更强制的法律来管理土地利用划。州参议员哈洛克（Hallock）（波特兰的一位商人，同时也是民主党的一员）和州参议员麦克弗森（McPherson，林恩郡郊区的一位农民，同时他也是共和党的一员[④]）结成铁杆联盟促成了参议院第 100 号法案通过。[⑤] 法案责成市郡政府编订土地利用方案，且必须通过国家审查，确保达到如下的目标：

"确保全州空气、水和土地资源质量；保护开放空间，保护自然景观资源；满足居民与旅游者对休闲娱乐空间的需求；保护基本农业用地，确保农作物生产；提供一个有序的、高效城乡间交通用地规划；保护生命财产免受洪水、山体滑坡等自然灾害；鼓励提供包括所有运输模式在内的安全、便捷、经济的运输方式：包括空气、水、铁路、公路、城市轨道交通在内，并认可各种交通运输模式中的社会成本差异；提供及时、有序、高效公共服务设施，作为城乡统筹发展框架；丰富并增强全州区域经济；确保州内建设开发项目符合该地区自然条件、属性和特征。"

该法案还指示委员会创建全州规划总则，用于指导上述目标以及对野生动物栖息地、自然景观、高速公路立交桥和农田的保护利用。

该法案还包括建立土地保护和发展（LCDC）制定全州规划总则，用于指导方针与执行系统，以及建立由州长任命，对市郡的土地保护与开发利用方案进行审查和批准的部门（DLCD），向委员会提供技术支持。该法案还规定设立"公民参与咨询委员会"，就土地保护和发展委员会将考虑是否通过国家土地使用指引一事，对受访公众参

---

① 针对地方政府的部分例外，如"本州的物种"，俄勒冈立法提供"家规"。例如，国家与大都市区域（如 Metro 管辖区）的选民权利受哪些限制，如果选民批准，郡或市的服务区将设置自己的权限。Metro 这样做了，其他市郡也照做，如 Metro 管辖区域内的 Clachmas 郡也照做了。这就避免或减少了这样的事情发生，即州立法机关可以在未来某一天限制地方政府并限制他们为公民服务。

② 虽然美国建立了地方政府并规范了其土地使用的权利范畴的法律法规，但是政府直接监管土地并不常见。

③ http://www.oregon.gov/LCD/docs/bills/sb10.pdf。

④ MacPherson 议员 1967 年提出要关注未来，而不是去强制性的进行土地利用规划："使我们的选择可视化：一个邻居间相互侵犯的山谷，一片没有农业种植的土地，所带来的只有饥饿和想要被肯定，一片被污染的、不堪目的土地，人的贪婪的纪念碑与短见。"见"宜居：1945 年以来，居民、政策与环境"。俄勒冈历史学会中有关俄勒冈的历史项目：http://www.ohs.org/education/oregonhistory/narratives/subtopic.cfm?subtopic_ID=176。

⑤ 见：Adler 于 2012 年所做的"俄勒冈规划：不安宁的土地的发展与形成"，国家规划演变的详细描述，俄勒冈州立法下的参议院法案 100（第 3 章）的成功制定。还有一段 Adler 教授的录像 / 讲座（英语的）：http://vimeo.com/45297972。

与进行审查,同时对地方规划的公众参与工作进行审查,以确保普通市民也能参与进来。

19项全州范围内的规划目标被列入国家立法。这些目标涵盖以下主题:市民参与;土地利用规划;农业用地;林业用地;开放空间,风景名胜区与自然资源;空气、水和土地资源质量;受自然灾害影响及危害的地区;休闲娱乐需求;州经济;住宅;公共服务设施;交通;能源;城市化;威拉米特林荫道;河口资源;海岸线;沙滩和沙丘;海洋资源。①

这些任务都明确了内涵和实施标准,或者在条文中已经明确规定,或者在案例中已有解释。各市郡须说明他们是如何全面规划和实施条例。还有,在俄勒冈州资助了土地保护和发展委员会后,该土地保护和发展部将负责具体审查和批准有关计划和条例。

该法案及随后各项方针政策包含有许多妥协措施,这些措施可以通过法律批准。折中方案其一就是,市郡负责制定规划,而非州政府负责;虽然每项计划还须返回呈报给州政府复核,使其符合全州规划目标。② 也就是说,地方政府和州政府都对俄勒冈州的土地利用规划负责。进一步说,由此产生的城市设计总则,是在保护农业用地和林地不受破坏的基础上去设定城市增长边界,即 UGB 的设定。但是在城市增长边界内,随着对长达 20 年的土地供应的新需求出现,对土地供应和城市增长边界的审查和更新须每五年举行一次。获准的城市发展用地将通过设立城市增长边界来进行管控,但是这个边界将包含可开发用地,且该边界随时间推移,会减少其可开发用地的总量。此外,一个名为"120 天法律"的出台将约束土地所有者及时做出同意与否的决定。该规定成为诸多土地使用的条例中一项惯有内容(通常市郡会推迟提案,直到投标人放弃。)成立了一个受理土地使用委员会上诉的特别法庭,用以监督任何有关土地使用的法律行为。多年来,通过对很多各种利益之间妥协的案例精雕细琢,最终完成俄勒冈州土地利用规划体系。③

不能不提的是,俄勒冈州土地利用体系里完全独立的部分是一个叫"俄勒冈 1000友人(千友会)"的非政府组织。成立该组织是俄勒冈州的一名律师的创意,他说服麦考尔州长,有必要建立一个外围组织,发挥经常的督导作用。麦考尔州长最终成为了该组织第一任顾问委员会主席。④ 尽管"俄勒冈千友会"是非政府组织,但是它在俄勒冈州总体土地利用规划中发挥了并将继续发挥着他们巨大的作用。

该组织通过以下几种方式发挥督导作用:首先,它作为"看家狗",监控土地发展规划中的新增提案,审议土地利用计划项目,确保与俄勒冈州的法律政策保持一致。当它发现有问题的项目或计划时,及时联系市郡或媒体,并发出警告。很多情况下,它提醒公众关注某个重大议题。与市郡独自解决问题相比,这能更有效解决方式。该组织认为它并不会阻碍城市发展,而是确保城市发展按规划顺利进行。"俄勒冈千友会"

---

① 俄勒冈州范围内的规划目标纪要见:http://www.oregon.gov/LCD/docs/goals/goalssummary.PDF;完整的解释见:http://www.oregon.gov/LCD/Pages/goals.aspx。
② 俄勒冈州参议院法案 100 见:http://www.oregon.gov/LCD/docs/bills/sb100.pdf。
③ 土地保护和发展委员会的详细历史记录见:http://www.oregon.gov/LCD/Pages/history.aspx。
④ 俄勒冈州千友会的历史:http://www.friends.org/about/history。

组织并不把自己放在"反增长"的地位。如果问题涉及是否扩大市区范围或是更有效的（密度更高的）用地决策，它往往采取与建造者和开发商相同的立场。

其次，"俄勒冈千友会"组织还发挥研究机构的专业角色。例如，它有助于确保助学金发放，还参与 LUTRAC（土地使用、交通和空气质量）项目。它还提交专业分析报告，论证增建高速路，环绕大城区新边界，即使在西南穿越基本农田。虽然该研究的结果是高速公路并没有建成，取而代之的是低级别道路与快速交通结合，人行道和自行车道改进。所有这些改进都控制在城市增长边界之内，并未占用 UGB 基本农田。

这些决定的做出，是出于大量的细致分析的结果，然而这些分析有些还没有最终完成。

第三，"俄勒冈千友会"在法庭上提出诉讼。是针对有关拟议的开发、拟建设实施或提出的计划是与俄勒冈州的法律相矛盾。他们已经在很多的诉讼中胜诉了，而这些成功对这一组织来说无疑是件好事儿：他们参与法庭外问题的争论时，带来了一定的公信力和影响力。

还有其他组织出于广泛的兴趣，也参加了俄勒冈州的土地使用法规和政策的制定，参与讨论并使用与"俄勒冈千友会"组织类似的途径，并取得了如下一些成就（按字母顺序排序）：俄勒冈州郡协会、俄勒冈城市联盟、俄勒冈房屋建筑商协会、俄勒冈农业局、美国农田信托、俄勒冈千友会、俄勒冈的行动、哥伦比亚土地信托、大自然保护协会俄勒冈分会、土地信托联盟城市土地研究所等。[1]

俄勒冈州交通委员会以及在俄勒冈运输部的工作人员，是另一个重要的政府机关，它提出了土地利用规划（OTC 场外指导运输）。OTC 历史悠久，特别是州际公路和高速公路项目（运费和汽车交通）。[2]最近它扩大了通常是在城市地区的自行车与人行交通系统，以及一些参与客运和货运的铁路交通系统。授权了立法，并得到州长的批准。[3]

二、波特兰城市发展与邻里街区

波特兰邻里协会开始协调和表达他们对 20 世纪 60 年代的土地利用与交通问题的意见。

"在 1966～1980 年，波特兰邻里街区成为城市规划决策的参与者。最早的是莱尔希尔（Lair Hil）那里，因为南部城市更新项目导致的流离失所的学生、租房者、犹太人和意大利人家庭，他们开始起来反对城市重建计划。

1966 年波特兰东北部申请参与模范城市项目，市民规划委员会被任命为项目的指

① 见俄勒冈蓝皮书，土地使用权益：http://bluebook.state.or.us/topic/landuse/land03.htm。
② 铁路是私人拥有，主要用于运送货物，还有就是在美国或俄勒冈州，当时是没有高速铁路系统的。
③ 标题为 31，ORS366-391 章节，参考链接 http://www.leg.state.or.us/ors/，可以看到全部章节。ODOT 行政律法参看：http://arcweb.sos.state.or.us/pages/rules/oars_700/oar_731/731_tofc.html。

导者。在波特兰西北部，人们建议扩大古德·萨马里坦（Good Samaritan）医院，修建因高速公路而促成的街区，进而推进能够挽救早期街区改造方案的顺利实施。1971 年，东南地区成功挑战并完成了胡德雪峰高速公路的修建。邻里街区的呼声获得以下力量支持：

——居民中反对旧城区实施城镇化的人们。他们反对通过批准城市密度，增设商业功能和交通项目和交通项目，对旧城区进行新规划。

——城市的新领导。他们并不坚持城市原有的规划项目。

——市民参与联邦政府或者州政府项目的要求不断提升，包括建立模范城市，办公室经济机会，城市更新居住与社区发展，在俄勒冈州参议院第 100 号法案中启动的州区域土地使用法规。"①

在波特兰市的规划发展中，来自社区的声音开始被重视起来。到 1980 年底，波特兰市彻底修改了土地利用总体规划，本着街区保护的原则，取消了将要启动的高速公路的建设，鼓励街区扩张的同时，也考虑到街区的适于居住性。这反映在综合规划图中（图 14-15），例如取消了高速公路的修建，②保护了住宅街区，鼓励商业建筑沿城市干道线性布局。

图 14-15　1980 年，波特兰市建议性总体规划（部分）
来源：波特兰市规划局

---

① Patricia Osbourn 等，2005 年 10 月，第 1 页：女性选民，波特兰，教育基金出版的《波特兰邻里协会》第一部分：历史。http://www.portlandonline.com/oni/index.cfm?a=109944&c=43226。
② 在 20 世纪 80 年代初的波特兰市也开始填写详细的个别社区的计划和分区过程，进一步完善了 1980 年综合计划。此外，波特兰市还完成了城市中心规划，该计划是进行了处理交通、停车、空气质量以及高密度发展的成熟政策专项规划。
社区规划：http://www.portlandoregon.gov/bps/34248。
1988 年城市中心规划图 http://www.portlandoregon.gov/bps/index.cfm?&a=92097。
最新城市政策：http://www.portlandoregon.gov/bps/article/135955。

三、区域政府、区域规划和大都市区管委会（Metro）

早期就有大都市规划组织，1971 年通过投票选举成立了当前现代区域管理机构 Metro。在这之前，都市圈范围内规划并联系有来自每一个市郡的代表们组成的政府理事会。唯有全体成员一致同意，才可以获得批准。但是该组织并没有执行能力与执法权。因此，大都会各地区领导人聚集到州立法机构，商讨组成全区域性的政府。州立法委员们关注一个问题：假如把这种政府强加给选民，即使州立法机关从中斡旋，将立法权授予这种区域性政府，仍难免导致居民强烈反应。除非设定一个限定条件：该政府须由大都市地区选民的多数选票批准后才能通过成立。

1970 年 5 月的投票选举活动通过了 Metro 成为区域政府，Metro 管辖区包括有 24 个城市和 3 个郡的重点区域（图 14-16）。[①]

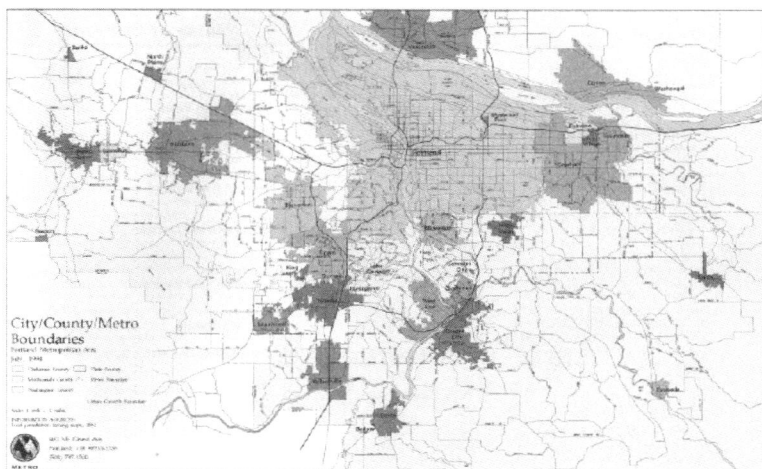

图 14-16　市郡 /Metro 管辖区的边界
来源：1994，Metro 概念性增长规划第 111 页

早期通过的州立法给 Metro 不但提供了各种各样的权利，也提出了一定的限制条件。然而，有一些主要的因素决定了 Metro 拥有实质性的权利。首先，州立法提出，Metro 可以行使其权利，针对"大都市所关心的问题"，选民也通过了地方自治宪章。这意味着 Metro 负责管理整个都市区的城市增长边界（也就是说，确定未来增长到哪里，强制性规定市郡修改计划和条例，使之与都市范围内的政策相统一）。该立法还通过了 Metro 对公园和开放空间的维系与保护的权利。这项立法规定，Metro 应对一些市郡不想负责的城市功能负起管理责任。两个例子：对固体废弃物管理以及波特兰市动物园的管理。[②]

---

① Metro 的历史：http://library.oregonmetro.gov/files/abbott-a_history_of_metro_may_1991.pdf。
② 波特兰市发现很难为持续运行和维护城市动物园提供财政支撑，因此决定动物园由整个波特兰区域的居民使用，成本可以更公平地由波特兰市动物园共享给 Metro 运营和维护，通过这种方式，动物园的财政基础是得到整个区域的而不仅仅是波特兰市居民的支持。

四、总体论的规划方法

系统规划与施工通常被称为"系统方法"。它由 4 个基本环节组成：①设定目标；②思考过程、方案的取舍；③实施；④评价。这只是周期性任务的一部分：虽然这个过程始于设定目标，一旦完成全部 4 个步骤，还应该再履行一遍程序，鉴于过去的评价与采取的行动，来评价最开始的目标是否仍然是现在所需要达到的目标。这种规划方法如图 14-17 所示。

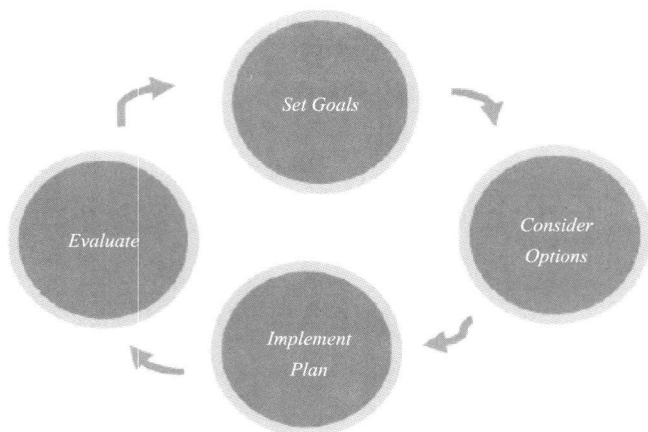

图 14-17　系统方法——　概念草案

以下是 Metro 是如何在 1990 年波特兰都市圈中进行的部分规划。

五、制定城市增长目标——RUGGO[①]

20 世纪 80 年代，Metro 继续管控城市增长边界。但是都市地区的大幅增长终于引起普遍关注：大城市如此大幅度增长，会对该区域产生何种影响。例如人们提出这样的担忧：城市边界如此增长是否仅是为土地开发服务？也就是说，从东边山脉开始，城市建设用地是否每五到七年将持续增加供应，结果城市边界向西会一直延续到太平洋？进一步说，俄勒冈州授权立法建立了管辖全区的政府 Metro，Metro 由此领导区域发展工作规划，探索城市发展问题，尤其有效管控波特兰大都市地区的边界。为此 Metro 启动了一个工作机制，组织市民、工技术人员，以及推举出来的地方官员组成。

---

① Metro 完成了另一目标陈述：未来愿景。见 http://www.oregonmetro.gov/index.cfm/go/by.web/id=29886。未来愿景，Metro 的宪章规定并没有对本区域产生任何实际影响。相比之下，RUGGO 在地方政府与 Metro 理事会之间建立了协调发展机制，设立了一系列目标，包括需要完成的计划与实施的目标，并最终完成了这些设定的目标。出于这些原因，RUGGO 作为一个平台，为本地区的发展作出了显著贡献，在描述未来愿景时，阐明了崇高的目标，但没有产生任何持久的成果。

随即召开了区域性发展目标大讨论，向全体公众开放，广泛搜集意见。在此基础上，草拟出第一轮发展目标交给公众进行讨论和辩论。参与第一轮讨论的有公民、感兴趣的各团体、民选官员，同时 Metro 理事会主持听证会。经过大量审查和不断修改，区域城市增长目标（RUGGO）在 1991 年 9 月终于被通过。RUGGO 发展目标被采纳，意味着几项任务同时完成：首先明确了，Metro 同各个地方政府之间是互相协调与合作伙伴的关系 - 通过创建专门的工作委员会，其成员均由选举产生，负责审查用地提案以及都市边界增长计划。这就确保该区域各市县（郡）不仅有机会审议全部政策法规草案，它们还成立公共论坛来表达大家的关注的问题，同时向 Metro 委员会推荐不同的政策法规。也就是说，替区域政府 Metro 执法的各个地方政府，事先有机会表达自己的意见，进行有意义的磋商并参与这些政策的制定过程，所以 Metro 理事会的总体行动是在这样的基础上形成的。另外，该机制还包括解决公共冲突的过程，一旦有某个市县（郡）因 Metro 新法规的实施处于不利地位，一旦被 Metro 实施可能对某些市县持续造成不利影响它可以投诉该法规，责成有关市郡重新审议该法规。Metro 在做出最终决定需要某个市县服从配合时，必须事先征得该市县（郡）地方政府的审议，听取他们的意见和诉求。在区域利益同局部利益发生冲突情况下，这在一定程度上对该市郡提供了一种保护。所有这些规定都写入了 RUGGO 目标 1 内，即区域规划的工作流程（图 14-18）。

其次，在 RUGGO 的目标 2 中，有关于城市形态、地区应如何变得更加清晰的描述。例如，空气质量指标指出：

"空气质量应得到保护和加强，空气污染指数如出现增长，人类健康就要受到损害，应保证该地区对科卡德山（Cacades）和海岸山脉的能见度。"更进一步讲，为了确保合格的空气质量，提出了这样的规划活动："空气质量管理计划应该为区域气候服务，对现有空气质量的描述和对未来空气质量所会带来的问题的预测：应对整个区域的当前和可能的空气质量问题，确定审慎和公平的市场监管策略；评估标准的公信度；实现推行符合当地的、州和联邦的空气质量要求的空气质量检测评价程序。"

这个例子说明，该区域采用的方法是：虽然有国家和联邦对空气质量的要求，该

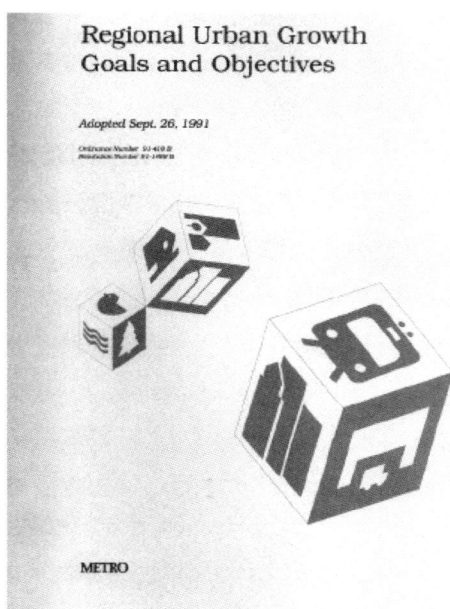

图 14-18　区域城市增长的目标和目的
（RUGGO 报告封面）

区域也会在协调与其他各级政府的关系，确保对空气清洁做出努力。也就是说，该区域以及政府其他部门承认有对清洁空气的需求。

RUGGO 强调对农场、森林土地、自然区域的保护。进一步说，他们继续对建筑环境加以描述，是为了说明每个社区要适应其公平份额的住房类型，进而帮助解决住房的负担。

通过建立一个平衡的交通系统（不依赖于任何一种出行方式，而是提供快速路、公交换乘、自行车和改进的步行系统等多种出行方式），概述城市的功能或未来城市区域的可识别性与功能性对土地利用的要求，为了致力于城市发展，应该鼓励重建和增加城市密度，有效利用土地，进而减少城市边界的无限扩张。

RUGGO 所采取的方法最终是可以实现的，当然为了实现准确而清晰的目标，是需要更进一步推进的，为了达到这样的目标，应该在众多的方法中寻求有具体针对性的规划方法。[1]

因此，Metro 完成第一步的系统规划，树立规划目标，明确下一步规划发展的需求，明确政策的多样性并制定计划：2040 区域规划。

六、城市规划：2040 区域[2]

如何吸引公众的注意力是波特兰地区进行规划的一个基本问题。RUGGO 要求地方政府应该成为规划实施过程的一部分，很多组织的不同利益都需要考虑进去。在与一个私人营销公司咨询后，得出的结论是：为确保不同个人与组织适当的参与政策的讨论，需要做多层面的努力。Metro 将为不同人群提供多种参与方式。图 14-19 说明了 Metro 是如何参与到讨论中去的，它是由 2 个金字塔组成的。右侧倒金字塔代表组织或个人希望参与的人数。例如，与 RUGGO 思想一致的地方政府官员必须参加，并且参与到最后阶段，他们对于计划的实施也负有一定的责任。[3]然而，参与到讨论中的个人的数量并不多（来自 24 个市、3 个郡以及一个交通机构、TriMet 运输公司和波特兰港的代表）。因此，左边的金字塔表明占总人口数很小一部分的人参与到最详尽和时间最为密集的程度。许多人几乎是在第二个等级，这里的人数和当地民选官员一样多。这些群体中的组织与个人的参与会对 Metro 所作出的决定起到极大的影响。这些群体包括：出于职业的兴趣不同，分为土地开发商、建筑商、建筑师、土木工程师、房地产代理、抵押贷款机构等。另一相关利益组织是由政策讨论结果为导向的，代表环境

---

① RUGGO 被纳入 2040 增长计划里。Metro 的首席技术工作人员伊桑·塞尔策负责编写 RUGGO，现在他任波特兰州立大学教授。

② 在规划伊始，称为"2040 区域规划"。在接受后，称之为"2040 概念规划"。2040 区域规划主要技术人员为约翰·弗雷戈内塞（John Fregonese）。政策的引导者包括很多人，格雷舍姆（Gresham）市长把特别的荣誉颁给了古西·麦克罗伯兹（Gussie McRoberts），他是 Metro 政策咨询委员会主席。

③ 这些地方民选官员的会议是公开会议，任何人都可以参加，会议内容公开刊登在当地报纸上。此外，任何人都可以要求被添加到邮件列表，并在公开讨论会议上获得更深层次的资料。

利益的一方，他们更加关注空气与水的质量的监控，是公共交通的支持者，涉及自然区域与动植物保护，等等。

那么同一组的成员有可能会持有不同的观点。例如，一些农民担心未来的政策会限制他们为城市发展出售自己的土地。另外一些农民则担心一旦城市发展需要征用他们的农用地，他们将被迫停止现有的农业生产。不管从哪种角度看，这些组织和个人对于政策讨论得出的结果有强烈的兴趣，成功地完成讨论和制定相关政策，非常需要他们的参与。

区域人口比例中最多的就是居民，他们中的很多人很少有时间对政策和政策对他们的影响进行思考。然而，政府需要通知到他们，让他们有机会来表达他们的好恶。

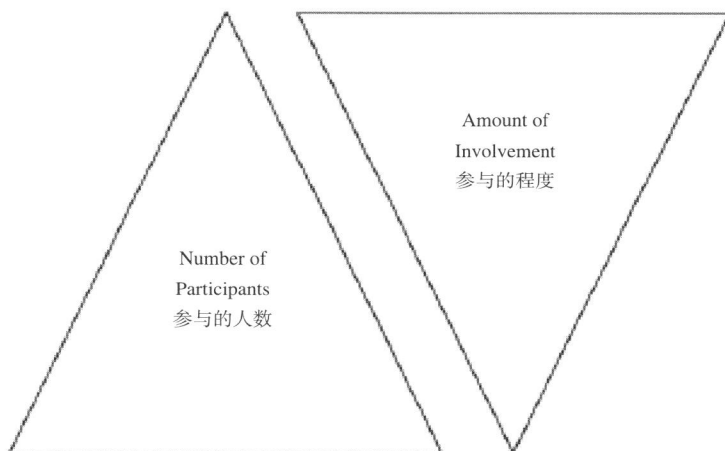

Amount of
Involvement
参与的程度

Number of
Participants
参与的人数

图 14-19　公众参与的 2040 区域规划 / 参与战略策划

为 Metro 理事会与地方城市、郡和其他民选官员相协同的微妙关系，提供更多的细节（图 14-20）。

第一个框显示 Metro 理事会以及需要强调的一个议题（这个决定是从地方政府与公众的共同商议与参与中得出的，尽管讨论的过程是周期性的，仅为了描述这一阶段已经开始）。一旦决定要解决一个问题，Metro 的工作者通常是在地方政府工作人员的协助下，为完成基础讨论和研究提供一个开始。Metro 理事会将审查这项研究和可能的替代政策方向和方针，在公开会议上，就工作是否适合进行进一步的公开讨论。如果适合，政策咨询委员会就会开始审查由技术咨询委员会提交的资料，技术咨询委员会由地方政府工作人员及其相关代表组成，例如与建造、社区开发以及环境利益相关的代表组成。

协调努力就是对建造活动的信任，针对提出来的政策，Metro 理事会可以不信任地方政府代表，以及他们的利益与社区的潜在负面影响。此外，选举产生的地方政府也可能担心技术顾问委员会可能代表其他当地政府人员，而不能代表本地区的利益。

这是个微妙的平衡，政策和技术委员会成员，作为主导政策辩论的技术人员可能会导致技术统治论，然而如果政策讨论由官员独立推进，可能到时政策会没有良好的技术基础。所以，Metro 理事会与地方政府官员和地方政府技术人员之间应该树立起足够的信任。这通常意味着一个决定的得出需要经历一个漫长的过程。另一个选择是，一个快速达成的决定若缺少这样的协调与沟通，可能会导致政策失败和讨论的重新开始，因此，虽然过程可能是乏味的，但它有助于确保一个健全的和更完整的公共政策的讨论。如前所述，Metro 管理区域总体来说取决于地方政府来实施公共政策，关键是如果政策是有争议的，那么地方政府应该享有更多的支持。本章后面将详细讨论向公众推广的一些工具和具体的努力措施。

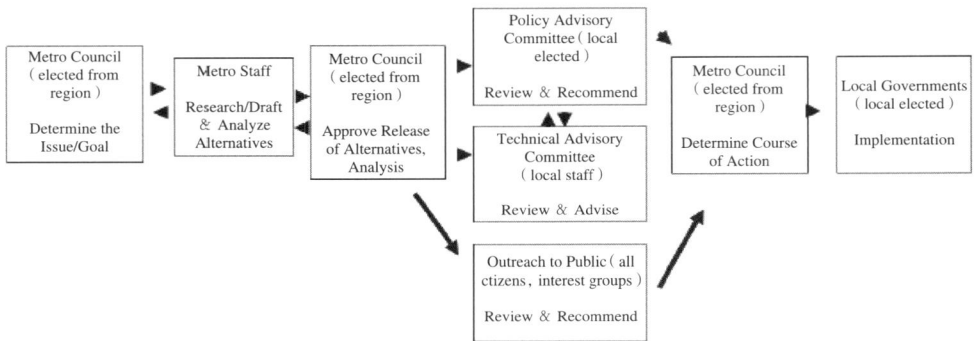

图 14-20　有公众参与的 2040 区域规划 / 参与战略策划

计划开始实施的基本步骤之一是更好地了解公众意愿。就此进行了一项调查，随机选出大波特兰地区居民，询问他们有关该地区增长的意向。[①]

从人口大约为 100 万人的区域中随机抽样 397 人，进行调查，这就意味着调查统计有 95% 的置信水平，容许 ±5% 的调整。调查结果包括以下：强烈希望投资于公共交通而不是道路，并与开发区域而不是非开发区域相协调。也就是说，相当多的居民倾向投资于公共交通和限制城市边界扩张，他们似乎表明倾向于郊区与市区之间的平衡增长，而这种增长是通过混合功能区或单一功能区（将住宅与商业用途划分开来）的功能融合，以及如何解决经济适用房的问题来实现（表 14-1）。

[①] 这项调查是随机从大波特兰地区内选择住宅电话号码完成的。这种方法现今已经逐渐变得难以实现，在过去的几年里尽可能多的家庭不再安装固定电话，而直接给手机打电话，在法规和其他考虑上是会受到一定的限制的。

随机调查结果：2040 区域规划和增长的选择　　　　　　　表 14-1

Do you favor:	Preference Results		
Investing in ...	Roads 14%	Both 35%	Transit 51%
Growth in ...	Developed Areas 44%	Both 43%	Non-Developed Areas 13%
Development of ...	Suburban Type 28%	Both 43%	Downtown Type 29%
Living / working in ...	Same Area 27%	Both 42%	Separate Areas 30%
Zoning of ...	Mixed Uses 32%	Both 40%	Separate Uses 28%
For affordable housing ...	Public Policy 37%	In between 32%	No Public Policy 32%
Total Respondents: 397			

来源：Metro1994 年制定的"增长计划"第 9 页。

　　尽管这些意向评估是为项目指明方向的重要考虑因素，然而仍然需要重视一些技术性问题和政策所带来的影响。人们关心的问题之一是这项未来的区域规划能在多长时间内完成。城市增长边界的管理需要 20 年左右的时间完成。然而，对于一些人来说，于 1980 年到 1990 年之间的有关城市增长边界的管理，是受到局限的。也就是说，由州立法，每个城市（范围是在当前大波特兰都市区 25 个城市和 3 个郡中的部分地区，Metro 管理地区中）必须完成一个 20 年内人口增长的预测和 5 ~ 7 年的工作需求评估，从而得出是否有足够的土地供应，以适应未来 20 年城市增长边界范围内人们对工作与住房的需求。如果不能满足，则必须扩大城市增长边界。有些人觉得有关城市增长边界的分析只能预测未来 5 到 7 年的情况，为了更好地理解该地区城市边界增长所带来的影响，在相当长的一段时间的预测具有启发性质。一些人还想试图回答"如果"的问题，也就是说，可能得出的结论是给予了一定的假设和方法的。预测工具可以成为有价值的工具来构建"如果"场景，从而成为决策时的一个考虑因素。因为没有人能知道未来，这些预测工具虽然是高度技术性和复杂的，必须考虑清楚的是，与未来几个月或几年内的情况相比较而言，实际情况是会有很大差距的。每个预测除了使用数据和一定的方法外，必须使用投影或模型，用以假设将来可能发生的事情。例如，人口预测必须包括假设最低出生率和最小长寿率。通常必须做出许多假设，对于计算的数据，很多参与调查的人并不都很明确，例如，对于长寿率与出生率的预测来说，不同的人会得出不同的数据，而且会相差很大。此外，预测的时间跨度越长，准确性就越差。因此，Metro 的民选官员对很多预测模型进行了回顾，特别是对人口的预测，以及就业和城市增长能力的预测。这一政策等级评估是对公众公开进行的，人们可以听到相关的技术介绍和评论。通常大家认为预测是对一个区段而言，然而为了合法化以及具有现实意义,通常采用一个数字作为分析与规划的基础。此外,在可能的情况下,尽量针对过往几年的情况来预测未来相等年数的预测，这样可以对比实际发生的与未来的预测之间的差值。

即使是相对较小的变化，年复一年后也会导致实质性的增长。2.5% 的增长速度意味着在大约 14 年内翻一番，5% 的增长速度则意味着 14 年内至少翻两番。在预测增长率假设一致，但事实上他们可以相差很多，如图 14-21 所示。

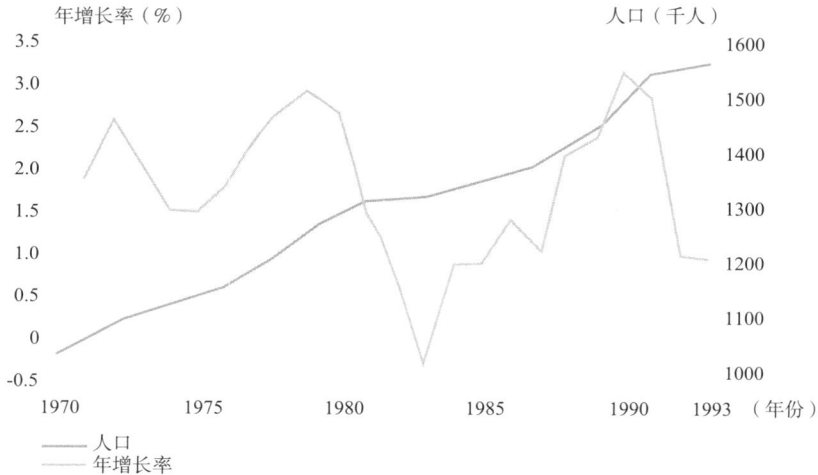

图 14-21　1970 ~ 1993 年年度人口增长速度与总人口数
来源：Metro1994 年制定的"增长计划"第 29 页

在上面的例子中，每年的年度增长率大大改变，平均年增长率相对恒定。对预测的重要评估是：如果预期过高会有何影响？如果预期过低又会有何影响？例如，用水量预测得太低，会导致重复的铺设昂贵的管道，以及水供应不足等等。然而过高预测会导致供水率过高，出现未充分使用的管道系统。因此建议一定谨慎行事！

有几个原因表明，Metro 理事会发现对较长时间段内的预测是有好处的。首先，对短期预测的调整，会使可能出现在长期预测里的情况变得模糊不清。例如，自由主义者会认为，湿地和河岸地区会随着时间的推移使该地区的自然河道受到毁坏，但事实上并没有发生变化。此外，一个很常见的矛盾就是短期与长期的成本之间的公共辩论。在短期内是非常昂贵的成本，在长期内可能成为成本最低的，但是对这样的权衡利弊会被很多决策人提出质疑。例如，强加于汽车所有者的一项检查，即要求波特兰地区的汽车每两年针对尾气排放进行检查，汽车所有者中的一些人比较穷，承担不起这样的检查和维修费用。

然而，随着时间的推移，这种方法至少给波特兰地区带来了烟雾污染的减少，使全体居民受益于此，使得大家拥有了更为清洁的空气。

以下是对 2040 区域规划的预测的总结：

人口预测使用的是：4 个郡范围内的区域人口设定为 110 万，该数据不是凭空拿出来的。事实上，它代表了 36 个独立的中档人口预测，出于对不同的出生率和死亡率以及区域历史范畴中的移民的考虑。还应该牢记的是，我们的经济预测者强调，预测未来 50 年不是一门精确的科学，需要考虑到许多可能发生的不可预见的变量。我们使用了中档规划（从最低档 61.5 万到最高档 140 万），得出的数据是以土地利用、交通状况以及其他增长计划中的相关假设方案为基础的。①

图 14-22 显示的是 1940 年，4 郡范围内的实际人口（501275 人），至 1990 年的人口（1412344 人），以及 2040 年预测的人口（2507000 人），以及 2040 年最高预测人口（2818000 人）和最低预测人口（2015000 人）。②

预测是由 5 年内，不同的出生、死亡和迁入率生成的 36 个不同预测。③ 从预测的最高值、中间值到最低值中，Metro 理事会通过审查，从中选出中间值作为未来研究与分析工作的基础。

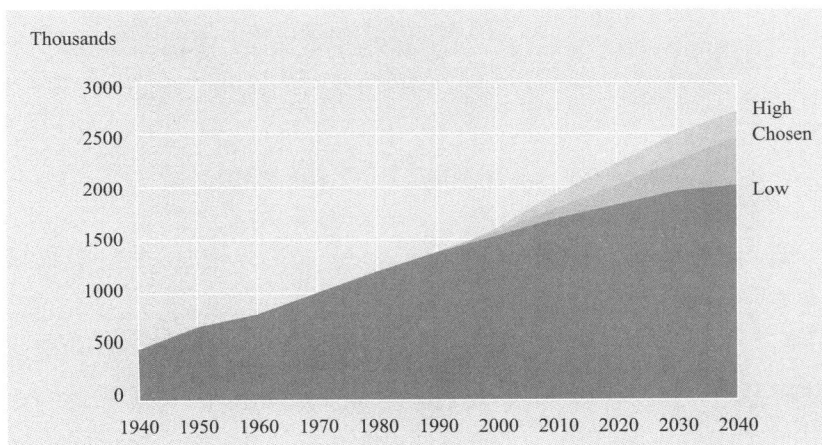

图 14-22　1990 ~ 2040 年波特兰 4 郡的实际与预期人口
来源：Metro1994 年制定的"增长计划"第 18 页

在 2040 年该地区规划过程中使用到的预测工具包括有一个交通模型和一个空气质量模型。如下包括通过模型为公共讨论带来的计算结果和方法。

在 2040 增长计划中证明是非常有价值的另一个技术工具，是 Metro 提供的地理信息系统（GIS）。这个系统还处于早期开发阶段，现在为止有超过 100 个分层可以使用。④

① 见：1994 年，Metro 提供的：增长概念规划第 13 章，11 页。
② 2010 年最新的美国人口普查数字：4 郡城区人口为 2066399 人，比 2010 的预测人口稍微偏高一些。4 郡人口见：http://quickfacts.census.gov/qfd/index.htm。预测结果的数字将包括在本文档中，对于规划而言，预测者认为，人口预测会有 5%、10% 或更多百分比的误差，但这并不意味着这是一种高可信度长周期的预测，因为这已经超出了已知的预测方法。
③ Metro 技术工作人员使用队列生存方法采集现有人口，假设死亡率和出生率，以及净迁入人口与预计未来五年增长人口。这个未来的预测是反过来用作于假设的死亡率，出生率和净迁人口的数据计算的，在基准年的基础上加 10 倍从而得到 50 年的预测假设。
④ Metro 使用的 GIS 分析资料见：http://www.oregonmetro.gov/index.cfm/go/by.web/id=593。

然而，即使在 1990 年可用的数据层数非常少，重要的信息仍然还是可以告知公众并加以讨论的。

GIS 的好处是能够结合数据层创建新信息，数据庞杂的地理位置信息可以用来查看和调用。例如，建筑红线图层、空白地和冲积平原的数据层是可以结合在一起，可建设用地的相关数据与选址就可以被勾勒出来了（图 14-23）。然而我们应该明白这些信息是需要加以评断的，在一个民主国家，做出决策的不是技术人员，而是民选官员。如果大家尊重民主，那么对民选官员做出的选择是需要公众做出评判的。

图 14-23　GIS 的数据层显示出可建设用地范围

数据层 1：（建筑红线）；数据层 2：（分区）；数据层 3：（空白地）；数据层 4：（倾斜的坡地）；数据层 5：（冲积平原）。

Metro 通过 GIS 数据资源中心提供的以及将要提供的大量数据包括：建筑红线、地形地貌、冲积平原、分区、空白地等信息，对于规划师来讲，这样功能强大的工具可以帮助他们了解周边社区的情况。如下将展现给大家一个案例，人们 2040 区域规划过程中是如何使用这一技术工具的。

2040 区域规划工作的另一开创性起点，是对现有环境建立可靠的基础研究。这些数据可以带来几点好处。它为将来项目状况以及公众和民选官员，感兴趣的组织，都提供了一个基础研究。几乎每个人都可以思考、评价和回答这个问题："从今天的现实出发，如何在多元化的未来前景中做出最佳选择？"

因此，通过几个电脑设置的镜头就可以进行数据搜集和分析，来总览该地区的基本状况。例如，查看大都市区域的可开发的空地，显示如下图。可以看到，大部分在城市增长边界内的土地显示为白色，这意味着它是可开发用地，除非重新规划开发，否则不可擅动。

城市增长边界以外的显示为亮绿色的土地是私家农场或林地，冲积平原和河岸地区显示为深绿色。特殊用地，除农场或林地以外，都显示为棕色，表明这些土地为郊区用地，主要是用于规划独立别墅住宅的用地，每处用地大致在 1.5 ～ 5 公顷。

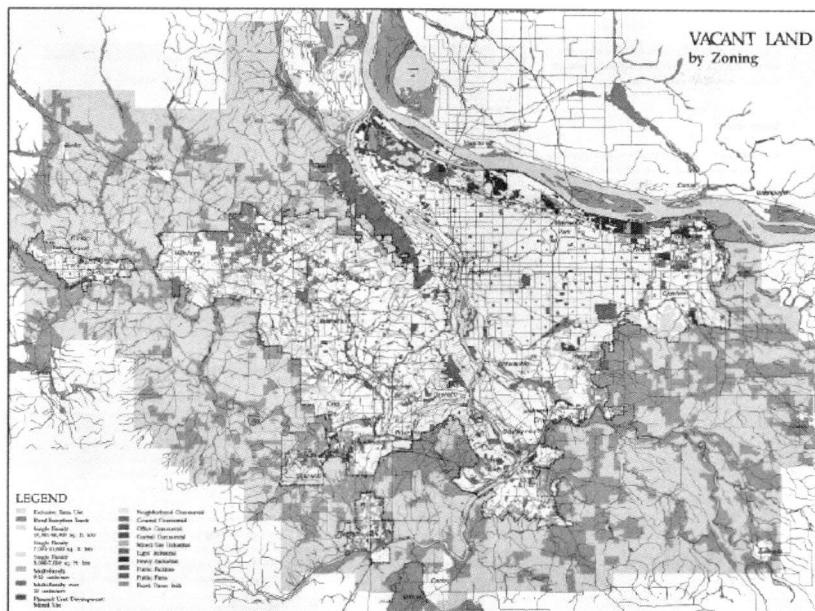

图 14-24　现状：空白用地
来源：Metro1994 年制定的"增长计划"第 30 页

　　图 14-24 所示的基础研究也是一份地图，包含有每一小块用地，最小的用地达到 500 平方米，采用这种比例是便于地方政府核查，以确保他们同意 Metro 员工对此进行的技术评估。

　　其他的数据收集，包括对现状的描述，比如占不同百分比的工作（制造业、服务业、贸易、建筑和采矿、运输、公共事业、金融、保险、房地产），以及政府在 1972 年和 1993 年预估的就业趋势。人口和就业趋势、家庭和工作、容积率、可建设用地类型（在本章稍后描述）、空气质量、公共设施成本的描述。这些数据成为第一轮与未来增长趋势形成的对比基础资料。

　　一些数据也以图表的形式报道出来，如图 14-25 所示是高峰时段交通拥堵的道路，为这个地区的未来规划提供了可视性基础。

　　在本章的开始，波特兰地区为这次讨论的目的地定义为在俄勒冈和大波特兰地区，包括 Metro 管辖范围。

　　上述 4 郡在 2040 年的人口（与就业）的预测，华盛顿州的克拉克郡（从功能上讲是大波特兰地区的一部分，但在地理区划上属于华盛顿州，它与波特兰的律法和政策不同。）因此，2040 年区域规划试图努力考虑扩大大都市区域的范围，但是仅仅是在俄勒冈州以及 Metro 管辖范围内的用地。因此，到 2040 年总人口的预测为 110 万人，包含 Metro 管辖范围内的 70 万人口。

　　由此带来的一个逻辑性问题是：如何最好的调适 Metro 管辖地区带来的这 70% 的

人口增长（1990年时人口为10万，而到2040年预测为70万）。第一步需要考虑的是：如何继续这一区域目前实施的政策？也就是说，如果按照之前的增长不断继续，到2040年我们这个区域将会成为什么样子？

第一个可能（与未来的选择相比较）是基于这些问题的基本情况。从概念的角度看，基本情况意味着市区的边缘将会发生持续的增长，如图14-26所示。点状图示代表城市增长方向，多数增长都表现为城市边界的增扩。

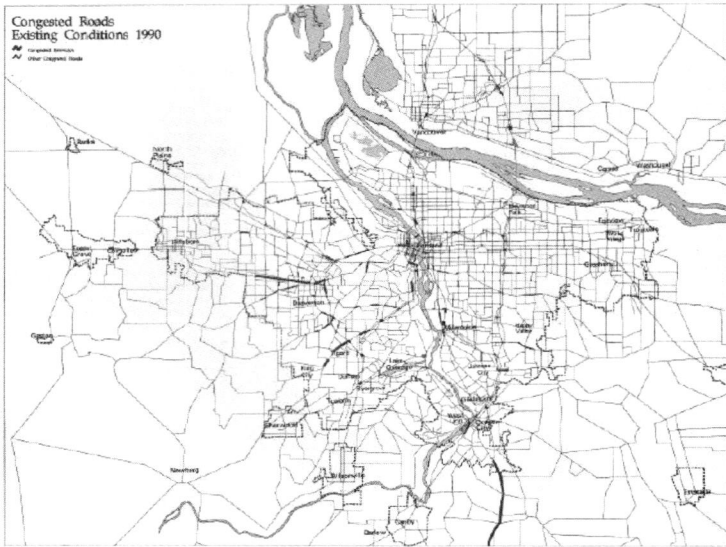

图 14-25　现状：拥挤的道路
来源：Metro1994年制定的"增长计划"第33页

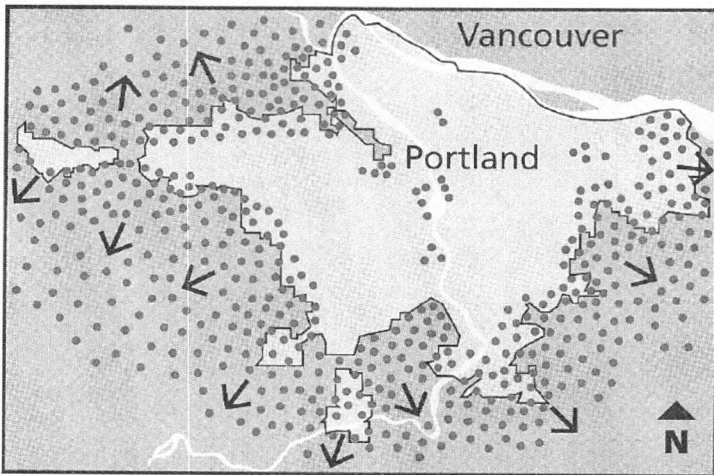

图 14-26　基础研究——现行政策不变前提下的城市增长（概念分析图）
来源：Metro1994年制定的"增长计划"第35页

为了深化这一探索，Metro 管理人员使用各种 GIS 分析和建模工具，构建了一个模型。例如，着眼点之一是看当前城市增长界限内还有多大增长潜力。这意味着，现有边界范围内的用地大小，占地位置以及土地的可开发权利，都须进行缜密计算和统筹。这一任务交给了 GIS 工作人员，他们必须在 Metro 整个辖区范围搜集资料，从各种资源中收集数据，构建基础研究。

该基础研究的有关基础研究分析，包括 2040 年该大城市会发展成什么样子，从地理学角度的分析评估。[①] 新的评估包括：新增长会发生在区域范围内外的哪些地区。这是个非常严肃的分析，但是承认只是为了表述可能趋势，而非精确预断这些增长具体会发生在哪里。然而，该分析基于城市边界内部的增长潜力，一旦边界内部发展饱和，边界会在哪些地段被突破。这样的研究就导致一个结论：伴随城市增长，其边界势必增长 52%。图 14-27 所示的地图，比基础研究中的地图要更为详细的表达出更多细节，但还不包括地方政府官员使用作为审查的全部细节问题。此类细节要等民选官员审核与思考的场合才会全盘托出。

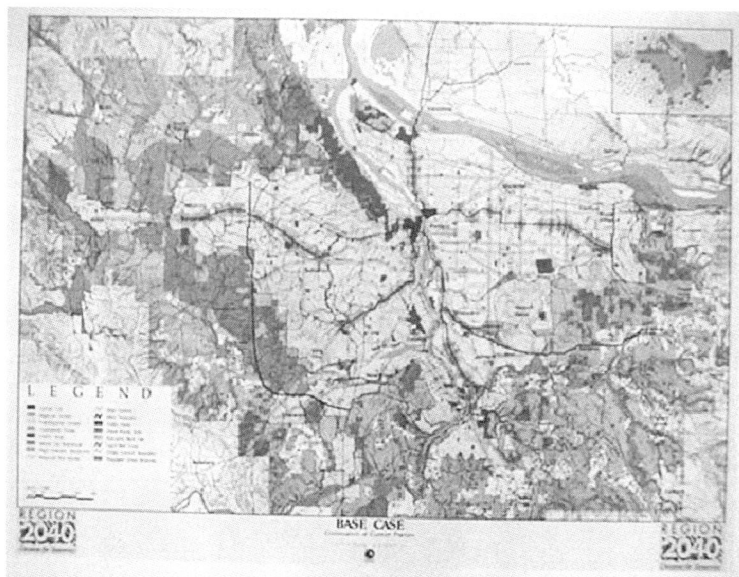

图 14-27　基础研究：详细规划图，分析图
来源：Metro1994 年制定的"增长计划"第 37 页

图 14-27 包括 9 个城市设计类型：中心城市、区域中心、次区域中心、商业节点、主要街道、交通走廊、新的 UGB（都市增长边界）领域和卫星城市（表 14-2、图 14-28、图 14-29）。规划中只有一个城市中心，因为这是针对波特兰市中心的设

---

① 一个空间分配模型，SAM，用来进行城市增长假设。它是基于土地基础研究和 GIS 的土地数据特征分析：分区、可建设用地公顷数等基础之上的。

计，而波特兰是最活跃和高度发达的区域，是该地区的交通系统中心。区域中心是大型零售和就业中心，通常是更大的郊区城市的中心，少数情况下也是就业最为集中的地区。次郊区中心后来改名为镇中心，是大多数郊区城市的市区。商业节点后来更名为站点社区，是有大容量交通运输（主要是轻轨）的商业休闲中心。主要街道两旁的传统线性布局的零售商业用地一般是很狭长的用地，通常进深为 30 ～ 70 米。交通走廊多为狭长地带，沿高频率公交线路设置，功能多样化，但以一种功能为主，混合使用的情况不多。"其他"用地包括：单一功能用地（所有的独栋住宅，或者所有的商业与工业用地），以低密度和低强度为主，并且那里的公共交通不是很发达。卫星城是除了 Metro 管理的城市增长边界以外的，不与 Metro 管理的城市增长边界互相协同，有时甚至是超出一些 Metro 管理范围用地。

表 14-2 为设计类型及其相应的用地面积。

基础研究——按照设计类型划分的可建设用地　　　　　表 14-2

设计类型	面积（公顷）
中心城市（Central city）	19
区域中心（Regional centers）	110
次区域中心（Sub-regional centers）	17
商业节点（Commercial nodes）	924
主要街道（Main streets）	3
交通走廊（Transit Corridors）	1,993
其他（Other）	19,903
新城市增长边界（New UGB）	39,746
合计	62,715
再开发部分（Redevelopment Component）	0

来源：Metro1994 年制定的"增长计划"第 39 页

与基础研究中的设计类型相匹配，城市增长的百分比也将被计算出来，如图 14-29 所示。产生出的 50% 巨大增量，将划分给 Metro 管理下的城市增长边界内的"其他"单一功能用地。

除了分析潜在的土地开发，基础案例分析还包括对其他方面的考虑，比如交通（图 14-30），空气质量和饮用水等公共设施的费用，处理污水和雨水系统的成本等。

我们假设该地区很清楚继续执行现有政策法规会进入哪样的结局，现在让它在此基础上去设想：还有哪些其他未来前景可以选择？在不超出基础研究的范畴，可以考虑城市增长边界的部分扩张。方案 A 就假定边界扩张 25% 而不是 52%，一些用地的

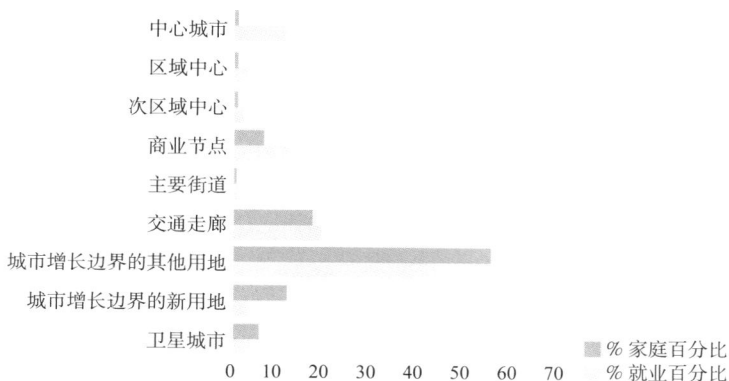

图 14-28　基础研究——设计类型决定的城市增长

中心城市
区域中心
次区域中心
商业节点
主要街道
交通走廊
城市增长边界的其他用地
城市增长边界的新用地
卫星城市

0　10　20　30　40　50　60　70

■ % 家庭百分比
□ % 就业百分比

图 14-28　基础研究——设计类型决定的城市增长
来源：Metro1994 年制定的"增长计划"第 31 页

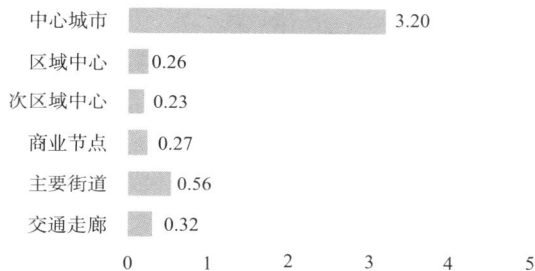

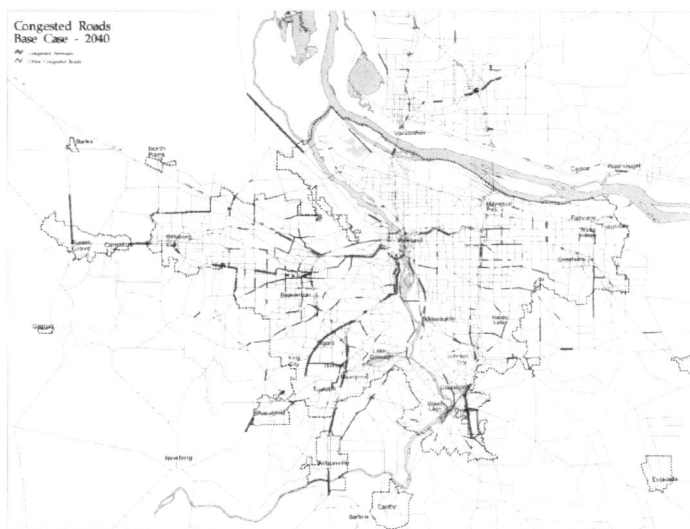

中心城市　3.20
区域中心　0.26
次区域中心　0.23
商业节点　0.27
主要街道　0.56
交通走廊　0.32

0　1　2　3　4　5

图 14-29　基础研究——设计类型决定的容积率（FAR）
来源：Metro1994 年制定的"增长计划"第 31 页

Congested Roads
Base Case - 2040

图 14-30　基础研究——交通堵塞的道路
来源：Metro1994 年制定的"增长计划"第 31 页

扩张是在保持边界内用地平衡的基础上，占用了部分基本农田（图 14-31）。除非在距离轻轨站 800 米范围内，独栋住宅用地不会被占用，每公顷用地允许建设 100 套多家庭住宅，为了适应发展，大多数商业用地功能转变为商业与居住的混合功能用地，每公顷混合功能用地中，允许建筑 2 ~ 3 层楼，可以容纳 175 人（即工人与居民）。交通走廊需要容纳更多的交通设施，大容量交通运输设施（主要是轻轨）将打破现状与现有基础研究，服务于南部、西南部和北部地区以及现有的东西方向系统，这套系统是在 1993 年铺设的。与此同时还需要完成多条高速公路的修建。

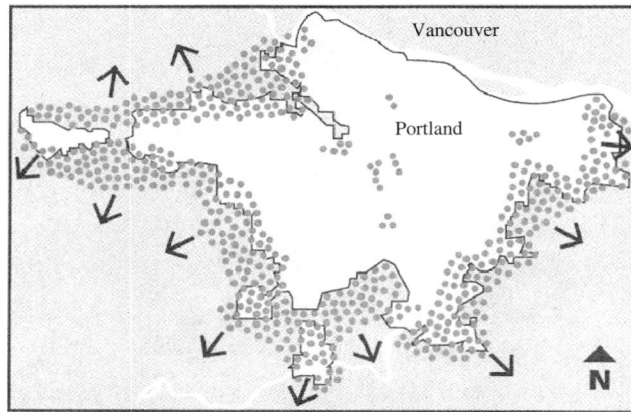

图 14-31　方案 A——扩张——概念草图
来源：Metro1994 年制定的"增长计划"第 41 页

方案 A 的详细信息表明，一张映射到单个地块层面的地图，包括一套完整的运输网络、分析和土地利用图、土地功能和空气质量分析图。下面是对现有条件、基础研究和其他方案的数据总结的一个对比。

另一种备选方案是，如果所有增长都发生在现有的城市增长边界内，那么该地区将会是什么样子。方案 B：假定（60%）许多居民仍然居住在独栋住宅中，剩余的为高密度的住宅，尽管独栋住宅的占地比 20 世纪 80 年代和 90 年代（约 750 平方米）缩减了一些，却与 20 世纪 50 年代相近（约 540 平方米）。重要的是在现有街区中进行重建，在现有外部条件的许可下，基于现有基础研究或选择方案 A，就业应该以紧凑的形式布局。在方案 B 中将不再规划有高速公路，而布置比方案 A 中更多的交通运输设施。方案 B 与其他所有备选方案一样是进行过充分的论证，供比较分析对照（图 14-32）。

最后，另一个方案 C 出台了，叫邻居城市。这个方案对城市边界的增长提出假设：城市边界的增长是与 Metro 管辖以内的邻居城市增长边界相协调的，城市边界增长的较少（是方案 A 中提到的城市增长的一半），而 Metro 管辖区域中的城市中心区和交通运输走廊将得到一定的增长（图 14-33）。

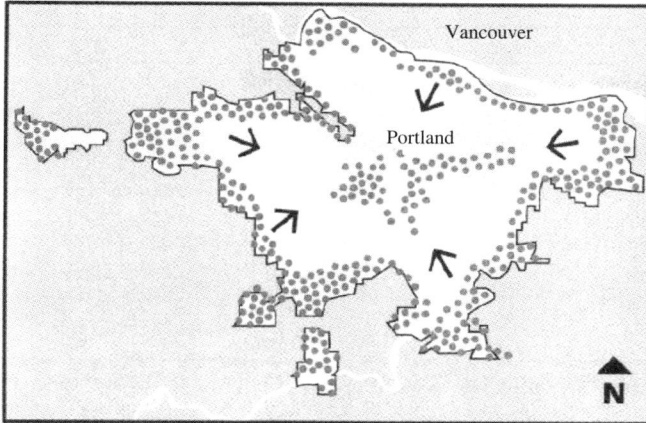

图 14-32　方案 B——扩张——概念草图
来源：Metro1994 年制定的"增长计划"第 53 页

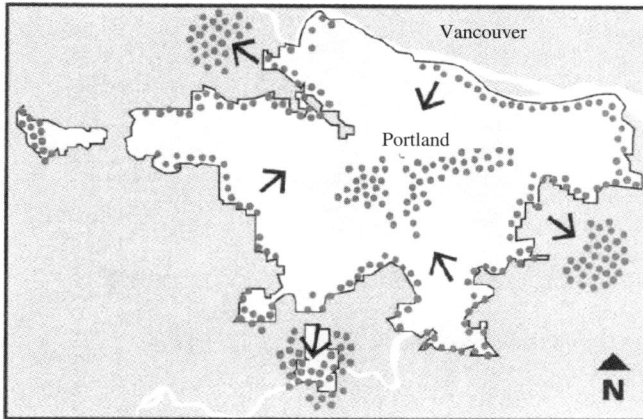

图 14-33　方案 C——邻居城市——概念草图
来源：Metro1994 年制定的"增长计划"第 65 页

以下是从对每一个方案的考虑和对比中，得到的经验教训（表 14-3）。

现状条件、基础研究与方案 A、B&C 的对比					表 14-3
Category	Measures	1990	BC	A	B	C
	Central City	39	48	67	100	67
	Regional Centers	134	273	369	507	403
	Sub Regional Centers	36	41	218	323	151
Buildable Acres（No estimate of satellite acres	Commercial Nodes	998	2,285	4,229	5,322	4,338
	Main Streets	7	8	127	791	342
	Transit Corridors	460	4,925	7,462	9,370	5,955
	Other	52,063	49,181	49,353	48，653	49,580
	New UGB	0	98,214	42,500	0	17,738
	Total	53,736	154,974	104,325	65,066	78,574

续表

Category	Measures	1990	BC	A	B	C
Distribution of Development	Central City	7%	5%	5%	7%	6%
	Regional Centers	1%	1%	2%	4%	4%
	Sub Regional Centers	1%	1%	1%	2%	1%
	Commercial Nodes	7%	9%	15%	17%	13%
	Main Streets	1%	1%	1%	3%	2%
	Transit Corridors	9%	18%	14%	21%	12%
	Other	71%	52%	46%	42%	44%
	New UGB	0%	8%	13%	0%	2%
	Satellites	3%	5%	5%	5%	16%
Location of Growth	% of growth in existing Metro UGB	-	83%	71%	100%	63%
	% of growth accom. by redevelopment	-	0%	6%	18%	8%
	EFU Conversion (Acres)	-	63,900	17,200	0	11,400
	% of Employment on Industrial land	32%	43%	53%	33%	53%
Zoning	Single Family	59.0%	61.0%	57.0%	46.5%	51.5%
	Multi-Family	11.0%	11.0%	1.0%	5.0%	1.5%
	Commercial	7.0%	8.5%	1.0%	1.0%	1.0%
	Industrial	19.5%	16.0%	12.0%	10.0%	14.0%
	Mixed Use (commercial and residential)	0.0%	0.0%	24.0%	30.5%	27.0%
	Parks / Open Space	1.5%	1.0%	3.0%	5.0%	3.0%
	Public Facilities	2.0%	2.5%	2.0%	2.0%	2.0%
Density	People per Acre	8.9	7.9	9.8	12.4	9.2
	% High Density (centers) + 50 persons/acre	8.9%	7.4%	7.9%	11.2%	13.6%
	% Medium Density (corridors 20-50 persons/ac.	17.6%	29.1%	30.1%	43.0%	32.3%
	% Low Density (other) less than 20 persons/ac.	73.7%	63.5%	61.9%	44.0%	54.2%
Housing	Single Family / Multi Family (percent)	70 / 30	70 / 30	74 / 26	60 / 40	69 / 31
Transportation (all measures inside Metro UGB)	Average VMT per Capita	12.4	13.04	12.48	10.86	11.92
	Mode Split Auto / Transit / Walk-Bike (percent)	92/3/5	92/3/5	91/4/5	88/6/6	89/5/6
	Lane Miles	5,304	6,777	6,377	5,557	6116
	Transit Service Hours	4,965	9,575	12,322	13,192	12,553
	Congested Roadway Miles (PM peak hour)	150.5	505.6	682.0	642,6	403.9
Air Qualiy	CO Winter (Kg / day)	835,115	614,451	613,537	579,579	569,091
	CO Summer	574,708	528,601	525,133	496,017	487,188
	HC Summer	177,857	70,700	69,810	66,375	65,745
	NOx Summer	80.452	94,024	90,987	83,817	86,988
Water	Drinking Water Costs			Moderate	Low	Moderate
	Wastewater Costs			Moderate	Moderate	High
	Stormwater Costs			Moderate	Moderate	Moderate

来源：Metro1994 年制定的 "增长计划" 第 88 页

——城市增长边界内的土地利用模式比城市区域自身的大小更为重要；

——在商业用地中，路边停车是提高土地使用率的好方法；

——独栋住宅用地占用了较多的土地，轻微调整用地的大小，可以为将来的城市增长提供发展空间；

——如果公众支持的话，住房和就业市场将转向高密度开发，我们会提出 50 年后的城市增长边界；

——在所有增长方案中，汽车行驶的总体里程数将得到增长；

——土地利用的政策是减少汽车出行的关键；

——致密、友好衔接的道路网络能够适应城市增长，减少拥堵现象；

——新的区域高速公路应该通过评估能够支持规划中的区域中心；

——土地政策有助于鼓励非机动车出行；

——公共交通换乘相当于交通体系平衡来说更为重要；

——有一定服务半径的轻轨公交系统是区域交通的骨干，并能勾画出区域土地利用的形式；

——公共交通的成功规划直接关系到行人出行的便利程度，并使得步行的出行方式更为实际；

——步行的出行方式应该作为所有城市设计的基本元素；

——自行车出行方式是很重要的，而且不能与步行的出行方式同等对待；

——基础研究和城市增长方案中有关交通所产生的空气污染的预估表明，自 1990 年以来空气中碳氢化合物和一氧化碳的含量显著减少。这种空气的污染只占总污染量的很少一部分。

——空气污染预测的数据与方案表明，与 1990 年相比，空气中氮氧化物的含量有显著的增加，虽然方案 B 可以显著降低其含量；

——在未来几年，因为汽车排放的改进，非交通产生的碳氢化和物的指标往往会随着人口的增加而上升；

——对于居民来讲，强大的社区往往是更为安全的去处；

——紧凑社区可以有更快速的应急反应时间；

——有效推行保障房项目应该是城市发展的一个组成部分；

——对就业的供给与需求的预测表明，一些地区已经失衡；

——我们期待郊区的扩大与就业机会的增多；

——现今，就业与人口的平衡在很多分支区域是已经不复存在，每个增长规划方案对就业与住房的平衡起着不同的作用；

——有些区域给独栋住宅以及多层公寓住宅提供的用地不是太多就是太少；

——在方案 B 中，上下水的造价达到了最低。雨水处理的造价是无法预估的；

——集中开发会带来基础设施容量的一些限制因素；

——与其他大城市相比,波特兰这个区域自然状况是没有受到过破坏的,正因如此,人们十分担忧它面临的巨变；

——人们喜欢汽车的可通达性, 但认为公共交通、自行车出行、步行应该是更为轻松与便捷的；

——人们不希望不必要的增加周边社区的居住密度；

——很多的城市增长是由迁入人口带来的；

——人口的平均年龄会大幅上升, 居住人口的多样性也会增加；

——在限制建设的基础上提出的缓慢增长政策, 并没有成功推行, 似乎适得其反；

——现行州立法规定禁止推行缓慢增长政策以及停止增长的政策；

—— 一个好的策略须能有效应对增长问题；

——将城市边界进行大幅度扩张并不是件容易的事情；

——我们需要探寻一个解决职住平衡的方法；

——我们必须为与自然景观用地的联系保留一定的用地；

——公共设施的公正融资应该是开发的首要条件。[1]

如何最好的处理信息来源, 技术分析带来的影响是很大的, 公众的好恶也是宝贵的意见。另外还有两个其他的原因: 首先是州际规划目标在采纳前, 需要公众参。其次, 在 2040 年之前, Metro 理事会所作出的努力, 其中几项重大的政策倡议以失败告终, 因此, 所选出的 Metro 执行官与 Metro 理事会强制执行公众参与, 确保在做出决策之前, 走完有意义的公众参与程序。[2]

另一个需要考虑的是, 在实施公众参与程序过程中, 20 世纪 90 年代的高成本媒体的介入应该改为低成本媒体的参与。以下您将看到的宣传手册与报纸是由邮政部门分发给大众的。媒介如电子邮件、网站、社交媒体网络能尚未在 20 世纪 90 年代发明并使用。然而, 对于现今的信息传递方式来说, 人们认为包含于媒体中的信息、数据与图像等内容仍然可视为无价的传递。

第一个公共参与完成的文档题为: 想象这样一幅图景: 视觉偏好调查的结果。[3]

这本刊物讲述的是对大波特兰地区居民的一项调查结果: 人们在考虑新的公交车站是什么样子的, 主要大街和社区是会设计成什么样子, 会建成什么样子, 人们都会有哪些偏好。这一分析的基础是对许多地区的居民针对高层居住建筑和高密度居住区

---

① 来源: 1994 年 Metro 的 "城市增长概念规划" 第 77—87 页。

② 早在 Metro 历史中, 有两项灾难性的失败。首先是地铁理事会在 20 世纪 80 年代初, 以网站 "资源回收设施" 为目的, 其工作人员将区域内所产生的固体废弃物 / 垃圾焚烧。这种处理垃圾的解决方法得到了各派的反对, 一些反对意见是针对所提出的垃圾焚烧选址 / 设施, 一些反对意见则指向 Metro 区域政府。反对该设施建立的消息见波特兰俱乐部的网站: http://www.pdxcityclub.org/s:tes/default/files/reports/Measure3-7_7_3-8_3-9_1982.pdf。

③ "地域形象" 是一份 101 页的文件, 包括 7 个设计专家研讨会得出的方法和结论, 是由 Calthorp 事务所在 1994 年 5 月完成的。

会提出很多负面意见的理解，好的设计是可以抵消这些担忧的。因此，调查了超过3000名成年人与1500名儿童，一次对比两幅规划图纸，共针对240幅城市规划发展的图纸进行了调研（图14-34）。

图 14-34　在公交站点周边进行的高密度开发的意向图片
来源：Nelessen 事务所，1993 年提供的"想象这样一幅图景"

"人们更偏爱混合功能开发区，它位于从波特兰城区到东部与西部的未组成社团的区域，主要沿着公路规划的，紧邻公共交通站点，是以步行交通为主导的社区。现有的带状商业模式是不被接受的。在居住区中，人们偏爱街道两旁的带有当地特色的低层建筑，以步行为导向的社区中心，这些都是人们所喜爱的理想化发展模式。人们偏爱小花园与开放空间，这些都被归为社区建设的积极组成要素。"

为了深入了解公众的利益与关注，需要作出更多努力与市民沟通。该过程及其产物称之为"区域设计愿景"（Regional Design Images）的过程及产物。其努力包括邀请7 位设计"专家"来参加一个研讨会，其中一组包含有15 位土地所有者、开发商、民选官员、社区代表、地域交通、土地利用和经济发展规划者。参与者从每个社区 / 地区的利益出发，尝试提供广泛的意见。他们作为社区的一分子，要考虑将如何实现如下两个选择：低密度开发还是高密度开发。每个区域就业与住房的增量从区域 2040 概念规划方案 A、B 和 C 中得出。也就是说，为了实现增长，在重点区域内，为了进行新的发展与重建，每个方案将必须进行哪些方面的改进（考虑到整个区域的平衡）。在规划区域内，计算现有工作与住房数量，以及在方案 A、B 和 C 中要添加补充的就业与住房的数量。参与者会得到这些标有区域的数据，或者标记有开发类型的图纸。例如，住宅类型介于中等高度的多层住宅楼的开发，大约每公顷用地可容纳 148 户的高端市场，到多层住宅公寓的开发，每公顷用地可容纳 124 户，或者每公顷用地可容纳 74 户，94 户，37 ~ 42 户或 30 户。此外，还提供每公顷 20 户和 12 户的联排住宅（单独地块中的独立家庭住宅）。每个选项能描绘出与地图比例一致的土地利用类型和规模 / 大小。也就是说，专家研讨会的参与者可以调整地图上的标记并直观地看到他们的设计是否"适当"，以及查看低密度开发与高密度开发的住房数量是否均衡（图 14-35）。

初步的设计思路也提供给公众开放参观，看公众如何从可多样的土地用途，密度和位置中进行选择。然后设计团队开发出了一系列的地图和插图来说明就业与住房的增长目标是如何在每个社区内实现的。这个概念是说，只谈论新居民和就业机会的数量是非常抽象的，任何人都难以想象这一数额增长将意味着什么或可能会给大家在视觉上带来什么样的感受。那么同样，许多居民还可以列举出，临近生活区附近，那些有负面影响的不当的高密度开发的例子。新的开发，如果很细致地进行设计，是不会有上述的问题产生的。此外，由于许多家庭拥有自己的住房，他们担心新的开发，会降低自己房屋的市场价格，进而造成财产的损失（图 14-36）。

图 14-35　Charrete 会议
来源：Metro，Calthorp 事务所

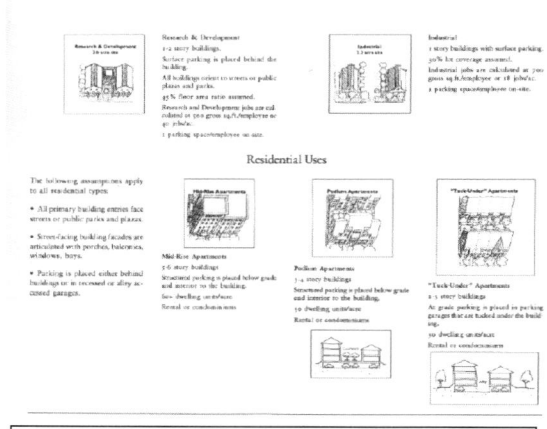

图 14-36　居住房屋的增长模型——Charette Process
来源：Metro，Calthorp 事务所

图 14-37、图 14-38 完全是为了给公众就正在进行的低密度以及高密度开发加以说明用的。就这一点上说，2040 区域规划致力于在一定的工具的帮助下以及公众的参与下来完成的。如何去适应新的居住与就业，在方案 A、B、C 中，以及在基础研究和现有条件下有一些基本选项。交通评估、空气质量、城市增长边界的扩张等，为了对每一个选项进行详细的思考，在变化幅度较小的情况下，插图最能详细的表达每一个案例。当然首要任务是把信息传递给公众并收集公众的意见反馈，以及他们所关心的利益所在。

一系列的报纸上刊登了有关 2040 区域规划中的单项交通，图 14-39 是其中的一张报纸的封面。这些报纸的大小为 21 厘米宽、28 厘米长，一共 8 个版面，通过邮寄的方式，送达到需要的个人或公司。第一次邮寄给了 12500 人，然后就一度上升至43000 人，这是 Metro 理事会所期望的目标。起初这个数量是区域内人口数量的 2.5%，就在 Metro 做出决策之前，人数上升为 8.5%。新闻报纸中的调查结果是从那些选择作

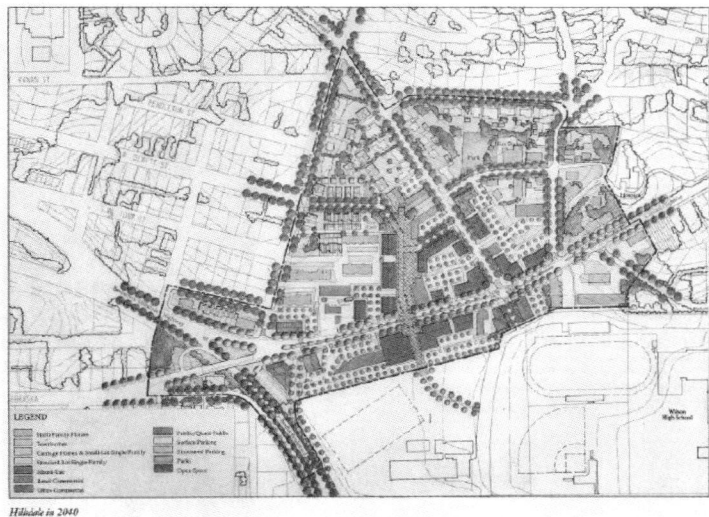

图 14-37　描述就业与住房改变的地图——Charette Process
来源：Metro，Calthorp 事务所

图 14-38　描述就业与住房改变的地图——Charette Process
来源：Metro，Calthorp 事务所

出回复的人当中选取的，那些研究报道不一定基于统计学，但能反映出公众的意见，例如他们在工作车间的交谈，在公共空间的讨论，与区域政策制定者、技术人员、电话调研员的对话（图 14-40）。如前所述，这项工作从 1992 年 4 月开始到 1994 年 10 月，那时并没有当前可用的通信方式如电子邮件、网站、社交媒体和其他网络媒体。报纸上还会写有 Metro 理事会选举人员名单，以及电话联系方式。①

报纸也提供有讨论进行中的一些实时报道、最新的发现、如何添加自己的邮寄地址、将要举行的会议，以及如何管理 Metro 理事会成员或工作人员来参加集体会议。

① 就目前的联络方式而言，Metro 使用网站、facebook、推特和其他媒体。在这些地方，Metro 为公众提供了大量的用于了解 Metro 政策举措，公共会议的时间、日期和地点，将要讨论的议题和公众能够对事件进行评论以及与理事会联系提供信息留言等各种联系方式。

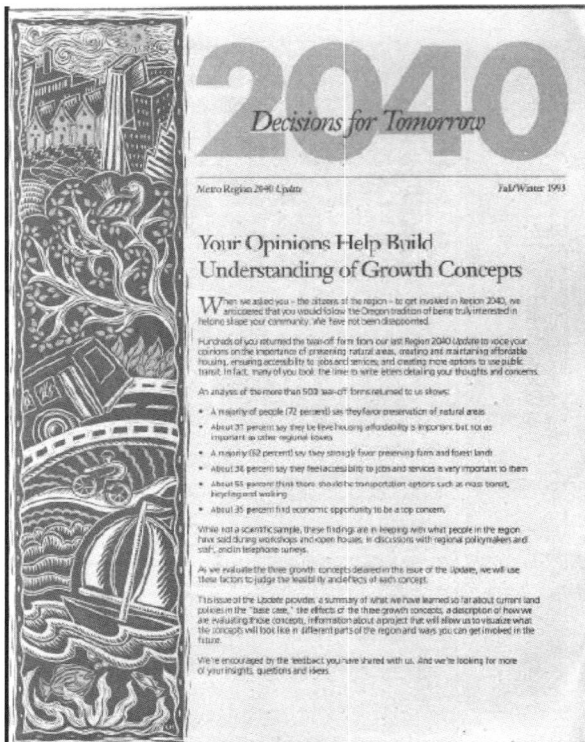

图 14-39　1993 年秋冬区域 2040 通讯报道封面
来源：Metro、Calthorpe & Associates.（full size is 21 cm by 28 cm）

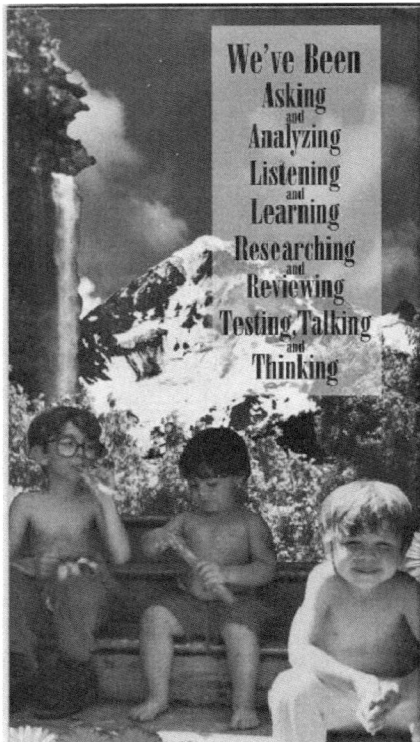

图 14-40　给住户散发的宣传品封面：
标题为"我们一直在调查、询问、分析、
倾听、研究、检讨、测试、交谈、思考……"
来源：Metro，June 1994

　　报纸经常也刊登几个当时已经形成的意见总结，其他通信方式也用来从事公共参与的政策塑造。在会议中心举行有关 2040 区域增长的全天会议，有 600 ～ 700 人参加，包括利益相关者的个人访谈代表、商人和成组的市民、处理市郡之间、邻里之间事项的企业和公民团体则代表社区出席，地方政府简报和电话热线也用来记录人们的意见与建议。这是为那些希望看到这个区域会有何种变化而感兴趣的市民采取的措施。在早期资料中提到过，包括关注商业利益的人，如空置土地的所有者，银行家，建筑师，房地产商，关注经济发展利益的人，以及地方政府官员，对环境与邻里活动关注的人。这些人也许仅仅是总人口的 10% 左右，但他们强烈的责任感不仅在于对议题的探讨，更是试图形成一些决策。因此，他们拿出自己的时间来参与讨论。然而，该项目希望所有居民都能参与进来，尽管很多市民很忙或者是没有兴趣给出回复。因此需要将宣传手册发送给所有的家庭，大约有 500000 份邮件。宣传手册的首页如下图所示：是一份 15 厘米宽，27.5 厘米长的宣传小册子，打开之后大小为 60 ～ 55 厘米长，双面打印。一面印有封面，对 Metro 做了简短的解释，例如："Metro 是谁？""为什么我们要关心这件事？"有关不增长的讨论是出于对增长后所带来的负面影响的考虑，但反对增长者中有 1/3 的居民是出生于该地区。刊登在封面的其他讨论议题是有关潜在的环境影响及需要解决的潜在的负面问题，那么有一段题为："这个大问题"写到："我们可以变得更明智吗？这样我们就可以得到我们想要的社区了。"

　　然后列出在常见的有关未来区域增长的评论中，一致听到的，如："保留开敞空间和规划新的公园"，"保护并加强现有邻里社区"等，然后说："该轮到你了"。宣传手册的另一面（图 14-41），涵盖了广泛的主题，包括对"控制蔓延"，"城市"的分离，"强大的中心城市"，"步行的社区"，"未来会发生什么"的解释与说明：

　　"我们会把所有的意见和建议，不论是否通过邮件，还是传真，还是电话或是个人在小型开放会议中提到的，全部收集起来。我们会阅读、讨论，然后会用这些意见来协助制定政策，到秋天反馈给 Metro 理事会。进行进一步的商讨后，Metro 会采纳建议，将这定位为区域规划方向。这些计划会通过地方法律法规的监管得以实施。"

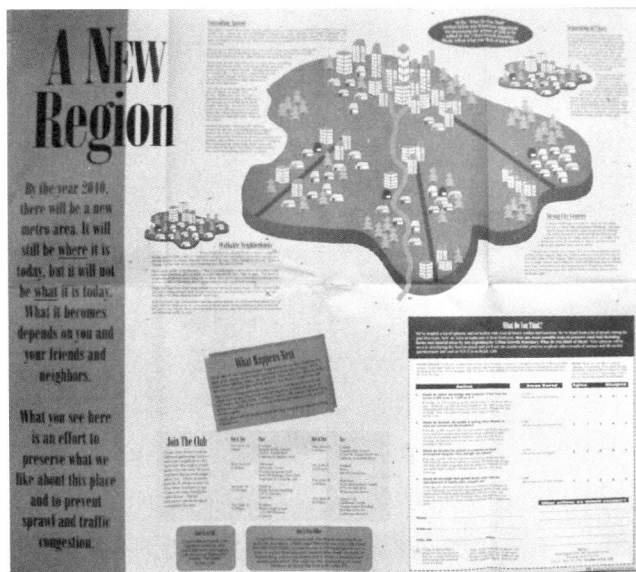

图 14-41　分发给公众的宣传手册第二页
来源：Metro，1994 年 6 月

　　宣传手册还会将开放会议举办的日期、时间和地点公布在上面，为索取更多信息或为公众提供信息而给出的可以联络到的电话号码也会出现在手册上，在商店里还可以看到会议议程的免费全程录像。

　　最后是一组包括有 4 个问题的问卷，要求公众作出选择，并把结果发送给 Metro（图 14-42）。参与调查者用一个大小为 1 ~ 5 的数字来表示"同意"还是"不同意"，调查以"行动"，"挽救英亩土地"以及同意或不同意为标题。这些问题伴随着带来了一些潜在的正面或负面的影响。问题如下：

（1）我们应该减少新建住宅用地吗，从 790 平方米减少到 650 平方米？[①]

（2）我们应该减少休闲与商业开发用地中的停车空间吗？

（3）我们应该增加公交站点\轻轨沿线的居住用地和休闲用地吗？

（4）我们是否应该鼓励城市中心的扩张，以及紧凑的土地开发呢？

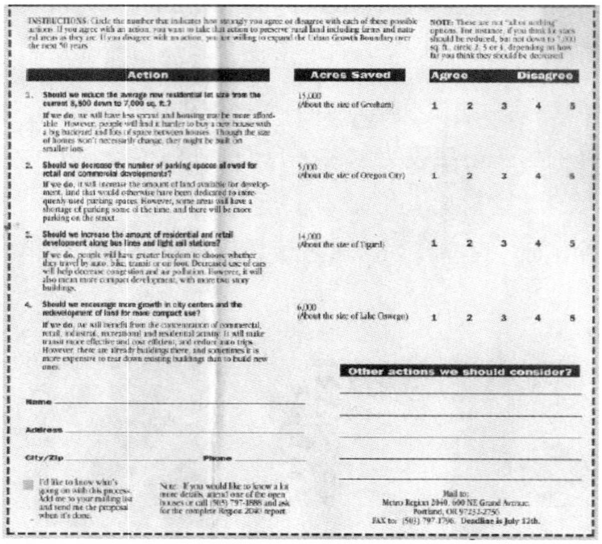

INSTRUCTIONS: Circle the number that indicates how strongly you agree or disagree with each of these possible actions. If you agree with an action, you want to take that action to preserve rural land including farms and natural areas as they are. If you disagree with an action, you are willing to expand the Urban Growth Boundary over the next 50 years.

NOTE: These are not "all or nothing" options. For instance, if you think lot sizes should be reduced, but not down to 7,000 sq. ft., circle 2, 3 or 4, depending on how far you think they should be decreased.

Action	Acres Saved	Agree 1	2	3	4	Disagree 5
1. Should we reduce the average new residential lot size from the current 8,500 down to 7,000 sq. ft.? If we do, we will have less sprawl and housing may be more affordable. However, people will find it harder to buy a new house with a big backyard and lots of space between houses. Though the size of homes won't necessarily change, they might be built on smaller lots.	15,000 (About the size of Gresham)	1	2	3	4	5
2. Should we decrease the number of parking spaces allowed for retail and commercial developments? If we do, it will increase the amount of land available for development, land that would otherwise have been dedicated to infrequently-used parking spaces. However, some areas will have a shortage of parking some of the time, and there will be more parking on the street.	5,000 (About the size of Oregon City)	1	2	3	4	5
3. Should we increase the amount of residential and retail development along bus lines and light rail stations? If we do, people will have greater freedom to choose whether they travel by auto, bike, transit or on foot. Decreased use of cars will help decrease congestion and air pollution. However, it will also mean more compact development, with more two story buildings.	14,000 (About the size of Tigard)	1	2	3	4	5
4. Should we encourage more growth in city centers and the redevelopment of land for more compact use? If we do, we will benefit from the concentration of commercial, retail, industrial, recreational and residential activity. It will make transit more effective and cost efficient, and reduce auto trips. However, there are already buildings there, and sometimes it is more expensive to tear down existing buildings than to build new ones.	6,000 (About the size of Lake Oswego)	1	2	3	4	5

Other actions we should consider?

Name

Address

City/Zip　Phone

I'd like to know what's going on with this process. Add me to your mailing list and send me the proposal when it's done.

Note: If you would like to know a lot more details, attend one of the open houses or call (503) 797-1888 and ask for the complete Region 2040 report.

Mail to:
Metro Region 2040, 600 NE Grand Avenue,
Portland, OR 97232-2736
FAX to: (503) 797-1796. Deadline is July 12th.

图 14-42　分发给公众包括有 4 个问题的问卷

来源：Metro，1994 年 6 月

有超过 17000 个反馈给到 Metro——占到该地区的家庭总数的 3%。毫无疑问，那些参与的人，把他们的调查结果提供给 Metro，不进行随机抽样的受访者主动做出回复，这些仍然是比较有效的统计，为将来的立法提供了有效数据。也就是说，那些主动做出回复的数量是如此之大，在统计学上这些结果与一个随机抽样之间的差别不会太大。调查结果刊登在 1994 秋季报纸上，最强有力的以及最不明确的公众反馈如图 14-43 ~ 图 14-46 所示。

从这些调查结果中得出的结论是，城市发展需要有一个更紧凑的区域，而不是更多的扩展城市增长边界，沿着交通走廊进行开发，也有一些意见是支持较小的新住宅用地和对更少的汽车停车的诉求。Metro 政策咨询委员会（缩写为 MPAC），LED 由选举产生的地方政府代表以及几个当选议员和一些市民代表 Metro，他们建议 Metro 理事会考虑如何创造一个备选方案。在进行大量的审查和修改工作后，提出一种混合模式。在 1994 秋季，推荐备选方案被转发到 Metro 委员会审议。表 14-4 是备选方案的比较，包括 1990 年当时的条件以及基础状况下，方案 A、B 和 C 以及推荐方案的对比。

① 在美国，一般来说不使用公制。最初的问题是用平方英尺表示，想象一下从 8500 平方英尺到 7000 平方英尺的平均变化有多大。被标注有 15000 亩或 6700 公顷的土地没有必要与较小的用地尺寸同时纳入城市增长边界，15000 亩或 6700 公顷是一个像格雷舍姆市一样的郊区城市的规模。

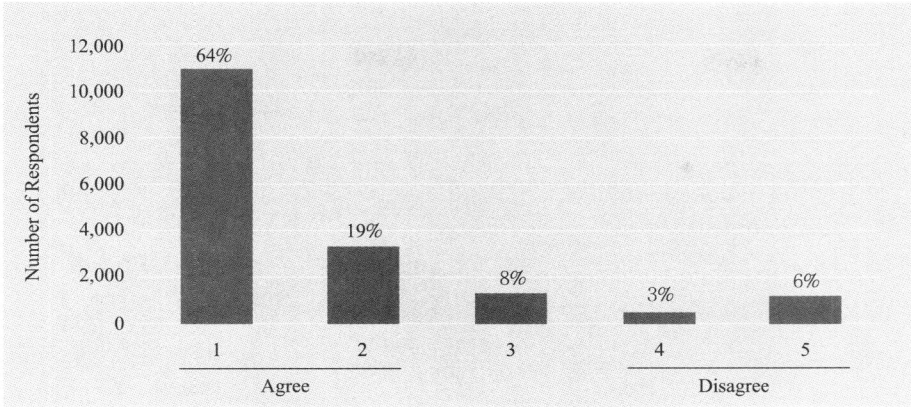

图 14-43　是否鼓励公交站点沿线的土地开发？（问题 3）
来源：Metro，1994 年秋季

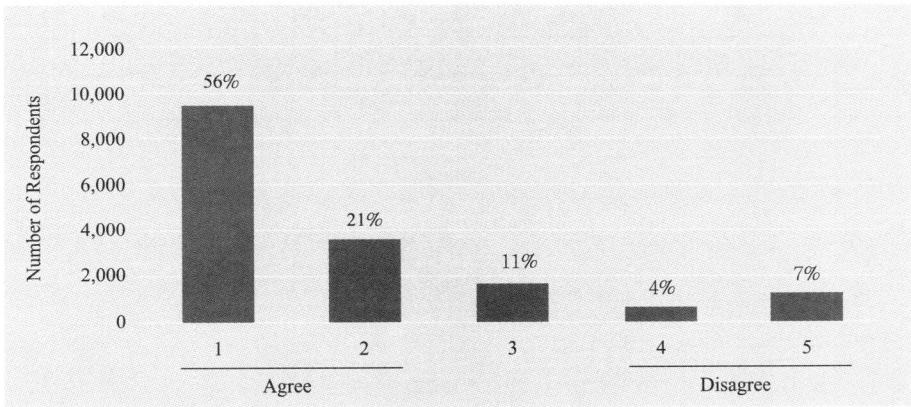

图 14-44　是否鼓励城市中心区的开发？（问题 4）
来源：Metro，1994 年秋季

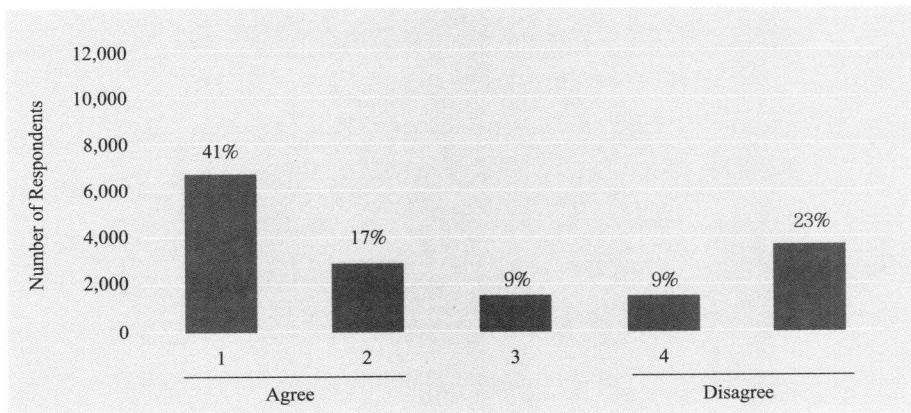

图 14-45　是否减少新的居住开发？（问题 1）
来源：Metro，1994 年秋季

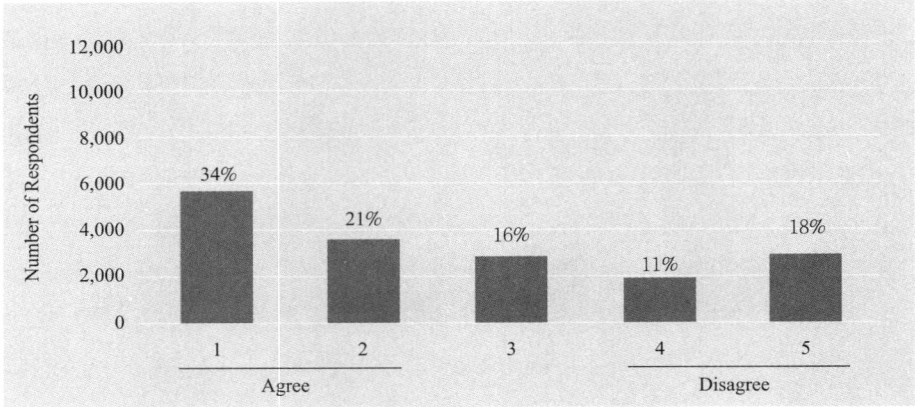

图 14-46　是否减少停车空间？（问题 2）
来源：Metro，1994 年秋季

方案对比——2040 区域规划					表 14-4
	1990	Base Case	Concept A	Concept B	Concept C	Recommended Alternative
Demography						
Population	1,032,471	1,917,284	1,943,895	1,904,799	1,678,720	1,862,182
Households	410,853	827,843	839,333	822,452	724,836	804,051
Jobs	723,982	1,284,210	1,305,193	1,293,427	1,169,913	1,257,265
Single-family/multi-family	70/30	70/30	74/26	60/40	69/31	65/32
Lacatiomn of Grawth						
% of growth in existing Metro UGB	-	83%	71%	100%	63%	87%
% of growth accommodated by redevelopment	-	0%	6%	18%	8%	19%
EFU conbersion	-	63,900	17,200	0	11,400	3,545
% of employment on industrial land	32%	43%	53%	33%	54%	25%
Transportation						
Vehicle miles traveled per capita	12.40	13.04	12.48	10.86	11.92	11.76
Mode Split	92/3/5	92/3/5	91/4/5	88/6/6	89/5/6	88/6/6
（Auto/transit/walk-bike）Congested road miles	151	506	682	643	404	454

续表

	1990	Base Case	Concept A	Concept B	Concept C	Recommended Alternative
Transit riders	136,800	338,323*	372,400	527,800	437,200	570,000
Average PM speed（mph）	30	28	24	24	27	26
Transit service hours	4,983	9,600	12,300	13,200	12,600	12,000
Air Quality						
CO winter（Kg/day）	835,115	614,451	613,537	579,579	569,091	574,749
CO summer	574,708	528,601	525,133	496,017	487,188	491,995
HC summer	177,857	70,700	69,810	66,375	65,745	66,391
NOx summer	80,452	94,024	90,987	83,817	86,988	86,230
Water						
Drinking water costs	-	-	Moderate	Low	Moderate	Lower
Wastewater costs	-	-	Moderate	Moderate	High	Moderate
Stormwater costs	-	-	Moderate	Moderate	Moderate	Moderate

The base case did not have parking factors and pedestrian factors madeled consistent with the other growth concepts.

来源：Metro，1994 年秋季

经过几次听证会和证据收集，Metro 理事会于 1995 年批准了 2040 区域增长计划（图 14-47、图 14-48）。[①]

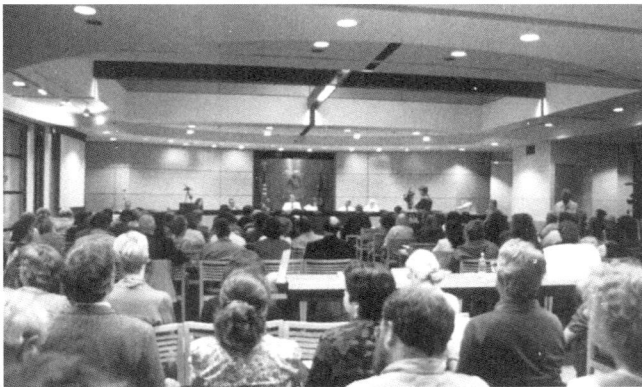

图 14-47　Metro 理事会在议会大厅举办的听取公众意见的会议
来源：Metro，1994 年秋季

① 2040 增长计划是由新城委员会的选民批准后实施的，具有特许授权的"区域框架规划"。目前的 2040 增长详细概念规划的副本在如下网页可以找到：http://library.oregonmetro.gov/files//2040_concept_011413.pdf。

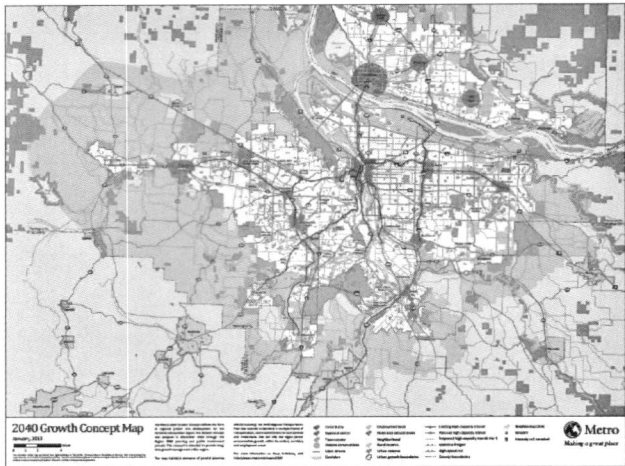

图 14-48　Metro 2040 区域概念规划
来源：Metro，2013

第四节　规划的实施

一、规划的实施办法

为了落实 2040 城市发展规划，预计将实施一项功能规划[1]，这是一项有关新城的州法律规划。据此，增长计划的具体实施项目很有可能会得以实现。功能规划的具体图纸内容在相关的州法律中是这样描述的：

"各辖区可以制定和实施功能规划，目的在于控制大都市地区的空气、水质，以及都市发展带来的交通和其他一些方面的影响。"[2]

新城的修建对空气、水的质量和交通等多方面广受关注的影响上起到了决定性的作用，新城管理委员会从根本上可以肯定，新城规划在一定范围内是不受制约的。

因此，新城管理委员会委托咨询委员会，与员工一起准备了一份新城增长管理计划书（也就是前面所说的功能规划）。

新城管理委员会遵循着同样的规定，用于发展、审查并采纳 2040 增长计划（包括公共参与的部分），最终建立了包含有以下各因素的功能规划：

住宅需求与为雇员提供住宿的需求，区域停车的规定，水质与滩区保护管理的规定，

---

[1]　源自：俄勒冈修正法，第 268 章，第 390 节。本法规全文，是国家为新城管委会授权立法的，见：http://www.leg. state.or.us/ors/268.html。

[2]　由于原来的条例已于 1996 年通过，其中一些章节的标题以及它们的内容已经被修改。之后，尊敬的格雷沙姆市长古西·麦克罗伯兹以及波特兰市专员查理·黑尔斯（Charlie Hales），带领大家实现城市增长管理计划，挑战民选政府同事们，得到有效的解决办法，跟上他们的步伐。

工业区与办公区域内的休闲功能，毗邻城市与农村的保护地，区域的可达性，经济适用房，合规性，绩效指标和规划目标。[①]

功能规划的第一步是，解决对住宅房屋的刚性需求与解决雇员的住宿问题，即解决城市增长边界范围内与人口相关的工作机会与居住房屋的容量问题。人们期望在2040增长计划中，城市能够在未来50年内容纳72万居民，并能产生35万个新的工作机会，大约会有60%的涨幅。50年增长中的其中一部分，大约25%是用来适应未来城市边界扩张的需求的，其中75%的新增长是用来适应现有的城市增长边界的。有分析显示，在现有城市边界中要达到这个涨幅，不得不对地方政府区划与城市密度标准进行调整。因此，功能规划中应有这样一份表格：截至2017年，针对这24个城市和3个县市，每一个城市会提供多少新的工作机会与居住房屋。在他们的社区内，目标新建房屋量与提供的工作数量会在每一个城市和县市都被列举出来，主要是用于给地方政府和公众提供计划书的一定的信息，同时强调这些建议是强制性的。在社区范围内，位置的调整是由城市或者县市政府来做决定，而不是由新城管理公司决定。在执行过程中，很多城市与县市都同意城市的紧凑发展，但是都不愿意独自推行。所以需要有清晰的界定：通过规划调整，每一个城市与县市都将能达到同一个水平。因此，功能性规划中有一项新增规定，即只有在新城咨询委员会主要由当地的司法管辖区的民选官员组成的前提下，一个城市或县市才有可能实现他们的规划调整目标，也就是说，对于需要面临同样问题的其他改革者来说，城市与县市将不得不去解决这个难题。

功能规划的下一步是关于停车与地方政府需求的内容，有关这一步的陈述如下：

"2040新城增长计划号召更加有效的利用土地资源，即提倡紧凑增长，促进非机动车交通运输与空气质量的维护。另外，由于2040增长计划中有关交通系统目标的达成，使得联邦政府制定的空气质量维护计划被州政府所采纳。值得注意的是，空气质量维护计划取决于车辆的人均出行频率的降低和与之相应的停车空间的缩减，这种停车空间的改变是通过停车位比例的最小化和最大化来得到的。这就强调出了州政府与联邦政府的需求决定了本地区的生活质量。"

"紧凑型的城市形态要求每一块土地的使用都需要谨慎的思考，高效的形式比之低效的形式更容易受到青睐。停车系统的设置，特别是在新的开发区内的设置，会直接带来土地使用率和容积率的下降。停车系统还会对交通产生影响。在考虑有交通设置的地区，以及在有在非机动车交通系统（步行，自行车）的地区，出行就会更为便利。减少停车位仍然可以解决包括汽车在内的各种出行方式的可达性和流动性。用非机动车出行方式取代机动车的通勤，这样做可以降低交通堵塞的发生几率并能改进空气

[①] 交通政策的过渡是由一些民选官员领导，特别包括前波特兰市委员，现在美国国会议员 Earl Blumenauer，前波特兰市专员和现在的波特兰市长查理·黑尔斯。此外，还有许多工作人员促成了这一变化，包括前新城管理局规划主管，现在的高级顾问安德鲁·科图尼奥（Andrew Cotugno）。

质量。"

功能规划的第二个阶段，应该包括一张有较低停车位数的区域地图，并且标注有在城市或市郡中每 92 平方米或等值的可出租空间所需要的最大限度的停车位数。

当然这需要大部分政府以及其他区域政府的共同支持。这项功能规划被地方政府地区咨询管委会的领导者视为是与其他城市与市郡竞争发展的有效办法。它在确保本社区规避不利因素的情况下逐步改进并加强。

功能规划的第三个阶段关注的是水质与洪泛区的保护与管理。这一阶段的任务重点是：识别并保护某些河岸地区使之处于近自然状态，对侵蚀与泥沙的管控，对本土植物覆盖的保留与恢复，对保留下来的洪泛区的接纳。地方政府给出了选择：要么采纳已经得到地铁管理部门批准的范本，要么地方政府需要展示他们能够达到标准要求的途径。

给地方政府一个选择，被大家看作是给予各地方政府更多的自由度，从而对每一个城市或市郡更加具有针对性的进行保护，同时当然要遵循一定的有意义的衡量标准。这一阶段任务还包括，在城市增长边界内保护与恢复当地的野生动物栖息地。然而这些元素的激活，需要更加深度的分析与区域的划定，正如第一阶段的图纸和范本一样。如图 14-49 所示的水质与洪泛区的管理图纸，已经于 1997 年得以采纳，地方政府有 24 个月的时间期限去完成实施。于早些时期，较平坦区域大量被洪水淹没，由于水保护与恢复的成本过高，溪流被泵入了地下管道，野生动物栖息地的保护与恢复计划被延期了。

功能规划的下一阶段所关心的内容是如何保有足够的工作岗位。在波特兰地区，正如美国境内大多数其他大都市中一样，土地性质是以工业用地为主，但用地性质时常会被改变为商业休闲用地，特别是在配套设施，例如道路、上下水管网铺设好之后，

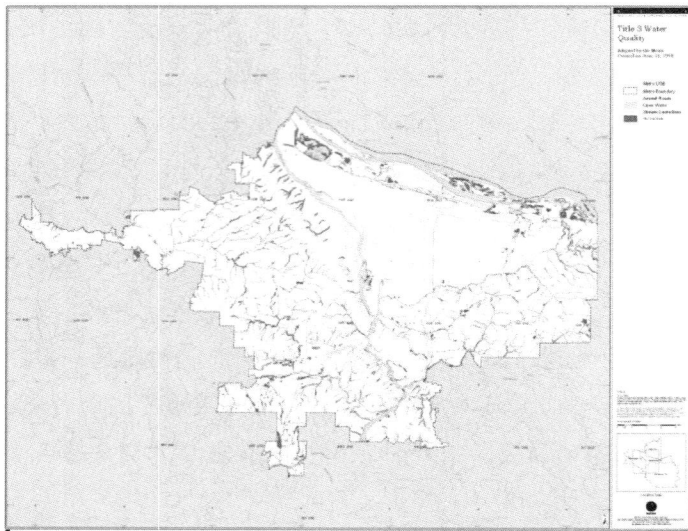

图 14-49　水质与洪泛区的管理与保护方案
来源：新城管理局

而且商业用地的土地价值远远大于工业用地的土地价值。这种土地性质的转变使得就业岗位与从业机会从居住中心区转移到工业区，经常导致这些雇员们需要每天往返在路途上的时间就会大大加长，雇员们会更加劳顿，会花费更多精力在高速公路上，由于未来的工业用地与就业用地会产生不足，进而增加了城市边界向外增长的压力。

因此，功能规划的第四个阶段，就是解决就业问题，对设置在工业与其他功能用地之中的商业休闲用地的比例需要严格控制。这也是一种平衡方式，即设置在工业用地中的商业可以为工作者提供配套服务。这个阶段也包含有一张规划图纸，指出哪里需要进行这样的配套设置。

在 2040 新城增长计划实施过程中，很多在城市增长边界之外的区域城市都关注，大都市区域会快速增长到预控边界，那么在社区与社区之间、城市与城市之间就不会有太明显的区分。因此，第五阶段就是新城管理委员会保证参与到与邻近城市的讨论当中，使得各方达成一致意见，在发展边界的同时，与城市边界之间保留一道农村的缓冲区域。功能规划将列举出需要统一讨论的 3 个相邻城市，并向其他相邻城市敞开邀请，随时加入到与新城管理委员会的对话中来。

功能规划的第六个阶段聚焦在交通规划上，尤其因为它会对用地性质产生较大影响。交通规划的重点在于街道的设计上，强调的是道路功能发展与都市发展目标的一致性。也就是说，对于高速公路、快速路、特定城市主干道而言，高速通过与货运是最重要因素，而地区道路的平衡是为总体交通方式服务的。特别是全方位道路系统包括除机动车交通体系外，还应提供更多的街道步行系统、自行车系统、用户友好型交通体系。

这种多方位的交通模式，是基于对这一居住区域系统资料的收集上，资料表明拥有良好的交通和混合土地使用模式，非机动车使用比例会相对提高（表 14-5）。

大都市区域的出行方式。1994 年对大都市出行的调查，
包含对所有出行目的与所有收入阶层的统计　　　　　表 14-5

Land Use Type	Travel Mode Share（percent）					Vehicle Kilometers per Capita	Auto Ownership per Household
	Auto	Walk	Transit	Bike	Other		
Good Transit / Mixed Use	58.1	27.0	11.5	1.9	1.5	15.77	0.93
Good Transit Only	74.4	15.2	7.9	1.4	1.1	21.37	1.50
Remainder of Multnomah County	81.5	9.7	3.5	1.6	3.7	27.91	1.74
Remainder of Region	87.3	6.1	1.2	0.8	4.6	34.92	1.93

为了提高非机动车出行比率，需要设计更为密集的街道路网、街边步行道路，以及为通往商业休闲街区而设计的商业步行道（相反，在商业建筑与街道之间所提供的大型停车场，是以汽车为主导的商业布局模式）。更进一步而言，之前以汽车为主导的开发，占用了本来应该留给步行者和过路人的大量非机动车使用的土地，由于步行道路与穿越较长道路的横穿路的缺乏，阻碍了步行者以及非机动车使用者的出行，包括自行车出行以及其他中转交通出行。因此，功能规划的这个阶段包括两方面：衡量标准与措施，强调的重点不是交通容量，而是道路的连通性；降低限速，交通安静，有步行道路与自行车道，街边可停车（将步行道与车行道分开，为商务联络提供便利），在所有交叉口提供步行交通联系，如果两个交叉口相距较远，则需要设置中间停靠点。

接下来，在这一章节也会简要探讨有关区域交通规划。功能规划的这一阶段，在很大程度上体现为政策的过渡，交通特别是机动车和土地使用面临新的阶段，使得除了高速路、快速路以外，建立一种多交通模式系统来为公众服务。[①]

在美国众多的大都市地区，包括波特兰地区，美国联邦政府规定，房价不得高于购房者年收入的30%。向收入低微的中下层提供这种保障性住房，有一定难度。这是由于功能规划和营建法规都有强制要求，这势必增加了住宅建造成本。例如烟感警报器是低造价却很实用的，但是其他的一些要求特别是要与其他很多人捆绑在一起的要求，会提高房屋的造价，就会使得低收入者买不起也租不起房屋了。意识到综合城市区域会抬高土地价值，人们担心如果居住密度的改变是功能规划的一部分，这些改变也许不会对保障性住房的实施有任何帮助。因此，功能规划的第七阶段就是保障性住房的实现需要通过"公平分享"的途径来完成。

"公平分享"[②]政策包含：①在UGB范围内，各大城市与郡市中，为居民提供大量不同类型的房屋；②为低造价和中等造价房屋提供统一标准，使得所有管辖范围内的或者家庭中有一人工作于管辖范围内的各收入阶层都能买得起房屋；③居住密度、成本费用与公共政策相一致，这些政策包括：区域交通系统的发展、针对中心和之间的联系；④确保郊区与中心区达成工作与居住平衡。

作为"公平分享"的第一个策略，功能规划的这一阶段提供两种措施：①城市与郡市所提供的可居住房屋清单；②鼓励城市或郡市检验与修改他们的区域法规，更多使用预制构件房屋的方案与选址。[③]

功能规划的最后一个阶段是落实一定含义的阶段：强调过程和方法，协调地方政

---

① "公平的份额"所指的是在一些较高收入的城市中，不包括通过分区与建设的需求来划分的中低收入家庭，基于城市或县的人口规模，该地区各县市应承担经适房的一部分需要。

② 在波特兰地区以及全美国，绝大多数房屋是在现场建造的。相反，预制房屋是在一个生产基地完成建造的，然后用卡车直接运到现场。预制房屋的制造需要雇佣一定的非现场施工工具与建造技术，预制房屋的限制较小，造价比现场建造房屋要低。

③ 当代都市成长管理功能规划全文可以在以下网址找到：http://library.oregonmetro.gov/files/03.07_maps_-_title_4_updated_6__14_eff_011812.final.pdf。

府与功能规划步伐一致，针对功能规划的实效进行监管与评估（被称为绩效指标）①。这种定义与实施的阶段主要是程序性的，不做细节描述。这种绩效指标需要更有进一步的诠释。绩效指标需要这样完成："为了对功能规划的执行进行监管……新城管理委员会需要建立绩效指标，检验是否卓有成效，以及用期望达到的效果来检验功能规划的执行力度。"

更进一步讲：

"绩效指标应该包含检验未来六年成效的每两年一检的目标管理，应与政策协调一致，基于实际实施状况去调整区域规划。"

公众与地方政府的参与，是用来针对 2040 新城发展计划和新城的城市增长管理功能计划的评估进度进行度量的。如下一章节所述的评估阶段中，会有对绩效指标的详细讨论。

二、其他实施办法

一项措施在 2040 新城发展计划之前就已经被提出了，并且是针对新城的城市增长管理功能计划中对区域自然景观的关注所提出的措施。环保人士提出，如果城市增长边界内的全部土地都被城市化了，没有给城市地区预留出与自然景观的衔接，那么人们对看到自然、体验自然的渴望会驱使他们投身于或者旅行于区域之外的农村地区，甚至是会在大都市区域之外去寻找居住的地方。② 这些行为将会与紧凑型城市形态中所描述的理想化的、政策性的区域土地规划产生矛盾。环保人士挑战新城管理委员会和地方政府，让他们为公众在城市发展边界中找到一条与自然景观相协调的解决办法。他们还说，这种对自然区域的想法与需求，是不仅仅局限于对公共公园、球场，以及其他的娱乐休闲空间和学校操场的范围内的。此外，对于土地的调查发现，虽然在大城政府辖区，有 29% 的土地都被认为是处于自然状态下，但是只有 9% 的区域，或低于 3% 的区域，是在进行保护性开发。

因此，从 1995 年开始，要求新城区域的选民自身要缴纳税费，以便逐步积累出总数达 1.36 亿美元时，就可以购买到开敞空间、公园和溪流，而这些是被列为包括地理平衡在内的最为敏感的资源，这样每个社区将会分享到一份新的开敞空间。③ 当然，只

---

① 大波特兰地区，城市绿地研究所执行主任 Mike Houck 几十年来一直都是无可争议的关键环保先行者。见：http://www.urbangreenspaces.org。

② 1992 年，一个相似的绿地措施以 2 亿美元提交给选民，但却失败了。失败的部分原因是由于不确定所要达到的具体目标。一些人认为，对支出的控制并没有清楚地描述出来，因此导致选民拒绝了这一措施。

③ 源自：新城管理局绿化空间网站。见：http://www.oregonmetro.gov/index.cfm/go/by.web/id/24253 2013 年 5 月通过。应当指出的是，用于保护自然区域的其他方法都没有成功过。对河岸地区的自然栖息地的土地价值和多样性的记录，是多年以来一直的努力，并通过图纸列出了这类地区的清单，在新城区域内私人拥有这类土地的纪录已经完成，但是仍然有大量的反对人士，如土地所有者、建筑商、开发商和其他人，这样的土地调控超越政府管控的界限，特别是考虑到对其信息的采集和保护，因此最终没有得以实施。

有在土地所有者认为价格合理的情况下，才有可能实现这样的买卖。选民批准了税收措施，同时新城管理委员会获得了超过 3200 公顷的土地，以及约 120 公里长的小溪和河流,并有能力向当地政府公园提供 25 美元管理费用(原文如此,大约每公顷费用。——译者按)，用于进行市、县公园的改进。然后，在 2006 年，选民为了获得额外的土地被再次征税。选民们再次通过了税收措施，这一次的税收总数达到了 2.27 亿美元。据最新的统计，近 4900 公顷的土地已从愿意出售土地的所有者手中购入（图 14-50 ）。[①]

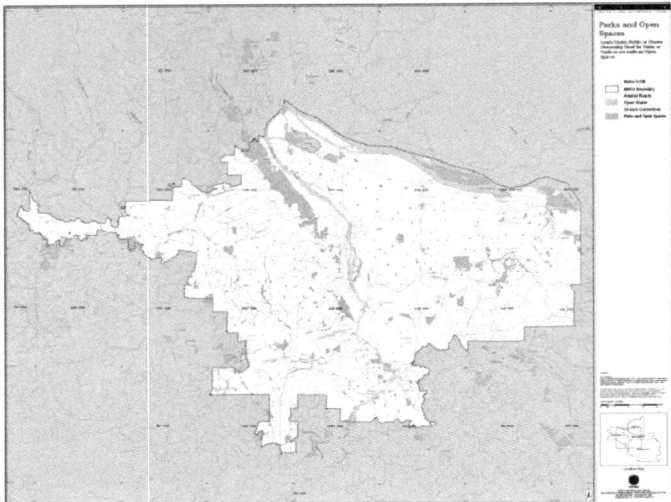

图 14-50　公园与开敞空间
来源: 地铁管理局 2013 年提供

三、实施方法之一——交通运输

如前所述，实施的方法进行了部分的改变。即对所需的土地需求重新规划，然后对交通系统进行规划，而不是像美国大部分大都市区那样，先进行交通规划，然后回应市场对土地的使用需求。与其他有关材料和政策的工作、就文件的广度和深度相比较，这一个阶段是非常简短的。[②] 为了了解该地区的出行方式和用交通模型来预测未来的交通情况，新城管理委员会研究出的出行模型是基于 1994 对地区用户的实际出行调查与研究得来的。出于对土地使用多样性的考虑和由此产生的交通状况的总结，这些数据提供了及时的关键信息。收集来的数据表明，土地混合使用和交通的可达性如何影

---

① 　简言之，对大波特兰都市区域交通计划（RTP）最新的解释，可以在如下网页找到：http://www.oregonmetro.gov/index.cfm/go/by.web/id=137 . 区域交通计划（RTP）的全文见：http://library.oregonmetro.gov/files/2035_rtp_final_document_as_submitted_and_approved_by_dlcd_usdot_web.pdf . 尽管 RTP 是众多参与者的共同努力，但原规划主任和现高级顾问委员安德鲁·科图尼奥 30 年多年来不断的努力，却是前所未有的。
② 　源自：负责领导清洁的空气：俄勒冈空气质量管理计划第 9 页，2013 年 5 月样本中，俄勒冈州环境质量部 Allison Sliter and William Knight 提供。

响着人们在区域之中的穿行。土地使用和交通设施由于互相影响，所以需要协调规划，这一点是越来越明显。

在新城管理委员会带领实施的交通改造中，它拥有很多合作伙伴，其中的一些人同意他们的做法，而另外一些人则需要看到数据和细节来证明这样的改造是适宜的。那么，完成这些工作所需要的大量的基金，将会与交通改造的类型相绑定。例如，在波特兰地区的大量交通基金来自联邦政府和俄勒冈政府征收的汽油税。大多数这些资金只允许用于建设或改善高速公路、区域内高速公路、城市主干道。但是从对当地居民的调查中得到，理想化的交通改善，并不仅仅是限定在这些类别中。然而有一些资金是可以灵活使用的，这意味着要提出更少的要求与限制条件。图 14-51 是在该地区 2001 年居民调查中公众的偏好。可以看出，公众将交通基金普遍均匀地花费在哪里。美国的许多城市会解释这些结果意味着新的高速公路和维护现有的道路和桥梁是最重要的，几乎所有的资金，即便更灵活的资金，都会用在这些上。然而，新城区域对这个数据的解释显示出人们对非机动车出行的强烈愿望，如特殊交通出行，自行车和行人步行道的改进，给出更多对天然气税收基金的限制，强烈主张非机动车出行方式的建立，而不是以灵活的资金对他们产生排斥。交通运输，自行车和步行交通系统与其他系统没什么区别，如果规划有更多的交通联系和改进措施，交通系统的运行就会更加完善。该地区继续努力设法提供一个更加平衡的交通系统，使居民将有更多的出行方式的选择。为了建立一个更为紧凑型的区域，这些选择意味着拥有更多的机会，而且还提供安全的骑自行车和步行出行方式，为对抗肥胖也带来了一定的好处。较少使用汽车也有助于空气质量的维护，这将在本章的后面讨论。

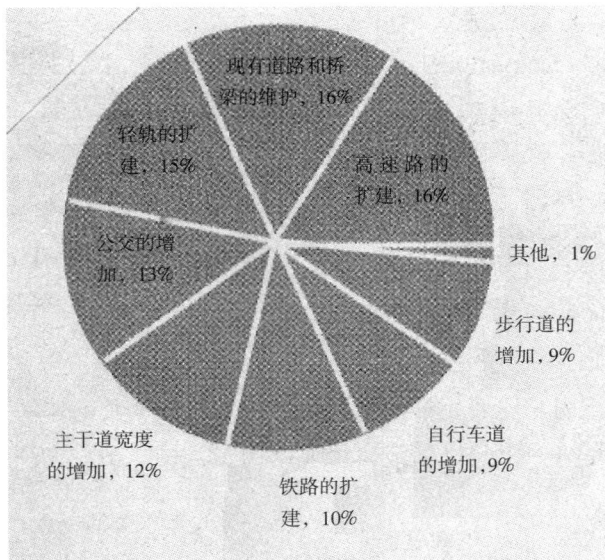

图 14-51　各项设施扩建比重

2011，另一个已经完成的旅行社的调查结果是惊人的。1994 年，该地区有 90% 的通勤是通过汽车来完成的（从居住地到工作地、从工作地到居住地），而在 2011，这一比例已下降到 80.9%。1994 年，87.4% 的出行是由汽车完成的，到 2011 年，汽车的使用减少到 83.7%。进一步而言，司机平均每天行驶的里程数从 34 公里下降到每天 27.5 公里，下降了 19%。此外，平均行程长度减少了 14%，从 1994 年的 8.1 公里减少到 2011 年的 7.1 公里。此外，自行车旅行短途通勤比率从 1994 年的 1% 增加到 2011 年的 4.6%，从波特兰市中心到居住地往返比率从 1994 年的 1.6% 增加至 2011 年的 7.7%。步行、自行车尚未成为该地区大部分人的出行方式，但更好的设施和服务的投资对出行方式的选择上产生了很大的影响，自 1994 年以来，这一地区兴建了不少新的道路，更多的人愿意生活在该地区。

20 世纪 90 年代早期到中期，RUGGO 计划、2040 新城增长计划、城市增长管理功能规划，以及区域交通规划都是由新城管理局努力带头完成的（表 14-6）。很快 20 年过去之后，这些产品和它们的政策将会过时，然而他们对该地区的影响仍然会是巨大的，使该地区的增长形成了一定的规模，构建了一个更为紧凑的城市形态，尽可能的提供更多的非机动车交通方式并为下一代对自然区域的体验提供了可能性。当然，也有其他机构带领的实施措施对新城区域产生过深远的影响。

新城规划时间的概要——20 世纪 90 年代 表 14-6

1991 年 9 月	委员会采纳城市增长目标（RUGGOs）
1992 年 11 月	选民通过了新城地方自治，对于增长的管理优先
1992～1994 年	2040 区域公众参与于技术分析
1994 年 5～7 月	主要公众参与成果。电视广告，平面广告，开放日，对房屋所有者的问卷调查
1995 年 5 月	选民收集到 1.35 亿美元债券，用于开放空间的获取
1995 年 12 月	新城委员会接受 2040 区域
1996 年 11 月	新城委员会接受城市增长管理功能规划

来源：新城规划管委会提供

四、实施方法之二——保证空气质量

正如在本章前面所提到的，差不多在 20 世纪 90 年代早期，显而易见波特兰都市圈遭受到了健康威胁与空气污染。在美国各地，美国环境保护署（EPA）在减少空气污染上起着重要的作用，他们还给与俄勒冈州环境质量部（DEQ）相当大的责任。俄勒冈州环境质量部是一个由公民委员会组成的国家机构，被称为环境质量委员会，由俄勒冈总督任命。

在 20 世纪 70 年代，空气污染幸好来自于"单一"污染，通常是来自于工厂的烟囱。在波特兰地区，从 20 世纪 70 年代开始，通过了 EPA 和 DEQ 章程，进而烟囱中的气体排放物逐渐减少了。[①] 然而，地面臭氧，或烟雾 [空气污染物是汽车尾气和烟囱排放的氮氧化物（NOx）和挥发性有机化合物在阳光下进行化学反应的结果]，这种未处理的污染物吸入量持续达到一定水平时，就会导致大家所熟知的呼吸问题和过早死亡。另外一种污染物：一氧化碳，是来自汽车排气管的空气污染物，在波特兰地区也已达到对于呼吸不健康的程度。 因此，俄勒冈州环境质量部（该机构的缩写为 DEQ），波特兰市和地区中的其他城市，TriMet 公司（负责波特兰都市区的轻轨和公交系统的机构）和新城管理局开始进行全面的综合措施的协调。这些措施包括：

DEQ 启动车辆检查程序：针对该地区每辆汽车和卡车的废气排放量，每两年检测一次。车辆如果不符合标准，需要进行调整或维修，车辆接受再测试通过后方可继续上路行使；

提出波特兰市中心允许的最大停车量。针对市中心的消费者数量的多少，自动调节停车量的大小；

TriMet 公司增加公交出车的频率，启动轻轨系统的建设，城市中心区内免费提供交通服务；

新城管理局、当地政府和区域运输合作伙伴对机动车减排负有更大的责任，现有的和潜在的新工业产业将在减少排放量上承担较小的责任；

波特兰市，波特兰地区的其他县市以及 TriMet 公司和俄勒冈运输部对步行道、自行车设施的建设投入更多的资金，用以鼓励更多的非机动车出行。

如图 14-52 所示，在波特兰地区，尽管汽车使用量与城市人口在不断增加，但是

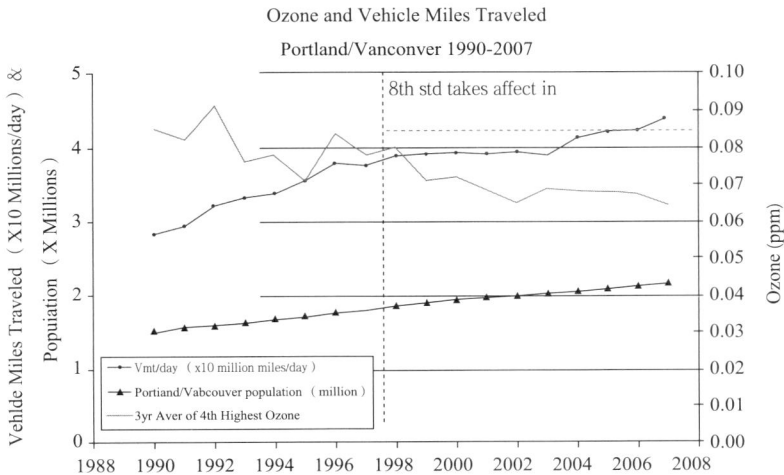

图 14-52　波特兰地区 1990 ～ 2007 年，烟雾、汽车使用量、人口的走势
来源："对空气清洁的付出"，2013 年 5 月，副本第 12 页，DEQ 提供

① 源自：2011 年空气质量报告，第 16 页，数据 26，俄勒冈州环境质量部提供。

411

臭氧或烟雾却在持续减少。

所以自从 20 世纪 70 年代早期以来，地区雾霾天数超过了波特兰制定的标准，即每年有多达 42 天的烟雾超标天气。但是波特兰空气最后一次超标是在 1998 年。图 14-53 显示的读数为 2011 年波特兰地区，臭氧以及 PM2.5 的数值（颗粒，无论是固体或液体，2.5 微米的尺寸或更小）。可以看出，在波特兰地区，虽然大部分天数中的污染物数值都较低，但如果想要为了敏感的个人健康着想每天都达标，仍然需要很大的努力才能降低空气中的污染物指数（图 14-54）。[①]

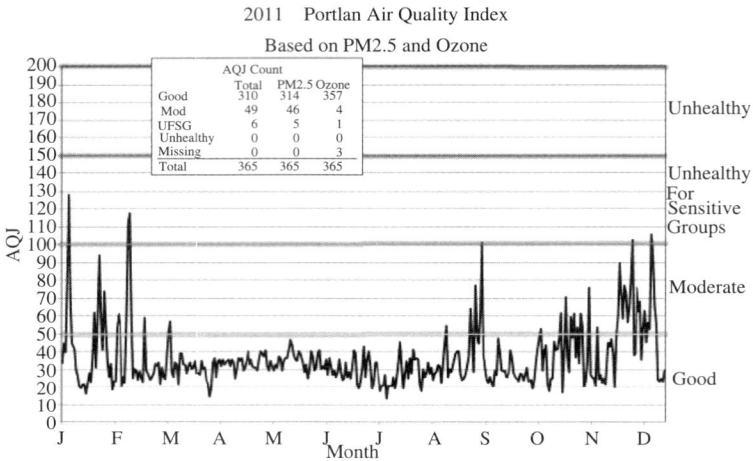

图 14-53　2011 年，波特兰地区空气中烟雾与 PM2.5 的含量

图 14-54　2013 年，从波特兰远眺胡德雪峰

---

① 源自：1992 年"政府再造"，作者 Osborne and Gaebler。绩效指标由 O. Gerry Uba 教授带队完成。

第五节 规划和管理评估：绩效指标

如在本章开篇所述，系统方法是一种简单，但功能强大的和全面的组织规划实施方法。虽然该系统的方法，是一条没有尽头的循环过程，它通常以制定目标为起始，进入规划编订，然后付诸实施。而作为第一循环的最后一部分，如果需要的话，以评估和确认为结束。新城管理局意识到在区域城市发展和目标设定中，评估的重要性是能够对其规划成果进行自我评价。此外，州立法机构感兴趣的是确保新城能够审查自己的规划，并且在州立法中确定，新城管理局将对特定"指标"进行评估。因此，在 2002 年，新城管理局开始对区域规划工作进行评估，包括对 2040 新城增长计划和城市增长管理功能计划的评估。如何评价包含在新城管理局的报告结果中一段引语，言简意赅道出了项目评估工作的巨大意义：

"如果你不对结果进行衡量，你就无法得知是成功还是失败。

如果你看不到成功，你就无法对它进行嘉奖。

如果你看不到失败，你就无法更正你的错误。"[1]

对方案进行深入的研究与评估，很显然，意图是很清楚的——"我们是如何做的呢？"——评估是具有挑战性的。例如，一旦政策到位，需要花费多少时间去衡量其产生的实效呢？最有效的措施是什么？所有的结果可以直接被测知吗？用一个标准去评估就够了，还是必须要从多方面进行评估？如果新城管理局对能够影响所期望得到的转变的能力严格加以了限制，如何对所取得的进步进行评估呢？所需的数据是现成的还是可以通过相对较低的成本获得？什么是数据的可靠性亦或是限制因素？

人们可以清晰地看到，2040 年增长计划和城市增长管理功能计划相结合的范围很广泛，评估会通过对大量的数据的检测来得出结论。也很明显的是，而新城管理局在进行评估时，它需要有项目的监督，包括非新城管理局的决策者和员工。因此，被称为"绩效指标"的新城管理局评估开始去收集数据，并在咨询委员会的帮助下，定义了一套基本的价值目标，既表达了新城规划迄今为止的总体意图，又提及了组织报告中对具体措施的声明。这些"2040 年新城区域的基本价值"如下：

"鼓励发展壮大本地经济；鼓励土地高效使用；保护和恢复自然环境；保持新城城市增长边界与周边城市之间有一定的距离；提供平衡的交通运输体系；使新城城市增长边界内的社区保有其原来的场所感；确保所有居民拥有多样化的住房选择；创建一个充满活力的生活和工作场所。"

---

[1] 新城管理局发现绩效指标的实施比较艰难而且费用较高。2003 和 2004 年的绩效指报告完成后，并没有按最初的设想继续下去。2004 年的报告全文见：http://www.oregonmetro.gov/index.cfm/go/by.web/id=13104 。取代新城绩效指标的执行，在 2010 与波特兰州立大学的共同努力着手的是：大波特兰脉络。见：http://www.portlandpulse.org/about 。

初步确定共有 138 项措施，但是通过进一步的评估，由于缺乏可提供的数据，作为工作成果而优先考虑和通过对措施的价值评估，措施最后减少到 80 项。2003 年 3 月，第一个绩效评估调查报告完成，并得到咨询委员会和新城委员会的审查与认可（图 14-55）。该报告涵盖的内容比较广泛，其中包括总共 58 项审核评估内容，建议可用于未来的评估中。下面是审核评估内容一例，从中可以看出这种政策评估活动面临的各种问题：

"1998 年闲置土地清查结果，在标题 3 中显示，6649 英亩（2691 公顷）的土地处于洪泛区。2000 年的研究表明，在洪泛区空置土地减少了 568 英亩（230 公顷），即减少到 6082 英亩（2461 公顷）。这些变化说明在洪

图 14-55　绩效指标报告
来源：新城管理局 2003 年提供

泛区内的控制土地增加了 9%。在这种速度下，剩余的洪泛区可以再发展大约 20 年。"

然而，数据还显示，递减比率在 1998 ～ 1999 年与 1999 ～ 2000 年下降了。此外，虽然标题 3 通过了新城管理局规定，当地政府仍然有 19 个月的时间期限去履行这些规定。这些法规可能会促进或者阻碍建筑的发展，这不是新城管理局为地方政府下达的规章，不直接适用于独立的建筑许可证。在地方需求被采纳之前，一些得到许可的开发建设，被用于进行初期高利率和后期低利率的开发了。这个例子说明，为了对将来会发生的事情有一个更为全面的了解，不仅需要对数据进行采集，同时需要对适用条件进行分析。

该报告还包括一个章节，题为"资料和数据的局限性"，是指在评估一个特定的数据源时，需要考虑这一议题，要多方听取专家意见。[①]

第六节　对波特兰地区规划和实践的批评与反思

一、受到的批评

虽然大波特兰都市区内外多收到了积极的反馈，波特兰仍然有许多新的挑战有待

---

① 19 世纪英国分析师的故事中讲到，他为英国提出一种普通铁路宽度的方法。他收集了所有现有铁路的宽度，提出针对所有铁路建立新的标准，这种标准正好与现有铁路都不相同。（他的提议被拒绝了！）

解决。这些挑战从全球到地方，包含有如下的方面：气候的变化以及波特兰地区如何去应对；当地的基础设施包括道路、运输、排水、水处理、学校建筑、公园等设施老化问题，以及维护费用和运行成本；如何公平地考虑和解决住房、交通和其他问题，使得那些低收入者在困难时期仍然能够得到住房保障；对经济增长率来讲，工作与适于居住性的平衡点在哪里。

对波特兰计划和"精明增长"政策的批评，包括如下内容：

（1）抬高了住房成本，因为它限制了可供开发的土地数量，提高了土地的成本。因高密度住宅必须采用的施工方法和材料比传统的木结构建筑更为昂贵。

（2）不欢迎企业。相反，他们通过更高的成本（土地成本，改善成本）和延迟建设，把企业推开，结果导致很少有高薪的工作。如果没有这些规定的话，将会出现高薪的工作机会。例如，由于大型工业用地的短缺，从美国其他地区来的公司无法按照常规去设计一个单层建筑和大量的汽车停车场，因为这里的土地比其他大都市更昂贵，这样公司就会选择去其他地方发展。零售商业特许经营活动经常发现他们的设计用地或者说建筑占地很局促，因为波特兰法规向来就是阻碍或者不允许他们进行常规设计。

（3）创建密集居住区发展模式，但没提供足够生活空间。空间少，成本高，这样的选择降低了家庭生活质量，导致家庭预算紧张，或两种影响皆有。

（4）造成中产阶级化，虽然取代了贫穷，却也弱化了社区文化。

（5）未能缓解交通拥堵，反而导致更多拥挤，强迫旅客使用交通换乘，而这种换乘因为等待时间较长，非常不便，一旦需要在各换乘车站之间步行往来，人们需要暴露于恶劣天气时，与驾驶汽车相比就更为不安全了。

它代表的是精英价值观，不是普通人的价值观。

其实施靠调节，而调节多为政治手段，结果就扭曲了自由市场信号，导致从资源和公共支出来看，效率低下。

二、基本反思

俗话说，不做决定会有后果；恰如做了决定，同样要承担后果。

自由市场体制同样也难免政治影响，这种体制通常并不涵盖生产的全部成本——产成品及服务的全部外围成本。那是优秀有作为的政府理所应当予以解决的领域，它有责任为全体生产者提供一个公平竞争的平台。

任何指导行动都须在不同价值理念之间反复综合平衡——任何行动过程无不充满了补充修改。

是的，地价上升，但有些人会感觉地价被人为降低了，因为差价被补贴给公共维护成本，用于扩宽街道，以及下水道、水循环、学校、公园等设施的维护。此外，建筑设计或规划布局的重复使用，在这个区域其他地方已开始出现，然而只有设计与布局体现一个地方的独特性时，才能说设计与环境最为契合。

　　土地大量开发的模式只是为拥有汽车的人提供的，对于年轻人、年老人、残疾人或太穷的人们，他们没有资金或能力去驾车，更不用说这种开发会导致昂贵的换乘代价。

　　土地大量开发使得更多土地转为城市用地，与紧凑型城市发展相关的损失相比，这种开发妨碍了附近地区食料来源，并会导致本土动植物栖息地的缩减；在波特兰，人们已经看到汽车运输模式的比例在下降，交通换乘和自行车的出行方式在增加，每一个家庭为单位的平均出行总里程数在 1994 ～ 2011 年缩减了不少（参考 2011 年旅游行为调查数据）。

　　一些人认为，波特兰年轻人经历了持续的高失业率，尤其，年轻人决定来波特兰居住，往往看中它能提供高品质的生活，常常未预先找好工作就来定居，以为住下就能找到工作，这就导致了就业市场的紧张。

　　没有绝对正确的解决方案——虽然每一个人都可能有适合他们个人喜好的，对他们的家庭和社区来讲是唯一的解决办法，但即使一个计划被采纳了却实施不下去时，有些人会同意继续执行，特别是通过政策去执行下去，而有些人却持否定态度。此外，条件随时改变，对什么是有效而积极的方向的考虑，什么是通过政策使尽可能多的居民受益，人们各有侧重。如果政策需要改进和变化时，随时听取多方意见并持续得到评估。在波特兰地区，规划师们努力在各方面提供技术支持，但决定都是由选举产生的官员来做的，他们才是应该对公众负责的。也就是说规划师不是技术官僚，相反，他们努力工作，努力提供良好的分析和建议，但他们不是最后决策者。

本章小结

　　如本章开头指出，波特兰规划经验可能会也可能不会给读者提供有益见解。与大多数中国城区相比，波特兰地区占地较小，历史较短，有着与中国不同的法律、政策和文化背景。所以应该由读者来决定，这些检验是否有存在的价值和一定适用性。交代过这话之后，或许才可以说，本文提炼的一些总括陈述或许可以突破地区局限，具有借鉴意义：

　　（1）依靠系统方法，定义发展目标，编订和执行规划，以及评估执行结果，这些环节共同组成规划的重要框架，虽然执行起来有阻力，且不易坚持到底。

　　（2）精确情况描述和准确数据，无可替代。但这还不够，因为即使规范收集到的数据，也须经过正确分析，使之能说明情况和问题。

　　（3）编订规划过程中，须为公众提供更多的参与机会，这样才能确保公众的支持与协作。这方面的努力可能是需要一定的时间，需要一定的资金支持，但只要它包含一定教育效果，总会收到实效。也就是说，只要保证公众了解规划师做结论所依据的关键性数据，公众的看法就会同规划师的意见相辅相成。

（4）公众可能并不关注职业规划师涉及的那些问题，或者他们可能没时间去深钻专业规划师要解决的问题。所以应当给公众提供一个简化说明，尽可能不使用专业术语，最终达到与公众很好的理解和沟通。

（5）永远满足所有人的要求，这不大可能。但是对所有观点和建议都仔细考虑，尽可能对公众担忧的问题多加思考，将会赢得更多人的支持。

（6）依靠规章管理不失为实施规划一种好办法，但采用激励机制，无论有没有规章管理，却都可使一项计划有效付诸实施。这比单一的规章制度更容易得到各方支持和合作。

（7）政府的不同层级或不同职能部门都各有优缺点。大都市圈范围内这些部门可以帮助确保法规一致性，有助于减少现存不公平现象。然而，小型地方政府可以有权调整政策，这些政策可以更多地反映当地特点和自然状况。各级政府之间协调与合作可以形成一种均衡，取得双赢的最佳效果。

城市未来始于足下，我们有更多机会建设更好的城市。

（马克·特佩尔撰文，王昱译，宋俊岭整理）

作业与思考

1. 波特兰城市在哪里？以什么著称？
2. 波特兰城市规划建设管理最成功的经验是什么？
3. 波特兰规划建设管理经验如果想应用到中国，该从哪里入手？
4. 从波特兰提供的样本，能否看出中国城市发展的主要障碍？

附录A 国际城市管理协会ICMA 简介

ICMA Code of Ethics

The principles outlined in the ICMA Code of Ethics and enforced by the Rules of Procedure govern the conduct of every member of ICMA.

国际城市管理协会（ICMA）道德守则规定了组织原则及活动规章，规范每位成员的行为活动。

Demonstrate your commitment to the highest ethical standards by hanging the ICMA Code of Ethics Frameable version on your wall. Find out more.

建议将此道德守则装成展示文本高悬办公室墙壁，昭示您最高承诺

Adopted in 1924, the ICMA Code of Ethics defined the principles that today serve as the foundation for the local government management profession and set the standard for excellence. Leadership in a management structure committed to equity, transparency, integrity, stewardship of public resources, political neutrality, and respect for the rights and responsibility of elected officials and residents strengthens democratic local governance.

ICMA 本守则初定于 1924 年，当时制定的原则成为如今地方政府专业管理的基本指导精神，并且规定最佳管理绩效标准。管理机构领导权威忠实于公平、透明、正直、掌管公共资源、政治中立；尊重民选官员与居民权利和责任，增强本地民主化管理。

ICMA members pledge to uphold these principles in their conduct and decisions in order to merit the trust of the public, elected officials, and staff they serve. As a condition of membership, ICMA members agree to submit to a peer-to-peer review under established enforcement procedures should there be an allegation of unethical conduct.

CMA 成员宣誓以实际行动和决断维护这些原则，回报公众、民选官员，以及自己为之服务的工作人员的信任。ICMA 成员资格条件之一是，遇有违道德行为时承诺接受既定规章程序下的对等调查。

ICMA's Code of Ethics, most recently amended by the membership in April 2015 to reflect changes in the profession, includes Guidelines to assist members in applying the principles outlined in the Code. The Guidelines were adopted by the ICMA Executive Board in 1972 and most recently revised in June 2015.

本 ICMA 道德守则于 2015 年 4 月由全体成员作过最新修订，意在反映本行业最

新趋势；包括增补某些指导方针，如援助会员履行本守则规定之基本原则。该指导方针已经执行委员会于1972年讨论修改通过，最新修订是2015年6月。

Individuals seeking advice on ethics issues or enforcement are encouraged to contact Martha Perego, director of ethics, at（202）962-3668/mperego@icma.org or Jared Dailey, program manager, at（202）962-3557/jdailey@icma.org.（译略）

Here is the full version of the ICMA Code of Ethics（with Guidelines）

ICMA道德守则全文如下（附指导方针）：

Here is a Tenets-only version of the ICMA Code of Ethics suitable for framing：

纯条文文本如下：

The mission of ICMA is to create excellence in local governance by developing and fostering professional local government management worldwide. To further this mission, certain principles, as enforced by the Rules of Procedure, shall govern the conduct of every member of ICMA, who shall：

ICMA的宗旨是在世界范围内促进地方政府管理的最佳绩效。为保证该使命实现，依照程序规章制定基本原则，约束ICMA全体会员的行为活动。本会成员应当：

Tenet 1

Be dedicated to the concepts of effective and democratic local government by responsible elected officials and believe that professional general management is essential to the achievement of this objective.

条款一

忠于民选的、负责任官员构成的地方政府的有效和民主管理理念，相信通盘的专业化管理是实现该目标的根本手段。

Tenet 2

Affirm the dignity and worth of the services rendered by government and maintain a constructive, creative, and practical attitude toward local government affairs and a deep sense of social responsibility as a trusted public servant.

条款二

确认政府服务职能的尊严与价值，对本地区政府业务保持建设性、创造性和实事求是态度以及作为被委任公务员的深重社会责任心。

Tenet 3

Be dedicated to the highest ideals of honor and integrity in all public and personal relationships in order that the member may merit the respect and confidence of the elected officials, of other officials and employees, and of the public.

条款三

在公共关系和私人关系中遵守荣誉和正直的崇高目标，让自己作为 ICMA 成员不负民选官员、雇员和公众之信任与尊敬。

Tenet 4

Recognize that the chief function of local government at all times is to serve the best interests of all people.

条款四

确认地方政府的主要职能永远是服务于全体民众之福祉。

Tenet 5

Submit policy proposals to elected officials; provide them with facts and advice on matters of policy as a basis for making decisions and setting community goals; and uphold and implement local government policies adopted by elected officials.

条款五

向民选官员提交政策提案，并提供决策事实依据和建议作为决策基础，据此制定社区发展目标；提案一经采纳就要维护和实施民选官员采纳的政策。

Tenet 6

Recognize that elected representatives of the people are entitled to the credit for the establishment of local government policies; responsibility for policy execution rests with the members.

条款六

承认民选代表有资格确定地方政府政策，ICMA 成员有责任和义务实施这些政策。

Tenet 7

Refrain from all political activities which undermine public confidence in professional administrators. Refrain from participation in the election of the members of the employing legislative body.

条款七

避开一切政治活动，此类活动毁坏公众对专业管理人员的信任；不参选雇主方面立法机构职位。

Tenet 8

Make it a duty continually to improve the member's professional ability and to develop the competence of associates in the use of management techniques.

条款八

ICMA 成员有责任不断提高自身专业技能水平，并通过管理实践不断推动同伴的管理资质。

Tenet 9

Keep the community informed on local government affairs; encourage communication between the citizens and all local government officers; emphasize friendly and courteous service to the public; and seek to improve the quality and image of public service.

条款九

向本社区成员公开地方政府管理信息，鼓励居民间沟通交流以及管理者同居民的互动交流；强调为公众服务过程中的友善和礼貌态度，不断努力改善公共服务质量和形象。

Tenet 10

Resist any encroachment on professional responsibilities, believing the member should be free to carry out official policies without interference, and handle each problem without discrimination on the basis of principle and justice.

条款十

抵制任何侵蚀、损害专业责任心的事情；相信 ICMA 成员可以排除干扰，不受任何阻碍地自由实施官方法定决策；可以无例外遵从原则和公正基础上自由处置任何管理事务。

Tenet 11

Handle all matters of personnel on the basis of merit so that fairness and impartiality govern a member's decisions, pertaining to appointments, pay adjustments, promotions, and discipline.

条款第十一

以诚实守信原则处理任何人事关系，让公正透明指导你的决定，确保力能胜任，薪资调整、升迁惩罚等决定均符合实际情况。

Tenet 12

Public office is a public trust. A member shall not leverage his or her position for personal gain or benefit.

条款第十二

公务职位是公众的信赖与委托，ICMA 成员不得利用自己职位之便为个人谋利。

译后记：该条文曾于 20 世纪 80 年代初期翻译介绍给中国城镇管理同行。不久，中国管理业界首领人物纷纷赴美，开展活动和合作……如今此条文已几度更新，现重译出版。三四十年过去，合作项目不少，我国城镇管理进步几何，是否得其要领，不妨做个评价。

宋俊岭　2016 年 2 月 20 日

附录B 国务院批转民政部《关于调整设市标准报告》的通知

国发[1993]38号

各省、自治区、直辖市人民政府，国务院各部委、各直属机构：

国务院同意民政部《关于调整设市标准的报告》，现转发给你们试行。为了适应经济、社会发展和改革开放的新形势，适当调整设市标准，对合理发展中等城市和小城市，推进我国城市化进程，具有重要意义。各地要认真总结设市工作的经验，坚持实事求是的原则，搞好规划，合理布局，严格标准，有计划、有步骤地发展中小城市。已经设市和拟设市的地方，都要十分重视农村工作，十分重视农业生产，以使城乡经济协调发展。新的设市标准由民政部负责解释。

1993年5月17日

民政部关于调整设市标准的报告

国务院：

现行设市标准，是1986年经国务院批准试行的。从试行的情况看，现行设市标准贯彻了改革精神，方向是正确的。执行这一标准，使设市工作走出了新的路子，基本适应了近年来城乡经济和社会发展的客观要求。6年多来，我部认真贯彻国务院关于城市发展的基本方针，按照现行设市标准，积极而稳妥地新设了一批市的建制，加快了这些地方的繁荣和发展，促进了具有中国特色的城市化进程，推动了我国城市总体布局逐步趋于合理。但是，在实施过中，现行设市标准也反映出一些不足，主要是：有的指标统计难度较大，且难以核实；一些设市时需要考察的重要条件在现行标准中尚未体现；有些指标还不尽科学合理；分类指导的原则在标准中反映不充分；没有规定设置地级市的标准等。为了进一步适应经济、社会发展的需要，逐步完善设市标准，我部从1989年开始，即着手设市标准的调整和修改工作，在深入调查研究，形成修改稿的基础上，又征求了国务院有关部门，各省、自治区、直辖市以及有关科研单位的意见。"八五"计划公布后，又按"八五"计划中关于"城市发展要坚持实行严格控制大城市规模，合理发展中等城市和小城市的方针，有计划地推进我国城市化进程，并使之同国民经济协调发展"的精神，作了相应的修改。经过反复研究和论证，建议对1986年国务院批准试行的设市标准作以下调整：

一、设立县级市的标准

（一）每平方公里人口密度400人以上的县，达到下列指标，可设市撤县：

1. 县人民政府驻地所在镇从事非农产业的人口（含县属企事业单位聘用的农民合同工、长年临时工，经工商行政管理部门批准登记的有固定经营场所的镇、街、村和农民集资或独资兴办的第二、三产业从业人，城镇中等以上学校招收的农村学生，以及驻镇部队等单位的人员，下同）不低于12万，其中具有非农业户口的从事非农产业的人口不低于8万。县总人口中从事非农产业的人口不低于30%，并不少于15万。

2. 全县乡镇以上工业产值在工农业总产值中不低于80%，并不低于15亿元（经济指标均以1990年不变价格为准，按年度计算，下同）；国内生产总值不低于10亿元，第三产业产值在国内生产总值中的比例达到2以上；地方本级预算内财政收入不低于人均100元，总收入不少于6000万元，并承担一定的上解支出任务。

3. 城区公共基础设施较为完善。其中自来水普及率不低于65%，道路铺装率不低于60%，有较好的排水系统。

（二）每平方公里人口密度100人至400人的县，达到下列指标，可设市撤县：

1. 县人民政府驻地镇从事非农产业的人口不低于10万，其中具有非农业户口的从事非农产业的人口不低于7万。县总人口中从事非农产业的人口不低于25%，并不少于12万。

2. 全县乡镇以上工业产值在工农业总产值中不低于70%，并不低于12亿元；国内生产总值不低于8亿元，第三产业产值在国内生产总值中的比例达到20%以上；地方本级预算内财政收入不低于人均80元，总收入不少于5000万元，并承担一定的上解支出任务。

3. 城区公共基础设施较为完善。其中自来水普及率不低于60%，道路铺装率不低于55%，有较好的排水系统。

（三）每平方公里人口密度100人以下的县，达到下列指标，可设市撤县：

1. 县人民政府驻地镇从事非农产业的人口不低于8万，其中具有非农业户口的从事非农产业的人口不低于6万。县总人口中从事非农产业的人口不低于20%，并不少于10万。

2. 全县乡镇以上工业产值在工农业总产值中不低于60%，并不低于8亿元；国内生产总值不低于 6 亿元，第三产业产值在国内生产总值中的比例达到 20% 以上；地方本级预算内财政收入不低于人均 60 元，总收入不少于 4000 万元，并承担一定的上解支出任务。

3. 城区公共基础设施较为完善。其中来自水普及率不低于 55%，道路铺装率不低于 50%，有较好的排水系统。

（四）具备下列条件之一者，设市时条件可以适当放宽：

1. 自治州人民政府或地区（盟）行政公署驻地。

2. 乡、镇以上工业产值超过 40 亿元，国内生产总值不低于 25 亿元，地方本级预算内财政收入超过 1 亿元，上解支出超过 50%，经济发达，布局合理的县。

3. 沿海、沿江、沿边境重要的港口和贸易口岸，以及国家重点骨干工程所在地。

4. 具有政治、军事、外交等特殊需要的地方。具备上述条件之一的地方设市时，州（盟、县）驻地镇非农业人口不低于 6 万，其中具有非农业户口的从事非农产业的人口不低于 4 万。

（五）少数经济发达，已成为该地区经济中心的镇，如确有必要，可撤镇设市。

设市时，非农业人口不低于 10 万，其中具有非农业户口的从事非农产业的人口不低于 8 万。地方本级预算内财政收入不低于人均 500 元，上解支出不低于财政收入 60%，工农业总值中工业产值高于 90%。

（六）国家和部委以及省、自治区确定予以重点扶持的贫困县和财政补贴县原则上不设市。

（七）设置市的建制，要符合城市体系和布局的要求，具有良好的地质、地理环境条件。

（八）县级市不设区和区公所，设市撤县后，原由县管辖的乡、镇，由市管辖。

二、设立地级市的标准

市区从事非农产业的人口 25 万人以上，其中市政府驻地具有非农业户口的从事非农产业的人口 20 万人以上；工农业总产值 30 亿元以上，其中工业产值占 80% 以上；国内生产总值在 25 亿元以上；第三产业发达，产值超过第一产业，在国内生产总值中的比例达 35% 以上；地方本级预算内财政收入 2 亿元以上，已成为若干市县范围内中心城市的县级市，方可升格为地级市。

设立县级市及地级市标准中的财政收入指标，将根据全国零售物价指数上涨情况，由民政部报经国务院批准适时调整。

以上报告如无不妥，请批转各地试行。

1993 年 2 月 8 日

附录C 国务院批转民政部《关于调整建镇标准的报告》的通知

（1984 年 11 月 22 日 国发 [1984]165 号）

各省、自治区、直辖市人民政府，国务院各部委、各直属机构：

国务院同意民政部《关于调整建镇标准的报告》，现发给你们试行。

为了适应城乡经济发展的需要，适当放宽建镇标准，实行镇管村体制，对于加速小城镇的建设和发展，逐步缩小城乡差别，进行物质文明和精神文明建设，具有重要意义。现在对已具备建镇条件的地方，地方政府要积极做好建镇工作，成熟一个，建一个，不要一哄而起。要按照建镇标准，搞好规划，合理布局，使小城镇建设真正起到促进城乡物资交流和经济发展的作用。

关于调整建镇标准的报告

随着农村商品经济和乡镇工业的蓬勃发展，小城镇的作用日益显示出来。加速小城镇建设，充分发挥其联结城乡的桥梁和纽带作用，促进城乡经济的交流和发展。已成为当前基层政权建设上的一项重要任务。

我国小城镇（指建制镇）的建设和发展经历了一个曲折的过程。建国初期，随着国民经济的恢复和发展，小城镇有了较快的发展。以后由于"左"的影响，小城镇发展缓慢。在十年动乱期间，小城镇又遭到了破坏。党的十一届三中全会以来，农村经济的繁荣，促进了小城镇的恢复和发展，现在全国已有建制镇 5698 个。特别是今年中央一号文件下达后，各地对建镇工作更加重视，仅半年多时间，全国就新建了 2000 多个镇。预计到今年年底还将有一个较大的发展。

为了研究小城镇的政权建设问题，我们于今年 8 月召集 13 个省、自治区、直辖市的有关同志进行了座谈；还派人到部分省市进行了典型调查。当前建镇工作中的主要问题是，建镇标准不统一，有的地方把镇、村分割开来，很不利于小城镇的发展。在发展方向上，小城镇应成为农村发展工副业、学习科学文化和开展文化娱乐活动的基地，逐步发展成为农村区域性的经济文化中心。

鉴于上述情况，我们建议，对 1955 年和 1963 年中共中央和国务院关于设镇的规定作如下调整：

一、凡县级地方国家机关所在地，均应设置镇的建制。

二、总人口在 2 万以下的乡，乡政府驻地非农业人口超过 2000 的，可以建镇；总人口在 2 万以上的乡，乡政府驻地非农业人口占全乡人口 10％以上的，也可以建镇。

三、少数民族地区、人口稀少的边远地区、山区和小型工矿区、小港口、风景旅游、边境口岸等地，非农业人口虽不足 2000，如确有必要，也可设置镇的建制。

四、凡具备建镇条件的乡，撤乡建镇后，实行镇管村的体制；暂时不具备设镇条件的集镇，应在乡人民政府中配备专人加以管理。

各地在建镇工作中，应深入进行调查研究，结合当地的实际情况，搞好规划，合理布局，认真把这项工作做好。

以上意见如无不妥，请批转各地试行。

附件D　城市革命

戈登·柴尔德　文

宋俊岭　译

　　"城市"这一概念极难确定,这已是人所共知的事。本文的目的在于从历史的角度,或者更确定地说,是从史前时期的角度来阐释城市,把它作为一场"革命"的结果与象征来阐释它,这场革命为社会进化开创了一个新的经济阶段。当然,此处万不可把"革命"一词等同于突发性的猛烈灾变。这里,我用"城市革命"来表述人类社区经济结构及社会组织渐变过程中的顶点。这一渐变过程引起了——或同时还伴随着——相关人口的急剧增长。假如有重要的统计资料可循,(可以看出)这种增长会在人口统计图上呈现出明显的曲线。从英国工业革命时代,我们就可以看出这样一条人口增长曲线。在英国和其他地区的人口统计历史上,还有两个更早的时期必定也发生过此类可比的变化,尽管这种变化无法用统计的方式展现出来,这些变化或许并不剧烈,也不那么长久,但它们也都表明:经济领域中出现了同样的具有革命意义的变化。那么,它们同样也可看作是经济及社会发展不同阶段之间的过渡状态。

　　20世纪的社会学家及人种学家,把当时已出现过的前工业社会诸阶段分类,归并为一个等级结构。该结构以进化程度不等的三个阶段组成;分别为"蒙昧""野蛮"与"文明"。结果选择适当的标准来确定它们的概念,那么由此产生的不同阶段所构成的等级结构,便可被转换为一个由不同时代所构成的时间序列。考古的方法证明,这些不同时代,不论发生在什么地点,均以同一种顺序前后互相衔接。蒙昧时代及野蛮时代是按照获得的野生食物为生。对此来看,野蛮人类至少以栽培可食性食物和(在旧大陆热带以北地区)畜养动物为食的方法补充了这些自然食物资源。

　　在整个更新世时期,即考古学者们所说的旧石器时代,迄今所知的一切人类社会皆属上述意义上的蒙昧时期;并且,还有少数几个蒙昧部落脱离发展进化之正途,残存至今。在考古学的记载上,野蛮时代开始于将近一万年以前,是随考古学者所说的新石器时代同时开始的。因此它就代表着一个比蒙昧时代较晚,同时又比它更高级的阶段。文明时代就不能以如此简单的方法和概念来界定了。从语源学上说,文明一词同"城市"相关联,那么,城市中的生活当然就随之起始于这一历史阶段。但"城市"自身概念又很含混不清,因而考古学家们便喜欢用"文字"来作为文明的标准这本是很明显的;而且被证明,对于印证某些深刻的特征,文字是极可靠的指数。然而请注意,说一个民族是文明开化的，或识文断字的，这并不等于说，这个民族的每个蒙昧社区是自身接受城市生活方式，或发明文字，从而使自己走上文明开化的。凡在已经建立了城市的地方，那里先前都曾有过文字时代以前的农民的村庄（那些由已经进入文明阶段的民族殖民的无人区或许应当除外）。所以不论任何时代，任何地区的文明，它都跟随在野蛮时代之后。

可以看出，这里所说的革命概念，应当在人口统计中有所反映，而就"城市"革命这一概念而言，人口的增长主要须解释为共同居住在一起的人数的增多，即居住在同一个建成区的人数增加。最早一批城市，意指当时规模最大的一些聚落单元。当然，构成这些城市明显特征的，不仅仅是其规模。下面我们将会发现，依照现今标准来看，这些城市简直小得可笑。而且，我们还会看到，现今一些人口聚集体，也无法被称之为城市。但终究，一定规模的聚落和一定密度的人口，毕竟是文明不可缺少的特征之一。

现已清楚，人口密度取决于粮食供应；而粮食供应又受自然资源制约，受开发自然资源的技术水平，及有无交通运输和储存食物的手段等因素的制约。后面这几项因素已被证实是人类历史发展过程中的变量，而获得食物的技术则已经被用来区分这相连的历史阶段，诸如蒙昧阶段和野蛮阶段。在蒙昧时期的采集经济条件下，人口规模总是极其稀少的。在原始时代的美洲地区，普通的未改良土地的供养能力，旧石器时代以及新石器时代以前的欧洲各地人口密度，均低于美洲一般地区。尤其是狩猎民及以采集为生的人群，一般均结成小型群体游荡生存。充其量只会有若干个群体在举行各种仪式的机会短期聚集在一起，诸如澳大利亚现今一些土著人的跳舞夜宴。唯有在一些极其优良的条件下，以渔猎为生的部族才能够建立起类似村庄的集居地。太平洋沿岸某些聚落，规模已经达到了可包括大约 30 间左右较为坚固结实的屋宇，其中寄居着数百人的群体。但即使这样的村落，也只有在冬季才有人类居住，因为在一年的其他季节里，这些居民便会分散成更小的群体，各自为生。在新石器时代之前的旧大陆，至今尚未发现有过任何类似的现象。

新石器时代的革命，无疑使人口增加，并致使土地的供养能力极大增加。至今在太平洋一些群岛上，当地的新石器土著社会其土地的供养能力，或人口的实际密度才达到每平方英里 30 人，或稍多一些。然而在哥伦布以前的北美，那里因无海域的明显阻隔，已知的最大人口密度为每平方英里不足 2 人。

新石器时代的农民自然能够集聚，而且确曾集聚在永久性的村落中了；尽管由于当时普遍实行的过度开发地力的农业经济,这些村落不得不大约至少每 20 年搬迁一次，除非有水灌溉农作物。但总的来看，当时人口的增长主要并不反映在聚落规模的扩大，而反映在其数量的增多。在人种志中，新石器时代的村落仅能以拥有数百居民而自豪（在现今的新墨西哥州曾有过一些小镇——pueblos——能容纳 1000 居民以上，但这些小镇大约不能被看作是新石器时代的产物）。在史前时期的欧洲,迄今所知的最大村落，日德兰半岛的马克尔村（Barkaer in Jutland），共有 52 所只有一间房的小住宅。但较为更适中的数字应是（每村包括）16 ～ 30 所住宅。因此，新石器时代的一个地方人口群体规模，平均达到 200 ～ 400 个成员。

这样低的数字自然是技术水平的局限所致。当时尚无轮式车辆和道路，沉重的收获物品难以运输。人们只能刀耕火种，常常把大半可耕地丢弃不种，因而往往需要很大面积的土地。每当聚落的人口增加到超出其经营土地的负担能力时，这些多余的人口就不得不分群出走，另谋新的生活和居住地。

除了致使人口增加之外，新石器时代的革命还有一些其他效果；这些效果的协同作用，最终促使剩余产品增加。这种新经济容许，而且要求农民每年生产出超过其本人及家庭所需的粮食，换句话说，社会剩余产品的正常生产，现已成为可能。由于新石器时代的技术效能低，初期所能生产出的要求重新组织社会。

因此在任何一种石器时代的社会中，无论是旧石器还是新石器社会，蒙昧社会还是野蛮社会每个成员至少从理论上说都可以在家里制作一些人人必备的工具，适度的衣物，简单的装饰品，等等。但每个成员，除非年龄不适宜，均须以自己的采集、狩猎、打鱼、种园、或放牧，积极参与共同所需的粮食生产。只要这种方式有效，它就不会产生出全部时间用于同一活动的专业人员，也不会产生出依赖他人生产的粮食为生，并靠交换而获得物质或非物质产品和服务的阶层或阶段。

如今，我们的确仍然可以在某些石器时代的野蛮人中，甚至在蒙昧人中，发现一些能工巧匠；例如；火地岛的奥纳（Ona of Tierra del Fuego，火地岛为南美洲南部的群岛，隔麦哲仑海峡与南美大陆相望。人口稀少，发展缓慢，至今主要有牧羊、伐木、捕鱼和种菜等生产事业。——译注）地方人中就有燧石匠人。这些能工巧匠自称能施展魔法，甚至自封为部落酋长。在旧石器时代的欧洲，也有证据表明曾有过法师或巫师，新石器时代以前也曾有过酋长制度。但仔细观察之后，我们如今可发现，这些人都不是全部时间的专门职业者。奥纳的燧石匠人大部分时间必须去打猎，他用燧石制作箭头供应他人打猎，并且只能从他人提供的回报中增加自己分到的食品和声望。同样，哥伦布时代以前的酋长，虽有权获得属民根据习俗缴纳的礼品或服务，但他仍须亲自率领并参加打猎、捕鱼和出征，并的确只能以勤勉和在这些活动中的勇敢来保持权威。如今仍处于新石器时代的野蛮社会，来要求其酋长。根本原因仍在于，当时当地没有足够的粮食供分配，团体的每个成员都必须贡献力量增加收获，当时当地的社会剩余产品尚不够养活不劳动的人口。

因此，除由年龄和性别形成的初级分工形式外，社会性的劳动分工这时是不可能实现的，与职业社会的情况相反，由于获得食物过程中所用的策略方法相同，这些共同吸引保证了团体具有某种稳固性；因为协作乃是获得食物、居住地，以及防御外敌，无论是人类敌人或非人类敌人，所需的基本手段。大家的经济利益与职业追求的一致性，又与语言、习俗、信仰的一致性相共鸣，并因之而增加。于是，高度的一致性便有效地实行起来了，恰如对食物的共同需求会有效地迫使人们勤奋一样，而这种一致性和勤奋的协作，是无须以国家组织来保障的。这时的地方团体，往往只包括一个单独的氏族（即一些相信自己都是同一个祖先的后代，或因奉行某种礼仪而有权称自己是该祖先的后代人们）或者包括一些习惯上互相通婚的氏族团体。因此，血族关系和情感，又由于集中在共同的祖先圣祠，或纪念圣地举行各种礼仪而得以强化。考古学无法提供有关血亲组织的证据。但是，美索不达米亚地区的文字出现以前的村落中的中心位置，均建有圣祠。英国新石器时代的多数村庄，都有高高的狭长的古冢。这些古冢可能就是古代圣祠的所在地，下面村庄的古代居民们就曾向它倾注自己的尊崇感情，向着它举行歌赞礼仪和庆典。然而，这种理想化的并有具体象征的团结一致其基础却与狼群、羊群的构建原则完全相同。涂尔干（Durkheime）称之为"机械式的"组合。

如今在一些较发达的野蛮社会人群中……这些人在技术上仍然属新石器时代……例如在毛利人（the Maori，新西兰及太平洋岛屿上的土著人——译注）中的纹身师或剪羊毛工匠，我们都可看到一些能工巧匠，他们已接近于专职工匠的地位了。但是，为了获得这种地位，他们却需付出代价，丧失同当地社会的联系。假如任何村庄都不能生产出足够的剩余产品供养这种专职工匠生活，那么，每个村庄可以生产出少量剩余产品，可供养工匠生活一周左右。这样，这些工匠就可以走村串户，完全靠自己的相似组织——某种技艺团体，这种协和体若能长久世传，就会发展成为种姓家族。如果他们主要通过收养来招募成员（学徒制在整个古代和中古时代就是一种临时的收养方式），他们就会逐渐形成行会。但是，这样的工匠世人，通过解脱血亲或亲族联系，也同时丧失了亲族组织的保护；在野蛮社会阶段，只有这种亲族组织才保障了其成员的人身财产安全。为使这些人得到保护，不致流离失所，社会就必须改组。

在史前时代，劳动的专业化分工大约也是随这类游动专门职业者同时开始的。这方面的考古证据尚难找到，但从人种志来看，金属工匠几乎从来都是全部劳动时间都用于同种工作的全职性的专业劳动者。欧洲在铜器时代开始，金属器件似乎是由巡行工匠来加工和提供的；这些工匠发挥着类似近代的锡匠或其他流动工匠的职能。虽然现在尚且找不到这方面的确切证据，但亚洲冶金术开始时，情况大约也大致相同。除此之外，当然必定还有过其他的专业工匠；但正如波里尼亚的例证所反映的那样，考古学者无法正确认识这些原型，因为他们加工的都是些难以保留下来的材料。城市革命的后果之一，即是把这些专业工匠从巡游状态中解救了出来，并以新的社会组织给他们提供安全。

大约5000年以年，尼罗河、底格里河与幼发拉底河、印度河等大河流域均已开始有灌溉农业，并结合有饲养业和渔业。这些灌溉农业产生了社会剩余产品，并足够供养一些自粮食生产中解脱出来的，有固定居住地的专业工匠。在美索不达米亚和印度河流域，轮式车辆代替了水运；甚至在埃及，水运也由牲畜驮载运输所代替水力运输曾使粮食等容易集中于新的中心地。同时，依赖河水灌溉庄稼，也限定了农耕地区；而开凿运河兴修水利，保护居住区不受每年洪水侵害，这些因素又致使人口趋于集中。于是，首批城市兴起了，这是些规模比现在知道的新石器村落要大10倍的新型聚落单元。可以这样讲，旧大陆的所有城市都是埃及美索不达米亚和印度河流域这些原始城市和后代。因此，假如要用人类文明自身发展的系列表现作比较，来推论文明的起码定义，那么，这些原始城市是可以不算数的。

但是，大约自三千纪之后，城市又在中美兴起。而且，我们无从证明玛雅人直接从旧大陆的城市文明吸取了什么东西。因此他们的成就必须在我们的比较中加以评价；而增加这些因素又会使问题严重复杂化，使我们更难确定城市革命先决条件。在旧大陆，导致产生剩余产品的农业经济，其基础是谷物种植，连同家畜家禽饲养业。但这经济却因采用灌溉而更有效了。因此可以避免原来的长期休耕而连续栽种；其他因素还有采用一系列重要文明的发现——冶金术、犁耙、帆船、车轮等，而这一切都是玛雅人所不知道的。他们并不饲养牲畜，并不仰赖牲畜喝奶吃肉。尽管他们也种植玉米等谷物；他们所用的也是像史前时期欧洲或如今太平洋列岛上的新石器农民所使用的同样的刀耕火种方法。因而城市最起码的定义或者说，新旧大陆最大的共同因素，都将因引入了玛雅人而极大地减损了，或消失了。

尽管如此，我们还是可以找到些相当抽象的标准，这些标准都是从考古资料可以推测出来的——用来区分古老的城市，和任何古代和现代的村庄。

（1）从规模上看，最古老的城市必定比任何先前的聚落较大，而且人口较为密集，尽管可以比现今一些村庄要小。的确也只有在美索不达米亚和印度河流域我们才可以较为准确地统计最早的城市人口。那里的出土证据量大而精细，足以反映出整个地区的状况，以及抽样调查地区的建筑物密度，这两方面的证据都显示出，这些城市与当今工业化程度较差的东方城市有相当的一致性。古代苏美尔城市的人口，照此计算，每个城市可达0.7万～2万人。印度河流域的哈拉帕（Harapa）和莫亨朱达罗城（Mohenjo-daro）的人口必定接近这一范围的上限——2万。从公共工程的规模来看，我们只能推论，埃及和玛雅城市也都具相似的数量等级，这些公共工程大约是由城市人口建造完成的。

（2）从构成和职能来看，这时的城市人口已经不同于任何一种村庄人口。的确很可能，大多数居民仍然是农民，仍然在城市附近的水旱农田耕作、收获。但除此之外，所有这些城市必定还居住着这样一些阶级，他们并不靠从事农业、畜牧业、渔业或采集活动自身需要的粮食供应和食物；他们是一些专职的工匠，运输工、商人、官吏和僧侣，这些人当然是由居住在城里或附近农村的农民生产出的剩余产品来养活的，但他们并不以自己的生产品或服务来直接交换农民的粮食或水产。

（3）每个农业生产者，都须将自己以仍然有限的技术装备从土地中榨取出的一点点剩余产品，以什一税或租税的形式，上缴给想象中的神灵或者王权神授的国君。这些人于是能以集中这些剩余产品。在当时生产力水平极其低下的农业经济条件下，若无这种方式的集中，就不可能积累起任何有效的资本。

（4）一些极其著名的不朽建筑物，不仅标志着每座名城与村庄的区别，而且象征着社会剩余产品的高度集中。每座苏美尔古城，从一开始，就是由一座或数座威严的寺庙所控制。这些寺庙通常坐落在砖砌的高台上，居高临下雄踞于周邻居住区上方，而且往往连带还有些人工山岳，如多层宝塔式建筑，还有些作坊、武器库等也属于这些神庙。而每个庙宇中一个重要附属设施则是一个巨大的储谷仓。

印度河盆地的古城哈拉帕即有一个人工城堡俯临其下，绕城堡辅四周又有一巨大的防护砖墙；城堡内所建之物，大约是一座宫殿，城堡直接俯视一巨大谷仓及士兵营房。埃及虽从未出土过古代庙宇或宫殿，但几乎整个尼罗河流域都有神圣法老的巨大陵墓到处高耸；而文献记载则证实有皇家谷仓存在过。最后，我们现已知道，玛雅人城市几乎独有的特点，就是建城地点四周围绕有刻雕像构成的庙宇和金字塔。

因此在苏美尔，社会剩余产品首先由一位神灵有效地集中起来，并贮存在他的谷仓之中。中美洲的情形大约也同样如此；在埃及，则法老自身是神祇，但是，这些想象的神祇仍须由实实在在的僧侣来供奉。他们除举行那些复杂而又鲜血淋漓的宗教礼仪外，还须管理他们神圣主人——神祇——的人间家产。的确，在苏美尔不久（如果不是甚至先于这场革命）这位神祇就把自己的财富和权利与人类的摄政官吏共享，主要是与"城市帝王"（the City King）共享。这位帝王是和平时期的统治者，战争时期的首领。神圣法老自然又有官员构成的一整套等级制来支持。

（5）所有不从事粮食生产的人，当然首先要由寺庙或皇家谷仓中积累的社会剩余粮食来供养，他们因此也就依附于庙宇或宫廷。这些僧侣、民政首领、地方官吏，自然也就取得相当大一部分剩余产品，并组成一个"统治阶级"，这些人与旧石器时代的巫师和新石器时代的酋长不同，他们正如一位古埃及作家所描述的那样，"完全脱离了任何体力劳动"。而另一方面，社会的下层阶级并不因此而永远获得和平与安全，他们知识和智力活动完全被取代，当然他们中有许多人感到智力活动比任何体力劳动都枯燥无味。统治阶级除了一再向臣民担保太阳明天一定还会升起，江河明年也一定照旧流淌（对自然的规律性尚无五千年文字记载和经验的古代人民的确真的担心这类事务），此外确实还以规划和组织等形式给其臣民带来一些实际好处。

（6）事实上，他们被迫发明了诸如记载手段，以及严格但极有用的科学体系。苏美尔的庙宇或埃及的法老每年都有巨额收入，这些收入由僧侣或官吏组成的永久性大团体来管理；仅此这项管理任务就迫使他们设计发明一些约定俗成的记载方法，使同代人的同事和后来的继任者都能懂得。这些发明就是文字和数字体系。所以，文字就成为文明的一个重要而方便的象征。但尽管文字是埃及、美索不达米亚、印度河流域和中美洲共同的特点，这些文字本身却随地区而互不相同，而且所用的标准书写材料也互不相同——古埃及用纸草，美索不达米亚有泥土。一些镌刻印章是现在有关古印度和玛雅文字的唯一证据。这些印章无非代表了古代一些标准的书写手段，恰似古代埃及和苏美尔文献所反映的情形一样。

（7）文字的发明，或者我们是否可说——书写的发明——使有闲阶级僧侣可以继续发展各种精确的、有预见性科学——算术、几何和天文。古埃及和玛雅人的文献都清楚证明，他们准确地确定了回归年，同时发明了历法；这都是些极有利的成果，因为它有利于统治阶级有效地管理一年的农事活动。但是，古埃及人、古玛雅人和古巴比伦人有历法却再次反映了极大的区别，古代文明所共有的特征；而且，它们也是考古学者所论的文明标准——文字——的必然产物。

（8）统一集中起来的社会剩余产品，还供养着其他一些专门职业者。这些人给艺术表现提供了新的方向。甚至连蒙昧时代的人类尚且努力地，有时是很成功地描绘了他们所见到的动物和人类。这些艺术表现形式都是些具体的，自然主义的。而新石器时代的农民则从不做这些事情。他们几乎从不试图表现自然之物，却喜欢用抽象的几何图案来象征这些事物。这些表现形式顶多只以极少的特征表现代表个人、动物或植物。而古埃及人、苏美尔人、印度人和玛雅的艺术家们，这些专职的雕刻师、画家或篆刻家们，却再次开始用雕刻、塑造描绘人和客观事物的相似之处。但已不再用狩猎民天真的自然主义方法来表现了，而是以概念性的、极精细的风格来表现这些事物；这些风格和手法又因地区而互不相同。

（9）这些集中起来的社会剩余产品，还有一部分用于支付自外地购进的原材料。这是生产或敬神所必需而当地又没有的。定期的长距离"外贸"是所有古代文明的共同特点之一，而且尽管后来在野蛮人中也相当盛行，但大陆直到公元前三千年以前，新大陆直至玛雅帝国以前，都还没有定期的长途对外贸易。此后，定期贸易自埃及延伸至少到了叙利亚沿海的比布鲁斯（Bybios，黎巴嫩贝鲁特省的海港口和贸易中心。埃及帝国灭亡后，又成为菲尼基人的重镇。罗马帝国后，走向衰落。——译注），而美索不达米亚则通过贸易同印度河流域联系起来了。这些跨地区贸易的内容，最初主要只是些"奢侈品"，但已经包括了工业材料——旧大陆主要为金属，新大陆大概则为黑曜。古代城市依靠长途贸易获得重要原材料的这种情况，是任何新石器时代的村庄都不曾有过的。

（10）因此在城市中，专业工匠既有了施展其技能所需的原材料，又获得了保障其安全的粮食供给；现在，基于居住地而非家族纽带的国家组织，已经保障了他们的地位。于是，走村串户的游动就不再必要了。城市作为社区，已经成为专业工匠们政治和经济的双重归属，然而作为回报，他们已经附属于庙宇或宫廷，已被贬黜为下层阶级。

此时农民大众所获得的物质利益就更少；例如，在古埃及的农业劳动中，金属工具就迟迟没有石制和木制工具。然而不管多么不完善，这些最早的城市性聚落和社区，必定由某种凝聚力团结在一起，这是任何新石器时代的村庄都没有的。这样，由于共同的语言和信仰，更由于各自履行互为补充的职能以实现总体的良好生活（这正是文明这一概念所包含的新含义），农民、工匠、僧侣，以及统治者便构成了一个社区。事实上，最早的城市体现了城市同有机体团结的某种近似，这是基于全体各个成员之间的功能互补和互相依存，正如有机体的各个细胞间的关系一样。这当然仅仅是一种很远的近似。由于统治阶级人数少而又占有大量剩余产品，而下层大众只能勉强生存，而且被有效地排斥在文明的精神成果之外，因此，无论从当时生产力水平看这种社会剩余产品的集中如何不可少，当时在统治阶级和下层之间都存在着经济利益方面的激烈冲突。因此，社会团结仍需以意识形态手段来维持；这种手段类似于野蛮时代的机械团结，庙宇和圣祠的显著地位就是野蛮时代这种机械团结的具体表现。现在，这种手段被新的国家组织的武力所代替。所以，在最古老的城市中是没有余地容纳怀疑论者和新教徒的。

这10种特征概括了一切最古老城市的共同特征；这些特征是考古学从一些零碎的而且往往是互相矛盾的文字记载来协助察知的。例如，从城市规划方面来看，就没有任何具体因素可以被证实是这些城市的特征，因为，从一方面说，古埃及和玛雅人的城市尚未挖掘出土。另一方面，新石器时代的村落又往往是有围墙的。斯卡拉贝拉（Skara Brae）就有设计精巧的排水管系统，把奥卡迪人（Orcadian，苏格兰北方奥卡尼群岛的土著人——译注）的小屋清理得很干净。而在哥伦布时代以前的村舍（Pueblos，）中早已有了2层楼的住宅，等等。

共同因素是相当抽象的。具体地说，古埃及，苏美尔、古印度和玛雅的文明，其彼此间的距离和差异，正像其庙宇的不同规划形式、文字书写符号，以及艺术习惯那样相差悬殊。就这种差异性来说，由于目前尚无证据表明旧大陆文明中某个中心（如埃及）在时间上先于其他地方，也无证据证实中美洲的文明成就同任何城市中心有过接触，以上刚刚讨论过的4种革命可以看作互相独立的过程。相反，旧大陆上后来所有的其他文明，从一定意义说，都可以被看作是古埃及、美索不达米亚，或古印度文明的直系后代。

但这种情况并不等于"狐生狐，兔生兔"。因为举例来说，青铜时代的克里特岛或古典希腊的近海文明与其所谓祖先的区别，要远多于这些文明之间的区别，这尚且是青铜时代的情况，就更不要说我们这个时代了。但引发这些文明诞生的城市革命，却不是凭空发生的。它能够，甚至确曾吸收了这三个原始中心地积累起来的资本，就文化资本而言，就几乎是显而易见的，甚至直至今天，我们仍沿用古埃及人的历法，苏美尔人的昼夜时间划分方法等等。我们欧洲祖先不必再为自己发明这些时间划分方法，不必再重复进行有关的天文观测，而只消拿过来，对这种五千年前精心发明的方法稍加改善，即可使用。物质资本在某种意义上说，也同样如此。古埃及人、苏美尔人，以及古印度人，都积累了大量剩余粮食储备。同时他们还须输入必需的原材料，如金属和建筑用的木材，以及"奢侈品"。掌握这些自然资源的地区和国度，就可以交换的方式取得一份城市的剩余产品。他们就可以用这些作为资本，供养一些专门从事同种工作的人——工匠和统治者——直至他们在技术和组织方面的成就极大地发展和充实了野蛮时代的经济时，他们自身即可生产数量可观的剩余产品了。

（1990 年冬译自 Town Planning Review，1950 April Vol.21，No.1）

索 引

参考文献

[1]. 陈从周 . 说园 [M]. 上海：同济大学出版社，1988.

[2]. 陈锡文 . 关于"三农"问题几点报告 [EB/OL].2012-11-6. http：//znzg.xynu.edu.cn/Html/？10177_1. html.

[3]. 陈愉庆 . 多少往事烟雨中 [M]. 北京：人民出版社，2010.

[4]. 陈征平，俞晓玲 . 中国城镇化动力模式演变与发展抉择 [J]. 经济问题探索，2005（02）.

[5]. 仇宝兴 . 中国城镇化的"红线"与"底线"解析 [EB/OL].2014-02-25. http：//www.upnews.cn/ archives/2871.

[6]. 储传亨，王长生主编 . 城市概论 [M]. 北京：中共中央党校出版社，1987.

[7]. 侯仁之 . 北京历史地图集 [M]. 北京：北京出版社，1985.

[8]. 黄锟 . 中国城镇化的最新进展和目标模式 [J]. 武汉大学学报：哲学社会科学版，2014（02）：109-116.

[9]. 黄润龙 . 我国空巢老人家庭状态 [J]. 人口与经济，2005（02）：57-62.

[10]. 老舍 . 名家散文精选 [M]. 西安：陕西摄影出版社，1995.

[11]. 刘易斯·芒福德 . 城市发展史——起源、演变和前景 [M]. 宋俊岭，倪文彦译 . 北京：中国建筑工业出版社，2005.

[12]. 刘易斯·芒福德 . 机器的神话：技术与人类进化 [M]. 宋俊岭译 . 北京：中国建筑工业出版本社，2015.

[13]. 刘易斯·芒福德著 . 唐纳德·L. 米勒编 . 刘易斯·芒福德著作精萃 [M]. 宋俊岭，宋一然译 . 北京：中国建筑工业出版社，2010.

[14]. 唐纳德·L. 米勒 . 刘易斯·芒福德传 [M]. 宋俊岭，宋一然译 . 北京：商务印书馆，2015.

[15]. 刘勇 . 中国城镇化发展的历程、问题和趋势 [J]. 经济与管理研究，2011（03）：20-26.

[16]. 鲁迅 . 鲁迅散文全编 [M]. 南宁：广西人民出版社，2003.

[17]. 罗伯特·帕克等 . 城市社会学 [M]. 宋俊岭，吴建华译 . 北京：华夏出版社，1987.

[18]. 罗荣渠 . 现代化新论——世界与中国的现代化进程 [M]. 北京：北京大学出版社，1993：124.

[19]. 马晓河，胡拥军 . 中国城镇化进程、面临问题及其总体布局 [J]. 改革，2010（10）：30-45.

[20]. 孟祥林 . 农村城镇化：国外实践与我国新型城乡形态发展设想 [J]. 广州大学学报：社会科学版，2011（10）：51-57.

[21]. 聂秀英 . 大同矿区地质灾害的形成机制及防治措施 [J]. 矿业安全与环保，2003，30（S1）：209.

[22]. 史育龙，周一星 . 戈特曼关于大都市带的学术思想评介 [J]. 经济地理，1996（03）.

[23]. 史育龙，周一星 . 关于大都市带（都市连绵区）研究的论争及近今进展述评 [J]. 国际城市规划，

1997，24（2）：160-166.

[24]. 宋俊岭，黄序主编. 黄士正，肖亦卓副主编. 中国城镇化知识 15 讲 [M]. 北京：中国城市出版社，2001.

[25]. 宋俊岭. 理性的城镇化从启蒙开始 [N]. 科学时报思想周刊，2012-1-1.

[26]. 宋俊岭. 中美首位城市与首府城市对比与思考 [J]. 北京城市学院学报，2011（3）：13-15.

[27]. 天津社会科学院主编. 城市环境美的创造 [M]. 北京：中国社会科学出版社，1989.

[28]. 王恩涌. 文化地理学导论（人·地·文化）[M]. 北京：高等教育出版社，1989.

[29]. 王云五编. 云五社会科学大辞典（第一册：社会学）[M]. 台北：台湾商务印书馆股份有限公司，1973.

[30]. 王云五编. 云五社会科学大辞典（第十册：人类学卷）[M]. 台北：台湾商务印书馆股份有限公司，1973.

[31]. 俞孔坚. 景观的含义 [J]. 时代建筑，2002（1）：15-17.

[32]. 中国自然辩证法研究会编. 城市发展战略研究 [M]. 北京：新华出版社，1985.

[33]. 中华古文明大图集出版指导委员会. 中华古文明大图集（第一卷）[M]. 北京：人民日报出版社，1992.

[34]. 彼得·克拉克. 欧洲城镇史：400—2000 年 [M]. 宋一然，郑昱，李陶，戴梦译. 宋俊岭校. 北京：商务印书馆，2015.

[35]. 佩卡·库西. 人，这个世界 [M]. 北京：中国工人出版社，1989.

[36]. 矶村英一. 都市学 [M]. 东京：良书普及会，1976.

[37]. 矶村英一主编. 城市问题百科全书 [M]. 王君健等译. 哈尔滨：黑龙江人民出版社，1988.

[38]. 埃比尼泽·霍华德. 明日的田园城市 [M]. 金经元译. 北京：商务印书馆，2006.

[39].《简明不列颠百科全书》编辑部译编. 简明不列颠百科全书 [M]. 北京：中国大百科出版社，1985.

[40]. 埃德蒙·N·培根. 城市设计 [M]. 朱琪译. 北京：中国建筑工业出版社，2003.

[41] .Jeffery F. Meyer. The Eagle and the Dragon：comparing the designs of Washington and Beijing[J]. Washington History，1996，8（2）：4-21.

[42].Jo Beall and Jean Fox. Cities and Development[M]. Routledge，2009.

[43] .Lewis Mumford. The Condition of Man[M]. Harcourt Brace and Company，1944.

[44] .Susan Rigdon，et al. American Government[M]. The fifth edition. West Publishing House，1994.

[45]. 宋俊岭. 我国现代社会发育进程未来 30 年基本预测 [C]// 中国社会学年会，1999.

后　记

　　由于历史原因，城镇学本是个胎死腹中的科研项目。如今能起死回生，全赖李津逵和李迪华两位教授的卓识和耐心。但是，至今也不敢说这研究已经玉成。城市，如同人类般古老雄厚。本书许多章节的拓荒性特点很明显，诸多缺憾错误留待将来逐步弥补、纠正吧。

　　2011年4月同李津逵教授通话中谈起城镇发展极兴旺却极混乱，甚至险象环生。问他何不开课澄清城镇最基本的道理，培养些明白学生，说最明白的话……他回答："您所说集中讲述城市基本原理的城市学，在中国还不存在。"对此，我郁闷了三天。因为我就研究城市基础理论，并在这块土地耕耘了30多年。如今译介到中国的城市经典名著不能算很少了，我曾想当然相信，经典能够滋润学界沃土……但至今无明显迹象表明这些经典已渗入实践、理论或教学。许多名著大多束之高阁，称道者多，慎读者少，都太忙了。三天后，我给李津逵回电话，告诉他，"这个课程我来讲，请你们找地方！"李津逵当即推荐深圳和北京大学两处让我挑选。这就是本书的开端。

　　紧接着，从2011年到2014年秋，在北京大学建筑与景观设计学院连续4个学期给在职研究生开课，2015年春，又给上海师范大学人文与传播学院研究生开课，讲授城市基础理论。所以，这个读本如今能够成书，进而发挥效用，首先要感谢李津逵教授和北京大学李迪华教授、上海师范大学副校长陈恒教授的决心和远见。这部书稿记载了北京大学建筑与景观设计学院4个班级同学的巨大支援和努力。他们来自全国各省市，对这个课程表现出极大兴趣，那种求知热忱给了我很大鼓舞。他们的积极参与和贡献使本书到最后，在很大程度上，已是一部集体的创作成果。

　　本书力图融会中外大师们的城市研究论述，把城镇最基本原理和规律说清楚。尤其要讲清楚真正的城镇学在城市科学群体中的独特地位，其理论框架该包括哪些结构要目，如何不同于其他城市学科，如地理、历史、规划、建筑、管理……这些内容，有些以往有所积累，有些难题则首次大力攻坚，许多都是在这四年半的教学压力下继续探索明白的，而且有重要突破，这是我感觉最欣慰的。但这个读本至今仍有许多需要继续修改和完善之处，也很想改进，希望以后还有机会继续改进，也深望各位同仁、专家不吝指导！

　　特别值得一提的是本书第十四章讲述了美国明星城市——俄勒冈州的波特兰市。该章邀请了俄勒冈州波特兰市前总规划师马克·特佩尔先生专门撰写。更可喜的是，这个地区的长远规划曾经得到刘易斯·芒福德本人的关注。刘易斯·芒福德曾关心和思考该地区的长远规划，深入调查并进行指导，后由当地居民和专业人士、民选官员广泛动员和不懈奋斗，令这座城市成为美国都市规划的橱窗。该城市的规划给城市改造，特别在民众参与和民意表达方面提供了良好范例。这一经过，特佩尔先生在该章有详尽描述。

本书撰写过程中，李忠先生、郭耀慧教授都曾给予极大关心、鼓励和帮助。杜玉成助教花费大量时间和精力协助修订，令前两章大为增色。孙静、李从之、李海天、刘婧巍、刘逸、刘昀子等同学也都参与撰写或编辑相关章节，为本书出版作出贡献。该读本最后成书阶段工作烦琐细致，宋敏、戴梦、郑昱等团队成员作为义工投入大量劳动和心血，还有许多同学、朋友参与修改，难以一一提名。对各位老师、同学和友人的理解、支持和协助，谨致深挚谢意！

最后，讨论都城原理的著作不可避免使用实物图像和照片资料，除自己拍摄、绘制外，不可避免要引用他人图像照片作品。本书充分尊重作品原创人权益，在竭力联系、寻找过程中，有些联系上了，还有许多暂时难以取得联系。希望涉及此类事项的学人贤达，尽快联系我们，给我们机会表达谢忱，并补偿原创权益。

谢谢！

宋俊岭